海外农业研究中心 ● 智库报告

海外农产品市场研究(2018)

◎ 聂凤英　李辉尚　主编

中国农业科学技术出版社

图书在版编目（CIP）数据

海外农产品市场研究 . 2018 / 聂凤英，李辉尚主编 . —北京：中国农业科学技术出版社，2018.12
 ISBN 978-7-5116-3976-9

Ⅰ . ①海… Ⅱ . ①聂… ②李… Ⅲ . ①农产品市场—研究—世界— 2018 Ⅳ . ① F304.3

中国版本图书馆 CIP 数据核字（2018）第 292189 号

| 责任编辑 | 徐定娜　王贵春 |
| 责任校对 | 贾海霞 |

出 版 者	中国农业科学技术出版社
	北京市中关村南大街 12 号　邮编：100081
电　　话	（010）82109707（编辑室）（010）82109702（发行部）
	（010）82106629（读者服务部）
传　　真	（010）82109707
网　　址	http://www.castp.cn
发　　行	全国各地新华书店
印 刷 者	北京建宏印刷有限公司
开　　本	787 mm×1 092 mm　1/16
印　　张	39.5
字　　数	937 千字
版　　次	2018 年 12 月第 1 版　2018 年 12 月第 1 次印刷
定　　价	180.00 元

◄◄◄ 版权所有·侵权必究 ►►►

《海外农产品市场研究（2018）》
编委会

顾　　问：吴孔明				
主　　任：孙　坦				
副 主 任：贡锡锋	金　轲	聂凤英		
成　　员：曲春红	李辉尚	张　莉	朱增勇	司智陟
董晓霞	王礞礞	张　静	习银生	徐　雪
翟雪玲	姜　楠	彭　超	张雯丽	马　凯
吴天龙	郭　军	原瑞玲	任金政	陈宝珍
钱贵霞	杨树果	刘恩平	卢　琨	徐小俊
李荣福	万红辉	申　科	张　正	串丽敏
张　萌				

序 言

2018年，世界农产品主要产区遭遇了干旱等极端气候和病虫害严重发生的影响，国际市场供需形势出现了较大的不确定性；此外，贸易保护主义倾向日趋明显，基于规则的多边机制受到严峻挑战。这些给中国发挥"两个市场"作用、利用"两种资源"优势，确保重要农产品有效供给带来巨大影响。为应对日趋错综复杂的国际新形势，中国在加快推进农业供给侧结构性改革、提升农业产业发展水平的同时，采取了积极拓展进口来源、优化配方结构、鼓励同质替代等一系列措施，有效应对了国际市场波动和贸易政策变化带来的巨大冲击。但随着国内外农产品市场联动性、互动性的日趋增强，以及国际贸易政策不确定性的增加，如何进一步优化构建基于多边市场机制框架下的多渠道、多层次、立体化重要农产品供给新格局，并持续提升中国在全球粮农治理体系中的地位和作用，事关国家食物安全战略目标的全局。这就要求我们必须立足国内、紧盯国际，重点关注主要农产品的市场供需形势、价格走势和贸易政策变化等，开展前瞻性、战略性和综合性研判，为持续提升中国农业国际竞争力和加快构建贸易新格局提供有力支撑。

中国农业科学院海外农业中心自成立以来，紧紧围绕农业农村部韩长赋部长关于海外研究"重在国别、重在重点产品"的指示要求，以品种为主线、以国别为抓手，系统开展全球农产品市场监测预警研究，并取得了积极进展。2018年初，海外农业研究中心针对全球农产品供需新形势新变化，组织中国农业科学院相关研究所、农业农村部农村经济研究中心、中国热带农业科学院、中国农业大学、北京市农林科学院、内蒙古大学、云南省农业科学院和八一农垦大学等单位的专家，对稻米、小麦、玉米、大豆等重要农产品的海外市场开展系统研究，形成了《海外农产品市场研究（2018）》一书，旨在加强对农业国际合作和农产品贸易工作的智库服务力度。

该书是海外农产品市场监测预警团队在2017年工作的基础上，继续深化研究和增加品种类别，积极拓宽范围，立足中国、着眼全球，对当前全球重要农产品供需形势的最新研判。全书汇集了对粮食、棉花、油料、食糖、牛奶、肉类、天然橡胶、橡胶、咖啡、农资等19种重要农产品（新增4个品种）的研究成果。主要内容包括这些品种的全球供需形势、国际贸易变化、主要国家产业政策和国际市场价格等，分为世界供需形势和国际市场价格波动特征两个专题。全书内容丰富、系统性强、信息量大，全面反映了这些重点农产品国际市场的最新形势和发展趋势，它的出版为中国农业对外合作和农产品贸易工作者提供了一本高水平的专业性参考书，对服务中国农业国际合作和推动面向全球的农业智库建设工作有重要价值。

2018 年 12 月 25 日

目 录

第一部分 稻 米 ··· 1

专题一 世界供需形势分析 ··· 3
一、世界供需形势 ··· 3
二、国际价格走势 ··· 5
三、国际贸易格局 ··· 6
四、世界主要国家产业竞争力 ·· 7
五、世界供需形势展望 ··· 12

专题二 国际市场价格波动特征研究 ·· 15
一、世界稻谷价格变化趋势 ··· 15
二、主要国家价格调控措施及成效分析 ··································· 18

参考文献 ··· 21

第二部分 小 麦 ··· 23

专题一 世界供需形势分析 ··· 25
一、世界供需形势 ··· 25
二、国际价格走势 ··· 29
三、国际贸易格局 ··· 30
四、世界主要国家产业竞争力 ·· 32
五、世界供需形势展望 ··· 38

专题二 国际市场价格波动特征研究 ·········· 40
一、国际价格波动特征 ·········· 40
二、国际价格波动的主要影响因素 ·········· 45
三、主要国家价格调控措施及成效 ·········· 48

参考文献 ·········· 58

第三部分 玉 米 ·········· 61

专题一 世界供需形势分析 ·········· 63
一、世界供需形势 ·········· 63
二、国际价格走势 ·········· 65
三、国际贸易格局 ·········· 67
四、世界主要国家产业竞争力 ·········· 69
五、主要国家产业支持政策新变化 ·········· 74
六、世界供需形势展望 ·········· 76

专题二 国际市场价格波动特征研究 ·········· 79
一、国际价格波动特征 ·········· 79
二、国际价格波动原因分析 ·········· 83
三、主要国家价格调控措施 ·········· 85

参考文献 ·········· 90

第四部分 马铃薯 ·········· 93

专题一 世界供需形势分析 ·········· 95
一、世界供需形势 ·········· 95
二、国际价格走势 ·········· 98
三、国际贸易格局 ·········· 101
四、主产国市场竞争情况分析 ·········· 107
五、产业链视角的美国市场形势分析 ·········· 109
六、世界供需形势展望 ·········· 113

专题二　国际市场价格波动特征研究……………………………………………………… 115
　　一、美国马铃薯价格波动特征………………………………………………………… 115
　　二、美国马铃薯价格波动特征分析…………………………………………………… 116
　　三、美国马铃薯价格波动影响因素分析……………………………………………… 120
　　四、美国政策措施及其成效…………………………………………………………… 125

　　参考文献………………………………………………………………………………… 127

第五部分　棉　花………………………………………………………………………… 129

专题一　世界供需形势分析…………………………………………………………… 131
　　一、世界供需形势……………………………………………………………………… 131
　　二、国际价格走势……………………………………………………………………… 133
　　三、国际贸易格局……………………………………………………………………… 134
　　四、世界主要国家产业竞争力………………………………………………………… 134
　　五、主要国家产业支持政策新变化…………………………………………………… 138
　　六、世界供需形势展望………………………………………………………………… 140

专题二　国际市场价格波动特征研究……………………………………………………… 141
　　一、棉花价格形成的一般影响因素分析……………………………………………… 141
　　二、世界棉花价格波动周期特点分析………………………………………………… 143

　　参考文献………………………………………………………………………………… 148

第六部分　大　豆………………………………………………………………………… 149

专题一　世界供需形势分析…………………………………………………………… 151
　　一、世界供需形势……………………………………………………………………… 152
　　二、国际价格走势……………………………………………………………………… 156
　　三、国际贸易格局……………………………………………………………………… 161
　　四、世界主要国家产业竞争力………………………………………………………… 168
　　五、主要国家产业支持政策新变化…………………………………………………… 178
　　六、世界供需形势展望………………………………………………………………… 180

专题二 大豆国际市场价格波动特征研究 ... 182
一、国际价格波动特征 ... 182
二、国际价格波动原因分析 ... 189
三、主要国家价格调控措施及成效 ... 196

参考文献 ... 200

第七部分 油菜籽 ... 201

专题一 世界供需形势分析 ... 203
一、世界供需形势 ... 203
二、国际价格走势 ... 206
三、国际贸易格局 ... 208
四、世界主要国家产业竞争力：中加油菜籽成本比较 ... 208
五、主要国家产业支持政策新变化 ... 212
六、世界供需形势展望 ... 214

专题二 国际市场价格波动特征研究 ... 216
一、国际价格基本走势 ... 216
二、国际价格波动特征 ... 217
三、国际价格波动原因分析 ... 221
四、主要国家价格调控措施及成效 ... 225

参考文献 ... 228

第八部分 食 糖 ... 229

专题一 世界供需形势分析 ... 231
一、世界供需形势 ... 231
二、国际价格走势 ... 231
三、国际贸易格局 ... 232
四、主要国家产业支持政策新变化 ... 232
五、世界供需形势展望 ... 234

专题二　国际市场价格波动特征研究　236
  一、国际价格波动特征　236
  二、国际价格波动原因分析　238
  三、主要国家价格调控措施及成效　242

  参考文献　248

第九部分　乳制品　249

专题一　世界供需形势分析　251
  一、世界供需形势　251
  二、国际价格走势　257
  三、国际贸易格局　262
  四、世界主要国家产业竞争力　268
  五、主要国家产业支持政策新变化　272
  六、世界供需形势展望　275

专题二　国际市场价格波动特征研究　276
  一、国际市场主要乳制品价格走势　276
  二、主要乳制品的价格波动特征　278
  三、国际价格波动原因分析　284
  四、主要国家价格调控措施及成效　287

  参考文献　290

第十部分　猪　肉　293

专题一　世界供需形势分析　295
  一、世界供需形势　295
  二、国际价格走势　299
  三、国际贸易格局　300
  四、世界主要国家产业竞争力　303
  五、主要国家产业支持政策新变化　304
  六、世界供需形势展望　304

专题二　国际市场价格波动特征研究 ……………………………… 306
　　一、国际价格波动特征 ……………………………………………… 306
　　二、国际价格波动原因分析 ………………………………………… 313
　　三、主要国家价格调控措施及成效 ………………………………… 319

　　参考文献 ……………………………………………………………… 321

第十一部分　禽　肉 …………………………………………………… 323

专题一　世界供需形势分析 …………………………………………… 325
　　一、世界供需形势 …………………………………………………… 326
　　二、国际价格走势 …………………………………………………… 328
　　三、国际贸易格局 …………………………………………………… 329
　　四、世界主要国家产业竞争力 ……………………………………… 331
　　五、主要国家产业支持政策新变化 ………………………………… 335
　　六、世界供需形势展望 ……………………………………………… 340

专题二　国际市场价格波动特征研究 ………………………………… 342
　　一、国际价格波动特征 ……………………………………………… 342
　　二、国际价格波动原因分析 ………………………………………… 349
　　三、主要国家价格调控措施及成效 ………………………………… 352

　　参考文献 ……………………………………………………………… 353

第十二部分　牛　肉 …………………………………………………… 355

专题一　世界供需形势分析 …………………………………………… 357
　　一、世界供需形势 …………………………………………………… 357
　　二、国际价格走势 …………………………………………………… 359
　　三、国际贸易格局 …………………………………………………… 360
　　四、世界主要国家产业竞争力 ……………………………………… 361
　　五、主要国家产业支持政策新变化 ………………………………… 365
　　六、世界供需形势展望 ……………………………………………… 367

专题二　国际市场价格波动特征研究……369
　　一、国际价格波动特征……369
　　二、国际价格波动原因分析……373
　　三、主要国家价格调控措施及成效……376

　　参考文献……380

第十三部分　羊　肉……381

专题一　世界供需形势分析……383
　　一、世界供需形势……383
　　二、国际价格走势……386
　　三、国际贸易格局……389
　　四、世界主要国家产业竞争力……392
　　五、主要国家产业支持政策新变化……394
　　六、世界供需形势展望……395

专题二　国际市场价格波动特征研究……396
　　一、国际价格波动特征……396
　　二、国际价格波动原因分析……405
　　三、主要国家价格调控措施……407

　　参考文献……409

第十四部分　天然橡胶……411

专题一　世界供需形势分析……413
　　一、世界供需形势……413
　　二、国际价格走势……418
　　三、国际贸易格局……419
　　四、世界主要国家产业竞争力……425
　　五、主要国家产业支持政策新变化……429
　　六、世界供需形势展望……430

专题二　国际市场价格波动特征分析 · 432
　　一、国际价格波动特征 · 432
　　二、泰国、印度尼西亚和新加坡价格波动情况 · 435
　　三、国际价格波动原因分析 · 438
　　四、主要国家价格调控措施及成效 · 441

　　参考文献 · 443

第十五部分　香　蕉 · 445

专题一　世界供需形势分析 · 447
　　一、世界供需现状 · 447
　　二、国际价格走势 · 451
　　三、国际贸易格局 · 453
　　四、世界国家产业竞争力 · 456
　　五、主要国家产业支持政策 · 461
　　六、世界供需形势展望 · 463

专题二　国际市场价格波动特征研究 · 465
　　一、国际价格波动特征 · 465
　　二、国际价格波动原因分析 · 469
　　三、主要国家价格调控措施及成效 · 472

　　参考文献 · 473

第十六部分　咖　啡 · 475
　　一、世界供需形势 · 477
　　二、国际价格走势 · 481
　　三、国际贸易格局 · 482
　　四、世界主要国家产业竞争力 · 488
　　五、主要国家产业支持政策 · 489
　　六、世界供需形势展望 · 490

　　参考文献 · 492

第十七部分　化　肥 ··· 493

一、世界供需形势 ·· 496
二、世界生产和消费格局 ·· 500
三、国际贸易格局分析 ·· 507
四、国际价格走势与演变 ··· 517
五、国际价格演变原因 ·· 520
六、世界主要国家产业竞争力 ··· 526
七、主要国家产业支持政策 ·· 529
八、世界供需形势展望 ·· 539

参考文献 ··· 540

第十八部分　农　药 ··· 543

一、世界供需形势 ·· 545
二、国际贸易格局 ·· 552
三、世界主要国家产业竞争力 ··· 559
四、主要国家产业支持政策 ·· 566
五、世界供需形势展望 ·· 574

参考文献 ··· 579

第十九部分　农　机 ··· 581

一、世界供需形势 ·· 583
二、跨国企业发展形势 ·· 590
三、国际贸易格局 ·· 599
四、主要国家产业支持政策 ·· 613
五、世界供需形势展望 ·· 615

参考文献 ··· 616

第一部分

稻 米

海外农产品市场研究（2018）

专题一　世界供需形势分析

稻谷是重要的粮食作物，是人类的基本食物，耕种历史十分悠久。随着生产投入的不断增加及生产技术的不断提高，全球稻谷产业呈现面积、总产、单产、消费、进出口齐增长的态势。2017—2018年稻谷种植面积和总产量在高位震荡，总体平缓。2017年世界稻谷可收获面积1.617亿公顷，稻谷总产量7.295亿吨，2018年分别为1.615亿公顷和7.284亿吨，略有减少。稻谷的生产和消费主要集中在亚洲地区，2017—2018年全球稻谷主要生产国是中国、印度、印度尼西亚、孟加拉国、泰国和越南，全球稻谷主要消费国是中国、印度、印度尼西亚、缅甸和越南，其中，中国是世界上稻谷生产量和消费量最大的国家。当前世界稻谷库存量逐年增加，而亚洲库存量起了决定性影响。2017—2018年，中国、印度、泰国三国稻谷库存量总量分别占了世界稻谷库存量的60.44%、11.76%和3.5%。从世界稻谷价格来看，价格虽有波动，但总体呈上升趋势，同时优质稻谷与中低档稻谷价格变化趋势差异较大。目前稻米贸易格局基本形成，进出口国家、区域相对集中，2017—2018年印度、泰国、巴基斯坦、美国和中国是是世界上主要的大米出口国，且对国际市场稻米价格影响较为明显，世界稻谷主要进口国家为中国、印度尼西亚、伊朗、沙特阿拉伯和菲律宾，五国进口总量占世界稻谷进口量的22%~23%。根据世界稻谷生产、消费、贸易形势，预计2018—2019年度，全球稻谷产量将略有下滑，但全球消费量将进一步增加，有超过全球产量的势头，全球年终库存将减少20万吨。稻谷消费量的增长将拉动全球稻米贸易量的持续上涨，2018—2019年会达到历史最高点。中长期来看，全球稻米产量、贸易量、需求量将以增长为主，随着机械化耕种收获在稻米产业中的占比不断增加和新型品种的研发，未来稻米产量可能出现持续提升。

一、世界供需形势

（一）稻谷种植面积和总产量在高位出现波动

根据美国农业部数据统计[①]，2017—2018年全球稻谷种植面积出现小幅下跌，2017年世界稻谷可收获面积1.617亿公顷，同比增长0.12%，2018年可收获面积1.615亿公顷，同比降低0.06%。

世界稻谷产量仍居于高位，2017年全球稻谷总产量为7.295亿吨，同比增长0.37%，

---

① 数据来源：美国农业部。大米产量是指糙米的产量。

2018年全球稻谷产量出现波动，为7.284亿吨，同比降低0.15%（表1）。当前世界稻谷主产国一直集中在亚太地区的少数几个国家之中，其中，中国、印度、印度尼西亚、孟加拉国、泰国和越南稻谷的生产居于前列，产量占世界近80%，中国、印度的稻谷产量一直居于世界第一和第二位，印度尼西亚的稻谷产量常年稳居第三位。主要稻谷生产国产量情况如表2所示。近两年来世界稻谷平均单产变化基本不变，2017年世界稻谷单产为3.03吨/公顷，2018年单产基本保持不变，约为3.03吨/公顷。

表1 世界稻谷产量和可收获面积情况

稻谷	可收获面积（亿公顷）	总产量（亿吨）
2016—2017年	1.617	7.295
2017—2018年	1.615	7.284

表2 世界主要稻谷生产国产量情况

单位：亿吨

年份	中国	印度	印度尼西亚	孟加拉国	越南	泰国
2016—2017	2.086	1.650	0.739	0.508	0.428	0.337
2017—2018	2.031	1.635	0.745	0.530	0.442	0.345

（二）稻谷消费总体呈上升趋势，主要国家消费变动趋势基本一致

作为世界上最主要的粮食作物，稻谷消费不断增强。2017年全球稻谷消费量4.828亿吨，同比增长0.94%，2018年稻谷消费4.815亿吨，同比增长0.81%。

2017年稻谷消费前五名的国家是中国、印度、印度尼西亚、缅甸和越南，消费量分别为1.415亿吨、0.958亿吨、0.378亿吨、0.352亿吨和0.221亿吨。2018年稻谷消费前五名国家是依然中国、印度、印度尼西亚、缅甸、越南，且名次未发生变化，消费量分别为1.427亿吨、0.974亿吨、0.380亿吨、0.354亿吨和0.223亿吨，各国消费量都呈增长趋势（表3）。

表3 世界及前五名消费国的稻谷消费量情况

单位：亿吨

年份	世界	中国	印度	印度尼西亚	缅甸	越南
2016—2017	4.828	1.415	0.958	0.378	0.352	0.221
2017—2018	4.815	1.427	0.974	0.380	0.354	0.223

（三）世界稻谷库存量逐年增加，亚洲库存量起决定性影响

2017年世界稻谷库存量继续增加，为1.691亿吨，同比增长0.89%，2018年稻谷库

存量1.709亿吨，同比增长1.06%。

中国、印度、泰国等国稻谷库存量大，对世界稻谷库存量变化影响显著（表4）。2017年三国稻谷库存量分别为0.990亿吨、0.195亿吨和0.082亿吨，占世界稻谷存量的58.55%、11.53%和4.9%。2018年三国稻谷库存量分别为1.033亿吨、0.201亿吨和0.058亿吨，占世界稻谷存量的60.44%、11.76%和3.5%。预估计2019年中国稻谷库存量将继续增长，印度和泰国稻谷库存量则会减少。

表4 世界及主要国家稻谷库存量变化情况

单位：亿吨

年份	世界	中国	印度	泰国
2016—2017	1.691	0.990	0.195	0.082
2017—2018	1.709	1.033	0.201	0.058

二、国际价格走势

国际市场上，泰国是国际市场上最为主要的大米出口国，其中100% B级大米是出口价格最高的产品，5%破碎率大米和25%破碎率大米是交易量较大的产品。另外，虽然美国大米的年出口量不如泰国，但是由于美国大米拥有较为完善的期货交易制度，美国大米价格对于国际市场也具有相当大的影响力。为了数据分析的简捷，选取泰国的5%破碎率和25%破碎率大米、美国4%~5%破碎率大米作为分析价格变动的3个主要指标（图1）。

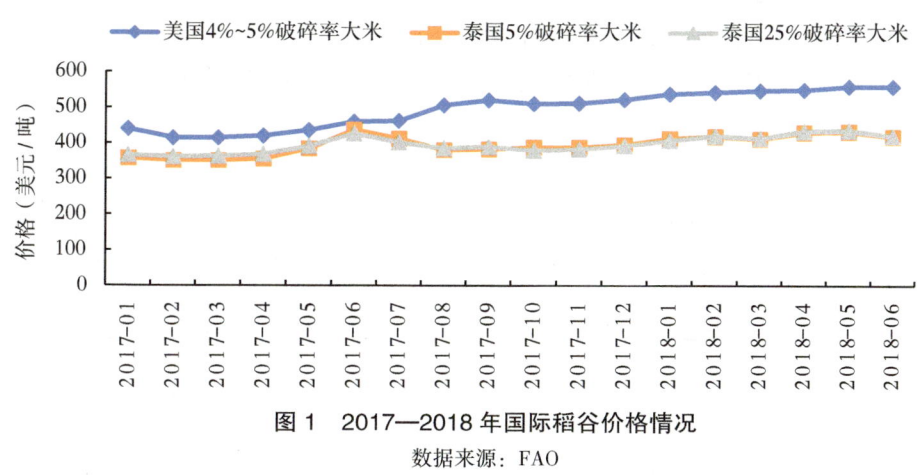

图1 2017—2018年国际稻谷价格情况

数据来源：FAO

（一）稻谷价格虽有波动，但总体呈上升趋势

2017—2018年，世界稻谷价格呈波动中增长趋势。2017年1月，泰国5%破碎率大米和25%破碎率大米价格分别为357.29美元/吨和366.45美元/吨，2018年6月，泰国

5%破碎率大米和25%破碎率大米价格为419.45美元/吨、420.65美元/吨，分别增长17.4%和14.8%。美国4%~5%破碎率大米价格增幅较大，由2017年1月的440.29美元/吨增长为2018年6月的560美元/吨，增幅达到27.2%。

（二）优质稻谷与中低档稻谷价格变化趋势较大

优质稻谷（美国4%~5%破碎率大米）与中低档稻谷（泰国5%和25%破碎率大米）价格差别较大，变化趋势明显。自2017年1月至今美国4%~5%破碎率大米价格持续增长，而泰国5%和25%破碎率大米价格波动较大，2017年1—6月，泰国5%和25%破碎率大米价格持续增长，7—10月稍有回落，之后稻谷价格再次缓慢回升，可见，中低档稻谷受市场环境等因素影响较大。

三、国际贸易格局

（一）稻米贸易格局基本形成

稻谷是世界上重要的农产品，供应了全球超过一半的主食消费，也是全球重要的国际贸易农产品。2017—2018年世界稻谷贸易格局基本确定，主要进出口国家和地区变化不大。

（二）国际稻米进出口区域相对集中

1. 出口贸易格局总体稳定

世界稻谷出口量持续增长，2017年全球稻谷出口量为4 825.2万吨，同比增长2.21%，2018年全球稻谷出口量再创新高，达到4 925.6万吨，同比增长2.08%（表5）。

表5　世界及主要稻谷出口国出口量情况

单位：万吨

年份	世界	印度	泰国	巴基斯坦	美国	中国
2016—2017	4 825	1 250	1 100	430	311	170
2017—2018	4 926	1 280	1 050	430	275	130

受各国稻谷生产和消费差异等影响，全球稻谷生产主要集中在亚洲和美洲少数几个国家；与此同时，稻谷主要出口国也集中在少数几个国家手中。2017年世界稻谷出口国前五名分别为印度、泰国、巴基斯坦、美国和中国，供应了世界上超过80%的大米，2018年世界稻谷出口国前五名国家依然是印度、泰国、巴基斯坦、美国和中国，其中印度稻谷出口量同比减少，而泰国、美国和中国稻谷出口量有小幅增长，巴基斯坦稻谷出口量没有变化。同时，主要出口国的稻谷出口量也存在较大差异，如印度稻谷出口量是中国稻谷出口量的7~9倍。

2. 进口格局基本形成，主要以亚洲国家为主

世界稻谷进口量波动较大，总体上在波动中增长。2017年世界稻谷进口量为4 806万吨，同比增长16.41%，2018年世界稻谷进口量为4 666万吨，同比减少2.91%（表6）。

表6 世界及主要稻谷进口国进口量情况

单位：万吨

年份	世界	中国	伊朗	沙特阿拉伯	印度尼西亚	菲律宾
2016—2017	4 806	550	140	130	120	110
2017—2018	4 666	550	120	125	200	120

近年来，世界稻谷进口格局变化不大，进口国家分布虽然相对分散，但主要进口国家以亚洲国家为主。2017年世界稻谷进口国前五名分别为中国、伊朗、沙特阿拉伯、印度尼西亚和菲律宾，占世界稻谷总进口量的23.4%，其中中国稻谷进口量巨大，远高于其他国家的进口量。2018年世界稻谷进口国前五名依然是上述五国，但名次发生了些许改变，为中国、印度尼西亚、沙特阿拉伯、伊朗和菲律宾，五国进口总量占世界稻谷进口量的22.5%。

四、世界主要国家产业竞争力

（一）美国

美国虽然不是全球最大的稻谷生产国和出口国，但其稻谷生产先进程度、种业发展水平、加工贸易等体系都位于全球领先水平，是全球稻谷产业链最具竞争力的国家。

1. 成本

（1）生产成本逐年增加，土地产值上涨明显。从单位面积成本来看，美国稻谷的生产成本呈现明显的上升趋势（图2），2013年达到最高值，之后成本稳步下降。2000—2013年美国稻谷生产总成本从578.89美元/英亩（1英亩约于0.404 7公顷，约等于6.07亩。全书同）增加到1 016.38美元/英亩，上涨75.57%，其中运营成本从283.80美元/英亩增加到602.52美元/英亩，增幅112.30%，间接费用从295.09美元/英亩增加到413.86美元/英亩，增幅40.25%。2013—2017年生产总成本由1 016.38美元/英亩减少为946.16美元/英亩，降幅达到6.91%，其中运营成本从602.52美元/英亩减少为521.41美元/英亩，降幅13.46%，间接费用由413.86美元/英亩增加到424.75美元/英亩，增幅2.63%。伴随着土地生产投入的增长，美国土地生产产值也出现了明显上涨，2000年土地总产值为368.77英担/英亩（1英担约等于50.8千克。全书同），2017年土地产值增长到970.40英担/英亩，涨幅达163.15%。从图3可以看出，美国稻谷产出在2007年之后呈规模报酬递增趋势。

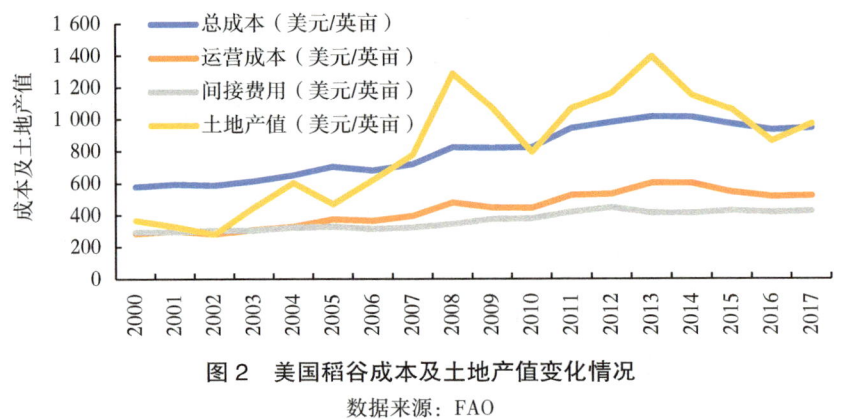

图2 美国稻谷成本及土地产值变化情况
数据来源：FAO

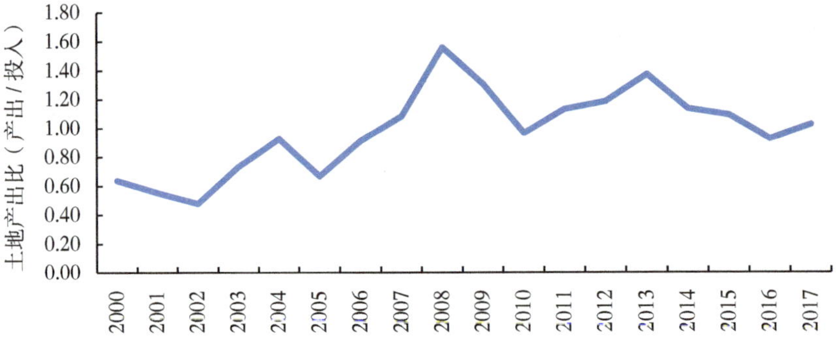

图3 美国稻谷土地产出比
数据来源：FAO

（2）人力成本不断降低。由于机械化作业的发展，稻谷产业对于人力的需求不断降低，人力成本占总成本的比重不断缩小（图4）。2000年雇工费用和家庭劳动机会成本总和为69.83美元/英亩，占总成本12.06%。2017年雇工费用和家庭劳动机会成本总和为104.25美元/英亩，占总成本11.02%。2000—2017年雇工费用上涨幅度不大，由2000年的26.3美元/英亩，增加到2016年的29.6美元/英亩，上涨幅度为12.55%。家庭劳动机会成本从2000年的43.6美元/英亩增加到2017年的74.65美元/英亩，涨幅为71.22%。

2. 质量和价格

美国的稻米标准经过近百年的发展，已经成为科学、合理、严格的以碾磨程度和粒型为主要指标的标准体系。美国稻米共分6个等级和等外级，每个等级都有严格划分，并采用先进的检测技术实行稻米质量评估，每年至少可以对10 000个样本进行评估；同时建立了系统完善的稻米卫生质量标准与检测技术，对农药残留作了严格规定，共涉及119种农药。此外，大力推广和开发高效、低毒农药，严格控制农药残留。当前在国际稻米市场上，大部分美国稻米米质优异、碾磨品质好、外观漂亮，非常迎合广大食米地区人们的爱好，在国际稻米市场上很有竞争力。主要出口市场是东北亚、中东（包括地中海东部）、

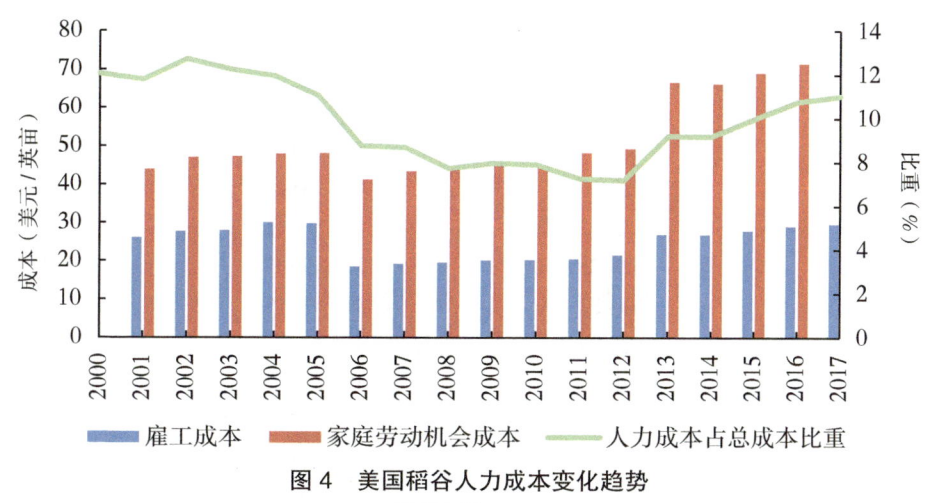

图4 美国稻谷人力成本变化趋势

数据来源：FAO

加勒比海地区、撒哈拉地区、加拿大。美国稻谷同等质量条件下价格相对略高，在亚洲地区，美国稻谷与同质量亚洲长粒大米存在100~150美元/吨的价差，缺乏竞争优势。

3. 产业化程度

美国稻谷生产多为大农场生产，2017年数据显示，美国稻谷平均经营的土地规模已经达到569英亩，约合3 454亩（1公顷等于15亩，1亩约等于667平方米，全书同），平均每人种植1 300亩左右。

与中国水稻生产中正大力推广的机插秧技术不同，美国水稻种植主要采用直播的方式，其中，80%是旱直播，播种机通常宽7米左右，一天可以播种1 000亩；20%是水直播，一架飞机一天可播4 000亩。旱直播和水直播均采用机械化作业，包括激光平地、机械播种、飞机喷施（肥料、农药、除草剂）、机械收获和集中干燥。

美国是世界上最大的商品谷物生产国，那里有世界上最发达的商品化农业生产，商品率超过95%，拥有一批全球性的大米加工代表性企业，如美国ADM公司，该公司是全球最大的农产品加工和食品配料供应商之一，在全球160多个国家拥有约32 000名员工，拥有约500个作物采购地点、250个原料生产基地、38个创新中心和世界一流的作物运输网络，客户分布在超过75个国家和地区，2016年净销售额达到623亿美元。

（二）韩国

韩国是世界上重要的稻谷生产和消费地，受气候条件和传统习惯的影响，国内稻米品种主要是粳稻。韩国粮食自给率虽然不高，但是稻米能实现基本自给。

1. 韩国稻谷生产成本逐年增加，直接成本贡献较大

受限于生产条件和劳动力成本，韩国稻谷生产成本逐年增加。从表7可以看出，2002年每10公亩（1公顷等于100公亩；1平方米等于0.01公亩。全书同）稻谷生产成本为529 609韩元，2014年生产成本达到721 478韩元，增幅达到32.63%，其中直接成本涨幅为72.28%，间接成本涨幅0.33%。

表7 韩国稻谷生产成本情况

单位：韩元/10公亩

年份	生产成本	直接成本	间接成本
2014	721 478	455 254	266 225
2013	725 666	446 988	278 679
2012	712 523	451 800	260 724
2011	628 255	372 595	255 661
2010	614 339	371 513	242 826
2009	624 970	371 144	253 826
2008	629 677	358 618	271 059
2007	607 354	333 417	273 937
2006	600 120	332 251	267 869
2005	587 895	322 484	265 411
2004	587 748	302 433	285 315
2003	592 728	309 598	283 130
2002	529 609	264 254	265 355

注：数据来源于布瑞克数据库

从成本分析来看，韩国稻谷生产成本在世界范围内普遍较高，2002年韩国粳稻总生产成本大约是中国的5.51倍，2002年则约是中国的5.65倍。2000年韩国粳稻单位生产成本是中国的5~6倍。2014年韩国粳稻总成本折算为2 693.52元/亩，中国粳稻总成本为502元/亩，是中国的5倍多。

2．韩国稻谷基本收益波动明显，增长幅度不大

受高成本影响，韩国稻谷基本收益增长幅度不明显。从总收入来看，2000年韩国稻谷总收入为1 041 180韩元/10公亩，2000年之后总收入震荡明显，2014年达到1 058 090韩元/10公亩，增幅仅有1.62%。从净利润来看，韩国稻谷净利润总体呈下跌趋势，跌幅为49.54%（表8）。

表8 韩国稻谷基本收益情况

单位：韩元/10公亩

年份	总收入	主产品收入	副产品收入	净利润	净收入
2014	1 058 090	1 024 220	33 871	336 612	615 217
2013	1 074 800	1 040 540	34 262	349 133	643 360
2012	988 815	957 986	30 829	276 291	578 374
2011	968 142	936 593	31 549	339 886	570 045
2010	822 229	—	—	207 890	434 162
2009	944 438	—	—	319 468	549 312
2008	1 013 360	—	—	383 685	623 742
2007	854 241			246 887	489 948

（续表）

年份	总收入	主产品收入	副产品收入	净利润	净收入
2006	892 067	—	—	291 946	542 468
2005	879 411	—	—	291 516	545 776
2003	917 303	895 947	21 356	324 575	—
2002	968 623	947 516	21 107	439 014	—
2001	1 047 300	1 026 040	21 264	511 593	—
2000	1 041 180	1 018 170	23 013	503 350	—

注：数据来源于布瑞克数据库。"—"代表无统计数据，以下表同

3. 机械化程度

韩国稻谷机械化实施较早，20世纪70年代农业机械化开始起步，并从日本引进水稻插秧技术，后期水稻生产的耕翻、栽插作业等基本实现了机械化。1987年，韩国推行节本省工的水稻水、旱直播栽培技术，效果显著。当前，韩国水稻机械化程度超过97%。

韩国稻谷生产主要满足国内消费，出口量数量非常小，而进口量则逐步增加，2018年韩国稻谷进口量达到41万吨，出口量5.3万吨。

（三）日本

日本是全球主要的水稻生产国和消费国，稻米产业化程度、机械化程度高，当前稻米自给率达到了95%以上，并有一定的出口。

1. 日本稻谷生产成本逐年降低

随着日本稻谷机械化程度的不断提高和稻米品种不断改良，日本水稻生产效率逐年提升，稻谷机械化程度超过98%，显著降低了稻谷生产成本，见图5。当前，日本稻谷在世界稻谷市场尤其是优质稻谷市场上颇受欢迎，出口量日益增长，市场潜力较大。

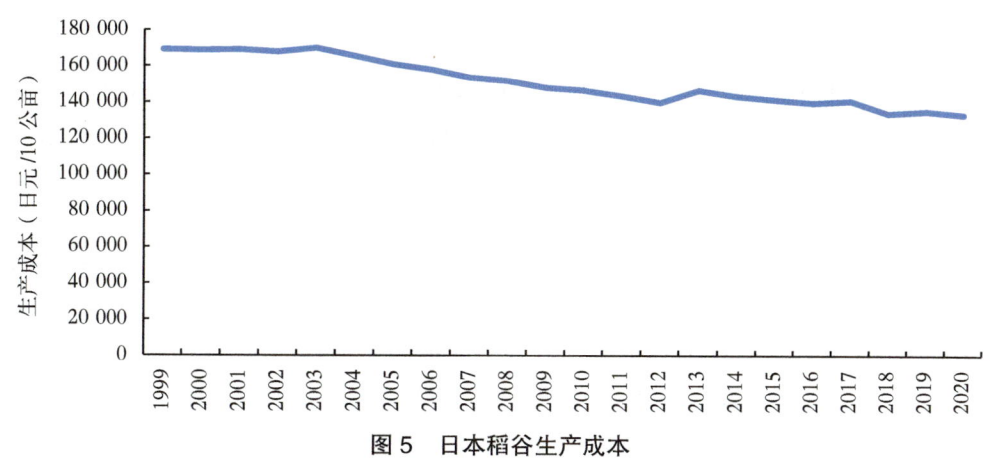

图5 日本稻谷生产成本

数据来源：FAO

2. 日本稻谷基本收益逐步增加

日本稻谷种植面积逐年增加，当前水田种植率达到了90%以上，2014年水稻实际种植面积为154.1公亩/户，比2000年增加46.76%，净利润达到42 915日元/10公亩，比2000年增加57.91%。但必须注意的是，日本农户稻谷净利润中政府补贴占比较大（表9），如果扣除政府补贴，农户稻谷净利润则呈总体降低趋势。

表9 日本稻谷收益

年份	水稻实际种植面积（公亩/户）	净利润（不含补贴）（日元/10公亩）
2000	105.0	42 915
2001	103.4	43 887
2002	105.7	41 563
2003	101.0	66 687
2004	111.5	34 629
2005	115.8	32 810
2006	115.8	32 810
2007	118.1	29 463
2008	122.8	26 485
2009	128.9	29 101
2010	132.9	24 170
2011	137.7	6 557
2012	141.8	28 765
2013	146.9	36 453
2014	154.1	27 177

五、世界供需形势展望

（一）2018—2019年世界稻谷产业展望

根据美国农业部预测，全球2018—2019年度稻米总产量预计为4.876亿吨，与2017年同期相比产量减少了将近100万吨。2018—2019年度，中国、哥伦比亚、埃及、印度、伊拉克、巴基斯坦、韩国和委内瑞拉等8个国家的稻米预期产量会有所下降，其中中国、越南、泰国政府公布有关控制大米年产量的政策，其中将大米产量控制在3 000万吨，与2017年3 300万吨水平相比有所下降。但这些产量的减少会被孟加拉国、缅甸、柬埔寨、圭亚那、印度尼西亚、马达加斯加、菲律宾、斯里兰卡、泰国、坦桑尼亚、美国等11个国家的稻米产量部分抵消。2018—2019年度越南稻米的产量预计会比2017年同期产量略有提高。受农业用水量影响，预计2018—2019年度伊拉克水稻面积将大幅减少至2万公顷，这也是自1960年以来水稻面积最少的一年。马达加斯加受干旱影响减少了作物种植面积，预计2018—2019年度马达加斯加水稻收获面积为143万公顷，比2017年同期预测减少了2.5万公顷。俄罗斯在2018年8月将预测产量提高至62万吨，但面积和产量均要比2017年同期低。

2018年全球的稻米消费量和剩余量预计为4.78亿吨，与2017年同期相比增长了将近1%，其中，中国在2018—2019年度的全球消费预期增长所占比例最高，将达到历史最高水平。预计印度和孟加拉国在2018—2019年度的消费量和剩余量也会提高。随着全球消费量的增加，全球消费量已经展现出超过全球产量的势头，预计在2018—2019年度，全球年终库存将减少20万吨，下降至1.436亿吨，这是自2006—2007年度以来的首次下降。2018—2019年度，全球库存与消费比预计为29.4%，与2017年同期相比略有下降。

在稻米进出口贸易方面，预计2019年全球大米贸易量将达到历史最高的4 945万吨，比2018年增加60万吨。其中，巴基斯坦为全球大米贸易贡献了绝对力量，预计2019年巴基斯坦大米出口量将达到430万吨，该数值居为巴基斯坦历年来最高。2019年阿根廷、缅甸、柬埔寨、中国、巴拉圭、泰国和美国的稻谷出口增长预计将超过2018年，巴西、埃及、印度、秘鲁和乌拉圭的出口可能会减少。在进口方面，预计2019年中国和尼日利亚仍将是最大的大米进口国，欧盟和科特迪瓦则紧随其后，贝宁、巴西、布基纳法索、喀麦隆、科特迪瓦、欧盟、伊朗、伊拉克、马来西亚、肯尼亚、马里、塞内加尔和阿拉伯联合酋长国的进口量也将高于2017年同期。而印度尼西亚、孟加拉国、厄瓜多尔、马达加斯加、菲律宾、斯里兰卡和委内瑞拉的进口量将低于2018年，其中印度尼西亚和菲律宾下降幅度最大。

在稻谷价格方面，预计中国对大米的需求量在会有所增加。截至2018年8月6日，泰国B级精米的报价为每吨397美元，较7月9日的一周上涨了3美元；泰国优质茉莉花大米的报价为每吨1 028美元，较7月9日的一周下降了80美元。越南大米的价格在7—8月下降了约8%，截至8月7日，越南5%普通碾磨白米的报价为每吨390美元，较7月10日的一周下跌了35美元。越南大米与泰国同类型大米相比，售价通常便宜30~50美元。7—8月，美国长粒大米的价格略有下降。截至8月6日，美国南部优质长米的价格为每吨600美元，比7月10日的一周下降了20美元。美国与泰国大米（100% B级精米）的价差从7月的226美元/吨下降至203美元/吨。截至8月7日，美国长粒粗米的报价为295美元/吨，与7—8月相比下降了25美元。

（二）中长期世界稻谷产业展望

1. 全球稻米生产有望继续增长，但增速将减缓

随着播种面积增加、农业技术进步、单产提高，如果不发生较大的自然灾害，未来一段时期内全球大米产量呈上涨态势，产量有望继续保持在4.8亿~5亿吨的历史高位。但是，主产国产量增速放缓，后期增长潜力有限。主要原因：一是近年来全球稻谷折合大米的年度产量在5亿吨左右，受水土资源限制，稻米大幅增产的空间有限。二是当前全球稻米供大于求，库存高企，价格总体弱势运行，生产者种植收益不高，产量大幅增长的内生动力不足。从区域分布看，全球大米主产国主要分布在中国、印度、印度尼西亚、孟加拉

国、越南和泰国，亚洲占世界稻谷播种面积和产量的 90% 以上；其次是非洲、美洲。未来东南亚主产国稻谷播种面积将持续增长，其中，泰国受前期稻米典押政策影响较大，尚需一定的消化期，但其国内政策风向有重回政府托市收购的迹象；越南则加大力度鼓励大米出口，尤其提出优质化的战略；柬埔寨、老挝等国则把稻米出口作为创汇的重要手段；印度稻米产量有望持续增长，且其巴斯马蒂大米质量较高，但本国消化能力较强。从单产角度来看，农资投入及农业技术的发展带动的单产增加已经达到极限，后期单产增加潜力有限。

2. 消费需求刚性增长，增速放缓

大米是世界多数人的主要口粮。随着人口数量增长，未来 5 年全球大米消费量也将呈上涨趋势，预计年消费量在 4.8 亿吨水平，产需基本持平。随着世界居民食物消费结构升级，稻米在日常膳食消费中的地位有所下降，消费增速将有所放缓。随着世界城镇化水平发展，稻米烹调相对容易，也能够满足居民在外消费的需求，适宜快节奏的生活。因此，总体判断其消费量还是增长。

3. 库存水平将略有下降，依然高企

未来一段时间，世界稻米市场供求仍然相对宽松。通过对世界五大主要出口国（印度、巴基斯坦、泰国、美国和越南）的分析可知，主要出口国库存消费比仍然较高。只要不发生大的自然灾害或者烈度较大的局部战争，库存高企的状况在近 3 年内较难改善。由此引发的担忧是，库存大米的质量可能会有所下降，大米食品安全水平值得关注。

4. 稻米价格短期弱势运行，长期稳中有涨

世界稻米价格已经保持弱势运行 3 年多，主要受供大于求总体局面的影响。预计短期内世界稻米价格仍将弱势运行，其涨跌幅度主要受到主产国政策影响。中国的稻谷最低收购价政策面临改革与调整，而且当前中国与世界稻米市场关联程度较大，受此影响，大米价格弱势运行的可能性较大。当前，泰国政府已经表露出重归典押政策的迹象，届时会对稻米价格造成一定影响。

5. 稻米贸易规模继续扩大，但是出口市场将更为剧烈

总体而言，鉴于出口供给充足，预计主要出口国之间仍将在未来一段时间展开激烈竞争。2017 年下半年，美国大米获准进入中国这一世界上最大的大米消费国，由于国际市场每年贸易量有限以及中国进口配额的限制，价格出现大涨的可能性仍然较小。国际市场价格上涨加之中国大米最低收购价的调整，将会导致国内外价格差缩小，也会对美国大米进入中国市场产生一定阻碍，进一步减弱美国大米的进入对国际大米贸易的影响。整体来看，国际市场贸易总量不会产生较大变化。

专题二　国际市场价格波动特征研究

国际市场上，泰国是国际市场上最为主要的大米出口国，其中100% B级大米是出口价格最高的产品，5%破碎率大米和15%破碎率大米是交易量较大的产品。另外，虽然美国大米的年出口量不如泰国，但是由于美国大米拥有较为完善的期货交易制度，美国大米价格对于国际市场也具有相当的影响力。

一、世界稻谷价格变化趋势

（一）价格波动频繁，总体呈上涨趋势

2000年以来，国际市场大米价格波动十分剧烈（图1）。泰国100% B级大米从2000年的平均207美元/吨，上涨到2016年的平均422美元/吨，涨幅达到100.95%；泰国5%破碎率大米从2000年的平均196美元/吨，上涨到2017年的平均411美元/吨，涨幅达到109.7%；泰国15%破碎率大米从2000年的平均183美元/吨，上涨到2017年的394美元/吨，涨幅达到115%；美国长粒米的价格从2000年的平均271美元/吨，上涨到2017年的552美元/吨，涨幅达到103.84%。总体上看，受国际市场上石油价格上涨以及美元贬值等影响，国际大米价格较21世纪初期出现了明显上涨。

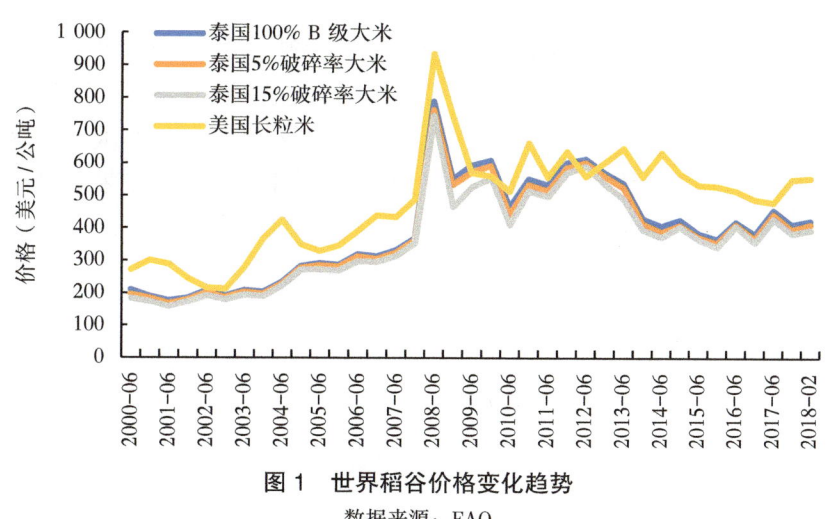

图1　世界稻谷价格变化趋势
数据来源：FAO

（二）2006—2008 年价格迅速上涨

2006—2008 年，国际市场经历了世界粮食危机，大米价格整体出现了一次明显的上涨。其中美国长粒米价格于 2008 年 6 月达到历史最高的 935 美元 / 吨，泰国 100% B 级大米于 2008 年 5 月达到历史最高月均价格的 789 美元 / 吨，泰国 5% 破碎率大米与 15% 破碎率大米同样都于当月分别达到了历史最高月均价格的 763 美元 / 吨和 745 美元 / 吨。这段时间大米价格的剧烈上涨主要有 3 个原因：一是国际市场主要大米生产国限制出口。2008 年第一季度，越南、印度、柬埔寨等重要大米出口国陆续宣布限制本国大米出口，国际大米库存降到了 20 年来的最低准，国际大米市场供应量骤减 30% 以上。二是中国等多个国家出现雪灾、干旱等恶劣天气，极大影响了大米未来的供给预期。三是国际原油价格上涨。2007 年末伊朗核问题悬而未决，部分产油国家政局不稳，加之美元贬值等因素，导致原油价格大幅上涨，显著提高了农业生产的成本，也在一定程度上推动了大米价格的暴涨。

（三）2012 年以来大米价格整体呈现下跌趋势

2012 年 6 月之后，泰国 100% B 级大米、泰国 5% 破碎率大米和泰国 15% 破碎率大米触顶回落，美国长粒米在 2011 年 12 月开始回落；泰国、越南和印度等主要大米出口国竞相降价出口大米，导致国际市场米价持续下跌，2012 年 12 国际大米价格几乎已经落回了 2008—2009 年大幅上涨前的水平。截至 2018 年 8 月，国际市场稻米价格一直在波动中缓慢下行，泰国 100% B 级大米从 2 月的 612 美元 / 吨跌到 422 美元 / 吨，跌幅达到 31.05%；泰国 5% 破碎率大米从 2 月的 601 美元 / 吨跌到 411 美元 / 吨，跌幅达到 31.61%；泰国 15% 破碎率大米从 2 月的 590 美元 / 吨跌到 394 美元 / 吨，跌幅达到 33.22%；美国长粒米的价格从 2017 年 12 月的 636 美元 / 吨跌到 552 美元 / 吨，跌幅达到 13.15%。

该阶段稻米价格下跌原因：2008 年国际金融危机影响，国际原油价格暴跌，化肥、燃料和运输成本下降；受稻谷主产国粮食生产政策利好及稻谷生长期有利天气影响，全球稻谷产量整体呈平稳略增态势，主要稻谷生产国贸易规模逐步增加，泰国、越南、印度出口持续增加；受经济增长缓慢以及地区竞争的影响，多数主要产地的稻米出口价格都出现了下跌；特别是 2016 年，泰国发生政变，结束了政府补贴米农的做法，造成了泰国米价持续下跌。

（四）2018 年以来国际稻谷价格

为了数据分析的简捷，选取泰国的 5% 破碎率和 25% 破碎率大米、美国 4%~5% 破碎率大米作为分析价格变动的 3 个主要指标（图 2）。

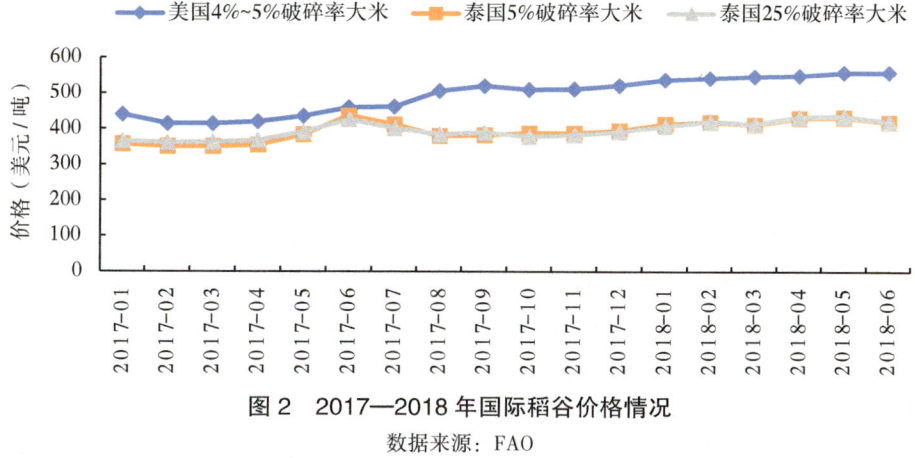

图2 2017—2018年国际稻谷价格情况

数据来源：FAO

（五）稻谷价格虽有波动，但总体呈上升趋势

2017—2018年，世界稻谷价格在波动中呈增长趋势。2017年1月，泰国5%破碎率大米和25%破碎率大米价格分别为357美元/吨和366美元/吨，2018年6月，泰国5%破碎率大米和25%破碎率大米价格为419美元/吨、421美元/吨，分别增长17.4%和14.8%。美国4%~5%破碎率大米价格增幅较大，由2017年1月的440美元/吨增长为2018年6月的560美元/吨，增幅达到27.2%。

2017年1—7月稻谷价格上涨原因：主要稻谷生产国大米出口规模有所萎缩，2016年印度遭受干旱，出口能力减弱；越南湄公河地区遭遇严重的干旱和盐碱打击，越南在东南亚的主要出口市场采取了抑制进口政策，其中还受到泰国抛售旧米影响。另外，越南米的东南亚市场，如中国、菲律宾、印度尼西亚等国的需求减少。

2017年7月至2018年5月，稻谷价格震荡上涨，主要原因：全球通货膨胀影响；该时期印度尼西亚、菲律宾等国新增采购需求推动了国际米价继续上涨。

2018年5月之后，价格下降。主要原因：东南亚主产国新季稻收割进入高峰期，市场供给充裕；另外，孟加拉国、斯里兰卡以及非洲国家采购量偏低，需求不振。中国稻谷收购价放开，需求量同比减少。

（六）优质稻谷与中低档稻谷价格变化趋势较大

优质稻谷（美国4%~5%破碎率大米）与中低档稻谷（泰国5%和25%破碎率大米）价格差别较大，变化趋势明显。美国4%~5%破碎率大米自2017年1月至今，稻米价格持续增长，而泰国5%和25%破碎率大米价格波动较大，2017年1—6月，泰国5%和25%破碎率大米价格持续增长，7—10月稍有回落，之后稻谷价格再次缓慢回升，可见，中低档稻谷受市场环境等因素影响较大。

二、主要国家价格调控措施及成效分析

（一）美国

美国对稻谷等粮食作物的价格调控政策主要体现在2014年出台的《食物、农场及就业法案》（Food, Farm and Jobs Bill）中。该法案对农业补贴政策作出大幅度调整，取消了直接补贴，大幅调整了目标价格和目标收入补贴项目，并突出了作物保险在农业支持政策中的作用。

1. 取消直接补贴

名义上，取消直接补贴、反周期补贴、平均农作物收入选择补贴，保留营销援助贷款项目。新设立了两个项目——价格损失保障和农业风险保障，生产者可以在二者之间作出选择。实际上真正取消的补贴是直接补贴，目标价格补贴和目标收入补贴是保留的。

2. 大幅调整目标价格和目标收入补贴项目

在正式出台的2014年美国农业法案中，在名义上取消了反周期补贴和平均农作物收入选择计划。这两个项目被价格损失保障（Price Loss Coverage，PLC）和农业风险补助保障（Agriculture Risk Coverage，ARC）所取代。实际上，价格损失保障和农业风险保障仍然属于目标价格和目标收入补贴的范畴。以水稻为例，在2014年农业法案执行期间，水稻生产者可能会选择参加其他但不是所有的项目。

价格损失保障是设定一个参考价格，如果市场价格低于参考价格的时候，则向生产者提供补贴，从而一定程度上补偿价格下跌造成的损失，这可以视为对反周期补贴的调整。价格损失保障基本采纳了国内的建议，调整了补贴计算的基础面积，将目标价格大幅提高，但是改名为参考价格。

农业风险保障是设立一个经营农业的保底收入，在作物年度中，某种作物真实的县水平收入低于县水平保障收入，或者个人农场实际收入低于个人农场保障收入的时候，则启动相应的补贴，这可以视为平均作物选择补贴的升级模式。新法案采纳把州水平启动标准调整为县水平启动标准的建议。但是，出于财政预算的考虑，该补贴相比国内的建议补贴标准有所降低。最终，县平均收入的86%被作为这一补贴的启动标准，这就意味着14%以上的损失要农民自行承担。

3. 突出作物保险作用

2014年新出台的农业法案在联邦农作物保险中增加了补充保障选择计划（Supplemental Coverage Option，SCO）和堆叠收入保障计划（Stacked Income Protection Plan，STAX）两个新的项目。其中，堆叠收入保障计划主要向高地棉生产者提供保费补贴，补充保障选择计划在2015年作物年度后才会生效。补充保障选择计划将为生产者提供65%的保险保费补贴。如果生产者选择了农业风险保障或堆叠收入保障计划，就不能再选择SCO项目。该项目以县平均单产或收入为基础，与传统保险产品相结合，为生产者提供额外的以面积为基础的保险保障。实际上，这一新计划的出台，表明新的农业法案

既没有采纳提高作物单产标准的方案,也没有采纳极端的用农作物保险补贴政策替换当前所有的农业商品计划和作物保险,而是扩大了过去以地区单位面积收益为参考的保险实施范围。国会预算局估计,新项目和调整现有的项目将仅仅增加不到20亿美元,2014—2018年联邦农作物保险和相关项目支出预计超过当前项目成本。

（二）韩国

大米是韩国民众最主要消费的粮食作物,大米的补贴政策是韩国农产品支持保护政策的核心。从20世纪70年代开始,韩国政府对大米实行市场价格支持政策,具体方式为购销倒挂的粮价双轨制,政府高价向农民收购大米,低价供应给城市居民,差价由政府补贴。政府差价补贴的资金来自1970年粮食管理方案基础上建立的粮食管理基金,截至1993年年底,差价补贴造成粮食管理基金的赤字高达8.7万亿韩元,其中由于补贴大米造成的赤字达7.7万亿韩元；从1993年开始,韩国政府采取了新农计划,其内容是政府向市场出售收购的大米时,由全国农业合作社联合会（NACF）建立竞争性投标机制,取消政府制定再出售价格,政府委托NACF负责向农民收购大米及发放补贴,该计划缩小了大米收购价与再出售价之间的差额,降低了政府的补贴支出。1994年,韩国政府废除粮食管理基金,重新建立强化粮食库存基金,该基金承担粮食管理基金的债务同时设立粮食管理特别账户,处理粮食的差价补贴,粮食管理特别账户的经费由韩国农林部资助。

1. 大米流通体系

韩国全部稻谷流通是由政府收购、农民合作社、稻谷加工企业和农民直接销售等4条渠道完成,后两者属于私营性质。以1996年大米流通渠道为例,各主要流通渠道从农民手中收购的大米比例分别是：农民合作社40.2%,政府29.5%,私营加工企业20.3%。从20世纪90年代中期开始,韩国大米企业经历流通体制和流通政策改革。改革的方向是建立一个自由竞争的大米流通体制。价格要反映出供求关系及贸易商、流通企业和流通渠道之间的竞争,重点是建立私人企业间的公平竞争,改善公共社会基础设施,以最低成本建立起农产品最佳分配和流通渠道。在流通政策方面,允许大米市场有一定程度的季节差价；政府收购大米实行竞争性投标,由全国农民合作社联社收购。1996年推出扩大稻谷生产基地的综合规划,将建立400家稻谷综合加工企业,以改进主产区大米流通体制；1997年韩国又推出大米合同收购制的新举措,其要点是政府预先颁布合同价格,参与政府收购计划的生产者在种植季节与政府签订合同。

随着韩国经济的快速发展,韩国大米流通体系也产生剧烈变化。大米流通过程是从农场到大米加工综合体或者碾米厂,然后到零售市场,最后到达消费者。在全国各地有302个大米加工综合体（RPCs）,进行大米干燥、储存、加工及销售工作。由于过去对市场有着重要影响的政府采购政策已经被废除,民营经济实体掌控着这些流通过程,加上属于可被储存的标准化产品,批发市场在大米行业中的作用不大,大部分产品都是从产地（当地加工公司）直接供应给零售商,然后进行销售。

2. 大米储备体系

目前,韩国政府是大米储备的主体。相关资料显示,2015年韩国政府收购稻米约59

万吨,由农协负责稻米的储备及销售;民营经济实体在稻米储备中也起到很大的作用,大米加工综合体以及碾米厂作为私人储备主体,承担部分粮食储备工作。

韩国自2005年起废除"秋谷收购制度",依照WTO规则建立公共储备制度,其目的是预防自然灾害和紧急状况,是一种能够有效保障粮食安全、提高稻农收入的政策制度。当水稻歉收时,市场上大米的供应量减少,为抑制因歉收带来的价格上扬,政府通过投放储备粮的方式来稳定市场价格;相应地,当粮食丰收时,政府在收获季节按市价收购粮食,在非收获季节释放粮食,以避免因丰收而造成的稻农收入降低,以保证稻农收入。

公共储备项目的主体主要有两个:一个是政府部门,负责决定储备粮的收购量、收购价格、销售时间以及销售价格;二是韩国农协,负责储备粮的收购、储备保管和销售。根据FAO的建议,粮食储备量应在全年粮食产量的17%~18%,韩国政府将粮食储备量定在86万吨左右,每年储备买入量约为43万吨。据美国农业部海外研究中心(USAF)的研究报告,2010年韩国的粮食库存率仅为11.0%。

(三)日本

日本属于东亚小农国家,人多地少,是世界上主要的农产品进口国。日本粮食自给水平较低,1997年以来一直低于40%。因此,日本政府十分重视粮食安全问题,从补贴政策、农地保护制度、粮食流通体制等多方面入手,尤其是建立了一套行之有效的大米储备制度。

1. 完善的储备制度

日本大米储备制度的政策要点主要包括:一是保持适当的粮食储备水平,一般在每年的6月末保证有100万吨的库存量;二是维持一定的粮食储备期限,日本国产米在库时间一般最多不超过5年;三是为了不影响秋收的市场价格,储备米一般采取事前合约的形式收购,以期能够反映农户经营计划;四是一般每年2—4月决定招投标情况,通过竞争投标收购20万吨,价格以主食用的基准价格为准,以竞争形式形成最后价格,确保公平、公正;五是每年轮换销售储备米20万吨,主要用于饲料等非主食性消费;六是由于受灾或连续减产等因素,导致粮食供应量显著减少而向市场投放政府储备粮时,需要农林水产省政策审议会召开专门会议,围绕粮食产量、在库量、市场状况、消费动向、粮食价格以及物价趋势等因素,进行综合分析以论证投放必要性,由农林水产大臣作出储备米的市场投放决定。

2. 合理的大米储备竞标收购流程

一般而言,日本政府储备米的收购流程有以下几个步骤:①由竞标者根据预期销售量和投标单价综合决定投标情况;②由竞标者根据预期销售量和中标单价综合决定中标情况;③根据中标情况,由竞标者依据中标数量,决定与每户农户相关联的交易数量;④与此同时,农户依据交易数量进行换算,指定生产政府储备米的种植面积;⑤秋收后,如果存在产量变化情况,则在平衡每个契约农户种植情况的基础上,对指定面积区域的粮食全量收购,如果产量低于契约数量,不收取违约金,如果产量高于契约数量,则全量收购；⑥针对以上流程，农户需提交专门的申请表格，以最终确定契约内容；⑦同时，竞拍公告公布更为详细的储备米交易契约情况。

日本政府储备米收购有以下几个特点：一是采取预定收购的方式，通过契约销售尽量减少对市场价格的影响；二是依据每个农户的情况分别核算，制订详细的契约收购计划；三是对中标数量进行种植面积换算，并作为实际销售依据；四是考虑收成情况，政府对指定区域面积的产量，实施兜底收购。

3. 大米储备的市场投放流程

依托粮食储备制度，日本政府在遇到灾情等导致市场大米供给不足的情况时，及时向市场增加供应量，确保粮食供应和市场稳定。日本建立了信息收集分析、紧急调查、召开粮食部门会议、签署投放命令等一整套周密而详细的政府大米储备粮市场投放流程。

总体看，具有以下特点：一是区分当年投放和次年投放两种情形。日本政府储备米市场投放存在当年立即投放和次年投放两种情况，并针对两种情况分别于6月和8月启动紧急调查。二是定期监测与紧急调查相补充。日本每月对库存、价格进行调查，对作物生产状况进行定期监测。如果根据分析结果推断当年由于歉收而有可能导致消费者粮食供给出现问题的情况，则启动紧急调查，扩大信息收集对象，加大调查频率，提交分析报告。三是日常机构管理与专门会议相结合。日本农林水产省下设的消费安全局，专门设置了粮食流通监测室，负责粮食市场运行监测。生产局农产部农产企划课下设的粮食业务班，负责储备米的招投标管理。除这两个日常机构职务，根据紧急调查结果，如果推断国内大米生产量低于需求量，不投放政府储备米有可能导致第二年6月末的民间库存低于往年水平，则召开粮食部门会议，围绕粮食产量、在库量、市场状况、消费动向、粮食价格以及物价趋势等因素进行综合分析，以论证投放必要性，并根据粮食部门会议决定，由农林水产大臣签发投放决定。

参考文献

冯岩，张瑞贤. 2016. 图文解说：美国的高效规模化水稻产业[J]. 营销界（农资与市场）（21）：116-117.

李东坡，南石晃明，长命洋佑. 2018. 日本稻米价格与收入补贴政策的演进过程及战略创新[J]. 中国农业大学学报（社会科学版）（1）：89-100.

庞乾林，徐春春，林海，等. 2016. 中国稻米价格的历史变化及影响与今后调控对策的探讨[J]. 中国稻米（1）：48-54.

王亚梁，朱德峰，张玉屏，等. 2017. 韩国稻作技术创新与转型[J]. 中国稻米，23（1）：57-59.

辛翔飞，孙致陆，王济民，等. 2018. 国内外粮价倒挂带来的挑战、机遇及对策建议[J]. 农业经济问题（3）：15-22.

薛思蒙，刘瀛弢，毛世平. 2017. 中日水稻产业生产效率比较研究[J]. 农业经济问题（11）：67-76.

周惠，曾晓虹. 2018. 2017年国内稻米市场形势分析及2018年展望[J]. 农业展望（3）：4-9.

Food and Agriculture Organization of the United Nations. 2018. Crop Prospects and Food Situation[R].

Food and Agriculture Organization of the United Nations. 2018. Food Out[R].

Food and Agriculture Organization of the United Nations. 2018. World Agricultural Supply and Demand Estimates[R].

（执笔人：彭超　郭军）

海外农产品市场研究（2018）

第二部分

小 麦

海外农产品市场研究（2018）

专题一 世界供需形势分析

随着播种面积和单产水平的提高,世界小麦产量有了较大幅度的增长,消费量在人口增加的带动下也呈现刚性增长。2018年世界小麦产量略有下滑,供应仍较充足,小麦生产区域布局变动不大。受气候条件、产量增长等因素影响,2018年国际小麦价格继续在低位徘徊,主要出口国家的出口市场份额将会出现显著的变化。从生产成本来看,中国小麦单位面积生产总成本显著高于美国和欧盟,且成本增加速度较快。从产业链竞争力来看,跨国粮商凭借规模优势、资本优势和政策优势,通过纵向一体化完成了对全球农业产业链的战略布局,中国农业产业链竞争力与之相比仍存在较大差距。美国、欧盟、日本、印度等都对粮食及小麦产业发展制定相应的扶持政策,对粮食及小麦产业的发展发挥了重要作用。从供需形势来看,未来10年小麦产量的年均增长速度略小于消费的增长速度,但10年中的多数年份产量仍略高于需求量。

一、世界供需形势

(一)供需变化分析

随着播种面积和单产水平的提高,全球小麦产量有较大幅度增长。据联合国粮食及农业组织(FAO)的统计数据,世界小麦总产量从1961年的2.22亿吨增加到2017年的7.57亿吨,创历史最高水平,平均每年递增2.21%。从历史变化趋势看,全球小麦总产量整体增速呈逐渐下降态势:1961—1970年小麦总产量年均增长速度为3.79%,1971—1980年下降为3.54%,1981—1990年继续下降为3.01%,1991—2000年小麦总产量增长更加缓慢,下降为0.73%,2001—2017年有所回升,为1.71%,但仍低于1990年之前的水平(表1)。

表1 1961—2017年世界小麦供求平衡分析

年份	产量 (百万吨)	进口量 (百万吨)	出口量 (百万吨)	饲料用量 (百万吨)	总消费量 (百万吨)	期末库存 (百万吨)	库存消费比 (%)
1961—1965	247.7	49.8	51.4	28.5	247.9	60.9	24.57
1966—1970	308.9	54.1	55.5	57.6	303.6	64.8	21.34
1971—1975	354.9	67.4	69.6	71.3	349.0	68.5	19.63
1976—1980	421.8	81.5	82.9	83.1	407.0	82.0	20.15
1981—1985	485.6	107.8	110.6	95.0	473.1	91.6	19.36

（续表）

年份	产量（百万吨）	进口量（百万吨）	出口量（百万吨）	饲料用量（百万吨）	总消费量（百万吨）	期末库存（百万吨）	库存消费比（%）
1986—1990	532.9	109.0	110.8	106.8	533.2	89.5	16.79
1991—1995	549.3	122.3	124.4	93.3	551.4	85.3	15.47
1996—2000	593.2	127.6	129.9	95.4	575.2	101.0	17.56
2001—2005	592.0	116.3	116.6	106.0	599.5	98.7	16.46
2006—2010	648.8	121.4	121.7	120.2	648.0	175.5	26.08
2011—2015	708.6	153.2	153.2	135.8	699.7	192.7	27.54
2016	757.2	176.4	176.4	143.1	734.8	256.3	34.88
2017	756.8	173.5	173.5	142.8	738.2	273.4	37.04

注：资料来源于FAO。进口量和出口量根据联合国粮农组织数据库贸易数据计算，产量、消费量、饲料用量根据供需平衡表数据计算

受世界人口刚性增长需求拉动影响，全球小麦消费量也呈现稳定增长态势。1961—2017年，全球小麦消费量从2.24亿吨增加到7.38亿吨，平均每年递增2.15%。其中，1961—1991年以每10年1亿多吨的水平持续增长，1991年增至5.46亿吨；1991—2001年消费量增长放缓，10年间增加了3 100万吨；2001—2011年消费量增长明显快于上个10年，增加了1.12亿吨；2011年以来消费量增加了4 100万吨。小麦消费量的年均增长速度也呈现逐渐降低趋势，1961—1970年的年均增长速度为4.43%，2001—2017年下降为1.48%。

世界小麦的总产量和总消费量均呈上升趋势，其中50%的时间总需求大于总供给，50%的时间总供给大于总需求。从库存变化量可以看出，1966—1985年、1995—2000年、2006—2007年、2010—2012年，世界小麦产不足需，库存下降；1986—1995年、2001—2005年、2008—2009年、2013—2017年，世界小麦产大于需，库存增加。

库存消费比是指期末库存量占消费量的比重，是衡量农产品储备安全水平的一项重要指标。1971—2017年，世界小麦的平均库存消费比基本保持在25%左右，略低于FAO提出的最低安全保障水平。其中，1987年的世界小麦库存消费比最高，为34.16%；1996年最低，为18.61%。由于2008、2009年世界小麦大幅增产，小麦库存消费比结束继续下降的局面，分别达到27.3%、30.9%的水平。2010年俄罗斯、乌克兰等主要小麦生产国遭遇严重干旱，导致世界小麦产量减少，库存消费比下降至27.7%；2011年实现恢复性增产，产量除满足消费外还略有盈余，库存消费比为27.5%，2012年为23%，但仍然高于粮食危机时22.1%的水平。2013年以来，小麦库存量不断增加，从1.58亿吨增长到2017年的2.73亿吨，为2003年以来的最高水平；库存消费比从26.4%增加至37.04%，增长10.64个百分点。

（二）2018年供需形势

2018年世界小麦产量略有下滑，供应仍较充足。据FAO报告，受欧洲播种面积缩减

造成减产、澳大利亚单产从2017年的高水平降至往年的正常水平和亚洲等全球主产区减产等影响，2018年全球小麦产量预计为7.36亿吨，比2017年减少2.7%，但仍然高于过去5年的平均水平。虽然预计2018年减产，但小麦供应过剩的局面很可能将延续。从国家和地区来看，欧盟和俄罗斯由于播种面积减少和气候因素影响致使小麦产量下降，产量分别为1.47亿吨和7 200万吨，同比减少3.3%和16.2%；乌克兰由于播种面积缩减，小麦产量为2 340万吨，同比减少10.7%。北半球冬小麦的旱情有所缓解，亚洲小麦生长状况良好，小麦产量比较稳定。中国产量略有减少，2018年为1.27亿吨，同比减少2.4%；印度产量继续增加，2018年为9 560万吨，同比增长0.1%。北美洲地区，美国和加拿大由于小麦价格上涨导致播种面积增加，小麦产量均有所增加，分别为4 970万吨和3 130万吨，同比增加4.9%和4.3%。

2018年世界小麦消费平稳增长，库存仍保持较高水平。2018年世界小麦消费量将持续增长，达到7.41亿吨，较2017年增长0.4%，增幅明显低于前两年。小麦饲料用量快速增长，2018年为1.44亿吨，同比增长0.6%，主要由于北美地区、中国和俄罗斯的小麦饲用量显著增加。而食用量增长则与人口增速基本同步，2018年为5.09亿吨，同比增长1.1%，这将使年人均消费水平稳定在66.7千克。其他消费量为8 850万吨，同比减少3.7%。2018年世界小麦期末库存量下降，为2.64亿吨，同比减少3.4%；其中欧盟、印度、中国、俄罗斯的库存量均有所下降。世界小麦供需变化情况见表2。

表2 世界小麦供需变化情况

指标	2017年	2018年	较2017年增长（%）
产量（百万吨）	756.8	736.1	-2.7
贸易量（百万吨）	173.5	175	0.9
消费量（百万吨）	738.2	741.1	0.4
食用量（百万吨）	503.5	508.9	1.1
饲用量（百万吨）	142.8	143.6	0.6
其他（百万吨）	91.9	88.5	-3.7
期末库存（百万吨）	273.4	264.2	-3.4
人均消费量（千克）	66.9	66.8	-0.1
库存消费比	37.4	35	-6.4
价格指数	133	147	10.7

注：资料来源于FAO。

（三）世界小麦主产区生产变化

1961—2017年，全球小麦生产区域有进一步集中的趋势。欧洲国家，包括俄罗斯、乌克兰、意大利、法国、英国、德国、波兰以及西班牙，小麦产量占世界总产量的比例比较平稳，1961—2007年基本处于14%~16%的水平。2008年，世界小麦总产量达到历史最高水平，其重要原因就是欧洲和美国的种植面积扩大，欧盟的小麦产量占世界总产量的比例达到21.9%，同比增加2%，再加上俄罗斯和乌克兰，欧洲的这一比例增加了近6%。2013年，这个比例又有所回落。亚洲国家，包括中国、印度、巴基斯坦、土耳其、哈萨克斯坦、伊朗6个国家的小麦产量占世界总产量的比例大幅增长，由1961—1965年的平均20%增长到2006—2010年的40%，增加了20%，2011—2013年略增至41%。北美洲国家，包括美国和加拿大两个国家小麦产量占世界总产量的比例呈下降趋势，从20世纪60年代初的19.5%下降到2006—2010年的12.9%，下降了6.6%。2013年，由于美国天气不利于小麦生产，这一比例降至13.3%。南美洲、大洋洲和非洲的小麦产量相对较小，除非洲的产量比重有所上升外，其他两个大洲都呈下降趋势。总的来看，世界小麦的生产区域正在向亚洲集中，亚洲的小麦生产中心为中国和印度；欧洲虽有所增长，但增长不具有长期性；北美的小麦生产呈现下降趋势，份额不断降低。

2018年世界小麦生产区域布局与2017年基本相同，北美洲和大洋洲地区占比减少，欧洲和亚洲占比增加（表3）。分区域来看，2018年欧洲小麦产量下降，主要因为俄罗斯和欧盟播种面积略有减少且气候条件不利所致。亚洲地区小麦产量占比也有所增加，亚洲小麦生长状况总体良好，特别是中国、印度和巴基斯坦的小麦播种面积略有增加，使得小麦产量总体稳定。北美洲地区小麦产量增加，作为小麦国际市场的主要出口国，美国和加拿大的播种面积受国际市场价格的直接影响，小麦价格上涨导致播种面积增加，加拿大和美国产量均有所增加，同比分别增长4.9%和4.4%。澳大利亚小麦产量较2017年增加，大洋洲产量占比有所增长，主要因为澳大利亚的单产水平提高。南美地区和非洲地区小麦产量基本稳定。

表3 世界小麦主产区生产变化

单位：百万吨

国家（地区）	2014—2016年	2015年	2016年	2017年	2018年
欧盟	154.0	160.5	144.5	152.0	147.0
中国	128.3	130.2	128.8	129.8	126.7
印度	91.5	86.5	92.3	98.5	98.6
俄罗斯	64.9	61.8	73.3	85.9	72.0
美国	58.0	56.1	62.8	47.4	49.7
加拿大	29.6	27.6	32.1	30.0	31.3
巴基斯坦	25.5	25.1	25.5	26.4	25.4
乌克兰	25.5	26.5	26.1	26.2	23.4
澳大利亚	27.7	24.2	31.8	21.2	21.9
土耳其	20.7	22.6	20.6	21.5	21.0
阿根廷	13.9	11.3	18.6	18.5	20.0
哈萨克斯坦	13.9	13.7	15.0	14.8	14.0
伊朗	11.9	11.5	11.1	12.5	13.4

（续表）

国家（地区）	2014—2016年	2015年	2016年	2017年	2018年
其他国家	59.7	59.7	74.7	72.2	71.7
世界	741.2	735.2	757.2	756.8	736.1

注：资料来源于FAOSTAT。其中1971—2015年的数据为每5年的平均值。各国的百分数=该国的产量/世界总产量×100%。欧洲因一些国家的数据不可得，2005年之后的数字为欧盟的数据

二、国际价格走势

（一）国际市场价格走势

受气候条件、产量下降等因素影响，2018年上半年国际小麦价格明显上涨，但仍处于较低水平。全球范围来看，小麦市场供需形势虽有所好转，但2018年小麦产量预期下降，小麦价格明显上涨。整体上看，2018年小麦库存在2017年大幅增加基础上减少920万吨，预计2018年库存消费比将达到34.9%，较2017年36.9%的库存消费比略有下降。美国硬红冬麦（蛋白质含量12%）墨西哥湾平均离岸价从1月的229美元/吨增至2月的240美元/吨，3月继续增至245美元/吨，5月升至250美元/吨；上半年（2018年1—6月）均价为241美元/吨，同比上涨11.9%（图1）。

图1　2002年以来美国硬红冬麦墨西哥湾价格走势
数据来源于美国小麦协会，国际小麦价格为平均离岸价

（二）国际小麦价格波动原因

小麦国际价格波动主要受到市场供需形势的影响，全球小麦供需偏紧是造成价格上涨的基础性因素，同时流动性泛滥、美元贬值、出口限制政策的频繁出台以及资本投机等因素则大大加剧了价格上涨。2018年，预计世界小麦减产，小麦价格持续上涨，主要原因

是需求稳定，产量下降带来供求形势偏紧。从长期来看，小麦国际价格波动的原因比较复杂，主要包括以下4个方面。

一是极端天气多发、频发影响世界粮食产量。2011年上半年，澳大利亚小麦收获期遭遇大雨，中国、法国、德国和英国小麦主产区干旱，小麦长势不佳，美国和加拿大因低温降雪延迟了春小麦播种进度，灾害性天气频发对世界粮食生产造成很大影响。

二是各国频繁出台出口限制政策，降低了国际粮食市场的稳定性。从2010年8月开始，俄罗斯、乌克兰、印度等粮食生产国纷纷对粮食等农产品采取出口限制措施，但由于2011年俄罗斯小麦长势良好，俄罗斯政府又宣布从7月1日起取消粮食出口禁令。出口政策的变化影响国际市场小麦供应，助推价格波动。

三是能源价格上升增加小麦生产成本和饲料需求。金融危机后，全球经济缓慢复苏，石油价格平稳上升，能源价格上涨一方面推高粮食生产成本，导致粮价上涨，另一方面促进生物质能源发展，玉米需求增加，价格上涨，由于玉米和小麦之间的替代关系，玉米价格上涨会带动小麦饲料需求增加。

四是金融投机资本利用各种突发事件炒作，信息传递便捷加剧了市场波动。粮食具有供需弹性低、交易规模小的特点，更容易受到投机资金的炒作，从而加剧粮食价格波动。随着互联网的普及，自然灾害信息、市场信息、出口政策等会迅速传递，从而对粮价变化形成放大效应。

此外，小麦供求宽松导致价格处于低位。由于2010年国际价格高企刺激播种面积扩大，2013年之后世界小麦产量连续3年增产，据FAO预测，2018年小麦产量预计将达到7.36亿吨，仍高于过去5年的平均水平，全球小麦供求略紧，小麦价格虽然上涨，但仍处于低位。

三、国际贸易格局

（一）国际贸易格局演变

总体来看，1961—2017年，世界小麦贸易量呈现波动中不断上升趋势（图2）。1961年世界小麦贸易量为0.40亿吨，1999年已经增加到1.15亿吨，增加了0.75亿吨，进入21世纪后，世界小麦贸易量一直保持在1.10亿~1.35亿吨，2007年达到1.33亿吨，此后一直下降，2010年为1.23亿吨，2011年大幅增至1.47亿吨，2012年降至1.40亿吨；2013年大幅上涨至1.57亿吨，2014年基本维持这一水平，2015—2017年进一步上涨至1.76亿吨。

从出口状况看，世界小麦出口市场非常集中。五大主要出口国分别是美国、法国、澳大利亚、加拿大和阿根廷，这5个国家的年出口量占世界总出口量的比例在60%以上。但是从总的趋势看，小麦出口市场逐渐多元化。1980年，这五大国家小麦出口量占世界总出口量的90.97%，但2010年仅为60%。进入21世纪，五大出口国家常年出口量在0.7亿~1亿吨。新兴的出口市场为俄罗斯、德国、印度等。

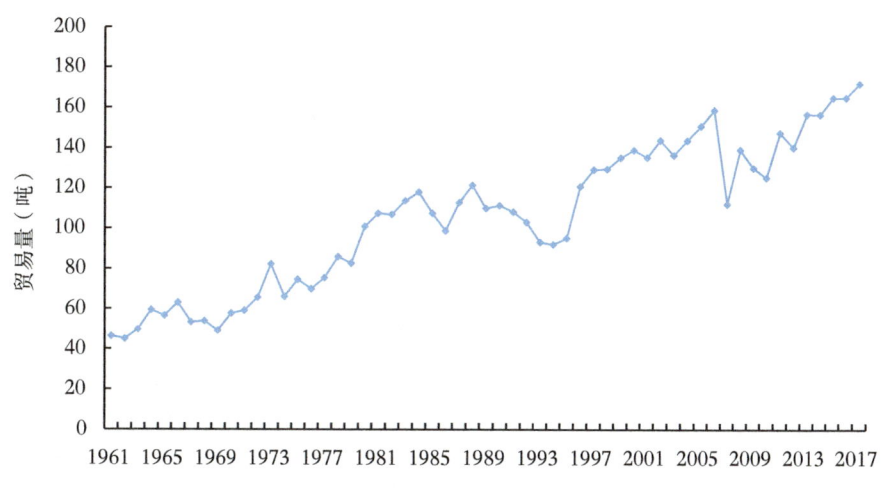

图2 世界小麦总贸易量变化

注：数据来源于FAO数据库贸易数据；其中2009—2017年贸易量来源于FAO《粮食展望》，其中2016年为估算值，2017年为预测值

分国别情况看，美国是世界最大的小麦出口国，年出口量占其国内总产量的40%~60%，最高出口量曾经达到4 300万吨左右。但近些年美国出口量有所减少，年均出口量在2 500万~2 800万吨，平均占世界总出口量的20%以上。法国也是传统的小麦出口国家，年均出口量1 800万吨，近几年有所增加，2014—2018年稳定在2 000万吨左右，平均占世界总出口量的11%~15%。加拿大和澳大利亚也是传统的小麦出口国，加拿大小麦年均出口量1 900万吨，2014年达到2 419万吨，之后有所减少，2018年为2 220万吨。澳大利亚近10年出口量呈现出先增加后减少的趋势，2007年出口量为1 468万吨，2012年增加至2 354.9万吨，之后呈减少趋势，2015—2017年平均出口量降至1 790万吨，2018年进一步降至1 510万吨。澳大利亚小麦出口量占其国内生产量的比例较高，但是受国内生产波动影响，年出口量波动较大。阿根廷也是世界重要的小麦出口国家之一，但出口量波动较大，2007年出口量均在960万吨左右，占世界小麦出口量的8%左右，2008年降至877万吨，2010年降至404万吨，2011和2012年猛增至819万和1 152万吨，2013和2014年再降至242万和185万吨，2015—2017年明显增长，平均为1 140万吨，2018年约为1 200万吨。

（二）2018年贸易形势

2018年世界谷物贸易量为4.12亿吨，同比增长0.3%。2018年世界小麦贸易量为1.75亿吨，同比增长0.9%（表4）。贸易量的增加主要由于发展中国家的进口量增幅较大，且主要出口国的小麦供应充足。2018年主要出口国家的出口市场份额出现显著变化。俄罗斯小麦虽然减产，但其价格非常有竞争力（目前黑海地区的小麦是全球价格最低的），因此，将会进一步推动俄罗斯取代欧盟，成为全球第一大小麦出口国。俄罗斯和欧盟一直稳步提高出口市场份额，而美国的份额逐渐下滑。在2013年之前，美国通常是全球第一大小麦出口国。2016年美国仍是第一大小麦出口国，但是这样的局势不会持续下去。2018年美国成为全球第三大小麦出口国，落后于俄罗斯和欧盟。预计2018年小麦出口量，俄罗斯为3 700万吨，欧盟为2 750万吨；加拿大小麦增产，出口量为2 220万吨；乌克兰小麦价格很有竞争力，出口量为1 500万吨；美国小麦出口量为2 500万吨，仍是小麦主要出口国。饲料小麦和低质量小麦的价格极其有竞争力，使得亚洲和非洲一些国家的小麦进口量增加。

表4 世界小麦主要贸易国家（地区）

进口	2015—2017年平均（百万吨）	2018年（百万吨）	增长（%）	出口	2015—2017年平均（百万吨）	2018年（百万吨）	增长（%）
埃及	11.8	12.5	0.7	俄罗斯	30.7	37.0	6.3
印度尼西亚	10.4	12	1.6	欧盟	27.2	27.5	0.3
安哥拉	8.2	7.7	-0.5	美国	24.7	25.0	0.3
巴西	6.7	7.5	0.8	加拿大	21.0	22.2	1.2
孟加拉	5.4	6.0	0.6	澳大利亚	17.9	15.1	-2.8
日本	5.7	5.8	0.1	乌克兰	17.7	15.0	-2.7
菲律宾	5.4	5.5	0.1	阿根廷	11.4	12.0	0.6
欧盟	5.7	5.5	-0.2	哈萨克斯坦	7.7	8.0	0.3
墨西哥	4.8	5.2	0.4	土耳其	4.6	4.5	-0.1
尼日利亚	4.9	5.1	0.2	墨西哥	1.2	1.3	0.1

注：资料来源于FAO

四、世界主要国家产业竞争力

（一）重点国家成本收益变化

不同国家之间因生产方式不同，纳入农产品成本核算的指标和口径范围也会有所不同。因为数据可获性的限制，报告选取中国、美国和欧盟的小麦成本收益数据进行分析。比如，美国的农业动力全部采用石化能源和电力，已经不用畜力，因此，没有"畜力费"指标，而中国有"畜力费"这一指标；又如，中国大规模使用农用薄膜，所以物耗费用中有一项"薄膜费"，而美国和欧盟都没有这项物耗指标。各国会计制度和财务核算的关注点也可能存在差异，因此，不同国家的农产品成本核算指标和口径范围也会出现差异。比如，农业生产中会发生外包作业，尤其美国和欧盟农业生产中的社会化服务比较普遍。因此，欧盟和美国的农产品成本核算中都有一个"外包作业"指标，中国也有一个反映外包作业的"租赁作业费"指标，但中国和欧美的口径范围是有差异的。欧美将各种外包作业发生的费用以及"技术服务费"记入该指标，而中国的"租赁作业费"不仅包含了外包的机械作业，还包括排灌费（含水费）和畜力费、但不包括"技术服务费"。

因此，在国际比较时就需要对指标涵盖范围差异进行相应调整。首先对不同国家的小麦成本指标及其口径涵盖范围进行了具体分析，然后在此基础上，根据已知信息，尽量进行一些可比性调整。在分析各经济体农产品成本核算指标涵盖范围的基础上，尽可能地进行了可比性调整，但仍然会存在一些非可比的方面，在利用分析结果时需要注意到这点。报告中的成本核算体系基本指标及其数据来源如下：美国指标和数据来自美国农业部经济研究局，欧盟指标与数据来自欧盟委员会，中国指标与数据来自国家发展和改革委员会的成本调查资料。

1. 美国

美国小麦生产成本主要由运营成本和间接费用构成。其中，运营成本主要包括种子费、肥料费、农药费、作业费、燃料动力费、修理费、排灌费、利息；而间接费用主要包括雇工费用、家庭劳动机会成本、固定资产折旧、土地机会成本、税金与保险费、管理费。2016年美国小麦生产总成本中，运营成本为118.5元/亩，占总成本的36.1%；间接费用为210.1元/亩，占总成本的63.9%。运营成本中肥料费为主要开支，2016年为37.5元/亩，占总成本的11.4%；修理费为23.6元/亩，占总成本的7.2%，其他各项合计占总成本的17.5%；间接费用中固定资产折旧费为97.1元/亩，占总成本的29.6%，土地机会成本为68.8元/亩，占总成本的20.9%，其他各项合计占总成本的13.4%（图3）。

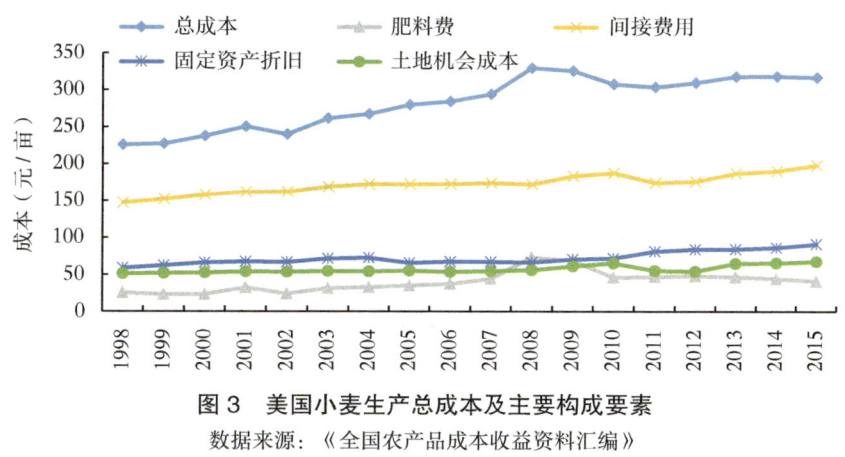

图3　美国小麦生产总成本及主要构成要素

数据来源：《全国农产品成本收益资料汇编》

自1998年以来，美国小麦生产成本总体呈增长趋势，但2009—2011年总成本略有回落，2012—2013年有所增长，2014年以来基本稳定。1998—2016年，总成本从226元/亩增至329元/亩，年均增长率2.1%；运营成本从79元/亩增至119元/亩，年均增长2.5%。其中，肥料费用与总成本表现出同样的增长趋势，在2009—2010年，出现小幅回落，后继续缓慢增长，从1998年的25元/亩增至2016年的37元/亩，年均增长2.2%，高于总成本的增速。

美国小麦间接费用自1998年以来总体呈增长趋势，2010—2011年间接费用进入下降通道，之后低速增长。1998—2016年，从147元/亩增至210元/亩，年均增长4.3%。其中，固定资产折旧呈现缓慢增长趋势，从1998年的59元/亩增至2016年的97元/亩，年均增长率达到2.8%。而土地机会成本呈现缓慢增长，从51元/亩增至69元/亩，年均增长1.7%。

2. 欧盟

欧盟小麦生产成本主要包括运营成本、人工成本、土地成本和间接费用等（图4）。其中，运营成本主要包括种子费、肥料费、农药费、外包作业费、燃料动力费、修理费、排灌费、其他直接费用；人工成本包括雇工费用和家庭劳动机会成本；而间接费用主要包括固定资产折旧和财务费。2015年欧盟小麦生产总成本为690元/亩，其中运营成本为382元/亩，占总成本的55.3%；人工成本为116元/亩，占总成本的16.9%；土地成本为55元/亩，占总成本的8%；间接费用为137元/亩，占总成本的19.8%。运营成本中肥料费为主要开支，2015年为95元/亩，占总成本的13.8%；燃料动力费为57元/亩，占总成本的8.3%；修理费为34元/亩，占总成本的5%，其他各项合计占总成本的28.3%。人工成本以家庭劳动机会成本为主，占人工成本的73.7%。间接费用中固定资产折旧费为91元/亩，占总成本的28.8%，财务费为46元/亩，占总成本的6.6%。

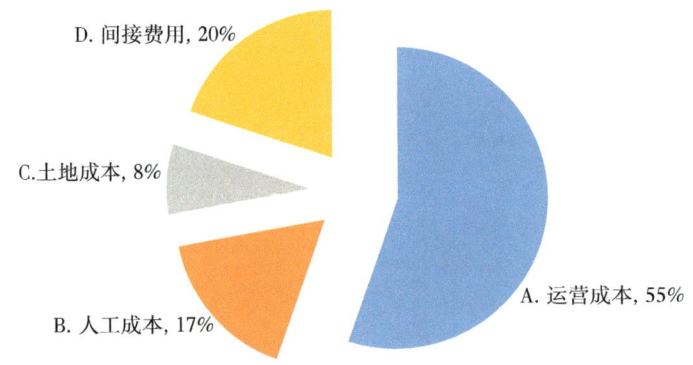

图4 欧盟小麦生产成本构成

数据来源：欧盟委员会

3. 生产成本比较

（1）成本水平

从总成本来看，中国小麦单位面积生产总成本高于美国和欧盟。2012年，小麦亩均总成本比欧盟高140元，其中人工成本高175元，土地成本高87元，但欧盟的固定资产折旧和财务费则显著高于中国。美国小麦的直接生产费用低于中国平均水平，2016年中国直接生产费用为美国的3.6倍。在直接生产费用中，除机械修理费、燃料动力费用外，美国小麦的其他直接生产费用均比中国低。其中，种子费用少51元/亩，化肥费用少104元/亩，农药费用少5元/亩，美国小麦直接生产费用比中国平均水平少306元/亩。在小麦生产间接生产费用中，美国的家庭劳动机会成本与中国的家庭用工折价相对应，土地机会成本与中国的自营地折租相对应。由于美国土地资源实行私有制，所以为达到土地资源利用效率的最大化，土地费用在核算时采取的是土地机会成本。美国的固定资产折旧费和管理费分别比中国高88和11元/亩，税金与保险合计比中国高2元/亩；家庭劳动机会成本比中国低334元/亩，土地机会成本比中国低131元/亩，雇工费用比中国低10元/亩。美国小麦间接生产总费用比中国小麦低336元/亩。

从单位产品生产价格看，中国小麦比欧盟高42.3%（0.70元）、比美国高46%（0.74元）。2016年，中国小麦总产值为930.36元/亩，而美国小麦产值为227.95元/亩，比中国低702元/亩。中国小麦生产亏损82.15元/亩，而美国小麦亏损100.6元/亩。按以上成本计算，中国小麦单位产品的成本为2.42元/千克，美国为1.44元/千克，中国小麦单位产品生产成本仍比美国高0.98元/千克（表5）。

表5 2016年中美小麦生产成本及收益

项目	中国	美国	中国/美国
单产（千克/亩）	406.34	227.77	1.78
小麦价格（元/千克）	2.34	0.96	2.44
总产值（元/亩）	930.36	227.95	4.08
生产总费用（元/亩）	1 012.51	328.55	3.08
直接生产费用（元/亩）	424.00	118.48	3.58
间接生产费用（元/亩）	546.20	210.07	2.60
单位产品成本（元/千克）	2.42	1.44	1.68

注：直接生产费用中国为物质与服务费用，美国为运营成本；间接生产费用中国为总成本中除物质服务费用之外的费用加总，美国为间接费用

（2）成本结构

从农产品生产成本结构看，中国的人工成本和土地成本比重明显较高，而美国和欧盟的物耗费用和间接费用比重明显高于中国。这主要由于中国的农业机械作业水平较低，导致人工成本明显偏高；而国外大量采用机械作业，其人工成本比重较低，机械成本就体现到物耗费用中的燃料动力费、工具材料和修理费以及间接费用中的折旧费和财务费。

中国农产品成本中的间接费用比重较低，主要是间接费用的绝对额较小。中国农户经营规模小，一方面导致管理费用低，另一方面导致农用建筑物和农机为主的固定资产投入少，间接费用中的固定资产折旧和财务成本就比较少；2006年中国取消农业税后，进一步降低了间接费用。中国的间接费用中，折旧费和保险费是最大的细项。美国和欧盟的间接费用中，折旧费占到75%以上，其次是公摊的管理费，一般占10%~15%。

从物耗费用结构看，美国和欧盟物耗费用中的燃料动力费、工具材料和修理费明显高于中国，因为他们大量采用机器作业。中国的肥料费普遍高于美国和欧盟；中国的外包作业费（90%以上是机械作业费）大大高于美国和欧盟，可能是由于欧美国家大规模采取自有机械作业的结果。

（3）成本稳定性

成本变化状况是衡量成本竞争力长期变动的一个重要指标。在农产品成本上升的总体趋势下，成本稳定性好，就意味着成本竞争力在提高。1998年以来，中美两国小麦生产成本都在上涨，但中国的上涨速度大大快于美国；2007年之后，中国小麦成本显著

高于美国（图5）。1998年，中国小麦生产总成本为美国的1.6倍，2016年则扩大至3.1倍。1998年以来，美国小麦生产总成本从226元/亩增至329元/亩，累计上涨幅度仅为45.6%；而同期中国小麦生产总成本从357元/亩增至1 013元/亩，累计上涨了1.8倍。

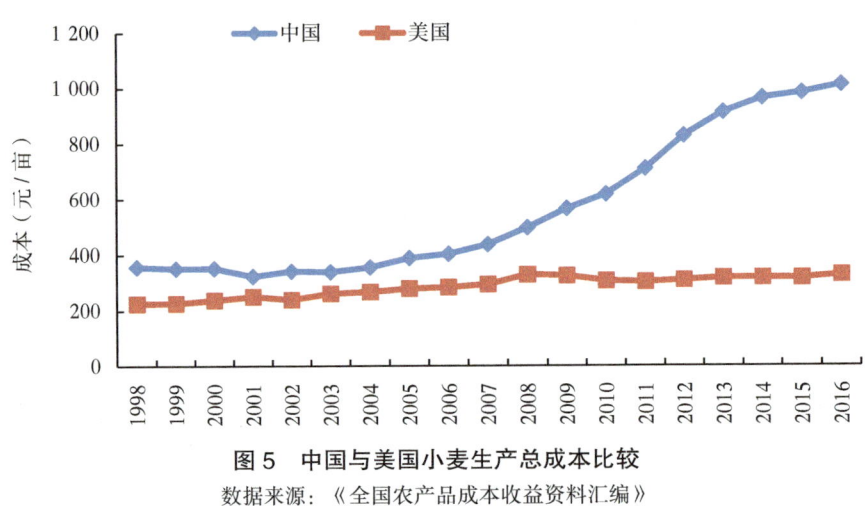

图5　中国与美国小麦生产总成本比较

数据来源：《全国农产品成本收益资料汇编》

（二）产业链竞争力分析

现代农业竞争，已由产品之间的竞争，转为产业链之间的竞争，而核心企业竞争力则是产业链竞争力的重要组成部分。"二战"后，随着经济全球化进程的推进及各国对外资管制的放松，以阿彻丹尼尔斯米德兰（ADM）、邦吉、嘉吉和路易达孚等大型跨国公司为代表的跨国粮商凭借规模优势、资本优势和政策优势，通过兼并、重组掌控了主要农产品的全球贸易，并通过纵向一体化完成了对全球农业产业链的战略布局。

从发展历程来看，多数跨国公司都有上百年的发展历史，目前已经发展成为全球农产品市场不容忽视的"巨无霸"。从经营策略来看，控制战略性农业资源是四大粮商（表6）战略布局的基石。ADM旗下的企业包括食品、饮料、食疗以及饲料等，共约270家各种各样的制造工厂，分布在世界各地，从事可可、玉米加工，食品添加物、营养补助品、类固醇、食用油等的生产和市场推销。除此之外，它还从事有关农粮储备与运输交通等大型行业。ADM是当今世界第一谷物与油籽处理厂、美国最大的黄豆压碎处理厂和玉米类添加物制造厂、美国第二大面粉厂和世界第五大谷物输出交易公司。邦吉在全球32个国家拥有450多个工厂，已发展成为世界第四大粮食出口公司。据公开报道称，邦吉目前是巴西最大的谷物出口商，美国第二大大豆产品出口商、第三大谷物出口商、第三大大豆加工商、全球第四大谷物出口商、最大油料作物加工商。除了粮食加工与出口，邦吉还将营业范围扩展到了纺织、化肥、油漆以及银行等行业，工厂和业务遍及巴西、美国。在四大粮商中，邦吉以注重从农场到终端的全过程为名，在南美拥有大片农场，一边向农民卖化肥，一边收购他们手中的粮食，再出口到其他国家或者进行深加工。嘉吉是美国第二大私有资本公司，法国第三大粮食输出公司，美国最大的玉米饲料制造商，美国第三大面粉加工企业和屠宰、肉类包装加工厂，最大的养猪和禽类养殖场，其粮食输出和交易业务，不仅是美国第一，还是世界第一。同时，还拥有全美最多的粮仓，从食品的生产、包装到市场的每一个环节，无不一手包办。公司业务横跨五大洲及66个国家，堪称世界之最。路易达孚开创和发展了欧洲谷物出口贸易，是世界第三及法国第一粮食输出商和世界粮食输往俄罗斯的第一出口商。路易达孚的最新商业活动，是从事全球性活化燃油的生产和经营，包括制造和交易经由发酵或合成方式生产的乙醇，它用以制造发酵式乙醇的主要原料是蔗糖和谷类等农作物。它在巴西拥有两处巨大的发酵式乙醇制造厂。通过设在伦敦等地的办事处，路易达孚积极从事着乙醇从生产到目的地的交易，以及乙醇市场的开发，目的是要让乙醇市场全球化。凭借庞大的经营网络、资金优势和管理优势，四大粮商对主要大宗农产品贸易拥有了较强的掌控力。嘉吉是巴西最大的大豆出口商，也是全球最大的食糖、可可出口商；ADM在阿根廷控制了11%的小麦出口、9%的玉米出口、17%的高粱出口；邦吉一直是南美最大的粮食贸易商，每天可以在阿根廷交易3万吨的谷物和油籽；路易达孚是全球最大的棉花和水稻贸易商，通过子公司CIONBRA控制了巴西的玉米、小麦、橙汁出口，其中橙汁控制比例高达80%。

表6　四大粮商基本情况

公司	创立时间	创立地点	所在地	全球布局			2011年销售收入（亿美元）	优势领域
				覆盖国家	工厂数	员工数		
ADM	1905	美国明尼苏达州	美国伊利诺利州狄克多	75	270	2.9	807	注重研发生物燃料
邦吉	1818	荷兰阿姆斯特丹	美国纽约	40	450	3.5	587	全产业链南美洲
嘉吉	1865	美国爱荷华州	美国威斯康辛	66	800	15.8	1 194	物流环节
路易达孚	1851	法国巴黎	法国巴黎	55	—	3.4	200	风险管理

物流、仓储和加工是农业产业链增值的关键，跨国公司在主要国家都建立了完善的系统。物流方面，ADM在南北美、欧洲、远东都有港口和配送中心，拥有20 500台轨道车、2 300辆挂车、2 100艘驳船和30艘拖船；邦吉全球有150艘船，在巴西有专业农产品物流公司提供进出口海运服务，在阿根廷有3个港口；嘉吉在全球范围内有37个拥有进出口功能的谷仓；路易达孚有各类运输船只70艘，其在阿根廷的谷物运输系统每天可以运输3.5万吨的谷物。仓储方面，ADM在全球范围内有350个带升降功能的谷仓，在美国40个州拥有6万吨的谷物日存储、处理能力；邦吉在美洲拥有275个谷仓，在阿根廷有7个国家级的谷仓；嘉吉在亚马逊河流域的边缘就有80万吨级储存能力的港口；在其他农业主产区也有近60万吨的粮仓；路易达孚在阿根廷拥有110万吨的储藏能力。农产品加工方面，ADM在美国拥有14个世界最大的玉米加工车间，在巴西有6个油籽压榨工厂，日加工能力12 500吨。邦吉在巴西日油籽压榨能力达29 000吨，占巴西总加工能

力的 24.8%，在阿根廷日油籽压榨能力也达 27 400 吨。嘉吉在 17 个国家有 54 个碾磨车间，在巴西有 7 个工厂，谷物和油籽日加工能力 15 700 吨，是巴西第二大谷物和油籽加工企业。路易达孚在美国、阿根廷、巴西分别拥有 23 000、32 000 和 11 000 吨的谷物加工能力。

从产业链类型看，中国农业产业链竞争与国际大型企业相比还有很大差距。一是加工链总体较短，带动能力不够。大宗农产品加工水平偏低，精深加工及综合利用不足。特色农产品产业链条较短，不太适应市场需要。大多数加工企业规模小，生产经营成本高，技术装备水平落后。二是服务链发展滞后，上中下游不均衡。很多农户仍然是自服务型，独立完成农产品生产过程，这种状况导致农业对生产性服务需求不强，制约了农业服务业的发展。服务链发展不均衡，产前、产中服务发展相对较快，但农民产后急需的信息服务、金融服务、销售服务等仍很薄弱。三是功能链发展才刚刚起步。休闲农业等新功能产业链还很短，缺乏体验、文化、教育等高层次项目。许多地方扶持政策不完善，土地、资金、交通、环保设施等要素支撑严重不足。总体来说，乳业产业链的一体化程度和市场集中度较高，竞争力相对较强；生猪、蔬菜行业产业链组织化、一体化程度较低，竞争力不强；粮食行业产业链竞争力较弱。

五、世界供需形势展望

（一）全球小麦供需形势展望

消费方面，随着经济的增长和人民生活水平的提高，小麦的消费需求呈刚性增长。预计到 2026 年，全球小麦的消费量将达到 8.15 亿吨，比 2014—2016 年的 7.22 亿吨增加了 12.86%，年均增长 1.22%。其中，食用消费为 5.51 亿吨，占 67.69%；饲用消费量将达到 1.62 亿吨，增长速度有所放缓，但仍然占消费总量的 19.9%；用作生物燃料原料的消费量占消费总量的 1.63%，较 2010—2012 年的 1.18% 下降了 0.45%。

生产方面，未来小麦产量的增加主要依靠单产的提高。预计 2018—2026 年世界小麦单产仍可以保持 0.84% 的年均增长速度，按照这样的发展趋势，预计到 2026 年世界小麦产量将达到 8.21 亿吨，年均增长 1.01%。

从生产和消费两方面看，小麦未来 10 年的产量年均增长速度略小于消费的增长速度，但 10 年中的多数年份产量仍略高于需求量。全世界范围来看，小麦可能出现供大于求的局面，但个别国家仍然存在产不足需的状况。

（二）全球小麦产业发展趋势

全球小麦生产继续发展，但增长幅度有所放缓。小麦总产量的增长主要依靠种植面积的增加和单位产量的提高。但世界现有耕地大幅增加的可能性不大，从长期看，只能依靠增加单位产量以达到增加小麦总产的目的。影响小麦单位产量的因素主要有两个：一个是小麦生产技术，一个是物质投入。首先，从小麦生产技术看，大部分国家和地区只能依靠品种改良等生物化学型技术进步手段。其次，从增加物质投入看，受投入补贴减少、资源环境约束等因素影响，未来依靠增加物质投入提高单产的幅度有限。因此，未来世界小麦单产水平增长有限，产量年均增长率较前10年放缓。全球小麦消费数量将保持增长趋势，小麦消费将更加重视营养、卫生和安全。促使小麦消费持续增长的两个主要因素分别是人口数量和经济水平。一方面，粮食属于人们的日常生活必需品，小麦消费人群相对固定，其消费量呈刚性增长。另一方面，全球经济持续增长，收入水平对粮食消费的影响主要是通过消费结构的变化表现出来的，食用消费量相对稳定，工业、饲用及其他小麦消费可能有所增加，同时小麦产品的营养、卫生和安全将更受重视。

未来小麦价格展望：从长期来看，农产品价格将会呈现上涨的趋势，从2018年的平均水平逐渐上行，至2026年预计价格将达到248.9美元/吨，与2014—2016年的平均水平相比，2026年的小麦价格仍会高出20%。不断上涨的农产品价格正在向产业链后端的畜产品传导。从短期来看，由于世界小麦供求处于宽松状态，同时受美元走势、能源价格、投机资本以及玉米、大豆等周边农产品价格变化的影响，预计未来世界小麦价格将保持低位震荡格局。

专题二　国际市场价格波动特征研究

1971年以来，国际小麦价格大致经历了平稳—剧烈—平稳—剧烈的演变过程。第一次价格高峰发生在1974年，当时由于苏联小麦减产，向国际市场购买大量小麦，而美国、欧洲和中国等主要小麦生产国家和地区的小麦产量也相继减少，导致国际市场价格飞涨。第二次价格高峰发生在1981年，此次价格上涨同样是因为世界主要小麦出口国的减产造成的。第三次价格高峰发生在1995—1996年，一方面由于俄罗斯等世界小麦主产区减产使得供给减少；另一方面由于经济的发展尤其是中国等发展中国家迅速发展，使得国际小麦市场需求增加，供给和需求共同推动价格上涨。第四次和第五次的价格高峰间隔时间较短，2007—2008年国际小麦价格经历大涨大跌，仅时隔三年，2011年国际价格再度飞涨。此后，价格开始下跌。这一阶段价格波动的主要原因是由于能源价格上涨、生物质能源的发展和投机因素引起的。随着国际市场经济体制不断完善和金融创新体系的发展，小麦不仅具有商品属性，同时具有金融属性和能源属性，因此其价格波动不仅会受到传统供求基本面信息的影响，还受到石油价格、汇率、利率及期货市场等的影响。

一、国际价格波动特征

（一）1971—2005年世界小麦价格的变化

由图1可见，世界小麦价格在1971年快速上升后，在1975—1987年大幅下降，由660美元/吨快速跌落到1987年的170美元/吨左右；1987—1990年、1991—2000年是两个小麦价格的变化周期，价格界于140~280美元/吨；2000—2005年，小麦价格又呈现出缓慢上升的态势。

而1971—2005年扣除物价因素后的小麦价格则波动相对平稳，基本处于100~200美元/吨。由于在1971—1987年通货膨胀相当严重，小麦的名义价格和实际价格之间的差距很大。

根据现代经济学理论，在市场经济条件下，特别是在完全竞争条件下，商品价格是由商品供求关系决定的。小麦市场也受到供求关系的制约，当供大于求时，小麦价格下跌，当求大于供时，小麦价格上升。供求关系的突然变化将导致小麦价格的短期波动，供求关系的长期缓慢变化将导致小麦价格的长期波动。一般来说，天气的变化、政治动向、国际事件、经济政策和各种偶发事件，将导致供求关系的突然变化；而科学技术的发展、新技术的应用、人口的增长、消费倾向及消费水平等因素，则会导致供求关系的长期缓慢变化。另外，由于粮食的商品特性，小麦价格走势又呈现出自身特有的季节性变化和周期性

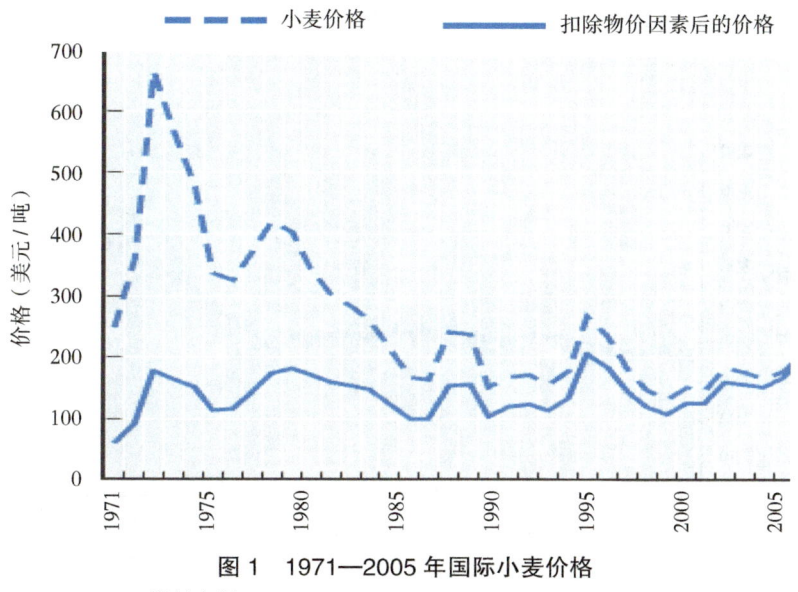

图1　1971—2005年国际小麦价格

资料来源：OECD-FAO Agricultural Outlook 2008—2017

变化。一般来说，在收获季节农产品价格下降，而在其他季节则会上升。

就供求变化对小麦价格的影响而言，供应量的变动与价格的变化呈反比例关系，需求量的变动与价格的变化呈正比例关系，即在已知由特定供求关系决定的价格水平上，当某种因素使供应量增加或使需求量减少时，未来价格就可能要下跌；当某种因素使供应量减少或需求量增加时，未来价格就可能上升。

实际价格和名义价格之间巨大的差距，主要原因在于20世纪70年代初西方国家的经济滞胀。在经济滞胀期间，西方世界发生了1973—1975年世界性经济危机。这次危机从英国开始，波及美国、西欧和日本。在这期间，西方发达国家工业生产普遍呈持续大幅下降态势，整个资本主义世界工业下降了8.1%。对小麦价格产生最大影响的是物价。滞胀期间，物价快速上涨，1974—1975年联邦德国消费物价指数上涨为11.1%，英国则高达43.9%。由于滞胀的加剧、以美元为中心的资本主义货币体系的瓦解，以及中东石油战对发达国家的打击，1973—1975年的经济危机比起"二战"后至20世纪70年代前的经济危机要严重得多。

（二）2006年1月—2008年2月世界小麦价格变化

21世纪前5年，世界小麦价格缓慢回升到200美元/吨左右的水平，此后1年半的时间一直稳定在这一水平。2006年1月—2007年5月，硬红冬麦价格基本上都保持在200美元/吨左右。从2007年5月开始，小麦价格开始大幅上涨，从203美元/吨涨到2007年10月的353美元/吨，短短4个月时间上涨了73.9%。此后，硬红冬麦价格在11月出现短暂回落后，又接着大幅上涨，到2008年3月价格为482美元/吨，比2007年11月上涨了43.9%。

2006年1月至2008年2月，世界小麦价格基本一路上扬（图2），主要原因包括以下几方面。

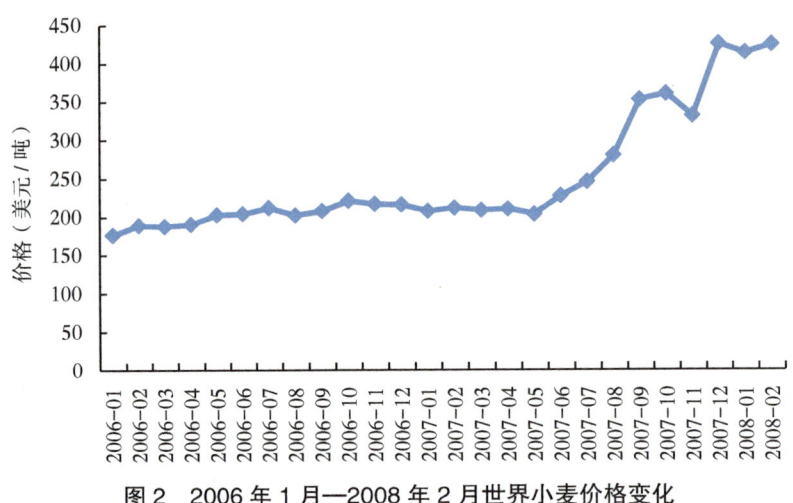

图2　2006年1月—2008年2月世界小麦价格变化
数据来源：国际谷物协会；小麦价格是墨西哥湾离岸价，美国2号硬红冬麦（HRW）

从需求角度看，对农产品的食用需求、饲料需求以及工业需求的增加是世界农产品价格大幅上升的主要原因，其中生物燃料产业扩张引发的农作物需求的增加对农产品价格的影响较为显著。经济合作与发展组织（OECD）和联合国粮食及农业组织（FAO）在《2007—2016年农业展望》中对农产品市场进行了分析，指出不同于以往情况的是，近期兴起的生物燃料产业对农产品市场的影响日益显著。生物燃料生产引致的对作为其原料的农产品的需求使食糖、玉米、油籽以及小麦等农产品市场发生显著变化，这是小麦价格处于高水平的重要原因。其中还指出，2003年起美国乙醇生产导致的玉米需求量已经翻倍，并且仍继续增长，2006年用于生产乙醇的玉米量占玉米总产量的1/5。食品和农业政策研究所（FAPRI）（2007）分析了生物燃料产业对农产品价格水平的持续性影响，认为乙醇生产对玉米需求的增加已带来玉米和其他谷物价格的上涨，小麦也包括其中。

农产品需求增加除了生物燃料产业这个重要推动因素外，发展中国家食品需求的增加也成为重要探讨因素之一。OECD-FAO（2006）指出，广泛的经济增长带来的人均收入的提高和城市化的发展，使得很多发展中国家的饮食消费结构发生变化，对畜牧产品、饲料、蔬菜、水果以及加工食品的需求增加，这对小麦价格上涨也具有一定的推动作用。

从供给角度看，在小麦国际需求旺盛的情况下，天气、政策等因素导致的小麦供给短缺进一步推动了世界小麦价格上涨。OECD（2006）认为，近年来农产品价格上涨与供给紧缺有很大关系，并指出气候原因导致产量减少是2006年谷物价格上涨的重要原因，美国、欧盟、加拿大、俄国、乌克兰和澳大利亚等地的产量减少了50%以上。全球范围内库存的减少促进了世界价格的上涨。

从生产成本角度看，能源等重要成本价格的提高是近期农产品，包括小麦价格上涨的主要原因。能源成本的提高是农产品价格上涨最根本的原因，对农产品价格的影响远大于生物燃料带来的需求增加所产生的影响。Urbanchuk（2007）认为，生物燃料的生产只会影响到部分农产品市场，但是所有食品都需要能源进行生产、加工、包装和运输，进而会影响几乎所有农产品市场，食品价格对能源成本的变化非常敏感。FAO（2007）认为，船运成本上涨对农产品价格上涨起到一定推动作用，燃料成本提高、船运能力紧张、港口堵塞以及贸易路线变长都推动了运输成本上涨，航运费率在农产品市场中的作用日益明显。汪寿阳（2007）提出，近年来在原油和一些资源性原材料（如金属、贵金属等）价格持续上升的影响下，能源、化肥等农资价格普遍上涨，导致生产成本增加，随之推动了农产品价格上涨；成本推动因素在中国近期农产品价格上涨中也起到很大作用。国家对农产品实行保护性收购价，调动了农民生产积极性，农资需求扩大的同时，电、气等能源价格不断上涨，农资成本上升，农资生产企业开工不足，进一步推动了农资价格上涨。

此外，还有一些其他的原因促使小麦等农产品价格普遍上涨。一是全球人口总量快速增长、食物升级以及工业用粮需求增加等原因使得粮食需求大幅增加；二是美元贬值，以美元计价的农产品价格出现相应上涨；三是受美国次贷危机影响，以股票、房地产为代表的资产价格在全球范围内快速下跌，全球范围内规模巨大的热钱把投机重点转移到石油和粮食上来，大量的投机基金进入国际农产品市场追求利润和避险，放大了粮食市场供求矛盾；四是面对全球粮食供求关系紧张、价格上涨，各国纷纷采取限制出口的贸易政策，进一步加剧了粮食价格上涨。

（三）2008年3月—2010年6月世界小麦价格的发展变化

根据联合国粮食及农业组织（FAO）价格指数，全球粮食价格2006年上涨12%，2007年上涨24%，2008年前8个月涨幅则超过了50%。但从2008年第三季度开始，全球主要粮食价格在猛涨后大幅下挫。美国墨西哥湾2号硬红冬麦在2008年3月达到482美元/吨后也随着全球粮食价格走势开始回落，10月平均离岸价为260美元/吨，比2008年3月下跌了45.9%。此后一直到2009年4月，小麦价格一直保持在250美元/吨左右的水平。在经历了5、6月的小幅回升后，价格继续下跌，到2009年9月小麦价格已经降到201美元/吨，10月和11月再度小幅上涨，涨至228美元/吨，12月之后持续下跌，到2010年6月价格跌至183美元/吨，较2009年11月下跌19.7%，为2006年4月之后的最低值。

小麦在经历了前期的大幅上涨之后，从2008年4月开始，又经历了大幅下跌（图3）。这其中的原因主要包括以下几点。

一是全球小麦产量获得历史性的高纪录，供求关系明显改善。由于2007年以来国际市场小麦价格高企，刺激了美国等国农民种植小麦的积极性，全球小麦播种面积扩大，加之气象条件总体有利，产量增至创纪录的高水平。据联合国粮农组织FAO统计，2008年度世界谷物产量为创纪录的22.85亿吨（包括以碾米计的稻米），比2007年增长6.3%，其中增量的大部分来自小麦，小麦产量将达6.85亿吨，比2007年增产9.4%，也创历史新高。虽然2009年世界谷物产量比2008年的创纪录水平低，但2009年世界谷

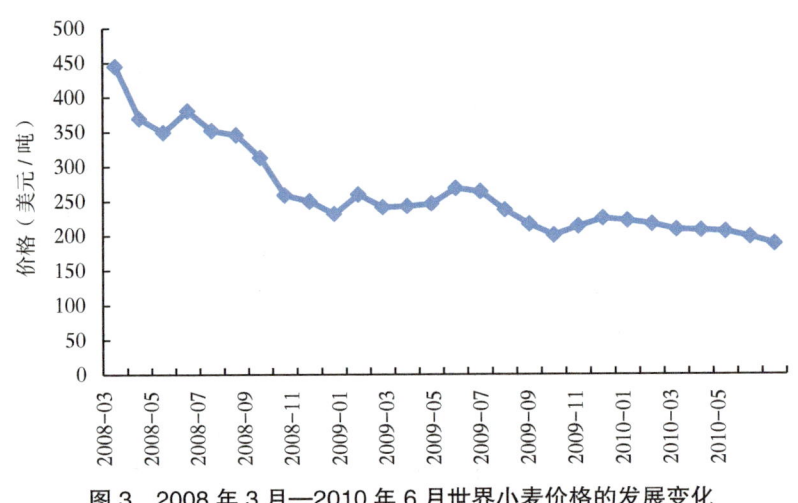

图3 2008年3月—2010年6月世界小麦价格的发展变化

数据来源：国际谷物协会；小麦价格是墨西哥湾离岸价，美国2号硬红冬麦（HRW）

物供求形势仍较为宽松，全球小麦产量为6.84亿吨，比2008年的创纪录水平略低，但仍明显高于过去5年的平均水平。从需求方面看，由于金融危机影响，全球经济条件恶化，发展中国家的食品消费增长将会放慢，原因是结转库存水平较高而需求不振，对小麦需求可能较前期预测减少，但仍高于2007年。2008年消费量6.47亿吨，增长4.9%；期末库存1.79亿吨，增长25.2%；库存消费比27.3%，较2006年、2007年分别提高8个和5.2个百分点。

二是主产国产量增长，出口供给大幅增加，而进口需求减少。由于大部分主要出口国均获得丰收增产，可供出口的量也增加，FAO统计2008年全球小麦贸易量1.39亿吨，较2007年增长24.1%。从几个主要出口国看，美国、加拿大、欧盟27国、澳大利亚近几年合计出口量占全球贸易量的60%以上，其生产变化很大程度上影响着全球市场。据美国农业部数据，2007年几个主要出口国库存都降到了历史较低水平，在当年高价格的刺激下，2008年上述多数国家生产明显恢复，面积、产量及期末库存全面增加。其中，加拿大产量增42.66%，出口增14.73%；欧盟27国产量增26.35%，出口增55.38%；俄联邦产量增27.53%，出口增14.57%。澳大利亚产量增53.39%，出口增74.03%。而同时，由于北部非洲和亚洲等区域若干主要小麦进口国小麦产量普遍回升，小麦进口量将大幅减少。

三是金融危机影响不断加剧，粮食及食品消费受到影响。2006年以来美国次贷危机引发的金融危机向全球蔓延，2008年下半年全球经济形势更加恶化，实体经济受到明显损害。受此影响，全球粮食及食品消费萎缩，价格也受到拖累。受经济不振等影响，粮食及食品消费将有所下降。

（四）2010年7月以来世界小麦价格的发展变化

2010年7月开始，受俄罗斯等主要出口国大幅减产、美元贬值等因素影响，全球小麦价格大幅反弹，开始了新一轮的价格上涨（图4）。7—9月上涨幅度分别为12%、24%

和20%，10—11月略有回调，12月之后继续上涨，2011年3月出现回落，4—5月再度上涨，5月涨至362美元/吨，6—7月连续两个月下跌，7月跌至308美元/吨。

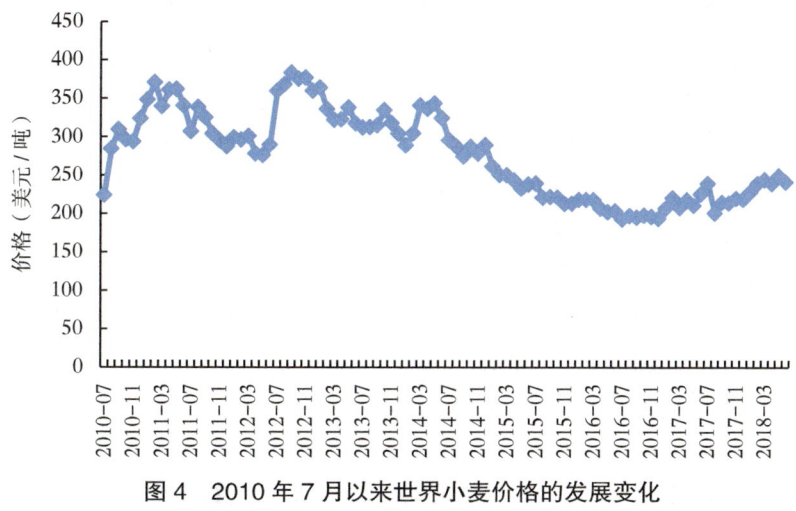

图4　2010年7月以来世界小麦价格的发展变化

数据来源：国际谷物协会；小麦价格是墨西哥湾离岸价，美国2号硬红冬麦

由于各国特别是发展中国家忽视粮食生产，加上液态生物质能源快速发展，全球粮食库存消耗严重。全球小麦供需偏紧是造成价格上涨的基础性因素，其中流动性泛滥、美元贬值、出口限制政策的频繁出台以及资本投机等因素则大大加剧了本轮价格上涨。由于高价格对生产的刺激，随着世界小麦产量的恢复，价格也逐渐回落。

小麦供求状况的改善导致价格回落。由于2010年国际价格高企刺激播种面积扩大，2011年小麦产量实现恢复性增产，据联合国粮农组织报告，2011年小麦产量达到6.71亿吨，较2010年增加2.8%，对缓解小麦供求偏紧的局势有较大作用，小麦价格也逐渐回落。

二、国际价格波动的主要影响因素

根据供求定理可知，供给和需求决定商品的均衡价格。实际中，影响小麦供给和需求的因素很多，如传统的宏观经济因素，包括经济的发展和人口的增长等。近年来，由于能源价格上涨带动的生物质能源的发展、非农产业低迷引起的对小麦的投机需求等成为小麦价格波动加剧的新型因素。从传统因素和新型因素两个角度来看，其中影响需求的传统因素主要包括经济发展、人口增及美元汇率变动，新型因素则包括能源价格上涨带来的生物质能源的发展和投机需求的增加；影响供给的传统因素包括播种面积的变化、气候变化和自然灾害频发及小麦库存水平的变化，新型因素则主要是能源价格的上涨及主要小麦贸易国出口政策的变化。

（一）传统因素

1. 经济发展

20世纪70年代以来，世界经济发展迅速，2017年世界GDP总量达到80.68万亿美元，约为1970年的28倍，年均增长7.3%。经济的发展使得对小麦的需求不断增加，但是不同经济发展水平的国家对于小麦的需求是不同的，低收入国家对小麦的需求主要体现在数量增加，中高收入国家的需求则主要体现在追求更高的质量。尤其是20世纪90年代以来，发展中国家的经济快速发展，巴西、中国、印度和南非等主要发展中国家的GDP增长迅速，累计增长率高于世界平均水平，尤其是中国和巴西的GDP增长最快。发展中国家经济快速发展是世界小麦需求量不断上升的重要因素，一方面，由于经济发展导致产品加工用粮和其他工业用粮的需求增加；另一方面，这些国家的居民消费水平不断提高使得产业结构升级，主要表现为口粮需求减少，但是增加了对肉、蛋、奶、禽类和海鲜等食品的消费，导致饲料用粮需求增加。

2. 人口增长

人口数量增长导致对小麦的刚性需求增加，世界人口的绝对值一直在增加，从1960年的30.35亿增至2017年的74.47亿，翻了一倍多。近年来人口自然增长率呈下降趋势，一方面，由于世界人口基数过大，每年人口增长的绝对数仍很大，并没有减少小麦需求刚性增加的压力；另一方面，人口老龄化严重，尤其是农村劳动力的老龄化，增加了小麦的供给压力。根据联合国《世界人口展望》报告预测，未来人口数量仍然呈现上升趋势，预计到2100年将超过100亿人，由此可见，人口增长是影响小麦需求的长期因素。此外，人口结构也在不断变化，随着城镇化和工业化的发展，城镇人口比重不断增加，农村人口比重不断减小。人口城镇化带来食品消费结构升级，使得对小麦的需求结构发生改变，对口粮的需求减少，但是饲料用粮和加工用粮需求不断增加。

3. 美元汇率变动

国际市场上小麦是美元进行标价，因此，美元汇率变动会影响国际小麦价格。理论上来讲，美元汇率与国际小麦价格呈反向变动关系，即美元汇率下降会导致国际价格上升，美元汇率上升会导致国际价格下跌。美元汇率变动也会影响国际石油价格，与对国际小麦价格作用机理相同，汇率下降会使国际石油价格上涨，导致国际小麦的生产成本和运输成本提高推高国际小麦价格。除此以外，能源价格变化也会通过生物质能源市场对国际小麦价格产生影响。因此，美元汇率还会通过这种间接方式影响国际市场价格。

4. 世界小麦播种面积变化

稳定的播种面积是保障小麦稳定供给的前提，根据FAO的统计，近年来世界小麦播种面积约为2.24亿公顷。而世界主要小麦生产国的耕地面积增长潜力有限，欧美等发达国家出于生态保护和可持续发展的原因，对耕地开放有严格的法律法规，而对于中国和印度等发展中国家，由于工业化和城镇化占用大量土地，使得扩大农业耕地面积的可能性很小。因此，未来在耕地总量难以增加的前提下，人口不断增加、工业化和城镇化进程加快，人地矛盾日益突出，增加了未来世界小麦供给的不确定性。

5. 气候变化和自然灾害

气候因素是影响小麦产量的重要因素，其中温度和降水的变化直接影响当年的小麦供给量。近年来，干旱、洪涝等极端天气频发，对全球范围内的小麦供给产生了极为不利的影响，尤其是对小麦主产区的产量波动影响较大。作为世界小麦主产国之一的澳大利亚在 2006 年因干旱造成小麦减产 1 400 多万吨，2013 年因洪灾造成小麦减产 700 多万吨。2010 年，受极端气候影响，俄罗斯小麦减产近 2 000 万吨。由于经济增长、人口增长速度以及城镇化步伐的加快，因温室气体排放而引起气候变化，在未来将会导致更多极端天气的发生。

6. 库存变化

小麦的供给量来自于当年的产量和上一年的库存量，因此，库存可以通过改变小麦供给来影响价格。一般来说，库存对价格波动的影响主要包括以下两个方面：一是库存量是调节市场余缺的工具，可以通过调节市场供需矛盾影响小麦价格，达到稳定价格的效果。当市场供给量大于需求量时，适当增加库存减少市场上的小麦供给，可以防止价格暴跌；当需求量大于供给量时，通过释放库存来增加市场上的小麦供给，在一定程度上可以缓解价格上涨压力。二是库存量的变化会向市场传递信号，影响各国的小麦政策以及对价格的预期，从而引起价格波动。

（二）新型因素

1. 投机因素

投机是影响国际小麦价格波动的新型因素。近年来受次贷危机和美元贬值等因素的影响，非农产业低迷，国际游资开始转向农产品市场，加剧了国际市场价格的波动。一是，投机者通过投资现货市场控制国际小麦市场供给量来影响国际价格，当国际价格下跌时市场本身就会出现需求增多，而此时投机者大量囤积小麦，国际小麦市场供不应求现象严重，导致国际小麦价格上涨。甚至部分投机者会在国际价格上涨时只买入不卖出，此举进一步推高了国际价格。二是，期货市场为投资者提供了规避风险、套期保值的场所，投机者会通过指数基金、对冲基金等对小麦期货的短线操作，影响小麦的期货价格，造成国际小麦市场波动，使国际价格高于由供需决定的均衡价格水平。三是，在全球流动性泛滥以及交易电子化与网络化的背景下，资金进入农产品市场的门槛逐渐降低，近年来金融衍生品的长足发展打通了农产品市场与资本市场联系的通道。四是，贸易一体化拓宽了资本自由流动的空间。这一路径通过国内外实体经济的融合，为投资资金进入小麦市场创造了盈利空间。

2. 能源价格变化

能源价格与小麦的生产有着密切关系，其波动直接影响小麦生产、加工和运输等环节的成本。随着全球农业机械化程度越来越高，大型的农业机械设备主要是以柴油为动力，能源价格上涨导致小麦生产成本增加。除此以外，石油价格变化还会影响化肥等生产资料的价格，增加小麦的生产成本。尤其对于发展中国家而言，高成本引起的种植收益下降直接影响农民的种粮积极性，进而影响小麦产量。

3. 小麦产业政策

一国为保障本国的粮食安全会制定政策进行干预，这些政策会对小麦价格产生影响。干预政策主要包括价格支持政策、小麦补贴政策、进出口政策以及近年来的生物质燃料政策等。实施价格支持政策和小麦补贴政策主要是保护国内农业和农民利益，减少小麦价格波动，维持小麦市场稳定。以中国为例，从2006年开始实施小麦最低收购价政策，当市场价格低于国家确定的最低收购价时，国家委托符合一定资质条件的企业，按国家确定的最低收购价收购农民的小麦；在小麦补贴政策方面，2004年起中国开始实施的生产直接补贴、农机具购置补贴、良种补贴以及农业生产资料综合直接补贴等补贴政策，也对小麦实现连年增产作出了重要贡献。2010年俄罗斯政府出台限制小麦出口的政策，也引起了国际价格波动。

三、主要国家价格调控措施及成效

（一）美国粮食价格政策的发展及借鉴

1. 美国粮食价格政策措施

（1）价格损失保障。价格损失保障（Price Loss Coverage, PLC）主要针对小麦、饲用谷物、水稻、油籽、花生以及豆类（覆盖的商品）。这种补贴首先设定一个参考价格，如果市场价格低于参考价格的时候，则向生产者提供补贴。其支付标准如下：

支付标准＝（参考价格－实际价格）× 支付单产 ×85%× 基础面积

其中，支付单产可以参考现有反周期支付政策的单产，或以2008—2012年作物收益的90%作为标准。基础面积则使用以往农场服务局（FSA）登记的面积，或以每种作物2009—2012年作物年度的种植面积均值为标准进行一次性调整。

（2）农业风险保障。农业收入风险保障计划（Agriculture Risk Coverage, ARC）是指当农户种植的作物收入低于最近5年平均水平的86%时，农业收入风险保障计划将开始为农民提供补贴，但补贴总额不应超过近5年平均水平的10%。生产者可以在县农业风险保障和个人农业风险保障之间作出选择。其支付标准如下：

a. 个人农业风险保障

支付标准＝（5年平均收入 ×86% －实际收入）×65%× 基础面积

b. 县农业风险保障

支付标准＝（5年平均收入 ×86% －实际收入）×85%× 基础面积

其中，5年平均收入是根据移动均值法求得的5年平均历史单产和价格的乘积。针对单个农场的农业风险保障和针对县的农业风险保障的主要区别在于，单个农场的农业风险保障无法以单个农产品来获得补贴，只能将全部农作物纳入项目中。

（3）农业保险。2014年美国农业法案新增了对棉花的收入保险计划（STAX）和对其他作物的补充保险选择（SCO）。新农业法案扩大了作物保险项目所覆盖的产品范围，主要是增加了水果、蔬菜等作物。预算资金也有所增加，主要是新增了对棉花的累计收入保险计划和对其他作物的补充保险选择，分别为购买保险的棉花和其他作物生产者提供更大的收入保障。

（4）资源保护补贴。2014年美国农业法案首先减少了休耕面积，将从目前的129.6万公顷逐步减少到2017年的101.25万公顷。其次，废除了野生动物栖息地的激励计划。最后，新增巩固农业水资源的功能增强项目。

2. 美国粮食价格政策的经验及其启示

一是完善农产品价格法律体系。自1933年美国第一步农业法案——《农业调整法》出台以来，美国政府不断通过对农产品价格的相关立法，形成了完善的农产品价格管理法律体系，为本国农产品价格管理提供了强大的制度支撑。美国农业法案对政策目标、预算安排、实施方案、政府职责范围等政策执行有关的问题都作出了明确规定，从而保障了政策执行的效率和效果。同时随着宏观环境和政策目标的转变，美国国会每隔四五年都要讨论、出台新的农业基本法，平衡了各方利益，并保证了农业政策的与时俱进。目前，中国农业法制建设相对落后，许多农产品价格政策仍然靠政府文件的方式传达落实，缺少权威性，也影响了各项政策执行的效果和效率。因此，中国应借鉴美国经验，加强各项农业法律和配套实施细则的制定，同时要加强对政策执行效果的评估，根据评估结论和政策目标不断调整现有的农业政策，以增强农业政策的适用性。

二是重视市场机制在农产品价格体系中的作用。美国市场经济发达，市场机制在各个领域中得到充分发挥，在调节农产品供求和价格方面同样起着基础性作用。美国的农产品价格政策也以不打破农产品市场交易的正常秩序为前提，充分体现着对市场规律的尊重。如2014年实行的价格损失保障计划（PLC），并没有对农产品的市场价格进行直接干预，而是立足于对农民的收入保障，在市场价格低于参考价格的时候，向生产者提供补贴以弥补其因价格降低产生的损失。作物保险项目的范围扩大同样体现了美国农产品价格政策市场化的改革方向。目前，中国虽然制定了一系列的农产品价格支持政策，但往往是由政府主导，忽视了市场力量的发挥，因此对政策的效果产生了一定影响。如中国现行的最低收购价制度和临时收储制度，打破市场原有的运行规律，扭曲市场价格，导致市场价格的导向功能得不到发挥。因此，中国应重视市场机制，加快培育健全的农产品市场，使农产品价格能够准确反映市场的供求关系，减少政府对农产品价格的干预。增加市场化的调控手段和工具，完善重要农产品临时收储政策，积极推进目标价格改革和农产品价格保险试点。

三是差异化的政策工具。美国的农产品价格支持政策丰富，有不同的商品计划供农业经营者根据自身情况进行自由选择，对不同的农作物也有针对性的支持政策，因此价格政策取得了较好的效果。而中国的农产品价格政策较为单一，以临时收储政策和最低收购价政策为主，目标价格制度也是刚刚选取棉花和大豆进行试点，目前仍有许多需要完善的地方。未来，中国应在综合考虑农业政策的目标、农业产业发展优先序、重要农产品不同发展特点的基础上，逐步完善现有的农产品价格政策体系，不断创新政策工具。在"谷物基本自给、口粮绝对安全"的国家粮食安全战略背景下，对种植面积大、种植区域分散、事关国家粮食安全的稻谷、小麦等重要农产品，要在确保稳定供给的情况下对最低收购价和临时收储制度进行改良。在总结新疆棉花、东北和内蒙古大豆目标价格改革试点经验的基础上，进一步扩大目标价格试点区域和试点品种。

（二）印度粮食价格政策的发展及借鉴

1. 印度主要粮食价格政策和措施

粮食价格政策被认为是农业发展战略中不可分割的一部分，在实现粮食自给、消费者福利、改善经济、获得食物、影响国内贸易条件、经济增长以及就业和收入分配等社会经济中发挥了重要作用。印度主要粮食政策措施有：最低支持价格（Minimum Support Price，MSP）、市场干预价格（Market Intervention Price，MIP）、公共分配系统（Public Distribution System，PDS）、分散采购政策、粮食储备政策。

（1）最低支持价格。1965年，印度成立了"农产品价格委员会"（1985年更名为"农产品成本和价格委员会"）。该委员会认为，农业生产成本包括农业生产投入、家庭劳动力价值和土地租金。因此，该委员会主要根据农产品成本，并考虑到工农产品比价、作物之间的比价及供需状况、农民的合理利润等因素，每年向政府提出关于农产品支持（收购）价格的建议，然后经政府确定并在收获前正式公布，该价格即为最低支持价格（MSP）。最低支持价格，从其定义来看，是该农作物的底价，农民可以放心地把产品卖到这个价格。当市场价格高于MSP时，农民自由选择将农产品卖给政府的经营机构或者通过市场销售；当市场价格低于MSP时，政府相应机构向农民敞开收购以保护农业生产者利益，而在市场价格较高时，向市场抛售农产品以保护消费者利益。

自1965年以来，最低支持价格一直是农业政策的基石。MSP制定的目标是保证生产者有利可图，减少生产者面临的风险，促进农产品多样化和保证穷人的食品安全。对于生产者来说，价格政策具有双重目标：一是保护农民的收入，防止由于市场价格下降而造成农民收入下降；二是促进生产，因为较高的价格可以刺激农民的生产积极性。

当某种农产品的价格低于最低支持价时，政府则对其进行市场干预，通过印度粮食公司（FCI）收购谷物，国家农业合作社（National Agricultural Cooperative）和营销联合会（National Agricultural Cooperative Marketing Federation，NAFED）收购豆类和油籽。目前享有最低支持价的有稻谷、玉米、粗粮（高粱、御谷）、豆类、棉花、花生、芝麻、小麦、大麦、油菜籽/芥末、红花、葵花籽/芥末、红花、葵花籽、大豆、茯苓、椰干、去壳椰子（新增加的）、黄麻、甘蔗和烟叶等26种商品。

自2007年以来，印度逐步上调最低支持价格幅度。截至2011年，除烟叶外其他产品的支持价格均有不同幅度的上涨，其中豆类、棉花、花生、油菜籽等产品的增加幅度都较大。并且对某些品种在执行MSP时，还额外予以奖励。

MSP是促进农业生产持续增长的一个主要因素。在最近几年，其对一些作物的影响更加明显。例如，2011年相比2006年，小麦种植面积增长了5%，产量增加了13%；花生种植面积增加了6%，产量增加了55%；大豆种植面积增加了15%，产量增加了43%；棉花种植面积增加22%，产量增加48%。并且由于MSP政策的实施还使得印度农产品供应受国际市场冲击降低。例如，2005—2008年国际市场上谷物价格飙升150%时，国内只有20%的涨幅。

总之，粮食价格政策的有效性在于让农民获得足够的利润，并促进了投资和技术进步，提高了农业生产能力，从而保证了国家粮食安全。

（2）市场干预价格。对于那些没有被MSP政策覆盖的园艺产品和其他易腐农产品，政府针对各邦的实际情况实施了市场干预计划（Market Intervention Scheme，MIS）。在MIS下，当某种商品市场价格下降到生产成本之下，产品收购机构会以某一固定时期的价格作为固定的市场干预价格（MIP）进行收购。市场干预价格政策的目的是，避免在丰收时的销售高峰所出现的商品价格低于经济发展水平和生产者种植成本的亏本销售，以保护生产者利益。

MIP实施的条件是，当产量与前一个正常年份相比至少有10%的产量增长，或者现行市场价格下降超过10%时，应邦政府的要求，可以实施市场干预计划。市场干预价格（MIP）或互助协议价格的制定根据产品生产成本，并且要在政府相关部门之间进行详细的讨论。在政策实施过程中，作为中央机构和邦政府指定的NAFED以一个固定的市场干预价格对事先确定的采购数量进行采购，直到市场价格高出MIP并保持一段时间的稳定。实施MIP的地区仅限于所涉及的邦。由MIP政策的实施所带来的收购损失由中央政府和邦政府按1∶1比例分别承担（东北部的邦按照3∶1比例分担）。在2010—2011年度，已实施MIS的品种及地区包括马铃薯（北方邦，10万吨）和棕榈油（安得拉邦，47 500吨）。

（3）公共分配系统。长期以来，印度政府为了实现粮食安全目标而对粮食等基本消费品实行的分配制度叫作公共分配系统。粮食分配政策主要是在家庭层面上满足居民粮食经济上的可获得性，该项政策体现更多的是粮食流通问题，目标是通过储备、合理分配等流通环节的政策来解决粮食安全问题。

在粮食分配政策实施过程中，印度的粮食分配政策主要通过公共分配系统来执行。具体来说，中央政府借助于印度食品公司负责定购、储存以及把粮食从定购地点运送到中央仓库（Central Godowns），并按照低于收购价格的补贴价格批发（叫作中央发行价格，Center Issue Prices）给各邦政府，由其负责把粮食从中央仓库运出，并通过40多万个庞大的平价商店（Fair-price Shops）网络向消费者分配粮食。目前印度大概有46.2万个平价商店，其中75%分布在农村。

1997年6月开始，政府对PDS进行了改革，实施了定向公共分配系统（Targeted Public Distribution System，TPDS）。即把所有家庭分为低于贫困线（Below Poverty Line，BPL）和高于贫困线（Above Poverty Line，APL）两类，实行差别的价格对待。低于贫困线的家庭可以通过TPDS以较低价格购买粮食；而高于贫困线的家庭只能按照规定的价格购买粮食。从实际的执行效果来看，TPDS的实施使那些贫困发生率较高的邦受益，获得分配的粮食大量增加。所以，这项粮食政策的最大特点就是"补贴所有地区的贫困人口"，而不是"补贴贫困地区的所有人"，具有较强的针对性。

就分配粮食的数量而言，起初对每个低于贫困线家庭无论人口多少都是每月平均分配10千克粮食（按照5口家庭计算，每人每月平均2千克粮食）。后来考虑到分配数量过少以及国家粮食库存不断增加的现象,从 2000 年 4 月开始把分配粮食的数量提高到了每月 20 千克,价格相当于 FCI 经济成本的 50% 左右,而同期对高于贫困线家庭分配的粮食数量基本不变。随后继续进行政策调整,允许每个低于贫困线家庭每月购买 20 千克粮食或者每人每月 5 千克——取两者最高的数量。至于高于贫困线的家庭,粮食的购买数量不作限制。2001 年 6 月,每月向低于贫困线家庭分配的粮食又提高到了 25 千克,价格为 FCI 经济成本的 48%。同期高于贫困线的家庭购买粮食的价格为 FCI 经济成本的 70%。

TPDS 的实施,对于政府粮食安全策略来说具有里程碑式的意义。贫困人口获得了大量的价格补贴,而且那些高于贫困线的家庭也在一定程度上获得了补贴。不过在向 TPDS 转型的过程中,许多邦还是碰到了麻烦。例如,需要花费大量时间来甄别低于贫困线家庭以及向其发放新的食品配给卡。

(4)分散采购政策。截至 1997 年 10 月,印度政府通过印度粮食公司进行粮食的集中采购和分销,经济成本和中央发行/平均价之间的差额以粮食补贴的形式偿还给 FCI。1997—1998 年,政府为了在最低价格支持(MSP)下覆盖更多的农民和作物,同时加强粮食采购和公共分配系统的效率,鼓励在当地分散采购,以降低运输成本,从而扩大给当地农民最低支持价格的利益。喀拉拉邦、古吉拉特邦、奥里萨邦、卡纳塔克邦、中央邦、恰蒂斯加尔邦、西孟加拉邦、泰米尔纳德邦和北阿肯德邦等已经采取了分散采购计划。

政策执行中,由印度州政府与中央政府协商采购,明确储存和分配粮食的经济成本并固定下来,固定的经济成本和各种福利计划下的中央发行价格之间的差额以粮食补贴的形式偿还给各州。印度政府正在鼓励其他邦也采取这个计划。

2007 年以来,印度各邦实施粮食分散采购的数量呈上升态势,2010 年已经接近总采购量的 1/5。大米和小麦在实施分散采购政策中的采购趋势略有不同。数据表明,2006 年以来小麦的分散采购是增加的,主要是由于私人公司以接近消费市场价格积极的购买。大米的分散采购量呈现逐年增加的趋势。为了推进该项政策的实施,在高潜力的地区如哈尔邦、奥里萨邦、恰蒂斯加尔邦、阿萨姆邦、西孟加拉邦、中央邦、拉贾斯坦邦等扩大分散采购政策的范围和规模。然而,大多数的州市场基础设施很差以及私营部门贸易不发达,因此,在这些地区应该努力完善市场基础设施,同时扩大作物的覆盖范围。

(5)粮食储备政策。印度为了保障粮食安全而实施了粮食(主要指小麦和大米)储备政策(缓冲库存政策)。印度粮食公司(FCI)负责粮食储备(Buffer stocks of food grains),对调节性库存储备作季节性的调整,以确定加速粮食收购还是实施粮食进出口限制等措施。

从 2005 年年中至 2008 年年初,实际粮食储备低于调节性库存储备标准,需要大量进口小麦,尤其是 2006 年。2008 年 1 月,粮食储备标准为 2 000 万吨,是 2007—2008 年度印度粮食产量的 9.1%,实际储备为 1 920 万吨,包括 770 万吨小麦和 1 150 万吨大米。2008 年,印度采购大米和小麦的数量超过了库存储备标准,缓解了 2008—2009 年 TPDS 和出口对粮食需求的压力。2009 年以来,印度的实际库存基本上都是最低缓冲标准的 2 倍。但是,印度国内粮食价格开始高于逐渐下降的国际粮食价格,出口预期降低,给印度政府在最低支持价格上采购粮食带来了财政压力。

粮食价格政策始终被认为是印度农业发展战略中不可分割的一部分。近年来印度农产品价格支持水平不断上升，得到农民的肯定和欢迎，扩大价格支持的品种覆盖范围以及覆盖区域的需求日益强烈。随着印度国民经济实力不断增强，为了强化粮食安全和增加农民收入的政策目标，农产品价格支持政策还将作为一项重要政策工具执行较长时间，并且将在更多品种和更广区域内有效延伸。

2. 印度粮食价格政策的经验及其启示

印度在加入 WTO 后，改变了掠夺农业的发展策略，转向对农业的扶持，而且支持水平呈较快的上升趋势。对于粮食的生产，政府采取了多种支持政策，其中最为重要的是价格政策和投入品补贴政策。而且，农民几乎没有税收负担。政府在一般服务中，特别重视农业科研投入，使农业科研对农产品产出和反贫困中发挥了重要作用。作为世界贸易组织成员，印度积极参与贸易规则制定，并充分利用《农业协议》中针对发展中国家的优惠措施，建立了弹性很大的关税措施，保护了国内农产品的生产。今后，中国在农业政策改革及调整中应该重视以下方面。

一是农业国内支持政策要更细化。印度的农业支持政策比较明确和具体化，例如，仅农业物资的补贴就细化为化肥、电力、灌溉、农用柴油、种子等各方面补贴。中国的农业支持政策在加大支持力度的同时，应借鉴印度的经验，将各项支持政策的目标更加明确，实施方案更加细化，规则更加具体化，便于对政策的实施效果进行有效评价和跟踪研究，也便于不断修正无效条款。

二是粮食安全支持政策要更强化。作为人口大国，印度在保障粮食安全政策方面有着很多可供中国借鉴的经验。一方面，持续稳定的粮食最低支持价格政策以及对农业生产投入补贴政策的实施，有力地调动了农民生产积极性，增加了粮食产量。另一方面，通过农业科技、农业教育与推广、旱作农业支持等公共服务政策的实施，解决增加粮食生产的客观物质和技术基础问题，增强粮食生产能力。因此，中国应当通过有效的市场机制或者补贴机制等政策措施，让农民有增加粮食生产的主观积极性。并且在储备、合理分配等流通环节的政策之外，要高度重视农业科技、农业灌溉等方面政策的强化，不断提高粮食综合生产能力。只有提高国内的生产能力，以充足的粮食供应作为保障，才能从根本上解决粮食安全问题。

三是农业科技支持政策要更突出。印度农业之所以发展这样快，农业科技进步发挥了关键作用。其中，具有重要影响的是 5 次农业领域的科技革命。第一次"绿色革命"通过大面积推广优良品种，增加使用化肥、农药、灌溉系统和农业机械，使印度在 20 世纪 70 年代中期实现了粮食自给。印度政府启动的以提高农业总体效益为主要目标的第二次"绿色革命"，农业科技仍是其核心和关键。印度农业科技在农业发展中的重要作用主要归功于比较完善的农业科技体制和有效的运行机制，其运行机制的最大特点是中央和地方的各种研究、教育、推广机构既有明确分工又有紧密合作，运行效率较高。并且对从事农业研究和推广的科研机构实行政府全额拨款，经费主要来源于中央政府和邦政府的财政预算。中国农业科技支持政策的改革中，应该借鉴印度经验，首先明确农业科技机构的公益性质，发挥政府在农业科技发展中的主导地位。其次，借鉴印度设立农业研究理事会的做法，理顺科技管理体制，加强部门间合作，实现国家对农业科技的统筹管理和协调。最后,支持农业高等院校发展,探索科研教育推广三结合的有效模式。农业农村部可以在省部共建的农业高等院校中,借鉴印度农业教育经验,加强对教学、科研、实践环节的指导与监督。

(三)巴西粮食价格政策的发展及借鉴

1. 巴西主要粮食价格政策和措施

巴西对特定农产品提供多样的价格支持措施(Price Support Programmes),例如玉米、棉花、牛奶、大米、橡胶、高粱和大豆。其政策目标,一是保持农业的国际竞争力;二是确保农民收入不低于城市居民收入,维持社会的稳定。价格支持政策经历了由原来的政府直接购买向产品售空计划和期权合约补贴的转变过程。主要包括政府最低保证价格(Policy of Guaranteed Minimum Prices,PGPM)、产品售空计划(Premium for Product Outflow and Outflow of Product Value,PEP 和 VEP)和公开期权(Public Option Contracts)等(表1)。

表1 巴西对农业生产者价格支持的政策工具及目标

支持工具	政策措施	政策目标
政府最低收购价格	政府根据地区确定收购价格,然后根据公布的价格直接从生产者手中购买农产品	保证农民基本收入
公开期权	巴西食品供应公司提前宣布将提供期权合同的农产品名称、数量和执行价格,期权持有者决定执行合同时食品供应公司负责购买所有农产品	稳定农民收入
生产者价格保护	政府支付农产品销售者保证价格和拍卖价格之间的差额	支持农产品价格,保护生产者积极性
产品售空计划	政府向加工企业或批发商支付市场价格与政府最低购买价格之间的差价	支持农产品价格
政府采购计划	当期权所有者决定执行期权合同时,私人代理商负责购买农产品	稳定农民收入

注:资料根据"OECD review of agricultural policies, chapter of Brazil(2009)"中数据整理得出

最低保证价格。PGPM 是巴西最重要的价格支持政策。政府根据不同地区的生产成本,每年调整最低保证价格,这些价格都以法令的形式发布。2007年巴西 PGPM 计划达21亿雷亚尔,涵盖产品包括木薯粉、淀粉、棉花、豆类、咖啡、大蒜、黄麻、牛奶、大米、橡胶、蚕丝、剑麻、大豆和高粱。其中大豆于2005年首次纳入最低保证价格政策。

产品售空计划。目的是政府通过向代理商支付"差价(Premium)"补贴的方式来支持农产品价格。不同的产品有不同的参考价格。当市场价格低于参考价格,巴西国家商品供应公司(CONAB)对市场运营商从生产者或合作社购买的产品支付参考价格与市场价格之间的差价。参考价格既可以是官方的最低价,也可以是期权合约中所固定的价格。相当于政府提供产地与消费地之间的运费补贴。当中西部的农民把产品提供给南部的加工企

业或批发商时，政府将两地之间的价差（主要是运费）补贴给后者，鼓励他们到内陆地区收购农产品，从而为内陆地区农民提供价格支持。由于该计划的额度有限，仅为产量的5%，政府通过公开拍卖的方式来分配额度，额度内提供补贴，额度外则不提供补贴。虽然所有产品可以参加 PEP，但它只被用于少数产品，主要是棉花、玉米、小麦、豆类、大米和酒。VEP 与 PEP 目标相同，但仅用于处置政府库存。

公开期权合约。由 CONAB 运作，先为下一个收获季节确定一个"执行价格"（最低价格加上存储和财务费用），一定时期的期权价格，符合条件的产品（大米、玉米、小麦、棉花、高粱和咖啡）可以按此价格出售给政府。CONAB 按期权价格（溢价）拍卖出售期权合约给农业生产者和合作社。生产者因此能够从农村信贷基金获得贷款。CONAB 可以在合同期满前按其义务购买产品，在这种情况下，生产商将得到"执行价格"与市场价格之间的差额，或者 CONAB 可以转让其购买义务给其他购买者。这样起到了两个作用：一是一定程度上稳定了农民收入；二是可以减少政府直接以保护价格收购形成的储备。不过，由于市场价格往往比期权价格高，实际中采用这种办法并不多。

2. 巴西粮食价格政策的经验及其启示

自 1975 年巴西调整农业发展政策，加强国家对农业的干预和调节，注重农业发展开始，巴西政府在制定政策时注重向农业倾斜，支持水平上升较快。虽然从 2005 年以后，农业总体支持水平上升速度减缓，但农业的发展速度并没有降低。在巴西各项农业支持政策中，除了通过各种传统方式（价格支持、政府直接购买、优惠信贷）为农业发展提供大量资金外，巴西农业政策还具有很多特点，如重视对小型农户的支持和帮助、制定有针对性的农业政策、注重现代生物技术在农业中的应用、重视农业可持续发展等。这些特点对于同样作为农业大国的中国具有借鉴意义。

一是巴西的农业支持政策制定中注意结合本国实际，有选择地区别对待。巴西政府鼓励大规模的农场经营，放开市场让大农场到国际市场上去竞争；而对处于弱势的中小农场进行补贴，有专门的政策——家庭农业支持计划对其进行支持，包括更低利率的信贷支持、农业保险、价格支持等。这样对农业生产者进行区分，能够更有针对性地保护生产者的利益，同时保证了社会稳定，大大提升了巴西农产品的国际竞争力。

二是区分家庭农户，重视对中小农户生产能力和收入水平的信贷支持。巴西政府在制定农业政策时，特别注重对中小农户的保护和支持。通过设立和制定各种特殊的、针对性强的政策和计划，对处于弱势的中小农场和家庭农户提供信贷补贴和贷款，保证其收入和发展。几乎每项计划中都有针对中小农户的子项目，如农业家庭价格保护计划、家庭农业支持计划、家庭农业保险等，还有针对中小农户的特别条款。这些措施确保了中小农户的基本收入，增加农村就业机会，抑制农村人口过快地向大城市流动，不仅促进了农业发展，而且对农村稳定、农民增收有重要意义。

三是强化对应用新技术、转变农业生产方式的支持。巴西政府重视现代技术的开发和研究，努力推进科技在农业生产中的应用，不仅设立专门的农业科研机构，提供专项基金，支持、鼓励和开发新的农业科技产品，而且还制定特殊的政策，给从事高科技含量的农业生产者提供更优惠的条件，如增加生物燃料生产贷款，对使用可再生能源技术、环境保护技术生产方式的农户提供信贷支持补贴等,以鼓励其进一步发展。中国在注重传统农业发展的同时,也可采取金融信贷支持方式,鼓励农民采用农业新技术、转变农业生产方式;同时加大国家对农业的科技投入,提高科技在农产品中的应用率。

四是重视农业的可持续发展。巴西一直注重实施农业的可持续发展战略,出台了一系列发展绿色经济、减少农业碳排放、维护生物多样性的相关政策。相较而言,中国的农业可持续发展政策非常有限,大部分并未落实到具体政策,例如,应对气候变化、保护生物多样性等目标的详细措施还未出台;部分政策还处于起步或摸索阶段。在这一点上,中国应吸取巴西的相关经验,开展农业可持续发展政策实施的经验交流,尽快落实相关政策。

(四)对中国的借鉴意义

目前,中国粮食价格支持政策在保障粮食生产、提高农民收入等方面已取得了一定的效果。但是,中国农业基础仍然薄弱,需要加强;农村发展仍然滞后,需要扶持;农民增收仍然困难,需要加快。长远来看,保障粮食安全,确保主要农产品基本供给,促进农民增收仍是中国农业现代化建设不可逾越的历史任务,是保持国民经济健康运行的战略需要。因而,未来一段时间中国农业政策目标仍应以保障粮食等重要农产品有效供给为主,兼顾农民收入。进一步加大农业补贴力度,扩大支持范围,强化农业发展基础,这对实现"保供给、促增长"的农业支持政策核心目标和今后实现农业可持续发展的长远目标具有重大意义。要遵从WTO规则,进一步设计出适合中国国情的政策体系,提高农业国内支持政策的实施效果,以促进农业可持续发展的实现。现阶段中国可构建以价格支持为基础、以直接补贴为主体的农业国内支持政策框架体系,进一步完善现有措施,建立新的补贴支持机制,探索新形势下强农惠农的新思路、新方法和新途径。

1. 合理利用粮食价格支持政策

价格支持措施对调动农民积极性、促进农业生产、增加农民收入作用最直接,影响最显著。因而,未来中国农业支持政策仍应以价格支持政策为基础,但是在产业选择、支持方式以及政策细节上应进一步完善。

完善最低收购价政策,合理确定最低收购价水平。统筹考虑生产成本、利润水平、市场供求、不同品种之间比价及国际市场价格等多种因素,合理确定最低收购价,保证最低收购价提价幅度高于生产成本上涨幅度。坚持实行单一政策执行主体,明确执行主体的权利和责任,防止多元主体带来的利益争夺与责任推诿。建议充分发挥中央储备粮垂直管理体系的优势以及保障能力与执行能力,将国家调控粮源集中纳入垂直管理体系的直接控制之下,提高政策执行效率。加快建立制度化的政策启动与退出机制。例如,在新粮上市期间,当市场平均价格低于国家规定的最低收购价格,即启动最低收购价收购;当市场价格回升至最低收购价格水平之上,则要求政策执行主体必须自动停止或及时退出收购;此外,如果最低收购价收购量达到市场流通商品量的30%~40%,有关部门应及时发出预警信号,结合市场价格走势等情况,放缓或退出最低收购价收购,尽可能地给其他市场主体预留足够的商品粮,消除部分企业抢购或囤积的动机。

将重要农产品的临时收储政策逐渐向目标价格补贴政策和目标价格保险政策过渡。在临时收储政策基础上，对大豆、玉米、食糖、棉花等受国际市场影响大、市场波动剧烈的产品，实行稳定价格的措施。其基本作用机制为，当市场价格低于政府确定的最低保证价格时，为维护农民利益、保护农民生产积极性，政策执行机构按照最低保证价格挂牌收购农民交售的农产品；当市场价格高于最高干预价格时，为保证市场平稳运行，政策执行机构将农产品储备投放市场，增加供给、平抑价格；当市场价格处在稳定价格带以内，政府对价格不采取干预措施，由市场机制自发调节价格；如政府掌握的储备不足，可以通过紧急进口等措施增加市场供给，使价格稳定在可控范围内。

实现各项价格支持政策的协调统一。一是合理确定调控价格水平。统筹考虑经济发展、消费者以及上下游产业的承受能力和成本收益等因素，合理确定最低保证价格和最高干预价格。要注重与市场调节机制有机结合，充分发挥市场配置资源的基础性作用。二是抓紧建立重要农产品价格预警系统。建议建立中国粮食等主要农产品价格预警监测信息系统，及时发布重要产品的供求、价格等信息，合理引导市场预期。三是明确政策执行主体。最低保证价格收购与价格平抑调控互为一体，建议由同一政策执行主体承担。第四，建立粮食等重要农产品调控储备。借鉴目前粮食专项储备、政策性临时储备的经验，探索建立重要农产品调控储备，专门用于稳定市场价格。需要注意的是，调控储备量不宜掌握过多，避免形成市场不稳定预期，加剧价格波动。四是注意保持各项政策的基本稳定，以免造成政策冲突。

2. 进一步加强直接支付政策措施

必须意识到，在WTO规则的约束下，中国价格支持的空间可能已经不大；且国际经验也表明，各国普遍开始从价格支持向直接支付转变。因而未来中国农业政策重点应该放在直接补贴政策上，在补贴资金规模的扩大以及直接支付政策的设计和方式选择上多下功夫。

加强现有直接补贴措施。在政策执行上，要进一步完善补贴操作办法，加强政策执行的监督与管理，加大对违规违纪行为的处罚力度，确保农民成为真正的受益主体。具体来看，对于粮食直补政策，要进一步增加其补贴资金总量，以刺激农户生产积极性。对于农资综合补贴，按照"价补统筹、动态调整、只增不减"原则，实施动态调整机制，新增补贴资金应重点向粮食主产区倾斜，着力提高主产区种粮农民的补贴强度。针对良种补贴，应着力提高重点品种补贴力度，逐步取消差价供种的补贴方式，全部采用直接现金补贴农户的办法，尽快与实际种植面积有效挂钩。对于农机购置补贴，应重在完善补贴操作办法，探索申请补贴、选机购机、补贴报销相互分离的操作方式，切实加强补贴执行的管理和监督；并充分考虑农机具存量结构与分布，使补贴资金向农机动力不足的粮食主产区倾斜，使之更具有针对性。

稳步推进差价补贴措施试点工作。对东北主产区的大豆，以及长江中下游等主产区的油菜籽产区，试点实施差价补贴措施。即政府预先确定大豆、油菜籽的目标价格，农民按市场价格随行就市进行销售。其实施机制为，当市场价格低于目标价格时，按两者之间的差价给予农民补贴；若市场价格高于目标价格，则不启动该政策。如果试点取得成功，建议逐步推广到水稻以及具有类似特点的棉花、食糖等农产品，探索建立目标更加清晰、作用更加直接、操作更加简便、效果更加显著的新型农业价格支持与补贴政策体系。

探索新的专项直接补贴措施。研究设计针对重要农产品、关键环节的专项补贴措施，以及鼓励生产的政策支持新机制，缓解农产品供需矛盾。一是水稻专项补贴。建议以水稻作为试点，抓紧研究与农民种稻面积或交售商品粮数量挂钩的水稻专项直接补贴。可考虑采取如上所述的差价补贴，或价外加价等办法，与已有的最低收购价、种粮补贴配套实施。建立鼓励水稻生产的政策支持新机制，缓解水稻供需矛盾。二是专业农户补贴。对粮食主产区经营耕地面积在一定范围内（如30~150亩，需要科学合理地确定），且主要从事粮食生产的农户，按粮食实际种植面积给予补贴。种植规模较大的商业化农户（如150亩以上），由于能够获得高于平均水平的利润，因此可不纳入补贴范围。三是农业金融信贷利息补助支持。建议采取项目申请的方式，对专业农户用于农田水利等基础设施建设自主投资，给予定额的直接投资补助；对商业化种粮大户，给予信贷利息补贴或者提供低息贷款。四是建立农业环保专项补贴。以粮食主产区的专业农户为补贴支持对象，鼓励农户采用资源节约、环境友好低碳技术等生产方式对其导致的损失给予一定奖励或补贴。

3. 加强农产品国际贸易政策与国内相关产业政策的统筹协调

当国内农产品供给充足、农业产业发展情况良好时，要切实发挥边境保护措施的"门槛"作用。充分利用关税、关税配额管理以及非关税措施等加强对大宗农产品的合理保护，避免进口对国内价格的严重打压。当国内确实供不应求、且国内外价格差较大时，要借鉴其他国家的调控经验和管理办法，对进口进行合理调控，在满足国内需求的同时兼顾国内产业发展。例如，针对当前大宗农产品全面净进口的情况，应尽早研究制定谷物等超配额进口关税政策和管理办法。在考虑配额内外关税差异较大的基础上，采取既能确保产业安全、又有利于贸易的平稳发展的过渡性办法。针对国际农产品市场波动性、不确定性和风险性加剧，以及中国农产品生产成本快速增长的现实，应在多/双边农业贸易谈判中切实保护好中国大宗农产品边境保护政策和国内农业支持政策的保护空间。

参考文献

范丽萍.2016.欧盟农业单一支付补贴政策解析[J].世界农业（7）：12-18.

国家发展和改革委员会价格司.2016.全国农产品成本收益资料汇编[R].

刘武兵，李婷.2016.欧盟CAP的直接支付：2014—2020年[J].世界农业（6）：70-77.

孟岩，马俊乐，徐秀丽.2016.4大粮商大豆全产业链布局及对中国的启示[J].世界农业（1）：62-67.

牟爱州.2016.美国、日本农产品价格调控机制分析及经验借鉴[J].世界农业（5）：110-114.

田甜.2017.国际粮食市场波动及利用研究[D].北京：中国农业大学.

张琼，王芳，王钊英.2013.澳大利亚棉花、小麦生产和研究概况[J].世界农业（10）：52-54.

张燕.2015.日本农业支持和保护政策及借鉴[J].农业经济（3）：32-33.

周曙东，赵明正，陈康，等.2015.世界主要粮食出口国的粮食生产潜力分析[J].农业经济问题（6）：91-104.

朱满德，江东坡，徐雪高. 2016. WTO 国内支持规则下的日本农业政策调适［J］. 农业经济问题（6）：104-109.

朱满德，袁祥州，江东坡. 2014. 加拿大农业支持政策改革的效果及其启示［J］. 湖南农业大学学报（社会科学版），15（5）：61-69.

Food and Agriculture Organization of the United Nations. 2018. Crop Prospects and Food Situation［R］.

Food and Agriculture Organization of the United Nations. 2018. Food Outlook［R］.

International Monetary Fund. 2017. World Economic Outlook［R］.

OECD，FAO. 2017. OECD-FAO Agricultural Outlook 2017–2026［R］.

United States Department of Agriculture. 2018. World Agricultural Supply and Demand Estimates［R］.

（执笔人：姜楠）

第三部分

玉 米

海外农产品市场研究（2018）

专题一　世界供需形势分析

玉米是世界三大粮食作物之一，兼有食用、饲用和工业原料等广泛的用途。随着生产与需求的增长，玉米已发展成为全球第一大谷物品种，年产量占全球谷物产量的40%以上。2017—2018年度，世界玉米产量略有下降，但仍处历史高位。主产区仍然相对集中，美国、中国、欧盟、巴西、阿根廷玉米产量分列世界前五位。消费需求持续增长，并大于当年产量，全球玉米库存因此有所下降。2017—2018年度全球玉米库存1.93亿吨，同比减少15.1%，库存消费比18.1%，比上年度下降3.4%，全球玉米供大于求的矛盾明显缓解。国际玉米价格总体保持低位震荡运行态势，2017年1月—2018年8月，国际玉米期货和现货平均价格分别比2012年的高点价格下跌44.8%、46.5%。2017—2018年度，全球玉米贸易量有所减少，但仍为历史次高水平，美国玉米出口增加，南美和乌克兰出口减少。美国作为全球最大的玉米生产国，2017年玉米生产成本略有下降，主要是肥料费用下降明显。由于单产提高，成本降低，美国玉米收益水平同比明显上升。预计2018年全球玉米面积基本稳定，单产有所提高，总产有望增长2%左右。未来3~5年，全球玉米生产仍将保持增长势头，但增速可能有所减缓。随着人口增长和经济发展，未来全球畜牧业仍将保持稳定发展趋势，饲用消费将成为拉动玉米消费主要而持久的动力，年增长率有望保持在2%左右。随着玉米生产增速趋缓以及消费需求的持续增长，全球玉米正处于去库存阶段，预计未来全球玉米仍将出现产不足需局面，库存水平持续下降，玉米供求关系将逐步趋紧，国际玉米价格也将逐步走出低迷态势，进入上升周期。国际玉米贸易将继续扩大，贸易格局更趋分散化，特别是新兴经济体和发展中国家玉米需求增长强劲，进口将持续增加。

一、世界供需形势

（一）玉米生产有所降低，消费稳步增长

受比较效益下降及天气等因素影响，2017年美国玉米播种面积减少，同时中国继续调减玉米面积，使全球玉米播种面积较上年略有下降。同时，受南美干旱等气候条件影响，全球玉米单产有所下降，总产也有所降低，但仍为历史次高。据美国农业部供需报告数据，2017—2018年度全球收获面积1.84亿公顷，同比减少325.3万公顷，降幅1.7%；单产5.63吨/公顷，同比减少0.14吨/公顷，降幅2.4%；总产10.33亿吨，同比减少4 525万吨，降幅4.2%。同时，在饲料消费需求的拉动作用下，世界玉米消费量继续稳步增加，2017/18年度达到10.67亿吨，同比增加3 024.5万吨，增幅2.9%。其中，饲用

消费 6.51 亿吨，同比增加 1 744.5 万吨，增幅 2.8%，占玉米消费总量的 61.0%，占比与上年基本持平，全球玉米消费结构基本保持稳定。其余消费主要用于食用、种用和工业消费。全球玉米供需平衡见表 1。

表 1　全球玉米供需平衡

单位：百万吨

年度	期初库存	产量	进口	消费	饲料消费	出口	期末库存
2016—2017	210.07	1 078.56	135.49	1 036.32	633.24	159.96	227.83
2017—2018	227.83	1 033.30	146.26	1 066.57	650.69	147.50	193.33
总量变动	17.76	-45.25	10.77	30.25	17.45	-12.47	-34.50
变动比	8.5%	-4.2%	7.9%	2.9%	2.8%	-7.8%	-15.1%

数据来源：美国农业部供需报告

（二）全球玉米库存有所下降，供大于求状况有所缓解

由于生产有所下降，消费需求增加，2017—2018 年度，全球玉米出现了当年度产不足需状况，库存有所下降，持续多年的玉米供大于求得到一定程度的缓解。据美国农业部数据，2017—2018 年度，全球玉米期末库存 1.93 亿吨，同比减少 3 449.8 万吨，降幅 15.1%。库存消费比 18.1%，同比下降 3.4%，已基本接近 17%~18% 的安全线，表明全球玉米正处于去库存阶段，供求关系正从供大于求向供求基本平衡转变。尽管世界玉米库存同比下降比较明显，但对比 1980 年以来，库存最低为 0.89 亿吨，最高为 2.23 亿吨，因此从库存绝对水平来看，2017—2018 年度库存为历史第四位，仍处于历史较高水平。从库存下降的区域分布来看，玉米库存下降主要是由于几大主产国玉米库存同时出现了大幅下降，对玉米库存下降贡献最大的国家依次是中国、美国、巴西和阿根廷。根据美国农业部供需报告预测，2017—2018 年度，上述四个国家玉米库存分别减少 2 115.9 万、675.5 万、350 万和 179.5 万吨，降幅分别为 21.0%、11.6%、25.0%、34.0%，库存减少量占世界库存减少总量的 61.3%、19.6%、10.1% 和 5.2%。

（三）生产格局总体稳定，但主产国相对地位有所变化

2017—2018 年度国际玉米生产格局变化不大，仍保持着分布范围较广，但生产相对集中的状态，其中北美洲的美国，亚洲的中国，欧盟和南美洲的巴西产量最高。

根据美国农业部 2018 年 8 月的数据，美国仍然是世界第一大玉米生产国，产量 3.71 亿吨，同比下降 3.6%，但在全球的占比由 2016—2017 年度的 35.7% 提高到 35.9%（表 2）。中国、巴西、欧盟和阿根廷的玉米总产量仍稳居世界第二、第三、第四和第五位，中国、欧盟占比略有上升，巴西、阿根廷因干旱大幅减产，占比略有下降。中国、欧盟产量在全球占比将由 2016—2017 年度的 20.4%、5.7% 提高到 20.9%、6.0%；巴西、阿根廷在全球的占比则由 2016—2017 年度的 9.1%、3.8% 下降到 8.0%、3.2%。其他国家中，乌克兰、南非、俄罗斯因减产较多，占比有所下滑，分别由 2016—2017 年度的 2.6%、1.6%、1.4%

下降到 2017—2018 年度的 2.3%、1.3%、1.3%。印度、墨西哥、加拿大、印度尼西亚、埃及产量占比稳中略升，与上年度相比分别提高 0.2%、0.04%、0.08%、0.09%、0.06%。

表2 2016/17、2017/18 年度全球玉米主产国产量变化对比

国家（地区）	2016—2017年度产量（百万吨）	全球占比（%）	2017—2018年度产量（百万吨）	全球占比（%）	占比增减（%）
美国	384.78	35.68	370.96	35.9	0.23
中国	219.55	20.36	215.89	20.89	0.54
巴西	98.5	9.13	83	8.03	-1.1
欧盟	61.89	5.74	62.28	6.03	0.29
阿根廷	41	3.80	33	3.19	-0.61
印度	25.9	2.4	26.88	2.6	0.2
墨西哥	27.58	2.56	26.8	2.59	0.04
乌克兰	27.97	2.59	24.12	2.33	-0.26
加拿大	13.89	1.29	14.1	1.36	0.08
南非	17.55	1.63	13.8	1.34	-0.29
俄罗斯	15.31	1.42	13.23	1.28	-0.14
印度尼西亚	10.9	1.01	11.4	1.1	0.09
埃及	6	0.56	6.4	0.62	0.06

数据来源：根据美国农业部供需报告整理

二、国际价格走势

国际玉米现货价格和期货价格的代表性市场均来自美国，分别为美国墨西哥湾2号黄玉米的离岸价格（FOB价格）和美国芝加哥期货交易所的玉米期货价格。2017年以来，受国际玉米供求形势变化，燃料乙醇发展，原油及国际其他大宗农产品价格波动等因素的影响，国际玉米价格总体仍保持地位震荡运行，呈现出稳中有涨的趋势。主要变化特点如下。

（一）国际价格总体震荡运行

不考虑物价上涨因素，2017年以来，国际玉米价格总体震荡运行。现货价格由2017年1月的月均169.66美元/吨下降到2018年8月的162.1美元/吨，跌幅4.5%。期货价格（主力合约收盘价格平均）由2017年1月的月均142.44美元/吨上涨到2018年8月的146.74美元/吨，上涨3.0%（图1）。期间，现货价格上涨月份11个，涨幅在0.2%~5.4%，下跌月份9个，跌幅在0.2%~7.8%；期货价格上涨月份12个，涨幅在0.1%~5.9%，下跌月份8个，跌幅在0.2%~8.2%。

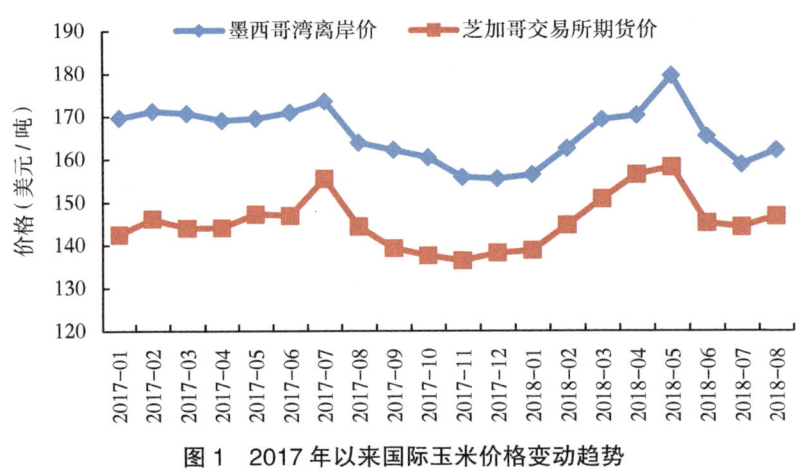

图1 2017年以来国际玉米价格变动趋势

（二）国际玉米总体保持低位运行态势

2013年以后，国际玉米供求形势持续宽松，玉米价格连续下跌。2017—2018年度国际玉米价格但仍保持低位运行。2017年1月—2018年8月，玉米现货月平均价格最低155.48美元/吨，最高179.48美元/吨，平均价格165.82美元/吨，与2012年均价300.3美元/吨的高位价格相比，下跌44.8%；期货月平均价格最低136.34美元/吨，最高158.15美元/吨，平均价格145.35美元/吨，与2012年均价271.74美元/吨的高位价格相比，下跌46.5%。

（三）价格波动呈阶段性特征

2017年以来，价格波动呈现四阶段特点。第一阶段是2017年1—7月，国际玉米价格稳中有涨。现货价格由月均169.66美元/吨上涨到173.50美元/吨，上涨2.3%；期货价格由月均142.44美元/吨上涨到155.50美元/吨，上涨9.2%。第二阶段是2017年7—12月，受美国、巴西、阿根廷等玉米主产国丰产预期的影响，玉米价格快速下跌。现货价格由月均173.50美元/吨下跌到155.48美元/吨，5个月下跌10.4%；期货价格由月均155.50美元/吨下跌到138.19美元/吨，5个月下跌11.1%。第三阶段是2017年12月—2018年5月，受阿根廷减产预期、美国播种进度推迟、中国播种面积下降等因素的影响，国际玉米价格再次上涨。现货价格由月均155.48美元/吨上涨到179.48美元/吨，上涨15.4%；期货价格由月均138.19美元/吨上涨到158.15美元/吨，上涨14.4%。第四阶段是2018年5月—8月，受美国玉米丰产预期影响，国际玉米价格进入下行通道。现货价格由月均179.48美元/吨下跌到162.1美元/吨，跌幅9.7%；期货价格由月均158.15美元/吨下跌到146.74美元/吨，跌幅7.2%。

三、国际贸易格局

（一）2017—2018年度全球玉米贸易量有所下降

2016—2017年度，全球玉米贸易创历史新高，2017—2018年度，由于全球玉米产量有所减少，特别是南美及乌克兰玉米减产较多，全球玉米贸易量有所下降，但仍为历史次高水平。据美国农业部预计，2017—2018年度全球玉米贸易量为1.50亿吨，比上年度减少937万吨，降幅为5.9%（图2）。

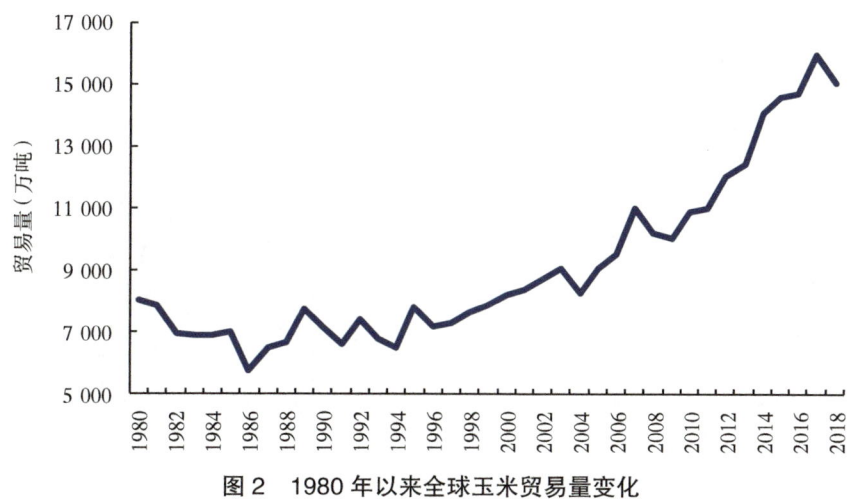

图2 1980年以来全球玉米贸易量变化

注：2018年为美国农业部预计数，2017—2018年为市场年度数据，其余为日历年度数据

（二）美国玉米出口增加，南美和乌克兰出口减少

2017—2018年度，世界玉米贸易格局未发生大的改变，仍维持出口区域相对集中、进口国相对分散的特点。但由于2017年南美洲和乌克兰玉米有所减产，出口格局有所改变，美国出口份额上升，巴西、阿根廷和乌克兰出口份额有所下降。

世界玉米出口仍主要集中在美洲和欧洲。2017—2018年度，美国作为全球第一大玉米出口国的地位有所上升，据美国农业部预计，2017—2018年度，美国玉米出口量多年来将再度突破6 000万吨，达到6 096万吨，比上年度增加269万吨，增幅4.6%，占全球玉米出口的份额由上年度的36.4%上升到40.5%，提高4.1个百分点。巴西仍是全球第二大玉米出口国，但由于其2017年玉米大幅减产15.2%，2017—2018年度巴西玉米出口量由上年度的3 160万吨下降到2600万吨，减幅达到17.7%，占全球玉米出口的份额由上年度的19.8%下降到17.3%，下降2.5%。阿根廷仍保持世界第三大玉米出口国地位，但由于2017年其玉米减产幅度19.5%，2017—2018年度，阿根廷玉米出口量由上年度的2 599万吨下降到2 400万吨，降幅7.7%，占全球玉米出口的份额由上年度的16.3%下降到15.9%，下降0.4%。乌克兰作为第四大玉米出口国，2017年玉米也出现减产，减幅13.8%，因此，2017—2018年度，乌克兰玉米出口量由上年度的2 133万吨下降到1 950万吨，降幅8.6%，占全球玉米出口的份额由上年度的13.3%下降到13.0%，降低0.3%。2017—2018年度，俄罗斯玉米出口量也有所下降，由上年度的559万吨下降到480万吨，降幅14.1%，占全球玉米出口的份额由上年度的3.5%下降到3.2%，降低0.3%。此外，加拿大、墨西哥、欧盟的玉米出口量也有所减少。南美的巴拉圭则有所增加，由上年度的190万吨增加到210万吨，增幅10.5%，占全球玉米出口的份额由上年度的1.2%上升到1.4%，提高0.2%（图3）。

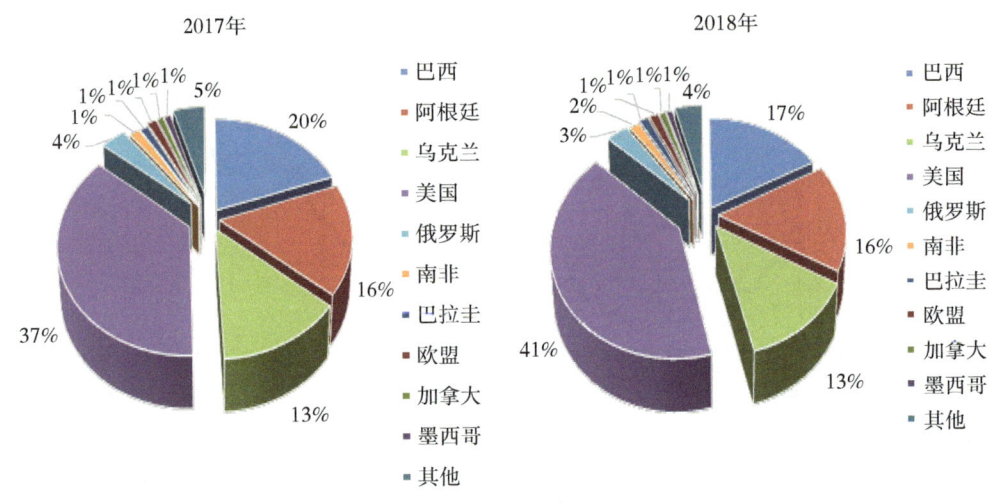

图3 世界玉米出口格局变化

（三）欧盟中国等玉米进口份额上升，日本韩国等进口份额下降

全球玉米进口分布依旧分散，仍以东亚、东南亚、中东、欧盟以及美洲的个别国家为主，但2017—2018年度各国或地区的进口份额有所变动。据美国农业部预计，2017—2018年度，全球玉米进口量较大的国家或地区依次为欧盟、墨西哥、日本、韩国、埃及、越南、伊朗、哥伦比亚、阿尔及利亚、沙特阿拉伯，当年度进口量分别为1 650万吨、1 620万吨、1 520万吨、980万吨、940万吨、900万吨、850万吨、500万吨、440万吨、420万吨。与上年度相比，欧盟、墨西哥、越南、伊朗、沙特阿拉伯、中国进口量增加较为明显，增幅分别为9.8%、11.2%、11.1%、9.0%、22.8%，占世界玉米进口的份额分别为11.3%、11.1%、6.2%、5.8%、2.9%、2.7%，分别比上年度上升0.2%、0.3%、0.2%、0.1%、0.3%；日本、韩国、哥伦比亚、马来西亚占比则有所下降，占世界玉米进口的份额分别为10.4%、6.7%、3.4%、2.4%，比上年度分别下降0.8%、0.1%、0.1%、

0.2%；埃及、阿尔及利亚占全球玉米进口的份额分别为6.4%、3.0%，与上年度相比保持稳定（见图4）。

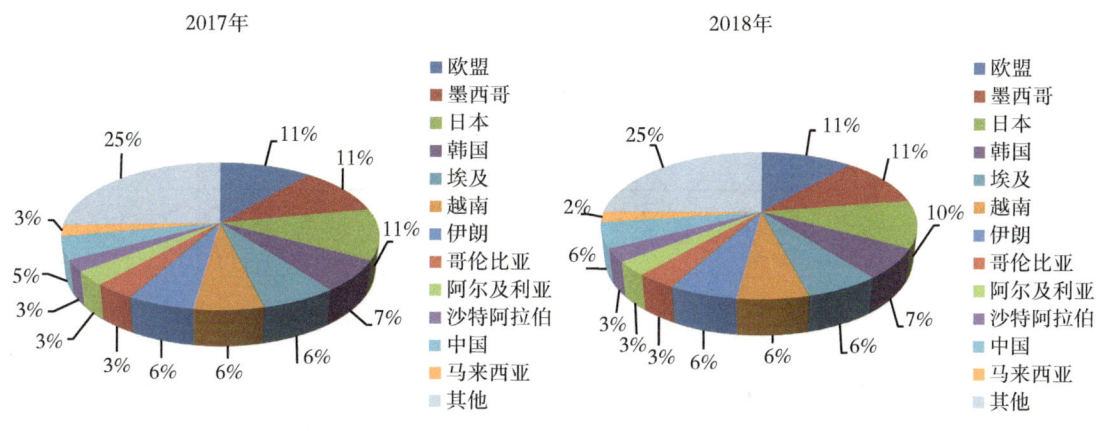

图4 世界玉米进口格局变化

四、世界主要国家产业竞争力

（一）美国玉米成本收益变化

2017年，美国玉米农场平均玉米经营规模为268英亩（合1 627亩），远超中国玉米户均2.9亩的规模。大规模的农场经营模式为降低生产成本，提高产业竞争力奠定了基础。

美国玉米的成本主要包括两大部分，运营成本和间接费用。运营成本包括种子、肥料、农药、机械作业、燃料、润滑油和电力费、修理费、利息等，间接费用包括雇工费、家庭劳动机会成本、固定资产折旧、土地机会成本、税收与保险、管理费等。根据美国农业部的统计，2017年，美国玉米生产成本收益主要体现出以下特点。

1. 玉米总成本略有下降

2017年，美国玉米每英亩总成本为684.99美元（合757.26元/亩[①]），比上年减少7.06美元，降幅1.0%。由于单产水平有所上升，美国玉米单位产品的成本下降更为明显一些。2017年美国玉米单产水平为190蒲式耳/英亩（合795.06千克/亩），比上年提高2蒲式耳/英亩，上升1.1%；单位产品总成本为3.61美元/蒲式耳（合0.14美元/千克，0.96元/千克），比上年减少0.08美元/蒲式耳，降幅2.1%（图5）。

---

① 根据当年人民币兑美元汇率中间价全年平均计算。

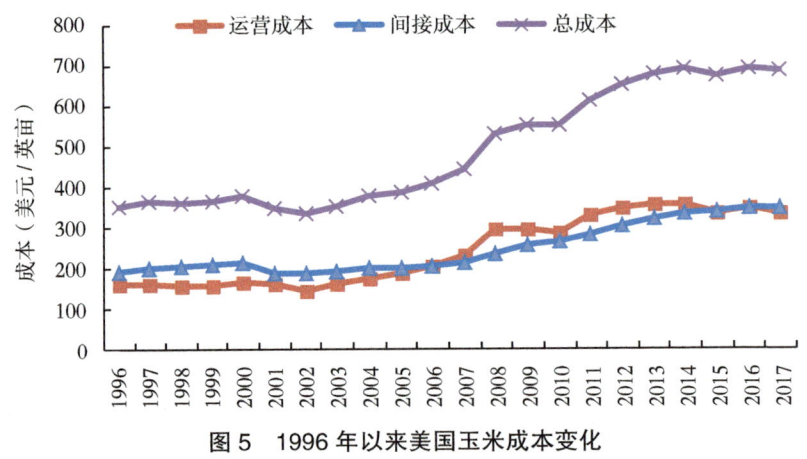

图 5　1996 年以来美国玉米成本变化

2. 运营成本降低，肥料费用降幅明显

2017 年，美国玉米运营成本每英亩为 337.07 美元，同比减少 8.83 美元，降幅 2.6%。其中，种子、肥料、农药、机械作业费用均呈下降趋势，每英亩费用分别为 98.84 美元、116.44 美元、35.63 美元、23.15 美元，同比分别下降 1.3%、9.5%、1.5%、2.9%。肥料费用的降低对运营成本降低的贡献率达到 138.6%。燃料与润滑油及电力费、修理费、利息费用则呈上升趋势，每英亩费用分别为 28.11 美元、32.89 美元、1.76 美元，同比分别上升 18.2%、1.8%、122.8%。灌溉费为 0.25 美元/英亩，同比持平（图 6）。

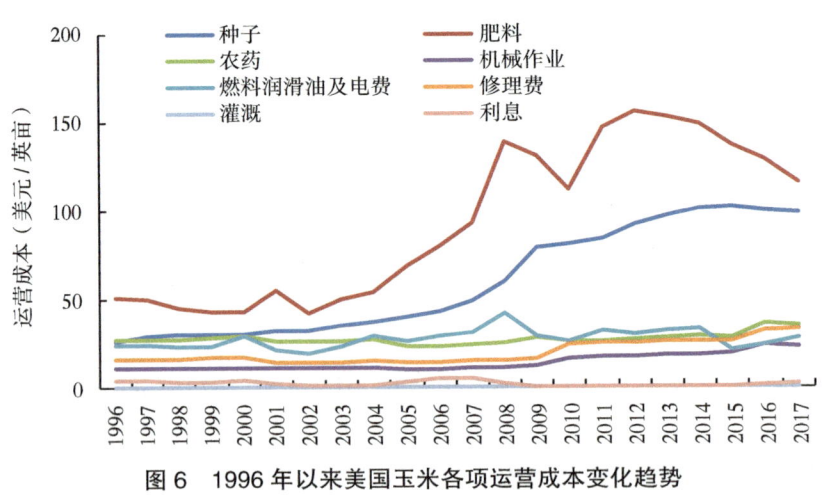

图 6　1996 年以来美国玉米各项运营成本变化趋势

3. 间接成本稳中有升

2017 年，美国玉米间接费用每英亩为 347.92 美元，同比增加 1.77 美元，增幅 0.5%。其中，每英亩雇工费用、劳动力机会成本、固定资产折旧分别为 4.11 美元、22.17 美元、121.48 美元，同比分别增加 0.1 美元、0.54 美元、2.61 美元，增幅分别为 2.5%、2.5%、

2.2%；土地机会成本 169.92 美元，同比减少 1.90 美元，降幅 1.1%；税收与保险费、管理费分别为 11.87 美元、18.37 美元，同比分别增加 0.13 美元、0.29 美元，增幅分别为 1.1%、1.6%（图 7）。

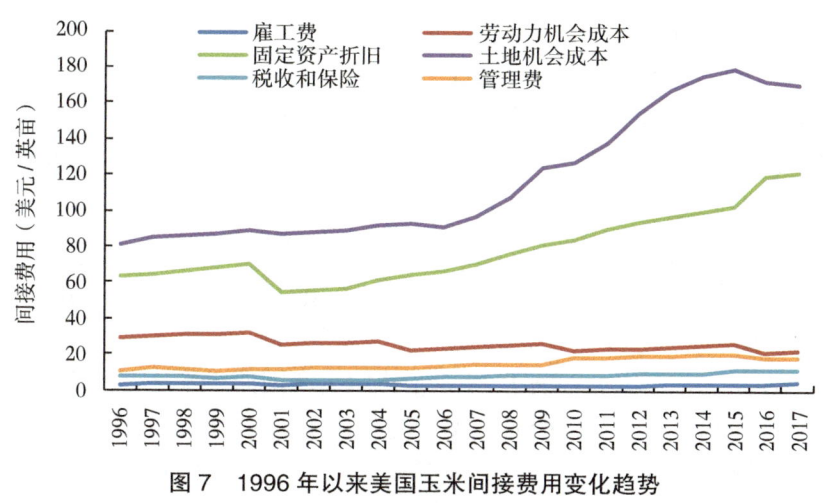

图 7　1996 年以来美国玉米间接费用变化趋势

4. 收益水平有所上升

2017 年，美国玉米单产为每英亩 190 蒲式耳，单位产品售价为每蒲式耳 3.26 美元，每英亩主产品价值为 619.4 美元，加上副产品价值 2.09 美元，每英亩产值为 621.49 美元，同比增加 1.26 美元，增幅 0.2%。扣除完全成本，每英亩净利润 -63.5 美元，比上年提高 8.32 美元，增幅 11.6%；如果不扣除土地机会成本和家庭劳动力机会成本，2017 年，美国玉米每亩现金收益为 128.59 美元，比上年增加 6.96 美元，增幅 5.7%（图 8）。按单位农场计算，美国平均每个农场来自玉米的纯收入为 34 462.12 美元（不含补贴），同比增加 1 865.28 美元。

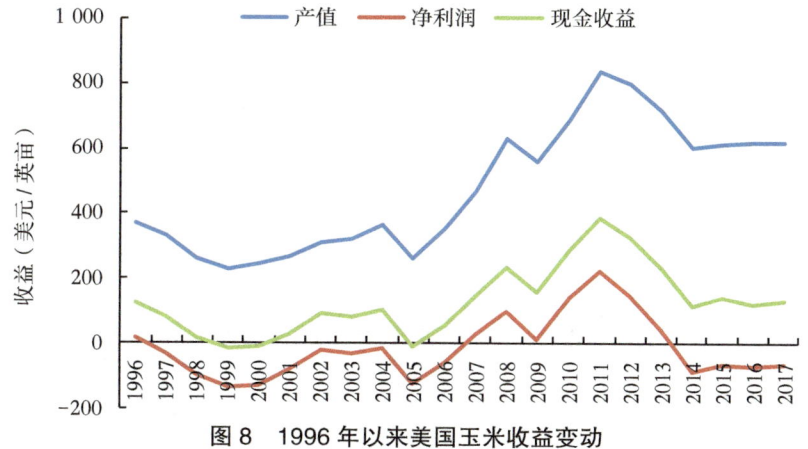

图 8　1996 年以来美国玉米收益变动

(二）中美玉米成本收益比较

由于中国2017年玉米生产成本收益的官方数据尚未公布，因此，本部分仅对2016年中美两国玉米生产的成本收益进行比较分析，数据来源于中国统计局和国家发改委编写的《主要农产品成本收益资料汇编—2017》。

1. 2016年中国玉米生产成本多年来首次下降，中美成本差距有所缩小

由于中国推进农业供给侧结构性改革，玉米作为改革的重点品种，2016年实行了收储制度改革，取消了临时收储政策，实行市场化收购加生产者补贴的新机制，转变生产方式，大力推进化肥农药零增长行动，推行绿色生产，在玉米价格显著下降的同时，玉米生产成本多年来首次下降。2016年，中国玉米每亩总成本1 065.59元，比上年减少18.13元，降幅1.7%。同时，美国玉米每亩总成本则有所上升，达到700.9元，比上年增加6.67元，增幅1.0%。中美两国玉米成本差距呈现缩小趋势，中国玉米每亩总成本比美国高364.69元，差距比上年缩小24.6元；中美两国的玉米每亩总成本比值由上年的1.56∶1缩小为1.52∶1。从单位产品成本来看，中美两国的玉米成本均有所降低，但由于美国玉米单产增加明显，成本降幅更为明显一些，因此，两国单位产品玉米成本差距有所扩大。2016年，中国每50千克玉米的成本为107.12元，比上年减少0.43元，降幅0.4%；美国每50千克玉米的成本为47.86元，比上年减少1.83元，降幅3.7%。中国玉米比美国多59.26元，高出113.8%，差距比上年扩大1.40元，中美玉米成本的比值比上年扩大7.4%（图9、表3）。

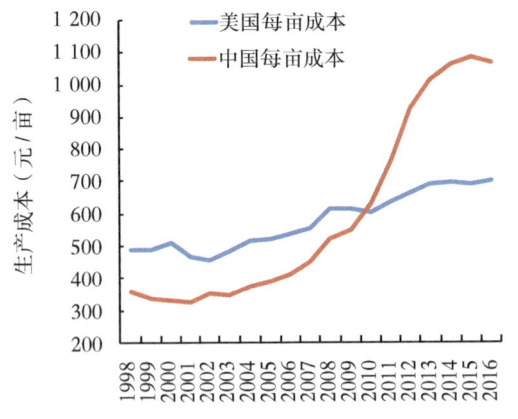 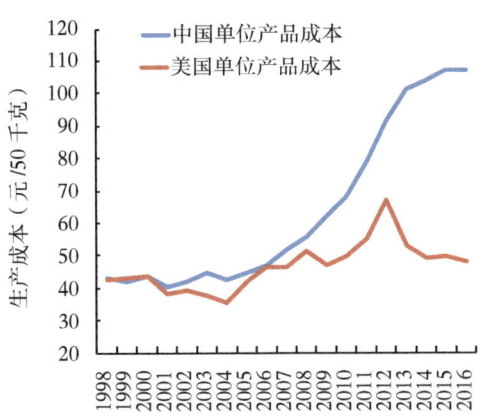

图9　1998—2016年中美玉米生产成本对比

资料来源：《全国农产品成本收益资料汇编》

表3　2016年中美玉米生产成本及收益

项目	中国	美国	中国/美国
单产（千克/亩）	480.29	732.29	0.66
玉米价格（元/千克）	1.54	0.87	1.77

（续表）

项目	中国	美国	中国/美国
总产值（元/亩）	765.89	636.95	1.20
生产总费用（元/亩）	1 065.59	700.90	1.52
直接生产费用（元/亩）	358.32	338.32	1.06
间接生产费用（元/亩）	707.27	362.57	1.95
现金成本（元/亩）	424.68	488.61	0.87
现金收益（元/亩）	341.21	148.33	2.30
单位产品成本（元/千克）	2.14	0.96	2.24
单位产品现金成本（元/千克）	0.85	0.67	1.28

资料来源：《全国农产品成本收益资料汇编》。本表根据可比性做了适当归类和调整

2. 成本结构差异仍然明显

从成本结构看，中美两国的每亩直接生产成本差距不大，中国比美国每亩略高6%，但间接成本差距较大，中国比美国高出95%（表4）；中国直接成本占总成本的比例仅为33.6%，明显低于美国的48.3%；美国间接成本占总成本的51.7%，明显低于中国的66.4%。分项比较看，美国主要在种子、农药、修理、固定资产折旧等费用方面高于中国，中国则在机械作业、排灌、人工、土地等方面成本高于美国。主要特点为：一是美国种子费用和占比均明显高于中国。2016年，美国每亩种子费用107.9元，比上年增长3.5%，比中国高90.8%，占总成本的比重达到15.4%，比中国高出10.1%。二是肥料费用基本相当。2016年，美国每亩肥料费用126.63元，比上年减少10.8%，比中国低8.6%，占总成本的18.1%，比中国高5.1%。三是美国农药费用高于中国。2016年美国每亩农药费用31.5元，上年增加10.1%，比中国高94.2%，占总成本的4.5%，比中国高3%。四是中国机械作业费明显高于美国。2016年，中国每亩机械作业费114.43元，上年提高2.2%，比美国高4.39倍，占总成本的10.7%，比美国高7.7%。这主要是因为一方面中国土地规模小，机械作业的规模优势发挥不充分，另一方面中国机械作业多为外包服务，而美国机械作业主要为自己经营，这从修理费的比较也可得知。美国修理费用为中国的29.2倍，占总成本的4.1%，比中国高4%；五是中国排灌费用明显高于美国。2016年，中国每亩排灌费17.59元，比上年降18.3%，比美国高113.9倍，主要是因为美国多为雨养农业，而中国多为水浇地。六是美国固定资产折旧费用明显多于中国。2016年，美国每亩固定资产折旧费用112.81元，比上年增加6.7%，是中国的37.1倍，占总成本的比重达16.1%，明显高于中国的0.3%。七是中国人工成本远高于美国。2016年，中国每亩人工成本高达458.1元，比上年减少2.3%，但仍比美国高12.9倍，占总成本的比重达43.0%，比美国高38.3%。八是中国土地成本高于美国，但差距不大。2016年，中国每亩土地成本237.94元，比上年略降0.4%，但比美国高29.9%，占总成本的22.4%，比美国低3.8%（图10）。

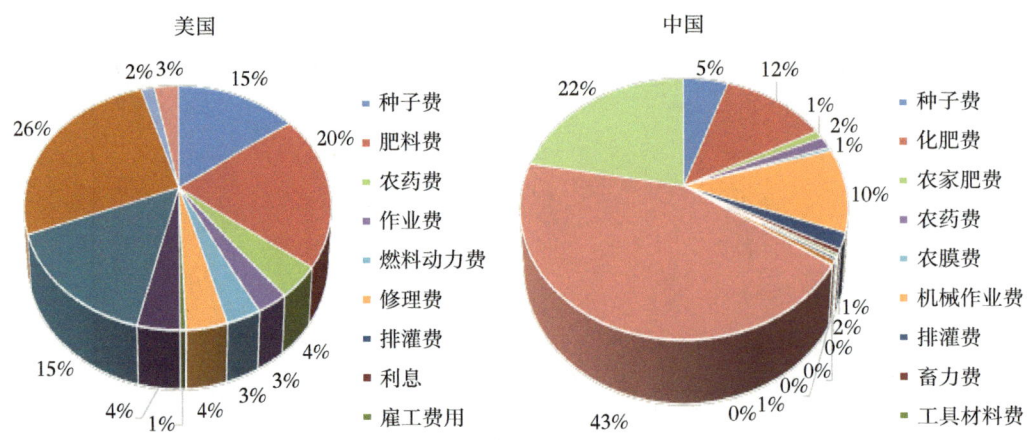

图 10 中美玉米成本构成对比

3. 中国亩均收益水平明显高于美国

2016 年,尽管中国由于玉米价格大幅下降,导致玉米收益水平明显降低,美国玉米收益水平有所提高,但由于中国玉米价格仍明显高于美国,因此中国的玉米亩均收益仍明显高于美国,但差距缩小。2016 年,中国每亩玉米现金收益为 341.21 元,比上年大幅减少 181.74 元,降幅达到 34.8%。但仍比美国每亩收益高 182.88 元,高出 1.3 倍。从单位产品收益水平看,中国也明显高于美国。2016 年,中国每千克玉米现金收益达到 0.69 元,比美国的 0.20 元高出 2.42 倍。

五、主要国家产业支持政策新变化

2017 年以来,世界主要玉米生产国的产业支持政策整体稳定,局部调整,调整较明显的国家主要是中国。近年来,中国玉米市场出现了高产量、高库存、高进口"三高"并存的局面。为应对这一矛盾,中国从 2016 年开始,采取了一系列针对性措施,在 2017 年又进行了部分调整和补充,主要表现在以下几个方面。

(一)玉米去库存力度持续加大

2016 年以来,中国陆续出台了一系列去库存促消费政策。这些政策包括对东北产区符合条件的玉米深加工企业实行补贴,将玉米淀粉、酒精等玉米深加工产品的增值税出口退税率恢复至 13,国家能源局发布的《生物质能发展"十三五"规划》计划将生物燃料乙醇利用规模由 210 万吨提高到 400 万吨,对进口的美国 DDGs 征收反倾销税和反补贴税等,对于加快消化库存,促进玉米工业消费都具有积极作用。在一系列政策推动下,中国玉米去库存速度明显加快。2017 年,累计调减玉米面积 266.67 万公顷,临储玉米拍卖累计成交量达到 5 748 万吨,较 2016 年增加 165%。2018 年年初,中国玉米市场价格持续上涨,为了保障玉米市场的平稳运行,中国玉米拍卖时间同比提前了将近一个月的时间,而且力度进一步加大。4 月 12 日—8 月 31 日,累计投放国产玉米 16 419 万吨,实际成交 7 101 万吨，成交率 43.3%，成交量超过上年全年成交量，玉米高库存的情况得到明显缓解。

（二）继续实施玉米生产者补贴

2016 年 3 月 28 日，国家发改委会同中央农办、财政部、农业部（现为农业农村部）、粮食局等部门召开新闻通气会，明确取消在东北三省和内蒙古自治区（以下称内蒙古）实行了八年的玉米临时收储制度，按照市场定价、价补分离的原则，建立"市场化收购"加"补贴"的新机制。为了缓解玉米价格断崖式下跌给农民带来的损失，2016 年 6 月，经国务院同意，财政部会同有关部门印发了《关于建立玉米生产者补贴制度的实施意见》，决定在东北三省和内蒙古自治区建立玉米生产者补贴制度。

2017 年继续执行玉米生产者补贴政策，根据国务院有关决定，中央财政将一定数额的补贴资金拨付至省级财政，并赋予地方自主权，由各省区制定具体的补贴实施方案，确定本省区的补贴范围、补贴对象、补贴依据、补贴标准等。与 2016 年不同的是，2017 年开始统筹实施大豆与玉米生产者补贴，大豆和玉米生产者补贴资金统一发放到省，由各省自主调配比例，大原则是单位面积上大豆补贴金额高于玉米。黑龙江省完全按照面积补贴，而且是全省统一补贴，各地补贴标准一致，2017 年玉米生产者补贴面积共计 8 079.16 万亩，每亩补贴 133.46 元。吉林、内蒙古、辽宁三个省（区）以县为单位核定补贴额度。吉林省实施差异补贴，并分级落实，按照 50% 面积 +50% 产量补贴，根据 2014 年播种面积和产量拨付到市，市再拨付到县，不同县的具体补贴金额有所差异；辽宁省以县为单位，根据市对县核定下达的当年补贴资金规模，依据县农业部门提供的全县补贴面积测算标准，向玉米生产者发放补贴资金；内蒙古的补贴面积按照 2016 年种植面积为基准进行补贴，2017 年新增加的种植面积不予补贴。

（三）扩大轮作补贴试点范围

2016 年 5 月 20 日，中国中央全面深化改革领导小组第二十四次会议审议通过了《探索实行耕地轮作休耕制度试点方案》。根据方案要求，当年轮作面积 500 万亩，其中黑龙江 250 万亩，内蒙古 100 万亩，吉林 100 万亩、辽宁 50 万亩。近两年，中国耕地轮作休耕制度试点规模扩大。2017 年，轮作面积扩大到 1 000 万亩；2018 年轮作补贴面积超过 2 000 万亩。轮作补贴标准为连续三年，每年每亩 150 元；轮作的形式为"一主多辅"：一主，是以籽粒玉米与大豆轮作为主，发挥大豆根瘤固氮养地作用；多辅，是指籽粒玉米与马铃薯、花生、向日葵、杂粮杂豆等进行的轮作。轮作补贴和生产者补贴可以叠加，就是说如果进行"玉米—大豆"轮作，不但可以得到生产者补贴，还可以得到轮作补贴。

（四）实行玉米深加工补贴

中国为促进玉米消费，解决卖粮难和去库存问题，2017 年在东北三省一区实行玉米深加工补贴政策。规定对符合条件的玉米深加工企业进行补贴，要求玉米为 2016 年 11 月 1 日至 2017 年 4 月 30 日之间收购入库，且 6 月底前实际加工消耗的 2016 年省内新产玉米。补贴标准因区位不同而有所差异（表4）。2016年11月1日—2017年4月30日期间收购入库，并于2017年6月30日前加工消耗的省内2016年新产玉米。

表4　2017年东北地区玉米生产者补贴对照

项目	补贴对象	补贴标准
黑龙江	省内2015年产品销售收入2 000万元及以上或具备年加工能力10万吨及以上，生产淀粉类或酒精类玉米深加工企业	300元/吨
吉林	省内具备10万吨以上玉米年加工能力、就地采购加工且有自建仓储设施	200元/吨
内蒙古	销售收入在2 000万元以上的玉米深加工企业收购加工新产玉米	200元/吨
辽宁	按照国家财政部等四部委文件要求，对淀粉、淀粉糖、氨基酸、化工醇、酒精等，年主营业务收入2 000万元及以上的玉米深加工企业，并符合就地采购、自建仓储设施等	100元/吨

玉米深加工补贴的实施为企业发展带来了活力，2017年中国东北玉米深加工企业经营状况普遍较好，全年处于较好盈利状态，开工率保持较高水平，2017年玉米酒精行业平均开工率达到62.1%，同比上升6.6%。

2018年，黑龙江和吉林省继续实行玉米深加工补贴，但补贴标准均大幅降低：吉林省补贴标准为100元/吨，黑龙江省补贴标准为150元/吨。同时，补贴时间也调整为2018年3月15日—4月30日期间收购入库且2018年6月30日前加工完成。

（五）划定玉米生产功能区

为优化农业生产布局，聚焦主要品种和优势产区，实行精准化管理，2017年4月中国国务院发布了《关于建立粮食生产功能区和重要农产品生产保护区的指导意见》，划定粮食生产功能区划定面积9亿亩。其中，玉米生产功能区4.5亿亩（含小麦和玉米复种区1.5亿亩），主要集中在东北和华北地区，分别为：黑龙江6 200万亩、吉林5 200万亩、辽宁3200万亩、内蒙古3 900万亩、山东4 500万亩、河北4 250万亩、河南4 600万亩。

六、世界供需形势展望

（一）2018年全球玉米生产有望继续增长，但增速将减缓

2018年，全球玉米面积将保持基本稳定的态势，预计收获面积将达到1.84亿公顷，与上年相比持平略增。其中中国玉米面积有望恢复性增长，美国则由于玉米价格低迷，收获面积将减少到3309万公顷，比上年下降约1.1%。巴西、乌克兰、南非等传统生产国和

出口国玉米面积将有所增长。2018年美国玉米播种期气候不佳，但随后气候较好，玉米长势总体良好。截至2018年7月15日，美国玉米上涨优良率72%，同比高8%。美国农业部预计其玉米单产将达到10.92吨/公顷，比上年下降约1.5%。总产预计为3.61亿吨，比上年减产约2.6%。不过，由于其他地区玉米单产增长，预计全球玉米单产将达到吨5.73吨/公顷，比上年增长约1.8%。面积和单产都有所增加，预计2018年全球玉米总产有望达到10.54亿吨，比上年增产约2.0%，为历史第二高产年份。未来3~5年，在畜牧业稳定发展，玉米深加工业继续增长的拉动下，预计全球玉米生产仍将保持增长势头，但增速可能有所减缓。主要原因：一是近年来全球玉米产量屡创历史新高，在高基数的基础上继续增产难度加大。二是当前全球玉米消费缺乏新的增长动力，对玉米价格的拉动作用降低，国际玉米价格处于历史低位，种植收益下降，影响种植面积持续增长，预计全球玉米面积将保持稳中略增的态势，增速将明显低于以往水平。从区域分布看，美国面积将稳中略降，但单产水平提高，未来总产将小幅增长；中国在进行玉米收储制度改革后，玉米面积调减较多，目前已开始呈现恢复性增加的态势；巴西、阿根廷等国耕地资源丰富，自然条件优越，玉米面积有望继续扩大；乌克兰、俄罗斯自然条件较好，玉米面积也有望继续增加；欧盟面积则将基本稳定。

（二）消费需求稳步增长，饲料消费仍将是主要增长来源

玉米是全球最主要的饲料原料，也是重要的工业加工原料，还是世界许多地方居民的主要口粮。随着全球人口的增长和经济发展，未来全球肉类消费将持续增长，畜牧业仍将保持稳定发展趋势，带动玉米饲料消费持续增长，饲用消费将成为拉动玉米消费的主要而持久的动力，年增长率有望保持在2%左右。工业消费方面，美国燃料乙醇几乎全部以玉米为原料，受国际原油价格走高的带动作用，未来几年美国燃料乙醇产量将小幅提高，但受其国内能源法案的影响，未来美国燃料乙醇加工用玉米数量将基本保持稳定，甚至有所下降，年消耗玉米1.4亿吨左右，占玉米总消费的35%左右。中国则规划到2020年在全国范围推广使用燃料乙醇，燃料乙醇生产将扩大，预计燃料乙醇加工用玉米可能出现较明显的增长，但受未来供求关系趋紧的影响，中国燃料乙醇的玉米消耗总量将较为有限，其他深加工业如淀粉深加工等产能上升较快，预计未来中国玉米工业消费将保持较快发展，但增速可能趋缓。其他国家玉米加工业基本也将保持增长势头。此外，国际玉米价格处于历史较低位，将促使企业更多的使用玉米作为饲料原料和加工原料，刺激玉米消费增长。预计2018/19年度全球玉米消费总量有望接近11亿吨，比上年增长2%以上，其中饲料消费占60%左右，比上年增长2.7%左右。未来3~5年全球玉米消费总量仍有望保持年均2%左右的速度增长。

（三）库存水平将明显下降，供求关系将逐步趋紧

当前，全球玉米供求形势较为宽松，玉米价格持续低迷，随着玉米生产增速趋缓以及消费需求的持续增长，全球玉米正处于去库存阶段，预计未来全球玉米仍将出现产不足需局面，供求关系将逐步改善，库存水平将持续下降，特别是中国玉米去库存进程很

快,有助于明显改善全球玉米供给宽松的局面。据美国农业部数据,预计2018—2019年度,全球玉米总供给13.97亿吨,比上年度减少0.7%;总需求10.87亿吨,比上年度增长2.1%;期末库存连续2年大幅下降至1.52亿吨,比上年度下降20.7%,比历史最高的2016/17年度下降近1/3;库存消费比13.97%,比上年度下降4%,比2016—2017年度下降8%,低于17%~18%的安全线水平,全球玉米供求关系正向趋紧方向发展。

(四)玉米价格短期低迷,未来将进入上升期

受当前全球玉米供给仍较充裕,美国玉米带气候较好以及美国与中国等国家贸易摩擦等因素的影响,国际玉米价格持续低迷,预计短期内国际玉米价格仍难以摆脱低迷态势,但由于处于历史低位,国际玉米价格没有继续大幅下跌的空间,低位震荡运行特征将较为明显。随着库存水平继续下降,国际玉米供求关系逐步趋紧,未来几年,国际玉米价格将进入上升通道。在这一过程中,气候异常、全球金融及经济形势波动、大宗商品价格较大幅度变动以及美元汇率的明显变化等因素,都可能引发国际玉米价格的波动。

(五)玉米贸易将继续扩大,贸易格局更趋分散化

由于全球玉米需求持续增长,且呈现消费分散,而生产相对集中的特点,预计未来全球玉米贸易将继续呈扩大趋势,贸易量将稳步增加。预计2018—2019年度,全球玉米贸易量将接近1.6亿吨的规模,到2022—2023年度有望达到1.7亿吨的规模。从贸易格局看,出口格局总体变化不大,但竞争将日趋激烈,美国仍将保持世界第一大出口国地位,但出口份额将稳中趋降,预计2018—2019年度,美国玉米出口量在5 600万吨左右,比上年有所下降。巴西、阿根廷、乌克兰玉米出口将继续增长,并巩固全球玉米出口第二、三、四的位置,占全球出口市场的份额将有所上升。进口格局将更趋分散化。新兴经济体和发展中国家的经济发展将增加肉类消费,玉米需求增长强劲,进口将持续增加,墨西哥、伊朗、越南、中国、埃及等国玉米进口将较快增长,日本、韩国、欧盟等玉米进口量基本稳定,仍将保持主要进口国家或地区的地位,但占全球玉米贸易的份额将趋于下降。

专题二　国际市场价格波动特征研究

玉米由于既能用于主食、饲料，又可以用于工业原料，因此，既属于资源型品种，也属于能源战略型品种，在世界各国的农作物生产和居民日常生活中均具有举足轻重的地位。2000年以来，国际玉米价格总体上升，但波动剧烈，2012年之后持续大幅下跌，近两年一直低位运行。这与人口增长、通货膨胀、能源计划、天气变化、原油价格、汇率变化以及玉米主产国贸易政策等均有密切联系（蔡文著等，2008；田贞余，2012）。为了平抑波动，使玉米生产和价格停留在合理区间，玉米主产国也因时因势出台了相应政策，取得了初步成效。

一、国际价格波动特征

国际玉米现货价格和期货价格的代表性市场均来自美国，分别为美国2号黄玉米的墨西哥湾离岸价格（FOB价格）和美国玉米芝加哥期货交易所价格。2000年以来，受多种因素的影响，国际玉米价格呈现出稳中有涨的趋势。主要变化特点如下。

（一）国际价格不断上升，波动频繁剧烈

不考虑物价上涨因素，2000年以来，国际玉米价格总体呈波动上升的态势，多数月份现货价格略高于期货价格，二者走势大体相同。现货价格由2000年的年均93.0美元/吨上升到2018年8月的162.1美元/吨，上涨了74.3%。期货价格（主力合约收盘价格平均）由2000年的年均86.2美元/吨上升到2018年8月的146.7美元/吨，上涨了70.2%（图1）。

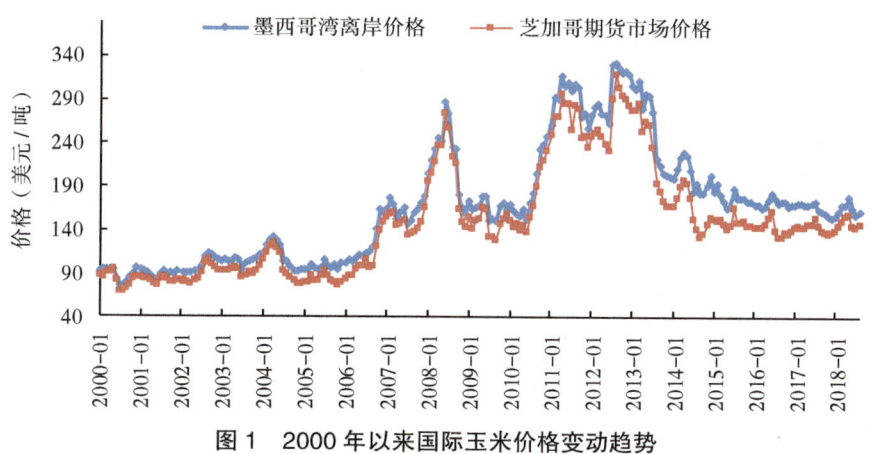

图1　2000年以来国际玉米价格变动趋势

从历史价格走势中可以看出，国际玉米价格波动剧烈。2001—2004年、2006—2008年和2010—2012年分别连续4年、3年和3年上涨，2005年、2009年和2013—2018年均下跌。其中2011年涨幅最大，现货价格和期货价格分别上涨55.8%、57.6%，2009年跌幅最大，现货价格和期货价格分别下跌26.0%、29.5%。从月均价格来看，2000年以来的224个月中，国际现货价格和期货价格月均波动幅度分别达到4.4%、5.1%。其中，现货价格上涨的月份为118个，下跌的月份105个，持平的月份1个。期货价格上涨的月份121个，下跌的月份102个，持平的月份1个。涨幅最大的月份为2017年7月，现货价格和期货价格分别上涨26.3%、25.6%，跌幅最大的月份发生在2008年10月，现货价格和期货价格分别下跌22.7%、24.1%。现货价格涨幅超过10%的有12个月，占比5.4%；跌幅超过10%的有11个月，占比4.9%；涨幅超过5%的有41个月，占比18.3%；跌幅超过5%的有29个月，占比12.9%。期货价格涨幅超过10%的有13个月，占比5.8%；跌幅超过10%的有14个月，占比6.3%；涨幅超过5%的有50个月，占比22.3%；跌幅超过5%的有37个月，占比16.5%。

（二）国际玉米价格具有一定的周期性特点，但周期不重复不对称

农产品供给的周期性导致价格围绕其长期趋势扩张和收缩，体现出的期性波动。结合H-P滤波法，按照经济周期的划分标准，认为2000年1—7月价格波动周期并不完整，是上一周期的尾部，并将2000年8月以来的玉米国际市场现货价格分为5个周期（图2，表1）。第一个周期是2000年8月—2003年7月，共36个月，上涨的月份为18个，下跌的月份18个，月均最低价75.2美元/吨，最高价113.6美元/吨，相差51.1%、38.4美元/吨。第二个周期是2003年8月—2006年8月，共37个月，上涨的月份为21个，下跌的月份16个，月均最低价93.1美元/吨，最高价132.6美元/吨，相差42.4%、39.5美元/吨。第三个周期是2006年9月—2010年6月，共46个月，上涨的月份为27个，下跌的月份19个，月均最低价120.4美元/吨，最高价287.1美元/吨，相差138.5%、166.7美元/吨。第四个周期是2010年7月—2013年10月，共40个月，上涨的月份为20个，下跌的月份20个，月均最低价171.0美元/吨，最高价332.5美元/吨，相差

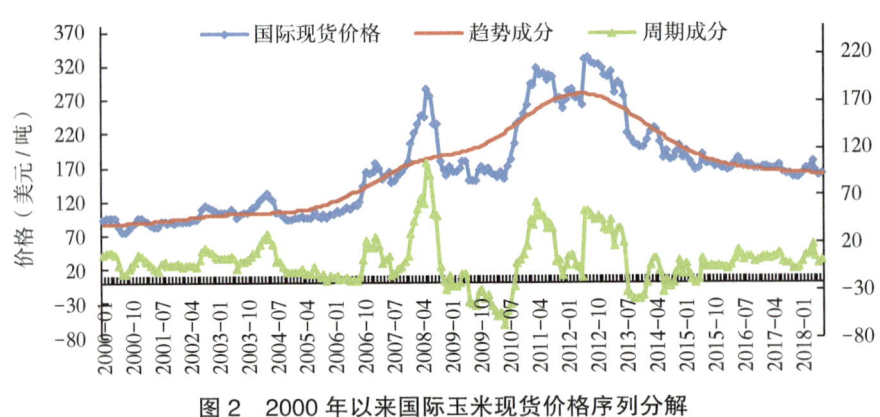

图2　2000年以来国际玉米现货价格序列分解

94.4%、161.5 美元/吨。第五个周期是 2013 年 11 月—2018 年 8 月，共 58 个月，上涨的月份为 28 个，下跌的月份 30 个，月均最低价 155.5 美元/吨，最高价 230.0 美元/吨，相差 47.9%、74.5 美元/吨。

表 1　国际玉米现货价格周期

项目	第一周期	第二周期	第三周期	第四周期	第五周期
时长（个月）	36	37	46	40	58
波峰	2002 年 9 月	2004 年 4 月	2008 年 6 月	2011 年 4 月	2018 年 5 月
波谷	2000 年 8 月	2005 年 11 月	2010 年 6 月	2010 年 7 月	2013 年 12 月
峰值（%）	14.6	28.7	104.1	62.9	18.2
谷值（%）	-13.1	-21.2	-67.8	-53.1	-38.9
振幅（%）	27.7	49.9	171.9	116.0	57.1

玉米国际市场期货价格与现货价格周期十分接近（图 3、表 2），2000 年 8 月以来也分为 5 个周期。第一个周期是 2000 年 8 月—2003 年 7 月，共 36 个月，上涨的月份为 18 个，下跌的月份 17 个，持平月份有 1 个，月均最低价 68.8 美元/吨，最高价 105.6 美元/吨，相差 53.5%、36.8 美元/吨。第二个周期是 2003 年 8 月—2006 年 9 月，共 38 个月，上涨的月份为 20 个，下跌的月份 18 个，月均最低价 76.7 美元/吨，最高价 124.2 美元/吨，相差 61.9%、47.5 美元/吨。第三个周期是 2006 年 10 月—2010 年 6 月，共 45 个月，上涨的月份为 28 个，下跌的月份 17 个，月均最低价 121.4 美元/吨，最高价 274.3 美元/吨，相差 125.9%、152.9 美元/吨。第四个周期是 2010 年 7 月—2013 年 11 月，共 41 个月，上涨的月份为 20 个，下跌的月份 21 个，月均最低价 153.9 美元/吨，最高价 319.0 美元/吨，相差 107.3%、165.1 美元/吨。第五个周期是 2013 年 12 月—2018 年 8 月，共 57 个月，上涨的月份为 32 个，下跌的月份 25 个，月均最低价 131.2 美元/吨，

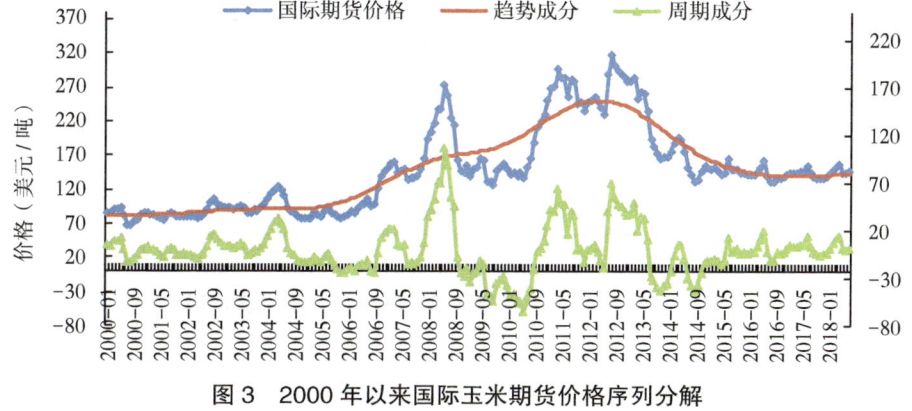

图 3　2000 年以来国际玉米期货价格序列分解

最高价 146.7 美元 / 吨，相差 11.8%、15.5 美元 / 吨。

表 2　国际玉米期货价格周期

项目	第一周期	第二周期	第三周期	第四周期	第五周期
时长（个月）	36	38	45	41	57
波峰	2002 年 9 月	2004 年 4 月	2008 年 6 月	2012 年 8 月	2016 年 6 月
波谷	2000 年 8 月	2006 年 9 月	2010 年 6 月	2010 年 7 月	2014 年 9 月
峰值（%）	17.0	33.0	106.7	69.5	20.3
谷值（%）	-13.0	-25.0	-64.8	-51.0	-43.0
振幅（%）	30.0	58.0	171.5	120.5	63.3

（三）国际玉米价格波动具有明显的季节性特征

美国玉米的收获季节在下半年，此时玉米大量上市，市场供应增加，黄玉米 2 号的价格有所下跌，然后随着季节成分的上升，在第二年上半年价格出现回升（金三林等，2012）。因此，在 2000—2017 年，有 12 年国际玉米价格在上半年出现上涨走势，而且多数年份上半年的平均价格要高于下半年。但如果周期波动的走势与季节波动的走势相反，则季节波动的特征有可能被掩盖（战立强，2014），从 2000—2017 年的 18 年中，下半年国际玉米平均价格高于上半年的有 7 次，分别为 2001、2002、2005、2006、2010、2012 和 2015 年（图 4、图 5）。另外，7 月是美国玉米授粉的关键时期，这一时期对产量的预测会对玉米价格形成较大影响，国际玉米价格会因此出现较大波动。2000—2017 年，国际玉米 6 月均价和 7 月均价相差最大，现货价格为 9.6%，期货价格达到 12.2%。

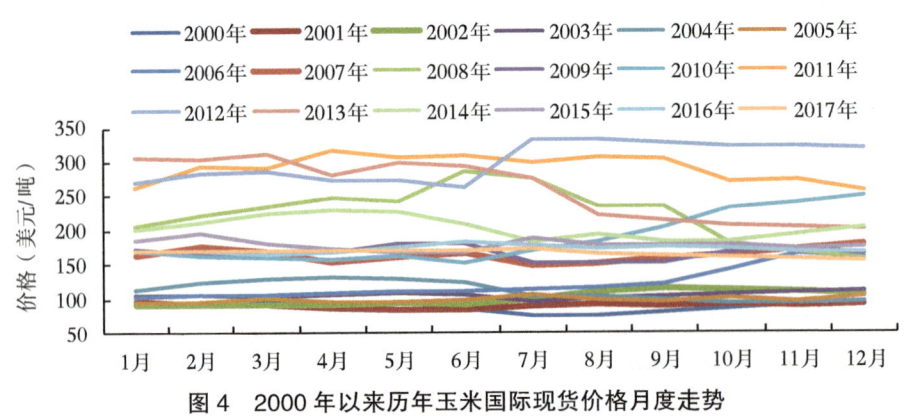

图 4　2000 年以来历年玉米国际现货价格月度走势

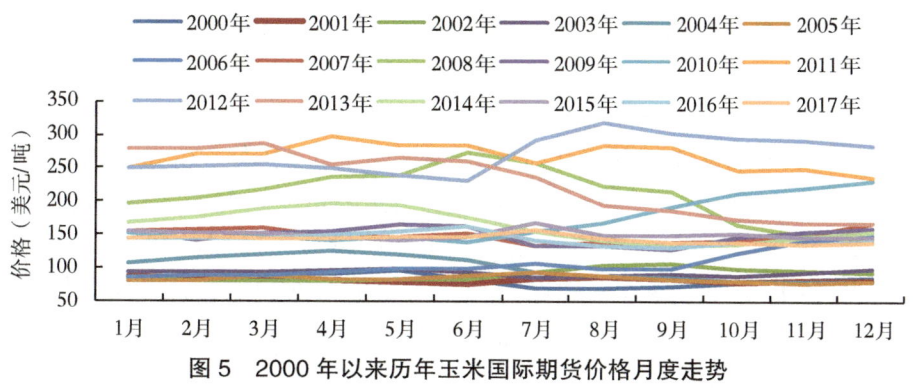

图 5　2000 年以来历年玉米国际期货价格月度走势

二、国际价格波动原因分析

影响国际玉米价格波动的原因有很多，有短期因素，也有长期因素。如人口规模、全球经济形势、气候变化、玉米生产周期、国际贸易形势变化、主产国贸易政策、新能源开发、投机炒作等，都能通过影响供求关系对玉米价格产生影响。这些因素相互叠加，共同发生作用，导致国际玉米价格不断变化（王雅鹏等，2008；李艳君等，2013；吕捷等，2013；王芳等，2018）。

（一）需求的持续增长和通货膨胀支撑玉米价格震荡走高

玉米是应用最广泛的粮食品种，不仅可以用作饲料和食用，还是重要的工业原料。随着世界人口增加、消费结构升级以及玉米工业化用途的不断开发，全球玉米消费量需求呈现刚性增长趋势（周明磊等，2011）。根据美国农业部统计，2000—2017 年，全球玉米消费量从 6.09 亿吨增加到 10.70 亿吨，增加了 75.7%。虽然科技进步和农业生产力的提高也促使全球玉米单产总体呈增长趋势，但单产增幅小于需求增幅。美国农业部数据显示，2000—2017 年，全球玉米单位面积产量从 4.32 吨/公顷增加到 5.63 吨/公顷，增幅为 30.3%。由于玉米需求增速快于单产增速，单产增幅不足的部分需要依靠扩大播种面积来满足，全球玉米收获面积由 2000 年的 1.37 亿公顷，增加到 2017 年的 1.84 亿公顷。而耕地、水资源均为稀缺资源，使用数量的增加必然会导致成本的提高。同时，通货膨胀在世界范围内始终存在，一般物价水平经常性地处于上涨状态，这也是国际玉米名义价格不断走高的重要原因之一。

（二）玉米主产国天气变化是影响国际玉米价格波动的重要因素

玉米生产离不开自然环境，在玉米播种和生长期间，光、热、水分等气象因素至关重要，气象因素的好坏直接影响最终的产量，而产量的变化会改变国际玉米市场供求格局，引起玉米价格波动。一方面，适宜的天气有利于玉米丰产，并导致实际供求和心理预期的变化，玉米价格下跌压力加大。2013 年以来，全球天气整体适宜，有利于玉米生产，美国及全球玉米产量屡创新高。据美国农业部供需报告，2015—2016 年度、2016—2017 年度、2017—2018 年度全球玉米产量分别为 9.69 亿吨、10.79 亿吨、10.33 亿吨。这是近年来国际玉米市场价格低位震荡的重要因素之一。另一方面，一些突发的极端天气也会推动国际玉米市场价格在短期内迅速上涨。2011—2012 年美国发生大范围持续干旱，这是 20 世纪 30 年代至今美国中部地区所经受的最为严重的干旱，大平原地区玉米遭受巨大影响，2011—2012 年度和 2012—2013 年度美国玉米产量为 3.14 亿吨和 2.74 亿吨，连续两年下降。受此影响，国际玉米价格大幅攀升，2011 年和 2012 年连续两年高位运行。尤其是 2012 年 8 月国际玉米现货和期货月均价格分别达到 332.5 美元 / 吨和 319 美元 / 吨，分别为目前为止国际玉米历史最高价位。

（三）世界经济危机导致国际玉米价格短期快速下跌

2007—2008 年，由于部分主产国干旱和燃料乙醇的快速发展等原因，国际玉米价格快速上涨，2008 年 6 月国际玉米现货和期货月均价格分别达到阶段性高点，分别为 281.1 美元 / 吨和 274.3 美元 / 吨。但是，从 2008 年 7 月开始价格快速下跌，很快就跌到了 2009 年 2 月的 164 美元 / 吨和 141.2 美元 / 吨，8 个月累计跌幅分别达到 42.9% 和 48.5%。这次下跌的主因就是全球性的金融危机。2007—2009 年，爆发了一场世界金融危机，也有人称其为环球金融危机、次贷危机、信用危机。危机之初，产生的影响主要在银行和地产行业，并没有传导到玉米下游的加工业，直到 2008 年下半年，危机开始失控，影响到各个行业，农产品加工业也受到严重打击，玉米市场需求萎缩，国际价格快速下跌。同样，国际玉米价格从 2012 年年末开始的那次快速下跌也与经济下滑有一定关系。实际上从 2011 年开始，世界经济增速就已经放缓，但由于时间传导和美国干旱预期等原因，没有立刻表现在国际玉米价格上。2013 年世界经济继续向下滑行，按照购买力平价法 GDP 汇总，当年经济增长率只有 3% 左右，加上丰产预期，国际玉米价格快速下跌，15 个月的时间，现货和期货月均价格从最高价分别跌倒 204.1 美元 / 吨和 166.8 美元 / 吨，跌幅为 38.6% 和 44.7%。

（四）能源价格变化从成本和需求两方面影响国际玉米市场走势

以原油为代表的能源价格变化是引起国际玉米价格波动的重要因素，其影响主要体现在成本和需求两个方面。

首先，国际油价变化对玉米生产成本产生一定影响（李丰等，2017）。石油等能源不仅是化肥的主要生产原料，也是农业生产和运输的动力来源，其价格的波动必然会影响到农用生产资料价格和运输成本，在涨价时影响更为明显。但是，通过影响生产成本来影响国际玉米价格需要一个传导过程，产生的影响具有一定滞后性。

更为重要的是，燃料乙醇产业的兴起使玉米具有了能源属性，大大增强了原油与玉米间的价格联动关系（涂圣伟等，2011；吴海霞等，2013）。燃料乙醇作为原油的替代品，会随着油价的波动而迅速调整，通过影响对玉米的市场需求来影响国际玉米市场价格。从国际原油和玉米的期货走势上可以看出，它们的联动性非常好，尤其是 2003—

2013年，走势大体一致。2007—2008年，国际原油和玉米价格都出现了尖锐"倒V形"势，而燃料乙醇支持政策的实施，也是2011—2012年玉米价格持续高位震荡的重要原因之一。

（五）汇率变化和金融资本的进入给国际玉米价格变化带来不确定性

美元汇率的变化也是影响国际玉米价格的一个重要因素，二者呈较强的负相关性。通常来说，美元贬值，玉米价格上涨，美元反弹则玉米价格下跌。美国的经济状况、货币政策、国际形势等都会影响美元汇率变化，成因较多，不易判断。加上金融资本的介入，会放大突发事件对市场价格的影响，给国际玉米价格变化带来很大的不确定性。

（六）主要进出口国的农业贸易政策往往会加剧国际玉米市场价格的波动

在非特殊情况下，主要进出口国的农业贸易政策相对稳定，不会对玉米市场价格产生干扰。但当世界玉米供需紧张或出现国际纠纷时，一些国家的贸易政策会临时调整。尤其是在玉米供需特别紧张的时期，一些主要出口国为了保证国内供应，可能会采取限制出口的政策，会加剧国际玉米市场供需紧张形势，进一步推动国际市场玉米价格的上涨。2007—2008年国际粮食供求紧张期间，阿根廷、印度、乌克兰等主要玉米出口国采取限制出口或提高出口关税等政策，成为国际玉米价格快速上涨的助推器。

三、主要国家价格调控措施

玉米应用广泛，产业链较长，其市场价既能够影响到农民收入，又能够影响到相关加工业生产成本，过高、过低或剧烈震荡都有可能给社会和生产的发展带来不利影响。所以，为了稳定市场，保证玉米价格在合理区间震荡，世界主要玉米生产国都根据实际情况实施了直接或间接的调控办法或政策。这些办法和政策多着眼于国内，有长期的也有短期的，还有一些出发点不是为了调控价格，但也对价格产生了一定影响（邢丽娟等，2011；徐轶博等，2017；张彬，2010）。

美国、中国和巴西是世界玉米产量最高的3个国家，在世界玉米总产量中的合计占比常年保持在60%以上。同时，这3个国家处在不同地区，国家体制也有所差异，其玉米价格调控政策具有较强代表性。

（一）美国

在玉米市场价格形成上，美国实行以市场调节为主、政府干预为辅的价格管理形式。市场调节主要体现在两个方面，一方面是为现货市场提供充分的交易平台和完善的法律保障，让玉米的市场价格在相对公平的自由竞争环境中自然形成。另一方面是充分利用期货市场。美国拥有完善的农产品期货市场，不仅拥有国内农产品贸易基准价定价权，也提供国际农产品贸易重要参考价，芝加哥期货交易所（CBOT）玉米期货价格已经成为分析国际玉米市场定价的重要参考。

除依靠市场定价之外,美国政府对玉米市场价格也采取一定的干预手段,主要依靠面积控制(休耕)和价格补贴来稳定玉米生产价格(江娟丽等,2017)。

1. 土地休耕保护计划

美国休耕保护计划(CRP)设立于1985年的食品安全法案,至今已经实施了三十多年,是美国影响最大、持续时间最长的耕地修养政策(李娅,2018)。该计划由美国农业部农场管理局(FSA)负责具体实施,由农业部自然资源保护局(NRCS)提供技术支持,由农业部商品信贷公司(CCC)提供资金支持。主要目的有两个:一是通过耕地休耕来控制土壤流失和沙化,改善河流水质及生物栖息地环境;二是缓解大农场生产方式带来的农产品过剩问题。其中,第二个目标在一定程度上对玉米市场价格产生影响。

根据法案要求,美国休耕政策通过农户自愿申请、政府审批、合同管理等手段实施休耕。农户和大农场主参与项目的途径主要是通过申请,申请内容包括准备退耕的耕地类型、面积、期望的地租和退耕后的还草还林计划。所有申请书要经过县农业局和农业部两级的审查,通过环境效益指数(EBI)计算并结合其他因素分析,最终确定可以接受的面积和相应的补偿。申请成功后,耕地休耕的期限一般为10~15年,休耕合同到期后,申请者可自由选择退出休耕计划或者续签休耕合同,如果提前终止合同将会受到惩罚,需要返还所有的补贴并缴纳罚款。同时,为防止休耕对经济产生冲击,美国农业部要求休耕面积每个县最多不超过25%的耕地可以纳入CRP(表3)。

表3 美国休耕项目一般申请与不间断申请

项目	一般申请	不间断申请
竞争性	有竞争性	无竞争性,土地符合标准即可
申请时间	有时间限制	随时申请
补贴	根据合同拟定的休耕补贴、成本分担补贴	休耕补贴、成本分担补贴、额外奖励
合同期限	10~15年	10~15年
申请原则	自愿	自愿
对土地的要求	相对宽松	针对环境敏感性强或容易遭受侵蚀威胁的土地

农户和大农场参与休耕保护计划有两种主要形式:一般申请和不间断申请;二者在坚持农户自愿原则、合同履行期限、审批周期等方面基本相同,但也存在一些差异(表3)。一般申请类似于市场竞标,不但具有竞争性,而且有申请时间限制。自愿参与的农户需要在规定的时间内提交申请,说明拟休耕土地的类型、生产水平、土地耕作史、土壤侵蚀程度、期望的补贴水平、休耕地管理计划等。受理申请后,休耕项目的激励补偿需进行定量测评,根据EBI对每份申请书进行评估和筛选,通常是环境收益越高、农民补偿要求越低的项目越容易通过。申请通过后,农户或农场主按批准的面积和双方同意的年土地

租金标准，享受土地租金补贴。如果农民在休耕的土地上种植植被，还可以获得不超过50%的成本补贴。不间断申请不需要投标，也没有特定的申请时间限制，补贴水平高于一般申请，但对土地有更高的要求和标准，主要针对环境敏感性强或容易遭受侵蚀威胁的土地。

美国参与休耕的土地主要集中在中部大平原和西部山区，相关研究显示，联邦政府每年支付的耕地休耕补贴达17亿美元。目前看来，这个项目基本上达到了既控制粮食产量又保护生态环境的目的。但随着土地价值和国际市场农产品价格的上涨，参与休养的耕地面积在不断减少，农场主参与该计划的意愿也在降低。美国农业部也一直在调整休耕耕地的上限面积，如2008年农业法案设置CRP的面积上限为3 200万英亩，而2014年农业法案将这一上限降低到了2 400万英亩。

2. 目标价格相关补贴

美国与目标价格相关的补贴政策最早可以追溯到1938年，当年农业法案所创立的"平价差额补贴"将目标价格与补贴联系到了一起，1973年农业法案将其改名为"基于目标价格的差额补贴"，该政策在1996年曾暂时取消。

2002年农业法案建立了"反周期补贴"，实际上就相当于目标价格政策，当市场价格等于或高于有效价格时，即直接支付率加上市场价格等于或高于预先设定的目标价格时，不实施反周期支付（刘慧等，2014）；反之，当农产品市场价格低于有效价格即直接支付率加上市场价格小于目标价格时，实施反周期支付。单位产品的反周期支付率为有效价格与市场价格之差，其中市场价格的浮动区间介于贷款率和有效价格之间。反周期补贴政策的优点是既能提高补贴效率，又能让补贴与生产脱钩，在一定程度上规避WTO"黄箱"补贴上限的约束。

2013年6月，美国国会参议院通过了2014—2018财年的农业法案，这是美国第17部农业法，该法于2014年2月签署生效，对美国农业政策作了较大调整，比较明显的特征是在名义上减少了直接干预，调控手段趋于市场化。其中，很重要的一项是取消反周期补贴，实施价格损失保障计划，在名义上取消了目标价格政策。但实际上，价格损失保障计划可以视作对反周期补贴的替代，操作更加方便。这种补贴首先为玉米设定一个参考价，如果玉米12个月的平均市场价格低于参考价，价格损失补偿被触发，政府根据玉米的价格差、单产和农场参加价格损失补偿计划的基础面积3个要素的乘积算出金额补贴给农场主（图6）。从价格支持水平看，2014年农业法案的价格损失保障计划提高了玉米市场价格的参考价格，2008年农业法案中玉米目标价格为2.63美元/蒲式耳，而2014年农业法案中的参考价格为3.70美元/蒲式耳。与反周期补贴相比，价格损失保障政策的操作更加灵活，而且新的名称避免了字面上的"补贴"，更加凸显了美国农产品支持政策的风险管理思想。

价格损失保障的具体计算方法是：

玉米补贴 = （参考价格 — 年度全国玉米平均市场价格）× 补贴单产 × 基础面积 × 85%

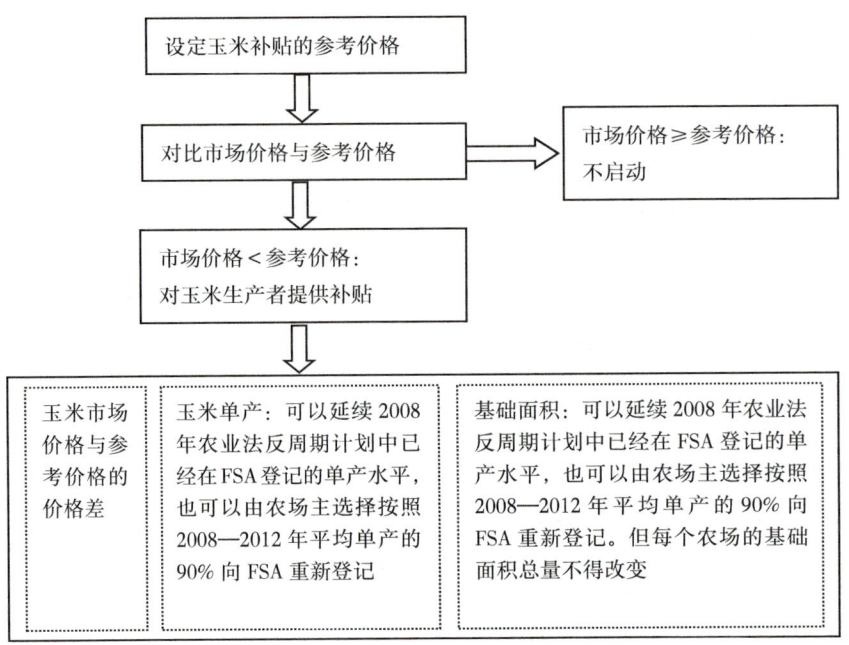

图 6 美国玉米价格损失保障计划

（二）中国

中国是世界第二大玉米生产国和消费国。2008—2015 年，中国实行玉米临时收储政策，每年由国家发布临时收储价格和收储数量、收购时间等政策，这一政策对保护农民生产积极性、发展玉米生产、保持市场稳定发挥了积极作用。但玉米临时收储政策从设计上侧重于保护生产端，忽略了全产业链的协调发展，因而带来了一系列问题和矛盾，如供求关系失衡、库存积压严重、国家财政负担沉重、玉米及其替代品进口压力加大、下游产业收到明显冲击等，这些矛盾近年来集中暴发，到了难以为继、不得不改的地步。因此，近年来，玉米成为中国粮食乃至农产品收储制度改革以及农业供给侧结构性改革的重点品种。主要改革内容以玉米收储制度改革为核心，实行市场化收购和价补分离政策，并以调结构、促消费、去库存等措施为配套政策，旨在重塑玉米供求平衡关系，建立以市场为导向的价格形成机制，促进玉米市场和产业持续健康发展。

1. 调整优化玉米生产结构

2015 年 11 月，农业部发布了《关于"镰刀弯"地区玉米结构调整的指导意见》，规划到 2020 年"镰刀弯"地区调减籽粒玉米面积 333.33 万公顷以上。2016 年和 2017 年的"中央 1 号文件"都提出要适度调减非优势区籽粒玉米面积。

2. 推进玉米收储制度改革

2015 年 9 月，国家首次下调了玉米临时收储价格，由原来的平均每 500 克 1.12 元统一下调到 1 元，取消了地区差价。2016 年开始，国家取消了玉米临时收储制度，改为实行市场化收购加补贴的新机制。国家不再实行玉米临时收储，玉米价格由市场形成，同时建立玉米生产者补贴制度，中央财政对东北三省和内蒙古自治区给予一定补贴。

3. 促进玉米消费

2016年，财政部、国家税务总局将玉米淀粉、酒精等玉米深加工产品的增值税出口退税率恢复至13%。2016年以来，国家在东北产区实行深加工和饲料加工补贴，对玉米深加工项目管理由核准制改为备案制，取消了对玉米深加工的项目限制。2016年，国家能源局发布《生物质能发展"十三五"规划》，规划到2020年燃料乙醇产量由2015年的210万吨提高到400万吨。2017年，国家发改委、国家能源局等十五部门联合印发《关于扩大生物燃料乙醇生产和推广使用车用乙醇汽油的实施方案》，规划到2020年在全国范围内推广使用车用乙醇汽油，基本实现全覆盖。

4. 加快玉米去库存

2016年开始，国家改变了临储玉米拍卖机制，放弃了顺价销售原则，改为按市场价格开展临储拍卖，以加快临储玉米出库进程。

5. 完善玉米市场应急调控机制

2016年，国家完善了玉米卖难应急收储调控机制，通过新粮上市后有序开展储备轮入，安排央企"在市"均衡收购，保障收购信贷资金，合理安排收购库容，并将防止"卖粮难"纳入粮食安全省长负责制等措施，确保不出现卖难。

玉米收储制度改革实施两年多以来，取得了显著成效。一是玉米生产结构调整效果明显。2016—2017年，玉米种植面积连续2年调减，产量下降。2017年全国玉米播种面积3 544.5万公顷，比2015年减少267.4万公顷；总产21 589.1万吨，比2015年减少874.1万吨，降幅3.9%。玉米阶段性供大于求矛盾明显缓解，目前已呈现年度产不足需的格局。二是市场化定价机制已经确立。实行价补分离改革后，玉米价格由市场决定，玉米价格形成机制基本理顺。三是市场流通搞活。中储粮一家独大的收购局面被打破，加工企业、贸易商等市场主体的入市积极性空前提高，多元化主体入市收购的格局已经形成。四是国内玉米竞争力显著提高。国内外玉米价格基本接轨，持续3年多的价格倒挂局面得到改变；玉米及替代品进口得到有效抑制。2016年以来，进口玉米及替代品数量呈持续下降态势；玉米生产成本持续上升的态势初步得到抑制。2016年，全国玉米每亩总成本同比下降1.7%，为2003年以来首次下降。五是去库存进展顺利。2016年全年政策性玉米拍卖成交数量2 183万吨，2017年进一步增加到5 743万吨，2018年4—8月拍卖成交量已达7 101万吨，去库存进程超出预期，库存压力明显缓解。六是产业链协调发展逐步理顺。加工企业成本明显降低，经营状况普遍改善，开工率明显上升，带动消费快速增长。七是初步建立起了优势产区玉米种植基本收益保障机制。

（三）巴西

巴西农业资源丰富，玉米产量世界第三，是全球农业生产和出口强国。20世纪80年代以来，为了顺应贸易自由化进程的趋势，巴西的农业支持政策也作出了相应调整。首先，经历了农业支持政策由直接补贴向农产品价格支持的过渡。为了减轻财政负担，巴西联邦政府于1985年取消了长达20年的农业直接补贴政策，并将农业价格支持政策确立为主要的农业支持政策。1995年,为了适应WTO规则要求,巴西联邦政府进一步开放了本国的农业市场,对本国原有的农业政策进行了大规模的调整。当前巴西最主要的农业支持措施主要有两大类:信贷支持和价格支持,且主要依靠价格政策来调节玉米市场价格。

目前巴西主要的价格政策有3种,一是最低保障价格政策。这项支持政策从1966年开始实施,基本目标是当市场价格下跌时维持生产者的收入稳定。具体由巴西国家食品供应公司通过两种方式实施:联邦政府购买、公共期权合约等商业化工具;为最低价格保证覆盖产品的存储提供金融信贷。每年巴西联邦政府都会根据不同地区的生产成本,调整最低保证价格政策覆盖产品但玉米并不是每年都会在产品之内,例如2009—2011年,玉米在价格支持产品范围内,但2012年却没有。二是农产品出售计划。该计划的目的是为了支持农产品价格,方式是当市场价格与政府制定的参考价格存在差价时,政府向加工企业或批发商支付差价补贴,以此来支持农产品价格。其实本质上就是鼓励南部的加工企业和批发商收购内陆地区的农产品。支持的总量有上限,一般为产量的5%~6%,所以需要通过拍卖分配额度。三是期权合约补贴。属于一种价格保证制度,购买期权时,如果农产品实际市场价格低于期权价格,政府则把市场价格与期权价格之间的差额补给农民,可以起到稳定农民收入,减少政府直接收购储备等作用。另外,巴西联邦政府还会从自由市场收购谷物,然后贮存起来作为今后的销售储备。当国内供应紧张造成价格上涨时,政府出售库存缓解上涨价格。

参考文献

蔡文著,黄中伟.2008.国际粮食价格波动根源及其对我国的启示[J].价格理论与实践(9):38-39.
陈辉,黄亚勤.2013.中国农业与美国农业的对比研究[J].经济研究导刊(19):60-61.
褚浩.2009.19世纪后期美国贸易保护政策研究[D].上海:复旦大学.
冯继康.2007.美国农业补贴政策:历史演变与发展走势[J].中国农村经济(3):73-78.
江娟丽,杨庆媛,阎建忠.2017.耕地休耕的研究进展与现实借鉴[J].西南大学学报(自然科学版),39(1):165-171.
金三林,张江雪.2012.国际主要农产品价格波动的特点及影响因素[J].经济纵横(3):29-36.
李丰,朱瑶瑶.2017.国际原油价格对国内玉米价格的溢出效应分析——基于VECM-BEKK-GARCH模型[J].粮食科技与经济,42(6):38-39,72.
李明.2010.世界玉米生产回顾和展望[J].玉米科学(3):165-169.
李圣军.2017.世界玉米产销格局及其演变[J].中国粮食经济(8):30-36.
李万君,李艳军.2014.美国农业补贴政策演变及对我国的启示[J].农业现代化研究(3):268-272.
李霞.2015.美国、德国生态农业法律制度建设及对中国的启示[J].世界农业(8):102-105.
李娅.2018.美国、欧盟和日本耕地休耕政策的比较研究[J].世界农业(6):71-76,215.
李艳君.2013.入世以来国际玉米价格波动特点及影响因素[J].中国经贸导刊(31):31-33,41.
刘慧,李宁辉.2014.基于直接和反周期支付的美国粮食调控政策探讨[J].世界农业(2):73-75,91.
吕捷,林宇洁.2013.国际玉米价格波动特性及其对中国粮食安全影响[J].管理世界(5):76-87.

吕晓英，李先德．2014．美国农业政策支持水平及改革走向［J］．农业经济问题（2）：102-109．

农业部欧盟农业政策考察团．2012．从英法农业现状看欧盟共同农业政策的变迁［J］．世界农业（9）．

彭超，潘苏文，段志煌．2012．美国农业补贴政策改革的趋势：2012年美国农业法案动向、诱因及其影响［J］．农业经济问题（11）：104-109．

田贞余．2012．国际市场粮食价格波动性上升的原因及未来趋势分析［J］．特区经济（10）：94-96．

涂圣伟，蓝海涛．2011．生物质能源产业与粮食安全［J］．宏观经济管理（4）：30-33．

王芳，王春乙，邬定荣，等．2018．近30年中美玉米带生长季干旱特征的差异及成因分析［J］．中国农业气象，39（6）：398-410．

王维芳．2008．多哈回合背景下美国农业保护政策分析［J］．国际贸易问题（10）：39-43．

王雅鹏，邓玲．2008．生物质液态燃料开发利用对粮食安全的影响分析［J］．农业技术经济（4）：4-10．

吴海霞，王静，Gordon Rausser．2013．原油、玉米、燃料乙醇市场波动溢出效应分析［J］．中国农村经济（2）：71-82．

习银生，杨丽，吴天龙．2018．2017年玉米市场形势分析与2018年展望［J］．农业展望（3）：10-15．

习银生，杨丽，吴天龙．2018．2018年上半年玉米市场形势分析与下半年展望［J］．农业展望（7）：4-10．

习银生，杨丽．2015．我国玉米观调控政策的成效、问题和建议［J］．中国食物与营养（2）：5-9．

邢丽娟，钟永玲，史兵，等．2011．国外粮食市场调控政策的分析及对我国的启示［J］．北京城市学院学报（2）：53-57，71．

徐轶博．2017．美国农业支持政策：发展历程与未来趋势［J］．世界农业（8）：111-117，250-251．

徐志刚，习银生，张世煌．2010．2008/2009年度国家玉米临时收储政策实施状况分析［J］．农业经济问题（3）：16-23．

战立强．2014．玉米价格序列的季节波动分析［J］．黑龙江畜牧兽医（14）：17-19．

张彬．2010．美国玉米产业竞争优势及启示［J］．农业经济问题，31（5）：103-107，112．

周明磊，任荣明．2011．考虑生物燃料因素对美国玉米价格走势的预测［J］．管理评论，23（9）：20-27．

Interagency Agricultural Projections Committee．（2018-02-15）［2018-09-07］．USDA Agricultural Projections to 2027［OB/EL］．https：//www.usda.gov/oce/commodity/projections/ USDA_Agricultural_Projections_to_2027．

（执笔人：习银生　吴天龙）

第四部分

马铃薯

海外农产品市场研究（2018）

专题一　世界供需形势分析

马铃薯生长适应性强、产量高，兼具良好的营养价值和经济价值，在保障全球粮食安全、应对饥饿危机和促进脱贫致富等方面发挥着重要作用，已经得到了联合国粮食及农业组织等国际组织的广泛认可和大力推广，目前全球140多个国家和地区种植马铃薯。同时，随着科技不断进步，创新产品快速发展，其用途也越来越广、产业链也越来越长，已经成为食品工业、医药化工等行业的重要原辅材料之一，良好开发应用和市场前景受到普遍关注。

从生产种植看，近年来全球马铃薯生产稳定发展，单产水平不断提高，总产量呈波动增长，亚洲的持续扩张和欧洲的逐渐收缩形成鲜明对比，尤其是中印增速明显较快。值得关注的是，2018年夏季以来，受极端干旱气候和异常气温等影响，德国、法国、比利时、荷兰和英国等欧洲主产国不同程度减产，可能会对全球马铃薯生产和供给产生一定影响。从价格波动看，全球马铃薯生产者价格总体呈上升趋势，季节特征明显，但各主产国波动幅度存在一定差异。从国际贸易看，在2000—2011年马铃薯贸易得到较快增长，但2012年后呈现出波动趋势。与此同时，冷冻马铃薯贸易增长明显，贸易量和贸易额均快速增长；欧洲和美洲是马铃薯贸易最为活跃的地区，尤其是加工马铃薯贸易主要发生在发达地区；德国、比利时、美国和英国是马铃薯及马铃薯加工产品的主要贸易国。从市场竞争情况看，马铃薯生产成本总体呈下降趋势，中、美两国的马铃薯产品营业额和市场规模持续增长。同时，以美国为例，从产业链出发分析了其马铃薯市场供需特点。最后，对全球马铃薯供需形势进行了展望，指出全球马铃薯生产将稳定增长、亚洲区域带动作用逐渐显现，消费需求稳定增加、加工消费拉动作用明显增强，国际市场价格波动上涨、区域间联动性日趋增强，国际贸易量额稳定增长，进出口格局稳中有变。

一、世界供需形势

（一）全球生产稳定发展，亚洲地区增速明显

从面积看，2000年以来全球马铃薯种植面积呈平滑的"N"形走势（图1）：先由2000年的1 989.52万公顷减少至2006年的1 780.29万公顷，随后逐年上升，在到达2012年1 944.92万公顷的水平后又呈缓慢下降趋势，总体趋于稳定。2017年，全球马铃薯种植面积1 901.37万公顷，同比略减1.21%，比2000年减4.43%。从单产看，总体上呈波动提高的态势（图1）：2017年，全球马铃薯单产为20.19吨/公顷，同比增3.11%，比2000年的16.22吨/公顷提高了24.43%，年均增1.29%。马铃薯总产量的变化同时受

种植面积和单产的影响，一方面，单产的波动增长促使总产量的波动上升，另一方面受种植面积减少对总产量的增加起到了负向作用。2017 年，全球马铃薯总产量为 3.84 亿吨，同比增 1.86%，比 2000 年增 18.92%，年均增 1.02%。

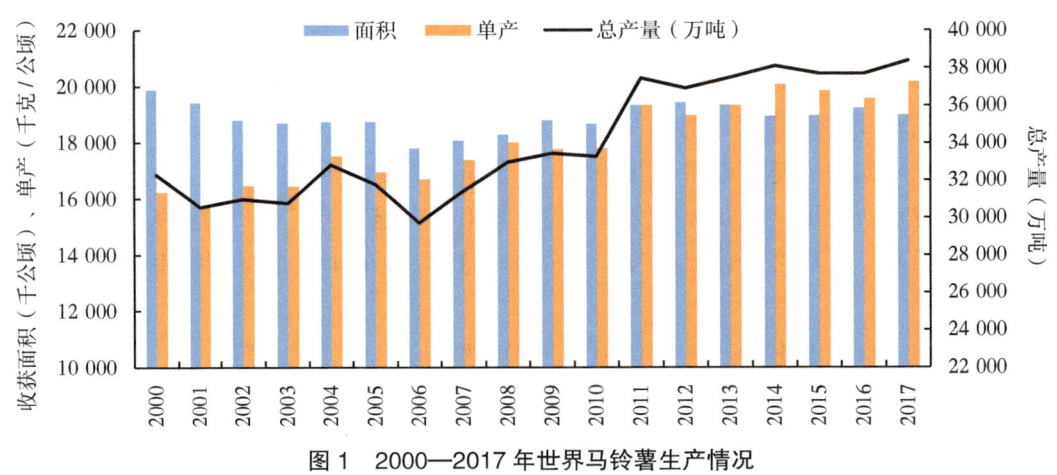

图 1　2000—2017 年世界马铃薯生产情况
数据来源：FAO（2000—2016 年数据）、Euromonitor（2017 年数据）

从区域发展看，近 10 年来，全球马铃薯生产格局基本稳定，中国、印度、俄罗斯、乌克兰、美国、德国、孟加拉国、法国、波兰和荷兰的产量位居全球前 10 位，其合计产量和面积占全球的比例均在 60% 以上（图 2）。从图 3、图 4 可知，中国、印度马铃薯生产能力快速增长，2017 年的种植面积、总产量分别为 566.77 万公顷、204.64 万公顷和 9 599.55 万吨、4 737.33 万吨，同比分别减 2.50%、3.92%、3.10% 和增 8.23%，分别比 2000 年增 20.00%、52.61%、44.84% 和 89.49%；同时，孟加拉国马铃薯生产也快速发展，2017 年种植面积和产量分别达到 46.86 万公顷和 911.08 万吨，同比分别减 1.50% 和 3.83%，但分别比 2000 年增 92.65% 和 2.11 倍。俄罗斯、乌克兰、美国、德国、波兰和荷兰等其他重要主产国的马铃薯生产总体呈稳中有减的态势。2017 年，这些国家的马铃薯种植面积分别为 208.68 万公顷、132.31 万公顷、41.95 万公顷、24.60 万公顷、25.85 万公顷和 15.65 万公顷，同比分别增 2.75%、0.87%、1.45%、减 17.03%、增 0.60% 和减 0.38%，分别比 2000 年减 25.85%、18.88%、23.07%、19.17%、79.33% 和 13.14%；总产量分别为 3 195.22 万吨、2387.09 万吨、1 990.65 万吨、1 191.06 万吨、745.64 万吨和 719.70 万吨，同比分别增 2.71%、9.75%、减 0.42%、增 10.57%、减 15.96% 和增 10.14%，分别比 2000 年增 8.44%、增 20.33%、减 14.54%、减 9.72%、减 69.2% 和减 12.52%。此外，法国马铃薯生产总体稳中有增。2017 年，种植面积为 17.11 万公顷，虽然同比减 2.33%，但比 2000 年增 5.22%，产量为 848.29 万吨，同比增 24.12%，比 2000 年增 31.71%。

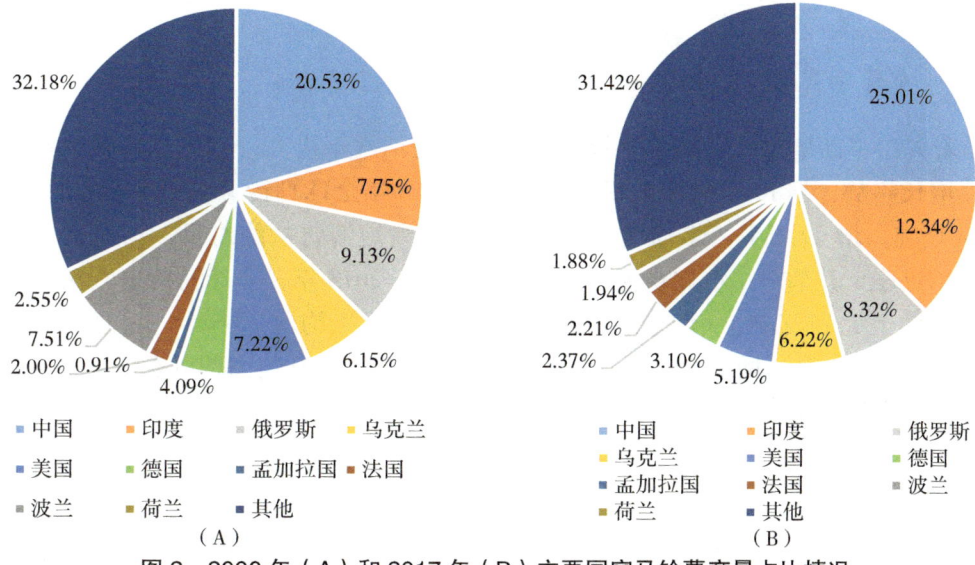

图2　2000年（A）和2017年（B）主要国家马铃薯产量占比情况

数据来源：FAO（2000—2016年数据）、Euromonitor（2017年数据）

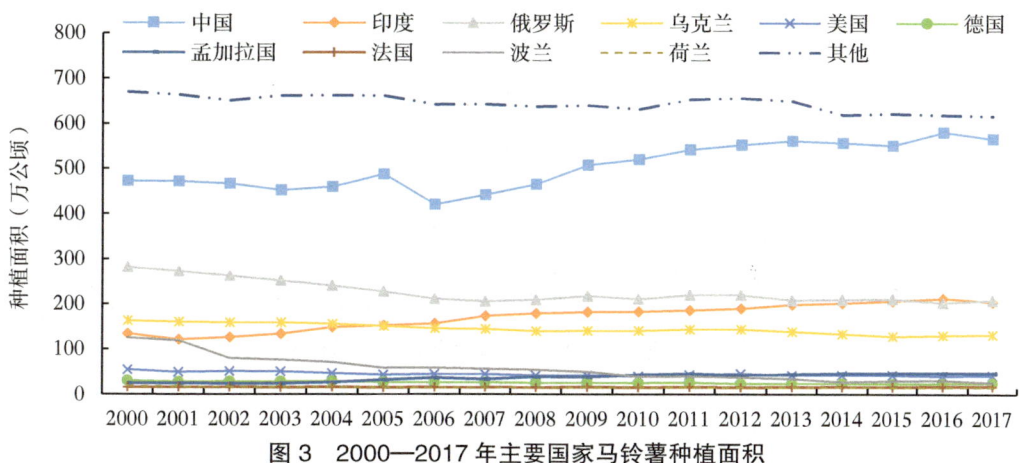

图3　2000—2017年主要国家马铃薯种植面积

数据来源：FAO（2000—2016年数据）、Euromonitor（2017年数据）

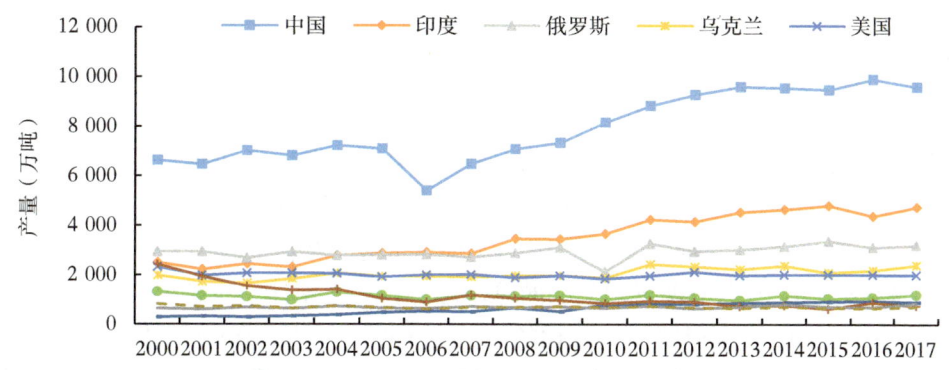

图4　2000—2017年主要国家马铃薯产量

数据来源：FAO（2000—2016年数据）、Euromonitor（2017年数据）

（二）全球消费稳定增长，食用消费增长明显且占比较大

随着人口不断增加、科技水平提升以及居民生活水平提高，世界马铃薯消费量也呈现刚性增长趋势。据 FAO 统计（图 5），1980—2013 年全球马铃薯消费量从 2.53 亿吨增至 3.78 亿吨，增 49.05%，年均增 1.22%。其中，食用消费从绝对量、相对量以及增速上都处于快速上升趋势，占比也波动中上升。1980—2013 年，全球马铃薯食用消费量从 1.22 亿吨增至 2.39 亿吨，增加 1.17 亿吨，增近 1 倍，年均增 2.05%；占总消费比重由 50.85% 增至 63.78%，增了 12.93 个点。此外，加工消费、其他消费以及损失都不同程度增加，种用消费和饲用消费量有所减少。

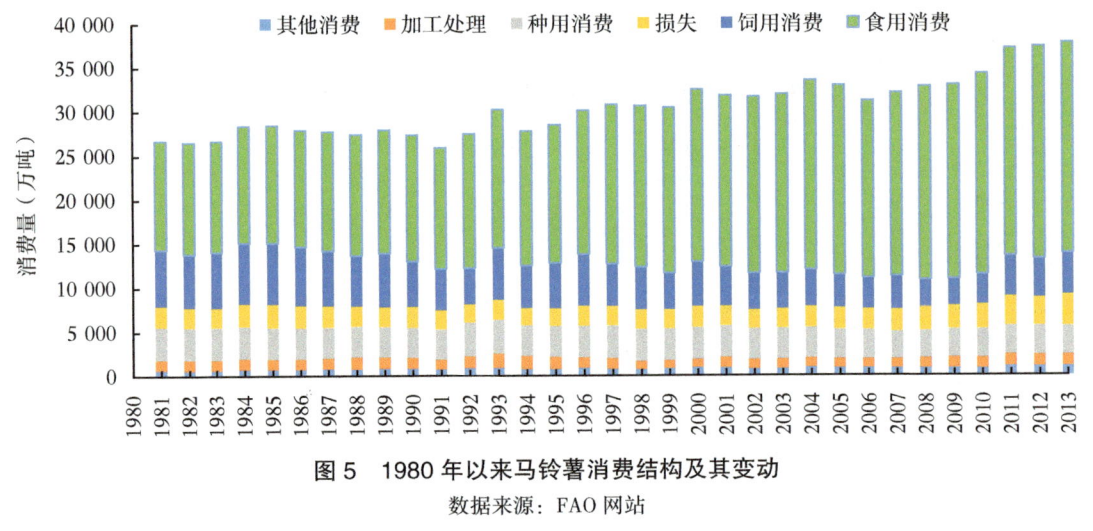

图 5　1980 年以来马铃薯消费结构及其变动
数据来源：FAO 网站

二、国际价格走势

（一）主要国家价格走势有所分化，总体波动上涨

从绝对价格看（图 6），全球主要国家马铃薯年度生产者价格震荡运行，整体走势也有分化的趋势。如美国价格在 2000—2016 年基本上在 150 美元 / 吨左右波动；中国则在 2000—2010 年缓慢上升，而后快速上升，后趋于回落；德国在 2000—2005 年相对稳定，之后则震荡运行；法国则呈现波动上涨的总体态势；荷兰整体上维持低位震荡运行。近年来，主要国家马铃薯价格年度价格分化的趋势更为明显。以 2016 年为例，中国马铃薯生产者价格高达 325.5 美元 / 吨，而荷兰的为 189.5 美元 / 吨；即使在欧洲，法国价格也高达 404.5 美元 / 吨，比德国高出 82.87%；美国马铃薯生产者价格处于中等水平，为 198.8

美元/吨，分别比法国和中国低 50.85% 和 38.92%。

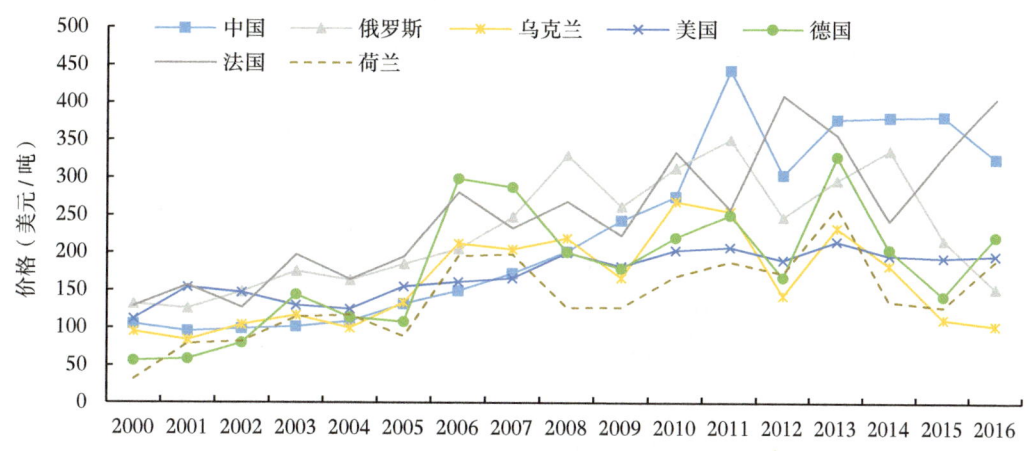

图 6　2000—2016 年主要国家马铃薯生产者价格
数据来源：FAO 网站

从不变价格看，全球主要国家马铃薯定基价格指数整体呈波动上涨态势。如 2016 年中国、印度、俄罗斯、乌克兰、美国、德国、孟加拉国、波兰、法国和荷兰的价格指数分别为 204.70、218.45、198.22、345.56、133.33、143.88、191.96、142.75、214.08 和 159.74，其中乌克兰和荷兰马铃薯价格上涨最为明显，波兰马铃薯价格变动幅度最小（图 7）。

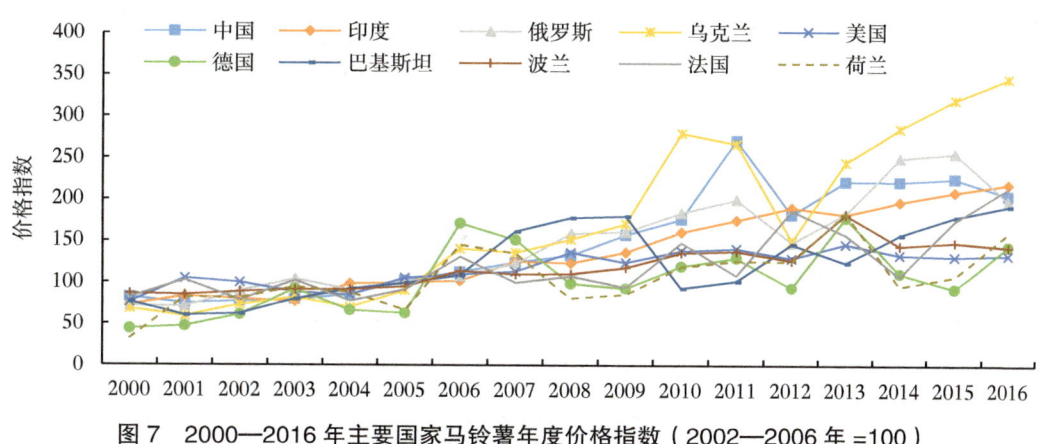

图 7　2000—2016 年主要国家马铃薯年度价格指数（2002—2006 年 =100）
数据来源：FAO 网站

（二）主要国家马铃薯价格季节性波动特征明显

1. 美国薯价季节性波动，鲜薯均价高于加工用薯

根据美国马铃薯年报数据整理可知，其薯价呈现明显的季节性波动特征，且鲜薯价格明显高于加工用薯，波动幅度也较大。受收获季节影响，鲜薯价格一般在8月达到峰值，随着秋季马铃薯收获，价格开始逐步下跌，并于次年1月价格跌至谷底，之后价格开始陆续回升（图8）。加工用薯价格一般在5月、6月达到价格峰值，10月左右为价格的低谷，价格波动程度相对较小。受冷冻马铃薯等消费需求的影响，2002年以来加工马铃薯价格呈上升趋势。与此同时，鲜薯2002—2016年的价格均值为0.23美元/千克，最低价格为2004年11月的0.11美元/千克，最高价格为2008年8月的0.52美元/千克，最高、最低价格差为0.41美元/千克，波动标准差为0.07；加工马铃薯价格均值为0.15美元/千克，最高价格为2014年7月的0.21美元/千克，最低价格为2004年10月的0.10美元/千克，最高、最低价格差0.11元/千克，波动标准差为0.03。

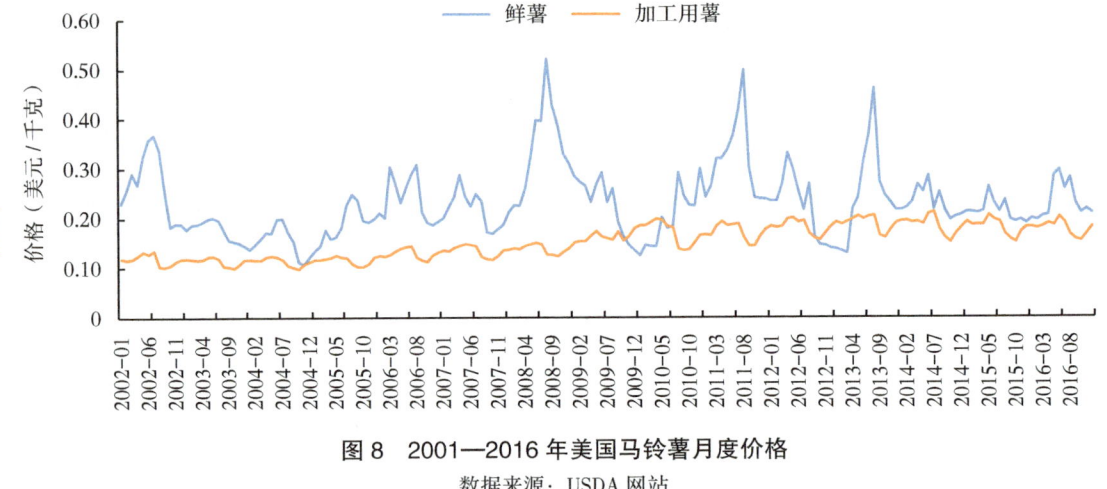

图8 2001—2016年美国马铃薯月度价格

数据来源：USDA网站

2. 英国马铃薯价格周期性波动特征明显，年度价格稳中有涨

图9显示，英国鲜马铃薯价格呈明显的季节性波动特征，整体呈缓慢上升趋势。从月度看，英国马铃薯价格在5月、6月达到价格峰值，随后价格开始下滑，于10月跌至谷底后再次上涨。受天气等多种因素影响，2013年5—6月价格达到近10年最高的0.29英镑/千克，之后价格持续下跌，至2015年1月跌至2012年以来最低的0.11英镑/千克，之后价格震荡上行；2018年以来，价格持续上涨，6月涨至0.16英镑/千克，比1月上涨了13.85%，但比上年同期低16.11%。从年度价格来看，英国马铃薯价格总体上涨。2017年年均价格为0.18英镑/千克，虽然同比跌5.13%，但均高于2014年和2015年的价格水平，比2006年上涨了43.22%。

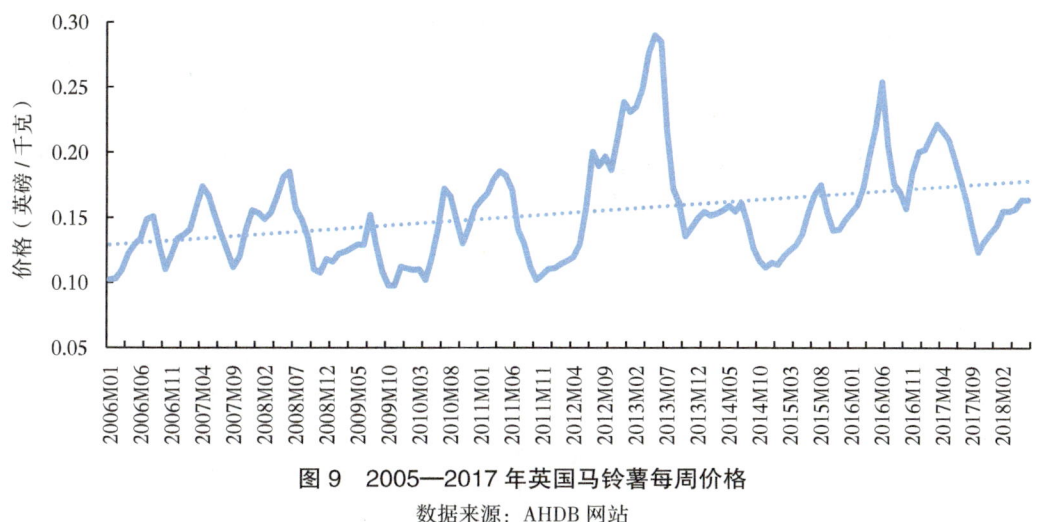

图9 2005—2017年英国马铃薯每周价格

数据来源：AHDB网站

三、国际贸易格局

（一）国际贸易波动增长，冷冻薯进出口量额双增

进入21世纪以来，国际马铃薯贸易日趋活跃，虽然近年有所减少，但整体上呈波动增长态势。从图10可以看出，在2000—2011年国际马铃薯贸易得到较快增长，但在2012年之后，呈现出波动反复的变动态势。2016年世界出口马铃薯1 194.05万吨，出口总额为3 808.25百万美元，同比分别增4.60%、11.79%；进口马铃薯1 259.84万吨，进口总额为4 113.60百万美元，同比分别增5.37%、10.59%；与2000年相比，出口量和出口额分别增53.80%和1.95倍，进口量和进口额分别增58.39%和1.75倍。

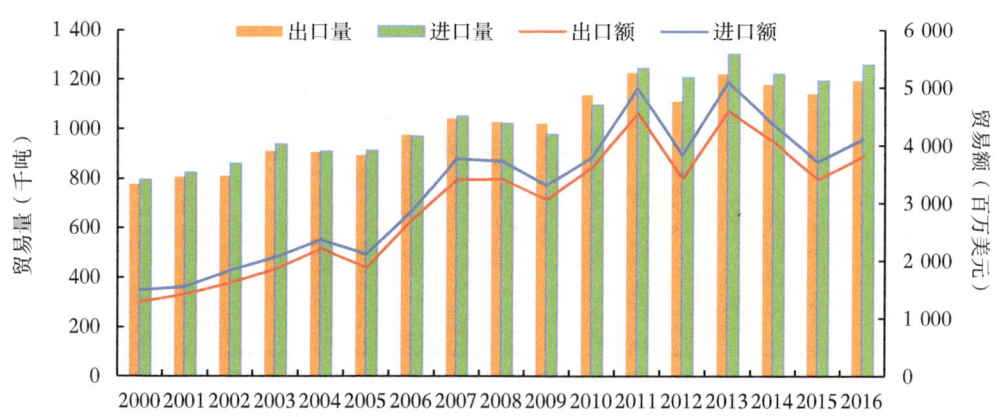

图10 2000—2016年全球马铃薯贸易情况

数据来源：FAO网站

近年来，全球冷冻马铃薯贸易整体的波动增长态势更为明显，且贸易额增长速度显著快于贸易量的增长速度（图11）。2016年，全球冷冻马铃薯出口量和出口额分别为735.19万吨和6 561.09百万美元，同比分别增6.25%和10.45%，分别比2000年增1.36倍和2.43倍；进口量和进口额分别为704.48万吨和6 598.04百万美元，同比分别增4.79%和7.00%，分别比2000年增1.20倍和2.12倍。

图11　2000—2016年全球冷冻马铃薯贸易情况

数据来源：FAO网站

就马铃薯淀粉而言，2014年之前的全球贸易呈现出阶梯式增加态势，但2015年之后呈波动减少趋势，且出口减少更为明显（图12）。2016年全球马铃薯出口量和出口额分别为48.65万吨和561.30百万美元，同比分别减4.26%和5.38%，但分别比2000年增1.06倍和1.66倍；进口量和进口额分别为52.44万吨和612.17百万美元，同比分别增3.38%和0.68%，分别比2000年增78.49%和1.19倍。

图12　2000—2016年全球马铃薯淀粉贸易情况

数据来源：FAO网站

（二）主要国家贸易品类间差异较大，冷冻薯条量额较大

应用 UN comtrade 数据，按照类别，选取比利时、德国、英国、印度和美国对典型国家的马铃薯及其制品贸易情况进行分析。

1. 鲜马铃薯

德国是鲜马铃薯主要出口国，贸易顺差在 100 万吨以上且有持续扩大趋势。比利时和英国是鲜马铃薯净进口国，2015 年以来进口量快速增长，但英国的贸易逆差正逐步缩减；美国鲜马铃薯贸易量相对稳定（图 13）。2017 年，比利时、德国、印度、英国和美国的鲜马铃薯出口量为 89.79 万吨、185.63 万吨、27.40 万吨、17.65 万吨和 49.52 万吨，同比分别增 1.34%、9.54%、持平、减 6.78% 和减 14.52%；进口量为 200.97 万吨、51.28 万吨、0.05 万吨、20.53 万吨和 48.42 万吨，同比分别增 8.39%、6.11%、25.16%、减 14.53% 和增 3.94%。

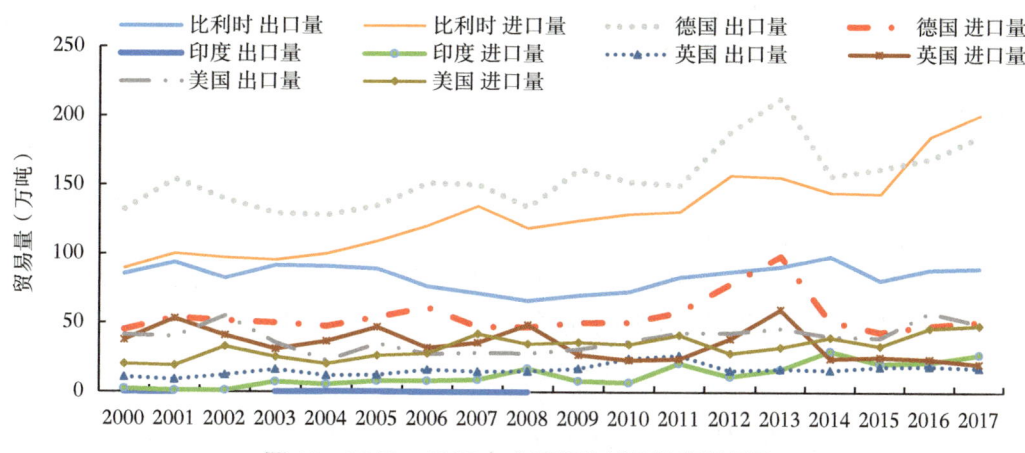

图 13　2000—2017 年主要国家鲜马铃薯贸易量
数据来源：UN comtrade 网站　　HS code：Ware 070190

2. 种用马铃薯

英国是种用马铃薯主要出口国，比利时和美国是净进口国，德国基本维持在相对均衡的水平，美国 2017 年显著增加了种用马铃薯出口量，贸易状态也由逆差变为顺差（图 14）。2017 年，比利时、德国、英国和美国的种用马铃薯出口量分别为 7.53 万吨、9.90 万吨、9.78 万吨和 4.98 万吨，同比分别减 14.58%、增 6.25%、减 6.64% 和增 2.58 倍；进口量为 14.75 万吨、8.78 万吨、0.76 万吨和 4.79 万吨，同比分别增 0.31%、减 19.61%、减 47.24% 和增 5.27%。

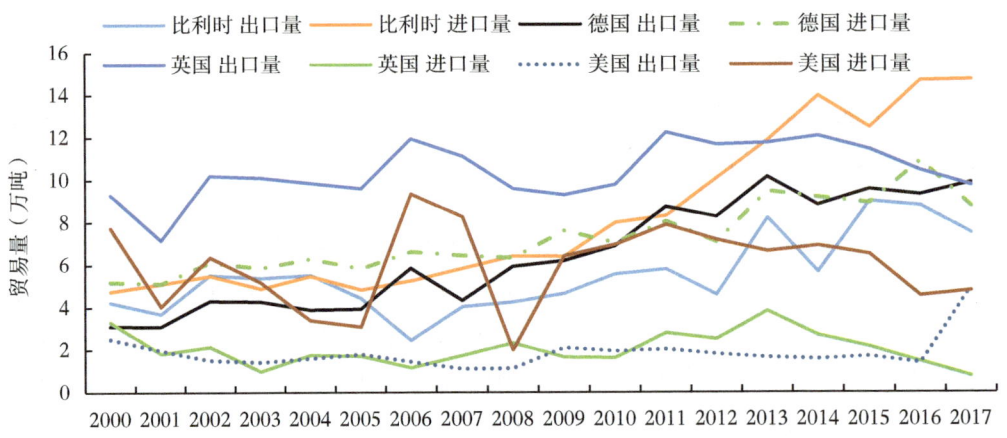

图 14　2000—2017 年主要国家种用马铃薯进出口量

数据来源：UN comtrade 网站；HS code：Seed 070110

3.冷冻薯条

主要国家总体呈波动增加态势。其中，比利时是冷冻薯条的主要出口国，且始终保持较快增长速度，2000 年以来出口量增加了 3.18 倍，年均增 9.35%；德国在 2012 年之前是净进口国，2012 年之后出口逐步增加并成为净出口国；英国是最大的冷冻薯条进口国之一，且贸易逆差呈不断扩大趋势，2000 年以来贸易逆差增 90.80%，年均增 4.12%；美国在 2009 年后开始出现贸易顺差，但 2017 年出口量回落，贸易顺差快速缩小（图 15）。2017 年，这 4 个国家的冷冻薯条出口量分别为 224.73 万吨、31.87 万吨、5.23 万吨和 99.78 万吨，同比分别增 8.44%、减 2.24%、增 44.97% 和减 26.00%；进口量为 18.99 万吨、28.25 万吨、64.07 万吨和 98.50 万吨，同比分别增 35.22%、14.95%、12.43% 和 7.56%。

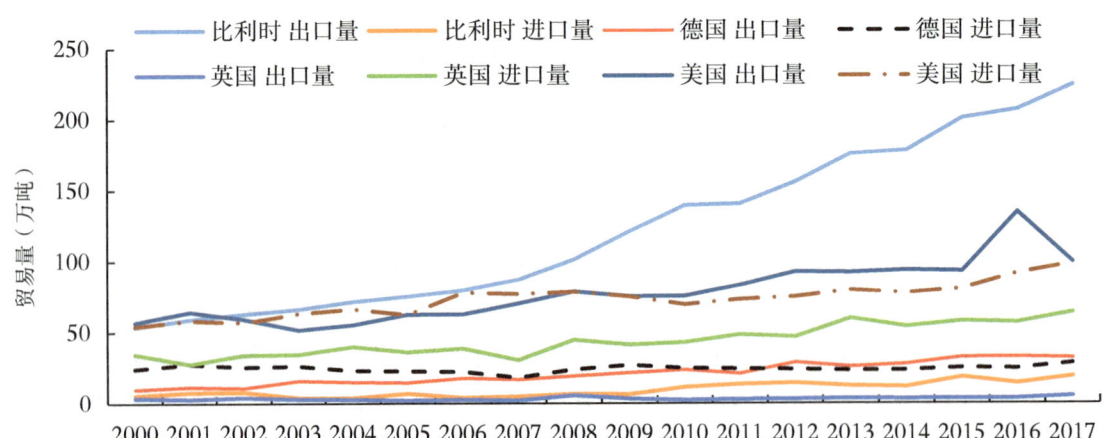

图 15　2000—2017 年主要国家冷冻薯条进出口量

数据来源：UN comtrade 网站；HS code：fries 200410

4. 脱水马铃薯

主要国家进出口贸易情况基本稳定（图16）。其中，比利时是脱水马铃薯的主要出口国，2000年以来其出口量呈弧形变动趋势，2015年出口量再度增长，但2017年增长并未持续；德国是主要进口国，且进口需求呈持续增长态势；英国脱水马铃薯出口量持续增长，同时进口不断降低，并于2017年成为脱水马铃薯的净出口国；美国是净出口国，2000年以来贸易量相对稳定。2017年，这4个国家的脱水马铃薯出口量分别为20.13万吨、7.58万吨、5.56万吨和9.34万吨，同比分别减0.46%、增2.90%、增44.97%和增33.90%；进口量为4.71万吨、14.93万吨、5.22万吨和4.96万吨，同比分别增12.26%、6.30%、7.56%和10.18%。

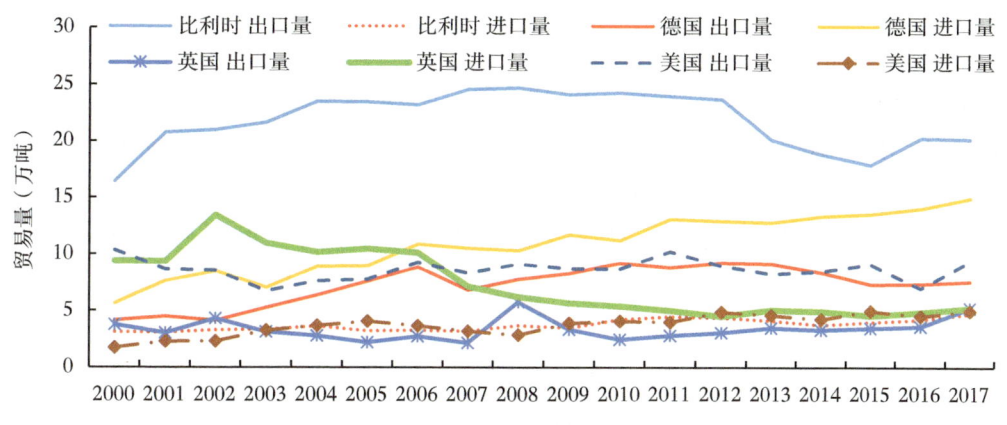

图16 2000—2017年主要国家脱水马铃薯贸易量

数据来源：UN comtrade 网站；HS code：chips/dehy 200520

5. 马铃薯粉

2011年以来典型国家进出口贸易呈现出较大波动（图17），其中英国是马铃薯粉的主要进口国，2005年以来英国进口量呈波动下降趋势，2015年进口量再度快速增长；美国是净出口国，2014年以来出口量持续下滑，贸易顺差空间趋窄；比利时是净进口国，但进出口量较小。2017年，比利时、德国、英国和美国的马铃薯粉出口量分别为0.12万吨、0.21万吨、0.37万吨和0.68万吨，同比分别减2.80%、增15.74%、35.76%和减13.27%；进口量为0.17万吨、0.54万吨、2.69万吨和0.56万吨，同比分别增20.04%、6.19%、32.8%和2.03倍。

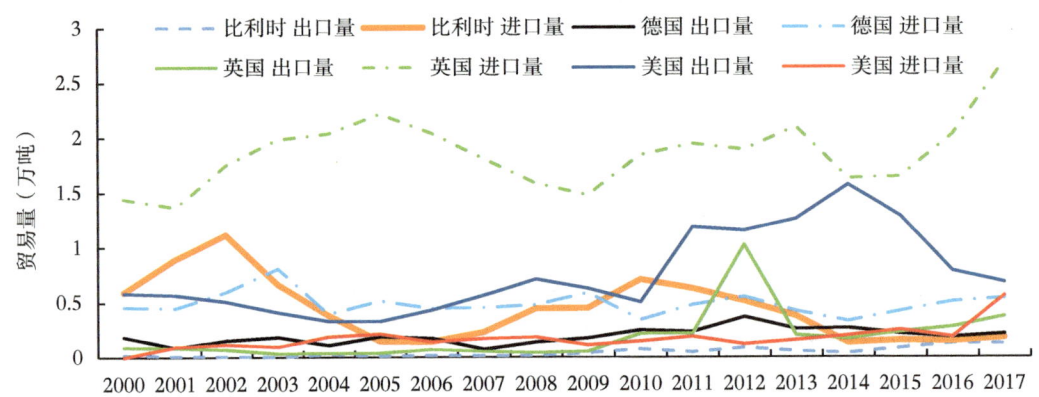

图 17 2000—2017 年主要国家马铃薯粉贸易量
数据来源：UN comtrade 网站；HS code：flour 110510

6. 雪花粉

2000 年以来进出口贸易量持续上涨（图 18），其中德国、美国和比利时是主要出口国，2017 年分别达到了 15.44 万吨、7.33 万吨和 2.11 万吨，同比分别增 15.16%、减 1.57% 和 10.59%，分别比 2000 年增 301.09%、96.34% 和 405.72%；英国是净进口国，2017 年进口了 2.50 万吨，同比增 15.35%，同时出口仅为 0.02 万吨，同比减 9.77%。

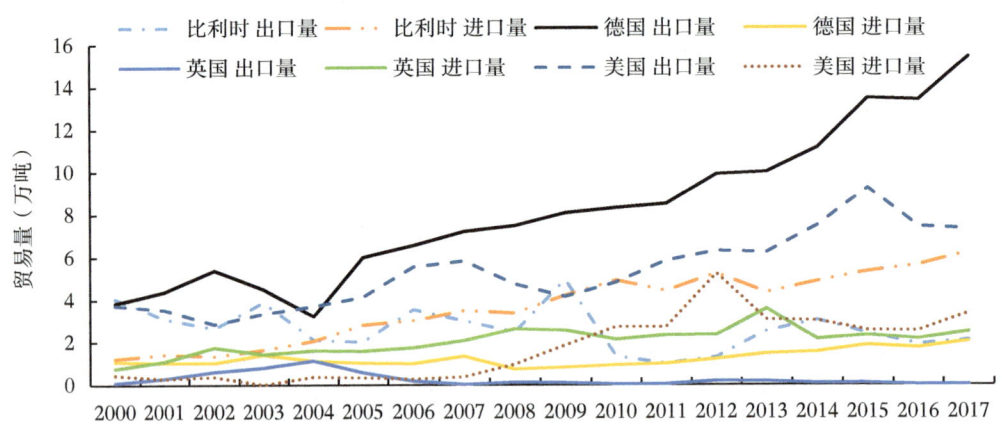

图 18 2000—2017 年主要国家雪花粉贸易量
数据来源：UN comtrade 网站；HS code：flakes 110520

7. 马铃薯淀粉

2000 年以来进出口贸易量呈上下波动趋势（图 19）。其中，德国出口量显著高于其他国家，2017 年出口 28.14 万吨，同比增 5.48%，但 2000 年以来呈现出波动下降趋势；同期进口量为 4.46 万吨，同比减 11.57%。美国进口较多，2017 年为 12.13 万吨，同比增

3.37%；比利时进口略大于出口，2017 年进口 4.26 万吨，同比减 14.02 %，同期出口量为 3.83 万吨，同比增 48.30%。

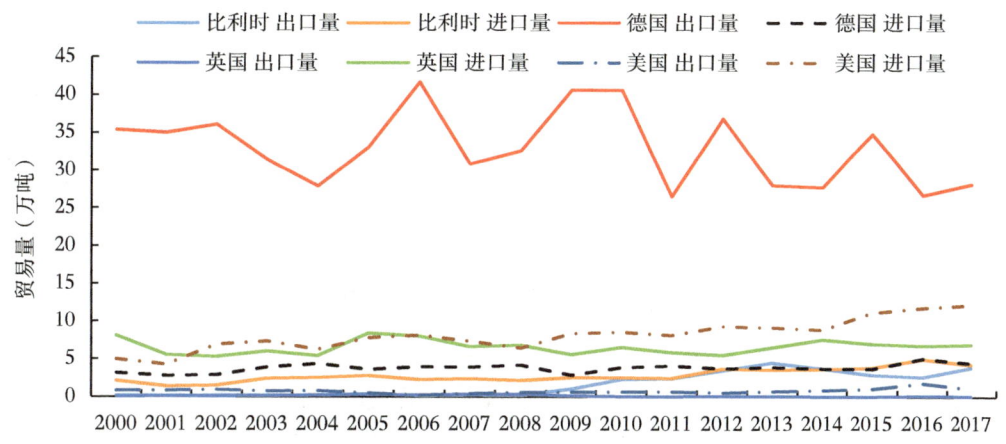

图 19　2000—2017 年主要国家马铃薯淀粉贸易量
数据来源：UN comtrade 网站；HS code：starch 110813

四、主产国市场竞争情况分析

（一）生产成本总体下降，但不同国家增减幅度不一

从变动趋势看，主产国生产成本总体呈下降趋势（图 20）。具体来看，由于同时受欧元汇率的影响，法国、德国和荷兰马铃薯生产成本自 2011 年以来呈"M"形变动趋势。其中，法国的生产成本最高，2017 年为 362.52 美元 / 吨，同比减 5.96%，比 2011 年的 247.33 美元 / 吨增 46.57%，年均增 6.58%；德国的成本较低，2017 年为 139.59 美元 / 吨，同比减 33.74%，比 2011 年降 41.78%，年均减 8.62%；荷兰的马铃薯生产成本最低，2017 年为 126.81 美元 / 吨，同比减 29.60%，比 2011 年低 29.63%，年均减 5.69%。中国、美国和俄罗斯三国的马铃薯生产成本依次递减，其中中国的马铃薯生产成本始终处于较高水平，2017 年生产成本为 358.01 美元 / 吨，同比增 1.94%，比 2011 年降了 20.08%；俄罗斯自 2011 年以来呈"N"形趋势变动且波动较大，2017 年为 269.12 美元/吨，同比增 58.32%，比 2011 年降了 17.90%；美国生产成本较小且相对稳定，2017 年为 187.2 美元 / 吨，同比减 4.49%，比 2011 年低 9.57%。

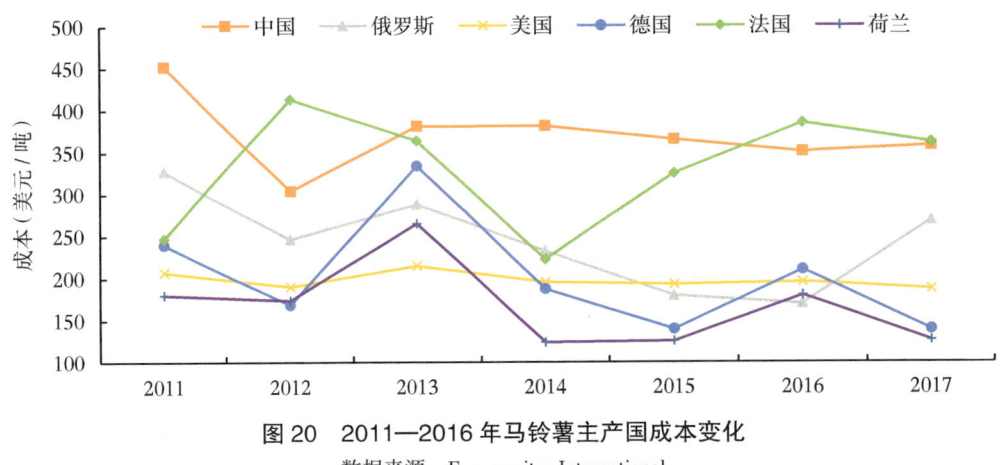

图 20 2011—2016 年马铃薯主产国成本变化

数据来源：Euromonitor International

（二）主产国产品营业额整体增加，市场规模持续增加

从经营额（图 21）来看，美国马铃薯生产经营额远远高于其他国家，并保持上升趋势。2017 年美国马铃薯产品的经营额为 12 101 百万美元，同比增 4.01%，比 2011 年的 9 362 百万美元增 29.26%，近 6 年年均增 4.37%。中国的马铃薯产品经营额仅次于美国，2017 年为 7 323 百万美元，同比增 16.83%，比 2011 年的 4 016 百万美元增 82.35%，近 6 年年均增 10.53%，虽与美国仍存在较大差距，但增速相对较快。德国马铃薯产品营业额较为稳定，2017 年为 2 555 百万美元，同比增 11.59%，比 2011 年的 2 420 百万美元增 5.57%。2017 年，法国、印度和俄罗斯马铃薯产品的营业额分别为 808 百万美元、578 百万美元和 480 百万美元，同比分别增 14.14%、15.51% 和 10.97%，分别比 2001 年减 26.99%、增 42.00% 和增 0.77%，近 6 年年均分别减 5.11%、增 6.02% 和增 0.13%。

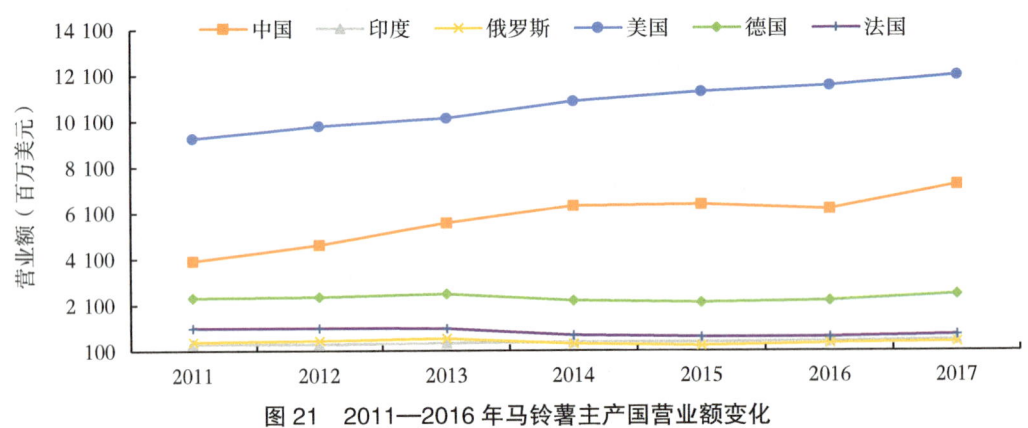

图 21 2011—2016 年马铃薯主产国营业额变化

数据来源：Euromonitor International

从市场规模（图22）来看，美国始终是马铃薯市场规模最大的国家并一直保持增长趋势，2017年为18 455百万美元，同比增5.31%，比2011年的14 046百万美元增31.39%，近6年年均增4.66%。中国马铃薯产品的市场规模也呈增长趋势，但近年增速有所放缓，2017年为8 890百万美元，同比增7.82%，比2011年的4 925百万美元增80.51%，近6年年均增10.34%。与中、美相比，俄罗斯、德国和法国的市场规模相对稳定，2017年分别为1 012百万美元、5 556百万美元和2 213百万美元，同比分别增22.15%、1.95%和4.01%，分别比2011年增9.19%、3.5%和减15.74%。

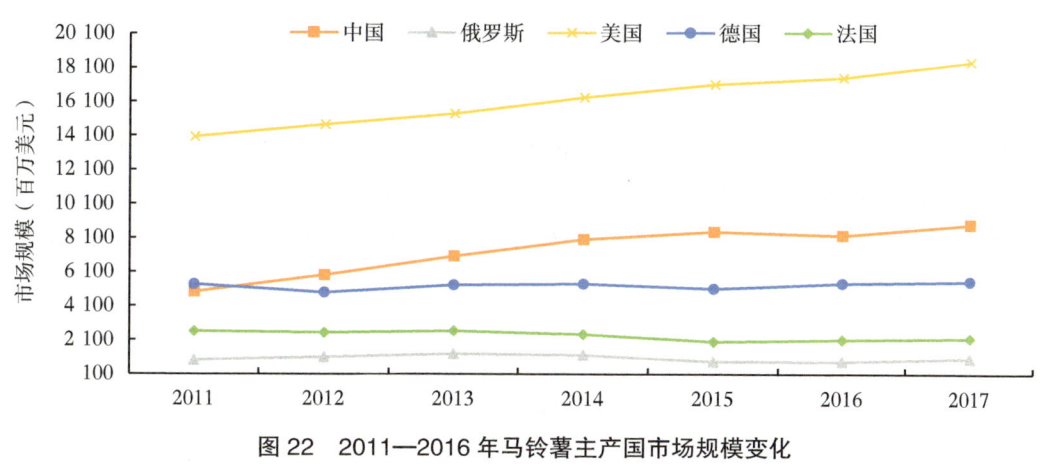

图22　2011—2016年马铃薯主产国市场规模变化

数据来源：Euromonitor International

五、产业链视角的美国市场形势分析

（一）生产波动增长，产销两旺

2000年以来，美国马铃薯收获面积呈逐步缩小的趋势，由54.53万公顷减少到2017年的41.50万公顷，减少了23.90%，年均减少1.69%（图23）；美国马铃薯单产却表现持续增加的趋势，但受气候条件影响，2016年单产水平比2015年稍有下滑，为48.23吨/公顷，同比减0.73%，但仍比2000年增12.92%（图23）；马铃薯产值呈波动增长趋势，2017年实现2000年以来的最高产值4 560.79百万美元，同比增1 376%（图23）。

图 23　2000—2017 年美国马铃薯生产情况

数据来源：USDA 网站

2000 年以来，美国马铃薯销售量和销售额与产量和产值呈同步变动趋势，且产值和销售额的增速明显快于产量和销售量的增速（图 24）。此外，销售量占产量的比重持续增长，商业化水平不断提高。马铃薯自用比例由 2000 年的 9.54% 下降到 2016 年的 6.96%，表明马铃薯商业价值不断提高。

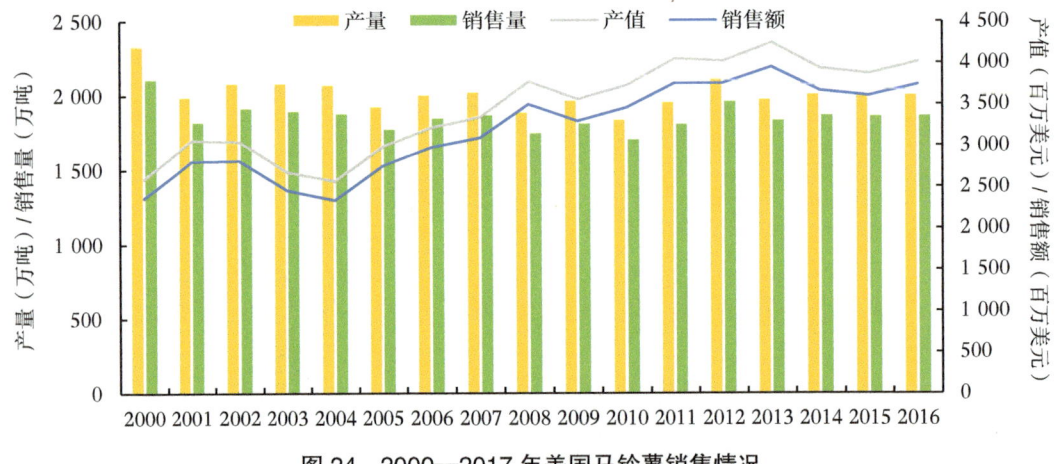

图 24　2000—2017 年美国马铃薯销售情况

数据来源：USDA 网站

（二）加工是销售主渠道，冷冻产品占比近 4 成

据美国农业部数据（图 25）显示，2016 年鲜马铃薯收获后 93.04% 用于销售，仅 6.96% 的马铃薯用于家庭自用（食用或种薯）以及损耗。具体来看，马铃薯库存量、马铃薯加工、饲用马铃薯和种用马铃薯分别占产量的 25.74%、61.09%、0.25% 和 5.96%，加工是马铃薯销售的主要渠道。

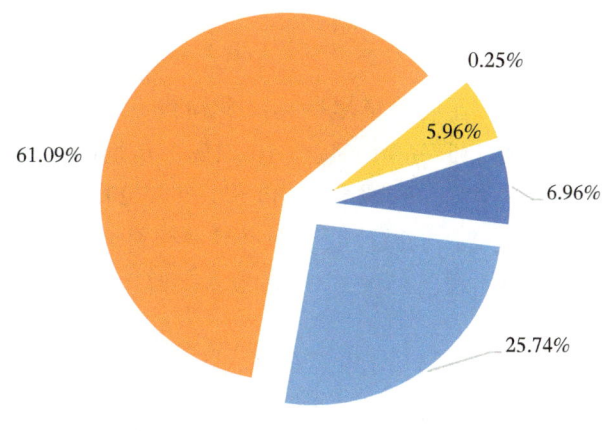

图25 2000—2017年美国马铃薯销售情况
数据来源：USDA网站

马铃薯加工产品主要有薯片、脱水马铃薯、冷冻薯条、其他冷冻产品、马铃薯罐头、其他罐装产品以及马铃薯全粉等7大类。2016年，这7类产品的鲜马铃薯消耗量分别为273.36万吨、217.79万吨、712.07万吨、57.58万吨、5.60万吨、3.17万吨和27.22万吨，同比分别增6.09%、持平、增3.06%、减6.47%、增25.28%、减4.38%和6.54%（图26）。值得关注的是，用于加工冷冻薯条的马铃薯持续增长，显著高于其他马铃薯加工产品；马铃薯全粉的生产呈上升趋势，但消耗马铃薯的量仍较少。

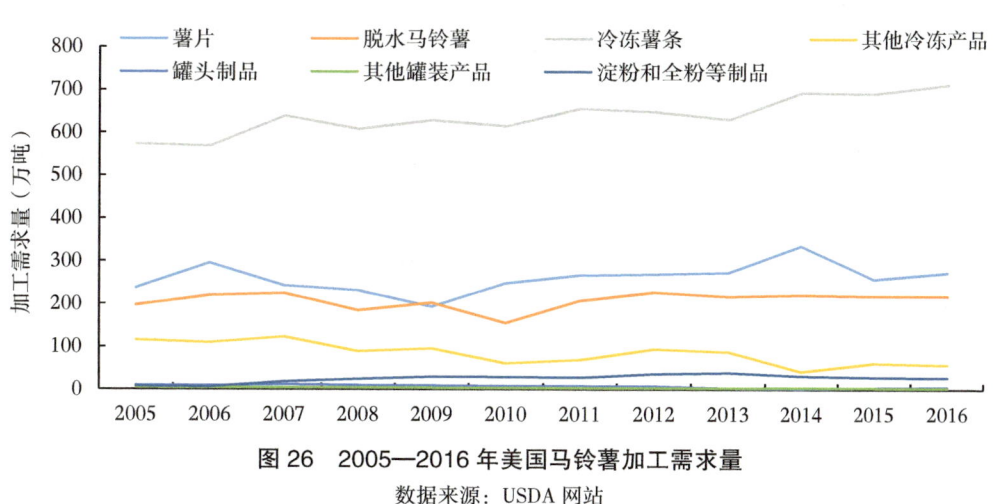

图26 2005—2016年美国马铃薯加工需求量
数据来源：USDA网站

从份额来看，2016年薯片、脱水马铃薯、冷冻薯条、其他冷冻产品、马铃薯罐头、其他罐装产品以及马铃薯全粉占马铃薯产量的比重分别为13.65%、10.88%、35.56%、2.88%、0.28%、0.16%和1.36%，占马铃薯加工品的份额分别为21.08%、16.79%、54.91%、4.44%、0.43%、0.24%和2.10%。

（三）人均消费量稳中有减，加工消费同比增长明显

近 20 年来，美国人均马铃薯消费量呈持续减少趋势（图 27），消费总量由 2000 年的人均 138.01 磅减至 2017 年的 115.77 磅，减少 16.11%，年均减 1.09%。其中，鲜马铃薯消费量减少幅度最大，由人均 47.15 磅减至 33.38 磅，少了 29.21%，年均下降 2.14%；加工产品人均消费量虽呈减少趋势，但减速明显慢于鲜马铃薯消费量，2017 年人均马铃薯加工产品消费量为 82.40 磅，同比增 7.85%；比 2000 年下降了 9.31%，年均下降 0.61%。

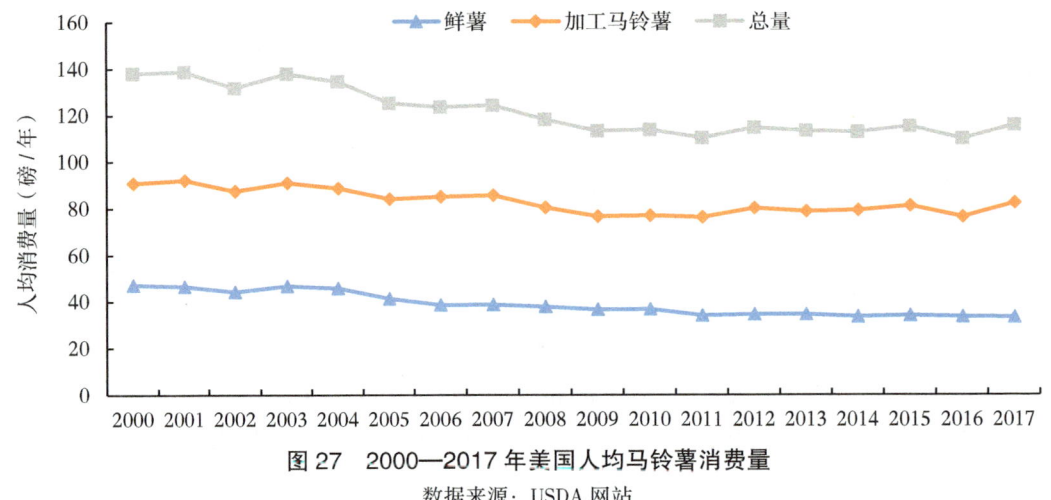

图 27　2000—2017 年美国人均马铃薯消费量

数据来源：USDA 网站

就不同加工产品占比看，冷冻马铃薯人均消费量在马铃薯加工品消费中占有绝对重要的地位（图 28）。2017 年冷冻马铃薯、薯片、脱水马铃薯和马铃薯罐头占马铃薯加工品人均消费量分别为 50.46 磅、18.25 磅、13.27 磅和 0.42 磅，占比分别为 61.23%、22.15%、16.11% 和 0.51%（图 29）。

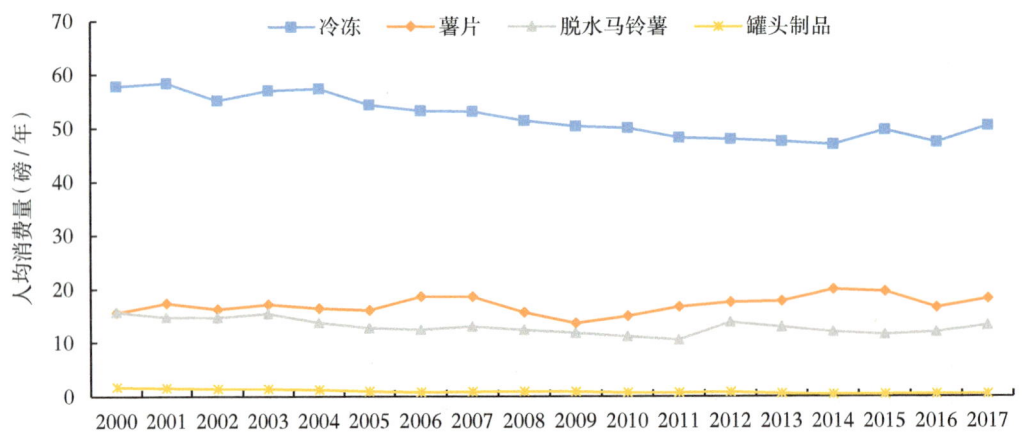

图 28　2000—2017 年美国马铃薯加工品人均消费变动趋势

数据来源：USDA 网站

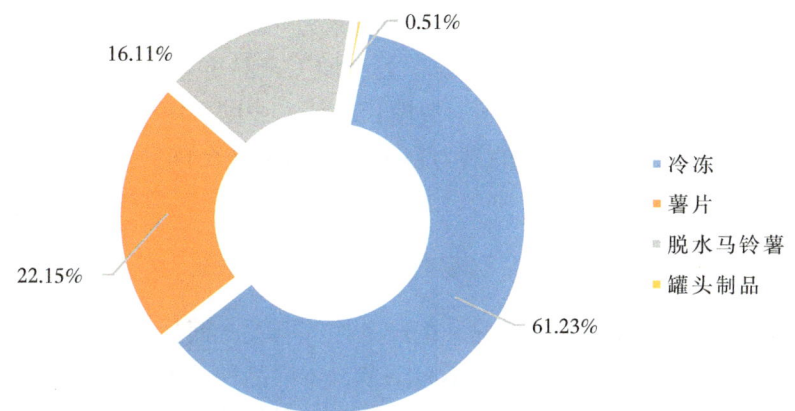

图 29 2017 年美国马铃薯加工品人均消费份额
数据来源：USDA 网站

六、世界供需形势展望

（一）生产将稳定增长，亚洲区域带动作用逐渐显现

马铃薯作为全球主要食物资源之一，在解决粮食安全危机、改善极度贫困和不发达地区的居民营养状况中具有重要地位和作用，受到越来越多国家和国际组织的重视。近年来，马铃薯良种繁育技术快速发展，脱毒种薯普及率不断提高，品种结构不断改善，不同气候条件的生长适应性逐渐增强，预计全球马铃薯种植面积将继续保持稳中有增的整体态势，尤其是中国、印度等亚洲地区仍将保持乐观态势，但增速可能趋缓。短期内，受极端气候条件、异常天气和资源环境约束等因素影响，法国、德国、比利时和荷兰等欧洲主产国不同程度减产已成定局，市场供给将呈偏紧状态，但长期看欧洲种植面积和产量总体上将保持相对稳定的态势；鉴于马铃薯的良好食物资源属性，南非等非洲地区马铃薯生产将继续保持增长态势。

（二）消费需求稳定增加，加工消费拉动作用明显增强

随着居民消费行为和结构的变化，加之食品加工业技术和机械装备快速发展，马铃薯产品多样化、消费升级将加快推进，预计未来全球马铃薯消费将继续保持稳定增加态势。从类别上看，受人们对快餐、即食和方便食品等需求增加，加上印度和中国等发展中国家的产业支持政策，加工消费将呈现快速增长态势。据有关机构预计，2021年全球马铃薯加工产品销售收入将增至1 382亿美元[1]，比2016年增26.9%；预计2017—2022年全球冷冻马铃薯市场将保持4.0%年均复合增长率[2]，2022年年底市场收入将达60.1亿美元；

---

[1] TECHNAVIO.COM 测算而来。
[2] 来源于 Fact.MR。

2016—2021年全球马铃薯淀粉市场的复合年增长率为4.05%[①]。从格局上看,欧美仍将是全球最大的马铃薯及其制品最大消费市场,美洲加工产品市场份额占全球总市场的36%以上[②],但受制于人口结构等因素,其消费增长趋缓;中国、印度、俄罗斯等新兴经济体鲜食消费稳中有增、加工消费需求的潜力巨大,成为未来全球马铃薯消费增长的重要推动力。

(三)国际市场价格波动上涨,区域间联动性日趋增强

马铃薯价格不仅与产地的天气状况、生产条件等有关,而且也与本国市场需求和国际市场情况有关,不同区域、不同国家、不同季节、不同品种(类型)的马铃薯价格将呈现不同的波动态势。值得关注的是,随着马铃薯产品多元化的不断发展,其与食品工业、医药卫生、化学工业等的联系更加紧密,这些市场的变化将会对马铃薯及其制品的价格产生一定程度的影响。短期内,受持续干旱等不利条件影响,西北欧等欧洲主要国家马铃薯产量下降、高品质商品薯减少,价格将呈明显上涨态势;美国供需形势总体稳定,价格将继续保持温和波动态势。长期来看,在物质投入成本、人力成本、流通运输成本持续上升的大背景下,马铃薯价格将继续保持整体上涨态势。同时,以冷冻薯条、淀粉等产品为代表的马铃薯制品国际贸易日趋活跃,不同主产国和区域间市场关联性不断增强,价格互动性也更加密切。

(四)国际贸易量额稳定增长,进出口格局稳中有变

相对大宗农产品来说,全球马铃薯国际贸易体量较小,但近年来随着马铃薯生产格局的变化、产业分工的转移,整体呈现波动增长态势。短期内,受欧洲产量预期减少影响,预计欧洲进口量将有所增加;但同时,受全球贸易保护主义等影响,美洲和亚太地区进出口贸易将受到一定程度的抑制。长期来看,受生产格局、产业基础、消费习惯和贸易政策等多种因素影响,预计全球马铃薯国际贸易将呈现量额稳定增长的态势,贸易格局将保持稳中有变的总体态势;其中欧洲地区出口份额在全球贸易中的比重将有所减少,而亚太地区在需求相对较强的带动下,进出口活力将进一步释放,量额齐增、占比提高的特点将进一步显现。

---

① 来源于Technavio。
② TECHNAVIO.COM测算而来。

专题二 国际市场价格波动特征研究

价格历来是市场供求关系的直接反映，也是相关政策措施的出发点和落脚点。马铃薯作为国际粮食系统的重要组成部分，尤其是区域粮食安全保障的重要支撑之一，其价格的高低不仅影响当地农民的收入，更会对其产业上下游产生重要影响；同时，随着薯条、薯片等马铃薯制品国际贸易的快速发展，一个地区供求关系的变化、价格的波动，对另一个区域的供需形势和价格的影响也越来越大。因此，立足国内，深入了解和把握国际马铃薯价格的波动特征、内在规律及其影响因素，分析重要生产与消费国家在促进马铃薯市场稳定运行方面所采取的措施及其成效，对把握国际市场供需形势和改善国内产业政策环境，都有较强的现实需求和重要的借鉴价值。

美国不但是世界马铃薯主要的生产国，还是重要的消费国和贸易国，在全球马铃薯供给体系中占有重要地位和作用。数据显示，2017 年美国马铃薯种植面积 41.5 万公顷，产量 2 002.73 万吨；全年鲜马铃薯贸易量 97.94 万吨，冷冻薯条贸易量 198.28 万吨；同时，美国马铃薯商业化程度较高，加工比例在 60% 以上，人均马铃薯消费量维持在 50 千克左右的较高水平。鉴于此，本研究以美国为例，重点剖析其马铃薯价格的波动特征、规律和影响因素，试图厘清其采取的政策措施和成效，为相关政策制定提供参考和借鉴。

一、美国马铃薯价格波动特征

2002 年以来美国马铃薯生产者价格总体维持在 0.10 美元 / 千克的水平之上，虽有小幅度上涨趋势，但其季节性波动特征更加显著（图 1）。从波动循环上看，2002 年 1 月至 2016 年 12 月可以大体分为 5 个周期，每个周期内都可分为上涨阶段和回落阶段，且平均周期长度大约为 3 年。

分品种来看，鲜薯价格明显高于加工用薯，波动幅度也较大。受收获季节影响，鲜薯价格一般在 8 月达到峰值，随着秋季马铃薯收获，价格开始逐步下跌，并于次年 1 月价格跌至谷底，之后价格开始陆续回升。加工用薯价格一般在 5 月、6 月达到价格峰值，10 月左右为价格的低谷，价格波动程度相对较小。受冷冻马铃薯等消费需求的影响，2002 年以来加工马铃薯价格呈上升趋势。与此同时，鲜薯 2002—2016 年的价格均值为 0.23 美元 / 千克，最低价格为 2004 年 11 月的为 0.11 美元 / 千克，最高价格为 2008 年 8 月的 0.52 美元 / 千克，最高、最低价格差为 0.41 美元 / 千克，波动标准差为 0.07；加工马铃薯价格均值为 0.15 美元 / 千克，最高价格为 2014 年 7 月的 0.21 美元 / 千克，最低价格为2004年10月的0.10美元/吨，最高、最低价格差0.11美元/千克，波动标准差为0.03。

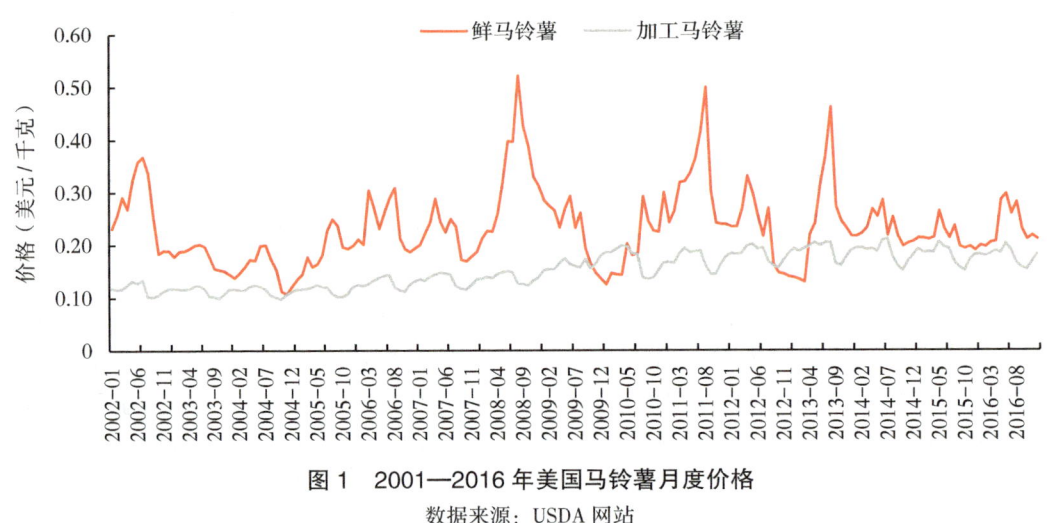

图1　2001—2016年美国马铃薯月度价格
数据来源：USDA网站

二、美国马铃薯价格波动特征分析

本研究利用X-12分解和H-P滤波分解方法将马铃薯价格分为趋势要素、循环要素、季节要素和不规则要素，分析马铃薯价格的波动特征。

（一）马铃薯价格呈波动上升趋势，周期性特征明显

利用X-12对美国月度马铃薯价格分解后各要素序列如图2所示。（a）为经季节调整后的马铃薯价格序列，呈现出波动上升的趋势；从（b）中可以看出季节要素和不规则要素已被消除，得到趋势循环要素TC序列，马铃薯价格序列中的趋势循环要素具有一定的周期性和上升趋势；由（c）可知，同其他农产品一样，马铃薯价格具有一定的季节性，从直观上来看，马铃薯季节波动呈逐年扩大的趋势；（d）为不规则要素，在2008—2009年和2011—2013年两个时间区间内马铃薯价格随机波动特征明显。

在运用X-12季节调整方法的基础上，利用H-P滤波法对马铃薯价格的趋势循环要素序列进行分解，进而得到如图3所示的趋势要素（T）和循环要素（C）。可见，自2002年以来，马铃薯价格经历了先降后升的变动趋势。由图3可知，马铃薯价格存在一定的周期性，大约每3年一个周期。从坐标轴刻度可以看出，价格周期对马铃薯价格变动影响最高可达0.03美元/千克，2011年开始马铃薯价格周期波动幅度收窄，价格变动趋势逐步走向平稳。

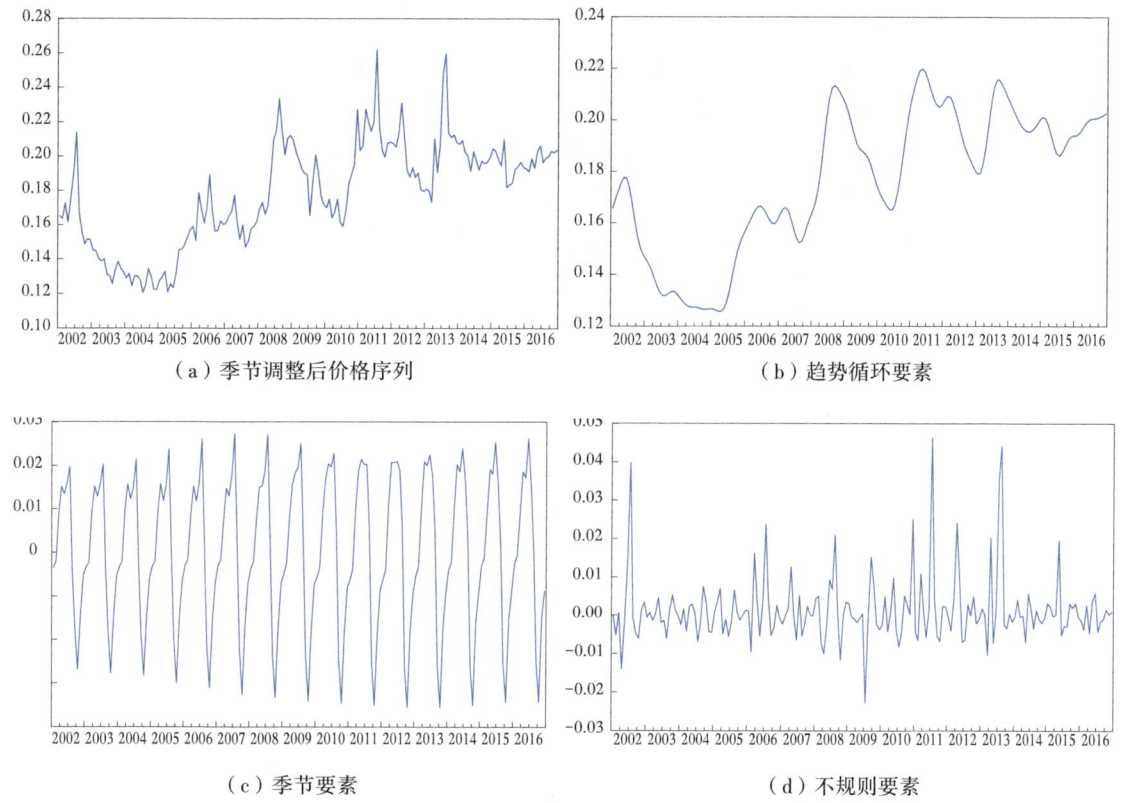

(a) 季节调整后价格序列　　　　　　　　(b) 趋势循环要素

(c) 季节要素　　　　　　　　　　　　　(d) 不规则要素

图 2　美国马铃薯价格 X-12 分解

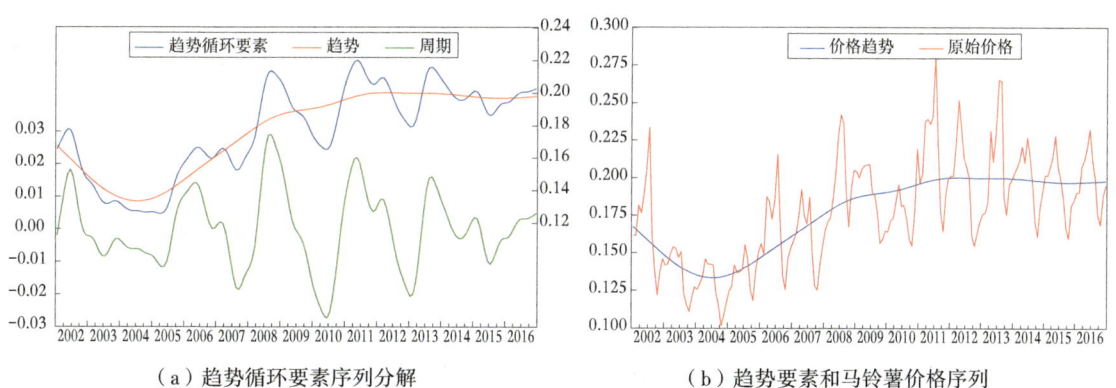

(a) 趋势循环要素序列分解　　　　　　　(b) 趋势要素和马铃薯价格序列

图 3　美国马铃薯价格 H-P 分解

(二) 鲜马铃薯价格走势平稳，但周期变动幅度加大

马铃薯价格由鲜马铃薯价格和加工马铃薯价格构成。由于鲜马铃薯和加工马铃薯的生产和消费渠道不同，因此二者价格的影响因素和波动特点理应不同。为进一步明确鲜马铃薯和加工马铃薯的价格波动特征，本文将分别对鲜马铃薯价格和加工马铃薯价格分别进行 X-12 季节分解和 H-P 滤波分解。

图4为对鲜马铃薯价格X-12进行季节调整后所得结果,4个图从上到下分别为:鲜马铃薯经季节调整后的价格序列、趋势循环要素、季节要素和不规则扰动要素。由图4(a)可知,经季节调整后的鲜马铃薯价格仍存在较大波动;由图4(b)可知,马铃薯趋势循环要素对鲜马铃薯价格有较大影响;图4(c)显示了鲜马铃薯季节要素对马铃薯价格波动的影响由小变大和由大变小两个过程,随着存储条件的改善,鲜马铃薯价格波动的季节特征逐渐变得不明显;图4(d)表明在2011—2013年其他不规则的干扰要素对鲜马铃薯价格波动带来了极大的不稳定性。

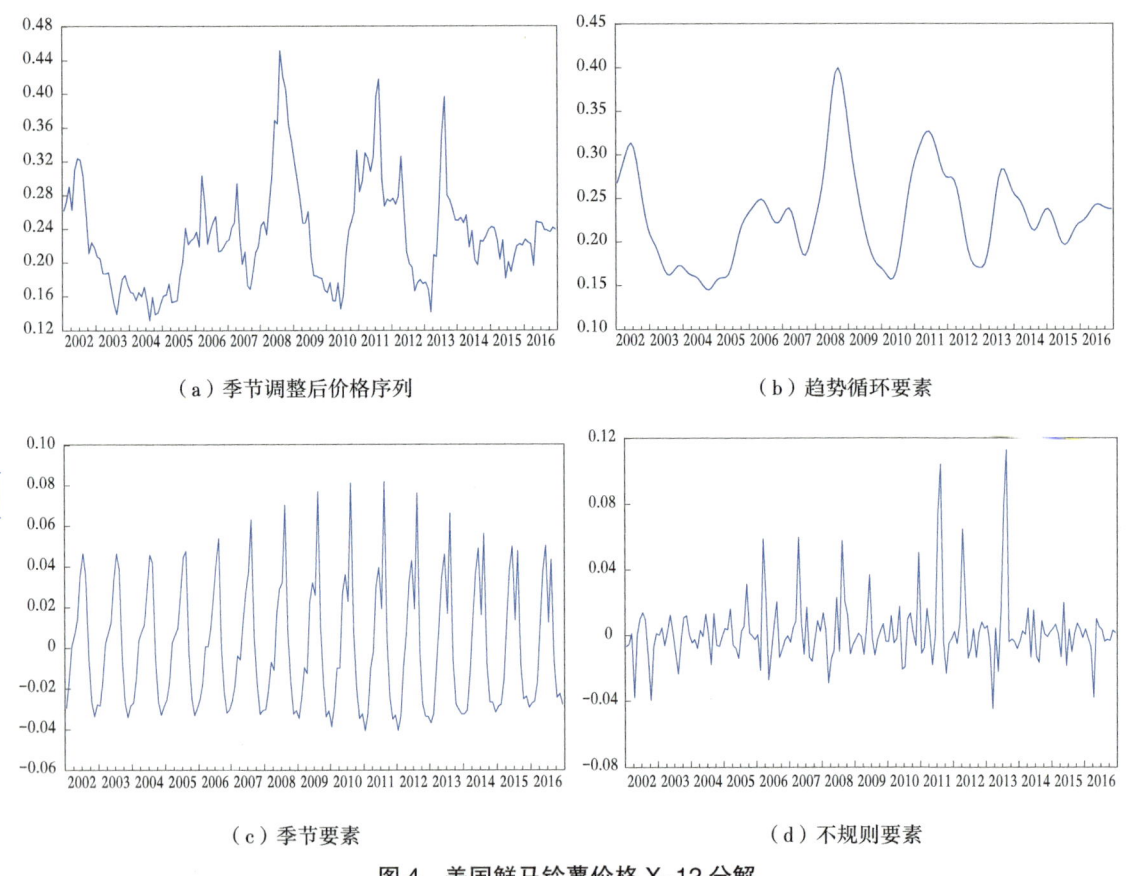

图4 美国鲜马铃薯价格 X-12 分解

在运用X-12季节调整方法的基础上,利用H-P滤波法对鲜马铃薯价格的趋势循环要素序列进行分解,结果如图5所示。与循环要素相比,鲜马铃薯价格的趋势要素序列较为稳定,总体趋势变动较小。而周期波动不稳定,存在大周期和小周期交替的现象。2014年以来,鲜马铃薯价格进入小周期波动区间,价格波动随之减弱。

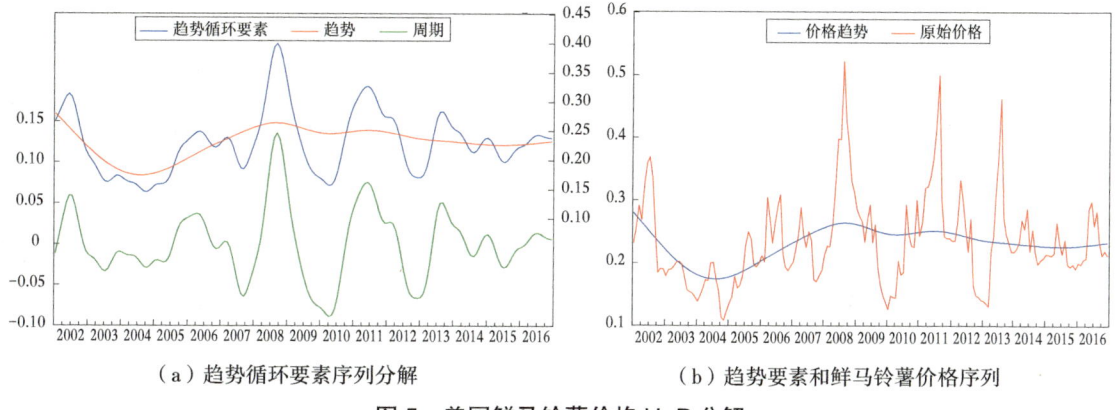

(a)趋势循环要素序列分解　　　　　　（b)趋势要素和鲜马铃薯价格序列

图 5　美国鲜马铃薯价格 H-P 分解

（三）加工马铃薯价格上涨幅度逐渐趋缓，走势呈倒"余弦"形特征

图 6 为对加工马铃薯价格进行 X-12 季节调整后所得结果。

与鲜马铃薯价格的分解结果存在显著差异，加工马铃薯价格经季节调整后存在明显的上升趋势，这一特点也在图 6（b）得以体现。另外，图 6（b）中还显示出 2008—2009 年加工马铃薯价格存在一次异常上涨，随后回到原来的趋势循环路径，该异常可能受全球粮食危机的影响；图 6（c）显示了加工马铃薯季节要素对马铃薯价格波动的影响逐步扩大；图 6（d）表明其他不规则的干扰要素自 2008 年以来对加工马铃薯价格波动的影响增大。

在运用 X-12 季节调整方法的基础上，利用 H-P 滤波法对加工马铃薯价格的趋势循环要素序列进行分解，结果如图 7 所示。

可知，加工马铃薯价格的趋势要素反映了加工马铃薯原始价格序列的整体变动特征，且明显大于循环要素。其中，加工马铃薯价格的趋势要素呈倒"余弦"形变动趋势，循环要素变动周期不明显，除 2008—2011 年外，循环要素对加工马铃薯价格波动的影响较小。

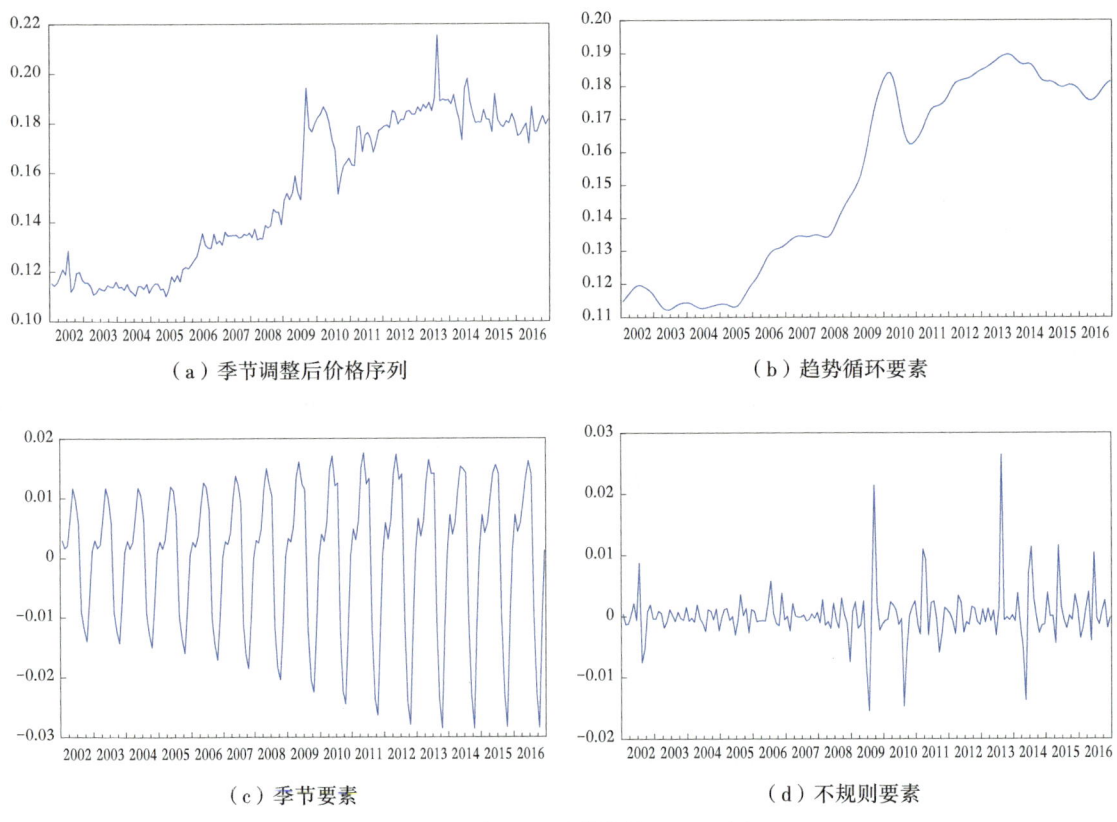

图6 美国加工马铃薯价格 X-12 分解

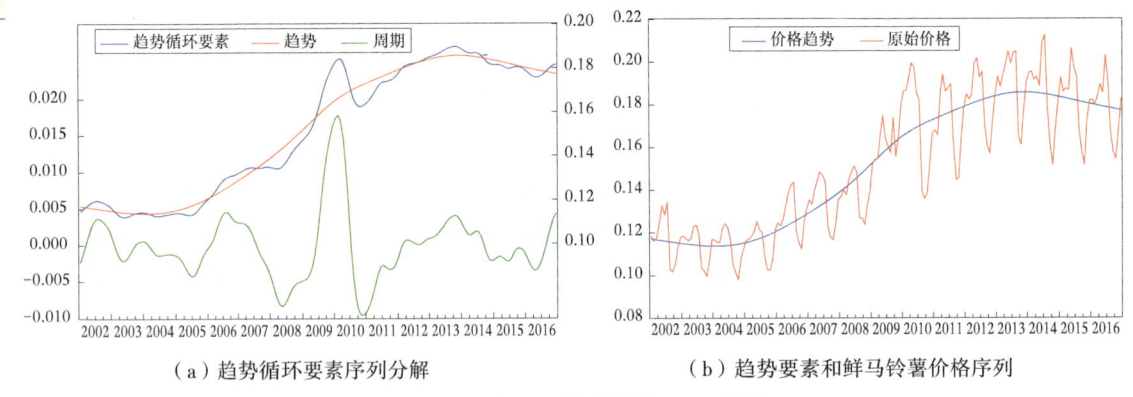

图7 美国加工马铃薯价格 H-P 分解

三、美国马铃薯价格波动影响因素分析

近几年，学术界对马铃薯市场价格波动及其影响因素给予了更多关注。在马铃薯价格波动方面，刘洋等（2011）指出，中国马铃薯价格长期呈现上升的趋势，且存在周期性波动，平均波动周期长度为70.5个月；李辉尚等（2017）将中国马铃薯价格波动分解为季节性、周期性、趋势性和不规则性4种类型，认为马铃薯价格呈明显的周期性波动，平

均周期约为 47 个月。蔡海龙（2013）认为，中国马铃薯价格波动主要受到市场供求变化、生产成本、突发事件和市场信息不对称、产业结构的脱节和生产经营的分散等因素的综合影响。张萌等（2017）从供给和需求角度选取了影响马铃薯价格波动的 18 个因素，结果表明马铃薯价格波动是多种因素综合作用的结果，主要影响因素是蔬菜等相关替代品价格以及城镇化水平、消费者收入水平和恩格尔系数等社会因素，且价格受到消费层面因素的影响要大于生产层面因素的影响。

马铃薯价格波动是供求关系变化的表现形式，按照均衡理论，当市场中马铃薯的供给量等于需求量时，市场形成均衡价格；若供求不等，则非均衡的价格会向均衡价格调整，表现为价格波动，波动的价格又进一步影响国际市场马铃薯供求。由于现实市场中存在着影响马铃薯价格波动的多重因素，绝对的市场均衡不可能出现，从而无论是鲜马铃薯，还是加工马铃薯，其价格的波动也不可避免。通过对美国马铃薯价格波动特征与规律的分析，归纳出以下影响因素：

（一）产量增减是马铃薯价格波动的基础

马铃薯产量直接关系到马铃薯市场的供给状况，当马铃薯产量较高时，市场表现为供过于求，价格下降；而当产量较低时，市场表现为供不应求，价格会升高。图 8 直观体现了马铃薯生产产量与价格的关系。如在 2007 年马铃薯产量达到 2 017.91 万吨的峰值、2008 年 1 882.66 万吨的低谷时，马铃薯价格分别为 0.22 美元 / 千克的低谷、0.34 美元 / 千克的峰值，虽然有时会出现滞后现象，马铃薯价格的波动情况与产量增减情况基本与市场供求规律相对应。但值得注意的是，鲜马铃薯产量对加工马铃薯价格波动的影响无法从图 8 中直观体现出来。可见，相对于马铃薯价格来说，加工马铃薯价格受马铃薯产量的直接影响较小。

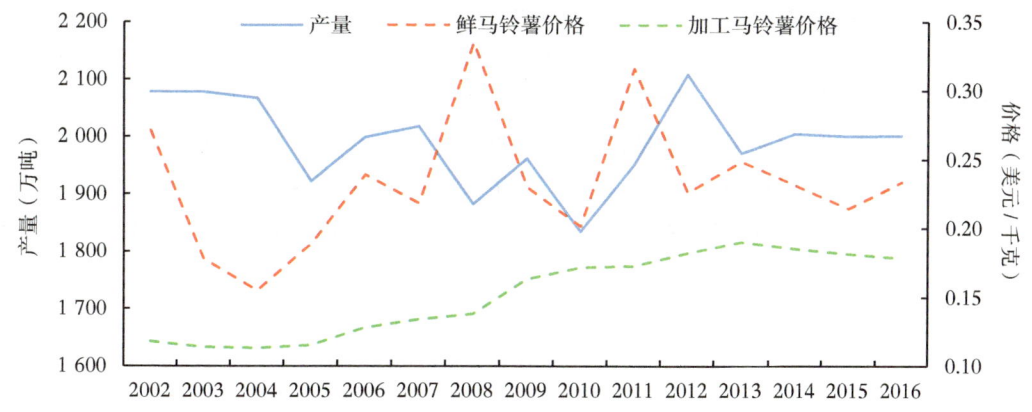

图 8　马铃薯产量与价格的关系

数据来源：USDA 网站

（二）人均消费量减少对马铃薯价格作用不明显

人均马铃薯消费量从需求方面反映了对马铃薯价格的影响。根据图9可知，无论是鲜马铃薯的人均消费量还是加工马铃薯人均消费量，都呈现出递减的趋势。美国消费量的减少与马铃薯价格的波动趋势及加工马铃薯的增长趋势直观上看并不存在明显的关系。

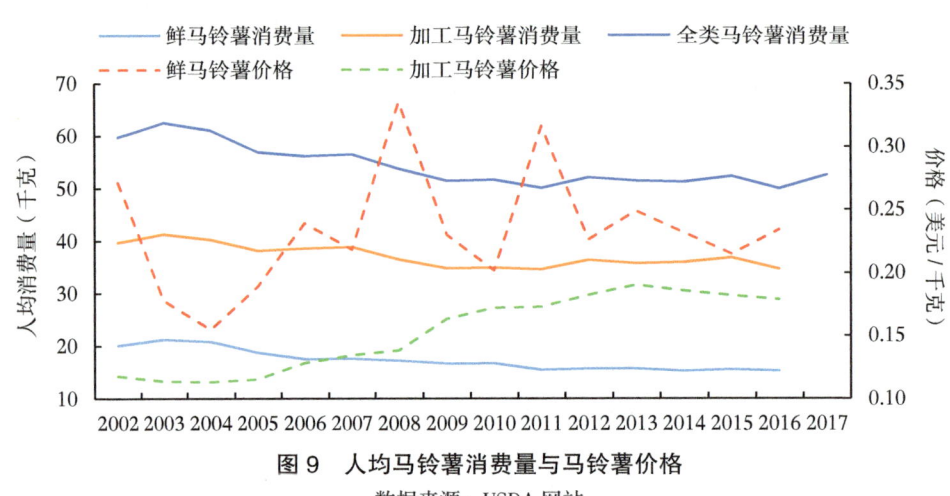

图9 人均马铃薯消费量与马铃薯价格

数据来源：USDA 网站

（三）贸易是影响马铃薯价格波动的重要因素

随着全球经济一体化不断加深，国际贸易则成为影响国内价格的重要因素之一。

1. 马铃薯价格与进口量具有波动幅度的一致性

从图10可知，2002年以来美国马铃薯进口量与马铃薯价格呈现出一致的波动走势，二者分别在2004年、2011年达到峰值，在2002年、2010年、2012年、2015年跌至谷底。一方面，反映出进口对于马铃薯价格反应的灵敏性；另一方面，也说明马铃薯的进口贸易可以作为调节价格波动的重要手段，通过进口量的增加能够使得处在峰值的价格得以回落；同样，通过减少对马铃薯的进口也能拉动马铃薯价格的增长。与马铃薯进口量相比，出口量对价格的影响并不明显。

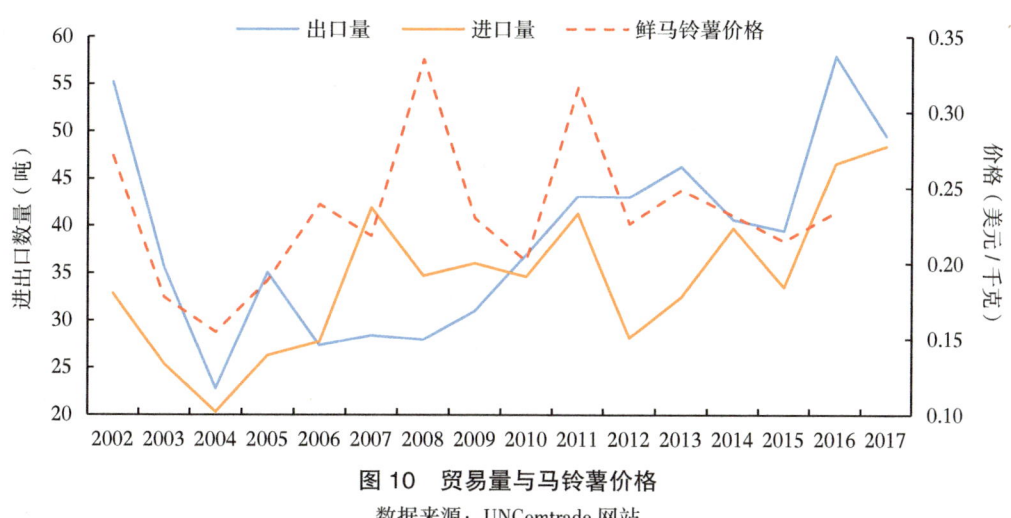

图10　贸易量与马铃薯价格

数据来源：UNComtrade 网站

2. 加工马铃薯价格与冷冻薯条贸易量具有波动趋势的一致性

冷冻薯条占美国加工马铃薯的 50% 以上，也是在美国加工马铃薯贸易中较为活跃的产品，在加工马铃薯产品中具有较好的代表性。从美国冷冻马铃薯净出口贸易量（图11）可知，加工马铃薯价格随着贸易量的增长而递增，价格与出口贸易量波动趋势的一致性尤为明显。出口量的增长反映了国际市场对加工马铃薯需求的增加，在全球市场一体化程度不断加深的现实背景下，进出口贸易成为影响加工马铃薯价格波动的重要因素。

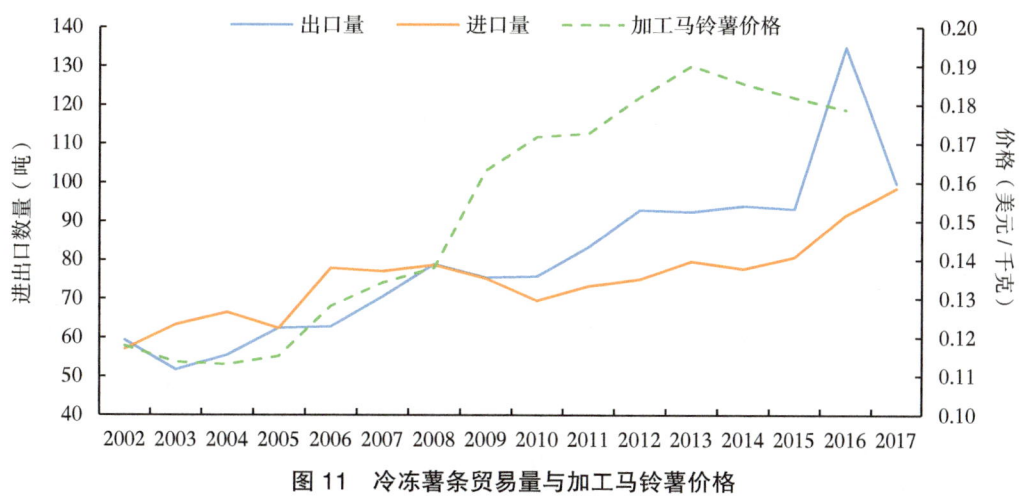

图11　冷冻薯条贸易量与加工马铃薯价格

数据来源：UNComtrade 网站

（四）生产成本对马铃薯价格具有直接作用

生产成本作为影响利润的重要因素之一，在一定程度上决定了生产者能够接受的最低价格。从图12也可看出，2012年和2015年马铃薯生产成本滑至0.19美元/千克的低谷时，马铃薯价格也随之跌落至0.23美元/千克和0.21美元/千克的低点；当2013年马铃薯成本上升至0.22美元/千克的峰值时，马铃薯价格随之增长至0.25美元/千克的高点。可见，马铃薯生产成本对马铃薯价格具有直接影响，成本的增加直接推动马铃薯价格的上涨。

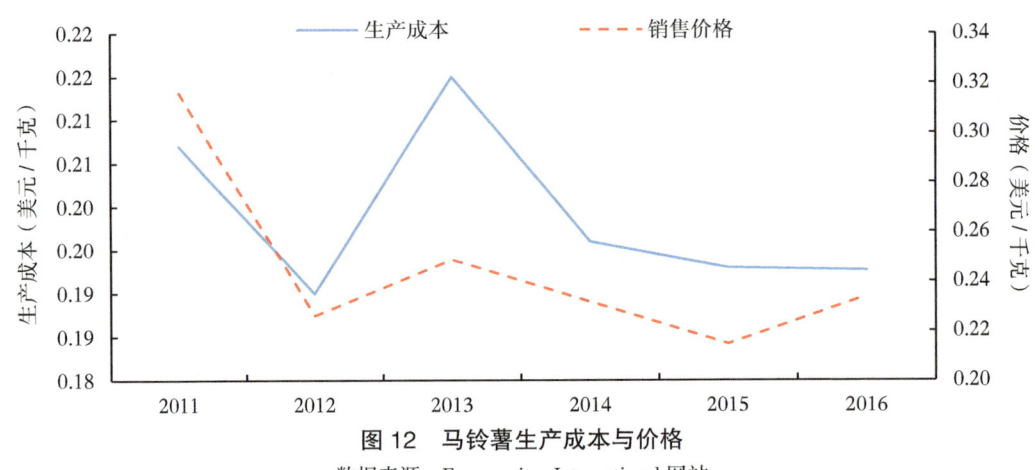

图12 马铃薯生产成本与价格

数据来源：Euromonitor International 网站

（五）加工马铃薯价格受市场物价水平波动干扰

CPI作为一揽子商品和服务的价格变动指标，能够反映出整个市场物价水平。马铃薯在美国的市场化水平高达90%以上，即有90%以上的马铃薯生产出来在市场上被销售，因此，马铃薯价格不可避免地要受到市场整体物价水平波动的带动。由图13可知，马铃薯价格虽没有随着CPI价格指数的增长趋势而上涨，但却随着CPI的波动而波动。在CPI波动上升时，马铃薯价格往往向上浮动；当CPI下降时，马铃薯价格也呈现向下的趋势。

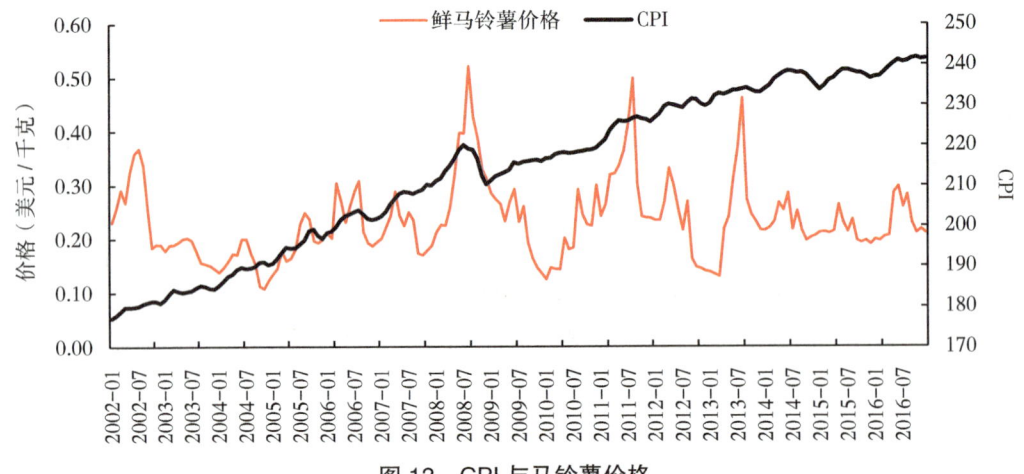

图13 CPI与马铃薯价格

注：CPI以1982—1984年=100

数据来源：美国劳工部劳工局统计

相比马铃薯价格，加工马铃薯价格波动与 CPI 变动的关系更为密切。从图 14 可以观察出，加工马铃薯不仅与 CPI 具有相同的波动方向，还具有一致的上涨趋势。这可能是由于加工马铃薯主要用于市场销售，而且经市场出售后，加工马铃薯可能还会经历多次产业加工阶段，受市场物价水平的影响较鲜马铃薯更为强烈。

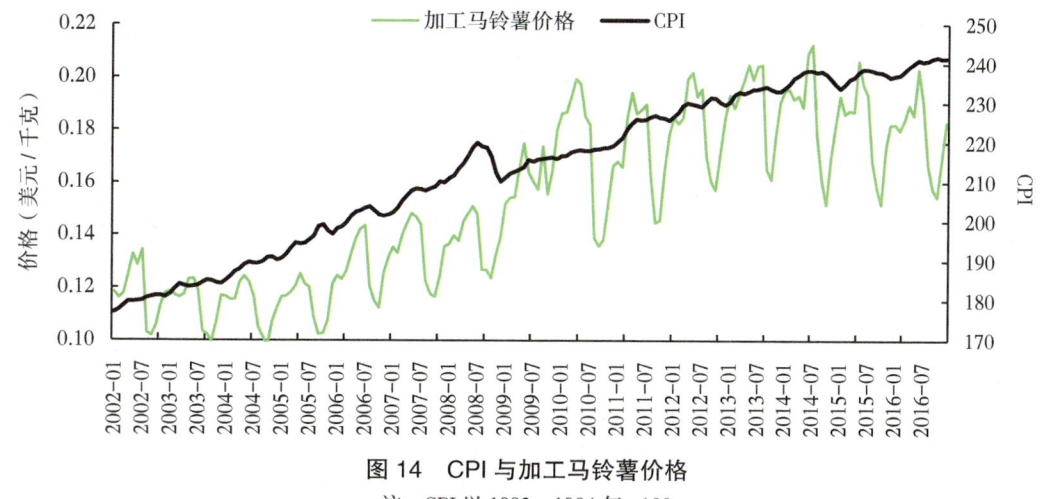

图 14　CPI 与加工马铃薯价格
注：CPI 以 1982—1984 年 =100
数据来源：美国劳工部劳工局统计

（六）世界经济形势等对马铃薯价格波动具有一定影响

全球化背景下，世界各国互联互通性不断增强，国际政策、经济形势等宏观环境对马铃薯价格波动日益产生极为重要的影响。如世界市场的通货膨胀导致 2004—2008 年马铃薯价格的逐渐上涨，但由于世界经济的疲软，各国消费水平趋于稳定，全球贸易量从 2013 年开始呈现下降趋势，马铃薯价格也出现下跌的势头。又如，2006—2008 年粮食危机期间，国际市场中大米、小麦和玉米价格出现大幅攀升，到 2008 年 7 月，各国大米、小麦以及玉米的平均价格均比 2007 年 1 月上涨了约 40%，该时间段食品价格大幅上涨带动了马铃薯价格的走高。之后，随着 2008 年马铃薯产量的恢复，加之全球金融危机爆发引起的商品价格普遍下降和马铃薯集团消费大幅减少，马铃薯市场价格出现明显下跌。

此外，受气候特点、季节差异等影响，马铃薯收获和上市数量、时间上分布的不均衡性，也会引起市场供给的波动，进而导致价格的波动。

四、美国政策措施及其成效

（一）完善的服务体系

美国历来重视马铃薯市场统计和信息服务体系建设。其国家农业统计局（NASS）、农业统计委员会、美国农业部（USDA）定期报告马铃薯生产、库存、价格等信息。同时，在美国农业部每年9月发布《马铃薯年度总结报告》，为有关生产者及时了解马铃薯市场行情提供数据支撑。美国马铃薯协会在马铃薯产品宣传和推广中起到较大作用，其成立于1972年，总部位于科罗拉多州丹佛市，最初是由一些马铃薯种植者为宣传推广马铃薯的价值而发起的。美国马铃薯协会是美国最早开始在广泛意义上推广其商品的组织机构之一，也是最早开发商品营养价值表并获得美国农业部和美国食品药品监督局批准的组织机构之一，代表全美2 500多家商业马铃薯种植者的利益。马铃薯协会虽然不直接销售马铃薯和加工马铃薯，但通过在市场营销和产品管理研究方面投入巨资，能够为生产者提供各种服务：主要推广新鲜食用马铃薯、马铃薯薯片、种薯、冷冻马铃薯制品和脱水马铃薯制品等5种主要产品；通过培育消费者公共关系，进行营养教育，举办零售活动，实行餐饮服务营销和出口计划，一直致力于向消费者、零售商、烹饪专业人士宣传马铃薯的营养价值和多种用途。

（二）严格的法规和标准

美国对产品有法律监督并对业界有着严格的标准。1939年，美国出台了《市场推广法案》，根据这个法案，美国成立了国家马铃薯委员会，主要进行贸易立法和国内外贸易纠纷的解决。几个马铃薯产量大的州成立了马铃薯管理委员会。如科罗拉多州马铃薯管理委员会，其主要职责是对种薯育种、疫病预防、营养、储存、促销、推广和消费进行研究，根据客户需求提供服务，并为政府相关部门关于马铃薯立法提供相关建议，同时负责监督技术标准的执行和检查。

在美国，从种薯到鲜薯，从储存到加工，都要经过检测和认证。所有操作均以美国食品药品管理局（FDA）及美国农业部的规定为依据。每个工序需通过美国农业部的检查，而所有厂房皆符合HACCP操作规范，以确保食物安全水平。美国农业部对马铃薯主产地的检验是强制性的，从装运前开始，就要经过一系列的生理、生化检测；每个州都有检测机构和农产品组织，检测人员都经过美国农业部严格培训，符合要求的检验人员才能上岗，所有相同产品的检测标准和检测步骤都是统一的，以确保质量的一致，只有检验合格的产品才能进入市场。美国农业部还有一套对公司的全面评估的标准，合格公司的名单会在美国农业部网站上进行公告，并根据检查情况随时更新。正是这些法规和严格的检测标准，为美国马铃薯产业发展夯实了基础，确保整个马铃薯产业规范发展。

（三）深加工业相对发达

据统计，美国马铃薯加工制品的产量和消费量约占总产量的60%以上，马铃薯产品除了用于食用外还会加工成淀粉、饲料和酒精等。目前，美国以马铃薯为原料的加工产品品种已经有几百种。美国的马铃薯加工是从出售鲜薯就开始的，种植者边收获边加工，并根据销售商要求进行包装和分等分级。爱达荷州是生产加工马铃薯的主产地，以该州的DaleMickelsen公司为例，其种植7 000公顷马铃薯，产薯1亿多千克，每天加工鲜薯75万千克。马铃薯从卡车上直接进入加工生产线进行清洗，然后运行到自动照相分检系统，不同大小的马铃薯自动进入鲜薯销售、速冻马铃薯、薯条、薯片等不同的流水线；该公司还生产薯碗、薯条、薯泥和冷冻薯,除供国内市场外,还大量供应日本和韩国。

(四)健全的保险制度

美国政策性农业保险经过80多年的改革与发展,已基本由现代风险管理模式取代了传统农作物保险模式。现行农业保险法律规定,美国农业保险采取"政府与民间、国营与私营"的混合经营模式。公私合营模式下,首先是中央政府运作下的联邦农作物保险公司通过对每个州农作物风险的调查,对影响农作物风险大小的各种因素进行统计,以实际情况为依据制定相应的农业保险计划并分配实施,使保险政策更好地适应农作物生产种植的实际需要。其次通过私人保险公司切实履行农业保险的具体业务,他们在中央政府的支持下得以获利,成为美国农业保险安全网的重要一环。2016年年末的统计数据显示,美国农作物参保面积达到3.23亿英亩,约占美国总耕地的76.2%。参与农业保险的土地面积达到了3.05亿英亩,主要农作物保险保费是2013年的1.43倍,达到262亿美元。美国农业保险制度的运行机制、经营方式以及保险技术,都相当完备,通过累积大量的保险数据和农业生产信息,为农作物生产以及保险制度制定提供大数据参考。

此外,美国50个州都种植马铃薯,但主产区有科罗拉多、爱达荷、华盛顿、威斯康星等中西部的10个州,各州根据不同的气候和土壤条件,选择种植不同用途的马铃薯;同时,美国马铃薯产业拥有完善的两种繁育和研发推广体系,以及现代化机械设备,是产业保持良性可持续发展的重要基础。

参考文献

蔡海龙. 2013. 我国马铃薯价格波动的原因探析[J]. 价格理论与实践(9): 64-65.

李辉尚, 马娟娟, 沈辰, 等. 2017. 我国马铃薯价格波动规律研究——基于X-12和H-P滤波法的实证分析[J]. 中国蔬菜(2): 60-66.

刘洋, 罗其友. 2011. 我国马铃薯批发市场价格波动性研究[J]. 中国蔬菜(7): 14-19.

张萌, 罗其友, 高明杰. 2017. 基于主成分回归的中国马铃薯价格波动影响因素分析[J]. 价格月刊(9): 25-30.

DUNG N T, NAGOTHU U S, MORALES-ABUBAKAR A L, et al. 2018. Innovative Practices in Potato Production for Food and Nutrition Security [M]. Agricultural Development and Sustainable Intensification Routledge, 111-135.

Gray E. 2018. An Investigation into the Decline in the Use of Fresh Potatoes and the Increased Demand for Processed Potato Products in the Foodservice Sector in the Leinster Area [J]. Level 3, 14(1): 4.

le VAYER M F. 2018. The Potato: A Long History to Fit our Contemporary World [J]. Potato Research, 1-13.

MINOR T. 2018. Newly Updated ERS Data Show 2016 Production, Trade Volume, and Per Capita Availability of Vegetables and Pulses [J]. Design Issues, 3: 00.

Soare B E. 2018. Romanian Trade with Potatoes in the European Union Context [J]. Scientific Papers Series—Management, Economic Engineering in Agriculture and Rural Development, 18(1): 459-464.

SREEPRIYA P, KUMAR R. 2018. Analysis of Co-Integration among Major Potato Markets in India [J]. Indian Journal of Economics and Development, 14(1): 103-110.

Yadong Y, Qiyou L, Daolong W, et al. 2018. Influencing Factors of Potato Planting Spatial Structure in China [J]. Chinese Journal of Agricultural Resources and Regional Planning, 2: 013.

（执笔人：李辉尚　任金政　陈宝珍）

海外农产品市场研究（2018）

第五部分

棉 花

海外农产品市场研究（2018）

专题一　世界供需形势分析

2017—2018年度，国际棉花面积和产量大幅增长，受全球主要经济体经济复苏影响，棉花消费需求有所恢复，棉花库存扭转了连续两年产不足需的局面，全球棉花供应呈现宽松格局。新年度棉花种植面积和单产下降，棉花产量较上年度有所减少。全球经济和贸易继续回升，经济增长带动纺织服装需求增加，棉花消费量稳步增长。

一、世界供需形势

（一）棉花产量大幅增加

2017—2018年度全球棉花种植面积和产量大幅增加，单产持平略增。据国际棉花咨询委员会（ICAC）2018年8月预测，2017—2018年度全球棉花总产量为2 687.0万吨，同比增16.4%（图1）。分国别看，世界主要产棉国棉花生产均呈现不同程度的增加。美国由于播种面积和单产均增加，产量增加至456.0万吨，同比增22.0%。印度受棉红铃虫虫害影响，单产有所下降，但由于播种面积增加，棉花总产增加至635.0万吨，同比增8.3%，占全球棉花产量的1/4左右。受益于棉花价格恢复和棉花比较效益提高，中国棉花播种面积大幅增加，产量同比增20.2%至589.0万吨。巴西和巴基斯坦棉花生产均表现为单产同比下降，面积同比增加，总产分别为196.0万吨和180.0万吨，同比增长28.1%和8.2%。乌兹别克斯坦棉花产量为80.0万吨，同比增长1.4%（表1）。

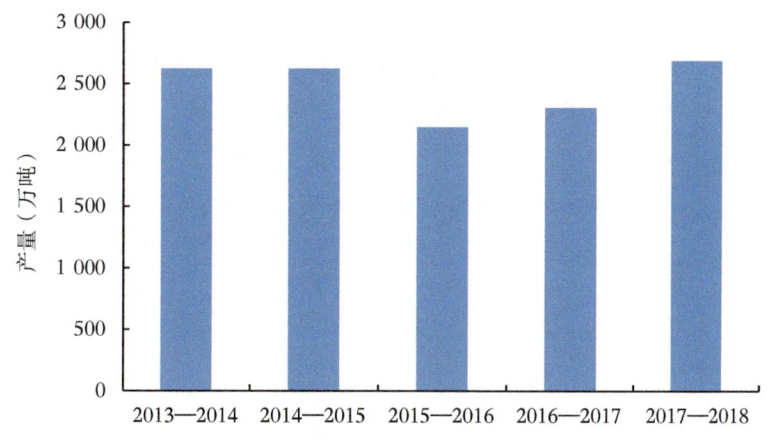

图1　2013—2018年世界棉花产量

表1 2014—2018年棉花主产国产量变化情况

单位：万吨

年份	印度	中国	美国	巴基斯坦	巴西	乌兹别克斯坦
2014—2015	656.2	660.0	355.3	230.5	156.3	88.5
2015—2016	574.6	520.0	280.6	153.7	128.9	83.2
2016—2017	586.5	490.0	373.8	166.3	153.0	78.9
2017—2018	635.0	589.0	456.0	180.0	196.0	80.0

数据来源：CAC

（二）全球棉花消费有所恢复

2017年，世界经济回暖向纵深推进，全球经济增长速度达到3%，全球约有2/3的国家2017年的增长速度高于上一年，实现了自2011年以来的最快增长，好于之前预期。受全球主要经济体经济复苏影响，棉花消费有所恢复。据ICAC 2018年8月最新预测，2017—2018年度全球棉花消费量为2 638.0万吨，同比增长7.6%（图2）。中国、印度、巴基斯坦、孟加拉国、越南是世界主要的棉花消费国，消费量均呈现增加态势，分别为865.0万吨、520.0万吨、235.0万吨、166.0万吨和158.0万吨（表2）。中国仍然是世界第一大棉花消费国，2017—2018年度消费量占全球棉花消费的32.8%。

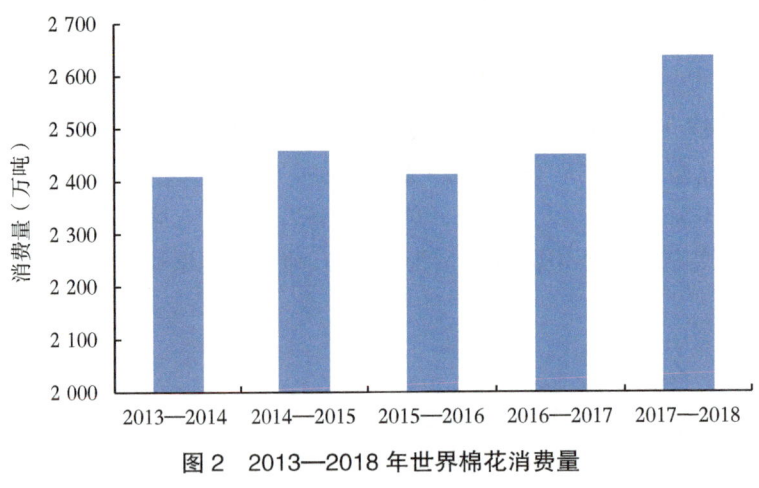

图2 2013—2018年世界棉花消费量

表2 2014—2018年世界主要棉花消费国消费量情况

单位：万吨

年份	印度	中国	巴基斯坦	越南	孟加拉国
2014—2015	537.7	755.0	246.7	87.5	119.7
2015—2016	529.6	760.0	214.7	100.7	131.6
2016—2017	514.8	800.0	214.7	116.8	140.9
2017—2018	520.0	865.0	235.0	158.0	166.0

数据来源：ICAC

（三）国际棉花库存持平略增

2017—2018年度，世界主要产棉国棉花生产增加，消费略有恢复，棉花扭转了连续两年产不足需的局面，全球棉花供应呈现宽松格局。据国际棉花咨询委员会（ICAC）2018年8月最新预测，2017—2018年度全球棉花期末库存为1 929.0万吨，较上年度上升2.6%，库存消费比从上年度的76.7%下降到75.7%，除中国外的库存消费比由49.8%上升到58.2%外（表3）。中国继续处于去库存阶段，占全球棉花库存的比重由55.7%下降到46.7%，中国棉花的库存消费比为102.9%，同比下降26.2%。

表3 2014—2018年世界棉花期末库存

项目	国别	2014—2015	2015—2016	2016—2017	2017—2018
期末库存（万吨）	全球	2 296.7	2031.2	1 879.8	1 929.0
	中国	1 411.8	1265.0	1 063.2	922.0
库存消费比（%）	全球（不含中国）	52.0	46.0	49.0	57.0
	中国	187.0	166.0	132.9	107.0

数据来源：ICAC

二、国际价格走势

2018年上半年国际棉花价格涨幅明显，价格好于往年。1月，受印度和巴基斯坦棉花产量低于预期，美棉出口形势较好等影响，国际棉价大幅上涨。2月基金多头平仓及国际市场供需宽松的基本面导致国际棉价下降，Cotlook A指数（相当于国内3128B级棉花）月均价每磅88.27美分，环比跌3.2%。3月以来，美国农业部调减下年度棉花产量和期末库存量，全球主要棉区天气不利于棉花生长，再加上市场对天气因素的炒作，国际棉价持续上涨（图3）。7月，受中美贸易摩擦升级等因素影响，国际棉价有所下降。2018年

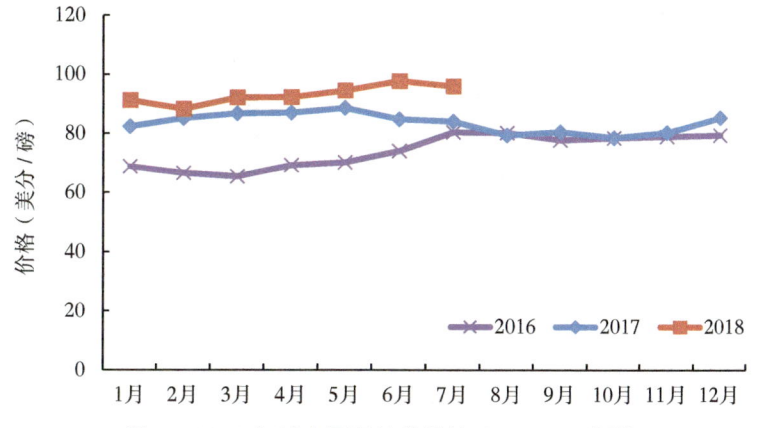

图3 2016年以来国际棉花价格Cotlook A指数

数据来源：中国棉花信息网

1—7月，Cotlook A 指数平均价格为每磅 93.14 美分，较上年同期上涨 8.9%。

三、国际贸易格局

据 ICAC 数据，2017—2018 年度全球棉花出口 908.0 万吨，同比增 10.9%（表 4），进口 876.8 万吨，同比增 7.9%（表 5）。美国、印度、巴西、澳大利亚和乌兹别克斯坦是世界主要棉花出口国，其出口量占世界出口总量的 74.9%。2017—2018 年度 5 个棉花出口大国中，澳大利亚、巴西、印度和美国棉花出口增加，增长幅度分别为 12.1%、53.2%、14.0%、8.7%。乌兹别克斯坦棉花出口有所下降，减少 25.6%。孟加拉、越南、中国、土耳其和印度尼西亚是世界主要棉花进口国，其进口量占世界进口总量的比重为 68.5%。2017—2018 年度 5 个主要棉花进口国棉花进口均有所增加，其中孟加拉国进口 167.0 万吨，增长 18.3%，中国进口 136.0 万吨，增长 24.1%，印度尼西亚进口 80.0 万吨，增长 7.2%，土耳其进口 82.0 万吨，增长 2.4%，越南进口 157.0 万吨，增长 31.1%。

表 4 2016—2018 年棉花主要出口国棉花出口情况

国别	2016—2017（万吨）	2017—2018（万吨）	同比变化（%）
世界	818.5	908.0	10.9
澳大利亚	81.2	91.0	12.1
巴西	60.7	93.0	53.2
印度	99.1	113.0	14.0
美国	324.8	353.0	8.7
乌兹别克斯坦	40.3	30.0	-25.6

数据来源：ICAC

表 5 2016—2018 年棉花主要进口国棉花出口情况

国别	2016—2017（万吨）	2017—2018（万吨）	同比变化（%）
世界	818.5	908.0	11.8
孟加拉国	141.2	167.0	18.3
中国	109.6	136.0	24.1
印度尼西亚	74.6	80.0	7.2
土耳其	80.1	82.0	2.4
越南	119.8	157.0	31.1

数据来源：ICAC

四、世界主要国家产业竞争力

美国、印度、澳大利亚和中国是世界主要棉花生产国，本部分就世界主要产棉国棉花生产成本结构和收益的结构进行对比分析。中美澳印四国棉花生产成本核算方法和具体核算指标存在一定差异，为增加可比性和精确性，本研究将棉花生产成本核算中的项目指标进行了重新归类，按照物质和服务费用、人工成本和土地成本三项进行核算。具体核算时，对四国棉花成本核算中相同的项目予以保留，不同的项目按投入的性质或生产过程的阶段性确定其归属。由于数据资料限制，本研究使用的中国棉花成本数据来自《全国农产品成本收益资料汇编》；美国棉花生产成本数据来自美国农业部；澳大利亚棉花生产成本数据来自澳大利亚农业部；印度棉花生产成本数据来自印度农业部。

（一）亩均生产成本和单位产量生产成本对比

对中国、美国、澳大利亚和印度四国棉花生产成本的分析显示，2004—2016年间，澳大利亚棉花亩均生产成本长期较高也较为平稳，从1 222.9元到1 482.0元，增长21.2%，年均上涨2.4%。但是这一高生产成本的记录在2011年被中国超越，中国棉花亩均生产成本从743.1元持续上涨至2016年的2 306.6元，增长了2.1倍，年均上涨9.9%。美国棉花亩均生产成本较低也较为平稳，从549.6元增长到790.2元，增长43.8%，年均增长只有3.1%。印度棉花生产成本相对较低，但2009年以后增长较快。印度亩均棉花生产成本从268.2元增长到2014年的490.8元，增长83.0%，年均增长7.4%。从四国历史数据比较来看，2004—2011年，澳大利亚棉花生产成本最高，中国和美国次之，印度最低，而2011年以后，中国棉花生产成本超过澳大利亚，美国第三，印度最低（图4）。从成本增长率看，2004—2016年中国棉花亩均生产成本增长幅度最大，年均增幅达到9.9%，印度次之为7.4%，美国和澳大利亚较为平稳，年均增幅分别为3.1%和2.4%。从现状来看，各国的棉花生产亩均生产成本差别很大，中国2016年亩均成本相当于印度的4.7倍（印度为2014年成本数据），美国的2.9倍，澳大利亚的1.6倍。

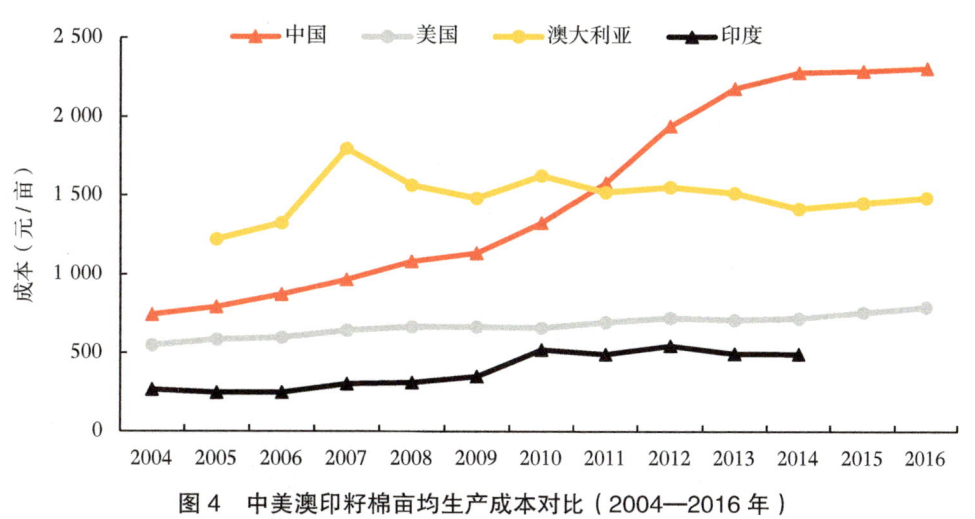

图4 中美澳印籽棉亩均生产成本对比（2004—2016年）

中国、美国、澳大利亚和印度四国棉花单产也存在较大差异，单纯比较亩均生产成本难以完整分析棉花生产成本的差异，单位产量成本的比较更具实际意义。尽管中国棉花亩均生产成本显著高于美国和印度，但由于单产较高，棉花的单位成本相应被拉低。如图5所示，2004—2016年每千克棉花生产成本中国从5.5元上涨到23.4元，上涨了3.3倍，美国从9.1元上涨到13.2元，上涨45.7%；澳大利亚从8.1元下降到7.9元，降低2.0%；印度从22.9元波动下降到14.6元，降低36.1%。从绝对值比较，2016年中国的皮棉成本最高，印度和美国次之，澳大利亚最低。中国皮棉成本是印皮棉的1.6倍，美皮棉的1.8倍，澳皮棉的3.0倍。

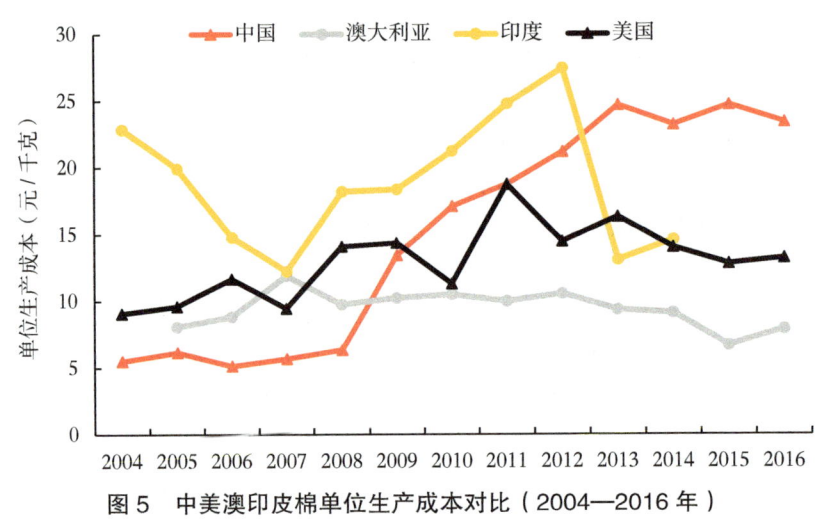

图5 中美澳印皮棉单位生产成本对比（2004—2016年）

（二）亩均收益和单位产量收益对比

中美澳印四国不仅在棉花生产成本上存在巨大的差异，棉花生产的收益性也各不相同（图6）。通过四国棉花生产的亩均收益的历史数据比较发现，中国的棉花收益波动最大，2004—2007年期间的棉花亩均收益稳定在200~400元，但在2008年亩均亏损16.71元，2010年又以亩均983.91元的收益创下近年来的历史新高，之后一直下跌，2016年亩均亏损488.3元。前期与中国棉花收益波动较为相似的是澳大利亚，澳棉2008年亩均亏损539.4元，2011年亩均收益攀升到了681.80元，之后虽有短暂下降，但2013年开始曲线与中国朝相反方向发展，2015年和2016年亩均利润为595.0和1 040.4元，明显高于中国、美国和印度。美国和印度的亩均棉花收益与中国和澳大利亚不同，收益的波动性较为平缓，2004—2016年期间，美国棉花的亩均收益一直在-110~4.49元波动，除了2010年的棉花亩均收益为4.49元之外，其他年份均为轻微亏损状态。与此同时，印度棉花收益波动前期则表现更为平稳，近两年波动较大，2004—2012年的亩均棉花收益一直在4.87~10.87元波动，平均收益为6.91元，但是2013年飙升至89.4元，2014年又降至26.4元，但棉农至少还是有利润可赚。

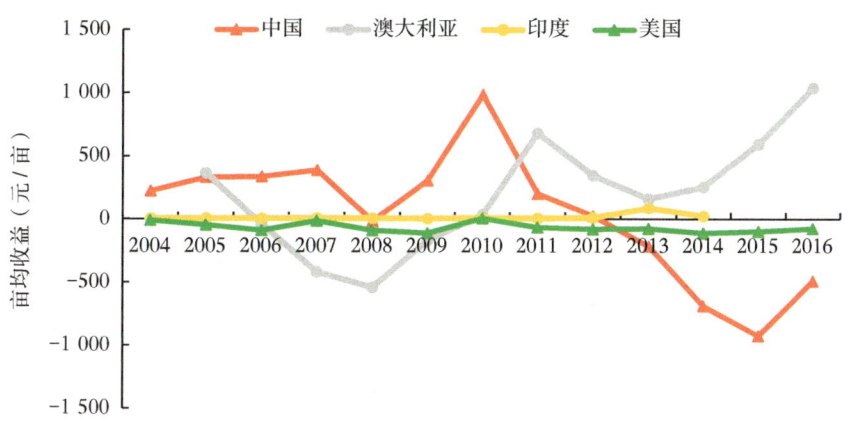

图 6　2004—2016 年中美澳印四国的棉花亩均收益对比

中美澳印四国的单位产量收益和亩均收益的变化特征较为相似，在 2004—2010 年期间，中国的棉花单产收益几乎一直高于美国、印度和澳大利亚，但从 2011 年开始陆续被澳大利亚、印度和美国超越（图 7）。中国棉花单产收益在 2010 年达到了近十年历史新高，为 12.71 元 / 千克，而美国、澳大利亚和印度各为 0.08 元 / 千克、0.23 元 / 千克和 0.32 元 / 千克，分别是美国、澳大利亚和印度的 158.9 倍、55.2 倍和 39.7 倍。然而，2010 年之后中国棉花单位产量收益出现迅速下滑，2013 年出现亏损，2015 年每千克棉花亏损额达到了 9.9 元，2016 年受棉花价格较好因素影响，亏损有所减少，为每千克 -5.0 元。美国、澳大利亚和印度的棉花单位产量收益波动较为稳定，但美国除了 2010 年的单位产量收益为 0.08 元 / 千克外，其余年份均为亏损状态，2016 年每千克棉花生产的亏损额为 1.22 元。澳大利亚的棉花单位产量收益在 2005 年为 2.14 元 / 千克，之后出现了亏损，2008 年的亏损额为 3.36 元 / 千克，2010 年开始扭亏为盈，2011 年每千克的收益为 4.49 元，之后一直高于中国和美国，2016 年每千克的收益为 5.31 元。印度棉花的单位产量收益较低，但一直较为稳定，而且稳定在每千克 0.26~0.56 元，2014 年为 0.78 元 / 千克。

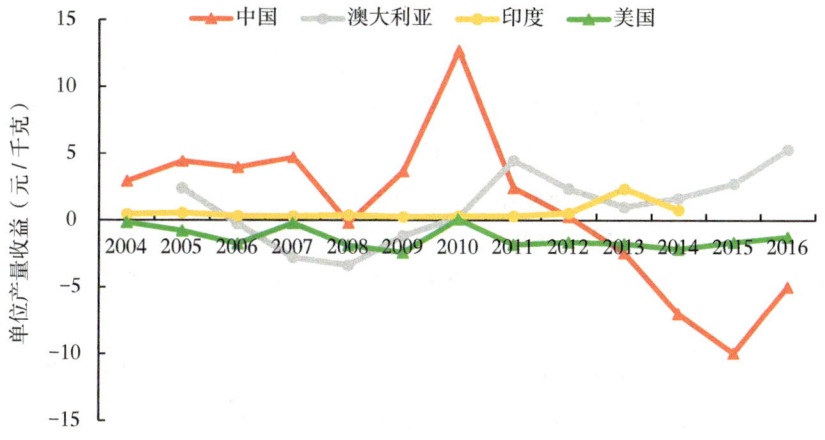

图 7　2004—2016 年中美澳印四国的棉花单位产量收益对比

五、主要国家产业支持政策新变化

（一）美国

棉花是 WTO 多哈回合关注的焦点问题之一，考虑到美国国内财政预算的约束和美巴棉花补贴争端，2014 年农业法案中美国对棉花支持保护政策做出重大调整，取消了直接补贴、反周期支付和 ACRE，并新增累积收入保护计划（Stacked Income Protection Plan，简称 STAX），用于扩大农业保险的覆盖范围。根据 2014 年农业法案，适用于棉花的专用条款、对棉花和其他作物通用的条款主要包括三项。

1. 累积收入保护计划（STAX）

现行棉花项目由 2014 年 2 月 7 日签署的《2014 农业法案》所授权，由于棉花未被列入商品项目，也不适用于 ARC 和 PLC，政策支持转向美国农业风险管理局实施的损失保障保险项目，即 STAX。STAX 专门针对陆地棉制定，是可以与传统农业保险项目共同实施的农业保障项目。

新农业法案继续提供对植棉农户的一般保险险种，并提供保费补贴，棉农可以选择在现有农业保险计划的基础上购买 STAX，也可以直接单独购买 STAX。美国 2014 年农业法案新增累积收入保护计划，用于取代原有的棉花直接支付、反周期支付等价格相关的支持政策，保费补贴率为 80%。新增累积收入保护计划 20% 或 90% 减去个人其他保险覆盖率中的较小值，即如果农户同时购买普通保险和 STAX，普通保险的覆盖率是 80%，则 STAX 可保险（80%~90%）的部分，如果普通保险的覆盖率是 60%，则 STAX 仅可保险最高 20% 的部分。

2. 对棉花和其他作物通用的政策

陆地棉生产者有权接受营销援助贷款，2014 年农业法案基本延续了 2008 年法案中的棉花营销贷款政策，只是对贷款率进行微调，营销贷款率基于过去两年的世界平均棉花价格决定，并根据美国棉花品质和产地调整（AWP）不断调整，在 0.45~0.52 美元/磅，继续发挥最低支持价格的作用。参与该计划的棉农的全部棉花都能享受该贷款，贷款期为 9 个月（自贷款形成的首个完整月份开始算起）。该项贷款是无追索权的，商品信贷公司（CCC）罚没作为抵押物的棉花则是对其全部赔付，而不管当时棉花的市场价值是多少。如果 CCC 确认陆地棉 AWP 低于该贷款额度，则棉农可按 AWP 偿还贷款，从而获得了等价于贷款额度与 AWP 之差的市场补贴。放弃 CCC 补贴的授信棉农，其全部棉花都会得到贷款差额补贴，该补贴额度等于 AWP 与市场援助贷款额度之间的差价。营销援助贷款、贷款差额补贴、ARC 和 PLC 等计划的综合收益限额为每人 12.5 万美元。

3. Step3 竞争力项目

Step3 竞争力项目（3-step competitiveness program）由《2002 农业法案》制定，旨在保持美国棉花价格竞争力。Step1（最近一次使用是在 1992 年 4 月）中强制性的 AWP 调整规则被修改为所有市场贷款通用的、较灵活的规则。适用于 Step1 调整的规则包括减少罚没、降低政府库存累加、确保美棉在国内外市场上市、保障新旧交替的过渡期间棉花报价不扰乱市场。Step2 在《2005 赤字削减行动法案》决定于 2006 年 8 月 1 日撤销。WTO 规定 Step2 是禁止性的出口补贴和国内工厂使用补贴。Step3 是一项进口配额补贴,当美国远东价格连续 4 周超过指定区域棉花价格时提供额外的进口额度(相当于由美国国内纺织厂最近 3 个月数据确定的 1 周用量,大约是 14.8 万吨)。进口商在 90 天内采购并在之后 90 天内完成进口。

(二)印度

印度棉花执行最低保护价格(MSP)体系。MSP 是印度政府为农民生产的作物提供的保障价格,目的是在农场价格大幅下跌时为农民提供保障,即印度政府收购作物时的固定最低价格,被视为印度棉花在国际市场相对有竞争力和出口优势的地板价。MSP 收购覆盖 26 种商品,包括谷物、豆类、油料、椰干、原棉、麻和烟草等。印度内阁经济事务局负责发布最低支持价格,该价格以农业成本和价格委员会提供的建议为依据,在制定价格时要考虑诸如生产成本、生产投入价格的变化、供需、工业成本结构和补贴的影响,将产棉区、产棉州和全国的微观和宏观数据进行整合后得出最终的固定价格。印度棉花公司(CCI)是代表印度政府进行棉花收购和销售的机构,收购的棉花存放在仓库,并通过公共交易系统以更低的价格向市场销售。新的 MSP 价格每年发布一次,可能在播种前或播种后发布(表 6)。当市场价格高于 MSP 时,CCI 更多是发挥商业运行的作用。印度政府在不同的地点开设 MSP 收购点,农民通过广告得知政府收购,合作社和其他私人组织从农民手中收购,然后交到政府的收购点。

表 6 2017—2018 年印度籽棉最低保护价(MSP)

纤维长度(毫米)	马克隆值	MSP(卢比/100 千克)	皮棉约折美元价(美分/磅)
24.5~25.5	4.3~5.1	4 050	59
26.0~26.5	3.4~4.9	4 150	61
26.5~27.0	3.8~4.8	4 200	62
27.5~28.5	4.0~4.8	4 250	63
27.5~28.5	3.5~4.7	4 250	63
27.5~29.0	3.6~4.8	4 300	64
29.5~30.5	3.5~4.3	4 350	65
32.5~33.5	3.2~4.3	4 550	69
34.0~36.0	3.0~3.5	4 750	71
37.0~39.0	3.2~3.6	5 550	89

注:1. 棉籽价格 20.5~21.5 卢比/千克,取 21 卢比/千克,衣分 35%~36%,取 36;轧花厂加工费 5 000~6 000 卢比/吨(皮棉),取 6 000 卢比/吨。以上价格均为提货价,CIF 远东主港加 4 美分/磅。损耗率和衣亏均按 1% 计算

2. 数据来源:瑞嘉国际

印度政府出台了各种贸易政策确保印度棉花的价格竞争力、保证纺织企业有充足的棉花供应。印度的国家纤维管理政策声明棉花出口应控制在可出口盈余的范围内。

六、世界供需形势展望

（一）生产展望

棉花种植面积持平略降。受上年度棉花价格较高，棉花比较收益高等因素影响，除印度和澳大利亚外，2018—2019年度世界主要产棉国植棉面积均有所增加。2018—2019年度全球植棉面积为3 291万公顷，同比减少0.96%。其中美国植棉面积450万公顷，同比增加0.22%，巴西122万公顷，同比增加2.52%，巴基斯坦270万公顷，同比增加3.85%，印度1 180万公顷，同比减少4.07%，澳大利亚44万公顷，同比减少16.98%。单产和产量下降。据ICAC 8月最新预测，2018—2019年度，受棉花主产国不利天气影响，全球棉花平均单产下降。由于棉花种植面积和单产较上年度均有所下降，棉花产量由2 687.0万吨下降到2 589.0万吨，同比减少3.6%，其中印度调减20.0万吨，中国调减17.0万吨，美国调减53.0万吨。

（二）消费展望

2018年4月国际货币基金组织（IMF）发布《世界经济展望（2018年4月）——周期性上升和结构性变化》认为，全球经济和贸易继续回升，预计今明两年全球增长率将升至3.9%，为2012年以来的最高水平。经济增长带动纺织服装需求增加，棉花消费量稳步增长。ICAC预计2018—2019年度全球棉花消费量调增122.7万吨至2 671.6万吨，其中中国调增20.6万吨至842.6万吨，印度调增26.5万吨至556.7万吨，巴基斯坦调增11.7万吨至246.3万吨，孟加拉国调增21.6万吨至166万吨，越南调增13.1万吨至144.5万吨。

（三）价格展望

2018—2019年度，全球棉花产量下降，消费量增加，棉花期末库存1 736.9万吨，为近5年最低水平，国际棉花供需格局收紧，全年棉花产需缺口预计为96.3万吨，国际棉价面临上涨压力，预测2018—2019年度Cotlook A指数均价在每磅80~95美分区间运行。

专题二　国际市场价格波动特征研究

在大宗农产品中，棉花消费弹性较大，且受经济增长速度等宏观经济和环境的影响也较大，棉花价格相比其他大宗农产品波动较为频繁和剧烈。正确认识棉花价格波动规律、价格影响因素，对于在市场经济下宏观调控农产品价格、保持棉花价格在合理的区间波动、维持国民经济健康安全运行具有重要意义。

一、棉花价格形成的一般影响因素分析

棉花是农产品的一种，农产品价格的波动影响因素很多。除了气候灾害等不可控因素外，一些经济因素，特别是产品本身的供求关系、生产成本、国家宏观经济政策和棉花市场整合等，对棉花价格波动的影响显著。

（一）需求

需求是指消费者在某一特定时期内，在各种可能的价格水平下，对某种商品愿意并且能够（有能力）购买的数量。需求不是单一的数量，而是一种关系，是人们在一定的经济环境中，对某种物品的价格、收入、喜好与其需求量之间的关系。从理论上讲，影响需求的因素很多，其中包括消费者的个人偏好、消费者的收入水平以及社会收入水平、人口数量与结构的变动、政府的消费政策以及消费者对未来的预期等。需求是商品价格的一个重要决定因素，一般来说，在供给一定的情况下，消费者对商品的需求量越大，价格就越高；消费者对商品的需求量越小，价格就越低。而对于棉花来说，影响棉花需求的还包括纺织用棉的比例、纤维加工技术的发展、工业纤维的替代、石油价格等其他因素。

（二）产量

产量本身就构成当期的供给。供给是指一定时间内，生产者在各种可能的价格下，对某种产品愿意并能够提高的数量。供给是在特定的时间，在其他条件不变（固定）时，生产者愿意提供的产品数量与各种可能的价格之间的关系。从理论上讲，影响供给的因素很多，主要包括自然条件、生产者的目标、科技进步、生产要素价格、政府政策、生产者对未来的预期等。影响供给的因素要比影响需求的因素复杂得多。在不同的时期，不同的市场上，供给要受多种因素的综合影响。供给是商品价格的一个重要决定因素，一般来说，在需求一定的情况下，商品的供给量越大，价格就越低；商品的供给量越小，价格就越高。

(三) 生产成本

棉花生产成本是棉花价格形成的基础。成本决定了棉花的价值，而价值决定价格。从长远来看，棉花生产成本是棉花价格波动的根本原因。如果农业投入要素价格上涨，棉花生产成本增加，会导致农业投入要素的重新配置，在农业产出保持不变的前提下，如果农业投入要素重新配置无法完全消化因其价格上涨带来的成本上涨，那么投入成本的增加必然会带来棉花价格的上涨。

(四) 市场整合程度

棉花市场整合程度是影响价格波动水平的重要因素之一，是棉花地区差价和不同流通阶段差价形成的基础。市场发育程度是由经济发展水平、基础设施完善状况以及流通环节的制度安排等因素综合决定的。市场整合通常分为不同空间市场、不同营销阶段、不同时间和相关商品的整合。如果棉花在全球内不同的地区和流通阶段能够自由流通，棉花信息在不同地区和不同流通阶段能够准确及时地传递，则市场是完全整合的。在这种情况下，棉花在输入区的单价等于该产品在输出区的价格加上单位运输成本。输出区的价格变化会引起输入区价格的同样方向和同等程度的变化。市场整合程度高可以大大减缓价格波动。如果棉花不能自由流通，信息不能准确及时传递，在这种情况下，棉花不同地区或不同流通阶段价格差除了运输成本或营销成本外还会形成额外成本，从而导致棉花价格不均衡及价格变化被扩大。

(五) 宏观经济政策

全球各国政府的调控政策是棉花价格形成的调控器。政府调控农产品价格的经济手段可以分为价格支持、农产品储备、生产补贴和消费补贴。关于价格支持政策，以粮食最低收购价政策为例，当粮食市场价格低于最低收购价水平时，政府指定的粮食收购部门通过入市收购，增加了粮食初级市场的需求量。在供给量不变的情况下，需求量增加，粮食收购价格将上升。关于农产品储备政策，政府在农产品批发市场通过公开竞价招标，实现农产品国家储备的吞吐调节。国家将储备投放市场，从而增加了农产品的供给量，带动农产品价格下降；国家从农产品批发市场吸收储备，增加农产品需求量，从而带动农产品价格上升。关于农产品生产补贴政策，国家通过生产资料补贴或生产直接补贴，增强农民的农业生产积极性，从而引起农产品供给增加，继而引起农产品价格下降。关于农产品消费补贴，国家给予农产品消费者补贴，引起农产品需求增加，继而引起农产品价格上升。

(六) 非传统性因素

2008年以来，"农产品金融化"的现象越来越突出。农产品金融化是指农产品成为资本市场上各种金融产品的挂钩商品，从以往单纯的消费属性向兼具金融属性和消费属性转变，其价格形成机制发生变化，不仅受自身供给和需求因素的影响，而且更多地受经济增长、货币政策等宏观经济因素的影响。农产品金融化的主要表现是农产品成为众多投资资金追逐的对象，其价格影响因素增多，价格波动周期缩短且波动幅度加大，价格波动的复杂性、不确定性、不稳定性明显增加。而棉花由于其一季生产常年消费，具备金融化的特性，也成为了金融属性较强的产品。因此，世界棉花价格的波动中非传统性的因素影响也越来越突出和明显。

二、世界棉花价格波动周期特点分析

关于世界棉花价格由哪种价格、哪个国家的棉花价格代表，目前大家比较公认的是Cotlook 棉价指数（单位：美分/磅）。Cotlook 棉价指数是反映国际棉花市场现货价格水平的一个指标，由英国考特鲁克（Cotlook）于 1966 年开始发布，初始发布价是 31.05 美分/磅。在指数发布的几十年中，随着国际棉花贸易格局的变化，计算指数的基准质量和地区也发生了变化。

在指数发布之初，Cotlook 棉价指数一直以 CIF 北欧到岸价为基准。由于全球棉花消费逐渐转移到亚洲地区，Cotlook 于 2003 年 3 月开始发布 C/F 亚洲到岸价（FE 指数），并于 2004 年 8 月 1 日起将 Cotlook 棉价指数的内涵定义为 C/F 亚洲到岸价。随着欧洲棉花消费进一步萎缩，Cotlook 宣布从 2008 年 8 月 1 日开始停止发布 CIF 北欧到岸价。

（一）指数的计算方法

Cotlook 指数：基准质量标准是 M 级 1-3/32 英寸（相当于中国三级，28 毫米长度），CNF 价格（成本加运费），以亚洲主要口岸为到港目的地。Cotlook 指数是同一等级的 19 个棉花品种中最便宜的 5 个报价的平均值。在 19 个棉花品种中，非洲国家包含科特迪瓦、布基纳法索、贝宁和马里，这几个国家的产量占非洲法郎区的 70%，但为了避免该指数被非洲品种支配，因此每天在计算指数的过程中最多只包含两个非洲品种。

Cotlook A（北欧 NEA）价格：是国际陆地棉贸易中选择 15 个国家中 5 个最低的北欧现货到岸价的平均值，所报的条件为到岸价（CIF）。A 指数的基准质量标准是 M 级 1-3/32 英寸（相当于中国三级，28 毫米长度）。

Cotlook B（北欧 NEB）价格：是国际上 9 个陆地棉品种中 3 个最低的北欧现货到岸价的平均值。B 指数的基准质量标准是 SLM 级 1-3/32 英寸。报价的地理基础是北欧，所报的条件为到岸价（CIF）。

因此，本文将以 Cotlook A 指数来分析国际棉花价格的波动状况。

（二）国际棉花价格波动状况

本文选择 2003—2018 年 Cotlook A 指数的连续 15 年的月度价格数据来分析国际棉花价格波动状况（表 1）。

表1 2003—2018年 Cotlook A 指数统计描述

样本数	186
价格均值	79.1
最大值	229.7
最小值	47.5
标准差	28

以代表国际棉花价格 Cotlook A 指数分析，2003—2018 年国际棉花价格波动幅度较大（图1、图2）。2003—2018 年（2018 年价格为1—7月均价）平均价格为每磅79.1美分，比最低年份 2004 年 12 月份的 47.5 美分/磅高 31.6 美分/磅，比最高年份的 2011 年 3 月

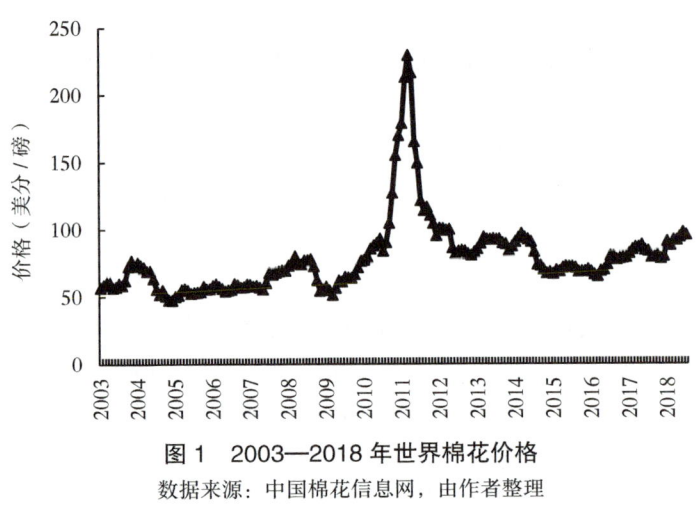

图1 2003—2018年世界棉花价格
数据来源：中国棉花信息网，由作者整理

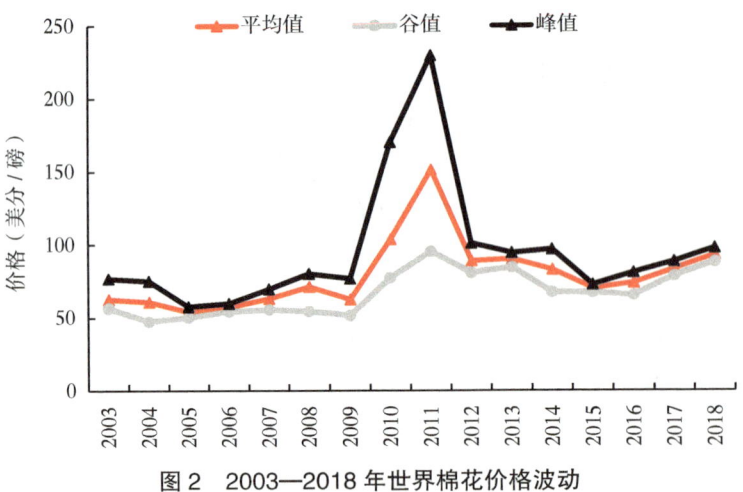

图2 2003—2018年世界棉花价格波动

的 229.7 美分/磅低 150.6 美分/磅，波幅分别为 39.9% 和 -190.4%。可以看出，国际棉花价格波动幅度非常大。

大致来看，2003—2018 年国际棉花价格可以分成几个阶段。

第一阶段，2003 年 1 月—2004 年 12 月，国际棉花价格较大幅度波动阶段。2003 年由于市场前期预测当年全球棉花产量大幅下滑，引起了国际棉花价格开始不断走高。随后当 2003 年 12 月前后，国际市场棉花产量逐渐清晰，棉花产量并不是大幅下滑，反而有所增加，从而引起市场价格大幅下跌。

第二阶段，2005 年 1 月—2008 年 8 月，国际棉花价格波动上涨阶段。这一阶段，全球经济持续向好，尤其中国、印度、巴基斯坦等发展中国家经济发展状况良好，棉花需求量稳中有增，带动国际棉花价格持续缓慢波动上涨。

第三阶段，2008 年 9 月—2012 年 10 月，国际棉花价格大幅波动阶段。2008 年前后国际市场遭受了前所未有的金融危机，全球经济大幅下滑，部分消费国家深陷金融危机，国际棉花消费大幅萎缩，从而带动国际棉花价格快速下跌。2009 年 3 月，世界棉花价格降到近些年的最低价格 51.5 美分/磅。随后在世界各国各种经济刺激政策下，国际棉花价格开始剧烈上涨。2008 年 11 月—2011 年 3 月，国际棉花价格从 51.5 美分/磅上涨到 229.7 美分/磅，上涨 3.5 倍。随后开始出现剧烈下跌。

第四阶段，2012 年 11 月—2018 年 7 月，国际棉花价格小幅波动阶段。2012 年以后，全球经济逐渐走出金融危机的影响，全球经济增长率也逐渐有所恢复。伴随着世界经济的恢复和发展，全球棉花消费也逐渐走出低谷，消费量出现反弹，全球棉花价格随供求小幅波动。

（三）国际棉花价格周期分析

为了更好地描述棉花价格波动，本文利用价格波动周期来进一步分析世界棉花价格波动。

价格波动周期是指价格围绕其长期趋势扩张和收缩而体现出的周期性波动。经济时间序列的变化通常受到其自身的趋势（trend）、周期（cycle）、季节（seasonal）及不规则成分（irregular）的影响。

本部分首先通过 Census X-12 季节调整方法对棉花价格数据进行季节调整，在此基础上使用 H-P 滤波法获得周期成分，然后分析周期成分的统计特征，从而对国际棉花价格周期做出判断和分析。国际价格采用 Cotlook A 指数表示，数据的时间范围是 2003 年 1 月—2018 年 7 月的月度数据，共 186 个样本。

1. 国际棉花价格具有明显的季节性特征

从表 2 可以看出，棉花价格季节指数一般在 7 月、8 月、10 月和 11 月等月份较低，而在 1—5 月棉花价格季节指数大部分均大于 1，即棉花价格存在明显的上涨，这表明，国际棉价价格具有较明显的季节性特征。一般情况下，7 月、8 月、10 月和 11 月是北半球棉花即将上市和大幅上市的时期，这一时期主产国新棉上市，棉花供给增加，从而促使国际棉花价格下跌。而 1—5 月一般当年度的棉花供给逐渐减少、棉花消费又进入传统的消费旺季。因此，国际棉花价格都会出现不同程度的上涨。

表2　2003—2018年国际棉花价格的季节调整因子

年份	1月	2月	3月	4月	5月	6月	7月	8月	9月	10月	11月	12月
2003	1.022	1.029	1.047	1.037	0.990	0.984	0.959	0.966	0.997	1.007	0.978	0.987
2004	1.022	1.028	1.043	1.032	0.987	0.985	0.964	0.973	1.000	1.006	0.980	0.988
2005	1.020	1.024	1.039	1.023	0.982	0.990	0.973	0.983	1.006	1.001	0.981	0.986
2006	1.017	1.017	1.036	1.014	0.983	0.993	0.986	0.991	1.004	0.994	0.981	0.985
2007	1.015	1.014	1.036	1.009	0.988	0.998	0.997	0.990	0.995	0.980	0.983	0.986
2008	1.012	1.020	1.045	1.016	0.995	0.998	1.001	0.977	0.977	0.968	0.984	0.986
2009	1.013	1.033	1.058	1.033	1.000	0.996	0.998	0.958	0.961	0.956	0.981	0.985
2010	1.016	1.048	1.073	1.053	1.007	0.989	0.991	0.945	0.947	0.951	0.975	0.982
2011	1.018	1.059	1.082	1.068	1.013	0.985	0.985	0.939	0.943	0.951	0.968	0.981
2012	1.014	1.062	1.081	1.072	1.017	0.986	0.986	0.946	0.948	0.956	0.961	0.978
2013	1.008	1.052	1.072	1.066	1.019	0.993	0.994	0.961	0.960	0.962	0.957	0.975
2014	1.000	1.035	1.056	1.051	1.025	1.003	1.006	0.979	0.970	0.969	0.955	0.974
2015	0.994	1.017	1.041	1.036	1.030	1.014	1.016	0.989	0.976	0.974	0.958	0.975
2016	0.988	1.007	1.028	1.024	1.031	1.023	1.023	0.993	0.979	0.978	0.962	0.974
2017	0.987	1.002	1.021	1.019	1.029	1.027	1.025	0.996	0.979	0.979	0.965	0.975
2018	0.987	1.000	1.019	1.016	1.027	1.029	1.025					

2. 国际棉花价格波动周期短

根据数据分析结果，参考经济周期的划分标准，可以将2003年以来的棉花国际价格波动划分为5个周期，即2003年1月—2004年10月、2004年11月—2009年2月、2009年3月—2012年5月、2012年6月—2014年10月、2014年11月—2018年7月。周期平均长度为37.8个月，约为3.2年。4个周期中扩张期（即价格上涨期）平均为25.0个月，收缩期（即价格下跌期）平均为12.8个月，国际棉花价格上涨的时间要大于下跌的时间。根据国际农产品价格波动周期总体情况看，波动周期小于5年的都属于短周期。这说明国际棉花价格波动较为频繁，在农产品中属于价格波动较为频繁的产品。

3. 国际棉花价格波动幅度较大

从数据分析结果（表3，表4）看，5个周期中国际棉花价格的波动幅度都很大。周期一的波动幅度为22.1，周期二的波动幅度为24.4，周期三的波动幅度竟然达到138.8，周期四的波动幅度为37.9，周期五的波动幅度为17.0，棉花国际价格波动的平均周期振幅为48.0。这和前面对国家棉花价格本身的波动状况描述是一致的。除了供需因素外，很多非传统的因素导致国际棉花价格近些年波动加剧。从周期的波动幅度就能够明显地看出（图3）。从2009年以后国际棉花价格波动周期的周期振幅明显增加。

表3 2003—2018年棉花国际价格波动周期划分

周期特征	周期一	周期二	周期三	周期四	周期五	平均值
起止时间	2003年1月至2004年10月	2004年11月至2009年2月	2009年3月至2012年5月	2012年6月至2014年10月	2014年11月至2018年7月	—
周期长度（月）	22	52	39	31	45	37.8
波峰位置	2003年11月	2008年3月	2011年3月	2014年3月	2017年5月	—
收缩期（月）	12	12	15	10	15	12.8
扩张期（月）	10	40	24	21	30	25.0
扩张期/收缩期比率	0.83	3.33	1.60	2.10	2.00	1.95

说明：每个周期起止时间为"算后不算前"。

表4 2003—2018年棉花国际价格波动周期振幅

周期	波谷(1)	波峰(2)	谷值(3)	峰值(4)	峰谷值比率(4)/(3)	周期振幅(4)-(3)
周期一	2003年1月	2003年11月	-6.7	15.4	-2.3	22.1
周期二	2004年11月	2008年3月	-10.2	14.3	-1.4	24.4
周期三	2009年3月	2011年3月	-25.9	112.9	-4.4	138.8
周期四	2012年6月	2014年3月	-24.3	13.6	-0.6	37.9
周期五	2014年11月	2017年5月	-9.6	7.4	-0.8	17.0
平均	—	—	-15.3	32.7	-2.1	48.0

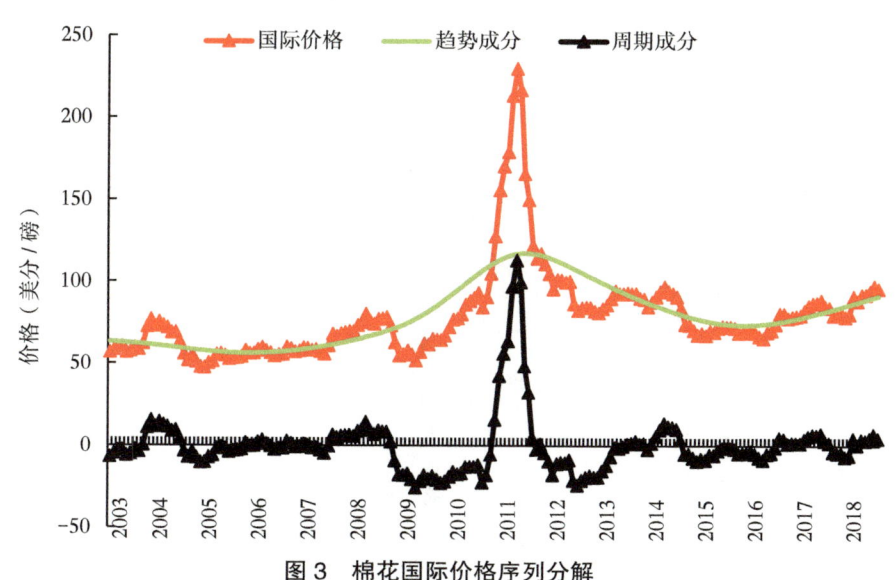

图3 棉花国际价格序列分解

参考文献

董合忠.2013.中国棉花种业和原棉品质的国际竞争力分析［J］.中国棉花（40）：1-5.
蒋辉，张康洁.2016.粮食供给侧结构性改革的当前形势与政策选择［J］.农业经济问题（10）：7-8.
马增梅，傅科杰.2011.美国棉花生产、加工情况介绍［J］.中国棉花加工（2）：33-38.
宋洪远.2016.关于农业供给侧结构性改革若干问题的思考和建议［J］.中国农村经济（10）：18-21.
谭砚文，李崇光.2003.中美棉花生产成本与收益的比较分析［J］.中国农村经济（11）：36-43.
翟雪玲，原瑞玲，李想.2017.供需平衡略紧　棉价稳中有涨［N］.农民日报（9）：6.
翟雪玲，原瑞玲，许国栋.2017.供给侧改革背景下中国棉花生产成本收益分析及国际比较［J］.中国棉花（11）：1-7.

（执笔人：翟雪玲　原瑞玲）

海外农产品市场研究（2018）

第六部分

大 豆

海外农产品市场研究（2018）

专题一　世界供需形势分析

2017—2018年度，全球大豆产量较上年度减少，减幅3.07%，主要是主产国阿根廷受天气影响大豆产量大幅减少所致。豆油和豆粕产量均较上年度增加，增幅分别为2.36%和2.64%。大豆需求仍然强劲，消费量较上年度有所增加，增幅2.41%，这主要是由于其下游产品豆油和豆粕的强劲需求拉动所致，豆油和豆粕消费量分别较上年度增加2.23%和3.09%；大豆、豆油和豆粕库存均下调，库存消费比下降，分别较上年度下降0.70%、0.55%和0.59%。因此，总体来看2017—2018年度大豆、豆油和豆粕市场供需偏紧。

从全球大豆及其主要产品价格变化来看，2017—2018年度全球大豆价格较上年度下降，大豆离岸价格、大豆期货价格和美国国内价格分别较上年度下降2.37%、1.59%和1.71%，但巴西国内大豆价格呈上涨趋势；豆粕价格较上年度提高，美国迪卡特批发价格、巴西巴拉那瓜港离岸价格、阿根廷离岸价格以及德国汉堡离岸价格分别较上年度提高10.32%、14.29%、16.56%和15.28%；豆油价格较上年度提高，美国迪卡特批发价格、巴西巴拉那瓜港离岸价格、阿根廷离岸价格以及荷兰离岸价格分别较上年度下降13.37%、5.62%、5.37%和3.07%。

2017年度全球大豆进出口量均较上年度有所增加（增幅分别为17.31%和13.67%），巴西出口份额上升，升至44.90%，美国出口份额下降，降至36.66%，中国进口份额略有下降，但仍在65%以上；豆油进出口量均较上年度下降，分别下降了7.81%和5.69%，阿根廷出口份额下降至41.34%，巴西出口份额提高至11.16%，最大进口国印度进口份额达28.50%；豆粕出口量较上年度下降1.04%，进口量则提高了0.66%，阿根廷、美国和巴西出口份额分别为42.80%、21.48%和13.09%，主要进口地区欧盟进口份额仍保持在30%以上。

从中美2016年度大豆生产成本比较来看，中国大豆生产成本仍高于美国，亩成本高出39.82%，单位产量（千克）成本高出172.25%。但一个显著的变化是2016年中国大豆生产成本的增速（0.55%）慢于美国（2.08%），且中国大豆成本增速呈下降趋势；从美国、巴西和阿根廷2010年大豆生产成本比较来看，巴西平均每蒲式耳大豆生产成本最低（比美国低8.46%），阿根廷最高（比美国高7.97%）。从美国和巴西的运输成本看，2016年美国到德国汉堡的大豆运输成本占到岸成本的13%~15%，到中国上海的大豆运输成本约占到岸成本的16%~19%，2018年前二季度，巴西不同大豆生产区到中国上海和德国汉堡的大豆运输成本占到岸成本的比重差异较大，最低分别为15.27%和14.69%，最高分别为29.11%和28.18%。

2017—2018年度主产国大豆产业政策没有大的变化，美国除执行2014年农业法案保留的市场援助贷款（MALs）以及新确定的价格损失保障（PLC）、农业风险保障（ARC）和补充保障选择（SCO）政策外，为应对中美贸易争端，2018 年实施了市场促进方案（MFP）。

未来五年，全球大豆生产将进一步扩大，但增速放缓，大豆消费将创新高，大豆库存预期偏紧，但供给仍然充足。大豆贸易还将继续扩大，但速度放缓，巴西有望保持其作为世界主要出口国的地位。

一、世界供需形势

（一）大豆

供给方面，根据美国农业部 2018 年 11 月的数据，2017—2018 年度全球大豆产量 3.37 亿吨，较 2016—2017 年度创纪录的水平减少 1 066.9 万吨，减幅 3.07%。其中主产国美国大豆产量 1.20 亿吨，较上年度增加 312 万吨，占全球大豆产量的 35.57%；巴西大豆产量 1.20 亿吨，较上年度增加 520 万吨，占全球大豆产量的 35.50%；阿根廷大豆产量 3 780 万吨，较上年度减少 1 720 万吨，占全球大豆产量的 11.20%（表 1）。

2017—2018 年度全球大豆生产最大的变化是阿根廷大豆产量的大幅度减少，由于受天气影响，干旱和强降雨接踵而至，2017 年 11 月至 2018 年 3 月的干旱造成头季大豆和二季大豆播种延后，大豆播种面积 1 680 万公顷，较上年度减少 155 万公顷，减幅 8.45%；4 月之后的暴雨又影响了大豆的收割，干旱和强降雨的双重打击，致使大豆单产降至 2 320 千克/公顷，较上年度下降 26.81%。

需求方面，2017—2018 年度全球大豆总消费量 3.37 亿吨，较上年度增加 793.5 万吨，增幅 2.41%，压榨消费仍是主要消费形式，占总消费量的 87.33%。中国仍是全球最大的大豆消费国，大豆国内消费量 1.03 亿吨，较上年度增加 320 万吨，占全球大豆消费总量的 31.47%；其次是美国和巴西，大豆国内消费量分别为 5 897 万吨和 4 705 万吨，较上年度分别增加 326 万吨和 324 万吨；阿根廷大豆国内消费量 4 219 万吨，较上年度减少 564 万吨（表 1）。

库存方面，2017—2018 年度全球大豆期末库存量 9 665 万吨，较上年度减少 2 万吨，减幅 0.02%，库存消费比 28.70%，较上年度下降 0.7%。主要出口国大豆供给充足，美国上调库存，库存消费比大幅提高至 20.21%，较上年度提高 5.47%，为十年内最高水平；巴西、阿根廷和巴拉圭分别下调库存，巴西和巴拉圭的库存消费比分别较上年度下降 11.09% 和 4.12%，阿根廷由于国内消费下降，库存消费比较上年度提高 4.01%，一定程度上有助于缓冲大豆减产的影响。主要进口国（地区）中，中国和欧盟上调期末库存，库存消费比较上年度分别提高 1.36% 和 4.26%；日本和墨西哥均小幅度下调库存，库存消费比分别下降 0.38% 和 0.28%。除中国外，其他主要进口国大豆供需偏紧（表 1）。

表 1　全球和主要进出口国大豆年度供需平衡表

单位：百万吨

区域	年度	期初库存	产量	进口量	压榨	国内消费	出口量	期末库存	库存消费比（%）
世界	2016—2017	80.42	348.12	144.35	287.21	328.87	147.36	96.68	29.40
	2017—2018	96.68	337.45	152.45	294.14	336.80	153.12	96.65	28.70
美国	2016—2017	5.35	116.92	0.61	51.74	55.71	58.96	8.21	14.74
	2017—2018	8.21	120.04	0.59	55.93	58.97	57.95	11.92	20.21
巴西	2016—2017	18.56	114.60	0.25	40.41	43.81	63.14	26.46	60.40
	2017—2018	26.46	119.80	0.19	43.60	47.05	76.19	23.20	49.31
阿根廷	2016—2017	33.65	55.00	1.67	43.31	47.83	7.03	35.46	74.14
	2017—2018	35.46	37.80	4.00	37.50	42.19	2.10	32.97	78.15
巴拉圭	2016—2017	0.03	10.34	0.01	3.75	3.81	6.13	0.44	11.55
	2017—2018	0.44	9.81	0.01	3.70	3.77	6.25	0.28	7.43
中国	2016—2017	16.91	12.90	93.50	88.00	102.80	0.11	20.39	19.83
	2017—2018	20.39	14.20	94.00	90.00	106.00	0.14	22.46	21.19
欧盟	2016—2017	1.56	2.41	13.42	14.40	16.04	0.22	1.13	7.04
	2017—2018	1.13	2.67	15.00	15.00	16.55	0.28	1.87	11.30
日本	2016—2017	0.26	0.24	3.18	2.39	3.46	0.00	0.22	6.36
	2017—2018	0.22	0.25	3.25	2.35	3.51	0.00	0.21	5.98
墨西哥	2016—2017	0.15	0.52	4.13	4.60	4.64	0.00	0.16	3.45
	2017—2018	0.16	0.43	4.60	5.00	5.04	0.00	0.16	3.17

数据来源：USDA（2018 年 11 月）

（二）豆油

供给方面，2017—2018 年度全球豆油产量 5 495 万吨，较上年度增加 127 万吨，增幅 2.36%。主产国中，除阿根廷豆油产量减少外（减少 108.5 万吨，减幅 12.92%），其他国家（地区）均不同程度地增加。中国是全球最大的豆油生产国，2017—2018 年度豆油产量 1 613 万吨，较上年度增加 35.8 万吨，占全球豆油产量的 29.35%；美国豆油产量 1 079 万吨，较上年增加 76 万吨，占全球豆油产量的 19.64%；巴西豆油产量 837 万吨，较上年增加 62 万吨，占全球豆油产量的 15.23%，欧盟豆油产量 285 万吨，较上年度增加

11万吨（表2）。

需求方面，2017—2018年度全球豆油消费总量5 453万吨，较上年度增加119万吨，增幅2.23%。中国、美国、巴西和印度是主要消费国，2017—2018年度中国豆油消费量1 655万吨，较上年度增加20万吨，占全球大豆消费量的30.35%；美国和巴西豆油消费量分别为962万吨和694万吨，分别较上年度增加61万吨和37万吨；印度豆油消费量460万吨，较上年度减少60万吨（表2）。

库存方面，2017—2018年度全球豆油期末库存336万吨，较上年度下调24万吨，库存消费比6.16%，较上年度下降0.59%，豆油供需偏紧。主要出口国阿根廷和巴西下调期末库存，库存消费比分别为8.10%和3.89%，分别较上年度下降1.26%和0.52%；美国上调期末库存，库存消费比为10.40%，较上年度提高1.74%。主要进口国中印度和孟加拉下调期末库存，库存消费比分别为4.35%和9.09%，分别较上年度下降3.92%和0.81%；阿尔及利亚库存与上年度持平，均为7.04%，摩洛哥上调期末库存，库存消费比为6.00%，较上年度提高1.74%；主要消费国中国下调期末库存，库存消费比2.60%，较上年度下降0.70%（表2）。

表2 全球和主要进出口国豆油年度供需平衡表

单位：百万吨

区域	年度	期初库存	产量	进口量	国内消费	出口量	期末库存	库存消费比（%）
世界	2016—2017	3.66	53.68	10.84	53.34	11.24	3.60	6.75
	2017—2018	3.60	54.95	9.70	54.53	10.35	3.36	6.16
中国	2016—2017	0.52	15.77	0.71	16.35	0.12	0.54	3.30
	2017—2018	0.54	16.13	0.45	16.55	0.14	0.43	2.60
阿根廷	2017—2018	0.26	8.40	0.00	2.99	5.39	0.28	9.36
	2017—2018	0.28	7.31	0.00	3.21	4.13	0.26	8.10
巴西	2016—2017	0.29	7.76	0.06	6.57	1.24	0.29	4.41
	2017—2018	0.29	8.37	0.06	6.94	1.52	0.27	3.89
美国	2016—2017	0.77	10.04	0.15	9.01	1.16	0.78	8.66
	2017—2018	0.78	10.79	0.16	9.62	1.11	1.00	10.40
欧盟	2016—2017	0.16	2.74	0.29	2.21	0.83	0.15	6.79
	2017—2018	0.15	2.85	0.28	2.23	0.90	0.15	6.73
印度	2016—2017	0.48	1.62	3.53	5.20	0.00	0.43	8.27
	2017—2018	0.43	1.37	3.00	4.60	0.00	0.20	4.35

（续表）

区域	年度	期初库存	产量	进口量	国内消费	出口量	期末库存	库存消费比（%）
孟加拉	2016—2017	0.08	0.20	0.83	1.01	0.00	0.10	9.90
	2017—2018	0.10	0.20	0.78	0.99	0.00	0.09	9.09
阿尔及利亚	2016—2017	0.10	0.00	0.67	0.71	0.01	0.05	7.04
	2017—2018	0.05	0.00	0.72	0.71	0.01	0.05	7.04
摩洛哥	2016—2017	0.01	0.01	0.50	0.47	0.02	0.02	4.26
	2017—2018	0.02	0.02	0.50	0.50	0.02	0.03	6.00

数据来源：USDA（2018年11月）

（三）豆粕

供给方面，2017—2018年度全球豆粕产量2.31亿吨，较上年度增加596万吨，增幅2.64%。中国、美国、巴西和阿根廷是主产国，主产国中，除阿根廷豆粕产量略有减少（减少503万吨），其他主产国的产量均不同程度增加。2017—2018年度中国豆粕产量7 128万吨，较上年度增加158万吨，占全球豆粕生产总量的30.81%；美国豆粕产量4 463万吨，较上年度增加400万吨，占全球豆粕生产总量的19.29%；巴西豆粕产量3 380万吨，较上年度增加252万吨，占全球豆粕生产总量的14.61%（表3）。

需求方面，2017—2018年度豆粕消费量2.29亿吨，较上年度增加685万吨，增幅3.09%。中国、美国、欧盟和巴西是主要消费国（地区），主要消费国（地区）中，2017—2018年度除欧盟的豆粕消费量略有减少外（减少30万吨），其他国家豆粕消费均不同程度地增加。中国豆粕消费量7 041万吨，较上年度增加176万吨，占全球豆粕消费总量的30.80%；美国豆粕消费量3 157万吨，较上年度增加125万吨，占全球豆粕消费总量的13.81%；巴西豆粕消费量1 750万吨，较上年度增加56万吨，占全球豆粕消费总量的7.66%（表3）。

库存方面，2017—2018年度全球豆粕期末库存量1 199万吨，较上年度减少87万吨，库存消费比下降0.55%。主要出口国中，除巴西调高期末库存外，美国、阿根廷和巴拉圭均不同程度调低库存。2017—2018年度巴西库存消费比20.46%，较上年度提高0.74%；美国、阿根廷和巴拉圭库存消费比分别下降0.05%、5.86%和6.68%。主要进口国（地区）均调低期末库存，泰国、欧盟、越南和印度尼西亚库存消费比较上年度分别下降1.19%、0.62%、3.36%和1.38%（表3）。

表3 全球和主要进出口国豆粕年度供需平衡表

单位：百万吨

区域	年度	期初库存	产量	进口量	国内消费	出口量	期末库存	库存消费比（%）
世界	2016—2017	13.20	225.38	60.49	221.73	64.48	12.86	5.80
	2017—2018	12.86	231.34	60.23	228.57	63.87	11.99	5.25
中国	2016—2017	—	69.70	0.06	68.65	1.11	—	—
	2017—2018	—	71.28	0.13	70.41	1.00	—	—
阿根廷	2016—2017	4.23	33.28	—	2.85	31.32	3.34	117.19
	2017—2018	3.34	28.25	—	3.00	25.25	3.34	111.33
巴西	2016—2017	2.71	31.28	0.04	16.94	13.76	3.32	19.60
	2017—2018	3.32	33.80	0.03	17.50	16.07	3.58	20.46
美国	2016—2017	0.24	40.63	0.32	30.32	10.51	0.36	1.19
	2017—2018	0.36	44.63	0.45	31.57	13.52	0.36	1.14
巴拉圭	2016—2017	0.10	2.95	—	0.44	2.41	0.20	45.45
	2017—2018	0.20	2.91	—	0.49	2.43	0.19	38.78
欧盟	2016—2017	0.83	11.38	18.87	30.29	0.33	0.45	1.49
	2017—2018	0.45	11.85	18.40	30.04	0.40	0.26	0.87
越南	2016—2017	0.55	0.86	4.95	5.74	0.12	0.49	8.54
	2017—2018	0.49	1.13	4.80	5.99	0.12	0.31	5.18
印度尼西亚	2016—2017	0.27	—	4.26	4.26	—	0.26	6.10
	2017—2018	0.26	—	4.40	4.45	—	0.21	4.72
泰国	2016—2017	0.05	1.52	2.78	4.23	—	0.11	2.60
	2017—2018	0.11	1.09	3.15	4.25	0.05	0.06	1.41

数据来源：USDA（2018年11月）

二、国际价格走势

（一）大豆

1. 大豆出口价格

从全球大豆出口价格的年度变化来看，2017—2018年度大豆离岸价格平均为372美元/吨，较2016—2017年度下降2.37%。从大豆出口价格的月度变化来看，自2017年2月，大豆价格持续下降，一度降到2017年6月的352.2美元/吨；2017年7—12月，大豆价格相对稳定，在360~380美元/吨波动；自2018年1月，大豆价格开始上升，上升到2018年4月份的411.2美元/吨；2018年5月开始持续下降，降至2018年9月的314.9美元/吨（图1）。

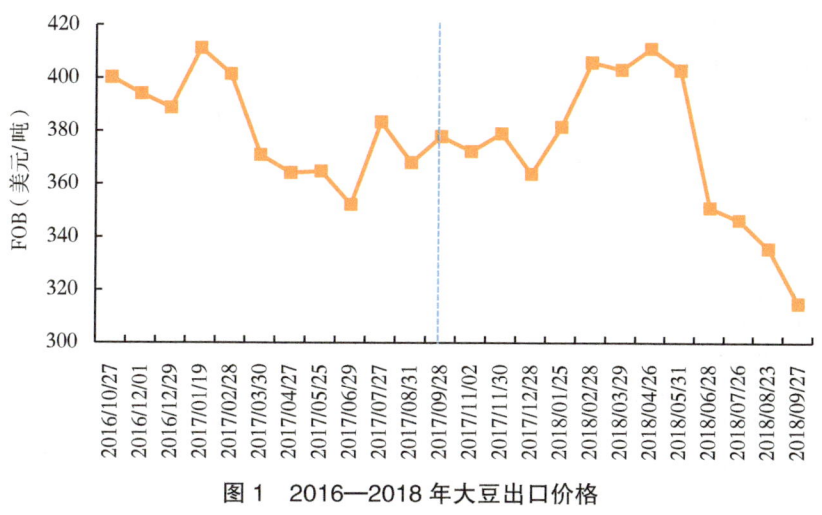

图 1　2016—2018 年大豆出口价格
数据来源：根据中华粮网数据整理

从主产国大豆出口价格的年度变化来看，2017—2018 年度美国大豆出口价格平均为 373 美元/吨，较上年度下降 2.21%；巴西大豆出口价格平均为 396 美元/吨，较上年度提高了 2.77%；阿根廷大豆出口价格平均为 386 美元/吨，较上年度提高了 2.57%（图 2）。

从主产国大豆出口价格月度变化来看，2017 年 10 月—2018 年 1 月，大豆价格相对稳定，美国、巴西和阿根廷大豆出口价格分别维持在 375 美元/吨、385 美元/吨和 370 美元/吨的水平；2018 年 2—4 月大豆价格显著上升，美国、巴西和阿根廷大豆出口价格分别上升到 4 月的 417 美元/吨、428 美元/吨和 424 美元/吨；2018 年 5 月，巴西和阿根廷大豆出口价格开始小幅下降，分别降到 6 月的 386 美元/吨和 382 美元/吨，至 9 月保持稳定；美国大豆出口价格则大幅下降，一路降至 9 月的 312 美元/吨（图 2）。

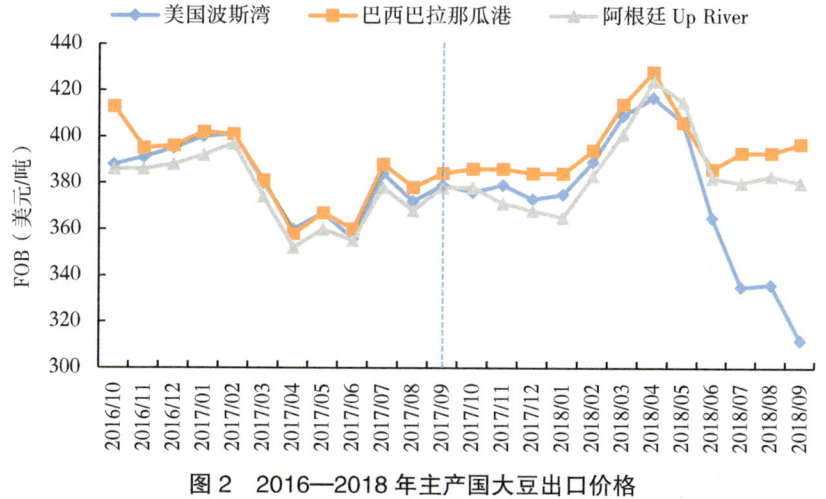

图 2　2016—2018 年主产国大豆出口价格
数据来源：Oilseed: World Markets and Trade, USDA, FAS, 10/12/2018

2. 大豆期货价格

从 CBOT 大豆期货市场价格来看，与 2016—2017 年度大豆价格频繁波动不同，2017—2018 年度大豆价格先涨后跌，价格从 2017 年 9 月的 354.65 美元/吨上涨到 2018 年 2 月末的 387.65 美元/吨，随后下降到 9 月末的 312.1 美元/吨（图 3）。

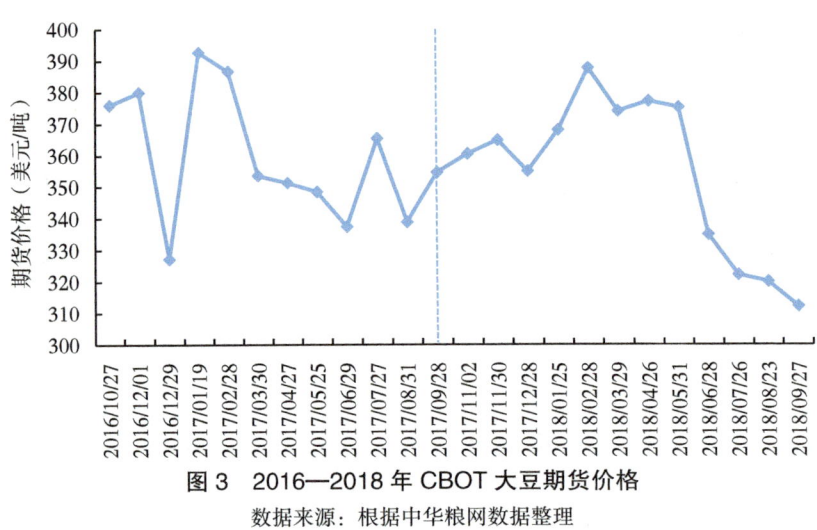

图 3　2016—2018 年 CBOT 大豆期货价格

数据来源：根据中华粮网数据整理

3. 主产国国内大豆价格

从美国国内大豆价格年度变动来看，2017—2018 年度大豆平均价格相较于 2016—2017 年度变动不大，美国农场大豆价格和伊利诺伊中心 2017—2018 年度大豆平均价格分别为 345 美元/吨和 337 美元/吨，分别较上年度下降 2 美元/吨和 14 美元/吨，平均下降 1.71%（图 4）。

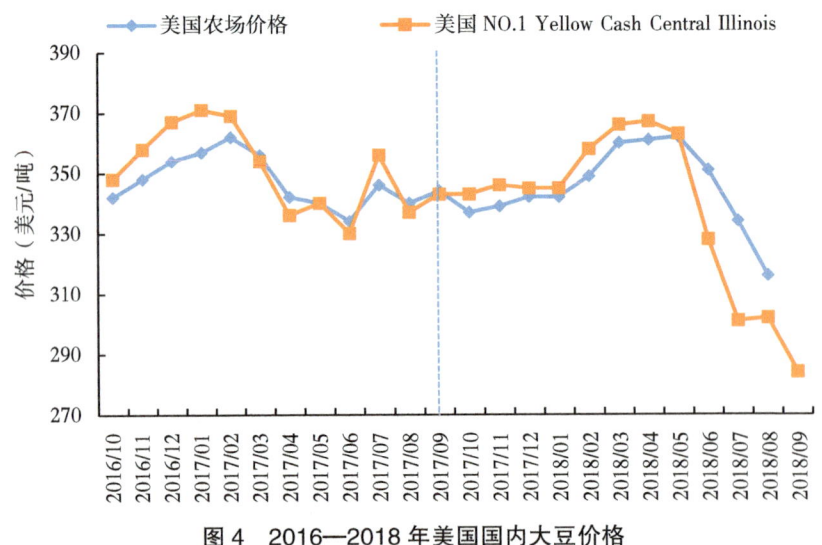

图 4　2016—2018 年美国国内大豆价格

数据来源：Oilseed：World Markets and Trade，USDA，FAS，10/12/2018

从美国国内大豆价格月度变化来看，2017年10月至2018年1月，大豆价格稳中有升，农场大豆价格维持在337~342美元/吨，伊利诺伊中心的大豆价格维持在343~346美元/吨；自2018年2月，大豆价格快速上涨，4月大豆价格分别达到361美元/吨和367美元/吨，较上年度同期大豆价格分别高5.56%和9.23%；5月开始大幅下跌；9月伊利诺伊中心的大豆价格跌至284美元/吨（图4）。

从巴西大豆农场价格年度变化来看，截至2018年第二季度，2018年大豆价格较2017年略有提高，以北马托格罗索的大豆价格为例，2018年前二季度大豆价格平均为314.66美元/吨，较2017年提高了21.06美元/吨（提高7.17%）。不同地区大豆农场价格差异较大，2018年前二季度西北南里奥格兰德的大豆价格比北马托格罗索平均高出55.90美元/吨（图5）。

从巴西国内大豆农场价格季度变化来看，自2017年第二季度以来，大豆价格持续上涨，以北马托格罗索和西北南里奥格兰德为例，2018年第二季度大豆价格分别为323.46美元/吨和406.68美元/吨，较去年同期分别提高47.86美元/吨和104.62美元/吨，分别提高17.37%和34.64%（图5）。

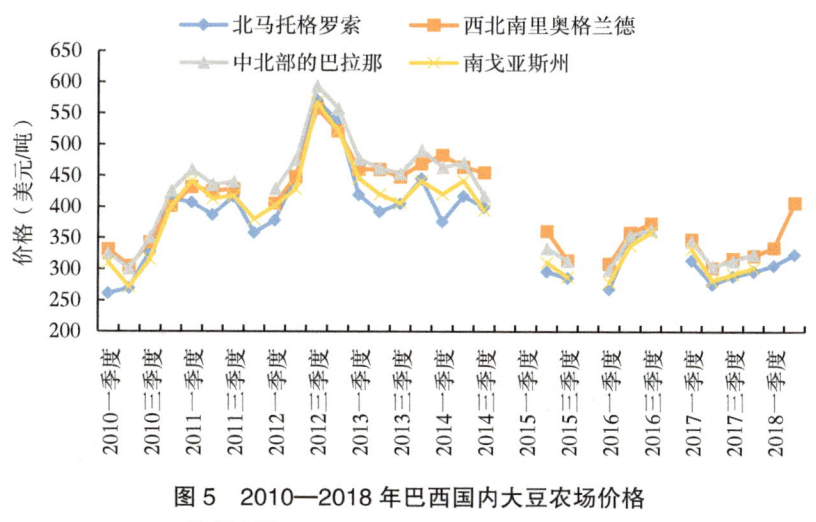

图5 2010—2018年巴西国内大豆农场价格

数据来源：Brazil Soybean Transportation，USDA

（二）豆油

从豆油出口价格年度变化来看，2017—2018年度相较2016—2017年度略有下降，2017—2018年度美国迪凯特批发价格、巴西巴拉那瓜港离岸价格、阿根廷离岸价格以及荷兰离岸价格分别为622美元/吨、722美元/吨、722美元/吨和822美元/吨，分别较上年度下降13.37%、5.62%、5.37%和3.07%（图6）。

从豆油出口价格月度变化来看，2017年12月以来，豆油价格持续走低，美国迪凯特批发价格、巴西巴拉那瓜港离岸价格、阿根廷离岸价格以及荷兰离岸价格分别从11月的737美元/吨、781美元/吨、786美元/吨和881美元/吨下降至2018年9月的611美元/吨、653美元/吨、642美元/吨和757美元/吨，分别下降17.10%、16.39%、18.32%和14.08%（图6）。

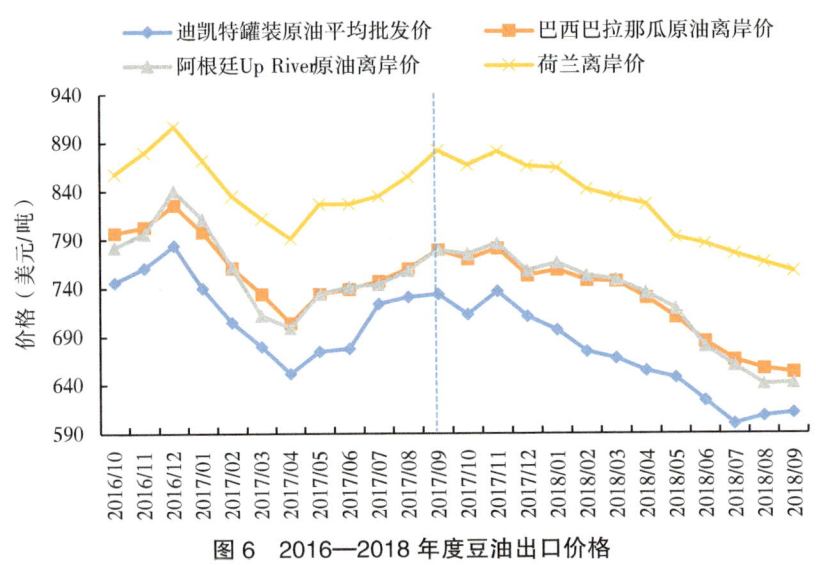

图6　2016—2018年度豆油出口价格

数据来源：Oilseed: World Markets and Trade, USDA, FAS, 10/12/2018

（三）豆粕

从豆粕出口价格年度变化看，2017—2018年度豆粕价格高于2016—2017年度，美国迪凯特批发价格、巴西巴拉那瓜港离岸价格、阿根廷离岸价格以及德国汉堡离岸价格分别为385美元/吨、368美元/吨、380美元/吨和387美元/吨，分别较上年度提高了10.32%、14.29%、16.56%和15.28%（图7）。

从豆粕出口价格月度变化来看，豆粕价格先涨后跌，2017年10月—2018年4月，豆粕价格持续上涨，美国迪凯特批发价格、巴西巴拉那瓜港离岸价格、阿根廷离岸价格以及德国汉堡离岸价格分别从347美元/吨、326美元/吨、320美元/吨和337美元/吨上涨到425美元/吨、419美元/吨、458美元/吨和447美元/吨，涨幅分别为22.48%、28.53%、43.13%和32.64%；2018年5月以来持续下降，分别降至2018年9月的351美元/吨、348美元/吨、342美元/吨和347美元/吨，降幅分别为17.41%、16.94%、25.32%和22.37%（图7）。

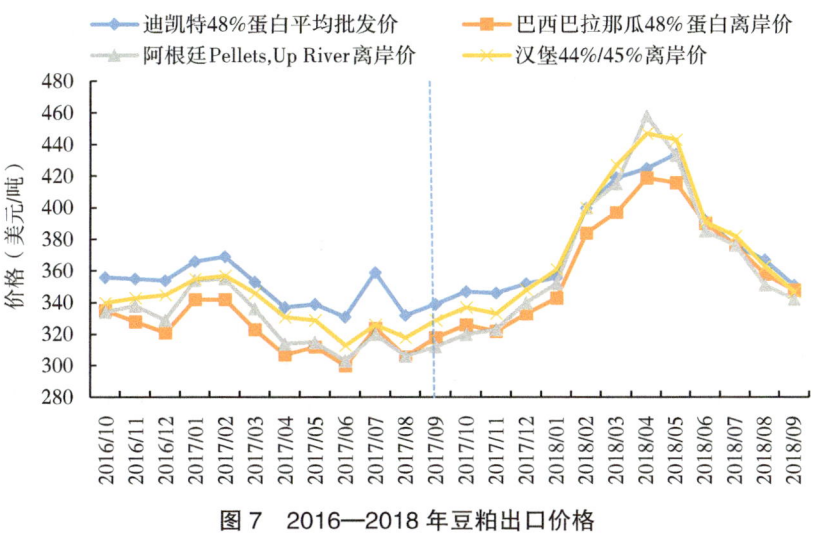

图 7　2016—2018 年豆粕出口价格

数据来源：Oilseed: World Markets and Trade, USDA, FAS, 10/12/2018

三、国际贸易格局

（一）大豆

1. 全球大豆贸易状况

2017 年全球大豆出口量 1.52 亿吨，较上年度增加 1 543.46 万吨，增加了 11.32%；出口贸易额 581.87 亿美元，较上年度增加 57.28 亿元，增加了 10.92%。其中主要出口国巴西大豆出口量占全球大豆出口总量的 44.90%，较上年度提高 7.07%，出口额占全球大豆出口总额的 44.2%，较上年度提高 7.35%，处在第一位；美国大豆出口量占全球大豆出口总量的 36.66%，较上年度下降 5.71%，出口额占全球大豆出口总额的 37.22%，较上年度下降 6.37%，位居第二，两国大豆出口贸易量和贸易额合计均占全球 80% 以上（表 4）。

表 4　2016—2017 年全球大豆出口情况

国别	2016 年				2017 年			
	出口额（亿美元）	占比（%）	出口量（万吨）	占比（%）	出口额（亿美元）	占比（%）	出口量（万吨）	占比（%）
全球	524.59	100.00	13 635.54	100.00	581.87	100.00	15 179.00	100.00
巴西	193.31	36.85	5 158.19	37.83	257.18	44.20	6 815.46	44.90
美国	228.65	43.59	5 776.98	42.37	216.58	37.22	5 565.29	36.66
阿根廷	32.33	6.16	894.70	6.56	27.32	4.70	740.09	4.88
巴拉圭	18.19	3.47	539.97	3.96	21.32	3.66	612.39	4.03
加拿大	18.95	3.61	442.39	3.24	19.21	3.30	466.19	3.07
乌拉圭	8.57	1.63	226.76	1.66	11.91	2.05	322.78	2.13

数据来源：Https://www.trademap.org

2017年全球大豆进口量1.47亿吨,较上年度增加1 218.06万吨,增加了9.01%;进口额624.19亿美元,较上年度增加66.61亿美元,增加了11.95%。主要进口国中国的进口量占全球大豆进口总量的64.83%,较上年度提高2.76%;进口额占全球大豆出口总额的63.49%,较上年度提高2.55%(表5)。

表5 2016—2017年全球大豆进口情况

国别	2016年				2017年			
	进口额（亿美元）	占比（%）	进口量（万吨）	占比（%）	进口额（亿美元）	占比（%）	进口量（万吨）	占比（%）
全球	557.58	100.00	13 518.16	100.00	624.19	100.00	14 736.22	100.00
中国	339.81	60.94	8 391.33	62.07	396.27	63.49	9 553.68	64.83
墨西哥	16.20	2.91	403.89	2.99	17.32	2.77	434.13	2.95
荷兰	18.62	3.34	464.23	3.43	15.68	2.51	385.52	2.62
西班牙	12.76	2.29	323.05	2.39	13.66	2.19	339.58	2.30
日本	15.28	2.74	313.16	2.32	15.47	2.48	321.84	2.18

数据来源：Https://www.trademap.org

2. 主要出口国出口去向

（1）美国

截至2018年8月,2017—2018年度美国出口大豆5 347.92万吨,较上年度同期减少173.23万吨（减幅3.14%）。其中47.36%向中国出口,较上一年度下降了13.48%;10.28%向欧盟出口,较上一年度提高了2.34%;其余出口到墨西哥（7.35%）、印度尼西亚（4.37%）和埃及（4.36%）等国。2017—2018年分别向中国、印度尼西亚和日本出口大豆2 532.70万吨、233.95万吨和207.17万吨,均较上年度同期有所下降,分别下降24.59%、0.71%和9.52%;分别向欧盟和墨西哥出口大豆549.95万吨和393.03万吨,均较上年度同期有所增加,增幅分别为25.38%和8.30%。特别值得关注的是,向埃及、巴基斯坦和越南出口大豆均较上年度增加明显（表6）。

表6 美国大豆出口去向

出口国家（地区）	2016.10—2017.08		2017.10—2018.08		年度变动	
	出口量（万吨）	占比（%）	出口量（万吨）	占比（%）	变动量（万吨）	变动率（%）
中国	3 503.98	63.46	2 729.00	51.03	-774.98	10.60
欧盟	438.63	7.94	549.95	10.28	111.32	25.38
墨西哥	362.90	6.57	393.03	7.35	30.14	8.30
印度尼西亚	235.63	4.27	233.95	4.37	-1.68	-0.71
埃及	93.92	1.70	233.13	4.36	139.21	148.22

（续表）

出口国家 （地区）	2016.10—2017.08		2017.10—2018.08		年度变动	
	出口量 （万吨）	占比 （%）	出口量 （万吨）	占比 （%）	变动量 （万吨）	变动率 （%）
日本	228.98	4.15	207.17	3.87	-21.81	-9.52
巴基斯坦	55.82	1.01	159.42	2.98	103.60	185.60
泰国	101.41	1.84	140.80	2.63	39.39	38.84
越南	52.91	0.96	105.95	1.98	53.04	100.24
全球合计	5 521.15	100.00	5 347.92	100.00	-173.23	-3.14

数据来源：USDA（2018-10-09）

（2）巴西

2017年巴西出口大豆6 815.46万吨，较上一年度增加1 657.27万吨，增加了32.13%。其中78.93%出口到中国，较上年度提高了4.17%；其余出口到欧盟（5.29%出口到西班牙和荷兰）、泰国（2.43%）和伊朗（1.83%）等（表7）。

表7 巴西大豆出口去向

出口国家 （地区）	2016年		2017年		年度变动	
	出口量 （万吨）	占比 （%）	出口量 （万吨）	占比 （%）	变动量 （万吨）	变动率 （%）
中国	3 856.39	74.76	5 379.70	78.93	1 523.31	39.50
西班牙	162.17	3.14	201.69	2.96	39.52	24.37
泰国	153.38	2.97	165.28	2.43	11.90	7.76
荷兰	149.03	2.89	158.71	2.33	9.68	6.50
伊朗	118.27	2.29	124.71	1.83	6.44	5.45
全球合计	5 158.19	100.00	6 815.46	100.00	1 657.27	32.13

数据来源：Https://www.trademap.org

（3）阿根廷

2017年阿根廷出口大豆740.09万吨，较上年度减少54.61万吨，减少了17.28%。其中89.22%出口到中国，较上一年度提高2.12%；6.84%出口到埃及，较上一年下降0.23%；其余出口到智利（1.27%）和美国（1.21%）等。2017年向中国出口大豆660.33万吨，较上一年度下降118.95万吨（降幅15.26%），向埃及出口大豆50.65万吨，较上年度减少12.6万吨（减幅19.92%），向智利和美国的出口均有所增加，增幅分别为2.50%和6.26%（表8）。

表8　阿根廷大豆出口去向

出口国家（地区）	2016年		2017年		年度变动	
	出口量（万吨）	占比（%）	出口量（万吨）	占比（%）	变动量（万吨）	变动率（%）
中国	779.28	87.10	660.33	89.22	−118.95	−15.26
埃及	63.25	7.07	50.65	6.84	−12.6	−19.92
智利	9.19	1.03	9.42	1.27	0.23	2.50
美国	5.51	0.62	8.96	1.21	3.45	6.26
全球合计	894.70	100.00	740.09	100.00	−154.61	−17.28

数据来源：Https://www.trademap.org

3. 主要进口国（中国）进口来源

2017年中国进口大豆9 553.68万吨，较上年度增加1 162.35万吨，增加了13.85%。其中进口大豆的53.31%来自巴西，较上年度提高7.78%；34.39%来自美国，较上年度下降6.33%；6.89%来自阿根廷，较上年度下降2.66%，其余主要从乌拉圭（2.29%）、加拿大（2.14%）和俄罗斯（0.53%）等国进口。主要进口来源国中，从巴西、乌拉圭、加拿大和俄罗斯的大豆进口都不同程度地增加，进口量分别为5 092.85万吨、257.25万吨、204.84万吨和50.81万吨，分别较上年度增加了33.3%、54.8%、40.7%和26.6%；从美国和阿根廷的大豆进口减少，进口量分别为3 285.41万吨和658.14万吨，分别较上年度减少了3.86%和17.88%（表9）。

表9　中国大豆进口来源情况

进口国家（地区）	2016年		2017年		年度变动	
	进口量（万吨）	占比（%）	进口量（万吨）	占比（%）	变动量（万吨）	变动率（%）
巴西	3 820.53	45.53	5 092.85	53.31	1 272.32	33.30
美国	3 417.16	40.72	3 285.41	34.39	−131.75	−3.86
阿根廷	801.39	9.55	658.14	6.89	−143.25	−17.88
乌拉圭	166.14	1.98	257.25	2.69	91.11	54.84
加拿大	145.59	1.74	204.84	2.14	59.25	40.70
俄罗斯	40.14	0.48	50.81	0.53	10.67	26.58
全球合计	8 391.33	100.00	9 553.68	100.00	1 162.35	13.85

数据来源：中国海关总署

（二）豆油

1. 全球豆油贸易状况

2017年全球豆油出口量1 202.73万吨，较上年度减少101.91万吨，减少了7.81%；出口额90.41亿美元，较上年度减少1.79亿美元，减少了1.94%。其中41.34%的出口量、41.21% 的出口额来自阿根廷，分别较上年度下降了 2.84 和 3.32%；11.16% 的出口量、11.40% 的出口额来自巴西，分别较上年度提高了 1.55% 和 1.66%；8.90% 的出口量和 9.78% 的出口额来自美国，分别较上年度提高了 0.55% 和 0.83%（表 10）。

表 10　2016—2017 年全球豆油出口情况

出口国家（地区）	2016 年				2017 年			
	出口额（亿美元）	占比（%）	出口量（万吨）	占比（%）	出口额（亿美元）	占比（%）	出口量（万吨）	占比（%）
全球	92.20	100.00	1 304.64	100.00	90.41	100.00	1 202.73	100.00
阿根廷	41.06	44.53	576.43	44.18	37.26	41.21	497.26	41.34
巴西	8.98	9.74	125.42	9.61	10.31	11.40	134.25	11.16
美国	8.25	8.95	108.86	8.34	8.84	9.78	106.99	8.90

数据来源：Https://www.trademap.org

2017 年全球豆油进口量 1 171.46 万吨，进口额 98.04 亿美元，其中印度的进口量和进口额分别占到 28.50% 和 28.07%；其次是孟加拉国、阿尔及利亚和中国，其进口量所占份额分别为 7.11%、6.35% 和 5.58%；进口额所占份额分别为 6.29%、6.13% 和 5.47%。从年度变化来看，2017/2018 年度全球豆油进口量达 1 023.4 万吨，较上一年度减少 61.7 万吨，减少了 5.69%。其中印度和阿尔及利亚的进口份额均较上一年度有所提高，分别提高了 0.12 和 0.89 个百分点；孟加拉国和中国的进口份额略有下降，分别下降了 0.03 和 2.15 个百分点（表 11）。

表 11　2016—2017 年全球豆油进口情况

进口国家（地区）	2016/2017 年度		2017/2018 年度		2017 年			
	进口量（万吨）	占比（%）	进口量（万吨）	占比（%）	进口额（亿美元）	占比（%）	进口量（万吨）	占比（%）
全球	1 085.1	100.00	1 023.4	100.00	98.04	100.00	1 171.46	100.00
印度	353.4	32.57	334.5	32.69	27.52	28.07	333.87	28.50
孟加拉国	83.0	7.65	78.0	7.62	6.17	6.29	83.28	7.11
阿尔及利亚	66.7	6.15	72.0	7.04	6.01	6.13	74.37	6.35
中国	71.1	6.55	45.0	4.40	5.36	5.47	65.34	5.58

数据来源：2016/2017，2017/2018 年度数据来自 USDA；2017 年度数据来自 Https://www.trademap.org

2. 主要出口国（阿根廷）出口去向

2017 年阿根廷豆油出口量为 497.26 万吨，较上年度减少 79.17 万吨，减幅 13.73%。其中 50.1% 的豆油出口到印度，较上年度提高了 1.49%，11.00% 出口到孟加拉国，较上年度下降 1.49%，其余向秘鲁（8.23%）、埃及（4.63%）和伊朗（4.53%）等国出口，秘鲁和伊朗所占份额分别较上年度提高了 2.84% 和 1.82%，埃及所占份额下降了 5.45%（表 12）。

表12 阿根廷豆油出口去向

出口国家（地区）	2016年		2017年		年度变动	
	出口量（万吨）	占比（%）	出口量（万吨）	占比（%）	变动量（万吨）	变动率（%）
印度	280.19	48.61	249.14	50.10	-31.05	-11.08
孟加拉国	54.80	9.51	54.71	11.00	-0.09	-0.16
秘鲁	31.08	5.39	40.90	8.23	9.82	31.60
埃及	58.12	10.08	23.03	4.63	-35.09	-60.38
伊朗	15.60	2.71	22.54	4.53	6.94	44.49
全球合计	576.43	100.00	497.26	100.00	-79.17	-13.73

数据来源：Https://www.trademap.org

3. 主要进口国（印度）进口来源

2017年印度进口豆油333.87万吨，较上年度减少55.40万吨，减幅达14.23%。其中79.61%来自阿根廷，较上年度提高了1.04%；14.11%来自巴西，较上一年度下降1.89%；5.24%来自巴拉圭，较上年度提高了0.20%（表13）。

表13 印度豆油进口来源情况

进口国家（地区）	2016年		2017年		年度变动	
	进口量（万吨）	占比（%）	进口量（万吨）	占比（%）	变动量（万吨）	变动率（%）
阿根廷	305.86	78.57	265.81	79.61	-40.05	-13.09
巴西	62.29	16.00	47.11	14.11	-15.18	-24.37
巴拉圭	19.61	5.04	17.49	5.24	-2.12	-10.81
全球合计	389.27	100.00	333.87	100.00	-55.40	-14.23

数据来源：Https://www.trademap.org

（三）豆粕

1. 全球豆粕贸易状况

2017年全球豆粕出口量6 601.14万吨，较上年度减少166.72万吨，减少了2.46%；出口额229.93亿元，较上年度减少15.44亿美元，减少了6.29%。其中主要出口国阿根廷出口量占全球豆粕出口总量的42.80%，较上年度下降了0.16%；出口额占全球豆粕出口总额的39.50%，较上年度下降了1.14%。其次是巴西，出口量占全球豆粕出口量的21.48%，较上年度下降了0.14%，出口额占全球豆粕出口额的21.63%，较上年度提高了0.47%。美国居第三位，出口量占比13.09%，较上年度提高了0.37%；出口额占比

13.62%，较上年度提高 0.18%（表 14）。

表 14 2016—2017 年全球豆粕出口情况

出口国家（地区）	2016 年				2017 年			
	出口额（亿美元）	占比（%）	出口量（万吨）	占比（%）	出口额（亿美元）	占比（%）	出口量（万吨）	占比（%）
全球	245.37	100.00	6 767.86	100.00	229.93	100.00	6 601.14	100.00
阿根廷	99.71	40.64	2 907.30	42.96	90.82	39.50	2 825.54	42.80
巴西	51.93	21.16	1 444.38	21.34	49.73	21.63	1 417.71	21.48
美国	32.97	13.44	860.75	12.72	31.32	13.62	863.85	13.09

数据来源：Https://www.trademap.org

2017 年全球豆粕进口量 6 513.93 万吨，较上年度增加 38.53 万吨，增幅 0.60%。其中越南进口份额 6.72%，较上年度下降 0.18%；印度尼西亚和泰国豆粕进口量分别占全球豆粕进口量的 6.65% 和 4.88%，较上年度分别提高了 0.45% 和 0.10%（表 15）。

表 15 2016—2017 年全球豆粕进口情况

进口国家（地区）	2016 年				2017 年			
	进口额（亿美元）	占比（%）	进口量（万吨）	占比（%）	进口额（亿美元）	占比（%）	进口量（万吨）	占比（%）
全球	256.15	100.00	6 475.40	100.00	245.45	100.00	6 513.93	100.00
越南	18.55	7.24	446.51	6.90	14.29	5.82	437.61	6.72
印度尼西亚	15.74	6.14	401.18	6.20	16.42	6.69	433.06	6.65
荷兰	11.91	4.65	309.81	4.78	12.09	4.93	318.20	4.88
泰国	10.41	4.06	257.92	3.98	11.70	4.77	295.87	4.54

数据来源：Https://www.trademap.org

2. 主要出口国出口去向

（1）阿根廷。2017 年阿根廷出口豆粕 2 825.54 万吨，较上年度减少 81.76 万吨，减少了 2.81%。其中 13.85% 出口到越南，较上年度下降了 0.91%；10.41% 出口到印度尼西亚，较上年度提高了 2.18%；6.19% 出口到意大利，较上年度提高 1.11%；5.94% 出口到西班牙，较上年度下降 0.04%（表 16）。

表 16　阿根廷豆粕出口去向

出口国家（地区）	2016 年		2017 年		年度变动	
	出口量（万吨）	占比（%）	出口量（万吨）	占比（%）	变动量（万吨）	变动率（%）
越南	429.26	14.76	391.30	13.85	-37.96	-8.84
印度尼西亚	239.28	8.23	294.25	10.41	54.97	22.97
意大利	147.55	5.08	174.89	6.19	27.34	18.53
西班牙	173.88	5.98	167.91	5.94	-5.97	-3.43
全球合计	2907.30	100.00	2825.54	100.00	-81.76	-2.81

数据来源：Https://www.trademap.org

（2）巴西。2017 年巴西出口豆粕 1 417.71 万吨，较上年度减少 26.67 万吨，减少了 1.85%。其中 18.61% 出口到荷兰，较上年度下降了 0.89%；13.36% 出口到泰国，较上年度提高了 2.72%，11.36% 出口到朝鲜，较上年度提高 1.12%；10.42% 出口到印度尼西亚，较上年度提高 0.46%（表 17）。

表 17　巴西豆粕出口去向

出口国家（地区）	2016 年		2017 年		年度变动	
	出口量（万吨）	占比（%）	出口量（万吨）	占比（%）	变动量（万吨）	变动率（%）
荷兰	281.72	19.50	263.81	18.61	-17.91	-6.36
泰国	153.69	10.64	189.45	13.36	35.76	23.27
朝鲜	147.96	10.24	161.05	11.36	13.09	8.85
印度尼西亚	143.80	9.96	147.68	10.42	3.88	2.70
全球合计	1 444.38	100.00	1 417.71	100.00	-26.67	-1.85

数据来源：Https://www.trademap.org

四、世界主要国家产业竞争力

（一）大豆种植成本

1. 中美大豆成本收益比较

从 2016 年中美大豆成本收益比较来看，中国大豆亩成本比美国高 193.21 元，高 39.82%，亩产值比美国低 69.64 元，低 12.94%，亩净利润比美国低 262.84 元，低 4.96 倍（表 18）。

表 18 2016 年中美大豆亩成本收益

单位：元/亩

项目	中国	美国	中美差额	中美差幅（％）
净利润	-209.81	53.03	-262.84	-495.64
产值合计	468.63	538.27	-69.64	-12.94
总成本	678.44	485.23	193.21	39.82
A. 物耗费用	190.17	175.01	15.16	8.66
1. 种子费	36.76	64.33	-27.57	-42.86
2. 肥料费	48.04	30.79	17.25	56.02
3. 农药费	16.22	30.24	-14.02	-46.36
4. 农膜费	—	—	—	—
5. 机械作业费	—	—	—	—
6. 外包作业费	82.07	11.60	70.47	607.50
7. 排灌费	2.97	0.07	2.9	4142.86
8. 燃料动力费	1.47	13.01	-11.54	-88.70
9. 工具材料费	2.64	24.97	-22.33	-89.43
10. 其他直接费用	—	—	—	—
B. 人工成本	218.11	24.17	193.94	802.40
1. 家庭用工折价	194.46	20.68	173.78	840.33
2. 雇工费用	23.65	3.49	20.16	577.65
C. 土地成本	259.00	157.26	101.74	64.70
1. 流转地租金	79.88	—	—	—
2. 自营地折租	179.12	—	—	—
D. 间接费用	11.16	128.79	-117.63	-91.33
1. 固定资产折旧	1.23	97.21	-95.98	-98.73
2. 保险费	6.99	11.51	-4.52	-39.27
3. 管理费	2.53	19.67	-17.14	-87.14
4. 财务费	—	0.40	-0.40	-100.00
5. 其他间接费用	0.41	—	0.41	100.00

1. 数据来源：中国数据来源于《全国农产品成本收益资料汇编》；美国数据来源于 USDA。美国数据采用 2016 年汇率 6.642 3 折算
2. 中美差额和差幅中正值表示中国高于美国的绝对值或差幅；负值表示中国低于美国的绝对值或差幅
3. "—"表示没有该统计数据或指标。以下表同

从 2016 年单位产品成本分析结果可以看出，中国大豆的成本竞争力依然弱于美国，中国大豆每千克产品的生产成本比美国高 172.25％（+3.60 元）（表 19）。

表19　2016年中美大豆单位产品成本比较

国别	亩成本（元/亩）	亩产（千克/亩）	单位产品成本（元/千克）			单价（元/千克）		
			成本	差额	差幅(%)	单价	差额	差幅(%)
中国	678.44	119.33	5.69	3.60	172.25	3.80	1.48	63.79
美国	485.23	231.15	2.09	基准	基准	2.32	基准	基准

从大豆成本结构来看，中国的人工成本在大豆总成本中最高（32.15%），美国的物耗费用则最高（36.07%）；物耗费用中，美国的种子费占比最高（36.76%），而中国的外包作业费占比最高（43.16%）；间接成本中，中国的税和保险比重最大（62.63%），而美国固定资产折旧比重最大（75.48%）（表20、表21）。

表20　2016年中美大豆成本结构比较

单位：%

国家	总成本	A.物耗费用	B.人工成本	C.土地成本	D.间接费用
中国	100.0	28.03	32.15	38.18	1.65
美国	100.0	36.07	4.98	32.41	26.54

表21　2016年中美大豆物耗费用与间接费用的结构比较

单位：%

项目	中国	美国
A.物耗费用	100.0	100.0
1.种子费	19.33	36.76
2.肥料费	25.26	17.59
3.农药费	8.53	17.28
4.农膜费	—	—
5.机械作业费	—	—
6.外包作业费	43.16	6.63
7.排灌费	1.56	0.04
8.燃料动力费	0.77	7.43
9.工具材料和修理维护费	1.39	14.27
10.其他直接费用	—	—
D.间接费用	100.0	100.0
1.固定资产折旧	11.02	75.48
2.税和保险费	62.63	8.94
3.管理费	22.67	15.27
4.财务费	—	0.31
5.其他间接费用（销售费）	3.67	—

从大豆成本的变化来看,一个显著的变化是2016年中国大豆生产成本的增速(0.55%)慢于美国(2.08%),且中国大豆成本增速呈下降趋势,2016年较2015年下降了0.55个百分点(表22)。

表22 2014—2017中美大豆亩成本增长率比较

单位:%

项目	中国		美国		
	2015年	2016年	2015年	2016年	2017年
总成本	1.10	0.55	0.65	2.08	1.95
A. 物耗费用	-0.36	0.49	-4.29	2.24	0.64
1. 种子费	-3.34	-1.42	2.14	5.89	0.50
2. 肥料费	1.48	-1.54	-5.58	-10.29	-8.74
3. 农药费	1.57	0.43	-2.36	9.33	-0.30
4. 农膜费	—	—	—	—	—
5. 机械作业费	—	—	—	—	—
6. 外包作业费	4.26	2.75	5.81	8.01	-1.12
7. 排灌费	-55.48	6.07	0.00	16.67	0.00
8. 燃料动力费	-15.38	-4.55	-33.88	-7.93	20.75
9. 工具材料和修理维护费	5.66	-5.71	1.77	6.21	4.04
10. 其他直接费用	—	—	—	—	—
B. 人工成本	-0.72	1.37	5.49	9.32	4.30
1. 家庭用工折价	-0.58	-0.71	5.37	9.71	4.35
2. 雇工费用	-2.13	22.54	6.19	7.06	4.01
C. 土地成本	4.05	0.49	3.27	-2.94	1.04
1. 家庭农地机会成本	13.00	8.77	—	—	—
2. 租入土地地租	0.87	-2.81	—	—	—
D. 间接费用	-3.16	-11.22	3.75	7.40	4.41
1. 固定资产折旧	5.61	8.85	3.80	7.24	4.28
2. 税和保险费	-6.57	0.29	7.75	6.08	3.04
3. 管理费	-4.63	-31.81	1.54	6.79	3.30
4. 财务费	—	—	180.00	185.71	130.00
5. 其他间接费用(销售费)	38.18	-46.05	—	—	—

2. 三大主产国大豆成本收益比较

从美国、巴西和阿根廷三大主产国2010年全国平均大豆生产成本比较来看,巴西大豆生产成本7.47美元/蒲式耳,阿根廷8.81美元/蒲式耳,美国8.16美元/蒲式耳。而在主要生产区域,巴西的马托格罗索平均每蒲式耳大豆的成本是6.60美元,而美国和阿根廷的核心种植区域的生产成本分别为7.64美元/蒲式耳和6.94美元/蒲式耳。可见,巴西的全国平均大豆生产成本最低(比美国低8.46%),阿根廷最高(比美国高7.97%)。

从全国平均大豆生产者利润来看，巴西大豆生产者利润高于美国，分别为 3.71 美元 / 蒲式耳和 3.39 美元 / 蒲式耳，而阿根廷的大豆生产者利润是 -2.32 美元 / 蒲式耳。尽管阿根廷大豆单产水平较低，36.6 蒲式耳 / 英亩，而美国和巴西全国平均大豆亩产分别为 44.6 蒲式耳 / 英亩和 43.3 蒲式耳 / 英亩，但大豆亩成本 324.33 美元（与巴西 322.88 美元差异不大），比美国低 10.92%。与巴西和美国相比，阿根廷较高的土地成本使得其大豆生产利润为负值，如果仅仅通过经营成本来评估收益的话，阿根廷大豆生产利润是正的（表23）。

表23 2010年三大主产国大豆成本收益比较

项目		美国 核心区	美国 全国平均	阿根廷 北部核心区	阿根廷 全国平均	巴西 马托格罗索	巴西 全国平均
单位面积成本收益（美元/英亩）	A. 经营成本	121.98	131.90	105.00	116.38	196.58	199.89
	种子费	57.49	59.2	19.22	18.36	21.17	23.03
	肥料费	16.38	17.87	12.67	13.74	91.88	71.51
	农药费	16.64	17.04	22.34	28.55	37.07	46.9
	外包作业费	6.1	7.23	42.11	46.12	25.38	33.58
	燃料动力费	13.06	16.81	0	0	7.42	9.08
	工具材料和修理维护费	11.69	13.46	0	0	4.62	7.97
	排灌费	0	0.16	0	0	NA	NA
	财务费用	0.12	0.13	8.67	9.61	9.03	7.83
	B. 分摊费用	244.9	232.19	222.31	206.51	109.4	124.44
	雇工费用	1.27	2.11	23.31	23.31	1.17	1.94
	家庭用工折价	15.84	17.33	34	34	13.64	8.11
	固定资产折旧	73.9	78.18	0	0	26.73	46.57
	土地成本	129	110.3	114.74	98.93	36.77	40.94
	税和保险	9.29	9.41	32.82	32.82	23.32	19.98
	管理费用	14.9	14.86	17.44	17.44	7.77	6.9
	总成本	366.88	364.09	327.31	322.88	305.97	324.33
	总产值	556.83	515.22	316.83	237.65	488.82	485.44
	扣除总成本的净利润	189.96	44.6	-10.48	-85.23	182.85	161.11
	扣除经营成本的利润	434.85	383.32	211.83	121.27	292.24	285.55
单位产品成本收益	单产（蒲式耳，2008—2012年）	48	44.6	47.2	36.6	46.4	43.4
	价格（美元/蒲式耳，2008—2012年）	11.6	11.55	6.72	6.49	10.54	11.18
	成本（美元/蒲式耳）	7.64	8.16	6.94	8.81	6.6	7.47
	利润（美元/蒲式耳）	3.96	3.39	-0.022	-2.32	3.94	3.71

注：总产值2008—2012年5年的平均单产乘以5年平均价格；成本数据美国为2010年大豆收获数据，巴西和阿根廷为2010年种植、2011年收获的大豆数据

数据来源：US：USDA；Argentina：Applied Agricultural Technology Survey（AATS）for 2010/2011, Buenos Aires Grains Exchange（2012）；Brazil：Brazilian National Food Supply Company（CONAB），2015

从三个国家的大豆成本结构来看,一个明显的差异是巴西的经营成本在总成本中的比例(61.63%)明显高于美国(36.23%)和阿根廷(36.04%)(表24)。

表24 三大主产国大豆成本结构比较

单位:%

项目	美国		阿根廷		巴西	
	核心区	全国平均	北部核心区	全国平均	马托格罗索	全国平均
总成本	100.00	100.00	100.00	100.00	100.00	100.00
A. 经营成本	33.25	36.23	32.08	36.04	64.25	61.63
B. 分摊费用	66.75	63.77	67.92	63.96	35.76	38.37

经营成本中,美国的种子费用是最大的经营费用,约占经营费用的45%,3个国家都种植转基因(GM)品种,因此可能是种子成本的差异,包括每英亩的用种量差异和其他可能导致价格差异的波动,因为即使是在美国,地区间的种子成本也各不相同。在巴西,巴西农业研究所的EnabPa新的种子技术发展有助于显著降低种子成本。阿根廷的外包作业费用是最大的经营成本(39.63%),因为大多数生产者会雇佣机器进行作物生产,而在美国生产者基本拥有用于农作物生产的机器。巴西的化肥费在经营成本中的比例(35.77%)远远高出美国(13.55%)和阿根廷(11.81%),这反映了巴西中西部传统农业区的低营养土壤状况(表25)。

分摊费用中,美国和阿根廷的土地成本都是分摊费用中最大的费用(占47%以上),而绝对值差异更大,巴西的土地成本平均为每英亩41美元,相比之下,阿根廷约为100美元,美国为110美元,这里可能的原因是农业土地价值是很难估计的,各国在估算这些成本的方法上存在差异。此外,固定资产折旧有显著差异,美国和巴西的固定资产折旧分别为每英亩78美元和47美元,分别占分摊费用的33.67%和37.42%(表25)。

表25 三大主产国大豆经营成本与分摊费用的结构比较

单位:%

项目	美国		阿根廷		巴西	
	核心区	全国平均	北部核心区	全国平均	马托格罗索	全国平均
A. 经营成本	100.00	100.00	100.00	100.00	100.00	100.00
种子费	47.13	44.88	18.30	15.78	10.77	11.52
肥料费	13.43	13.55	12.07	11.81	46.74	35.77
农药费	13.64	12.92	21.28	24.53	18.86	23.46
外包作业费	5.00	5.48	40.10	39.63	12.91	16.80
燃料动力费	10.71	12.74	0.00	0.00	3.77	4.54
工具材料和修理维护费	9.58	10.20	0.00	0.00	2.35	3.99
排灌费	0.00	0.12	0.00	0.00	—	—
财务费用	0.10	0.10	8.26	8.26	4.59	3.92

(续表)

项目	美国		阿根廷		巴西	
	核心区	全国平均	北部核心区	全国平均	马托格罗索	全国平均
B. 分摊费用	100.00	100.00	100.00	100.00	100.00	100.00
雇工费用	0.52	0.91	10.49	11.29	1.07	1.56
家庭用工折价	6.47	7.46	15.29	16.46	12.47	6.52
固定资产折旧	30.18	33.67	0.00	0.00	24.43	37.42
土地成本	52.67	47.50	51.61	47.91	33.61	32.90
税和保险	3.79	4.05	14.76	15.89	21.32	16.06
管理费用	6.08	6.40	7.84	8.45	7.10	5.54

（二）大豆运输成本

1. 美国大豆运输成本

美国50%左右的大豆主要通过卡车运输，另外26%左右的大豆通过内河船运，24%左右的大豆由铁路运输。美国出口大豆以水运为主，约60%左右的大豆通过内河船运，30%左右的大豆通过铁路运输，另10%左右通过卡车运输；美国国内大豆以卡车运输为主、铁路为辅，少量内河船运，近80%的大豆由卡车运输，15%左右的大豆由铁路运输，另5%左右的大豆内河船运。

（1）从美国到墨西哥的大豆运输成本。从美国运往墨西哥的大豆运输成本来看，2013年一季度从美国伊利诺斯州通过水路到达墨西哥韦拉克鲁斯的大豆到岸成本579.37美元/吨，其中总运输成本为44.14美元/吨，占到岸成本的7.62%；从内布拉斯加州通过陆路运到瓜达拉哈拉的大豆到岸成本为618.35美元/吨，其中总运输成本为95.36美元/吨，占到岸成本的15.42%（表26）。

表26　2013年美国大豆到墨西哥运输成本

单位：美元/吨

运输方式	水路（从伊利诺斯州（IL）到韦拉克鲁斯）		陆路（从内布拉斯加州（NE）到瓜达拉哈拉）	
	一季度	平均	一季度	平均
卡车	10.98	10.98	4.16	4.16
铁路	—	—	91.2	91.2
海运	17.89	17.89	—	—
内河船运	15.27	15.27	—	—
总运输成本	44.14	50.96	95.36	94.86
农场价格	535.23	535.23	522.99	522.99
到岸成本	579.37	579.37	618.35	599.47
运输成本占到岸成本的（%）	7.62	8.80	15.42	15.82

数据来源：Mexico Transport Cost Indicator Report，USDA

从美国不同州出发，到达墨西哥不同城市，散装大豆铁路运费收费标准差异较大，从艾奥瓦州到卡斯蒂略关税及燃油附加费最高，95.32 美元 / 车，其中关税 87.41 美元 / 车，燃油附加费 7.91 美元 / 车；从堪萨斯州到托雷翁关税及燃油附加费最低，72.98 美元 / 车，其中关税 67.96 美元 / 车，燃油附加费 5.02 美元 / 车（表 27）。

表 27 2013 年美国散装大豆铁路运费收费标准（关税及燃油附加费）

单位：美元 / 车

出发地	目的地	关税		燃油附加费		合计	
		一季度	平均	一季度	平均	一季度	平均
密苏里州（MO）	Bojay（Tula），HG	77.45	77.45	7.08	7.08	84.53	84.53
内布拉斯加州（NE）	瓜达拉哈拉，JA	83.11	83.11	8.09	8.09	91.2	91.2
艾奥瓦州（IA）	卡斯蒂略，JA	87.41	87.41	7.91	7.91	95.32	95.32
堪萨斯州（KS）	托雷翁，CU	67.96	67.96	5.02	5.02	72.98	72.98

数据来源：Mexico Transport Cost Indicator Report，USDA

（2）从美国到德国汉堡大豆运输成本。从美国的明尼苏达州和艾奥瓦州到德国汉堡的大豆总运输成本低于到中国上海，低 20% 左右，而且差距在不断缩小。2016 年从这两个州到德国汉堡的大豆总运输成本分别为 59.33 美元 / 吨和 51.19 美元 / 吨，占到岸成本的比重分别为 15.01% 和 13.06%（表 28）。

表 28 美国大豆到德国汉堡平均运输成本

单位：美元 / 吨

出发地	年度	2011 年	2012 年	2013 年	2014 年	2015 年	2016 年
明尼阿波利斯，明尼苏达州	卡车	11.38	11.29	11.56	13.04	10.23	10.36
	铁路	10.86	10.86	36.48	42.08	42.09	43.30
	内河船运	31.93	28.53	25.79	37.45	27.49	24.32
	海运	23.42	20.29	22.87	20.24	14.32	13.83
	总运输成本	75.39	68.02	69.34	81.25	62.56	59.33
	农场价格	446.13	507.43	511.04	455.47	342.91	335.81
	到岸成本	521.52	575.45	580.38	536.72	405.47	395.14
	运输成本占到岸成本的（%）	14.46	11.82	11.95	15.14	15.43	15.01
达文波特，艾奥瓦州	卡车	11.38	11.29	11.56	13.04	10.23	10.36
	铁路	23.34	23.84	27.98	30.77	31.2	11.65
	内河船运	25.99	22.89	21.38	32.8	22.15	18.72
	海运	23.42	20.29	22.87	20.24	14.32	19.20
	总运输成本	67.4	60.52	62.79	73.77	54.5	51.19
	农场价格	458.68	510.13	517.78	458.07	344.69	340.89
	到岸成本	526.08	570.64	580.57	531.84	399.19	392.08
	运输成本占到岸成本的（%）	12.81	10.61	10.82	13.87	13.65	13.06

数据来源：Soybean Transportation Guide：Brazil 2016，USDA

（3）从美国到中国上海大豆运输成本。从美国各州到中国上海的大豆运输成本可以看出，2011—2016年度，从美国的明尼苏达州、艾奥瓦州、北达科他州和南达科他州到中国上海的大豆总运输成本呈下降趋势。2016年分别为72.15美元/吨、64.00美元/吨、78.30美元/吨和79.31美元/吨，占到岸成本的比重分别为17.69%、15.81%、19.30%和19.42%（表29）。

表29　美国大豆到中国上海平均运输成本

单位：美元/吨

出发地	项目	2011年	2012年	2013年	2014年	2015年	2016年
明尼阿波利斯，明尼苏达州	卡车	11.38	11.29	11.56	13.04	14.13	10.36
	铁路	34.74	31.61	36.48	42.08	42.09	43.30
	内河船运	31.93	28.53	25.79	37.45	27.49	24.32
	海运	53.08	46.98	46.76	45.72	30.09	26.65
	总运输成本	105.05	94.71	93.23	106.72	78.33	72.15
	农场价格	446.13	507.43	511.04	455.47	342.91	335.81
	到岸成本	551.18	602.14	604.28	562.19	421.24	407.96
	运输成本占到岸成本的（%）	19.06	15.73	15.43	18.98	18.60	17.69
达文波特，艾奥瓦州	卡车	11.38	11.29	11.56	13.04	10.23	10.36
	铁路	10.86	24.16	27.93	30.77	31.2	33.12
	内河船运	25.99	22.89	21.38	32.8	22.15	18.72
	海运	53.08	46.98	46.76	45.72	30.09	26.65
	总运输成本	97.06	87.2	86.69	99.25	69.67	64.00
	农场价格	458.68	510.13	517.78	458.07	344.69	340.89
	到岸成本	555.74	597.33	604.46	557.32	414.96	404.90
	运输成本占到岸成本的（%）	17.47	14.60	14.34	17.81	16.79	15.81
法戈，北达科他州	卡车	—	11.29	11.56	13.04	10.23	10.36
	铁路	—	55.24	57.92	59.19	55.98	53.04
	海运	—	24.93	24.93	24.21	16.34	14.90
	总运输成本	—	91.46	94.41	96.43	82.55	78.30
	农场价格	—	496.65	497.79	421.91	322.98	327.42
	到岸成本	—	588.11	592.2	518.34	405.52	405.72
	运输成本占到岸成本的（%）	—	15.55	15.94	18.60	20.36	19.30
苏福尔斯，南达科他州	卡车	—	11.29	11.56	13.04	10.23	10.44
	铁路	—	57.01	59.38	60.74	57.2	54.02
	海运	—	24.93	24.93	24.21	16.34	14.85
	总运输成本	—	93.23	95.87	97.99	83.77	79.31
	农场价格	—	502.78	504.56	437.89	329.87	328.98
	到岸成本	—	596.00	600.43	535.88	413.64	408.29
	运输成本占到岸成本的（%）	—	15.64	16.00	18.29	20.25	19.42

数据来源：Soybean Transportation Guide：Brazil 2016，USDA

2. 巴西大豆运输成本

巴西国内大豆以卡车运输为主，个别种植区到港口由铁路运输（如北马托格罗索－桑托斯港），出口大豆运输主要是海运。

（1）从巴西到中国上海大豆运输成本。截至 2018 年第二季度，近 2 年来从巴西各生产区到港口再到中国上海的大豆运输成本呈上涨趋势，2018 年（前二个季度平均）北马托格罗索—桑托斯港和西北南里奥格兰德—里奥格兰德港到中国上海的大豆运输成本分别为 129.19 美元/吨和 61.15 美元/吨，分别占到岸成本的 29.11% 和 15.27%；2017 年巴拉那中北部—巴拉那瓜港到中国上海的大豆总运输成本为 57.67 美元/吨，占到岸成本的 15.21%（表 30）。

表 30　巴西大豆到中国上海平均运输成本

单位：美元/吨

出发地	项目	2013 年	2014 年	2015 年	2016 年	2017 年	2018 年
北马托格罗索—桑托斯港	卡车	116.40	103.90	86.04	75.49	92.95	97.44
	海运	40.96	36.85	23.81	16.63	26.88	31.75
	总运输成本	157.36	140.75	109.85	92.12	119.83	129.19
	农场价格	415.28	388.33	295.17	331.91	293.60	314.66
	到岸成本	572.64	529.08	405.02	424.03	413.43	443.85
	运输成本占到岸成本的(%)	27.48	26.60	27.12	21.72	28.98	29.11
西北南里奥格兰德—里奥格兰德港	卡车	23.26	24.56	26.37	18.38	30.72	31.40
	海运	41.52	37.02	25.31	20.50	27.30	29.75
	总运输成本	64.78	61.58	51.68	38.88	58.02	61.15
	农场价格	459.33	442.52	331.55	352.69	322.30	339.16
	到岸成本	524.11	504.10	383.23	391.57	380.32	400.31
	运输成本占到岸成本的(%)	12.36	12.22	13.49	9.93	15.26	15.27
巴拉那中北部—巴拉那瓜港	卡车	32.26	30.98	24.07	21.31	29.29	—
	海运	43.88	39.21	24.92	18.13	28.38	—
	总运输成本	76.14	70.19	48.99	39.44	57.67	—
	农场价格	470.66	433.91	323.15	340.74	321.54	—
	到岸成本	546.80	504.10	372.14	380.18	379.21	—
	运输成本占到岸成本的(%)	13.92	13.92	13.16	10.37	15.21	—

数据来源：Soybean Transportation Guide：Brazil 2017—2018，USDA

（2）从巴西到德国汉堡大豆运输成本。截至 2018 年第二季度，近两年来，从巴西各生产区到港口再到德国汉堡的大豆运输成本呈上涨趋势，2018 年（前二个季度平均）北马托格罗索—桑托斯港和西北南里奥格兰德—里奥格兰德港到德国汉堡的大豆总运输成本分别为 123.44 美元/吨和 58.4 美元/吨，分别占到岸成本的 28.18% 和 14.69%；2017 年巴拉那中北部—巴拉那瓜港到德国汉堡的大豆运输成本为 54.79 美元/吨，占到岸成本的 14.56%（表 31）。

表31 巴西大豆到德国汉堡平均运输成本

单位：美元/吨

出发地	项目	2013年	2014年	2015年	2016年	2017年	2018年
北马托格罗索—桑托斯港	卡车	116.40	103.90	86.04	75.49	92.95	97.44
	海运	29.50	27.75	19.75	18.13	24.50	26.00
	总运输成本	145.90	131.65	105.79	93.62	117.45	123.44
	农场价格	415.28	388.33	295.17	331.91	293.60	314.66
	到岸成本	561.18	519.98	400.96	425.53	411.05	438.10
	运输成本占到岸成本的（%）	26.00	25.32	26.38	22.00	28.57	28.18
西北南里奥格兰德—里奥格兰德港	卡车	23.26	24.56	26.37	18.38	30.72	31.4
	海运	29.50	27.00	20.25	17.25	25.50	27.00
	总运输成本	52.76	51.56	46.62	35.63	56.22	58.4
	农场价格	459.33	442.52	331.55	352.69	322.3	339.16
	到岸成本	512.09	494.08	378.17	388.32	378.52	397.56
	运输成本占到岸成本的（%）	10.30	10.44	12.33	9.18	14.85	14.69
巴拉那中北部—巴拉那瓜港	卡车	32.26	30.98	24.07	21.31	29.29	—
	海运	29.50	28.75	19.75	18.38	25.50	—
	总运输成本	61.76	59.73	43.82	39.69	54.79	—
	农场价格	470.66	433.91	323.15	340.74	321.54	—
	到岸成本	532.42	493.64	366.97	380.43	376.33	—
	运输成本占到岸成本的（%）	11.60	12.10	11.94	10.43	14.56	—

数据来源：Soybean Transportation Guide：Brazil 2017—2018, USDA

五、主要国家产业支持政策新变化

主产国中，巴西和阿根廷大豆产业政策近些年来几乎没有新的变化，美国大豆产业支持新政策主要是通过2014年农业法案调整和确定下来。因此本部分主要分析美国近年来大豆产业政策的新变化。

美国2014年农业法案保留了原有的市场援助贷款（MALs），确定了价格损失保障（PLC）、农业风险保障（ARC）和补充保障选择（SCO）等的大豆产业支持政策。价格损失保障和农业风险保障由美国农业部农场服务管理机构（USDA-FSA），用来替代取消的直接支付、反周期支付和平均作物选择补贴。补充保障选择是一项新的作物保险政策，由美国农业部风险管理机构进行管理（USDA-RMA）。此外，为应对2018年中美贸易争端采取实施了市场促进方案（MFP）。

（一）市场援助贷款（Marketing Assistance Loans，MALs）

这个项目扩展到2014—2018年的无追索权市场辅助贷款和贷款短缺支付（loan

deficiency payment，LDPs），除了市场贷款收益和贷款不足支付受到支付限制外，其他规定与 2008 年农业法案相比没有变化，大豆的贷款率仍为 5 美元/蒲式耳。

（二）价格损失保障计划（Price loss coverage，PLC）

价格损失着重补偿农民由于价格下跌所造成的损失，效果类似于反周期支付。该计划先设立一个参考价格，当参考价格高于市场价格时对生产者提供补贴，补贴率是参考价格和本年度全国平均价格之间的差额部分，参考价格与市场价格之间的差距越大，补贴率越高；反之亦然。补贴的计算方式：

补贴=（参考价格-年度全国平均市场价格）× 支付单产 ×85%× 基础面积

其中，单产可以参考 2008 年农业法案反周期支付政策实施的单产，或依据 2008—2012 年作物收益的 90%；基础面积依据往年农场服务局登记的面积，也可进行调整，调整的依据是各种作物 2009—2012 年年度种植面积的均值；参考价格由农业法案确定，2008 年农业法案确定大豆的目标价格为 6 美元/蒲式耳，2014 年法案确定大豆的参考价格为 8.4 美元/蒲式耳。相比于 2008 年农业法案，2014 年农业法案的参考价格有所提高，新的参考价格的确定一方面考虑了物价水平的上涨，另一方面也体现了政府支持力度的提高（顾和军等，2016）。

（三）农业风险保障计划（Agricultural Risk Coverage，ARC）

农业风险保障是基于收入保障的项目，类似于 2014 年农业法案取消的平均收入选择补贴项目。农业风险保障提供个人和县域收入保护，生产者可以在这两种方式当中选择一种。选择个人农业风险保障的农民或农场主获得补贴的条件是，实际的个人收入低于保障收入，针对整个农场的所有品种进行补贴，如果只是单个农产品受损，但整体收入高于保障收入时，该项目就不会启动，该项目将全部农场作物纳入其中。根据风险管理机构的统计，极少有生产者选择个人收入保护（96% 的大豆选择了县收入保障）。选择县农业风险保障的生产者获得补贴的条件是，某种农作物实际的县收入水平低于县农业风险保障收入基准水平的 86%。与个人农业风险保障计划不同的是，县农业风险保障计划补贴的对象是农场单一品种，而非整个农场的收入。对于县农业风险保障补贴的计算过程如下：第一，计算近 5 年县单产的平均值，计算全国市场年度价格的平均值，将单产平均值乘以价格平均值计算基准收入，基准收入乘以 86% 获得县农业风险保障收入，并且支付基准（预期）收入的 10%。第二，计算县实际收入，用平均单产乘以作物年度市场平均价格或营销援助贷款利率较高的那一个。第三，确定补贴率，如果实际收入低于保障收入，补贴启动，补贴率为两者之间的差额。第四，确定补贴金额，用补贴率乘以作物基础面积的 85% 可得到农民可获得的补贴金额。

以艾奥瓦州林恩县的大豆为例，基准收入为 613.5 美元/英亩，那么如果以市场价格 12 美元/蒲式耳来计算的话，当单产水平超过 44 蒲式耳/英亩时，该补贴项目不启动。当单产水平在 38.86 蒲式耳/英亩及以下时，补贴金额为 52 美元（表 32）。

表32 农业风险县域补贴

基准收入＝全国平均市场价格 × 近5年县平均单产		
农业风险保障收入（APC guarantee）＝ 0.86* 基准收入		
补贴率（Diff）＝农业风险保障收入－实际收入		
最高补贴（Max）＝ 0.1* 基准收入		
如果 Diff ≤ 0	如果 Diff > 0	
补贴＝0	如果 Diff ≤ Max 补贴＝ Diff×0.85	如果 Diff > Max 补贴＝ Max×0.85

（四）补充保险选择计划（Supplemental Coverage Option，SCO）

补充保障选择从2015年作物开始，为生产者提供与传统作物保险政策相结合购买区域保险的机会，覆盖选择了价格损失保障的生产者的作物，选择农业风险保障的生产者不能在同一个农场和同一作物上购买这个保险。它在以产量和以收入为基础的传统保险产品之外，如果保险的赔付金额没有达到县平均水平的86%，补充保险选择计划又为生产者提供额外的以面积为基础的保险保障，政府对这项保险提供65%的保费补贴。

（五）市场促进方案（Market Facilitation Program，MFP）

市场促进方案（MFP）是为帮助农民应对2018年中美贸易争端带来的损失，该方案由商品信贷公司（CCC）在法定授权下设立的，由农业服务局（FSA）管理，向包括大豆在内的7种农产品的生产者提供补贴。补贴的支付率取决于贸易争端的严重程度以及根据每年生产者的生产情况调整新的贸易模式的时期。

申请者必须拥有商品的所有权，积极参与农业，并且平均调整后的总收入（AGI）在2014年、2015年和2016年的纳税年度低于90万美元，申请人还必须遵守"高度侵蚀性土地和湿地保护"条例的规定。生产者在收获100%完成后，报告他们2018年的总产量，可通过网站、电子邮件、传真和邮件的方式提交他们的申请。该项目的第一期支付从2018年9月4日开始实施，补贴总计46.963亿美元，大豆的初始支付率为1.65美元/蒲式耳，总计补贴36.297亿美元（初始付款＝初始支付率 × 产量的50%），是支付额度最高的农产品。向个人的付款受农民收入限制，上限为12.5万美元。第二期支付将由美国农业部确定，剩余50%产量的支付将取决于第二期支付的支付率。

六、世界供需形势展望

（一）大豆生产继续扩大，增速放缓

2018—2019年度世界大豆生产将较本年度扩大，预计产量将增加5%左右，面积扩大3%左右。未来五年，在过去的大幅度增长之后，世界大豆生产的扩张速度可能在中期内缓和。预计2022—2023年度产量将达到3.9亿吨，平均增长率约为3%，低于前五年的4.6%。在南美洲，主要是巴西种植面积扩大，但其他生产国，如加拿大、中国和印度一样，也可能将更多的土地投入到油料作物中，全球大豆种植面积预计达到1.38亿公顷，平均增长率约为1.8%。由于种子品种的改善和农业与作物管理技术的加强，大豆预期单产水平将适度提高。

（二）大豆消费由油脂驱动转向蛋白驱动

未来五年，世界大豆消费将创新高，预计到2022—2023年度大豆消费量将达到3.92亿吨，平均增长率约为2.1%，主要来自亚洲对美国和南美大豆需求的不断扩大，特别是主要消费国中国的大豆消费将由油脂驱动转为蛋白驱动，豆粕作为牲畜、家禽和水产饲料配给中的关键成分仍需求旺盛。

（三）大豆库存预期偏紧

全球大豆库存预期偏紧，但供给仍然充足，预计2022—2023年度库存量约为3 400万吨，低于前五年的库存水平。

（四）大豆贸易继续增加，但速度放缓

随着近年来的快速扩张，贸易额预计将进一步增加，但速度放缓。受亚洲需求的推动，尤其是由于饲料行业不断增加的用途，进口需求将达到年度高点。预计2022—2023年度全球大豆贸易量将达到1.72亿吨，平均增长率达到2.6%。中国进口需求的增长仍处主导地位，预计将以年均3.5%的速率增长，到2022—2023年进口达到1.14亿吨，占全球大豆贸易量的2/3。

与此同时，欧盟的进口量预计会上升，在2022—2023将达到1 470万吨，同时也有大量豆粕进口，但其进口将也将受当地替代品，特别是油菜籽及其产品的影响。

巴西有望保持其作为世界主要出口国的地位，以2.6%的年均增长率来计算，2022—2023年度出口量预计为7 360万吨，相当于全球大豆出口量的40%以上。美国的出口量预计将保持在6 000万吨以上，而阿根廷的出口则呈现上升趋势。其他相对较小的出口商，如加拿大和巴拉圭，预计出口将会增加。

专题二 大豆国际市场价格波动特征研究

一、国际价格波动特征

(一) 大豆及其及下游产品贸易价格波动特征

2000年以来，国际大豆、豆油和豆粕市场进出口价格呈现上涨趋势，由于大豆价格的变化直接影响豆油和豆粕价格的变化，因此大豆及其下游产品的贸易价格变动趋势整体趋于一致。以出口价格为例，大豆出口价格从2000年194.10美元/吨上涨至2017年的382.68美元/吨，年均增长4.07%；豆油出口价格从371.44美元/吨上涨至803.93美元/吨，年均增长4.65%；豆粕出口价格从182.52美元/吨上涨至342.03美元/吨，年均增长3.76%（图1~图3）。长期来看，大豆及其下游产品价格的上涨主要是由于随着全球经济的发展，人们生活水平的提高，人们对于油脂和蛋白质需求的不断增加；短期来看，由于受其他因素影响，大豆贸易价格波动也较为明显，大体上经历了三个阶段，各阶段呈现出不同的特点。

1. **2000—2001年低位小幅下降阶段**

2001年，国际市场大豆价格降到历史最低点，出口价格为182.36美元/吨，进口价格为206.42美元/吨。其主要原因是国际市场大豆供给量的增加，全球大豆产量增加了9.74%，这其中98.3%来自美国、巴西和阿根廷三大主产国大豆产量的提高，使得全球大豆出口量增加了20.22%。

2. **2002—2008年迅速上升阶段**

从2002年开始价格逐渐攀升，这主要是由于2002—2003年度美国大豆生产量迅速减少，分别同比减少4.65%和10.97%，2003年8月，美国农业部以天气影响为由，对大豆月度供需报告作出重大调整，将大豆库存数据调整到20多年来的低点，导致国际大豆市场价格暴涨，大豆进口价格达30年以来的最高点，上升至335.28美元/吨，出口价格上升至270.35美元/吨，2006年进行了小幅度的调整（图1）。2006—2008年价格快速上涨，主要归因于中国对大豆强劲的国内需求，中国大豆进口量突破3 000万吨，且2008年较2006年进口增加了28.9%，而同期全球大豆生产量仅增加了4.33%。

3. **2008—2017年振荡下降阶段**

2008—2009年，大豆价格迅速下降，出口价格从497.24美元/吨下降到406.02美元/吨，下降了18.35%，进口价格从556.13美元/吨下降至446.19美元/吨，下降了19.77%（图1）。这主要是由于2008年的次贷危机所致，次贷危机加大了全球经济衰退的预期，经济放缓抑制了全球商品消费需求，2009年全球大豆出口量较2008年减少了 15.74%。

2010—2014 年，大豆进出口价格均达历史最高点，2012 年大豆出口价格高达 549.46 美元 / 吨，2013 年进口价格达 600.26 美元 / 吨。2011—2014 年的三年间，大豆价格高位平稳运行。2014—2015 年大豆价格迅速下降，出口价格由 2014 年的 540.33 美元 / 吨降至 2015 年的 388.45 美元 / 吨，进口价格从 578.39 美元 / 吨降至 433.01 美元 / 吨。2015—2017 年大豆价格虽小幅下降，但相对较为平稳，出口价格基本维持在 380 美元 / 吨以上，进口价格维持在 400 美元 / 吨以上。这一时期大豆价格的变动除受国际大豆供需影响外，主要是世界原油价格的变动引起的。

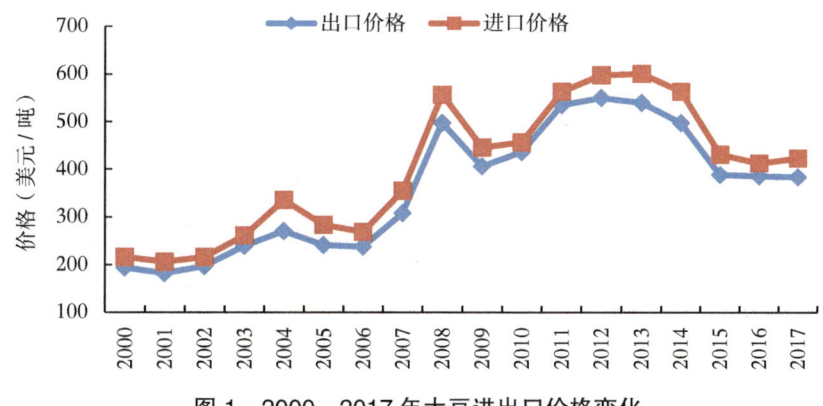

图 1　2000—2017 年大豆进出口价格变化

数据来源：2000—2016 年数据根据 FAOSTAT 数据计算，2017 年数据根据 trademap 数据计算

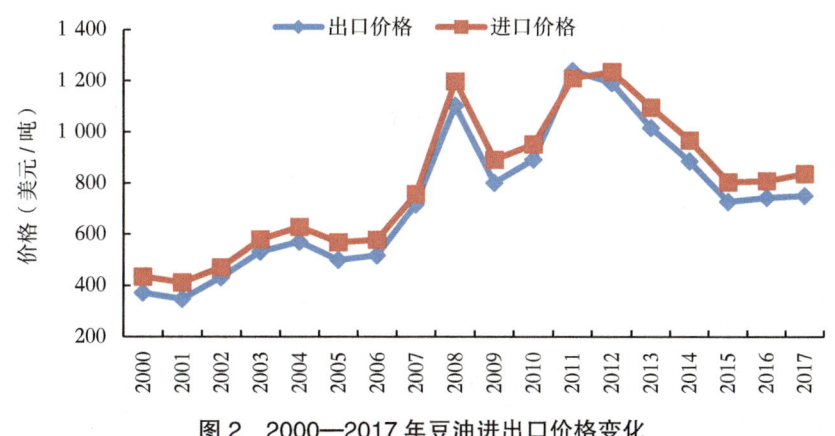

图 2　2000—2017 年豆油进出口价格变化

数据来源：2000—2016 年数据根据 FAOSTAT 数据计算，2017 年数据根据 trademap 数据计算

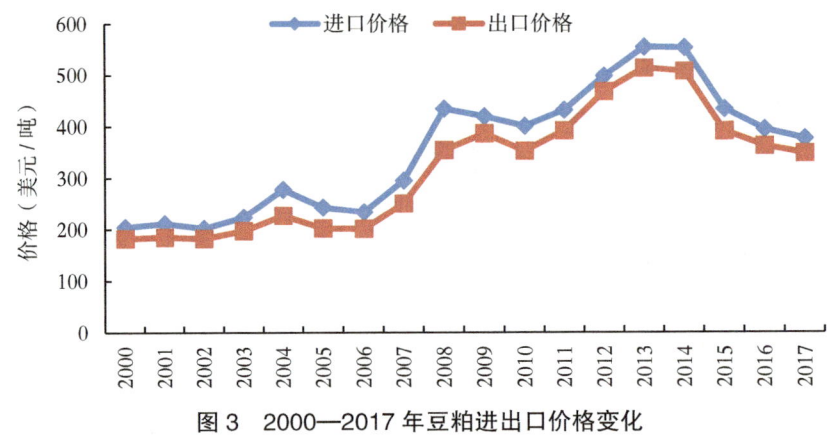

图3 2000—2017年豆粕进出口价格变化

数据来源：2000—2016年数据根据FAOSTAT数据计算，2017年数据根据trademap数据计算

（二）大豆及其下游产品期货价格波动特征

21世纪以来，CBOT大豆期货价格先涨后跌，并呈现明显的季节性变化特征，从全球来看，每年的7、8份属于全球大豆的供应淡季，大豆价格总体处于低谷；而每年的3—5月是全球大豆供应旺季，此季节需求转旺，价格处于高位。除了天气之外，影响CBOT大豆价格走势的重要因素有基金动向、能源和国际市场需求（主要是中国需求）。从年度变化来看，大体可以划分为两个阶段。

1. 2000—2007年大豆期货价格波动中上升

2007年以前，大豆期货价格一直处于低迷势头，指数基本在550~700美分/蒲式耳之间震荡，这一时期国际大豆市场的供应是主要影响因素，大豆期货市场价格基本随着天气的变化以及美国农业部供需报告中的出口量波动。与原油、金属等商品相比，在同样的国际环境下，大豆存在比较严重的价格背离现象，凸现了其规避通胀风险的优势，为国际投资基金利用大豆等农产品期货市场避险保值提供了比较大的市场空间，这正是国际投资基金看中大豆等农产品市场的主要原因，也直接促成了2007年以后国际期货市场大豆期货价格的快速上涨。

2. 2008—2017年大豆期货价格波动中下降

2008年国际金融危机导致CBOT大豆期货价格暴跌。此后，除了2013—2014年间高位回升外，其他年度整体看跌。2013—2014年间，国际大豆价格的强势上涨，基本维持在500美元/吨以上，主要是美豆存量减少与南美天气担忧共同作用市场，特别是2014年6月，受厄尔尼诺气候形成炒作，CBOT大豆偏强震荡，国际大豆价格止跌回升，油脂油粕等下游产品价格小幅回升。2014年7月之后，受国际原油价格下跌影响，CBOT大豆期货价格持续下跌，期间小幅反弹。2016年2月达到近五年内的最低点，316.80美元/吨；直至2016年3月，随着国际原油价格的缓慢回升，大豆期货价格短期回升后又震荡下跌，2016年6月30日，回升至423.36美元/吨。2017年大豆价格低位运行，全年价格基本维持在330~390美元/吨。2018年，大豆期价先涨后跌，整体下行，年初，由于阿根廷干旱将限制其产量规模，并令出口减少，加之美国大豆出口数据强劲，CBOT 大豆价格持续上涨，后因中美之间的贸易争端，大豆期价略有下降，待紧张局势缓和后，中国的进口需求增加，CBOT 大豆期价趋于平稳，2018 年 4 月 26 日，CBOT 大豆收盘价 377.06 美元/吨，2018 年 6 月，随着中美贸易争端升级，大豆期价持续下跌，2018 年 9 月 27 日，CBOT 大豆收盘价 312.10 美元/吨（图4、图5）。

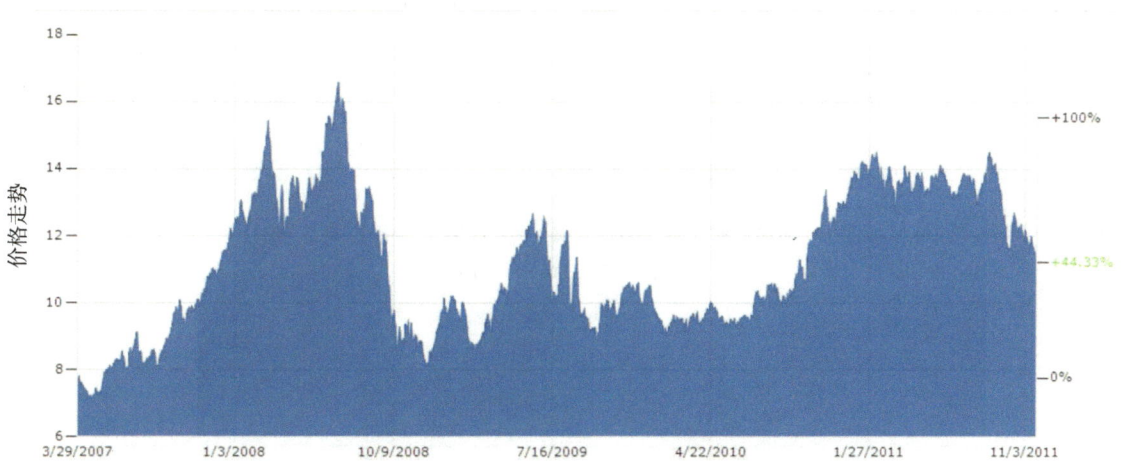

图4　2007 年 3 月—2011 年 11 月 CBOT 大豆月度价格走势

图片来源：Business Insider

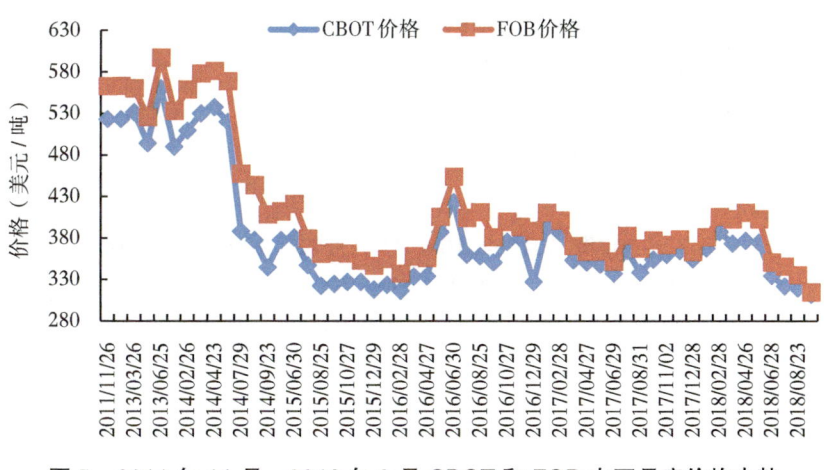

图5　2011 年 11 月—2018 年 9 月 CBOT 和 FOB 大豆月度价格走势

数据来源：中国粮网

受 CBOT 大豆价格变动的影响，其下游产品豆油和豆粕的期货价格也基本表现出相似的变动特征（图6、图7）。

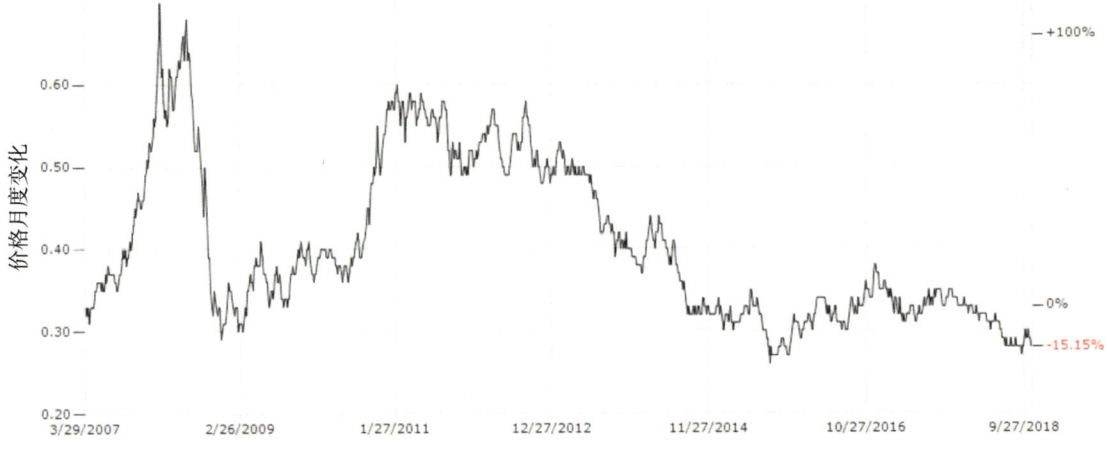

图6 2007年3月—2018年11月豆油期货价格月度变化

图片来源：Business Insider

图7 2007年3月—2018年11月豆粕期货价格月度变动

数据来源：Business Insider

（三）主产国国内大豆价格波动特征

1. 美国国内大豆价格

从美国国内大豆年度价格变化来看，自2000年，大豆价格总体呈上涨趋势，但波动较大。首先从2000年的4.73美元/蒲式耳上涨到2004年的7.56美元/蒲式耳，下跌至2006年的5.65美元/蒲式耳，然后迅速上涨至2008年的11.3美元/蒲式耳，下跌至2010年的9.97美元/蒲式耳，而后又上涨至2013年的14.10美元/蒲式耳，下跌至2016年和2017年9.39美元/蒲式耳（图8）。

图 8　1996—2017 年度美国国内大豆价格年度变化

数据来源：USDA

从美国国内大豆价格的月度走势来看，除 2010 年、2015 年和 2017 年三个年度大豆月度变化不同于其他年份外，其他年份都表现为 1—6 月大豆价格上涨，基本在 6 月或 7 月达到年度最高点，8—10 月大豆下格下降，11—12 月又逐步回升（图 9）。大豆价格月度变化主要受国内大豆供需因素的影响。

图 9　2009 年 1 月—2018 年 9 月美国国内大豆价格月度变化

数据来源：USDA

2. 巴西国内大豆价格

从巴西农场大豆价格年度变化来看，截至 2018 年第二季度，2018 年大豆价格较 2017 年略有提高。以北马托格罗索的大豆价格为例，2018 年前二季度大豆价格平均为 314.66 美元/吨，较 2017 年提高了 21.06 美元/吨，提高了 7.17%。不同种植区大豆价格差异较大，2018年前二季度西北南里奥格兰德的大豆价格比北马托格罗索高出55.9美元/吨（图10）。

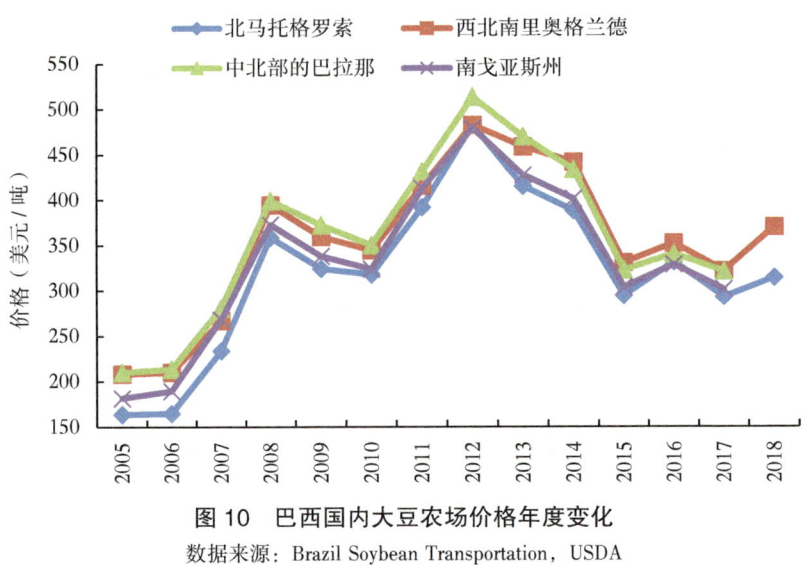

图10 巴西国内大豆农场价格年度变化

数据来源：Brazil Soybean Transportation，USDA

从巴西国内大豆农场价格季度变化来看，自2017年第二季度以来，大豆价格持续上涨。以北马托格罗索为例，2018年第二季度大豆价格为323.46美元/吨，较去年同期提高47.86美元/吨，提高17.37%（图11）。

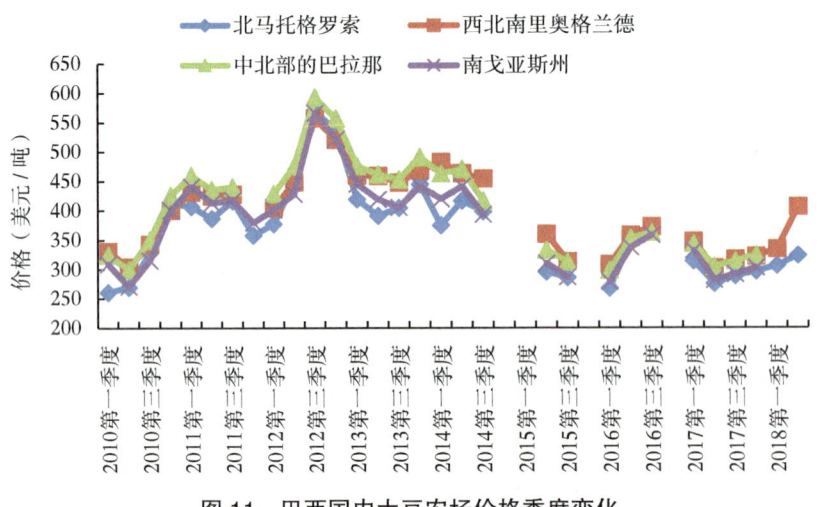

图11 巴西国内大豆农场价格季度变化

数据来源：Brazil Soybean Transportation，USDA

二、国际价格波动原因分析

大豆的价格除了直接受国际市场供需影响外，宏观经济发展、天气变化、政府政策、汇率变动、替代产品、生物质能源的发展以及其他突发事件等都可能通过影响大豆的供需平衡，进而影响大豆价格。此外，大豆价格还受到原油价格等因素的影响。

（一）全球大豆及其下游产品的供需

研究表明，在世界实际人均GDP等因素不变情况下，世界大豆供给量每增加1%，国际大豆价格则下降2.17%（刘洋，2012）。从大豆供给来看，全球大豆以南北半球分为两个收获期，南美（巴西、阿根廷）大豆的收获期是每年的4—5月，而地处北半球的美国、中国的大豆收获期是9—10月。因此，每隔6个月，大豆都有集中供应，直接影响大豆期货价格的月度变化。美国和巴西是全球主要的大豆供应国，2000/2001—2017/2018年度，美国大豆产量从7 505.5万吨增加到1.195亿吨，年均增长2.77%，巴西大豆产量从3 950万吨增加到1.19亿吨，年均增长6.70%，其生产量的变化对世界大豆市场产生较大影响。从大豆需求来看，大豆主要进口国（地区）是中国、欧盟、日本、东南亚国家和地区，欧盟、日本的大豆进口量相对稳定，而中国和东南亚国家的大豆进口量变化较大。中国大豆进口量从2000年的1 276万吨增加到2017年的9 553万吨，年均增长率达12.57%，对国际大豆市场需求影响较大。

从大豆的库存消费比变化来看，2003/2004、2007/2008—2008/2009和2011/2012年度大豆库存消费比下降，国际大豆市场供需偏紧（图12），直接引起2004年、2008年和2011年大豆价格的迅速上涨；而2004/2005—2006/2007、2009/2010—2010/2011和2012/2013—2014/2015年度大豆库存消费比明显提高（图12），国际大豆市场供给充足，也直接导致2006年、2009年和2015年大豆价格的明显下降。

此外，作为大豆下游产品的供需情况也直接影响大豆的价格变化。总体来看，

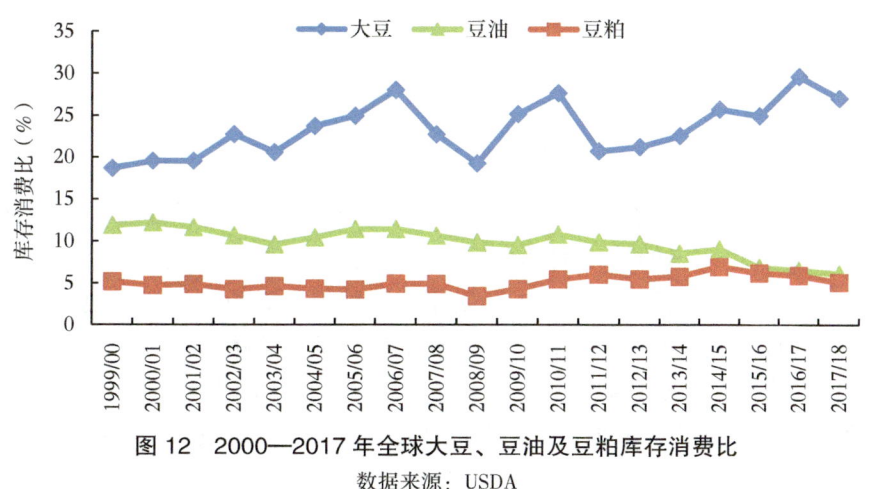

图12　2000—2017年全球大豆、豆油及豆粕库存消费比

数据来源：USDA

1999/2000—2017/2018年度，豆油的库存消费比下降，从11.89%下降到6.08%（图12），意味着国际豆油市场供需偏紧，豆油需求强劲，这必然拉动大豆需求，从而带动全球大豆价格整体上涨的趋势，相比而言，豆粕的库存消费比变化不大，基本在3%~6%变动（图12），市场供需相对稳定，对大豆价格的影响不大。

（二）全球经济形势

全球经济形势是影响国际大豆市场需求量的重要因素，也是国际大豆价格波动的主要成因。研究表明，在大豆供给量等因素不变情况下，世界人均实际GDP每增加1%，国际大豆价格就会上升4.71%（刘洋，2012）。

从全球人均GDP的变化来看，2000—2016年，全球人均GDP从5 483.18美元增长到10 192.30美元，年均增长率为3.95%（图13）。全球经济的发展，人们对于油脂和蛋白的消费不断增加，也直接带动了作为主要油脂原料和蛋白来源的大豆需求的增长，同期全球大豆总需求从2.59亿吨增加到5.74亿吨，年均增长率达5.10%。

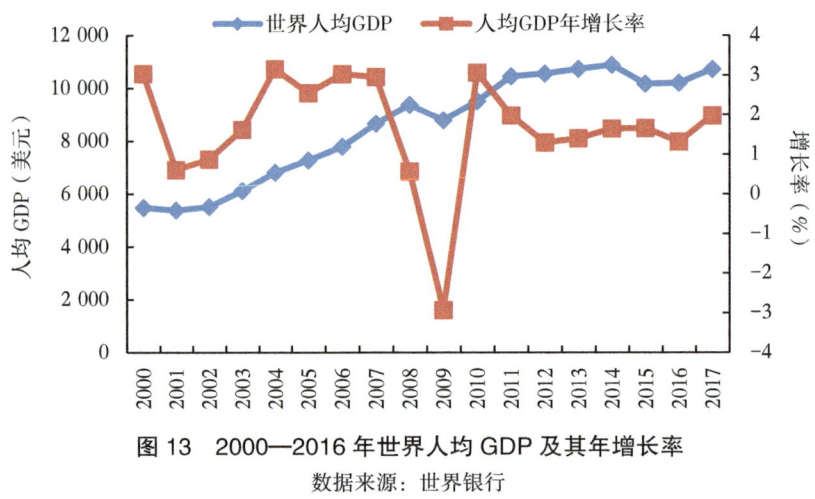

图13 2000—2016年世界人均GDP及其年增长率

数据来源：世界银行

（三）政府政策

1. 农业政策

在国际上，大豆主产国农业政策通过影响大豆的生产量，进而影响大豆价格。如美国2000年以来针对大豆实施的一系列补贴政策（商品贷款项目、直接支付补贴、反周期补贴、平均作物收入选择项目等）都大大激励了农民种植大豆的积极性，促使国内大豆产量迅速提高。巴西针对大豆的价格支持政策（如最低保证价政策、生产者均等补贴以及私人销售期权合同和农产品采购风险补贴等）也大大刺激了巴西国内大豆生产的发展。主产国大豆生产的发展，增加了大豆供给量，从而对大豆价格产生影响。

2. 贸易政策

主要进出口国的贸易政策直接影响国际大豆市场的供需，对大豆的价格影响特别大。

供给方面，美国采取的大豆出口支持政策（外国市场发展项目和市场进入项目）和贸易谈判是美国扩大其大豆出口量的重要途径。在2002—2007年的农场法案形成期间，美国大豆协会和其他市场发展合作者认为众议院农业委员会中开列的10年追加9亿美元发展市场的草案能够有效地用于资助外国市场发展项目（FMD）和市场进入项目（MAP）。美国大豆协会建议10年中逐步将7.5亿美元用于市场进入项目（MAP），1.5亿美元用于外国市场发展项目（FMD）。贸易谈判典型的例子是美国通过北美自由贸易协定把墨西哥纳入美国大豆市场版图，2003年1月1日前逐步取消对美国大豆的进口关税；通过韩美自由贸易协定，韩国对食用非转基因大豆实施零关税配额制度，同时对压榨用大豆进口取消1%的自主关税，这都大大促进了美国的大豆出口，增加国际市场大豆供给。

与美国相反，阿根廷在2001年以后，为应对金融危机、促进国内就业和生产，阿根廷政府开始实施进口替代战略，重点推进豆粕和豆油的出口，而大豆征收高额出口税，同时加大对进口商品的限制。2002年，阿根廷政府将大豆出口税率上调至23.5%，豆油和豆粕分别上调至19.3%和20.0%。2007年1月，大豆出口税率提升至27.5%，11月升至35.0%。2008年3月，决定建立了一项农产品出口浮动税率制度，这项新制度主要是将关税税率与农产品的国际市场价格挂钩。根据2008年2月大豆的国际市场价格，出口大豆的关税税率从以前的固定税率35.0%提升为44.1%。由于引起阿根廷大豆生产者的强烈抗议，7月19日阿根廷政府不得不废除出口浮动税，将主要农产品的关税税率恢复到3月10日前的水平，大豆出口税率由此被调整至35.0%，出口税率制度大大限制了阿根廷的大豆出口。

需求方面，中国作为全球最大的大豆进口国，其针对大豆、豆油和豆粕的关税政策调整变化直接影响国际市场大豆需求。大豆进口方面，在2001年入世议定书中，中国正式承诺取消大豆进口配额管理，实行单一的进口关税约束政策，除种用大豆进口关税率为0外，黄大豆、黑大豆、青大豆以及其他大豆关税税率均为3%，另外，征收13%的增值税。2007年，经国务院批准，海关总署公告《关于公布进口黄大豆实行暂定关税税率》，自2007年10月1日至12月31日，对进口黄大豆实行1%的暂定关税税率，为保证国内市场食用油供应，将2007年10月1日起对大豆实施1%的进口暂定税率延期至2008年3月31日。2008年海关总署再次公告《关于延长黄大豆进口暂定关税实施时间》，将黄大豆1%进口暂定关税的实施终止期从2008年3月31日延长至2008年9月30日。目前，除种用大豆外，中国大豆进口关税3%，并征收13%的增值税。豆油进口方面，2001年入世协定书中，中国承诺了巨大的豆油进口配额，最初配额为211.8万吨，2002年至2005年分别为251.8万吨、281.8万吨、311.8万吨和358.71万吨，并对关税税率逐步减让，最初为63.3%，2000—2004年分别减至52.4%、41.6%、30.7%、19.9%和9.0%，2005年起配额内实行9%关税，配额外关税30%~190%不等。在配额管理上，逐步增加非国营企业豆油进口配额，到2005年，非国营贸易企业进口配额达到90%，国营贸易比例仅为10%。2006年1月1日起，中国取消豆油关税配额，仅实施9.0%的进口约束关税。豆粕进口方面，从 2008 年 6 月 1 日至 12 月 31 日，豆粕进口税率从 5% 降低至 2%。从 2009 年 1 月 1 日起，恢复进口豆粕 5% 的最惠国关税税率，取消原先进口暂定 2% 税率。

（四）汇率变动

美元作为国际通用货币与主要结算工具，一直是全球商品交易的计价货币。其汇率变动一方面从大豆的定价原理上影响大豆价格，另一方面也将传导至大豆的供需层面。

从供给方面看，美国近 50% 的大豆要出口到中国，美元指数的变动直接影响美国大豆出口的竞争力，因此，当美元贬值时，将提高美国大豆出口的竞争力，因此从供给上来看，美国大豆出口量将会增加。

从需求方面来看，中国是全球最大的大豆进口国，其进口量占全球进口总量的 60% 以上，因此美元指数的变化直接影响人民币汇率变化，当美元贬值时，人民币升值，有利于中国大豆的进口，中国大豆进口量将会增加。

上海良茂期货经纪有限公司研究部（2005）研究表明，在大豆产量与期末库存量波动幅度较小的年份里，美元汇率与 CBOT 大豆价格的负相关性较强，而在大豆产量与期末库存量大幅度变动的时期，其相关性较弱，且美元汇率对大豆价格的影响具有鲜明的阶段性特征。

近十年来，美元指数经历 2008—2014 年的低位震荡、2015—2017 年的高位运行和 2018 年的逐渐恢复阶段（图 14）。因此从汇率变动来看，在大豆供需基本保持相对平衡的情况下，美元汇率就成为影响大豆价格的重要因素。

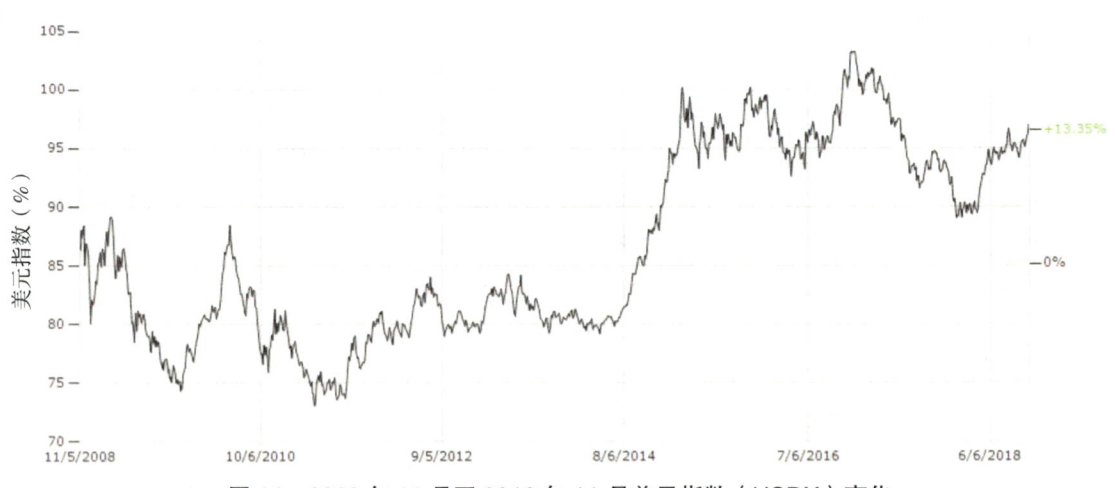

图 14　2008 年 11 月至 2018 年 11 月美元指数（USDX）变化

图片来源：Business Insider

（五）替代产品

作为油籽，大豆的替代产品主要有菜籽、棉籽、葵花籽和花生等，这些替代品的产量、价格及消费的变化对大豆价格也有间接影响。大豆替代产品的价格上涨，会增加大豆的产品需求，在供给不变的情况下，从而拉动大豆价格上涨。从棉籽、葵花籽、油菜籽和大豆的国际价格变动比较来看，2000—2011年间，棉籽和油菜籽对大豆的替代作用明显，棉籽和油菜籽的价格与大豆的价格同涨同跌，即棉籽和油菜籽的价格上涨导致大豆的需求增加，从而带动大豆价格上涨；2006—2014年，葵花籽与大豆的替代作用显现，二者价格变动趋势趋于一致；2015年之后，替代产品价格变化对大豆价格变动的影响不大（图15）。

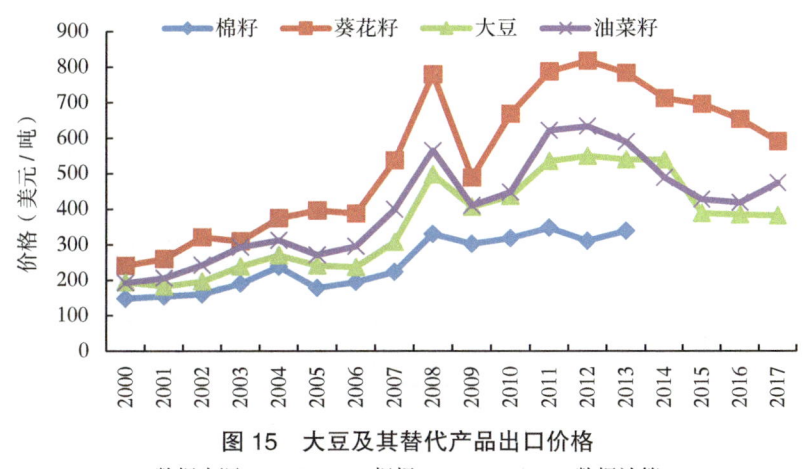

图15 大豆及其替代产品出口价格

数据来源：FAOSTAT，根据UN COMTRADE数据计算

（六）生物质能源的发展

目前，国际上作为动力燃料的生物质能源主要有以玉米、甘蔗为原料发酵生产的乙醇和以植物油（如大豆油、花生油、菜籽油等）为原料通过酯基转移作用（transesterification）而生产的生物柴油。与传统能源相比，生物能源具有可再生、资源丰富、可替代性及清洁性等优势，生物质能源被许多国家纳入了发展战略。生物质能源的发展主要是通过影响大豆供需进而影响大豆价格。

一方面，许多国家以具有比较优势的玉米作为生物质能源的主要原料，导致玉米价格上涨，农户会选择减少大豆的种植，导致大豆供给减少，带来大豆价格暴涨。美国和巴西作为乙醇燃料生产大国，美国主要是利用玉米作为原料，巴西主要是利用甘蔗作为原料，美国和南美等国家燃料乙醇的发展大大刺激了玉米和甘蔗的需求，与大豆"争地"矛盾突显（李干琼，2008）。

另一方面，20世纪90年代，以豆油为主要原料的生物柴油在美国开始了研发和商业利用，并在全球获得了快速发展。2004—2017年间，全球生物柴油产量从189万吨增长到3 600万吨，年均增长25.44%（图16）。据德国汉堡的行业刊物《油世界》称，2018年全球生物柴油产量将比2017年增加240万吨，预计达到创纪录的3 840万吨。以豆油为主要原料的生物柴油的发展，直接影响到大豆市场的需求，从而影响大豆价格。

巴西农村发展部2006年的一份报告显示，大豆是生产生物柴油的最主要的原材料，59%的生物柴油源自大豆原料的加工。EIA最新公布的数据显示，从豆油用于生物柴油的比例来看，2018年3月美国豆油产量约17.77亿磅，其中有6.24亿磅用于生产生物柴油，由此计算豆油用于生物柴油的比例为31.6%。研究表明，作为生物柴油的主要原料，美国大豆价格对柴油价格的波动反应更为剧烈，大豆价格由柴油价格波动驱动（Debdatta Pal etc. 2017）。

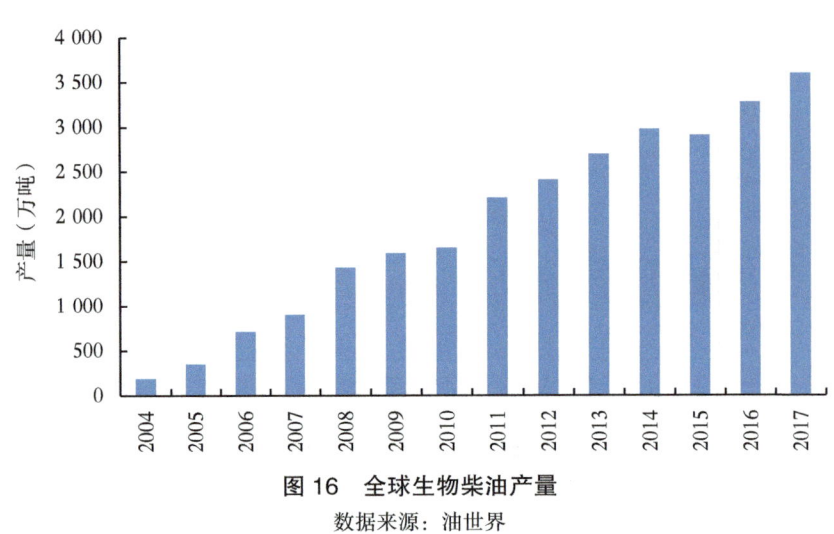

图16 全球生物柴油产量

数据来源：油世界

（七）其他重大事件或冲击

全球突发重大事件通过影响大豆的供需，进而在短期内对大豆价格产生影响。近些年来，主要有经济危机、极端天气以及贸易争端等事件。

1. 2007—2008年的次贷危机

美国次贷危机自2007年初浮上水面以来，诱发了全球一系列经济金融动荡，冲击了全球商品市场，导致全球大宗商品价格暴涨暴跌。2007年7月至2008年7月，美元贬值，通胀压力增大，投机横行，全球大宗商品价格暴涨。原油价格在2008年6月底达到140美元/桶，同比上涨接近一倍，且于2008年7月一度上涨到147美元/桶；CBOT大豆期货价格于2008年6月底同比上涨98%；2008年7月之后，美元反弹，全球经济金融形势明显恶化，金融机构大量破产，流动性紧缺，全球大宗商品价格大幅下挫。原油价格由2008年6月底140美元/桶下滑至77.70美元/桶，跌幅超过44%；而至9月底，CBOT大豆期货价格大幅下滑，较6月底低35%。

2. 极端天气：厄尔尼诺—拉尼娜周期

厄尔尼诺是一个气象学现象。它是指太平洋东岸的秘鲁和厄瓜多尔附近几千公里的海面温度异常升高的现象。拉尼娜是指在赤道太平洋的海洋表面温度相比往常变冷——恰好与厄尔尼诺相反。受厄尔尼诺现象的影响，全球各地农作物产量由于干旱和洪涝灾害大幅减产，并导致价格上涨。在最近的五次厄尔尼诺期间，CBOT 大豆价格平均上涨 4%。从统计数据看，若按照极端情形，2002 年厄尔尼诺期间国际大豆价格上涨 36%。厄尔尼诺曾在 2015 年下半年给东南亚油棕榈产区带来严重旱情，导致棕榈油减产。从 2015 年 9 月开始，国际棕榈油价格缓慢回升，并于 2016 年 3 月份达到爆发阶段，带动全球油脂市场大幅上涨，并与食糖一起共同推升全球食品价格指数。厄尔尼诺还引发阿根廷发生洪涝灾害，2016 年 6 月，正处于厄尔尼诺—拉尼娜周期，4 月初正值阿根廷大豆收割期，连续降雨致大豆质量、产量受损，引起市场对全球大豆供应的担忧，CBOT 大豆期货展开反弹之路。厄尔尼诺天气现象已经导致东南亚棕榈油、原糖和南美大豆减产。

厄尔尼诺现象后，拉尼娜现象目前还不是特别明显，有些专家认为相比之前可能会更快地变弱。尽管如此，气象学者和农民将会密切留意拉尼娜加剧的迹象。如果加剧，巴西和阿根廷玉米和大豆地区干旱的可能性会增加。根据 2017 年的观察，拉尼娜的出现，或者更准确地说厄尔尼诺的缺席也会增加美国东岸的风险，2018 年秋季加勒比海可能会出现更多严重的飓风。

3. 中美贸易争端

2018 年 3 月，美国总统特朗普在白宫正式签署《对华贸易备忘录》，对从中国进口的 600 亿美元商品加征关税。4 月 4 日，中国发布对美国的关税反制措施，并将美国大豆列入反制清单，对原产于美国的大豆进口加征关税税率 25%，并于 7 月 6 日正式实施。大豆是美国最重要的输华农产品，2017 年对华大豆出口 3 285 万吨，占当年中国大豆进口量的 34.4%，占当年美国大豆总产量的 25.9%，占当年美国大豆出口总量的 54.5%；对华大豆出口金额 140 亿美元，约占美国对华农产品出口额的 58.1%，约占美国对华商品出口总额的 10%。因此，从全球角度看，作为全球最大的大豆进出口国，两国的贸易争端关系到全球大豆价格和大豆贸易格局的变动以及大豆进出口国利益。

（八）原油价格

原油价格对大豆价格的影响通过两条路径传导。

一是成本推动。2000 年以来，原油价格的上涨带动农资成本和运输成本上涨，从而推动大豆价格的上涨。原油价格通过农资产品影响大豆种植成本，推动主产国国内大豆价格在成本推动下波动，但与其他粮食作物（如水稻、玉米和小麦）相比，原油价格在大豆农资价格中的作用并不是十分明显。由于大豆的市场开放程度高，原油价格的变化对于大豆的运输成本影响较大，进而影响大豆的国际市场价格。2000 年 1 月以来，原油价格整体趋势上涨，但期间波动较大，原油期货价格从 27.01 美元/桶上涨至 2008 年 6 月的 134.02 美元/桶，下降至 2009 年 2 月的 36.26 美元/桶，回升至 2011 年 4 月的 110.04 美元/桶，下降至 2016 年 1 月的 31.78 美元/桶，回升至 2018 年 9 月的 70.07 美元/桶（图 17），原油价格如此波动通过成本作用也引起了国际市场大豆价格的频繁波动。

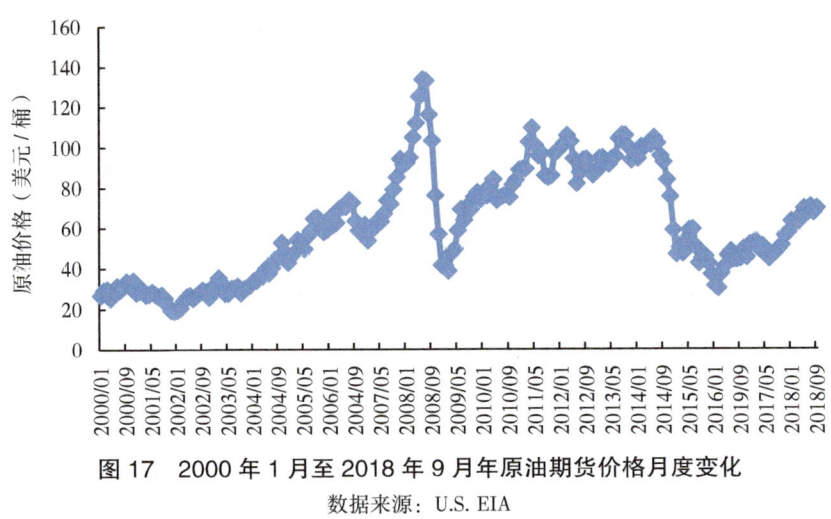

图17 2000年1月至2018年9月年原油期货价格月度变化

数据来源：U.S. EIA

二是原油价格变动引起原油替代品（生物柴油）的需求变化，进而影响大豆价格。原油价格上涨，生物柴油作为替代品的工业需求上升，推动大豆价格上涨。第一大生物柴油生产国的美国主要使用豆油作为原料，原油价格通过对豆油工业需求的影响，传导至豆油，进而影响大豆价格。

三、主要国家价格调控措施及成效

（一）主要国家大豆价格调控措施

1. 美国大豆价格调控措施

21世纪以来，美国对大豆价格的调控措施主要是通过价格补贴形式，并通过《农业法案》确定下来，并取得了一定效果。

（1）直接支付补贴（Direct Payments，DP）。直接支付补贴源于1996年联邦农业改革法案，2002年农业法案开始将大豆纳入该项目，并规定生产者必须签订年度协议才能获得补贴。补贴金额根据补贴率、补贴面积和补贴单产来确定，补贴面积和补贴单产在协议中确定，补贴率由法案规定。2002年农业法案规定大豆的直接补贴率为0.44美元/蒲式耳，2008年农业法案沿用了这一补贴率。

（2）反周期补贴（Counter-Cyclical Payments，CCP）。反周期补贴是在有效价格低于目标价格时启动的一种生产保护性补贴，2002年农业法案规定大豆可以获得反周期补贴，补贴金额由目标价格和有效价格之差决定，反周期补贴金额＝农产品的补贴价格（目标价格－有效价格）×85%的公历年补贴面积×补贴单产。2002年农业法案规定大豆目标价格2002—2003年度和2004—2007年度为5.80美元/蒲式耳，2008年农业法案规定2008—2009年度目标价格是5.80美元/蒲式耳，2010—2013年度目标价格是6美元/蒲式耳（王玉飞，2011）。

（3）商品贷款项目（Commodity Loan Program，CLP）。这个项目最早出现于1933年，一直延续至今，是美国最主要的，也是历史最悠久的国内农产品支持政策，补贴对象基本上覆盖主要的大田作物。经历了无追索性贷款、市场贷款项目和贷款差额补贴三种形式。贷款利率在农业法案中均有规定，1996年农业法案规定的大豆贷款率为每蒲式耳5.26美元，2002年农业法案将其调整为每蒲式耳5.00美元，2008年农业法案延用这一贷款利率，未作调整。2014年农业法案除了营销贷款收益和贷款不足支付受到支付限制外，2008年法案的规定基本没有变化。

（4）平均作物收入选择项目（Average Crop Revenue Election，ACRE）。该项目经2008年的农场法案通过，于2009作物年度开始生效，大豆被列入补贴范围。补贴金额=min{目标收益－实际收益，25%×目标收益}×（85%×基础面积）×农户奥林匹克平均值/县平均值（杨建利等，2010）。2014年农业法案取消了直接补贴、反周期支付、平均收入选择补贴，保留援助贷款项目。建立价格损失保障计划、农业风险保障计划，生产者可选择参加这两种计划当中的一种。

（5）价格损失保障计划（PRICE LOSS COVERAGE，PLC）。价格损失着重补偿农民由于价格下跌所造成的损失，效果类似于反周期支付。参考价格由农业法案确定，2014年法案确定大豆的参考价格为8.4美元/蒲式耳。

（6）农业风险保障计划（Agricultural Risk Coverage，ARC）。农业风险保障计划主要针对农民的收入损失，其实施方式和效果类似于之前的平均收入选择补贴，因而可视作该补贴方式的改进。农业风险保障计划依据个人或者县单产水平来确定补贴，个人可以在这两种方式当中选择一种。选择个人农业风险保障的农民或农场主获得补贴的条件是，实际的个人收入低于保障收入，针对整个农场的所有品种进行补贴，如果只是单个农产品受损，但整体收入高于保障收入时，该项目就不会启动。选择县农业风险保障的生产者获得补贴的条件是，某种农作物实际的县收入水平低于县农业风险保障收入基准水平的86%，与个人农业风险保障计划不同的是，县农业风险保障计划补贴的对象是农场单一品种，而非整个农场的收入（顾和军等，2016）。

（7）市场促进方案（Market Facilitation Program，MFP）。市场促进方案（MFP）是为帮助农民应对2018年中美贸易争端带来的损失，该方案由商品信贷公司（CCC）在法定授权下设立的，由农业服务局（FSA）管理，向包括大豆在内的7种农产品的生产者提供补贴。补贴的支付率取决于贸易争端的严重程度以及根据每年生产者的生产情况调整新的贸易模式的时期。该项目的第一期支付从2018年9月4日开始实施，补贴总计46.963亿美元，大豆的初始支付率为1.65美元/蒲式耳，总计补贴36.297亿美元（初始付款=初始支付率×产量的50%），是支付额度最高的农产品。向个人的付款受农民收入限制，上限为12.5万美元。第二期支付将由美国农业部确定，剩余50%产量的支付将取决于第二期支付的支付率。

2. 巴西大豆价格调控措施

巴西政府通过各种价格支持政策（Price Support Policy）对一些指定的农产品进行扶持，大豆就是其重点扶持的农产品之一。根据世界经济合作与发展组织（OECD）的一项报告显示，农产品国际价格的下降将会导致对其市场价格支持力度的增加，在2005—2006年度巴西受到价格支持政策保护的作物数量成倍增长，大豆也被列在价格保护的范围之内。巴西对大豆的价格支持政策主要有最低保证价政策、生产者均等补贴以及私人销售期权合同和农产品采购风险补贴。

（1）最低保证价政策（Policy of Guaranteed Minimum Prices，PGPM）。最低保证价政策始于1943年，覆盖40多种农产品，对大豆的支持一直实行到1995年2月。政府在每年的农作物耕种期前3个月公布基本作物（包括大豆）的支持价格。2007年11月22日颁布的6266号政令中对2007—2008年度的含大豆在内的13种农产品制定了最低保证价格。2007年最低保证价政策共支付21亿巴西雷亚尔（注：2007年1美元约合1.8雷亚尔）。

（2）生产者均等补贴（Equalizing Premium Paid to Producer，PEPRO）。生产者均等补贴计划是指向公开拍卖出售农产品的农民或合作社提供补贴，其确定的参考价值与溢价价值（即政府支付的作为参考价值保证的最高价值）之间的差额由政府支付。2007年有537.1吨大豆获得了巴西政府PEPRO计划的补贴。

（3）农产品采购风险补贴（Private Sale Option Contracts and Private Option Risk Premium，PROP）。农产品采购风险补贴计划是在2004年12月31日公布的11.076号法律下制定的，它是一种期权拍卖补贴计划。当到期实际市场价格高于期权价格时，由农民自己出售；反之，政府将市场价格与期权价格之间的差额直接补给农民，但产品仍由农民自己销售。这不仅在一定程度上稳定和增加了农民收入，同时也减少政府以保证价格收购农产品的储备成本。2007年，共有1 600万吨、价值1.385亿巴西雷亚尔的大豆通过PROP计划投向市场，补贴金额总计94.774万巴西雷亚尔。

（二）成效分析

巴西的大豆价格支持政策大大地促进了大豆生产发展，但有些政策的作用范围有限，比如全国统一的生产价格支持政策对巴西中西部的大豆生产者具有保护作用，刺激了中西部大豆生产的发展，但对于传统南部产区的大豆生产者来说，由于交通便利，这一政策实际上并没有起到什么作用。而美国的大豆价格调控措施发挥的作用更大，下面作重点分析。

直接支付补贴、反周期补贴和平均作物收入选择项目均属直接补贴，直接补贴虽然与大豆生产、价格不挂钩，但美国对国内生产者进行补贴，增强了农民生产的信心，也促进了农民的生产积极性，会刺激国内大豆的生产，直接补贴仍不可避免地扩大了大豆的生产，作为世界主要大豆的出口国，美国大豆生产的扩大相当于增加了国际大豆的市场供给，在需求不变的情况下，会导致国际大豆价格的下降，扭曲农产品贸易，直接违背了WTO倡导的贸易自由化精神，属于黄箱政策的范畴。因此，2014年美国农业法案商品计划将直接补贴方式取消。纵观2000年以来美国大豆价格的调控措施，可发现美国在大豆价格调控方面将政府调控与市场作用相结合，其调控内容从多方入手来保障大豆价格稳定。

1. 政府干预减少，市场化作用增强

为适应农业投资全球化、大豆贸易国际化的趋势，美国逐步减少了对大豆生产及市场的直接干预。2014年，美国通过新的农业法案取消了直接支付，加强了对农户收入损失补贴，就是为了减少补贴对农产品市场价格造成的直接影响。此外，依据WTO的划分标准，农产品补贴分为黄箱政策、蓝箱政策和绿箱政策，这3种补贴对市场的干预程度依次降低。美国在近年来逐渐减少了黄箱政策、蓝箱政策，增加了绿箱政策，绿箱政策补贴的依据是是否是农用土地，而不论其生产状况如何，借此将补贴与大豆的价格、产量脱钩，因而减少了对市场的直接干预（牟爱州，2016）。

2. 补贴制度不断完善，保障农民收益

美国对大豆实行不同程度的价格补贴，以法律的形式加以规范，形成一整套相对成熟和健全的管理体系与运行机制，这些补贴措施对大豆价格的稳定，农民收益的保障发挥了重要的作用。通过上述调控措施的梳理可以发现，美国在不同时期补贴的方式和内容有所不同，其政策目标清晰，指向明确，作为全球最大的大豆生产与出口国，其对大豆市场调控的出发点是在保证基本供应的基础上解决销路问题，保护农民基本利益，同时注重环境保护以促进农业发展的可持续性。直接补贴、反周期补贴、营销援助贷款和贷款差额补贴三类政策构建了现行调控政策中价格支持体系，为农场防范市场价格风险提供了较好的安全防护网。原有的直接支付、反周期支付、平均作物收入选择计划和补充收入援助付款计划等政策手段对保障农场主收入的作用减弱。因此新农业法案被取消，建立农业收入风险保障计划和庞大的保险计划，可以更加有效地保障农场主实现收入目标（王静，2013）。

3. 监管体系较为全面，反应机制较为健全

美国涉及农产品价格监管的法律法规主要有《凯普—伏尔斯蒂德法》《鲁滨逊—帕特曼法》《谢尔曼法》及其配套法律等。《凯普—伏尔斯蒂德法》的一项重要贡献在于确立了"农业垄断豁免"制度，即各类农业生产者可以以协会、企业等组织形式在生产、经销活动上统一行动，甚至共享经销机构，而不以反垄断对其进行规制，当然这一制度有着严格的限制条件。《鲁滨逊—帕特曼法》明确禁止价格歧视，而《谢尔曼法》及其配套法律旨在防止垄断。在监管机构上，美国主要以联邦委员会及司法部反托拉斯局通过对价格垄断和违反竞争法律行为的查处对农产品价格实施监管。

美国农产品价格反应机制的特点可以概括为"依靠于市场，着力于平时"。由于美国政治体制的原因，政策出台通常会耗时较长，会导致政策实施时在价格调控上产生作用滞后。因而美国在应对价格震荡上，采取的是依靠市场，让市场进行自发调节。但是美国并非采取放任不管的态度，而是极为注意平时各项价格稳定措施的制定及实施：一是加强对农业生产者的保护。对农民采取给予收入保险、鼓励多样化经营、信贷管理等措施；通过这些措施，在价格短时突然震荡时，农民有一定时期的抵御能力。二是加强价格观测。设置专门的部门对农产品价格进行跟踪观测，对于可疑价格变动展开分析，及时为相关部门提供建议和意见。三是储备保障。美国农业生产产值高，但为了保持充足的粮食储备，往往在价格走低的情况下，也采取维持高产量的做法，因而在需求高涨时有相应的库存投向市场以稳定价格（牟爱州，2016）。

参考文献

顾和军,李青. 2016. 2014年美国农业法案商品计划的调整及对中国的启示 [J]. 世界农业(7):110-113.

李干琼. 2008. 生物质能源发展对玉米、大豆国际市场的影响分析 [J]. 中国科技论坛(1):79-83.

刘洋. 2012. 国际大豆价格波动及其影响因素分析 [J]. 上海农业学报(4):148-151.

牟爱州. 2016. 美国、日本农产品价格调控机制分析及经验借鉴 [J]. 世界农业(5):110-114,158.

王静. 2013. 美国农业政策调整对我国的借鉴意义 [N]. 期货日报,12-25(4).

王玉飞. 2011. 美国大豆补贴政策对我国的借鉴和启示 [J]. 农业经济问题(1):100-105.

杨建利,邢娇阳. 2010. 美国"平均作物收入选择方案(ACRE)"对我国粮食直补的启示 [J]. 宏观经济研究(6):75-79.

DEBDATTA P, SUBRATA K. M. 2017. Diesel and soybean price relationship in the USA: evidence from a quantile autoregressive distributed lag model [J]. Empir Econ (52):1609–1626. https://www.fsa.usda.gov/Internet/FSA_File/2014_farm_bill_customers.pdf.

USDA. 2014-03. 2014 Farm Bill [EB/OL].

USDA. 2018-09-06. Brazil Soybean Transportation [EB/OL]. https://www.ams.usda.gov/services/transportation-analysis/brazil-archive.

Washington, D.C. 2018-08-27. Market Facilitation Program [EB/OL]. https://www.usda.gov/media/press-releases/2018/08/27/usda-announces-details-assistance-farmers-impacted-unjustified.

(执笔人:杨树果)

海外农产品市场研究（2018）

第七部分

油菜籽

海外农产品市场研究（2018）

专题一　世界供需形势分析

2017—2018年度,世界油籽供需形势继续延续宽松格局。受种植比较效益较好、播种面积增加影响,全球油菜籽产量创下历史新高;油菜籽消费稳中有增,但增速不及产量增速,导致期末库存大幅增加。受供需宽松格局影响,世界油菜籽价格总体弱势运行。展望2018—2019年,世界油菜籽产出规模预期显著缩减,减幅大于消费减幅,油菜籽供需形势由宽松向产销紧平衡转变,国际贸易延续既往格局,但活跃度会进一步增强。预计未来5年,世界油菜籽规模总体以稳为主,其中生物柴油支持政策、原油价格波动将是影响全球市场的重要因素。此外,中美贸易争端也在一定程度上影响国际市场油料和油脂价格形成,进而影响油菜籽价格走势和贸易规模。

一、世界供需形势

（一）2017—2018年世界油籽供需形势

近年来,全球油籽供需持续呈现宽松态势,突出表现为产量和消费量稳步增加、贸易规模不断扩大特征。2017—2018年,全球油籽仍然延续供需宽松格局,库存再创新高,库存消费比略有回落。

从生产总量来看,2017—2018年度,全球油籽产量为5.75亿吨,比上年度稳中略增;相比2013—2014年,产量增幅13.8%,年均增长3.3%。消费总量来看,2017—2018年全球油籽消费量为5.71亿吨,比上年度增长3.1%;相比2013—2014年,增幅为15.5%,年均增长3.7%。尽管消费量增速高于产量增速,但由于期初库存显著增加,全球油籽期末库存继续稳中有增。2017—2018年,全球油籽库存1.12亿吨,较上年度增加140万吨。由于消费量增加,库存消费比回落0.4%至19.6%（表1）。

表1　2013—2014年至2017—2018年世界油籽供需形势

单位:百万吨

年度	产量	进口	出口	消费	期末库存	库存消费比（%）
2013/14	505.0	133.6	133.8	494.6	79.5	16.1
2014/15	538.9	143.6	147.2	520.1	94.7	18.2
2015/16	524.7	153.8	153.3	525.4	94.5	18.0
2016/17	574.0	166.4	170.4	553.7	110.8	20.0
2017/18	574.9	174.3	176.8	571.1	112.2	19.6
增幅（%）	13.8	30.5	32.1	15.5	41.1	

数据来源:美国农业部

全球主要油籽包括大豆、油菜籽、葵花籽、花生、棉籽等，2017—2018 年 5 种油籽产量占比分别为 58.7%、13.1%、8.2%、8.0% 和 7.8%，合计占全球油籽产量比重为 95.8%（图 1）。近年来全球油籽产量和库存均创下历史新高，主要贡献来自大豆产量的增加。

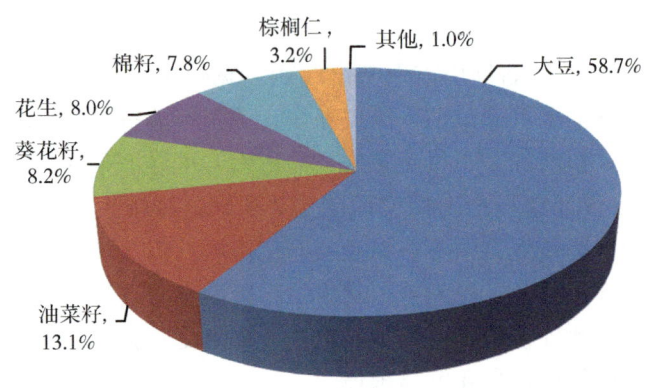

图 1　2017—2018 年世界油籽产量结构

（二）2017—2018 年世界油菜籽供需形势

2013—2014 年度至 2017—2018 年度，全球油菜籽产量先减后增，消费稳步增加，供需形势总体呈现宽松到偏紧再到宽松的趋势。其中，2015—2016 年、2016—2017 年全球油菜籽消费量均高于产量，油菜籽产需呈现偏紧趋势，全球油菜籽库存最低时降至 533 万吨。2017—2018 年在全球油菜籽丰产影响下，全球期末库存显著回升，增至 679 万吨，比上年度增加 27.4%，油菜籽库存消费比由上年度的 7.4% 回升至 9.3%，同比增加 1.9%（表 2）。在全球油菜籽丰产背景下，全球油菜籽供需偏紧形势显著缓和。

表 2　2013—2014 年至 2017—2018 年世界油菜籽供需形势

单位：万吨

年度	期初库存	产量	进口量	总供给	出口量	消费	期末库存
2013—2014	490	7 153	1 555	9 198	1 510	6 937	751
2014—2015	751	7 129	1 432	9 311	1 511	7 046	755
2015—2016	755	6 981	1 442	9 178	1 435	7 079	665
2016—2017	665	7 085	1 566	9 316	1 580	7 204	533
2017—2018	533	7 515	1 543	9 591	1 635	7 277	679
比 2013—2014 年度 ±（%）	8.8	5.1	-0.8	4.3	8.3	4.9	-9.6
比上年度 ±（%）	-19.8	6.1	-1.5	3.0	3.5	1.0	27.4

数据来源：美国农业部

1. 产量创历史新高

2017—2018年，世界油菜籽产量7 515万吨，达到历史最高值。全球油菜籽丰产主要受播种面积恢复性增加所致。2017—2018年，全球油菜籽播种面积3 592万公顷，比上年度增加5.4%；单产2 092千克/公顷，比上年度增加0.6%；总产比上年度增加6.1%（图2）。

图2 2005—2006至2017—2018年世界油菜籽生产趋势

分国别（地区）看，欧盟、加拿大是世界油菜籽前两大主产国家（地区）。2017—2018年，欧盟和加拿大油菜籽产量均大幅增加，产量分别达到2 133万吨、2 215万吨，比上年度分别增加8.8%、7.8%，成为世界油菜籽产量创历史新高的主要贡献源。欧盟油菜面积和单产双增长，带动产量大幅增加。其中，油菜籽单产增加4.0%，收获面积增加3.7%，主要是波兰和罗马尼亚的面积增加显著，而法国和英国分别受土壤干燥、病虫害的影响，制约了油菜籽播种。加拿大产量大幅增加主要影响因素来自面积增加，2017—2018年受比较效益较高影响，加拿大生产主体减少了小麦和大麦的面积用来增加油菜面积，年度内油菜收获面积增加了12.1%，尽管受气候影响油菜籽单产减少了2.1%，但总体上产量增幅仍相当显著。

中国目前是世界油菜籽第三大主产国，2017—2018年中国油菜籽产量1 440万吨，比上年度减少1.0%，减少的主要原因是油菜播种面积比上年度减少。其他主要油菜生产国中，印度、乌克兰、俄罗斯、美国的油菜籽产量依次为645万吨、221万吨、150万吨、142万吨，比上年度分别减少2.6%、增加76.6%、增加50.2%、增加1.1%。其中乌克兰产量增加主要得益于"一带一路"倡议下，中国与乌克兰农产品贸易十分活跃，相对较高的收益和活跃的市场带动农户种植积极性显著增加；俄罗斯产量增加的主要影响因素是气象条件良好，单产比上年度明显增加。

2. 世界油菜籽压榨率略有回落

2017—2018年，世界油菜籽压榨量创历史新高，达到7 018.3万吨，比上年度增加1.7%，但压榨量占总供给的比重略有回落，为73.2%，比上年度回落0.6%。

分国别（地区）看，油菜籽的主产国家（地区）大多是主要的压榨消费国家（地区）。2017—2018年，欧盟、中国、加拿大、印度、日本分别压榨油菜籽2 500万吨、1 850万吨、915万吨、512万吨、245万吨，比上年度分别增加2.5%、增加2.2%、增加0.1%、减少11.7%、增加0.5%。从压榨消费变动原因来看，欧盟鼓励使用菜籽油生产生物柴油带动了油菜籽压榨需求，中国对菜籽油食用需求恢复性增加影响压榨规模相应增加。印度油菜籽压榨消费规模大幅减少，主要是印度国内油菜籽大幅减产所致。从原料流向及压榨加工消费渠道来看，中国和日本均需进口大量油菜籽压榨后供国内居民消费；欧盟生产的油菜籽主要用于压榨后给本地区消费；加拿大油菜籽大部分用于出口，本国居民菜籽油消费较少。

3. 库存量和库存消费比有所回升

受生物柴油发展和部分国家的原料去库存政策影响，世界市场油菜籽库存消费比一直稳定在10%左右，库存量则频繁波动。2017—2018年，世界油菜籽库存量679万吨，比上年度增加27.4%；库存消费比9.3%，比上年度增加1.9%。

分国别（地区）看，加拿大、欧盟的油菜籽库存量在2017—2018年分别达到239万、160万吨，比上年度分别增加78.2%、72.1%；中国受去库存政策影响，库存降至105万吨，比上年度减少22.3%；印度油菜籽库存量维持与上年相当水平，为49万吨；澳大利亚利用油菜籽发展生物柴油规模继续扩大，对菜籽油需求量增加，油菜籽库存量略有下滑至60万吨，比上年度减少7.6%。

二、国际价格走势

欧盟、加拿大、中国是世界前三大油菜籽主要生产国（地区），但由于生产、流通和贸易范围差异较大，三个国家（地区）的油菜籽价格形成机制因此也显著不同。2017—2018年世界油菜籽价格走势总体呈现先涨后跌的趋势，不同区域价格走势略有差异。

（一）欧盟油菜籽价格走低

从美国农业部发布的数据看，2017—2018年的德国汉堡（港市）油菜籽均价每吨425美元，比上年度下跌1.6%，主要是因为欧盟油菜籽产量继续增加，但需求增速缓慢，以致于月度价格持续下跌，从2017年10月的每吨430美元持续下跌至2018年5月的411美元。

（二）加拿大油菜籽价格先涨后跌

2017年10月以来，加拿大油菜籽价格先涨后跌，均价小幅上涨。截至2018年6月，2017—2018年的加拿大油菜籽CNF价（离岸价+运费）每吨471美元，比上年度上涨

2.0%。2017年10月至2018年4月,加拿大油菜籽价格从每吨469美元上涨至492美元。这一时期加拿大油菜籽价格大幅上涨的主要原因是加拿大油菜籽出油率高,压榨需求高,出口需求强劲。5月以来,受全球油菜籽丰产、库存较高,同时需求增长有限等因素综合影响,加拿大油菜籽价格略有回落至472美元/吨(图3)。

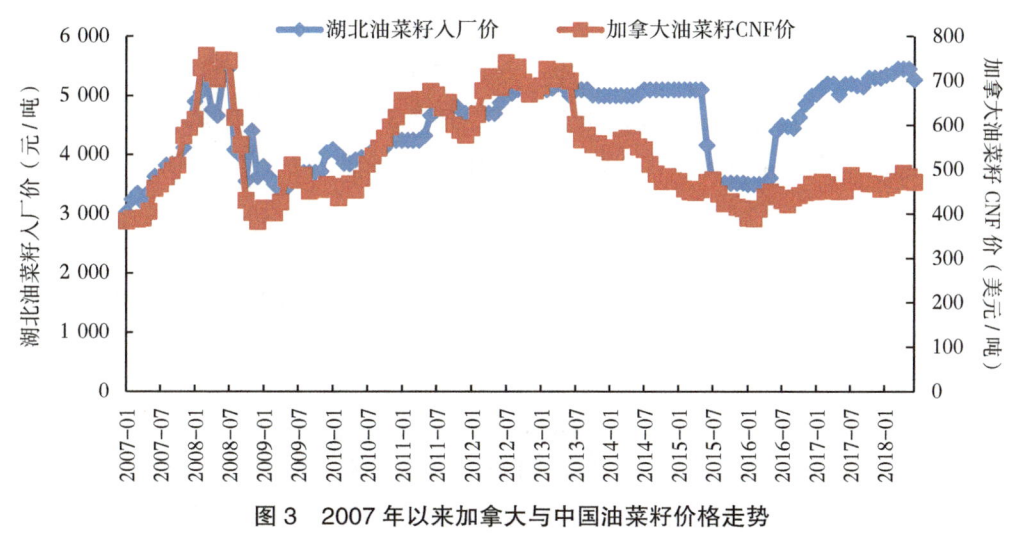

图3　2007年以来加拿大与中国油菜籽价格走势

(三)中国油菜籽价格先涨后跌,均价同比显著增长

2017年以来,中国油菜籽价格总体持续上涨,2018年新菜籽上市以后,价格有所回落。2017年10月至2018年5月,中国油菜籽收购价格总体持续上涨,从5 300元/吨涨至5 450元/吨,6月以来,受国际市场油菜籽价格下跌以及国内菜籽需求疲软等因素影响,价格略有回落,降至5 271元/吨。截至2018年7月,中国油菜籽年度均价为5 347元/吨,比上年度同期均价上涨6.0%(图3)。

尽管中国油菜籽价格走势与加拿大代表的国际市场价格走势大体相同,但实际上国内外油菜籽价差已明显拉大。2018年,中国与加拿大进口油菜籽税后到岸月均价价差最大时达到1 723元/吨,最小价差也近1 500元/吨(图3)。

中国与加拿大油菜籽价差如此大的主要原因在于:从生产和油菜籽特性来看,中国油菜籽与加拿大油菜籽在生产成本上差异极大,同时在品质、风味上也具有较大不同。从加工流通以及市场来看,国内外油菜籽在流通模式、压榨加工方式上存在十分突出的差异化,这也是支撑国内外油菜籽形成两个市场、两种价格的最核心因素。中国国产油菜籽收购后多进入浓香型菜籽油加工领域,由于国内部分地区消费者对浓香型菜籽油消费偏好稳定且消费需求量有所增加,在很大程度上支撑了国产油菜籽收购价格;而进口油菜籽则以沿海加工企业压榨加工为主,成品油菜籽食用植物油受国际市场油脂价格走势影响较大,因此影响价格波动的因素更多且更为复杂。

三、国际贸易格局

（一）贸易格局基本稳定

进口方面。2017—2018年，世界油菜籽进口量1 543万吨，比上年度减少1.5%。其中，中国、欧盟、日本、墨西哥、巴基斯坦稳居世界前五大油菜籽进口国家（地区），进口量分别为460万吨、400万吨、245万吨、193万吨、110万吨。出口方面，2017—2018年，世界油菜籽出口量1 635万吨，比上年度增加3.5%。其中，加拿大、澳大利亚、乌克兰稳居世界前三大油菜籽出口国，出口量分别为1 079万吨、235万吨、210万吨。

（二）欧盟内部交易活跃，加拿大是世界油菜籽主要出口国

从各国的进口贸易流向看，因欧盟地区严禁进口转基因油菜籽，此地区的油菜籽贸易多以欧盟内部国家之间的贸易为主，另从澳大利亚、美国进口一定量的油菜籽；其他国家（地区）进口的油菜籽大多来自加拿大。

2017—2018年，中国、日本、美国从加拿大进口的油菜籽数量占各国进口油菜籽总量的比例分别为91%、92%、97%。从各国的出口情况看，加拿大油菜籽主要出口到中国、日本、墨西哥，占总出口量的比重分别为39%、20%、15%；澳大利亚油菜籽主要出口到比利时、德国，占总出口量的比重分别为42%、47%；乌克兰油菜籽出口贸易伙伴国比较分散，但多以欧盟内部国家为主，出口到德国、比利时、伊朗的油菜籽占出口总量的比例分别为22%、18%、4%。

四、世界主要国家产业竞争力：中加油菜籽成本比较

加拿大是世界油菜籽生产和出口第一大国。中国是加拿大第一大出口目标国。近年来，自加拿大进口的油菜籽总量维持在350万吨~450万吨，占进口总量比重超过95%。加拿大油菜籽价格优势明显是其具有出口竞争力的重要原因。2015年，中国油菜籽临储政策调整后，油菜产业市场化改革基本完成，同时也意味着在压榨加工领域，国产油菜籽将面临国际市场激烈的竞争。为更清晰地判断中加油菜籽竞争差距，下面从生产环节入手，对新一年度中加油菜籽生产成本进行比较分析，探究两国油菜成本构成差异。

中加两国油菜籽的生产成本构成要素基本相同，但在分类上存在一定差异。因此，在对比分析前，需要将相应构成要素统一分类。中国的油菜籽生产成本分为物质与服务费用、人工成本和土地成本三大项，其中物质与服务费用主要包括种子费、化肥费、农家肥费、农药费、租赁作业费、燃料动力费、工具材料费、修理维护费、固定资产折旧费和保险费等；人工成本由家庭用工折价和雇工费用所构成；土地成本由流转地租金和自营地折租两部分构成。加拿大的油菜籽生产成本由经营成本、固定成本和劳动成本三部分构成，其中经营成本包括种子处理费、肥料费、除草剂费、杀菌剂费、杀虫剂费、燃料费、机械费、机械投入费、租赁和定制费、保险费、土地税、烘干费和利息；固定成本有土地投资

成本、机械折旧费、机械投入费、存储成本；劳动成本包括雇工费用和家庭劳动机会成本（表3）。

表3 中国和加拿大油菜籽成本构成类别及要素

国别	成本构成类别	成本构成要素
中国	物质与服务费用	种子费、化肥费、农家肥费、农药费、租赁作业费、燃料动力费、工具材料费、修理维护费、固定资产折旧费、保险费
	人工成本	家庭用工折价、雇工费用
	土地成本	流转地租金、自营地折租
加拿大	经营成本	种子处理费、肥料费、除草剂费、杀菌剂费、杀虫剂费、燃料费、机械费、机械投入费、租赁和定制费、保险费、土地税、烘干费和利息
	固定成本	土地投资成本、机械折旧费、机械投入费、存储成本
	劳动成本	雇工费用、家庭劳动机会成本

从分类看，两国生产成本统计差异总体不大，仅个别要素项归口类别不同。为便于统计分析，遵循不影响成本支出属性和大类原则，同时增强中加两国油菜籽成本的可比性，将两国油菜籽生产成本的构成要素进行整合，统一划分为物质与服务费用、人工成本和土地成本三类。其中，把中国油菜籽生产成本中的化肥费和农家肥费统称为肥料费，将修理维护费合并到机械作业费，其他费用为销售费、工具材料费、畜力费、排灌费；将加拿大油菜籽生产成本中的除草剂费、杀菌剂和杀虫剂费归入农药费，将机械费、机械投入和机械租赁费合并为燃料动力费，其他费用为土地税、烘干费、利息和存储成本。整合后的物质与服务费用为种子费、化肥费、农药费、燃料动力费、机械作业费、固定资产折旧费、保险费和其他费用（表4）。

表4 各项成本包含的具体内容

项目	中国	加拿大
物质与服务费	种子费、化肥费、农药费、燃料动力费、机械作业费、固定资产折旧费、保险费、销售费、工具材料费、畜力费、排灌费	种子费、化肥费、农药费、燃料动力费、机械作业费、固定资产折旧费、保险费、土地税、烘干费、利息、存储成本
人工成本	家庭用工折价和雇工费用等	雇工费用和家庭劳动机会成本
土地成本	流转地租金和自营地折租	土地机会成本

受统计数据获取限制，本章选取了加拿大曼尼托巴省油菜籽生产成本数据，该省油菜产量居国内第三，生产具有较强的代表性。中国油菜成本收益使用2016年成本数据，加拿大使用2017年数据。

（一）总成本：中国为加拿大的 2.08 倍，中国人工成本占比 63%

通过比对中加两国油菜生产总成本，中国油菜总成本是加拿大总成本的 2.08 倍。从结构构成来看，中国油菜成本构成人工成本占比最大，达到 63.0%，其次是物质服务费用，占比为 24.0%，土地成本占比为 13.0%。加拿大与中国油菜生产成本差异较大，其首要成本构成为物质服务费用，占比达到 79.2%，土地成本占比次之，为 13.4%，人工成本占比仅为 7.4%，较上年下降 0.6%（表 5）。

表 5 中加油菜生产成本主要构成

单位：元/亩

国别	物质服务费用	占比（%）	人工成本	占比（%）	土地成本	占比（%）
中国	221.3	24.0	580.1	63.0	119.9	13.0
加拿大	350.4	79.2	32.8	7.4	59.1	13.4

数据来源：根据中加油菜生产成本收益统计数据整理计算。

两国油菜生产的土地成本占比基本一致，但人工成本和物质服务费用占比差异极大。加拿大人工成本占比较低也与其机械化程度较高密切相关。

（二）物质服务费用：加拿大显著高于中国，种子和农药费用高于中国，机械作业费低于中国

从物质服务费用成本对比来看，加拿大油菜籽物质与服务费用高于中国。其中，中国物质与服务费用为 221.3 元，加拿大油菜籽亩均物质与服务费用为 350.4 元（表 6）。

从物质与服务费用结构构成来看，中国油菜籽以肥料、机械作业和种子为主，三项成本占物质服务费用比重分别为 43.2%、34.4% 和 8.5%，合计占比接近 90%。加拿大油菜籽物质服务费用主要发生在肥料、农药、种子和固定资产折旧等方面（表 6）。

表 6 中国、加拿大油菜籽亩均物质与服务费比较

项目	中国（2016 年）		加拿大（2017 年）	
	费用（元/亩）	占比（%）	费用（元/亩）	占比（%）
物质与服务费	221.27		350.37	
种子费	18.90	8.5	65.65	18.7
肥料费	95.57	43.2	75.85	21.6
农药费	14.56	6.6	57.04	16.3
燃料动力费	1.06	0.5	20.46	5.8
机械作业费	76.09	34.4	27.1	7.7
固定资产折旧	5.90	2.7	54.34	15.5
保险费	3.42	1.5	16.36	4.7
其他费用	5.77	2.6	33.57	9.6

两国物质服务费用构成主要有以下特点：加拿大种子成本、农药费用、机械折旧和保险费显著高于中国。其中，2017年加拿大亩均种子费和农药费分别为65.65元和57.04元，分别是中国种子费和农药费的3.5倍和3.9倍。加拿大机械自有率较高，这一点在农机折旧费一项体现较为突出。加拿大油菜籽亩均固定资产折旧费为54.34元，是中国亩均固定资产折旧费的9.2倍。另外，加拿大保险费用高于中国。加拿大油菜籽亩均保险费为16.36元，是中国的4.8倍，这也显示加拿大油菜种植主体保险意识总体较强，另一个侧面也反映出农场主收入保障程度相对高于中国。由于加拿大经营规模普遍较大，机械作业成本低于中国。目前，中国油菜籽亩均机械作业费是加拿大的2.8倍（表6）。

（三）人工成本：加拿大油菜籽人工成本仅为中国的5.6%

2016年中国油菜籽亩均人工成本为580.08元，占总成本的63.0%；加拿大油菜籽亩均人工成本为32.83元，占总成本不到8%，仅相当于中国冬油菜亩均人工成本的5.6%。从中国人工成本构成来看，家庭用工仍是主要来源，油菜亩均家庭用工折价为572.4元，占人工成本接近100%（表7）。

与加拿大相比，中国人工成本高主要有两方面原因：一是受资源禀赋限制，中国人均耕地面积较少，加之土地流转有限，经营规模受到制约，同时冬油菜主产区多山地、丘陵等地貌，机械化推广和使用有限，因此生产过程中需耗费人工较多，目前，中国仅在内蒙古、新疆、青海以及湖北部分地区可实现油菜全程机械化；二是近年来中国城镇化进程加快，人力成本快速上升，导致了用工折价刚性上涨。而加拿大户均经营规模近200公顷，机械使用条件较好，机械化水平极高，在很大程度上替代了劳动力，人工成本相应较低。

表7　中国、加拿大油菜籽亩均人工成本比较

项目	中国		加拿大	
	费用（元/亩）	占比（%）	费用（元/亩）	占比（%）
人工成本	580.08	100	32.83	100
家庭用工折价	572.40	98.7	—	—
雇工费用	7.68	1.3	—	—

（四）土地成本：加拿大仅为中国的一半

中加油菜生产成本中土地成本占比均在13%左右，但中国油菜种植的土地成本绝对数大幅高于加拿大。2016年中国油菜亩均土地成本为119.85元，加拿大油菜亩均土地成本59.09元，仅为中国油菜土地成本的49.3%。加拿大地广人稀，且土地可以自由买卖，土地成本相对较低。中国土地成本总体偏高，随着城镇化进程加快，土地流转成本持续增加。

五、主要国家产业支持政策新变化

(一) 中国

1. 阶段性启动临储菜籽油拍卖，补充国内供给

2015年6月中国多部委联合发文，对油菜籽临时收储政策进行了调整，此后不再对油菜籽收购实施价格支持政策，至此，中国油菜籽价格形成机制从根本上捋顺，高度市场化的格局基本形成。由于连续7年实施临储政策，中国也储备了大量菜籽油。为推进储备菜籽油去库存进程，同时补充国内供给，中国自2015年12月开始启动储备菜籽油拍卖。2017年1—3月，累计进行了8次拍卖，共计成交储备菜籽油79.08万吨。自2015年12月启动储备菜籽油拍卖近一年半的时间，累积拍卖成交菜籽油426.4万吨。

2. 明确油菜生产保护区

2017年，中国发布的"中央一号文件"《中共中央、国务院关于深入推进农业供给侧结构性改革加快培育农业农村发展新动能的若干意见》明确提出要进一步优化农业区域布局，其中涉及油菜生产的主要为建设油菜籽生产保护区。提出"以主体功能区规划和优势农产品布局规划为依托，科学合理划定稻谷、小麦、玉米粮食生产功能区和大豆、棉花、油菜籽、糖料蔗、天然橡胶等重要农产品生产保护区。功能区和保护区内地块全部建档立册、上图入库，实现信息化精准化管理。抓紧研究制定功能区和保护区建设标准，完善激励机制和支持政策，层层落实建设管护主体责任。"油菜生产保护区的建设有利于保障中国油菜籽生产和供给能力，增强国产油菜籽有效供给。

3. 降低农产品生产及进口增税税率

2017年7月1日起，中国进一步简并增值税税率结构，取消13%的增值税税率。纳税人销售或者进口农产品（含粮食）、食用植物油等货物，增值税税率由此前的13%降为11%。2018年5月1日起，中国对农产品增值税税率进一步下调至10%，政策的实施将在一定程度上降低中国油籽、食用植物油进口及经营成本。

(二) 加拿大

加拿大是世界油菜籽生产和贸易大国。近年来加拿大对油菜产业高度重视，积极支持和鼓励油菜产业发展，加拿大油菜籽生产和贸易规模持续增加，在国际市场中的地位越发凸显。2017—2018年，加拿大油菜籽产量占世界总产比重接近30%，出口占世界出口总量比例接近70%。

加拿大实施出口导向型油菜籽产业发展战略，扣除压榨后的出口菜籽油，加拿大国内消费量不足5%，即生产的油菜籽95%用于出口。为发展油菜产业，加拿大政府综合运用直接补贴、作物保险与税收优惠政策稳定农业收入，重视转基因油菜品种技术研发、推广与行业服务。除原有实施的农业生产直接补贴，农作物保险；投入大量资金，积极支持生物技术的研发与成果推广；充分发挥油菜籽协会在产业发展中的重要功能；对农业实施税收优惠政策；以及推动本国油菜籽消费，推行实施生物燃油战略等，2017—2018年，加拿大政府也在科研和贸易领域，继续对油菜产业大力支持。一是实施生产支持。为进一步促进加拿大油菜籽国际竞争力、提升加拿大油菜籽产出水平，加拿大于2017年5月启动政府和私人合作研究的模式，以进一步扩大高产油菜籽品种类别。二是积极鼓励和促进出口。2017年4月，加拿大与印度签署合作备忘录。主要目的是促进加拿大菜籽油出口商和印度进口商或零售商的理解，从而促进加拿大菜籽油出口至印度。

（三）欧盟

生物柴油是欧盟交通使用的主要生物燃料，约占其生物燃料市场的70%（其余主要为生物乙醇）。油菜籽是欧盟加工生物质燃油的主要原料，这也是欧盟油菜籽消费迅速扩大的重要原因之一。政策主要包括：① 通过指令和税收减免激励生物质燃料消费。欧盟《可再生能源指令》（2009/28/EC）要求，到2020年欧洲全部能源消费中可再生能源比例达到20%，各成员国在2020年运输业的汽油和柴油消费中，生物质能源至少占10%。目前，欧盟已有10个成员国采取强制性混合要求政策，有20个成员国对生物柴油混合品进行税收削减。强制性混合要求政策的成本主要由消费者负担，而税收减免政策由公共财政负担。② 对进口的生物质燃料征收较高关税，鼓励欧盟内生物质能源生产。欧盟对进口的未变性的酒精征收0.192欧元/升、变性酒精0.102欧元/升、酒精汽油混合物6.5%的最惠国关税，生物柴油进口税率为6.5%。此外，欧盟实施了促进生物燃料生产和市场营销产业链发展的政策框架，包括促进研发和科技进步的措施、促进产能投资、发展混合燃料动力车的安全协议等。

除以上政策外，2017年，欧盟围绕油菜籽进口与主要国家签署了自由贸易协定，调整了部分进口贸易及关税政策。5月17日，欧盟与澳大利亚就未来的自由贸易协定范围内容进行界定，以协助未来澳洲油菜籽更加便利的出口欧盟。2017年9月21日，欧盟根据经济贸易协定（CETA）临时取消对加拿大菜籽油进口的关税。

（四）其他国家

美国。2017年4月为致力于研发新的油菜籽品类、扩大种植区域、以及推广新的以油菜籽为基础的商用产品的基础型和应用型研究提供有效的资金支持。

印度。2017年6月，为避免因价格下跌导致农民收益遭受损失，从而减少大豆和其他油菜籽的播种面积，印度将秋收油料作物的最低支持价格进一步提高。同时，于8月宣布启动国家采购油菜籽的电子交易平台，来帮助种植者获得更多的、有更高回报的价格信息，包括消费者价格。

土耳其。2017年2月颁布一项新的农业补贴项目，以促进多样化国家的农业生产，提升产能水平，并在水资源结构性贫乏的省份，减少耗水性作物的种植。这一项目支持的作物有大豆、向日葵、亚麻籽、油菜籽。

墨西哥。减少2017年支付给农户的补贴，其中包括减少特定的油籽支持项目的资金。

巴基斯坦。2017年4月在开伯尔—普赫图赫瓦省启动促进油菜籽产能提升的工程。

六、世界供需形势展望

（一）2018/19 年度世界油菜籽供需形势展望

2018—2019 年，预计世界油菜籽产量、消费量均减少。其中，产量减幅大于消费减幅，世界油菜籽供需宽松的格局转化为产消紧平衡；国际贸易延续既往格局，但活跃度进一步增强。

世界油菜籽从产消盈余转为产消紧平衡。2018—2019 年，世界油菜籽产量预计将至 7 213 万吨，比上年度减少近 300 万吨，减幅 4.0%，主要是受欧盟、加拿大、中国的油菜籽种植效益偏低，播种面积和预期产量比上年度减少所致。全球油菜籽消费 7 211 万吨，比上年度减少 65.5 万吨，减幅 0.9%。产消基本平衡。世界油菜籽贸易的活跃度进一步增强。2018—2019 年，世界油菜籽进口量预计达到 1 685 万吨，比上年度增加 142 万吨，增幅 6.4%；出口量预计 1 769 万吨，比上年度增加 105 万吨，增幅 9.2%；总贸易量预计达到 3 431 万吨，比上年度增加 8.0%。贸易量增加主要来自欧盟和中国，两国国家（地区）油菜籽进口量预计增幅分别达到 21.7% 和 9.9%。其中，欧盟增加油菜籽进口量主要是用于利用菜籽油生产生物柴油。中国进口油菜籽增加主要受三方面原因影响：一是国内油菜籽产量增幅有限；二是中美贸易争端影响下，大豆进口量预期减少，导致油籽供需缺口增大；三是中国居民对菜籽油消费需求增加。

（二）未来 5 年世界油菜籽规模预计以稳为主

中长期来看，世界油菜籽规模将保持稳中有增。短期来看，未来 5 年世界油菜籽规模预计以稳为主。

加拿大。油菜籽产量有望稳步增长。根据油菜籽协会的预测数据，未来 5 年受土地资源、水资源等的限制，短期内加拿大进一步增加油菜种植面积的可能性不大，因此油菜籽种植面积基本稳定。而单产在品种研发和科技发展带动下保持稳步提高。加拿大油菜籽加工量将继续增加，主要动因包括：一是世界菜籽油消费增长带动显著，二是技术推动下，油菜籽中所含植物蛋白被开发的潜力逐步得到释放，加工消费有所增加。加拿大油菜籽出口量受国际需求增长影响也将稳步提升。据加拿大油菜籽协会发布的 2025 年计划，到 2025 年加拿大油菜籽单产达到每公顷 3 497 千克，总产达到 2 600 万吨，国内加工 1 400 万吨，出口量 1 200 万吨，分别比 2017 年增加 26.8%、22.1%、52.2%、6.2%。

欧盟。欧盟的菜籽油消费基本稳定，在发展生物柴油政策的鼓励下，油菜籽消费量将受原油价格等因素的影响，波动运行。

中国。自中国油菜籽临储政策调整以来，油菜籽价格形成高度市场化，目前已经与国际市场形成了相对稳定、差异明显的两个市场。突出表现为价格走势独立、价差明显。由于近两年来国产油菜籽价格稳步走高，与进口油菜籽的差价相对稳定，播种面积将有所回升，但因油菜籽生产费时费工，生产规模大幅增加的可能性不大。预计到 2020 年中国油菜种植面积达 9 450 万亩（630 万公顷），单产达到 133 千克/亩（1 995 千克/公顷），产量为 1 257 万吨。

美国。据美国 2018 年 2 月发布的未来 10 年农业展望报告，未来 5 年美国农业种植结构基本稳定。其中，玉米面积略有减少，大豆略有增加，油菜作为小品种，面积基本维持在现有水平。

专题二　国际市场价格波动特征研究

加拿大是世界第一大油菜籽生产和出口国，年出口量占世界出口总量近70%。由于出口占比高，加拿大油菜籽出口价格也成为国际市场油菜籽价格形成和走向的风向标。基于数据的可获得性、连续性和代表性，本专题以加拿大油菜籽出口市场价格以及期货价格为分析对象，在分析近十年来加拿大油菜籽价格走势特征的基础上，梳理剖析论证影响国际油菜籽价格波动的主要因素。分析显示，近十年来，全球油菜籽价格走势呈现波动幅度减缓、波动频率加大、波动周期延长的特征；从影响价格波动的主要因素来看，除传统的供需形势影响价格形成外，期货价格走势、世界其他油料价格、主要国家汇率变化、气候因素以及资金流等因素对世界油菜籽价格形成的影响日益明显，凸显出全球油菜籽市场价格形成和波动面临的不确定性显著增加。

一、国际价格基本走势

（一）国际价格的选取

目前，国际市场中没有统一的全球油菜籽价格或者价格指数。从全球油菜籽生产结构来看，欧盟和加拿大是全球最大的油菜籽供应国（地区），两国（地区）油菜籽产量分别占全球产量的29.6%和28.8%；从贸易结构来看，欧盟进口和出口贸易规模均较大，但多集中在欧盟区域内贸易，加拿大目前是世界第一大油菜籽出口国，年出口量油菜籽占世界出口总量近70%。从市场价格形成来看，欧盟和加拿大均具有高度的市场化价格形成机制，其中ICE油菜籽期货在加拿大温尼伯商品交易所（Winnipeg Commodity）上市，也成为世界油菜籽市场价格的风向标。基于生产、贸易和市场价格形成基础，本报告将加拿大油菜籽价格作为国际市场油菜籽价格的代表进行分析。在分析数据的选取上，将加拿大油菜籽现货市场和期货市场价格均作为分析对象。基于数据的可获得性、连续性和代表性，本报告重点分析2007年以后油菜籽国际市场月度价格波动特征、规律。

（二）国际市场价格基本走势

基于时间序列的价格趋势图来看，2007年以来世界油菜籽价格总体呈现频繁波动趋势特征。初步按照市场价格上涨、下跌的阶段时期来划分，十余年来国际市场油菜籽价格走势可以划分为5个阶段（图1）。

1. 价格快速大幅上涨阶段（2007年1月—2008年7月）

这一时期，国际市场油菜籽价格从384美元/吨上涨至747美元/吨，涨幅高达

94.5%。这一轮价格上涨也使国际油菜籽价格上涨到历史高位。

2．价格短期内持续大幅下跌阶段（2008年8月—12月）

这一阶段，国际市场油菜籽价格在短短5个月内从最高746美元/吨回落至383美元/吨，价格跌幅高达48.6%。

3．价格波动回升阶段（2009年1月—2013年5月）

这一阶段，国际市场油菜籽价格总体呈现缓慢波动回升趋势，4年多的时间，价格从413美元/吨增至721美元/吨，价格增幅达到74.6%。

4．价格波动回落阶段（2013年6月—2016年2月）

这一阶段，国际油菜籽市场价格波动下行趋势明显，在时段中间偶有上涨，但总体下行趋势未变。至2016年2月，价格跌至390美元/吨，较2013年6月下跌44.3%。

5．价格波动中心小幅上移阶段（2016年3月—2018年6月）

这一阶段，国际油菜籽价格总体在420美元/吨至500美元/吨区间小幅波动，环比月均价波动幅度均在5%以内。从基本走势来看，尽管月均价波动幅度较小，但价格重心总体上移，突出表现为2016年3月至2017年3月，月均价为445美元/吨；2017年3月至2018年6月，月均价则增至469美元/吨。

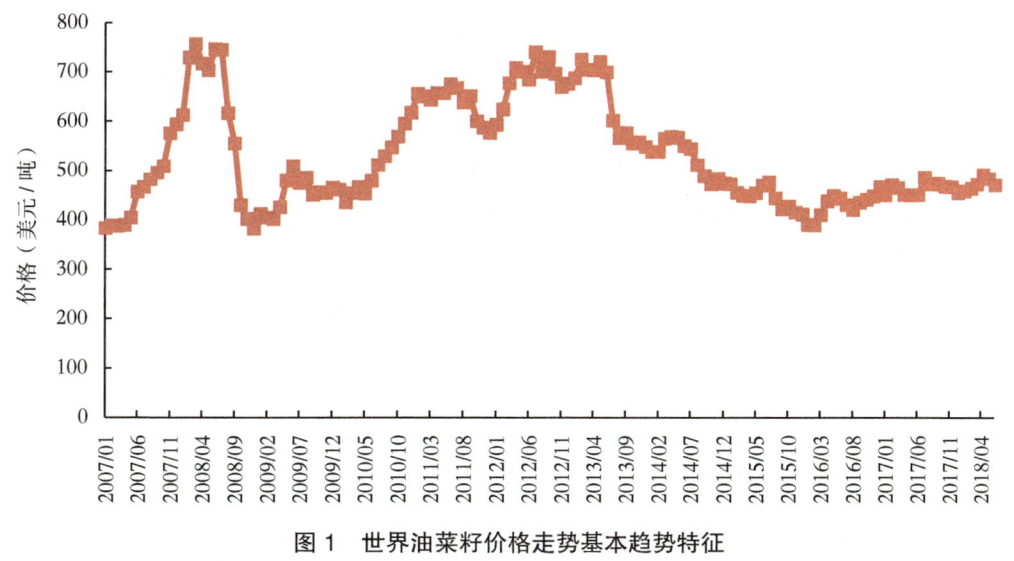

图1　世界油菜籽价格走势基本趋势特征

二、国际价格波动特征

（一）研究方法

为科学研究油菜籽国际价格走势特征及影响因素，本研究将规范分析和实证分析相结合、定性分析与定量分析相结合，通过对翔实而充分的数据进行统计分析，着重运用计量模型、图示及数理公式等方法来进行解析。一是采用规范与实证分析相结合的方法进行阐述分析影响价格波动的主要因素。实证分析的方法主要包括相关影响因素与价格波动的初步线性回归以及阶段性关系的对比和检验。二是分析加拿大油菜籽出口价格和期货价格波动特征。采用相对波动幅度、绝对波动幅度以及变异系数等指标分析长、短期价格波动特征以及对比分析地区间价格波动程度；采用H-P滤波法刻画价格波动的周期性特征；采用季节指数衡量短期价格波动的季节性特征。具体研究方法如下。

1. 波动周期划分

时间序列的变动要素中包含长期趋势要素、循环要素、季节变动要素和不规则要素。在对时间序列的考察中，长期趋势要素和循环要素是时间序列变动的主要特征体现。而季节变动要素和不规则要素在很大程度上影响了对长期趋势和循环要素的分辨。因此，在剔除季节变动和不规则要素的基础上，利用相应的方法辨别出长期趋势和循环要素是研究时间序列特征的重点。

趋势分解方法是将经济时间序列中长期趋势和循环变动要素进一步分离的有效方法。趋势分解法中，较为常用的方法有回归分析法、移动平均法、阶段平均法、H-P滤波方法和频谱滤波法等。对比几种方法的基础上，本文选择H-P滤波法对价格波动的长短期特征进行衡量。

2. 趋势分解——H-P滤波法

H-P滤波法通过非线性回归对时间序列组成成分的长期趋势和循环要素进行分离。其原理为：设$\{Y_t\}$是包含趋势成分和波动成分的经济时间序列，$\{Y_t^T\}$是其中包含的趋势成分，$\{Y_t^C\}$是其中含有的波动成分，也即循环要素，则：

$$Y_t = Y_t^T + Y_t^C, \quad t = 1, 2, \ldots\ldots, T \tag{1}$$

利用H-P滤波法将长期趋势从时间序列中分离出来，可观测的趋势要素$\{Y_t^T\}$被定位为以下方程最小化的解：

$$\min \sum_{t=1}^{T} \left\{ (Y_t - Y_t^T)^2 + \lambda [c(L) Y_t^T]^2 \right\} \tag{2}$$

其中，$c(L)$是延迟算子多项，$c(L) = (L^{-1} - 1) - (1 - L)$

长期趋势确定后，可以相应分离出循环要素。H-P滤波把经济周期看成是宏观经济对某一缓慢变动路径的一种偏离，长期趋势即为该路径在期间内的单调增长。

3. 季节调整

季节调整主要用于分析价格波动的短期特征。在使用月度价格数据来考察价格波动的短期特征时，采用的月度数据本身会呈现出一定的季节性循环变动特征，也即变动要素中的季节变动要素，在考察价格序列波动周期时，首先需要剔除季节波动要素。

季节调整的方法有CensusX12方法、X11方法、移动平均方法和Tramo/Seats方法等（高铁梅，2006）。本文采用移动平均比率法乘法模型对季节要素进行衡量。

4. 变异系数

标准差变异系数（CV：Coefficient of Variance）是所考察数据序列的标准差与平均数的比值，通常用于反映所考察对象在均值上的偏离程度。当两组序列的均值相等时，可以直接通过标准差来衡量序列的偏离程度,反之,则需要通过计算变异系数来衡量序列的不同偏离程度。

$$CV=\sigma/\mu$$

其中,σ 为所考察序列的标准差,μ 为相应序列数值的平均值。

(二)季节性趋势特征

考虑到月度价格数据存在季节性特征,为避免季节性干扰数据本身的周期性特点,通过移动平均比率法乘法模型的方法来计算季节指数,对加拿大油菜籽价格进行调整,季节指数如表1所示。

季节指数显示,油菜籽价格指数在3—8月大于1,也即油菜籽价格存在比较明显的上涨,这个时期的价格上涨与加拿大油菜处于种植阶段、油菜籽现货可供给量逐渐减少以及新菜籽尚未上市有一定关系。9月以后,加拿大油菜籽陆续开始收获上市,国际市场现货供给逐步得到满足,价格指数会有小幅回落。随着后期油菜籽集中上市,市场供给显著增加,在一定程度上降低了市场价格预期,因此油菜籽价格指数逐步走低。

表1 2007年1月至2018年6月加拿大油菜籽价格季节指数

月份	1月	2月	3月	4月	5月	6月
季节指数	0.970 351	0.992 005	1.011 266	1.024 349	1.037 166	1.053 824
月份	7月	8月	9月	10月	11月	12月
季节指数	1.045 412	1.000 711	0.990 221	0.957 258	0.961 257	0.962 568

(三)周期性波动特征

采用H-P滤波法对经过季节调整的油菜籽实际价格序列进行长期趋势的剔除,最终得到价格波动的循环要素,图2为加拿大油菜籽价格循环因素体现。

国际市场油菜籽价格循环要素显示出价格波动的时间分布特征:一是从总体波动幅度趋势来看,世界油菜籽价格的波动程度,也即振幅呈现先大后小的趋势。二是从波动频率来看,呈现前期频率小,后期波动频率大的特征。

为进一步刻画波动特征,我们对国际市场油菜籽价格波动周期进行细致划分。根据周期划分的标准[①],我们将国际油菜籽实际价格波动划分为以下3个完整周期和一个未完成周期(表2)。

---

① 波动周期的划分标准有三个:一是形态标准。一个周期波动要求基本图形完成,从波峰点到波谷再到波峰,或者是从波谷到波峰再到波谷点,定义为一个波动周期,同时,图形具有明显的下凹或者上凸的形态。二是幅差标准。在增长率波动的图形上,从波峰点到波谷点的落差要超过5%。三是时间标准。一个周期波动要有一定长的年限跨图,一般要包含2个或2个以上的生产周期,油菜籽为一年生作物,因此周期应该大于或等于2年(24个月)。

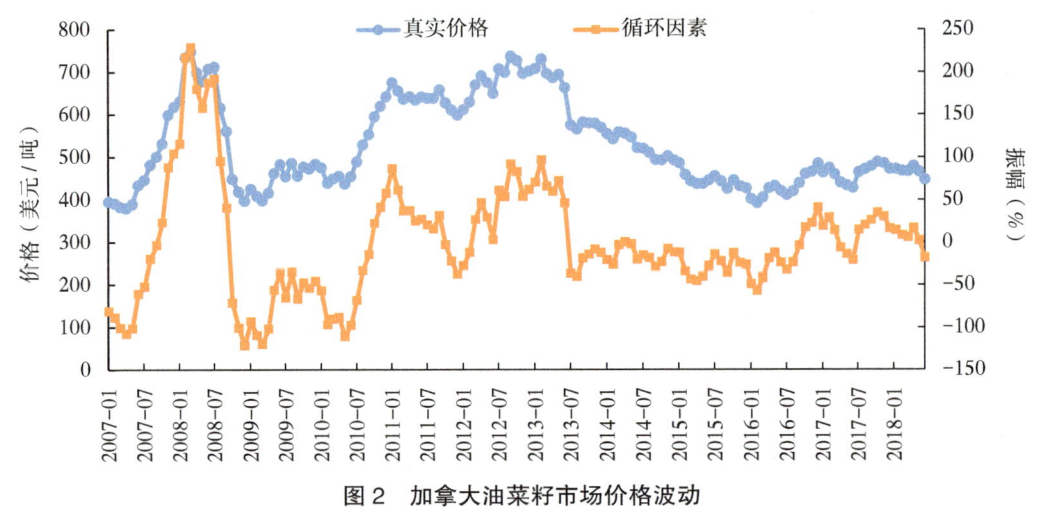

图 2 加拿大油菜籽市场价格波动

表 2 加拿大油菜籽短期月度价格波动周期划分

序列	周期时期	周期长度（月）	峰值月份	峰值价格（美元/吨）	峰谷月份	峰谷价格（美元/吨）	振幅（%）
1	2007-01 至 2008-12	24	2008-03	757	2008-12	383	49.4%
2	2009-01 至 2011-12	36	2011-01	656	2009-03	403	38.6%
3	2012-01 至 2015-04	40	2013-02	726	2015-04	449	38.2%
4	2015-05 至今	—	—	—	—	—	—

注：振幅均为最高最低价差与最高价的比值百分数

从周期划分来看，主要呈现如下特征：一是周期长度呈不断增加趋势。三个周期长度分别为24、36和40个月，最后一个未完成周期也已经超过40个月。二是波动振幅均保持较高水平。三个已完成的周期振幅均在38%以上，最大达到49.4%，显示价格波动十分剧烈。三是波动振幅有收缩的趋势。尽管三个周期波幅均较大，但总体上呈现缩小的趋势。特别是从最近一个未完成周期来看，国际市场油菜籽价格的波动幅度显著小于前三个周期。整体上来说，国际市场油菜籽价格的波动呈现波动周期延长、波动幅度较大但逐步缩小的趋势特征。

三、国际价格波动原因分析

在高度市场化和贸易融合度的背景下,世界油菜籽价格的形成主要决定因素仍是供需形势。由于油菜籽处于油料油脂市场中,其涉及的竞争性替代品较多,因此,除基本的供给和需求规模影响价格形成和波动以外,油菜籽期货价格走势、其他油料油籽替代品价格走势、世界能源价格走势、主要国家汇率、主要国家油料生产和贸易政策以及气候变化等因素均会影响油菜籽价格走势。综合来看,单一的因素对油菜籽市场价格的影响在市场中会受到其他因素的冲击或影响,进而弱化或者加强原本的影响程度。

(一)市场供给与需求

全球油菜籽供需形势是影响油菜籽价格波动的首要因素,也是核心因素。

从供给来看,一是产量因素。世界主要生产国(地区)加拿大、中国、欧盟、澳大利亚等的油菜种植面积、产量预期是判断价格预期的基准因素。除传统油菜籽主产国以外,中东欧地区的乌克兰、俄罗斯等国近年来油菜生产发展迅速,随着生产规模的增加,对世界油菜产量的影响也逐渐显现。二是期初库存以及全球进口贸易量。期初库存高企则影响本年度价格下行。而期初库存主要受上年度期末库存影响。

从需求端来看,因素相对复杂,其中,主要消费国消费规模是影响国际市场价格波动的主要因素。一是油菜籽的油用消费规模增长情况。目前菜籽油是中国、美国、日本等国居民的主要消费油脂种类,这些主要国家经济增长情况、人口结构变动、消费偏好等因素均对消费趋势产生影响,进而影响全球油菜籽价格走势。二是菜籽油生物质燃料消费需求。近年来,随着世界油菜籽工业和食用消费的快速增长,生物质能源也快速发展,欧盟等对菜籽油用于生物质能源加工的消费需求快速增加,直接影响全球油菜籽供需偏紧,造成世界油菜籽价格恢复上涨。

(二)油菜籽期货价格

国际油菜籽市场中,除加拿大油菜籽现货市场价格是国际市场油菜籽价格走势的风向标外,加拿大油菜籽期货市场价格也是油菜籽现货市场价格形成的重要因素和方向指标。农产品期现货市场关联十分紧密。从理论基础来看,持有成本理论(Robert,1999)和仓储理论(Working,1962)能较好地反映期货市场具有发现价格功能。期货价格作为现货市场的远期交易反映,对现货市场价格的形成具有影响。这种影响表现为:远期交易中,期货价格走高,表明市场远期交易需求增多,现货价格也将受到预期价格走高的影响表现出走高的趋势;期货价格走低,表明市场远期交易需求减少,现货价格受预期价格走低影响会表现出走低的相同趋势。近期交易中,期货价格则表现为向现货价格的回归,期现货价格之间的差额会越来越小,交割期两种价格差额会趋向于零。从整体上来看,期货价格与现货价格走势保持长期的趋同趋势。从国际市场来看,油菜籽远期供求变化会反映在期货交易价格上,国际市场中油菜籽远期供大于求,则远期交易期货价格呈走低趋势;反之，产品远期供小于求时，期货价格则呈现走高趋势（图3）。为更加具体的分析国际油菜籽价格波动特征，对油菜籽期现货市场价格关系进行实证分析。

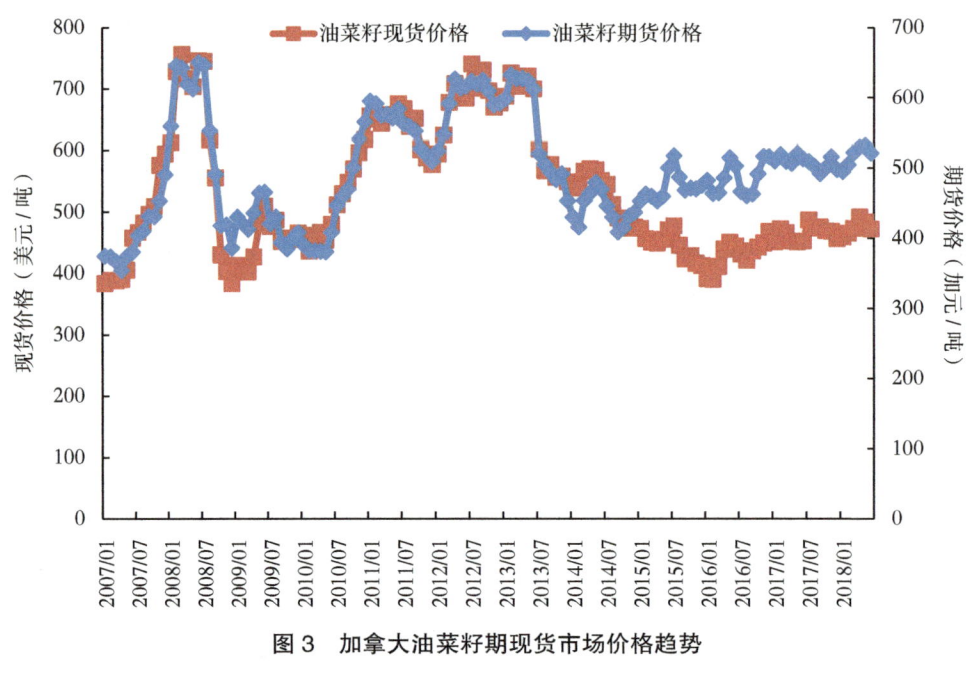

图3 加拿大油菜籽期现货市场价格趋势

1. 国际市场期现货价格波动比较

从国际市场油菜籽期现货价格序列的波动相对幅度来看，现货价格波动更为剧烈，变异系数达到0.198，期货价格波动变异系数为0.153（表3）。期现货价格的相互影响及传导会对现货市场波动程度产生影响，导致现货价格波动更为剧烈。

表3 加拿大市场油菜籽期货价格和现货价格波动指标（相对波幅）

指标	现货价格（美元/吨）	期货价格（加元/吨）
均值	531.1	495.7
最大值	757.0	650.1
最小值	383.0	354.0
标准差	105.3	75.7
变异系数	0.198	0.153

2. 国内外期货价格相关性分析

对期现货价格的相互关系进行进一步分析。国内外期货市场价格关联性分析显示，2007年1月—2018年6月，国际油菜籽期现货价格序列保持较强的相关性，相关系数达到0.84。继续对平稳性及期现货价格关系进行检验。依据序列特征以及AIC、SC准则来确定序列的检验形式及滞后项，国际市场油菜籽期现货价格序列在一阶差分条件下均在

1%显著性水平表现平稳。基于价格序列的平稳特征，进一步对期现货价格引导关系进行检验。检验结果（表4）显示：国际市场油菜籽期货价格与现货价格存在显著的格兰杰因果关系，期货价格对现货价格的引导表现极显著，而现货价格则不对期货价格产生引导。从实证检验的角度来看，油菜籽远期市场的供需预期是引导现货价格变动的重要因素，通过远期市场的监测，能判断世界油菜籽价格的基本走向和趋势。

表4 国际油菜籽期现货价格因果关系检验

因果关系	F	P	
现货价格不引导期货价格	0.338 0	0.713 7	接受
期货价格不引导现货价格	9.624 7	0.000 1	拒绝

（三）替代品供需及价格

大豆和棕榈油是全球油料油脂加工消费中的主要品种，特别是大豆，生产和贸易规模远大于油菜籽。在食用油加工特别是终端调和油加工中，豆油、棕榈油因价格优势对菜籽油的替代十分突出。因此，国际市场大豆和棕榈油供需形势以及价格走势也成为影响国际市场油菜籽价格的重要因素。如全球大豆和棕榈油生产减产引发价格上涨，也会相应带动油菜籽价格上涨，反之则影响油菜籽价格下跌。2005年中国等国油菜籽减产，虽然世界油菜籽贸易量也受到影响，由于受当时豆油市场价格持续下跌的影响，国际油菜籽价格持续低位运行。此外，如果菜籽油价格过高，精炼油厂或者用油企业往往会使用其他植物油替代，或者进行掺兑，从而导致菜籽油需求量降低，促使油菜籽价格回落。2016年，受厄尔尼诺气候影响，全球棕榈油预计减产600万吨，引发棕榈油价格大幅上涨，带动全球油料油脂价格均大幅上行。2016年1—12月，国际市场中马来西亚24度棕榈油FOB价由每吨548美元涨至747美元，累计上涨36.3%，年内均价为673美元/吨，同比涨11.8%，是全球油料油脂中涨幅最大的品种，也成为带动油料油脂价格普遍上涨的源动力。同期，加拿大油菜籽CNF均价由每吨391美元涨至467美元，累计上涨19.4%（图4）。

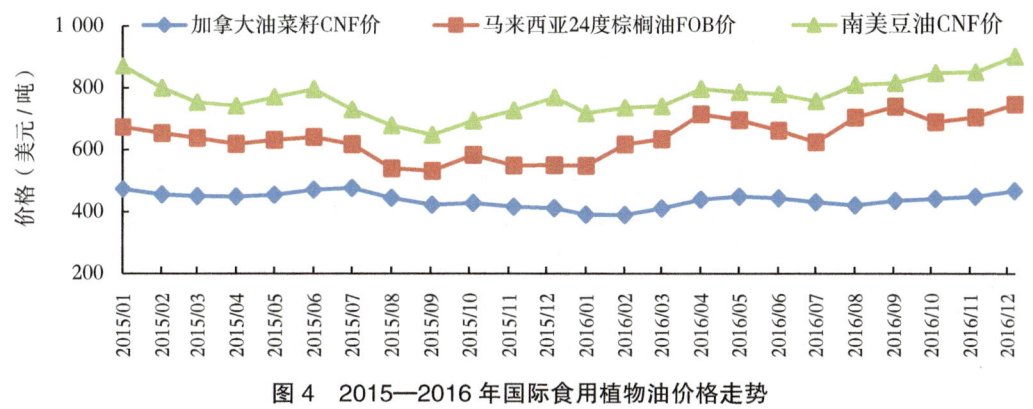

图4 2015—2016年国际食用植物油价格走势

(四)全球能源价格

全球能源价格变动从两方面影响世界油菜籽价格形成。一是能源价格上升增加油菜籽生产和国际运输成本，进而影响油菜籽价格走高。金融危机后，全球经济缓慢复苏，石油价格平稳上升，能源价格上涨直接推高了油菜籽生产成本和运输成本，导致国际油菜籽价格上涨。二是能源价格走势影响油菜籽用于生物质能源的加工需求，进而影响油菜籽价格形成。油菜籽是加工生物质能源的原料之一。欧盟是利用菜籽油加工生物能源的主要国家。作为能源的主要原料，石油从能源利用角度来看，实际上是油菜籽及供需求的竞争原料。当全球石油价格走高时，利用油菜籽加工生物质能源价格优势便相应突显出来，国际市场对油菜的需求也相应增加，一定程度上带动油菜籽价格走高；反之，全球石油价格走低，将油菜籽用于加工生物质能源的价格优势相应不突出，加工需求受到一定影响，进而影响油菜籽价格走低。近年来，随着全球能源开发量增加，以及部分国家石油储备量陆续被发现，全球能源价格总体有所下行，进而影响国际市场油菜籽价格处于低位震荡（图5）。

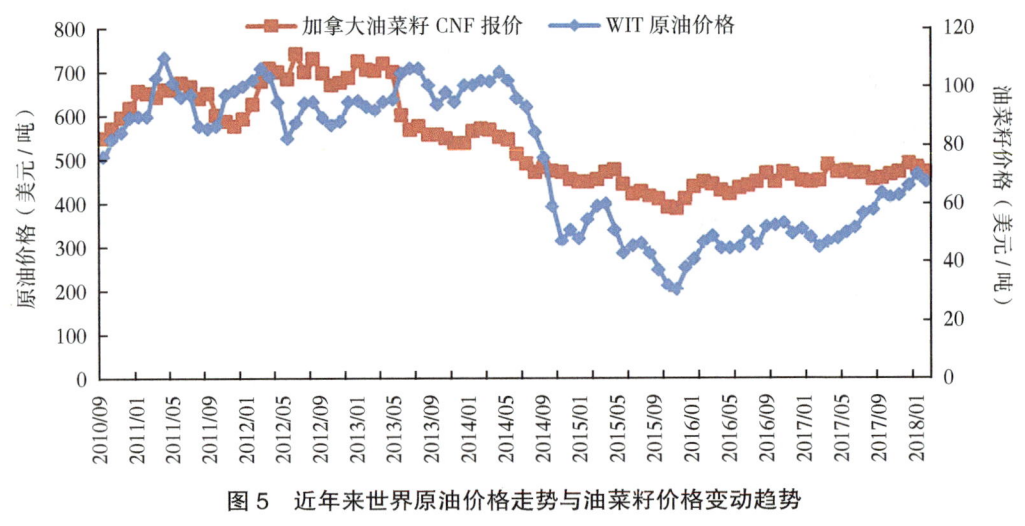

图5 近年来世界原油价格走势与油菜籽价格变动趋势

(五)政策及气候等因素

一是政策因素。影响油菜籽价格的政策因素包括主要生产国的扶持政策，如中国在2008—2015年对油菜籽实施临时收储政策。主要贸易国的进出口贸易政策，这些政策既包含针对油菜籽产品的，也包含针对其他油料油脂的政策。2018年3月以来，中国和美国围绕重要油料农产品加征进口关税等领域出现争端，对于中国油料进口结构以及全球油料贸易格局形成潜在的影响，进而也对世界油菜籽价格形成产生了相应影响，突出表现在引起加拿大油菜籽以及其他国家油菜籽价格小幅上涨。二是气候影响。极端天气多发频发也是影响世界油菜籽产量进而影响价格的因素。油菜籽在生长过程中，受干旱、低温、洪涝影响较大，尤其在生长后期和收割、脱粒、整晒期，遭遇灾害性天气，将会使油菜籽品质降低，单产下降，出油率降低，进而对国际油菜籽价格造成影响。三是金融资本流动影响。金融投机资本利用各种突发事件炒作，信息传递便捷也在一定程度上放大了市场波动，影响全球油菜籽价格形成。由于油菜籽等油料品种具有供需弹性低、交易规模小的特点，更容易受到投机资金的炒作，从而加剧国际油菜籽价格波动。

四、主要国家价格调控措施及成效

世界范围内，大多数国家针对油菜籽市场价格形成的干预和直接调控并不多，如欧盟、加拿大等主要通过调控供需来影响市场，进而对价格形成产生间接影响。近年来，对油菜籽价格直接进行调控的仍以中国油菜籽临时收储政策最为显著。报告主要对中国油菜籽临储政策实施及调整相关的措施和成效进行分析。

（一）中国

1. 实施油菜籽临时收储政策

2008年以来，为解决卖难问题同时确保农户基本收益，中国开始在油菜籽主产区实行菜籽（油）临时收储政策。2009年，根据国务院第58次常务会议精神，按照有利于保证农民种植油菜籽能够获得基本收益、有利于充分发挥市场机制作用、有利于促进国内食用油产业持续健康发展的原则，继续在主产区对油菜籽实行临时收储。并提出"综合考虑去年以来化肥等农资价格变化及今年油菜籽种植成本等情况，按照保证农民基本收益和略高于市场价格的原则，确定油菜籽托市收购价格为每市斤1.85元。"执行区域为湖北、四川、安徽、江苏、湖南、河南、贵州、江西、青海、陕西、浙江、甘肃、重庆、内蒙古自治区、云南、新疆维吾尔自治区、西藏自治区等17个油菜产区。其中，冬播油菜产区托市收购期限为2009年6月1日至9月底；春播油菜产区为2009年9月1日至12月底。此后至2014年，中国连续七年实施油菜籽临储政策，按照保证农民基本收益和略高于市场价格的原则，收购价格总体波动走高，至2014年中国油菜籽临储价格提高至5.1元/千克。

临储政策实施对价格影响效果突出。一是中国油菜籽价格稳中有增，与国际市场价格走势差异明显。从国内外油菜籽价格走势对比可见（图6），国际市场油菜籽价格与中国油菜籽价格走势呈现出较为明显的阶段性趋势差异。2009年以前，国内油菜籽价格与国际市场价格走势高度一致。2009年至2015年6月，国内与国际市场价格差异化极为明显，突出表现为国际市场频繁波动，而国内市场价格整体上涨，但波动频率及幅度均较小，同时市场价格在自然年度内保持相对的稳定。二是激励了中国油菜生产规模显著增加。2007—2014年，中国油菜面积、单产和总产分别增加了34.5%、3.9%和39.7%，油菜籽产量达到1 477.2万吨，创下历史最高纪录。但临储政策在鼓励生产发展、保障农民利益的同时，也逐渐产生和积累了一些矛盾和问题。突出表现在：一是经过数次提价，油菜籽内外价格倒挂明显，市场价格形成机制严重扭曲；二是菜籽油储备规模持续增大，财政负担居高不下；三是加工企业产能严重过剩。

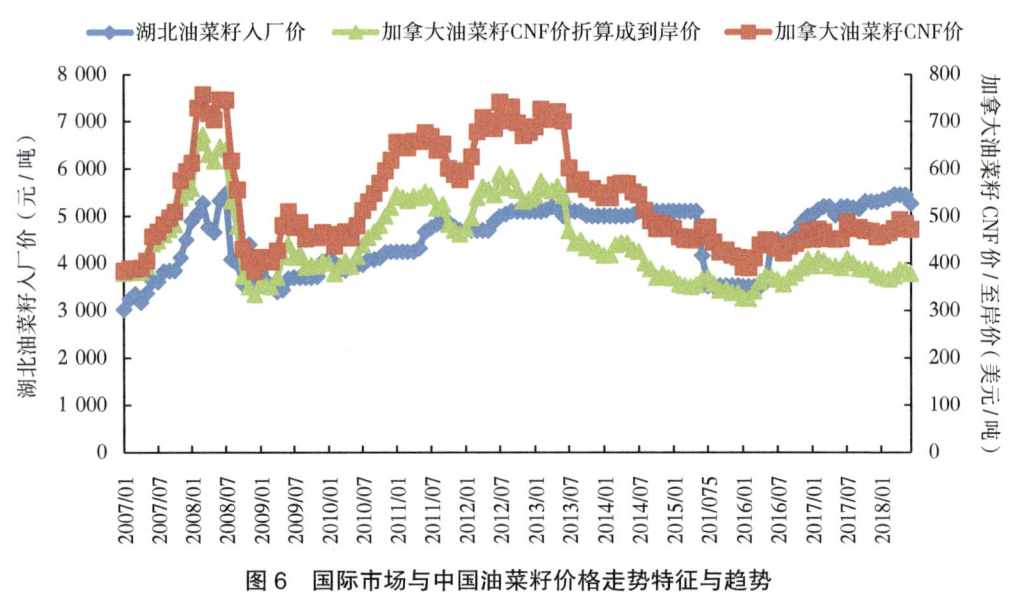

图 6　国际市场与中国油菜籽价格走势特征与趋势

2. 调整临时收储政策，启动储备菜籽油拍卖

至 2015 年，中国菜籽油储备量不断增加，同时内外价格倒挂严重，油菜籽进口量激增，产业发展面临严峻挑战，市场价格形成机制亟待捋顺。2015 年 6 月 18 日，国家发展改革委、国家粮食局、财政部、农业部、中国农业发展银行五部门联合下发了《关于做好 2015 年油菜籽收购工作的通知》（国粮调〔2015〕99 号），提出"为进一步完善油菜籽价格形成机制，充分发挥市场在资源配置中的决定性作用和更好地发挥政府宏观调控作用，促进油脂油料市场顺畅有序流通，推动油菜产业上下游协调发展，调整完善油菜籽收购政策，改为市场化收购。"2015 年 12 月，为缓解连续七年收储的菜籽油库存压力，补充国产菜籽油产需缺口，中国启动了大规模临储菜籽油拍卖。2015 年 12 月 1 日至 2017 年 3 月 8 日，中国共启动了两轮临储菜籽油拍卖，累计拍卖 44 次，成交 426.4 万吨。近一年半的时间，中国累计拍卖成交的菜籽油占临储总量比重高达 45.8%。

临储政策调整以来，中国油菜籽市场化改革成效显著。突出表现为：一是国内市场与国际市场迅速接轨。2015 年 7 月至 2016 年 7 年，中国油菜籽价格迅速回落至国际价格水平。2015 年 8 月，中国油菜籽价格首次低于国际市场。充分显示出市场对政策调控的迅速反应。二是中国油菜籽价格形成机制逐步捋顺。2016 年下半年以来，随着中国储备菜籽油陆续出库，中国油菜籽价格逐步走出了独特的反映供需形势的价格行情。国内市场价格和国际市场价差逐渐缩小，形成相对稳定、差异化的两个市场。国内外油菜籽市场价格逐渐走出差异明显的两种趋势。根本原因在于国产油菜籽和国际油菜籽在产品特性以及细分市场上均存在明显的差异化。国产油菜籽为非转基因菜籽，相比进口油菜籽，在口感和风味上存在较大差异,多用于浓香型菜籽油加工。进口油菜籽因其出油率高、成本低,多用于沿海加工压榨成菜籽油毛油,在流通至内陆和其他地区精炼成标准级别菜籽油。由于产品加工方式和消费群体不同,产品价格也存在显著差异,浓香型菜籽油价格可达到13 000元/吨,四级菜籽油价格可低至6 500元/吨左右,价格差异对原料价格形成了良好支撑,加之近两年内细分产品消费市场规模保持稳中有增,进而导致国内外原料市场价格走势呈现明显的差异。

(二)印度

为保护农民利益,印度政府对农作物实施最低收购价格的保护政策。印度最低收购价主要按照印度农产品成本及价格委员会的测算,主要作物最低收购价格一般比作物生产成本高40%~50%。但最低收购价格是对既定标准的产品实施的收购价格,在农户实际交售中,很多因为质量不达标无法按照最低收购价格交易,农民不得不低价卖给贸易商。

印度的油菜最低收购价实施也具有明显的成效。突出表现在多数年份印度本国的油菜籽收购和市场价格明显高于国际市场。对比2007年以来印度油菜籽价格与国际市场油菜籽价格走势可清晰的看出,两个市场的价格存在明显的阶段性差异。在130个月度价格对比中,印度有26个月度均价低于国际市场,并且价格差额绝大多数都在50美元/吨以内。2014年9月至2018年6月,印度与国际市场油菜籽价格保持明显差异,价差先扩大后缩小,最高时达到336美元/吨(图7)。在国际油菜籽价格下行和低迷的时段,最低收购价格的实施在很大程度上保障了印度农民的收益,稳定了种植积极性。

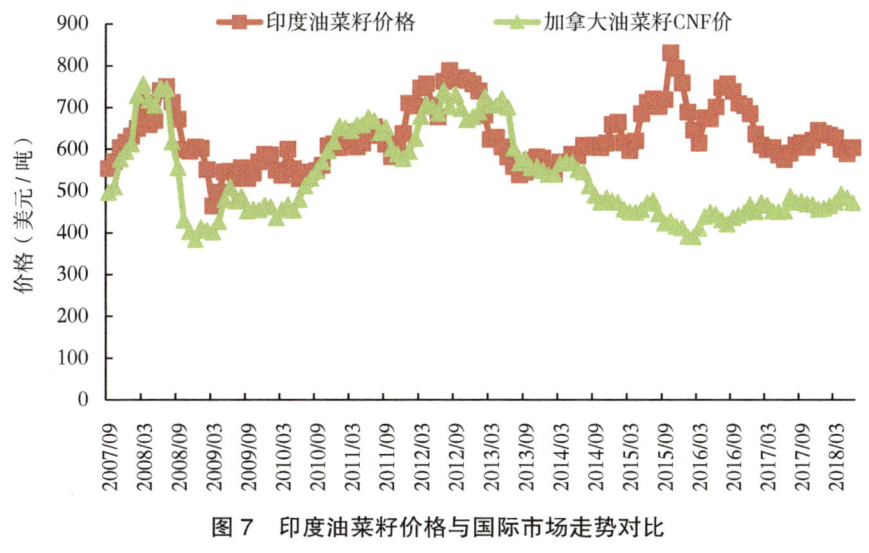

图7 印度油菜籽价格与国际市场走势对比

参考文献

经济合作与发展组织，联合国粮食及农业组织．2018．2018—2027年农业展望［M］．北京：中国农业科学技术出版社．

农业部市场预警专家委员会．2018．中国农业展望报告（2018—2027）［M］．北京：中国农业科学技术出版社．

武玉环，秦富．2018．近年我国油菜籽价格波动及成因分析［J］．价格月刊（3）．

叶锋，谢娟，马敬桂．2017．基于H-P滤波法的我国猪肉价格波动周期性探究［J］．价格月刊（10）．

张雯丽，许国栋．2018．2017年油料和食用植物油市场形势分析及2018年展望［J］．农业展望（2）．

张雯丽．2017．供给侧结构性改革背景下油菜产业发展路径选择［J］．农业经济问题（10）．

（执笔人：张雯丽）

第八部分

食 糖

海外农产品市场研究（2018）

专题一　世界供需形势分析

2017—2018年度，世界食糖产量和消费量均同比增加，受印度、泰国食糖产量大幅增加的影响，世界食糖市场供给过剩量同比大幅增加，国际食糖价格不断走低。2018—2019年度，预计巴西食糖产量将有所下降，但印度产量将大幅增加，弥补巴西食糖产量减少的缺口，食糖市场将继续供给宽松的局面，国际食糖价格仍将低位运行。

一、世界供需形势

根据美国农业部2018年5月公布的数据，2017—2018年度世界食糖总产量19 181.3万吨，同比增加1 783.3万吨，增幅10.3%；消费量17 412.5万吨，同比增加335.2万吨，增幅2.0%；产大于需1 768.8万吨，同比增加1 448.1万吨，增长了3.5倍。

巴西：根据巴西农业部数据（MAPA），巴西2017—2018年度共计产糖3 770万吨，产乙醇273亿升，其中无水乙醇109.6亿升，含水乙醇163.3亿升。2017—2018年度分配于产糖和产酒精的甘蔗比例分别为46.4%和53.6%。

印度：食糖产量大幅增加，截至2018年6月30日，2017—2018年度印度共有523家糖厂开榨，产糖约3 219.5万吨，预计2017—2018年食糖总产量为3 225万吨。

泰国：2017—2018年度，泰国共54家糖厂开榨，累计压榨甘蔗1.349亿吨，产糖1 468万吨，同比增加46%。

中国：食糖产量小幅增加。截至2018年7月底，2017—2018年度的食糖生产已经结束，中国食糖产量1 031万吨，比上年度增加102万吨，增幅11.0%。根据2018年9月《中国农产品供需形势分析》的估计，2017—2018年度中国食糖消费量预计1 500万吨，同比增加10万吨，增幅0.7%；食糖进口量280万吨，同比增加51万吨，增幅22.3%；食糖出口量19万吨，同比增加7万吨，增幅58.3%。

二、国际价格走势

受供需基本面、汇率因素（美元走强、巴西雷亚尔贬值）等因素的影响，2017—2018年度国际糖价不断走低，截至2018年7月底，2017—2018年度纽约11号原糖期货平均价格13.10美分/磅，比2016—2017年度均价降低4.19美分/磅，减幅达24.2%。

从月度价格走势来看，除2017年11月均价环比小幅上升0.81美分/磅外，其他月份价格均环比下降，一路下探至2018年5月的11.74美分，2018年6月，小幅回升至12.08美分，此后的7月再次下跌至11.20美分/磅，这也是2017—2018年度的最低月度均价。

三、国际贸易格局

2017—2018年度,世界食糖出口量6 280.2万吨,同比小幅减少28.1万吨,减幅0.4%;世界食糖进口量5 251.7万吨,同比减少118.5万吨,减幅2.3%。

分国别来看,世界食糖出口国仍集中于巴西、泰国、印度等国,三个国家的食糖出口分别为2 820万吨、950万吨、200万吨,合计3 970万吨,占出口总量的63.2%。

世界食糖进口国相对分散,进口规模在200万吨以上的国家(地区)有印度尼西亚、中国、美国、阿拉伯联合酋长国、孟加拉国、阿尔及利亚、马来西亚等。值得关注的是,中国的食糖进口自2014—2015年度达到481万吨的历史高点后,在贸易保障措施、行业自律等政策因素作用下,进口量不断下滑。

四、主要国家产业支持政策新变化

(一)中国

1. 生产政策

2017年4月,国务院发布《关于建立粮食生产功能区和重要农产品生产保护区的指导意见》(国发〔2017〕24号),明确要以广西、云南为重点,划定糖料蔗生产保护区1 500万亩(其中,广西1 150万亩,云南350万亩)(表1)。

表1 糖料蔗生产保护区划定重点区域

省份	重点区域
广西	南宁市、柳州市、北海市、防城港市、钦州市、贵港市、玉林市、百色市、河池市、来宾市、崇左市
云南	德宏州、临沧市、保山市、普洱市、西双版纳州、玉溪市、红河州、文山州

注:资料根据《广西粮食生产功能区和糖料蔗生产保护区划定工作方案》《云南省人民政府关于建立粮食生产功能区和重要农产品生产保护区的实施意见》整理

糖料蔗生产保护区的划定应同时具备如下条件:水土资源条件较好,坡度在15°以下的永久基本农田;相对集中连片,原则上平原地区连片面积不低于500亩,丘陵地区连片面积不低于50亩;农田灌排工程等农业基础设施比较完备,生态环境良好,未列入退耕还林还草、还湖还湿、耕地休耕试点等范围;具有种植传统,近三年播种面积基本稳定。优先选择已建成或规划建设的高标准农田进行"两区"划定。

为贯彻落实《国务院关于建立粮食生产功能区和重要农产品生产保护区的指导意见》(国发〔2017〕24号)精神,广西自治区政府办公厅、云南省政府办公厅分别于2017年

11月、12月印发了《广西粮食生产功能区和糖料蔗生产保护区划定工作方案》《云南省人民政府关于建立粮食生产功能区和重要农产品生产保护区的实施意见》,对糖料蔗生产保护区的划定工作进行了具体部署。

2. 贸易政策

2017年5月22日,商务部发布《关于对进口食糖采取保障措施的公告》,宣布对关税配额外进口食糖实施保障措施,保障措施采取对关税配额外进口食糖征收保障措施关税的方式,实施期限为3年,自2017年5月22日至2020年5月21日,实施期间措施逐步放宽。2017年5月22日至2018年5月21日,保障措施关税税率为45%;2018年5月22日至2019年5月21日,保障措施关税税率为40%;2019年5月22日至2020年5月21日,保障措施关税税率为35%。《公告》同时公布了《不适用保障措施的发展中国家(地区)名单》,对于来自发展中国家(地区)的产品,如其进口份额不超过3%,且这些国家(地区)进口份额总计不超过9%,不适用保障措施。

2018年7月16日,商务部发布《关于取消不适用食糖保障措施国家(地区)名单的公告》,表示由于《不适用保障措施的发展中国家(地区)名单》中进口占比低于3%的国家(地区)的进口份额累计超过9%,符合取消不适用名单条件。宣布自2018年8月1日起,取消《不适用保障措施的发展中国家(地区)名单》,对所有配额外食糖进口统一适用保障措施。

(二)印度

作为世界第二大食糖生产国,印度食糖产量在2017—2018年度达到创纪录高点,给其带来了巨大的库存压力,围绕着降低国内食糖库存水平、维护市场稳定等问题,印度政府出台了相关的政策措施。

一是鼓励出口。取消了20%的食糖出口关税,将进口关税调高至100%并限制糖厂销量。

二是发展乙醇生产。连续两年甘蔗丰产后,印度政府在今年年初允许糖厂建立独立的酿酒厂,直接从甘蔗中生产乙醇。印度糖厂协会(Isma)估计2018—2019年度等同于产出200万吨糖所用的甘蔗将被改用于生产乙醇。

三是建立缓冲库存。为了缓解食糖过剩对市场带来的压力,印度政府决定自2018年7月起,在一年内建立300万吨的食糖缓冲库存,以维护国内食糖市场的稳定。作为糖业救助政策之一,食糖缓冲库存的运营成本由政府承担,预计将花费117.5亿卢比。

与此同时,印度政府还采取了发放强制性出口配额、规定糖厂销售配额和最低库存、批准巨额援助计划等措施,来稳定其国内食糖市场。

除了中国和印度,其他食糖主产国政策环境较为稳定,泰国为了应对增产带来的生产过剩,增加了几十万吨的原糖用于乙醇生产,但其作用甚微。

五、世界供需形势展望

从历史数据来看,世界食糖供给波动较大,需求规模相对稳定,这主要是由于食糖产量受到糖料作物种植面积、糖分含量、甘蔗制糖比、自然条件等多种因素的影响,不确定性因素较大;而食糖作为一种基本的必需品和工业原料,需求弹性较小,人口规模、饮食习惯等因素对食糖需求量的影响则较为缓慢。因此,展望世界食糖供需形势,应着重关注供给端的变化。

(一)主要国家供需形势分析

1. 巴西食糖产量下降

一是由于国际糖价弱势运行,预计2018—2019年度巴西用于生产乙醇的甘蔗将会增加,福四通国际预计2018—2019年度巴西中南部用于榨糖和生产乙醇的甘蔗比例将分别为39.9%和60.1%,乙醇压榨比例为2008—2009年度以来最高。二是受到干旱天气的影响,巴西甘蔗产量预期下降。2018年2—6月,巴西中南部的降水量较历史均值低33%,导致表层土壤湿度较10年均值水平低16%以上。美国农业部预计巴西食糖产量3 420万吨,同比减少400万吨左右。

2. 印度食糖产量继续增加

2018年7月,印度政府批准将2018—2019年度的甘蔗公平报酬价格(FRP)从本年度的255卢比提高至275卢比/100千克[①],至此,印度甘蔗价格比生产成本高出77.42%,从而确保了蔗农的回报超过其成本50%以上。印度糖农的种植积极性将得到维护,甘蔗种植面积将进一步增加。受此影响,2018—2019年度印度甘蔗入榨量将会增加,从而进一步提高食糖产量。

印度糖厂协会(ISMA)预计,2018—2019年度印度甘蔗总面积约为543.5万公顷,同比增加约8%;食糖产量有望同比上升10%,达到3 500~3 550万吨。美国农业部则预计2018—2019年度印度食糖产量将达到创纪录的3 380万吨,同比增加140万吨。

3. 泰国食糖产量相对稳定

2018—2019年度,泰国甘蔗种植面积小幅增加,对食糖增产带来有利影响。美国农业部预计2018—2019年度泰国食糖产量同比小幅增加37万吨,达到1 410万吨。荷兰合作银行预计泰国糖产量为1 450万吨。

4. 中国食糖产量小幅增加

根据2018年9月《中国农产品供需形势分析》的预测,2018—2019年度,中国糖料种植面积小幅增加,由2017—2018年度的145.6万公顷增加至2018—2019年度的151.7

---

① 印度中央政府制定的FRP是蔗农合法保障的最低价格,安得拉邦、卡纳塔克邦、马哈拉施特拉邦、中央邦和古吉拉特邦的糖厂向蔗农支付FRP,而其他地区如北方邦、旁遮普邦、哈里亚纳邦、泰米尔纳德邦和北阿坎德邦糖厂通常需要支付由地方政府制定的高于FRP的建议价格(SAP)

万公顷，增幅4.2%；受种植面积增加的影响，食糖产量也有望实现小幅增加，预计2018—2019年度中国食糖产量1 068万吨，同比增加37万吨，增幅3.6%；预计2018—2019年度中国食糖消费量1 520万吨，同比增加20万吨，增幅1.3%；进口量290万吨，同比增加10万吨，增幅3.6%；出口量15万吨，同比基本持平。

（二）世界供需形势分析

综合来看，2018—2019年度，世界糖料产量将保持增长，但是受食糖价格低迷运行的影响，作为第一大食糖生产国的巴西将有更多的甘蔗用于乙醇加工，因此，国际食糖产量预期将保持基本稳定。受人口规模增加等因素的影响，国际食糖消费量预期将保持小幅增长态势。全球食糖市场仍将保持供给过剩的局面。

国际糖业组织（ISO）于2018年8月预计，2018—2019年度食糖产量将小幅增长0.6%至1.852 2亿吨，主要是受到印度食糖产量增加的影响。预计全球食糖消费量1.784 7亿吨，同比增加1.65%。全球糖市料供应过剩675万吨。

美国农业部2018年5月预测，2018—2019年度食糖产量18 825.1万吨，同比减少356.2万吨，减幅1.9%；消费量17 759.3万吨，同比增加346.8万吨，增幅2.0%。全球食糖市场供给过剩703万吨。

未来3~5年，受低糖价的影响，世界主要国家食糖生产将进入减产周期，食糖产量下降，消费量趋增，产需缺口和食糖库存规模减少，国际糖价有望实现触底反弹。

专题二 国际市场价格波动特征研究

一、国际价格波动特征

食糖一直是各国政府特别关注的农产品，在世界市场 15 种农副产品中，食糖是价格波动最大的商品。世界食糖市场价格波动剧烈，这是由世界食糖市场供求关系决定的。在食糖国际贸易中，普遍采取双边协议的形式稳定贸易关系，形成了食糖商品率高但自由贸易量小的局面，因此，当需求量增减时，糖价在短期内会暴涨暴跌。为了避免世界市场糖价剧烈波动对国内消费和生产的影响，保持国内市场糖价相对稳定，各国都制定相应的政策，避开世界市场风险和转移国内市场的风险。同时把世界市场作为调节本国市场的蓄水池，糖多时鼓励出口，糖少时增加进口，世界食糖市场实际上成为各国国内市场风险的集散地，因而糖价变幻莫测。

总体来看，2000—2017 年国际糖价波动较为频繁。我们将国际糖价的波动大致分为两个阶段（图 1）。第一个阶段为 2003—2007 年度，第二个阶段为 2008—2017 年度。

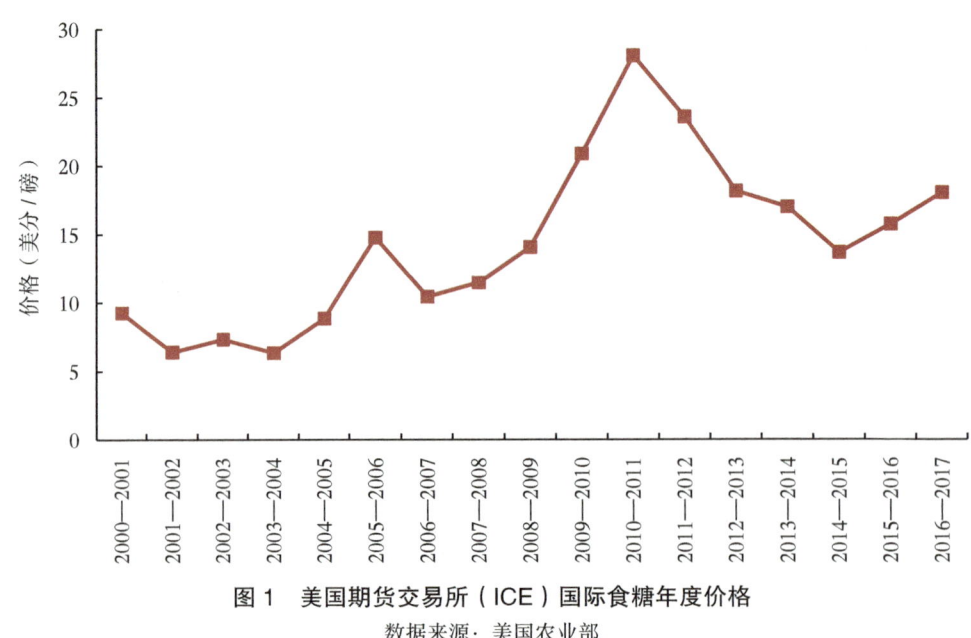

图 1 美国期货交易所（ICE）国际食糖年度价格

数据来源：美国农业部

第一个阶段，2003—2004年度是糖价最低点，为6.35美分/磅，最高点糖价在2005—2006年度，为14.77美分/磅，波动幅度为8.42美分/磅，波动的幅度较小。在2004年，由于几大主要产糖国如巴西、泰国，受自然灾害的影响，食糖产量急剧减少，国际市场供不应求，导致糖价快速增长。加上美元汇率持续下跌，在2005—2006年度糖价达到最高点。2006年以后，随着气候的好转和甘蔗种植区面积的扩大，食糖的世界供应逐渐恢复，糖价逐渐下跌。

第二个阶段，波动幅度明显增大，2010—2011年度糖价最高为28.09美分/磅，高出2014—2015年度最低点糖价16.59美分/磅。从世界经济因素来看，2007年的美国次贷危机、2008年的全球金融危机和2009年的欧债危机造成世界经济的大幅波动。从自然灾害角度来看，2008年的拉尼娜现象和2009年的厄尔尼诺现象，造成全球三年的大型自然灾害，世界食糖供应量严重不足而需求量不断增加，国际经济的不稳定和自然灾害推动国际食糖价格飞速上涨，波动幅度较上个周期明显增大。2011年以后，食糖的供应量逐步恢复，世界各国经济也逐渐好转及稳定，糖价开始出现不同程度的下降。

全球糖价除了上述的两大波动周期，还有些波动较小的阶段。波动的主要原因都是受产糖国的糖出产量及国际经济的小幅波动影响。受极端天气的影响，主要产糖国的糖产量下降会造成全球糖量的供应不足，从而国际糖价上涨，当主要产糖国的食糖供应充足时，国际糖价会有所下降。此外，当全球经济形势严峻时，世界经济不景气，食糖需求增长落后于食糖产量增加，全球糖价持续下跌。相关国家为了应对国际糖价的下跌，纷纷减少糖料种植和出口，全球糖产量和库存下降，糖价会因此上涨又回到价格的高点。

为了更好地描述食糖价格波动，利用价格波动周期来进一步分析世界食糖市场价格的波动，价格波动周期是指价格围绕其长期趋势扩张与收缩而表现出的周期性波动。时间序列的变化会受到自身的长期趋势、周期、季节变化与不规则扰动的影响。

在本部分中，首先通过Census X12季节调整法对食糖价格数据进行季节调整，以此为基础，通过H-P滤波法获得周期成分，然后分析周期成分的统计特征，从而对国际食糖价格周期进行判断与分析。国际食糖价格根据USDA提供的2000—2017年月度数据，共216个样本。

1. **国际食糖价格波动周期较长**

根据数据分析结果显示，参考经济周期的划分标准，可以将2000年以来的食糖国际价格波动划分为3个周期，即2000年1月—2006年6月、2006年7月—2013年10月、2013年11月—2017年12月。周期平均长度为62.7个月，约为5.2年。根据国际农产品价格波动周期的总体情况看，波动周期大于5年的都属于中长周期，因此说明了国际食糖价格波动较为稳定，在农产品中属于价格波动较为稳定的产品。此外，三个周期中，价格上涨期（扩张期）平均为36个月，价格下降期（收缩期）平均为35.33个月，说明国际食糖价格上涨时间略大于下跌时间。

2. **国际食糖价格波动幅度中等**

根据数据分析结果来看，3个周期中国际食糖价格的波动幅度不一。第一个周期中的波动幅度为8.1，第二个周期的波动幅度为13.2，第三个周期的波动幅度为6.5。国际食糖价格的波动的平均周期振幅为9.3。除了供需因素外，很多非传统因素也导致了国际食糖价格的波动。从周期波动的振幅可以明显看出，2009年以后国际食糖价格的波动周期振幅明显增加（图2）。

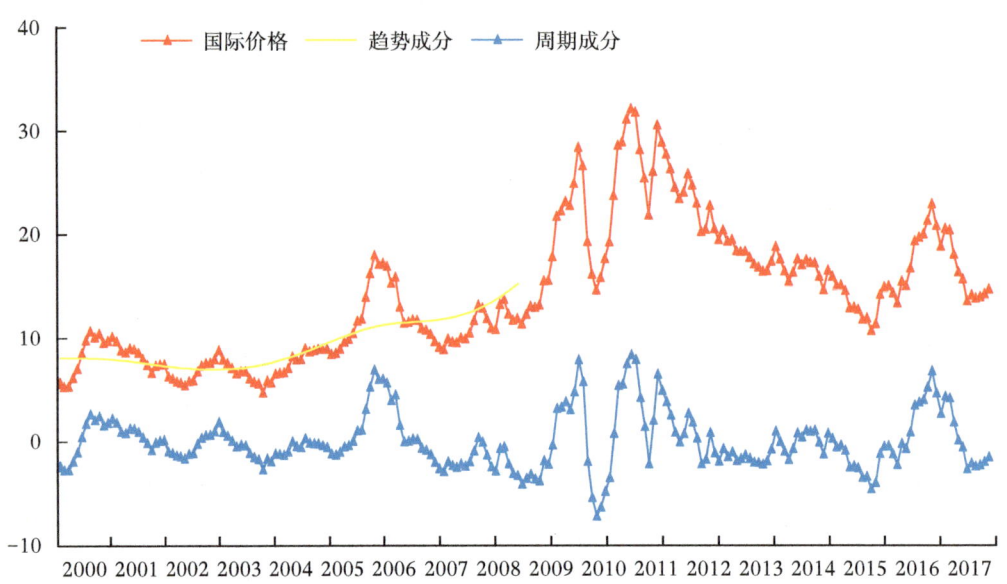

图2 国际食糖年度价格滤波分析

数据来源：美国农业部

二、国际价格波动原因分析

世界食糖贸易以原糖为主，美国洲际交易（Intercontinental Exchange ICE）的11号原糖期货也叫世界糖，价格为全球29个国家港口的FOB（离岸价格）。本报告选取2000—2017年的11号原糖期货价格数据进行分析。

由图3可知，2000—2017年，以ICE生产销售价格为标准的国际糖价波动较为频繁。在此时期内，国际糖价最高点为2011年，达到历史性的28.90美分/磅；国际糖价最低点为2004年，低至6.35美分/磅。2000—2004年国际糖价一直在小幅波动震荡，价格区间较小，2004年后，开始稳步增长，并达到阶段性的价格峰值；2006—2011年在短暂的下跌后又开始增长，与经济发展的速度较为协调。而国际糖价长期波动均发生在2011年度前后，波动周期长度均为5个年度。从2007年度到2011年度，国际糖价持续攀升，在2011年度达到最高峰之后，从2011年度—2015年度，糖价开始持续下降，逐渐回归正常趋势值。

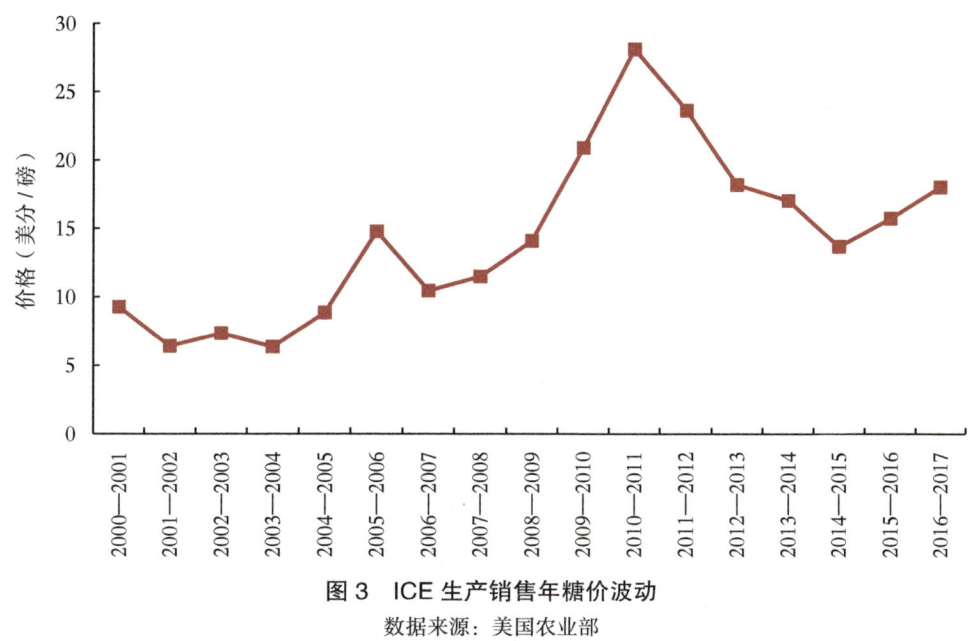

图 3 ICE 生产销售年糖价波动
数据来源：美国农业部

（一）影响价格波动的主要原因及作用机制

从宏观层面来看，全球经济形势、全球气候和自然灾害、美元价值变动、各个国家和地区的贸易政策、供求变化等多种因素，均对国际食糖价格的频繁波动产生影响。

第一，从经济学角度来看，需求是消费者在特定时期内，各种可能的价格水平下，对商品愿意且有能力购买的数量。需求是食糖价格的一个重要的决定因素。因此，在供给一定的情况下，对食糖的需求量越大，价格就越高。此外，影响食糖需求的还包括食糖加工技术的发展、其他产品的可替代性等其他因素。

第二，产量本身会构成当期的供给。在经济学中，供给是指在特定时间内，其他条件不变时，生产者愿意提供的产品数量与各种可能的价格之间的关系。影响供给的因素要复杂得多。在食糖价值市场上，供给受多种因素的综合影响，也是食糖价格的一个重要决定因素。

第三，食糖的生产成本也是食糖价格形成的基础。成本决定了食糖的价值，而价值进一步决定了价格。从长期来看，食糖的生产成本是食糖价格波动的根本原因。若农业投入要素价格上涨，食糖生产成本增加，会导致农业投入要素的重新配置，在农业产出保持不变的前提下，如果农业投入要素重新配置无法完全消化由于其价格上涨带来的成本上涨，那么农业投入成本的增加也会带来食糖价格的上涨。

第四，各类宏观经济政策是食糖价格形成的调节器。各国政府可以通过价格支持、农产品储备、生产补贴与消费补贴等手段调控食糖的价格。

第五，由于价格波动的复杂性、不确定性和不稳定性，食糖价格受影响的因素逐渐增多。从近十年来看，世界食糖价格波动中非传统因素的影响也越来越突出与鲜明。

(二)国际食糖价格波动的具体情况分析

结合以上因素,对 2000—2017 年各年度国际糖价波动情况分为 5 个时期进行分析与回顾。

1. 2000—2004 年,国际食糖价格呈震荡波动并小幅下降趋势

从图 3 可知,2000—2004 年期间,国际糖价一直在震荡波动,原因主要在于 2000 年初期,美元连续 6 年处于升值周期,严重扰乱世界经济市场,导致以美元结算的国际糖价在这一时期内持续下跌。从 2002 年起,全球经济形势走出低谷,世界主要国家和地区的经济都出现不同程度的好转,尽管增长速度较预期慢,但并没有出现新的衰退。这一世界经济新形式带动全球食糖市场活跃。与此同时,由于过去几年世界经济不景气,食糖需求增长落后于食糖产量增加,全球糖价持续下跌,相关国家纷纷减少糖料种植和出口,全球糖产量和库存下降,从而导致这一时期国际食糖市场开始出现供不应求的局面。

从美元价值变动来看,2001 年美国 IT 领域泡沫破裂,经济陷入衰退。美联储采取了连续降息的扩张性货币政策,这一货币政策导致 2002 年 2 月起,美元相对于其他主要国际货币纷纷告跌,美元进入贬值周期,受这一利好消息影响,国际基金进入期货市场炒作抬高糖价,合力导致国际食糖价格稳步提升。

2002—2004 年,国际食糖价格小幅下跌,主要原因在于全球各个食糖主要生产国和地区受前期国际糖价上升的利好消息影响,纷纷增加糖料作物种植面积,扩大食糖生产规模。加上这一时期全球气候条件良好,各国食糖产量大幅提升,食糖出口量也相应增加。例如印度食糖生产,在 2002—2003 年度就创下历史最高水平,由于供应充足,印度在这一年度出口白糖达 170 万吨。这种情况使得 2002—2003 年度全球食糖产量达到创纪录的 1.488 亿吨,世界糖产量增长速度远高于食糖消费量的增长速度,形成供过于求的局面,导致国际食糖价格下跌。

此外,前期借助美元贬值等利好,进入市场抬高糖价的国际基金达到预期盈利,开始退出期货市场,于是糖价开始下跌,达到历史最低点。

2. 2005—2006 年,国际食糖价格稳步上涨,并达到阶段性峰值

这一时期国际食糖价格稳步上涨的主要原因为:2004 年亚洲地区部分国家发生严重干旱,泰国和印度这两个国际主要产糖国的食糖产量急剧下降。2005 年泰国的甘蔗产量不足 5 500 万吨。印度由于食糖消费量的快速增长,下降的产量甚至无法满足自身消费需求,印度在 2005 年从国际市场共进口 200 万吨食糖,成为国际食糖价格上涨的主要动力。此外,2005 年欧盟进行糖业体制改革,决定削减对成员国食糖生产商扶持价格的 36%,打击了欧盟国家生产食糖的积极性,使欧盟食糖生产萎缩,食糖出口量大幅下滑。

随着全球食糖产量的下降和全球食糖消费需求的稳步增长,世界食糖市场供不应求的局面逐步形成,加之 2003—2006 年美元处于贬值周期,综合导致国际糖价在这个时期内持续上涨。

3. 2007—2011年，国际食糖在短暂下跌后又开始持续上涨

由于前期国际糖价大幅上涨，巴西、印度等世界食糖主要生产国纷纷扩大生产，加之气象条件较好，糖料产量和出糖率较高，导致食糖产量大幅提升，食糖产量增速远高于同期消费量增速，形成供大于求的局面，食糖产销剩余达到220万吨，全球食糖库存量上升，导致国际食糖价格下跌。

2008年后，拉尼娜、厄尔尼诺等先后发生，导致2008—2010年自然灾害频繁，干旱、洪涝、飓风等灾害天气导致全球糖料主要生产国的产出大幅下降。在巴西，受厄尔尼诺事件影响，大面积的降雨导致糖料的产量和含糖量双双下降并且影响了作物生产收割的节奏，使得巴西原糖产量出现了明显下滑，而巴西国内食糖消费量却稳步提升，导致巴西出口量大幅下降；在印度，受厄尔尼诺事件影响，降水量显著减少，出现大面积干旱，导致糖料作物产量下滑严重。此外，从2007年开始的美国次贷危机，到2008年由其引发的全球金融危机，再到2009年的欧债危机，世界经济波动频繁，美欧发达国家相继实施QE（量化宽松）政策，其中以美联储的四轮QE政策最为典型，美联储在2008年11月到2010年3月间启动第一轮量化宽松计划，之后又陆续开展三轮量化宽松计划，美元价值变动进入震荡期，但总体来看还未走出贬值周期。以美元结算的国际食糖价格保持上涨趋势。

4. 2012—2015年，国际食糖价格长期大幅下跌

在此阶段，各主产国从灾情中逐渐恢复，原糖产量逐年提高，库存增加，价格持续下滑。虽然巴西中南部地区大面积干旱导致减产，但是印度、泰国、澳大利亚等糖料主要生产国种植面积扩大，气候条件良好，食糖产量大幅提升。其中2013—2014年，泰国的食糖产量达到创纪录的1 133万吨，2015年虽有下降，但也达到1 020万吨。而2015年由于马邦西部和卡纳塔克邦南部增产，印度食糖产量远超市场估计。全球食糖市场由从前的供不应求转入供大于求的新局面。

2011年国际食糖价格经过5个年度的持续上涨达到峰值，这种过高的价格无法长期维持，随着全球食糖生产的恢复，在市场规律的自我调节下，国际食糖价格自然会大幅下跌，回归正常价格区间。

从美元价值变动来看，在2012年新兴市场增速放缓、2014年11月美国退出QE（量化宽松政策）和2015年美联储持续加息的共同作用下，美元汇率结束从2001年到2011年的贬值周期，从2011年开始进入新一轮的升值周期，这将导致以美元结算的国际糖价在这一时期内持续下跌。

5. 2016—2017年，国际食糖价格小幅上涨

2015年以来，国际食糖价格再次小幅上涨的主要原因为：2014年、2015年相继发生百年来最强的厄尔尼诺事件，导致全球气候异常，印度、泰国等北半球世界食糖主要生产国由于受到厄尔尼诺事件带来的持续高温影响，出现大面积干旱，使得糖料作物生长受到影响，食糖产量大幅下滑。

根据印度糖加工协会数据，这一年度印度甘蔗单产仅为67吨/公顷，同比下滑5.6%，食糖产量为2 770万吨，同比减少9.18%，使产量连续第二年下滑，降至七年来的最低水平，印度从糖净出口国转为净进口国，为国际食糖价格上涨提供了支撑。

同为世界食糖主要生产国的泰国也在最强厄尔尼诺事件的影响下，迎来了近20年一遇的大干旱，大量的糖料作物枯死，使得泰国可能连续两年的糖产量均不超过千万吨，出口量较前一年度下降20%，仅为710万吨。

在全球减产的情况下，厄尔尼诺事件却对巴西食糖生产产生了有利影响。厄尔尼诺事件使得巴西东北部在榨糖季高温少雨，利于提高出糖量和榨糖工作效率，巴西中南部地区则降雨充沛，让该地区糖料作物生长期可以获得较多水分，得到更好的生长，总体使得巴西食糖产量较前一年度得到增加。但这依然不能弥补全球性减产带来的损失，国际糖业市场总体仍然处于供不应求的局面，国际食糖价格持续走高。

随着厄尔尼诺事件影响结束，全球性气候并未回归正常，随之而来的拉尼娜事件继续对全球气候产生巨大作用，对全球主要食糖产出国带来不同程度的影响。在南美洲，巴西受益于拉尼娜带来的充沛降雨，糖料作物得到充足水分，长势良好，使得食糖产量预期增加。但是在亚洲地区，印度和泰国等食糖主要生产国由于上一年度的大面积干旱，糖料作物种植面积减少，虽然受拉尼娜事件影响降水逐渐增多，但产量仍将继续下滑。这一时期，全球糖供应短缺约380万吨，导致了国际食糖价格的上涨。

三、主要国家价格调控措施及成效

（一）巴西价格调控及成效分析

1. 巴西糖价变动情况

在全球主要产糖国中，巴西的产量与出口居世界第1位，出口以原糖为主，巴西制糖产业以出口和满足国内能源需求为导向。巴西各地气候差异明显，是世界唯一的一年有两次甘蔗收获和加工期的国家。巴西东北部是传统的甘蔗种植和制糖，中南部主要发展甘蔗种植。巴西产糖量主要受中南部甘蔗量影响，糖厂分布于东北部和中南部。

按照经济学原理，商品的价格由供求决定。对于食糖价格来说，其变化也根据供求进行分析。21世纪以来，全球食糖供给已经形成稳定格局，当产糖大国受到自然灾害时，会使全球供给下滑从而推动糖价出现明显波动。

2000—2011年巴西糖价总体呈短期波动，长期上升的趋势，但2012年以后整体呈下降趋势，波动较大（图4）。由2000年的248美元/吨，到价格最高点的2011年868美元/吨，增长了约250%。21世纪以来，全球食糖供给已经形成稳定格局，当产糖大国受到自然灾害时，会使全球供给下滑从而推动糖价出现明显波动。

巴西糖价呈现两大变动趋势：第一，2004—2008年出现第一个峰值，由于2004—2005年度欧盟糖业体制改革，欧盟的糖料生产萎缩。2004年亚洲地区遭遇干旱，泰国、印度两大产糖国的糖产量急剧下降，这两个因素造成全球糖产量减少，而巴西的糖产量及出口供应稳定，糖价大幅增长。第二，2008—2015年出现第二个峰值，2008年开始连续三年的自然灾害，干旱、洪涝、飓风等导致全球食糖主要生产国的生产下降。受厄尔尼诺

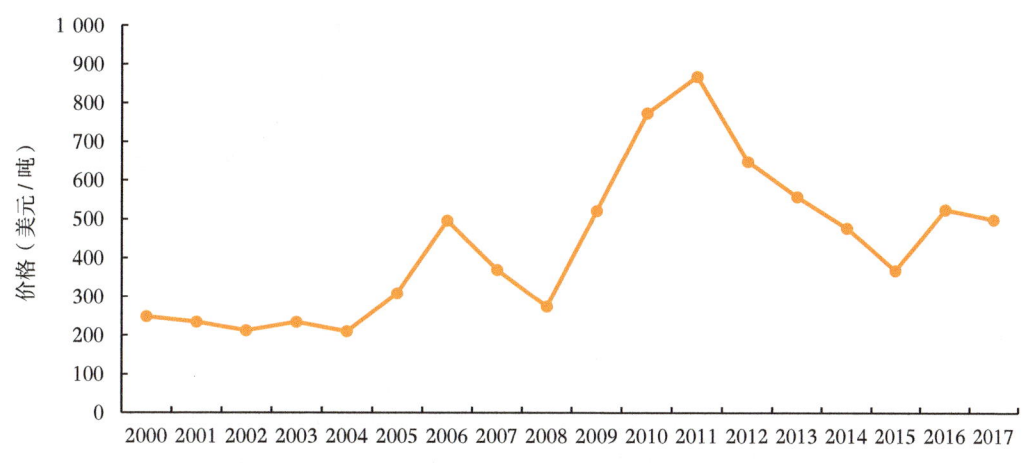

图4 2000—2017年巴西糖价波动趋势

数据来源：高级应用经济学研究中心（CEPEA）

影响，大面积的降雨导致甘蔗的出糖率下降并且影响了甘蔗的生产节奏，糖供给量的减少推动了巴西糖价的飞速上涨。2011—2014年，巴西中南部地区大面积干旱，导致糖原料减产，但是其他主要产糖国逐渐从灾情中恢复，种植面积扩大，气候条件良好，食糖产量大幅提升，巴西的糖价因此下降。2015—2016年被称为百年来最大的厄尔尼诺，自2015年9月起，糖价开始稳步回升，在全球减产的格局下巴西并没有减产，反而是增产的。由于巴西东北部和中南部的气候环境是不同的，因此两者的生产周期也是不同的。巴西东北部的压榨期大致在9月至翌年4月。而2015—2016年这个时候东北部地区受厄尔尼诺影响总体是高温少雨的，这有利于甘蔗的压榨，东北部顺势增产，全球糖需求量缺口增大，巴西的糖出口量扩大，糖价增长。

2. 巴西食糖价格调控措施

（1）市场化的定价机制。1997年以前，巴西甘蔗定价由政府管理。此后，政府对甘蔗收购价格的管制取消，在主产区政府的推动下制定了以含糖率为基础的市场化的定价机制，即CONSECANA-SP定价体系。在此体系中，影响甘蔗价格的核心因素是含糖率，同时综合考虑食糖和乙醇的国内外价格等因素，包括世界原糖价格、圣保罗州甘蔗和乙醇的平均价格、巴西国内精炼糖和乙醇的价格等。

（2）食糖和酒精联产计划。巴西有着广阔的土地资源和适宜甘蔗生长的良好环境。1975年之前，巴西的甘蔗全部用于生产食糖，只用废蜜生产酒精；1985—1992年，巴西政府推广燃料酒精计划，投入大量资金发展甘蔗生产和燃料乙醇生产。在政府的扶持下，尤其是混合燃料汽车（FLEX-FUEL）的推出导致的对乙醇需求量的大幅增加，促进了乙醇工业的发展，拉动了甘蔗需求。目前，巴西大多数甘蔗加工厂既可以生产食糖，又可以生产乙醇，可以根据市场行情相应调整二者的生产比重，从而增加了灵活性。中央政府通过强制性的法令控制乙醇和汽油掺混比例。当糖价下跌时，提高乙醇在汽油中的掺混比例，多耗乙醇，减少产糖量，从而推动糖价的恢复。

（3）系统的管理体制以及产业支持政策。近年来，巴西还建立了以市场竞争为导向的统筹的糖业管理体制，避免目前多头管理导致政策间无法协同的现象；设立一揽子的配套的产业扶持政策，如糖业基金与农业生产保险配套的食糖风险规避渠道；深化税费改革，调整金融支持政策，降低蔗农生产成本与企业制糖成本；与价格紧密联动的食糖储备动态价格调整机制等。

（二）泰国价格调控及成效分析

1. 泰国糖价变动情况

泰国的食糖产业较为发达且在国民经济和社会发展中占据重要地位，是世界主要的蔗糖生产国和出口国。泰国食糖的主要出口市场是在亚洲（包括中国），占总出口量的87%。由于世界食糖消费增长量主要是在亚洲，泰国较之其他出口糖大国，如巴西、澳大利亚，具有运费上的优势，有很强的世界竞争力。

泰国的糖价波动受很多因素的影响，自然灾害导致甘蔗产量的下降，国际市场的供求关系以及国际糖价的变化都会使泰国市场的糖价产生波动。自 2000 年以来，泰国糖价总体上呈波动上升的趋势（图 5）。2000 年糖价最低，为 11 506 泰铢 / 吨，而 2011 年价格最高，为 21 575 泰铢 / 吨，增长了约 87.5%。

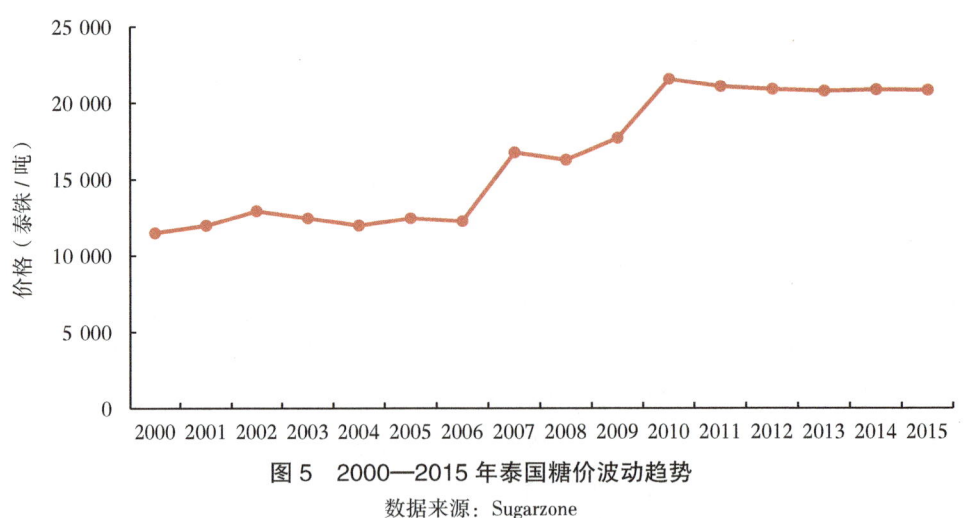

图 5 2000—2015 年泰国糖价波动趋势

数据来源：Sugarzone

2000—2006 年，泰国糖价较为平稳，有小幅度波动。其中，从 2000 年起，世界主要国家和地区的经济逐渐从金融危机中走出来。世界经济形式的好转带动全球食糖市场活跃。2001 年和 2002 年许多国家和地区受国际糖价上升的影响，相继扩大生产且气候条件良好，产量大幅提升，出口增加，世界食糖供应充足形成供过于求的局面，导致国际食糖价格下跌，泰国糖价也因此有所下降。由于泰国政府与 WTO 之间签有出口补贴方面的协议，从2003年开始泰国政府已终止了给食糖产业提供一揽子贷款，泰国食糖委员会曾批准从泰国国有食糖基金中拨款700万泰铢资助泰国食糖公司与澳大利亚、巴西开展合作，共同向世界贸易组织起诉欧盟的食糖产业补贴政策。2004年亚洲地区部分国家发生严重干旱，泰国食糖产量急剧下降。印度由于食糖消费量的快速增长，下降的产量甚至无法满足自身消费需求，印度在2004—2005年度从国际市场大量进口食糖，成为国际食糖价格上涨的主要动力，泰国国内糖价也随之上涨。

2006—2010年，泰国糖价波动较大。2006—2008年，受次贷危机的影响，泰国糖价在这一时期内大幅上涨。泰国政府频繁使用政策补贴手段来维持其对食糖的价格控制，泰国政府把本国食糖销售的税收收入作为甘蔗和食糖稳定基金的资金来源，并坚持价格支持项目和直接支付项目。2008—2010年，由于拉尼娜和厄尔尼诺现象导致泰国甘蔗大量减产，糖产量也随之下降。全球金融危机和欧债危机导致国际糖价大幅度上涨，这些因素都使得泰国糖价快速上涨波动较大。2010年9月泰国政府向蔗农、糖厂拨付30亿泰铢的3年期"支持贷款"，购买收割和压榨机械来提高生产效率和克服人工技能短板。

2010—2015年，泰国糖价保持平稳。泰国在该时间段内种植面积扩大，气候条件良好，食糖产量大幅提升，国内糖价维持在较高水平上。但同时随着全球食糖生产的恢复，在市场规律的自我调节下，国际食糖价格下跌，泰国糖价略微有些下滑，但总体上保持一个平稳状态。

2. 泰国食糖价格调控措施

（1）制定糖业管理法规。为了保护蔗农和企业的利益，促进糖业健康发展，泰国政府于1984年制定出台了《甘蔗与蔗糖生产条例》，规定糖厂的销售量和销售价格由政府严格管理。

（2）建立统一的糖业管理机构，避免多头管理。依照相关规定，泰国政府成立了甘蔗及食糖委员会作为专门的管理机构。该机构由21人组成，其中9名蔗农代表，5名政府代表（分别来自农业部、工业部和商业部）、7名糖厂代表。其职责是制定规章制度和糖业发展规划，监督糖业经济运行，解决价格稳定、配额分配、利润分成等问题，该机构的设置有效促进了泰国食糖产业的发展。

（3）建立糖业发展基金。泰国依法设立甘蔗和蔗糖基金，基金来源包括政府拨款、国内销售配额费、糖厂与蔗农上缴税收、罚款、捐款、银行贷款等，主要用于甘蔗糖业科研与维持甘蔗糖业稳定发展，平衡蔗农、糖厂、消费者与国家利益。

（4）提高制糖产业生产效率。近年来，泰国加大了对糖料生产支持力度，尽可能降低糖料生产成本。加大对甘蔗收获机械化的投入，研制适合本国国情的糖料收获机械及其配套技术，通过在主产区推广机械化降低农民种植糖料的成本，加快甘蔗收获机械化进程。同时，还完善了食糖—糖料价格联动机制，让糖价和糖料价格联动在政府监管下由多方协商完成。实行优质优价，按质论价。鼓励与引导农民种植优良品种，提高单位土地食糖产出量。

(三)印度价格调控及成效分析

1. 印度糖价变动情况

印度作为食糖消费和生产大国,在整个国际食糖市场中占据重要地位。一方面印度农业生产条件优越,食糖生产量位居世界第二。另一方面,由于印度人口众多和其独特的饮食习惯,食糖消费量位居世界第一,这也决定了印度国内需求已经消化了大部分产量。此外,由于多重因素的影响,印度食糖市场的供给和需求变化大,多次在食糖净出口国和净进口国这两种角色之间反复变动,这种随机性,使其成为影响国际糖价变动的重要因素。

印度糖业的最大特点是消费增幅稳定,产量大幅波动。一方面,印度经济的迅速发展和人口的快速增长,使得印度的食糖消费需求连年扩大。另一方面,印度的气候类型是热带季风气候为主,每年夏季 6 月、7 月和 8 月是印度传统雨季,若此时西南季风偏强,带来强降雨可能造成水患,而当西南季风偏弱的时候,则带来旱灾。西南季风的不稳定,使得印度降水量的时间分配很不稳定,水旱灾频繁,加之落后的农业基础设施,对印度甘蔗种植业影响巨大,导致印度的食糖产量波动较大。此外,食糖在印度属于稀缺资源,受到政策保护,食糖价格受政策的影响很大。甘蔗收购价由政府定,由于政治原因州政府比全国政府定价高。同时,印度政府对食糖的进出口也制定相应的税收政策,进口关税为 40%,出口关税为 20%。

2000—2003 年受经济危机影响,印度经济不景气,食糖消费需求增长落后于食糖产量增加,市场上食糖供给量大于需求量,食糖价格持续下跌。

2003—2006 年食糖价格平稳上涨。2004 年印度发生严重干旱,食糖产量急剧下降。由于食糖消费量的快速增长,下降的产量甚至无法满足自身消费需求,印度在 2004—2005 年从国际市场共进口 200 万吨食糖,导致国内食糖价格上涨。

2007 年由于前期食糖价格持续上涨,糖料种植户纷纷扩大生产,糖料种植面积扩大,加之当年气候状况良好,使得糖料产量和出糖率双双提高,食糖产量随之大幅增加,导致糖价下跌。

2008 年发生拉尼娜事件、2009—2010 年发生中等厄尔尼诺事件。导致 2008 年至 2010 年三年间自然灾害频繁。受厄尔尼诺事件影响,降水量显著减少,出现大面积干旱,导致糖料作物产量下滑严重,食糖供给不足,食糖价格持续上涨。

2011 年全球气候恢复正常,印度亦从灾情中恢复,加之食糖价格位于高位,糖料种植户纷纷扩大种植面积,糖料作物产量恢复,食糖产量较前期明显上升,糖价上升趋势中断。

2012—2015 年印度糖料作物种植面积扩大,气候条件良好,食糖产量大幅提升。2015 年由于马邦西部和卡纳塔克邦南部增产,印度食糖产量达到历史高位,导致食糖价格下跌。

2015—2016 年印度由于受到厄尔尼诺事件带来的持续高温影响,出现大面积干旱,使得糖料作物生长受到影响,食糖产量大幅下滑。根据印度糖加工协会数据,这一年度印度甘蔗单产仅为67吨/公顷,同比下滑5.6%,糖产量为2 770万吨,同比减少9.18%。2016—2017年随着厄尔尼诺事件影响结束,全球性气候并未回归正常,随之而来的拉尼娜事件继续对全球气候产生巨大作用。印度由于上一年度的大面积干旱,糖料作物种植面积减少,虽然受拉尼娜事件影响降水逐渐增多,但产量仍将继续下滑。导致这一时期印度食糖价格快速上涨(图6)。

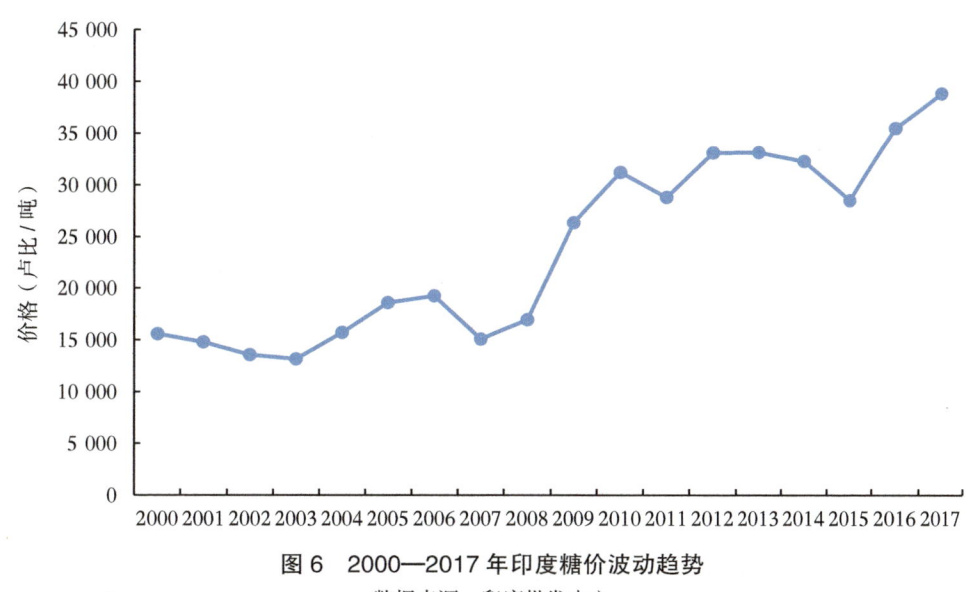

图6 2000—2017年印度糖价波动趋势

数据来源:印度批发中心

2. 印度食糖价格调控措施

(1)价格支持计划(Price Support Scheme, PSS)。印度农业部通过印度国家农业合作销售联盟(NAFED)以最低保护价格(MSP)进行油籽、豆类、甘蔗等产品购买,以保护生产者利益、稳定物价。当价格低于最低支持价格时,NAFED将在价格支持计划框架下承担相关农产品的采购。这种采购将一直持续到价格等于或高于最低支持价格为止。NAFED在此过程中的损失由中央政府承担,盈利要计入中央政府。从历史上看,最低保护价格政策从平衡生产者激励与保持物价稳定,逐渐向鼓励种植者转变。2012/2013榨季印度甘蔗最低保护价格为170卢比/千克,相当于人民币167元/吨。

(2)公共分配系统(Public Distribution System, PDS)。与销售配额制度。中央政府对精炼糖厂的食糖进行调控,农民和小生产者生产的本土糖则不受管制。制糖厂被要求以一个低于市场行情的价格出售其10%的产品给公共分配系统(PDS),以保障收入低于贫困线的消费者的食糖需求。剩余90%的产品可以以市场价格出口,但是总量由中央政府制定的季度配额决定,积累的缓冲库存由政府在公开市场出售。当国内糖价上升时,为了保障消费者的利益,政府不仅会释放缓冲库存,还会通过规定库存限制和存货周转率,以此防止食糖囤积现象的发生。

（3）设立甘蔗可持续发展基金。为扩大甘蔗生产和提高产量，印度政府还在各甘蔗产区建立了甘蔗可持续发展基金（SDF）。政府从糖厂所生产的食糖中抽取3.58美元/吨的款项作为SDF的费用，SDF的主要任务是向食糖产业进行研究、技术改造等提供资金，同时给发展酒精生产提供贴息贷款。2008年3月印度政府对SDF的章程进行了修改，授权SDF不仅可以给糖厂债务重组提供资金，同时可给糖厂提供软性贷款。由政府领导食糖产业从业者和企业，合作建立食糖产业发展基金和食糖产业科研机构，加大科技投入和产业扶持力度，大力培育和推广应用高产、高糖分、适应性强的优良品种，提高糖料的含糖量和单产水平。

参考文献

崔奇峰，孙翠清，等. 2014. 中国食糖产业发展的困境与对策［J］. 中国农学通报，30（26）：47-52.

刘晓雪，王新超，郑传芳，等. 2013. 泰国食糖产业与政策的发展演变——基于1961—2012年的数据［J］. 世界农业（7）：67-74.

刘晓雪，张宸，郑传芳，等. 2013. 巴西蔗糖产业与政策的发展演变——基于1961—2012年的数据［J］. 世界农业（5）：75-84.

刘晓雪，张宸，郑传芳，等. 2014. 巴西糖业政策发展演变及启示［R］. 中国作物学会甘蔗专业委员会学术研讨会.

翁卓，黄寒. 2015. 中国制糖产业竞争力对比与政策建议——基于对巴西、印度、泰国考察的比较［J］. 甘蔗糖业（4）：65-72.

徐雪，2004. 中国与巴西食糖产业竞争力比较［J］. 农业经济问题（11）：60-64.

徐雪. 2015. 中国食糖产业发展战略研究［M］. 北京：中国农业出版社.

张希颖，郑春霞，等. 2010. 我国食糖进口的影响因素及策略选择——兼论国际糖价对我国食糖进口的影响［J］. 价格理论与实践（4）：65-66.

United States Department of Agriculture. 2000–2017.Sugar and Sweeteners Outlook［EB/OL］. http:usda.mannlib.cornell.edu/MannUsda/viewDocumentInfo.do?documentID=1386.

United States Department of Agriculture. 2006–2018. Sugar World Markets and Trade［EB/OL］. http:usda.mannlib.cornell.edu/MannUsda/viewDocumentInfo.do?documentID=1797.

United States Department of Agriculture. 2018-6-9.Table 3b-World raw sugar price, ICE Contract 11 nearby futures price,monthly quarterly,and by calendar and fiscal year［EB/OL］. https:www.ers.usda.gov/data-products/sugar-and-sweeteners-yearbook-tables/sugar-and-sweeteners-yearbook-tables/#World and U.S. Sugar and Corn Sweetener Prices.

（执笔人：马凯　徐雪）

第九部分

乳制品

海外农产品市场研究（2018）

专题一 世界供需形势分析

乳制品作为日常饮食中补充蛋白质和钙的重要来源，对人类健康和均衡营养具有重要的意义。然而在乳品内外价差和国内需求既定的情况下，中国乳制品供需平衡依赖国际市场已成为不可避免的选择。近几年世界大部分地区的牛奶价格持续下滑，奶价一直处于相对较低的水平，2017年这一形势有了好转，2018年下半年再现下滑迹象。最新数据显示，2017—2018年全球牛奶产量虽增长缓慢，但需求呈现复苏迹象，价格由低位回升。2017年全球乳制品价格走势出现分化，黄油和奶酪价格上涨，全脂奶粉和脱脂奶粉价格微降，其中黄油和脱脂奶粉的价格走势差异凸显了近期消费者对牛奶脂肪的偏好。预计2018—2019年黄油价格将下行，因强劲的消费需求降幅不会太大；考虑欧盟和美国充足的出口供应，奶酪和全脂奶粉价格将温和下滑，脱脂奶粉价格将继续走低。

一、世界供需形势

（一）全球牛奶供应增长放缓，消费需求强劲

2000年以来，全球牛奶产量以平均每年约769万吨的速度持续增长，年均增长1.9%，全球牛奶消费量以平均每年约165万吨的速度保持增长，年均增长1.1%，因此，每年消费量占牛奶产量的比重呈现2%的下降趋势（图1）。短期看，牛奶产量和消费量的增速在2014年出现了小高峰，2015年开始减速，2016年增速最慢，仅分别为0.2%和0.5%。2017年全球牛奶产量5.01亿吨，比2016年提高1.4%，比2015年提高1.6%，但

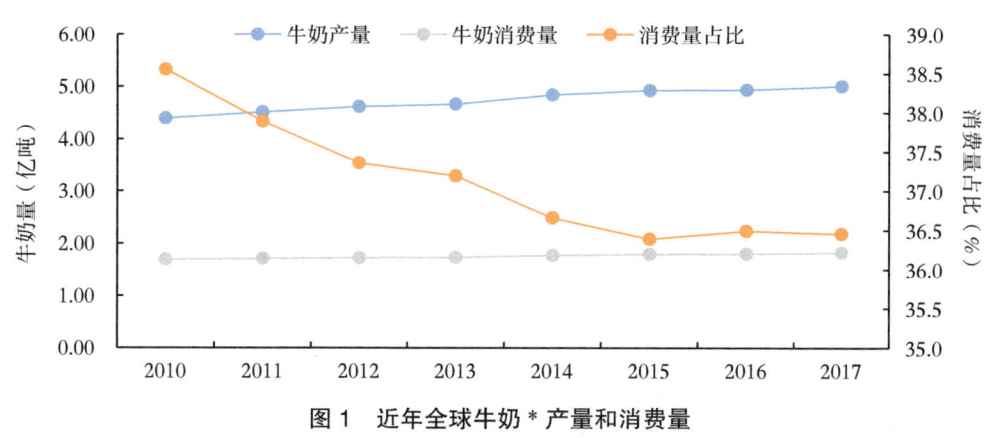

图1 近年全球牛奶*产量和消费量
*仅指牛奶，不包括水牛奶和羊奶等
数据来源：USDA

仍低于近17年1.9%的年均增速；消费量1.83亿吨，比2016年提高1.3%，比2015年提高1.8%，高于年均1.1%的增长率。可见2017—2018年全球牛奶供需呈现"供应减缓、需求强劲"的整体形势。

（二）欧美依旧产量主力，印度增速领跑全球

从地区来看，欧盟和美国依然是全球最大的牛奶生产基地，2017年牛奶产量分别为1.5亿吨和0.98亿吨，供应了全球30%和20%的牛奶产量（图2）。其次为印度0.72亿吨和中国0.36亿吨，分别占全球的14%和7%。虽然欧盟和美国的产量依然是全球主力，但近年也不可避免的出现了增速乏力的迹象。如2015年欧盟取消牛奶生产配额制度之后，2016年产量仅比2015年增加80万吨，2017年的产量仅比2016年增长70万吨，增速均为0.5%左右；美国相对较好，2017年产量比2016年增长了近150万吨，比2015年提高322万吨，增速分别为1.6%和3.4%（表1）。

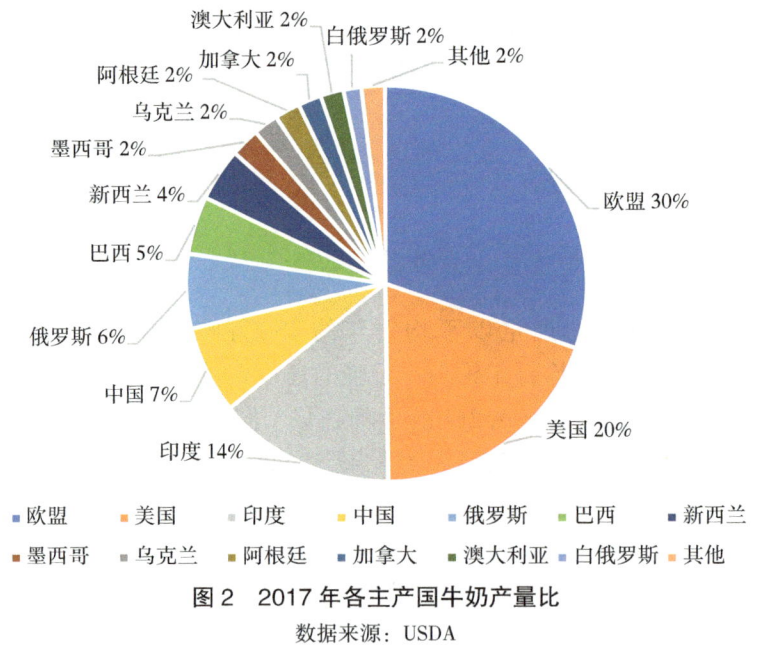

图2 2017年各主产国牛奶产量比

数据来源：USDA

在主要奶源地国家中，印度的增速最为明显。2017年印度牛奶产量7200万吨，虽然仅占全球牛奶产量的14%，但与2016年比增产400万吨（同比增5.9%），比2015年提高了800万吨，比2014年提高了1150万吨，以年均5%~6%的增速，远高于全球牛奶产量的平均增速。此外，加拿大、巴西、白俄罗斯等国家的同比增速超过2%，美国、新西兰、墨西哥等国家的同比增速超过1%。与之相反，中国的牛奶产量近三年呈现逐年下降趋势，由2015年的3 295.5万吨，到2016年的3 173.9万吨，再到2017年的3 148.6万吨，逐年减产2.3%左右，远低于全球牛奶产量平均增长速度。与中国情况类似的国家有乌克兰、阿根廷、澳大利亚和日本等（表1）。

表1 2017年全球牛奶生产量

单位:千吨

国家	2017年产量	比2016年		比2015年		比2014年		2018年估计产量
		变化量	变化率(%)	变化量	变化率(%)	变化量	变化率(%)	
欧盟	151 700	700	0.5	1 500	1.0	5 200	3.5	152 100
美国	97 840	1 497	1.6	3 221	3.4	4 355	4.7	99 473
印度	72 000	4 000	5.9	8 000	12.5	11 500	19.0	76 000
俄罗斯	30 600	90	0.3	52	0.2	101	0.3	30 550
巴西	23 550	824	3.6	-1 220	-4.9	-1,939	-7.6	23 980
新西兰	21 540	316	1.5	-47	-0.2	-353	-1.6	21 850
墨西哥	12 100	144	1.2	364	3.1	636	5.6	12 230
乌克兰	10 300	-75	-0.7	-284	-2.7	-852	-7.6	10 250
阿根廷	10 090	-101	-1.0	-1 462	-12.7	-1 236	-10.9	10 700
加拿大	9 450	369	4.1	677	7.7	1 013	12.0	9 800
澳大利亚	9 300	-186	-2.0	-791	-7.8	-358	-3.7	9 530
白俄罗斯	7 300	160	2.2	256	3.6	595	8.9	7 425
日本	7 280	-114	-1.5	-99	-1.3	-54	-0.7	7 240
韩国	2 081	11	0.5	-88	-4.1	-133	-6.0	2 091
其他	15	1	7.1	2	15.4	-5	-25.0	—
全球	501 026	7 116	1.4	8 037	1.6	16 737	3.46	510 094

数据来源:USDA

(三)整体库存下调,黄油和脱脂奶粉消费量增长

从全球乳制品生产类别看,黄油、奶酪、脱脂奶粉和全脂奶粉2017年库存均保持在一个较低的水平,其中黄油52.3万吨、奶酪83.8万吨、脱脂奶粉81.7万吨、全脂奶粉84.1万吨。黄油近几年呈现稳定缓慢增长态势,产量和消费量均以年均3%的速度同步增长,预计2018年产量和消费量增速分别为2.4%和2.9%,库存将继续下调至48.5万吨。奶酪2017年的产量和消费量较2016年增长均不到1%,过去8年平均增长速度在2%左右,预计2018年产量和消费量增速依然不到1%,库存下调至77.7万吨。全脂奶粉和脱脂奶粉产量虽远远小于黄油和奶酪,但脱脂奶粉产量较2016年和2015年均略微下调,减产6万~7万吨,但需求量较过去两年却大幅上涨6.7%,预计2018年脱脂奶粉需求量与2017年相当,生产量将上调至481万吨,因此库存会略微提高至92.3万吨。全脂奶粉2017年产量较2015年的高峰期也有所下降,但产能却比2016年上升了大约4%,需求量同比保持平稳,比2015年明显提高,预计2018全脂奶粉生产量和消费量都将会再上一个新台阶,库存继续下调至83万吨(表2)。

表 2　全球乳制品生产消费和库存量

单位：千吨

项目	供需	2010	2011	2012	2013	2014	2015	2016	2017	2018*
黄油	生产量	8 125	8 495	8 787	9 254	9 651	9 904	10 014	10 193	10 435
	消费量	7 818	8 097	8 419	8 721	9 038	9 204	9 443	9 670	9 950
	库存量	307	398	368	533	613	700	571	523	485
奶酪	生产量	16 761	16 943	17 483	18 186	18 659	19 150	19 391	19 516	19 635
	消费量	16 325	16 499	16 897	17 618	17 958	1 8389	18 669	18 678	18 858
	库存量	436	444	586	568	701	761	722	838	777
脱脂奶粉	生产量	3 379	3 656	3 964	4 041	4 524	4 760	4 749	4 689	4 810
	消费量	2 842	3 019	3 258	3 485	3 581	3 771	3 630	3 872	3 887
	库存量	5 37	637	706	556	943	989	1 119	817	923
全脂奶粉	生产量	3 826	4 174	4 273	4 568	4 961	5 097	4 613	4 795	4 905
	消费量	2 793	2 892	3 021	3 648	3 763	3 949	3 912	3 954	4 075
	库存量	1 033	1 282	1 252	920	1 198	1 148	701	841	830

*2018 为预测值

数据来源：USDA

（四）乳制品生产和消费日趋集中，中国是全脂奶粉产消第一大国

从国家和地区乳制品产量和消费量占全球的比例来看，不同乳制品中排名靠前的国家和地区日趋集中和稳定。其中，印度是黄油生产和消费第一大国，而欧盟是奶酪第一生产和消费地区。由图 3 和图 4 可以看出，2017 年黄油生产前三名的国家和地区分别是印度（53%）、欧盟（23%）和美国（8%），黄油消费前三名的国家也是印度（56%）、欧盟（22%）和美国（9%）。由图 5 和图 6 可以看出，2017 年奶酪生产前两位是欧盟和美国，占全球产量的 78%，其中欧盟占全球奶酪产量的一半，同期奶酪消费量前两位的国家和地区依然是欧盟和美国，分别为 48% 和 29%。

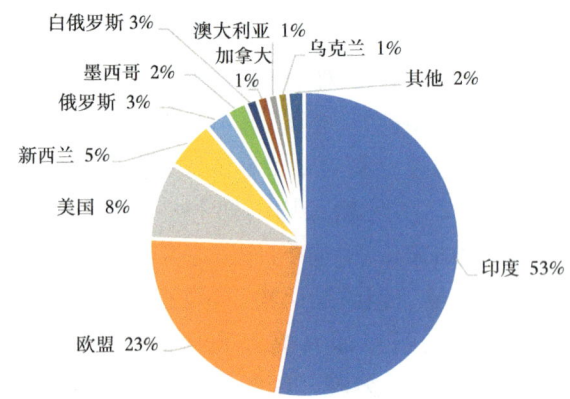

图 3　2017 年全球黄油生产格局

数据来源：AHDB Dairy

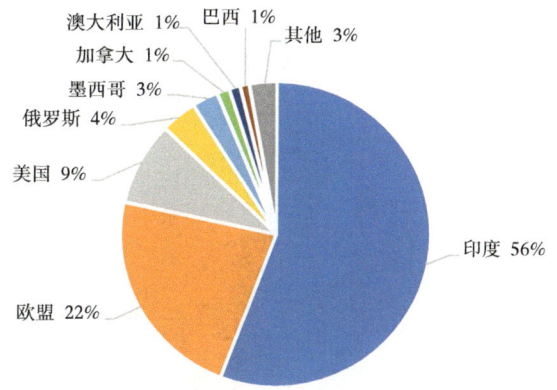

图4 2017年全球黄油消费格局
数据来源：AHDB Dairy

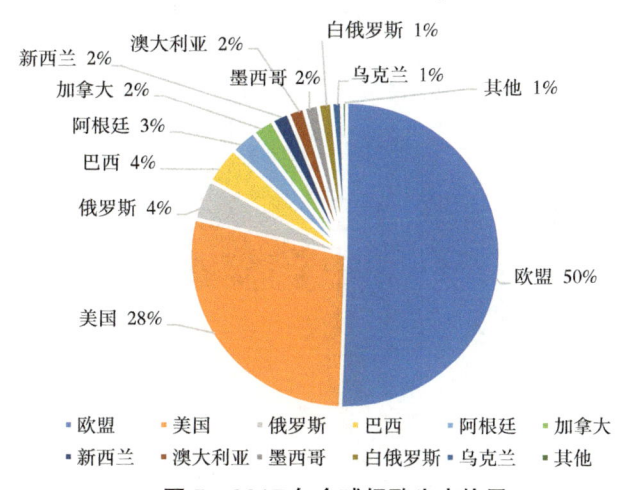

图5 2017年全球奶酪生产格局
数据来源：AHDB Dairy

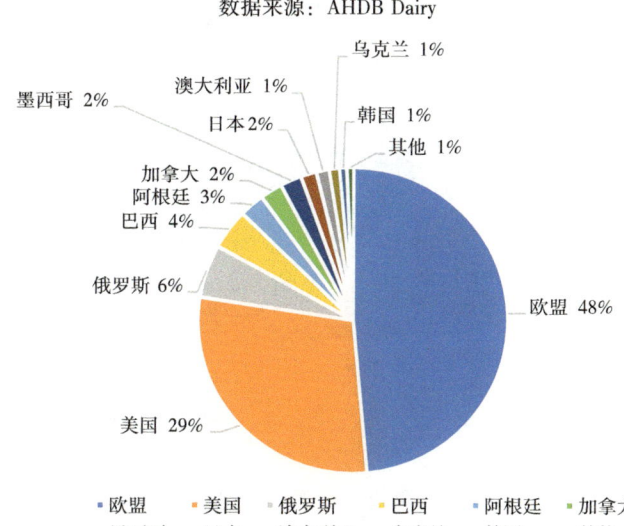

图6 2017年全球奶酪消费格局
数据来源：AHDB Dairy

从奶粉生产量和消费量来看（图7至图10），2017年欧盟和美国依然是脱脂奶粉生产大国，共产出全球58%的脱脂奶粉。但排名靠前的脱脂奶粉消费大国除了欧盟和美国外，

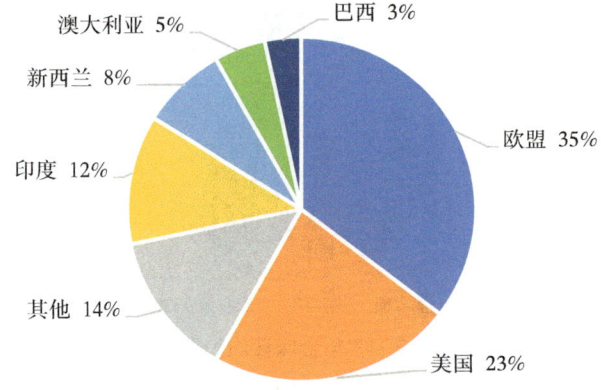

图7　2017年脱脂奶粉生产格局
数据来源：AHDB Dairy

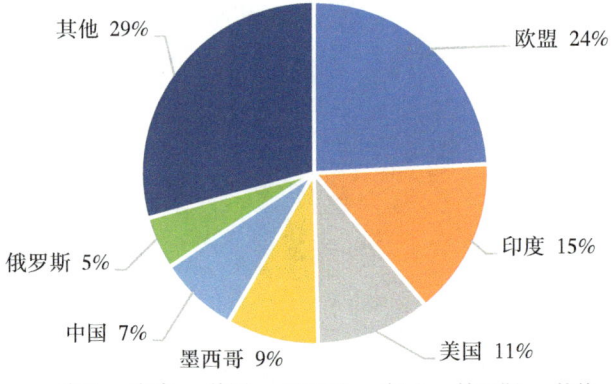

图8　2017年脱脂奶粉消费格局
数据来源：AHDB Dairy

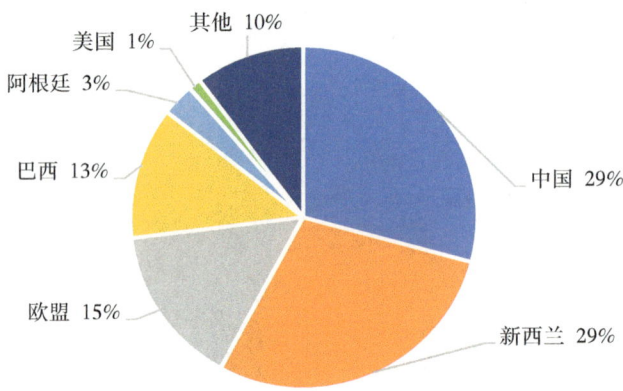

图9　2017年全脂奶粉生产格局
数据来源：AHDB Dairy

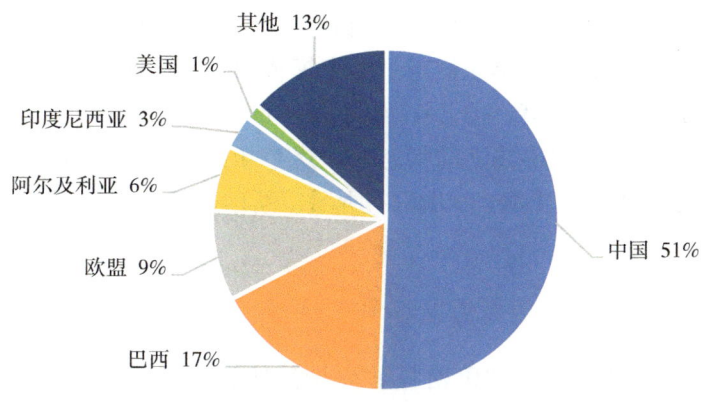

图10 2017年全脂奶粉消费格局
数据来源：AHDB Dairy

还包括印度（15%）。虽然中国并非脱脂奶粉的生产大国，消费量也仅占全球7%，但中国全脂奶粉的生产和消费却都是世界第一，生产量在2017年和新西兰相当，均占全球产量的29%，消费量超过全球消费量的一半（51%），其次是巴西（17%）。

二、国际价格走势

（一）全球奶价历经新的周期，2018年持续走高

根据国际牧场联盟（IFCN）发布的反映奶类商品国际价格变化的乳品价格指数（图11），

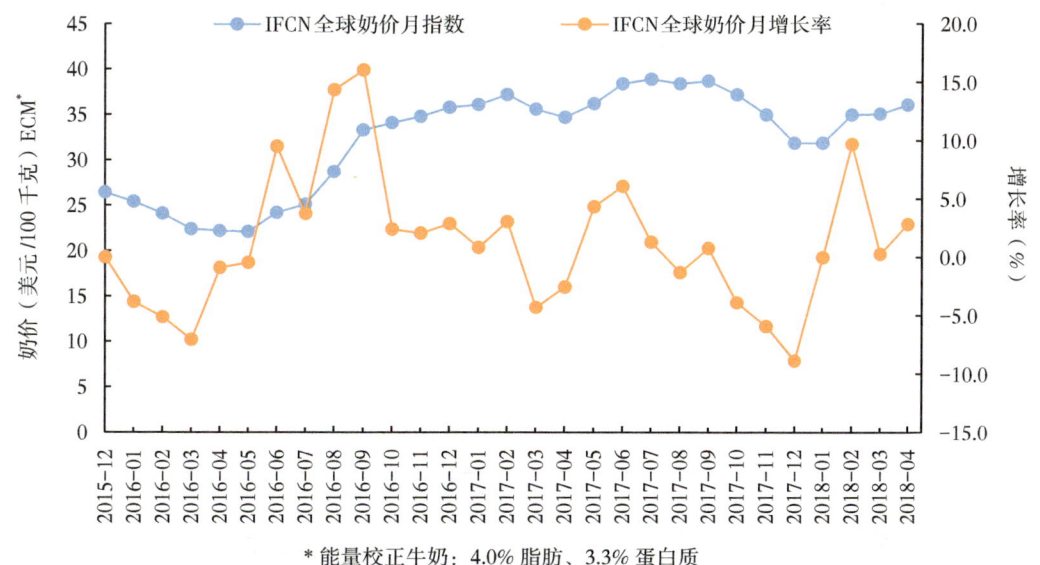

* 能量校正牛奶：4.0%脂肪、3.3%蛋白质

图11 IFCN全球奶价指数

数据来源：IFCN Dairy Data（https://ifcndairy.org/about-ifcn-neu/ifcn-dairy-research-center-method/）

全球奶价历经了一个新的短暂升降周期。全球奶价自 2016 年年中回升以来，2017 年 1 月恢复至 36.1 美元 /100 千克，上半年先经历了一个短暂的升降周期，然后在波动中于 2017 年 7 月上升至 38.9 美元 /100 千克，但 2017 年下半年价格却逐步下降至 31.9 美元 /100 千克。虽然 2017 年奶价整体呈现出波动的状态，但这个新的价格周期特点在于价格下行持续时间很短，之后便迅速恢复上涨。如图 11 所示，新的价格上升周期出现在 2018 年上半年。

（二）黄油价格波动走高，脱脂奶粉价格下行

如图 12 所示，从整体看，黄油价格显著高于其他乳制品，而且价格差距在 2017—2018 年逐步加大。另外，除脱脂奶粉外，2017 年其他乳制品价格均从 2015 年和 2016 年的低位有所回升。其中黄油价格的升降幅度明显大于其他乳制品，2017 年 1 月黄油价格为 4 634.9 美元 / 吨，8 月迅速上升至 6 624 美元 / 吨，上涨 42.9%；下半年又逐步跌至 4 877 美元 / 吨，跌了 26 个百分点，但始终高于 2016 年年初的价格水平。2017 年价格上涨的原因可能在于 2016 年第二季度和 2017 年第一季度的黄油产量减少以及需求强劲。2018 年上半年价格也在逐步攀升，4 月升至 5 694 美元 / 吨。相比之下，奶酪和全脂奶粉的价格波动幅度很小，相对平稳，2017 年平均价格分别为 3 724 和 3 196 美元 / 吨，2018 年上半年也有小幅上升。脱脂奶粉的价格则出现持续下调，从 2017 年年初的 2 296 美元 / 吨下调至年末的 1 678 美元 / 吨，下跌 26.9%，2018 年上半年价格也未出现上升趋势，依然在 1 700 美元 / 吨左右。

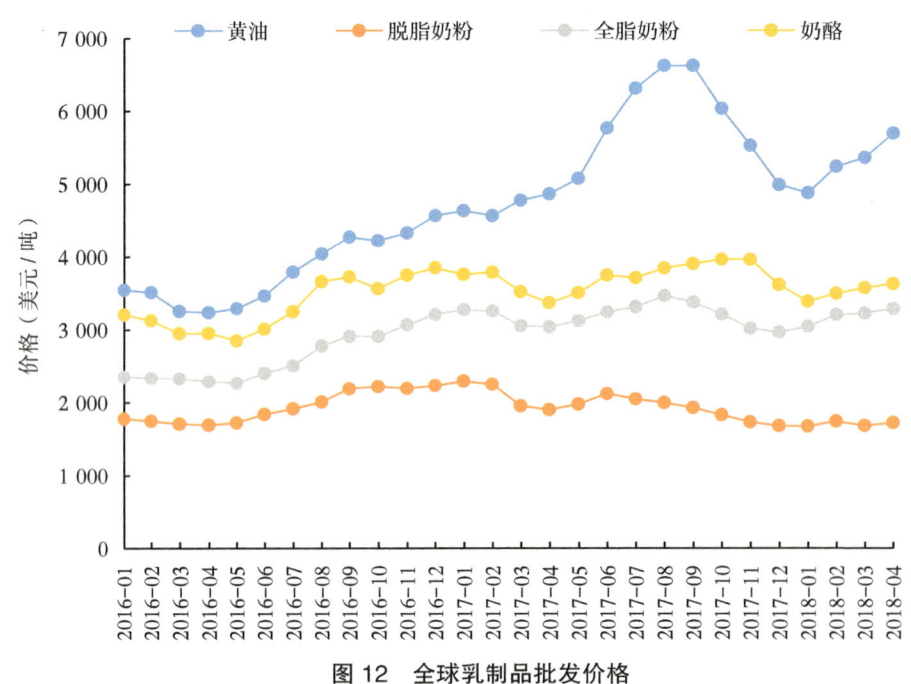

图 12 全球乳制品批发价格

数据来源：AHDB Dairy（http://dairy.ahdb.org.uk/market-information/milk-prices-contracts/wholesale-prices）

（三）主产区原奶价格基本一致，中国原奶价格居高不下

原料奶收购价格 2016 年下半年开始回升，2017 年各主产国和地区的原料奶收购价格明显趋于一致，欧盟小幅上涨，新西兰保持平稳，美国小幅下降，但新西兰的低成本原料奶价格优势不再明显，与美国和欧盟的原奶价格差距逐步缩小，2018 年上半年甚至超越美国（图 13）。中国的原奶收购价格在 2017 年上半年从 49.2 欧元 /100 千克降至 43.4 欧元 /100 千克，7 月又很快升到了 53.35 欧元 /100 千克，下半年基本稳定在 50 欧元 /100 千克，但 2018 年上半年出现降价，2018 年 4 月折合为 44.9 欧 /100 千克。

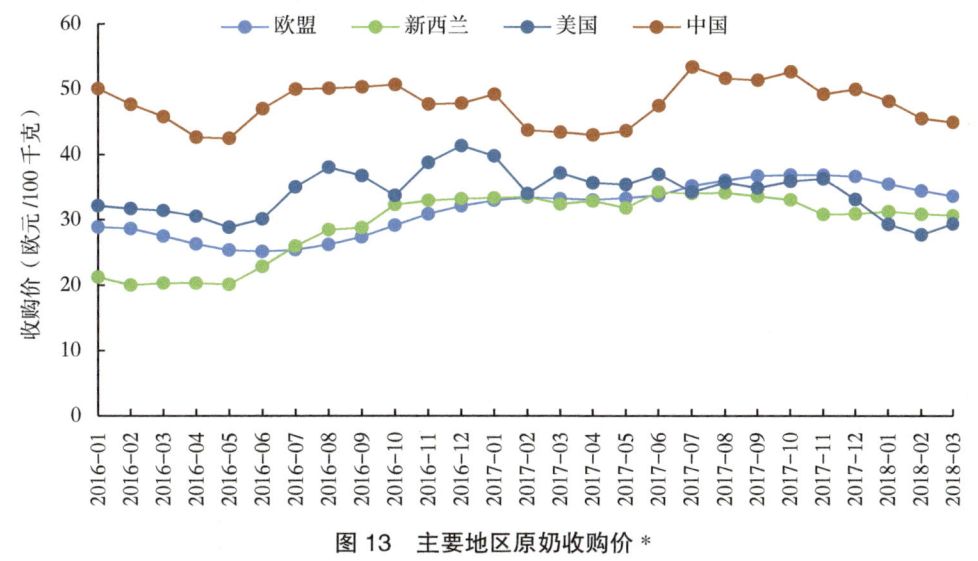

图 13　主要地区原奶收购价*

* Farmgate milk prices，非实际销售价格，按照脂肪含量 4.2%、蛋白质含量 3.4% 的统一规格调整后计算所得

数据来源：AHDB Dairy

（四）欧盟和澳新超越美国，主导黄油和奶酪高价市场

长期以来，美国生产的黄油和奶酪在国际贸易中的批发价格都相对较高，2016 年 6 月以前，美国的黄油和奶酪价格明显高于欧盟和澳新，自 2016 年下半年开始，欧盟、澳大利亚和新西兰的价格逐步上涨，2017 年上半年的聚合程度最高，之后欧盟和澳新价格持续上涨，其中欧盟的上涨幅度最大（图 14、图 15）。例如，黄油价格从 2017 年 1 月的 4 516.7 美元 / 吨一路飙升至 2017 年 9 月的 8 062.5 美元 / 吨，提价 78.5%。澳大利亚和新西兰则从 4 412.5 美元 / 吨提高到 6 237.5 美元 / 吨，提价 41.4%。与此同时，美国从 4 975.4 美元 / 吨小幅提高到 6 237.5 美元 / 吨，提价 25.4%。虽然 2017 年下半年开始 3 个国家和地区的价格都有所下调，2018 年 1 月价格分别跌至 5 025、4 844 和 4 762.5 美元 / 吨，但从 2 月开始价格差距又被扩大，且预计仍将继续，2018 年 4 月欧盟黄油价格 6 543.8 美元 / 吨，每吨价格比新西兰高 956.3 美元，比美国高 1 594 美元。

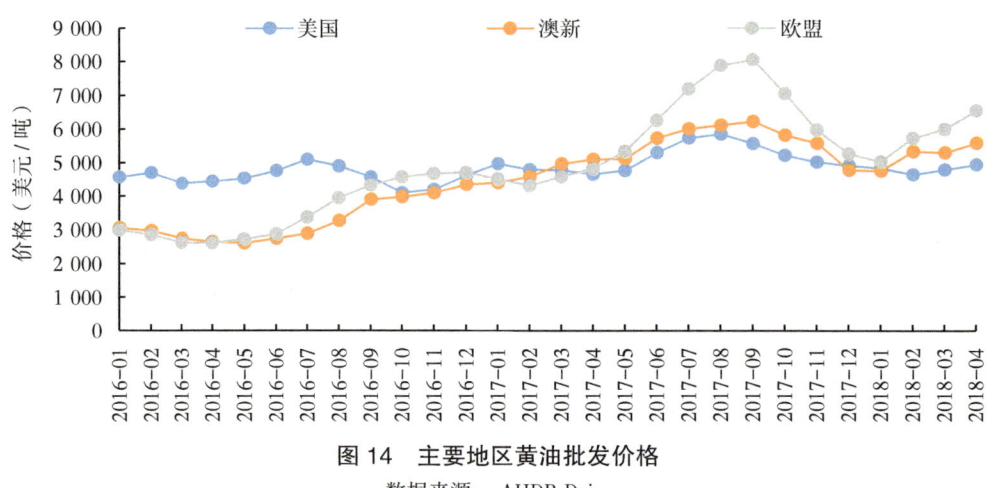

图 14　主要地区黄油批发价格
数据来源：AHDB Dairy

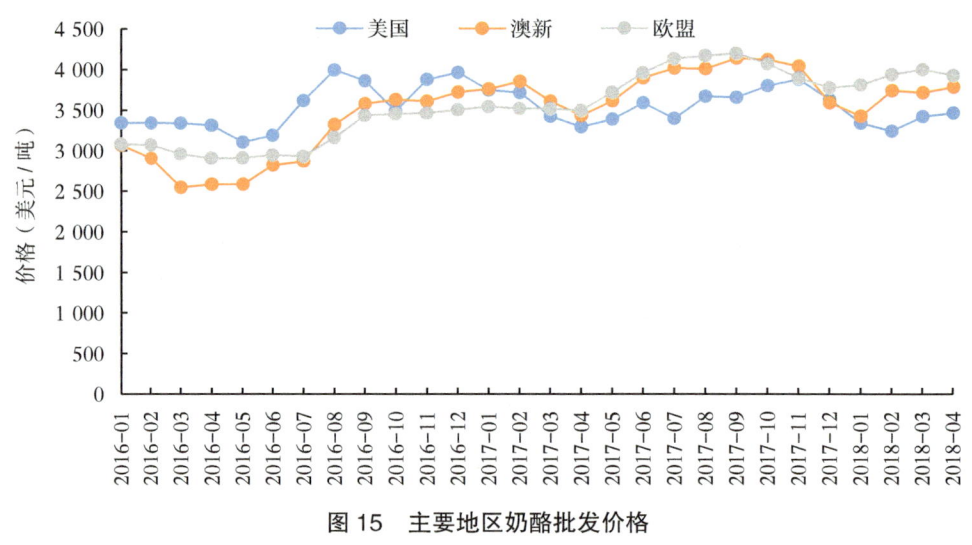

图 15　主要地区奶酪批发价格
数据来源：AHDB Dairy

与黄油价格走势相似，美国的奶酪价格在期初略高于欧盟、澳大利亚和新西兰。但欧盟奶酪价格从 2017 年 1 月的 3 542.2 美元/吨缓慢升至 2017 年 9 月的 4 198.2 美元/吨，累计增幅 18.5%。澳大利亚和新西兰则从 3 762.5 美元/吨提高到 4 143.8 美元/吨，提升 10.1%。与此同时，美国奶酪价格从 3 750.3 美元/吨降至 3 661.4 美元/吨，降低 2.4%。虽然 2017 年下半年 3 个国家和地区价格都有所下调，12 月价格分别为 3 775.9、3 633.4 和 3 593.8 美元/吨，但自 2018 年 1 月开始价格差距逐步扩大，2018 年预计仍将继续，2018 年 4 月欧盟奶酪价格 3 927.6 美元/吨，比新西兰高 140.1 美元/吨，比美国高 458.2 美元/吨。

（五）奶粉市场价格相近，波动频率和幅度一致

各主产国和地区脱脂奶粉和全脂奶粉价格差距很小，波动频率和幅度高度一致。结

合图16和图17可以看出，新西兰在奶粉出口中的价格优势越来越弱，2017年3月开始美国脱脂奶粉价格已经略低于新西兰，且一直持续至今，2018年上半年新西兰脱脂奶粉与大洋洲脱脂奶粉的价差最高为426美元/吨。欧盟的脱脂奶粉价格与新西兰相差不大，2018年上半年略高于大洋洲（图16）。

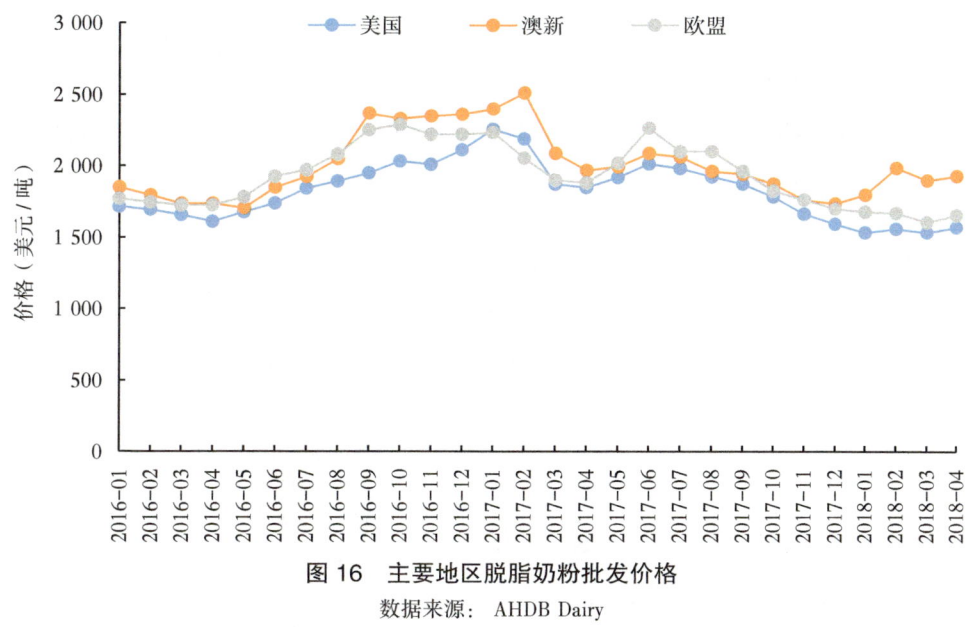

图16　主要地区脱脂奶粉批发价格

数据来源：AHDB Dairy

3个主产区价格聚合程度在全脂奶粉的表现最明显，其中欧盟全脂奶粉的价格波动幅度相对较大，虽然其在2017年下半年领先大洋洲和美国，但2018年以来3个主产区的价格高度同步。2018年4月欧盟、大洋洲和美国的全脂奶粉价格分别为3 281.3美元/吨、3 312.5美元/吨和3 284.2美元/吨，价格差距在20~30美元（图17）。

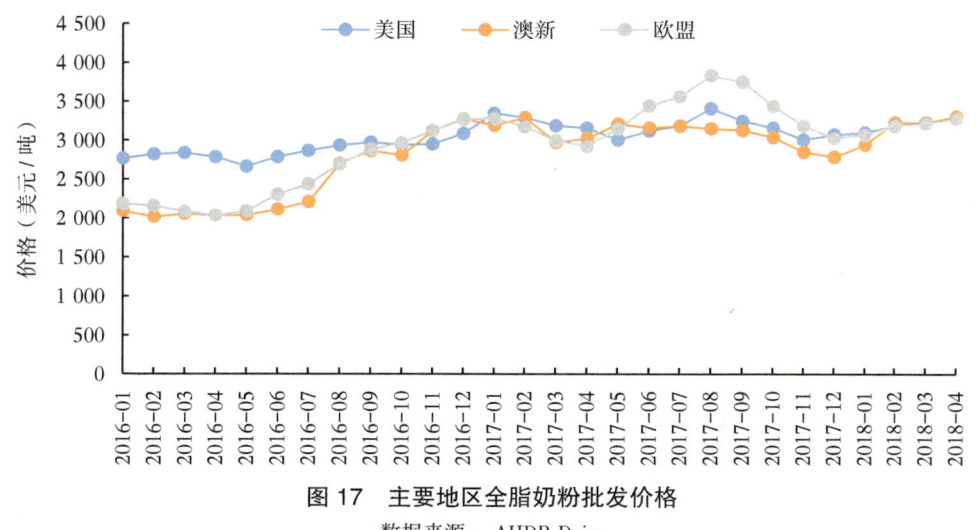

图17　主要地区全脂奶粉批发价格

数据来源：AHDB Dairy

三、国际贸易格局

（一）脱脂奶粉的贸易量最大，黄油的进出口量最小

2017 年各乳制品的进出口量分别如图 18 所示，脱脂奶粉的进出口量最大，分别为 136.5 万吨和 219.8 万吨。其次是奶酪和全脂奶粉，奶酪的进出口量分别为 121.5 万吨和 197.6 万吨；全脂奶粉的进出口量分别为 109 万吨和 195.7 万吨。贸易量最小的乳制品是黄油，其进出口量分别为 33.6 万吨和 81.9 万吨。

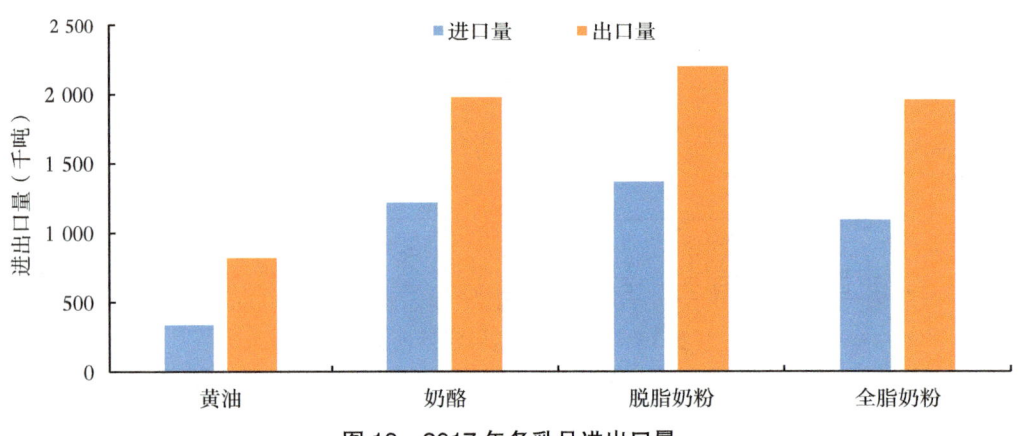

图 18　2017 年各乳品进出口量

数据来源：UN Comtrade

图 19 至图 22 依次展示了黄油、奶酪、脱脂奶粉和全脂奶粉进出口量的逐年变化。其中黄油的贸易量近年有所下降，2017 年 81.9 万吨，同比减少 13.3%，2018 年预计出口量

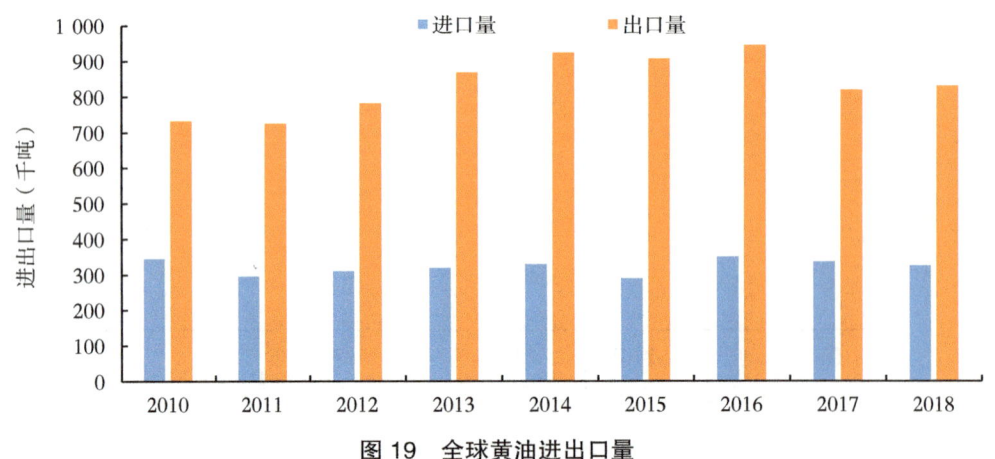

图 19　全球黄油进出口量

数据来源：UN Comtrade

为 83.1 万吨，与 2017 年比略增。与黄油走势相似，近年来全脂奶粉贸易量小幅下降，但这一趋势预计在 2018 年将会扭转。奶酪和脱脂奶粉贸易量自 2000 年以来一直稳步上升，2018 年预计仍会继续上升。

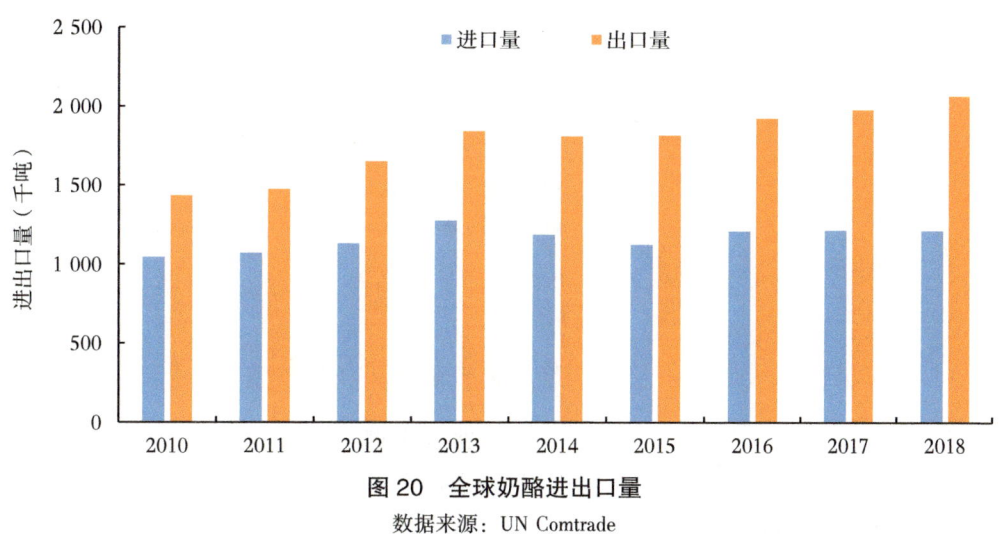

图 20　全球奶酪进出口量

数据来源：UN Comtrade

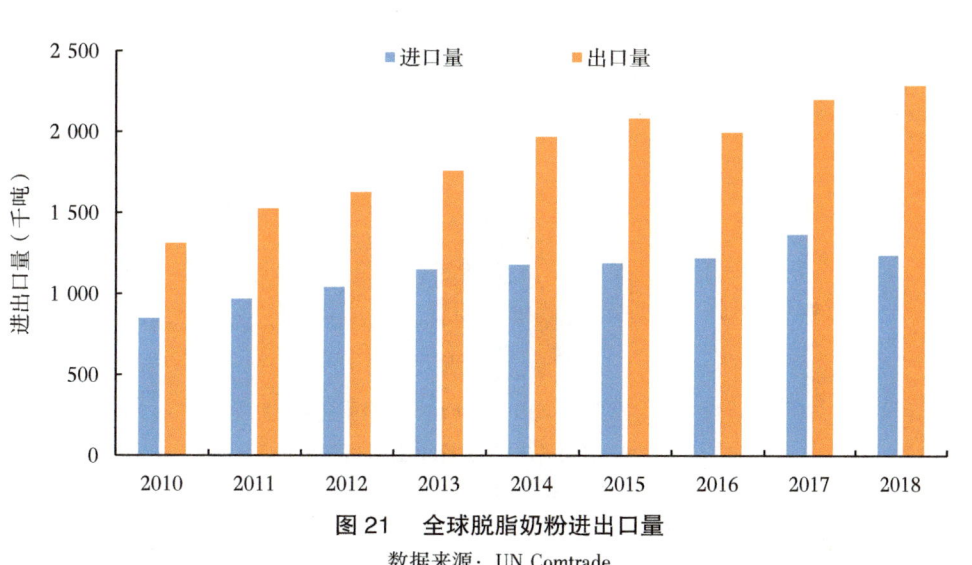

图 21　全球脱脂奶粉进出口量

数据来源：UN Comtrade

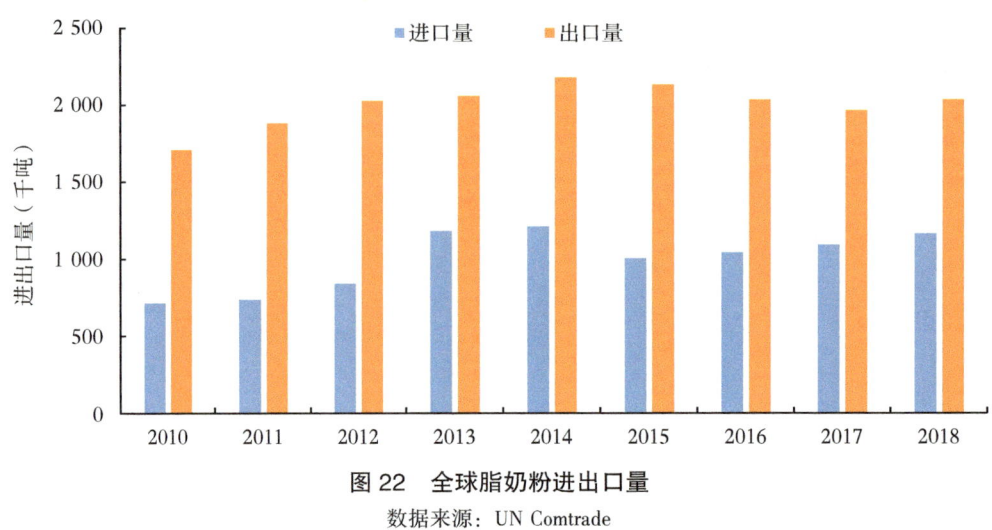

图 22 全球脂奶粉进出口量

数据来源：UN Comtrade

（二）黄油出口主体是新西兰和欧盟，最大进口国是俄罗斯

如图 23 和图 24 所示，2017 年新西兰和欧盟共占据 78% 的世界黄油出口市场，其中新西兰 57%，欧盟 21%。另外 10% 的市场份额属于白俄罗斯，美国仅占 3%。在黄油进口市场中，俄罗斯的进口量最大，占 34%，其次是墨西哥，占 16%，美国占 13%。

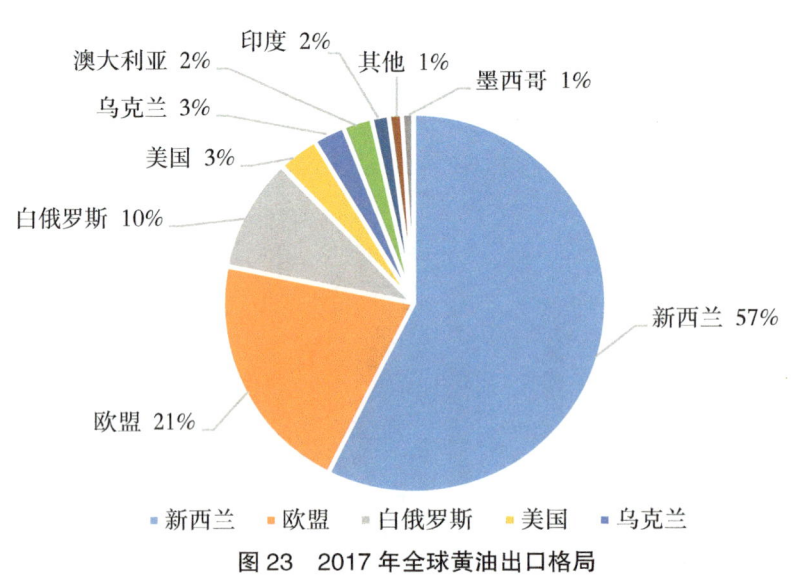

图 23　2017 年全球黄油出口格局

数据来源：UN Comtrade

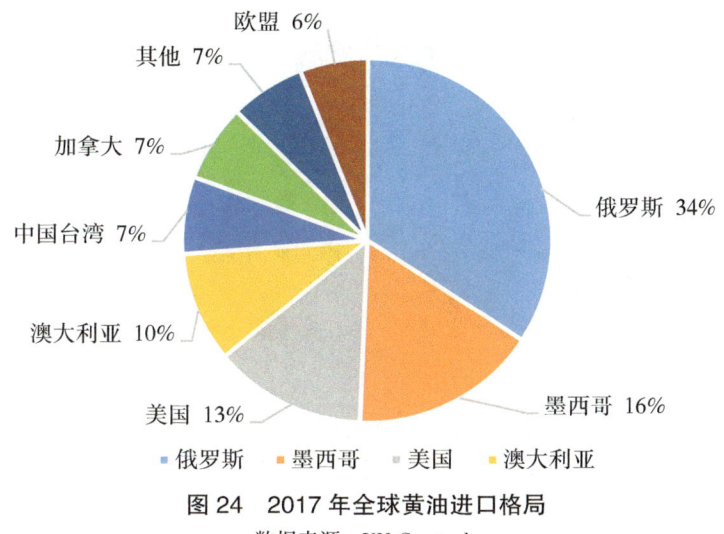

图 24　2017 年全球黄油进口格局

数据来源：UN Comtrade

（三）奶酪出口主体是欧盟和新西兰，进口国主要是日本和俄罗斯

与黄油出口市场相似，2017 年欧盟和新西兰共占据 60% 的世界黄油出口市场，其中欧盟占 42%，新西兰占 18%（图 25 和图 26）。另外 17% 的市场份额属于美国。在奶酪进口市场中，日本进口量最大，占 22%，其次是俄罗斯，占 19%。

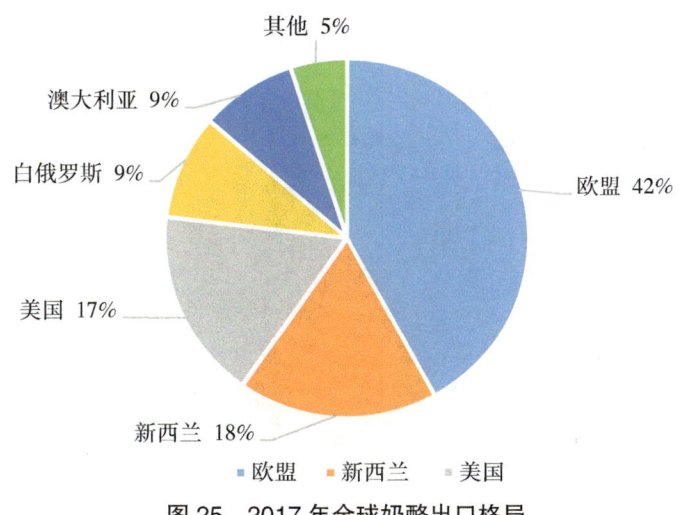

图 25　2017 年全球奶酪出口格局

数据来源：UN Comtrade

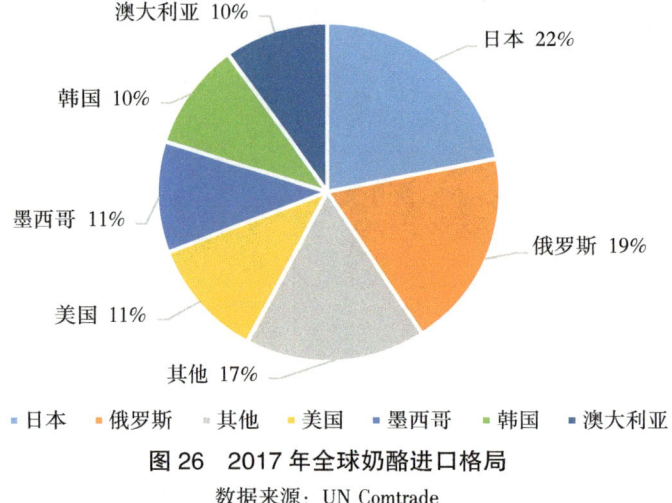

图 26　2017 年全球奶酪进口格局

数据来源：UN Comtrade

（四）脱脂奶粉出口主体是欧盟和美国，进口国主要是墨西哥和中国

如图 27 和图 28 所示，2017 年欧盟和美国共占据 62% 的世界脱脂奶粉出口市场，其中欧盟占 35%、美国占 27%。另外 18% 的市场份额属于新西兰，澳大利亚仅占 8%。在脱脂奶粉进口市场中，墨西哥的进口量最大，为 23%，其次是中国，为 21%，菲律宾第三，占 13%。

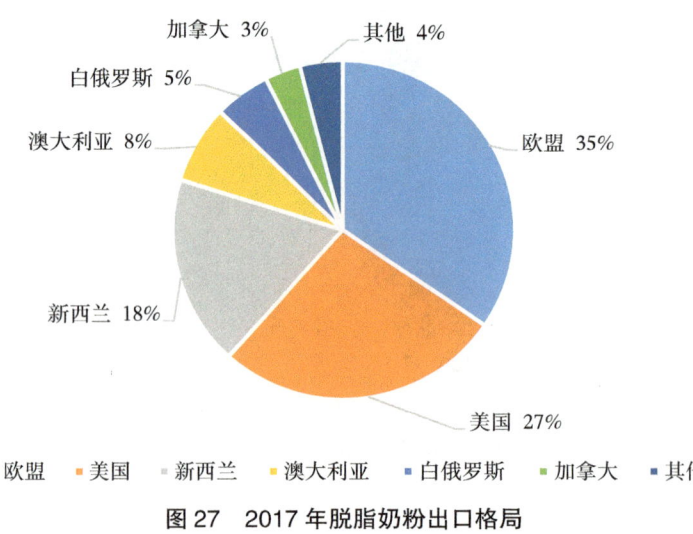

图 27　2017 年脱脂奶粉出口格局

数据来源：UN Comtrade

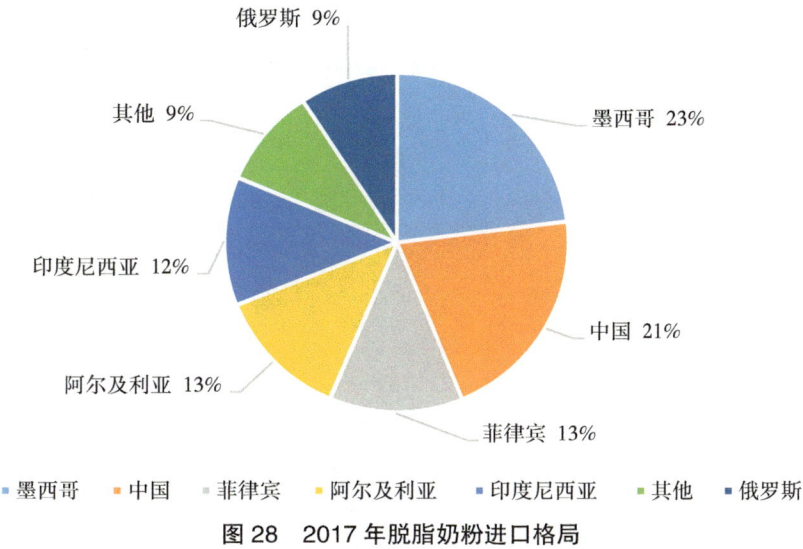

图 28　2017 年脱脂奶粉进口格局

数据来源：UN Comtrade

（五）全脂奶粉出口靠新西兰和欧盟，中国是主要进口国

如图 29 和图 30 所示，2017 年新西兰和欧盟共占据 88% 的全球全脂奶粉出口市场，其中新西兰占 68%，欧盟占 20%。在全脂奶粉进口市场中，中国的进口量最大，占了几乎一半（49%），其次是阿尔及利亚，占 26%。

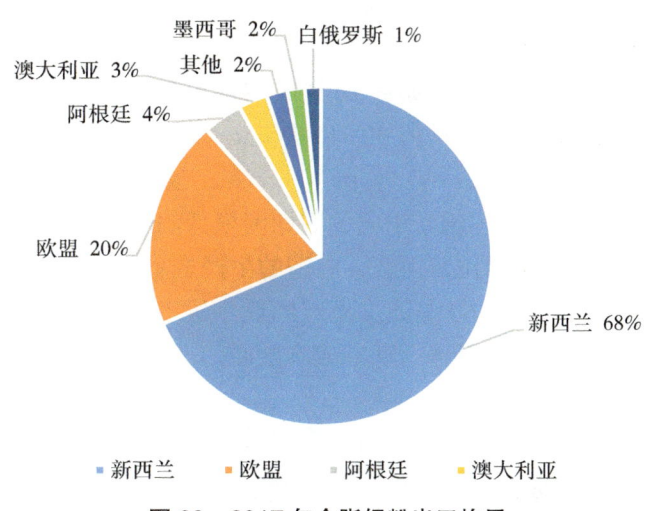

图 29　2017 年全脂奶粉出口格局

数据来源：UN Comtrade

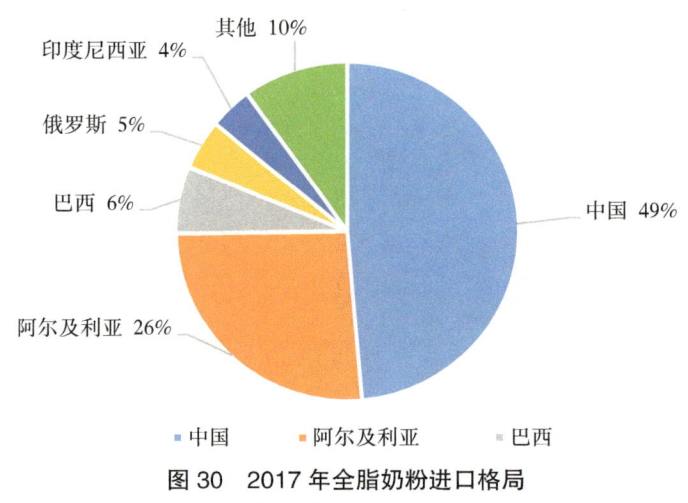

图 30 2017 年全脂奶粉进口格局
数据来源：UN Comtrade

四、世界主要国家产业竞争力

（一）主产国奶牛饲养成本下降

国际牧场联盟（IFCN）自 2000 年以来先后对多个国家的奶牛典型农场饲养总成本进行监测。根据图 31 可以看出，各个国家每 100 千克同等质量（4% 脂肪和 3.3% 蛋白质）的原料奶生产成本差异很大，2016 年生产成本较低（绿色阴影部分）的国家和地区在拉丁美洲、非洲、中欧 / 东欧和新西兰（低于 30 美元 /100 千克）；成本最高的国家和地区（棕色）是加拿大和西欧（高于 60 美元 / 千克）。绝大部分的美国平均规模的农场成本在 40~60 美元。灰色中等成本区如澳大利亚、新西兰和巴西的成本均在 30~40 美元 / 100 千克。

俄罗斯、新西兰和秘鲁等国的奶牛饲养成本明显降低。其中俄罗斯由 2015 年的 50~60 美元 /100 千克降低至 2016 年的 30~40 美元 / 千克，新西兰的生产成本由 2015 年的 30~40 美元 /100 千克下降到 20~30 美元 /100 千克，秘鲁则由 30~40 美元 /100 千克降至 20~30 美元 /100 千克。与上述国家不同，同期阿根廷的生产成本由 20~30 美元 /100 千克上升至 30~40 美元 / 千克，相比较而言，中国的生产成本竞争力较小，平均规模农场每生产 100 千克牛奶依然需要 50~60 美元。主产国奶牛饲养成本下降的原因主要是饲料价格下跌、美元走强以及牛奶价格低迷时期的成本削减。

（二）主产区成本预计止跌回稳

图 31 展示了 IFCN 长期监测的全球 6 个主产区奶农生产成本的概况，该图是 IFCN[①]

---

① 关于世界各地典型农场的成本比较是 IFCN 自 2000 年以来一直持续跟进的工作内容，参与国家的数量从 8 个增加到了 55 个，分析的奶牛场类型数量已经从 21 增加到大约 170

基于 2000—2017 年 6 个主产国一般规模农场（既不是大型农场也不是小型农场）损益表中所有费用（包括劳动力、土地和资本的机会成本）统计而得，其中牛奶标准化为 4%脂肪和 3.3%蛋白质。其成本趋势可概括如下。

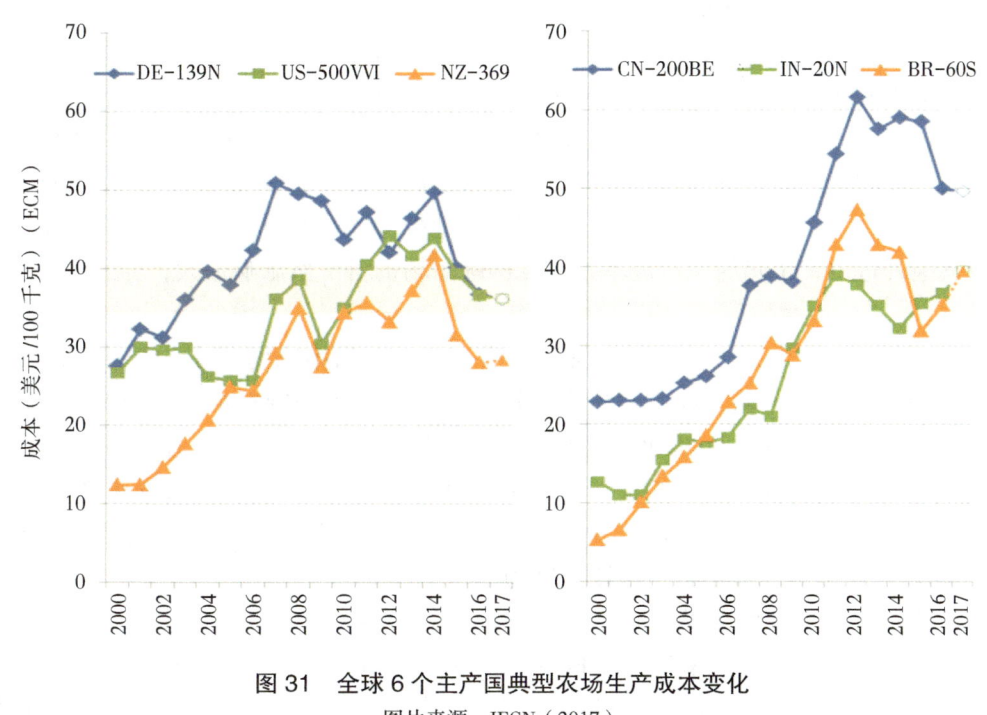

图 31　全球 6 个主产国典型农场生产成本变化

图片来源：IFCN（2017）

DE-139N 代表德国（131 头牛的家庭农场）；US-500WI 代表美国（威斯康星 500 头牛家庭农场）；NZ-369 代表新西兰（349 头牛的家庭农场）；CN-200BE 代表中国（北京 200 头牛的养殖企业）；IN-20N 代表印度北部（20 头牛的家庭农场）；BR-60S 代表巴西南部（60 头牛的家庭农场）

由图 31 可以看出，因为农场投入价格、汇率和乳业政策变化推动的牛奶生产成本曲线具有很高的动态性。2017 年预计德国、美国、新西兰和中国的成本将止跌回稳，基本维持 2016 年的成本水平。印度和巴西的成本水平将继续上涨，甚至超越新西兰、德国和美国。其中，德国的成本水平自 2012 年以来徘徊在 45 美元/100 千克左右。2015 年以后由于货币贬值而下降至 35~40 美元/100 千克的水平，这一趋势预计在 2017 年得到改善，不会再继续下跌。美国由于饲料价格下跌，近年的成本水平和德国类似，均呈下降状态，预计 2017 年依然与德国持平，在 35 美元/100 千克左右。新西兰在 2000—2014 年期间成本急剧翻了 4 倍，2014 年为 40 美元/100 千克，随后由于全球市场的乳品贸易日趋激烈，新西兰通过不断调整生产系统强度，将其成本降至 30 美元/100 千克以下。2017 年成本预计与 2016 年持平（28 美元/100 千克）。21 世纪以来，由于人民币升值，中国的牛奶生产成本一路走高，但自 2015 年开始明显下降，从最高点的 60 美元/100 千克预计 2017 年将降至 50 美元/100 千克，依然高于同期其他 5 个国家。巴西和印度的牛奶生产成本自 2015

年开始上涨，预计 2017 年将超过德国和美国，达到 40 美元/100 千克。

（三）饲养模式和养殖规模是成本差异的主因

欧盟和美国的饲养成本明显高于澳大利亚和新西兰，成本差异的最基本原因在于美国和欧盟是以资本和技术密集的圈养和饲喂模式，而澳大利亚和新西兰是以土地投入为主的放养和草饲模式。具体看，美国农场主在自己的饲草饲料地上种植玉米、苜蓿等作物、制作全株玉米青贮和苜蓿青贮满足养殖需求。而德国和荷兰草地资源相对稀缺，他们利用海洋性气候的优势，高度重视发展人工牧草，以科学的种养结合模式推动奶业的可持续发展。澳大利亚和新西兰则因为牧场资源丰富，通过放牧式的适度规模养殖，既降低了饲养成本又提高了牛奶质量。相比较而言，中国人多地少，饲草原料缺乏，苜蓿等高蛋白质饲料需要从国外进口，牛奶的生产成本投入受国际市场饲料价格影响很大，养殖成本也明显高于国外。

如图 32 至图 34 所示，3 个代表国家美国、新西兰和中国的成本构成中，占比最多的均为饲料，其次是劳动力和固定资产折旧。其中，中国的饲料成本占比最高（66%），比美国（53%）高 13%，比新西兰（29%）多一倍还多。新西兰的劳动力成本占比最高（21%），比美国（16%）高 5%，比中国（14%）高 7%。美国的固定资产折旧占比约 15%，中国较低 12%，新西兰最低 9%。另一个差异还表现在中国的营销费用占比仅为 5%，而新西兰和美国的营销费用占比分别为 16% 和 13%。

规模化是世界奶业发展的趋势，也是目前中国落后于其他奶业大国的另一个重要因素。2017 年，新西兰、澳大利亚和美国欧盟的平均养殖规模分别为 410 头、261 头和 181 头，德国和荷兰为 50 头左右，中国和印度的平均养殖规模远低于上述国家。虽然中国奶牛存栏量已经赶上并超过绝大多数奶业大国，但中国目前依然存在很多小规模养殖户。

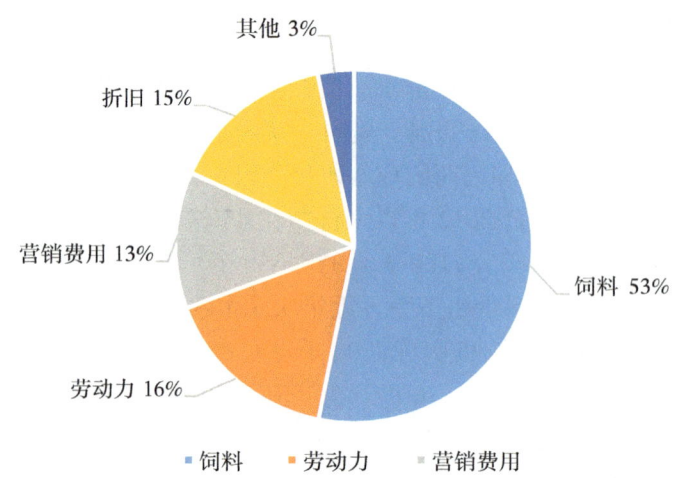

图 32　美国奶 2017 年成本收益构成

* 其他生产成本包括防疫、市场、客户服务、水费、燃料动力费、维修维护、营业资金利息、其他直接生产费用等

数据来源：USDA ERS

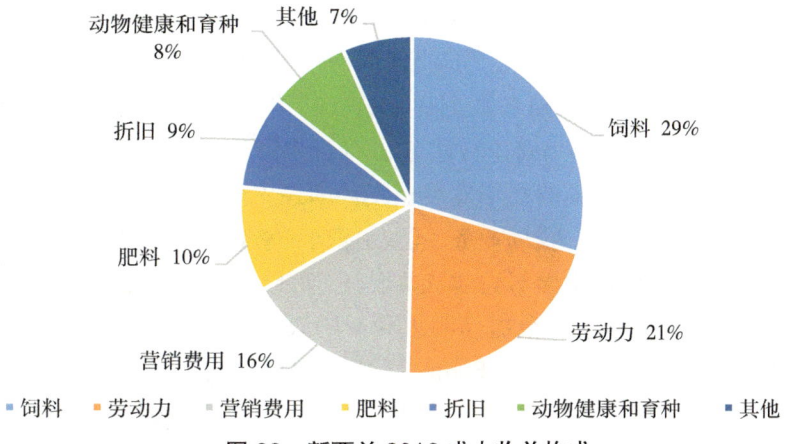

图33 新西兰2016成本收益构成

数据来源:Dairy NZ Economis Survey 2016—2017年

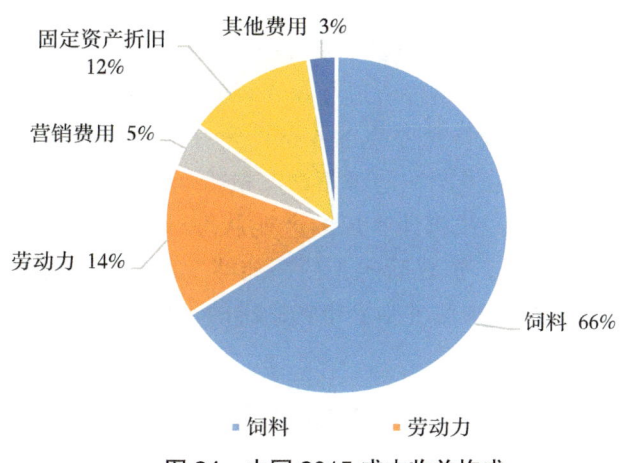

图34 中国2015成本收益构成

数据来源:全国农产品成本收益资料汇编(2016)

2016年,中国奶牛养殖户155.5万户,同期美国、新西兰、德国和澳大利亚的养殖户都在10万户左右。据《中国畜牧业年鉴2016》数据,2015年中国10头以下的散养养殖户高达140.3万户,占养殖户的90.2%,10~50头的小规模养殖户12.4万户,50~500头的中规模养殖户2.3万户,大于500头的大规模养殖户3 649户,大规模养殖户数大约仅0.2%。这也解释了尽管中国奶牛数量不断增加且规模化水平不断提升,但由于散养养殖户占有较大比重,奶牛养殖的平均规模仍然较小。

(四)恒天然集团着力高附加值产品的增值战略

作为全球重要的乳制品加工和出口企业,恒天然集团(也称恒天然合作社集团有限公司,总部位于新西兰奥克兰)在2017年的动态如下。

2017年年初，恒天然发布了第一份独立的可持续发展报告①。报告显示，恒天然集团将从营养、环境和社区服务三管齐下，分别设定了明确的短中长期目标，致力于为下一个创造可持续的未来。据其官网的财务数据显示，2017年中国对恒天然的乳制品进口量同比增加3%，尤其是液态奶和鲜奶同比激增了22%。中国显然已成为恒天然全球最大最重要的市场之一。恒天然拥有清晰的在华发展蓝图，即在中国建立一体化的乳制品业务。目前恒天然在华四大业务部门为：牧场业务、乳品原料、餐饮服务和消费乳品。恒天然在进口高品质乳制品的同时，也在中国努力建立高品质奶源基地。

恒天然集团在2017年年中宣布提高澳大利亚奶农的原奶收购价，同时也宣布彻底终止其与Bonlac供应商的关系，标志着Bonlac供应商协议会被新协议取代。2012年的牛奶供应协议规定恒天然向奶农支付的奶价，依法要等于或者高于澳大利亚最大的乳品集团迈高的原奶收购价。恒天然的澳洲负责人表示该协议现在已经过时。该公司建议，新的协议将纳入更好的农民投入和组织治理。一旦新协议的起草和咨询阶段完成，奶农将有机会对新提议投票选择是否更换。

随着奶油奶酪在亚洲市场的普及，恒天然集团2017年还宣布将斥资1.5亿新西兰元（约1.12亿美元）在新西兰Canterbury地区的Darfield新建两座奶油奶酪工厂，以满足亚洲市场日益增长的需求。另外，还将投资近2 000万新西兰元（约9 745万人民币）扩建位于特拉帕的工厂，奶油产品线将从原先的6条增至8条，分别新增一条黄油生产线和一条奶油奶酪生产线。新增黄油生产线的小黄油产量将从原先每年2.5亿个翻番至6.5亿个。同时，新增的奶油奶酪生产线将让工厂的产能从每年的3万吨增加至3.35万吨，目前除了生产20千克规格的产品，扩建后的工厂还能够生产5千克规格的产品。此类投资和扩建反映出恒天然集团对高附加值乳制品市场做出的积极回应。

五、主要国家产业支持政策新变化

2017年以来，美国乳业安全网继续以"联邦牛奶营销订单"系统为主，以乳业毛利保障计划和乳品捐赠计划为辅，已叫停乳品收入损失合同计划、乳品价格支持计划和乳制品出口激励计划。欧盟在2017年下半年和2018年继续强化"牛奶市场一揽子计划"的执行。2018年3月签订的"全面与进步跨太平洋伙伴关系协定"将进一步扩大澳大利亚和新西兰的乳制品出口。

（一）联邦牛奶营销订单系统继续主导美国乳业安全网

美国现行的乳业安全网②（dairy safety net）从广义上来说包括一系列联邦政府实施的旨在保障乳业生产者利益和促进乳品产业健康发展的支持政策，主要分为营销订单体系、国内支持计划（包括联邦和州的计划）和出口贸易措施三大组成部分。其中，联邦牛奶

---

① 报告全文可见 https://www.fonterra.com/nz/en/what-we-stand-for/sustainability.html。
② http://e-nw.shac.gov.cn/kjxn/hwzc/hygl/201702/t20170223_1625611.html。

营销订单（Federal Milk Marketing Orders）政策可追溯到大萧条时期，它规定乳品制造者必须从各自特定区域范围的奶农处购买原料奶，这样一方面可以确保奶农全年合理的牛奶最低价格，另一方面起到稳定区域内营销关系的作用。该系统将继续主导美国乳业安全网。

另外两个现行政策是2014年法案通过的乳业毛利保障计划（Margin Protection Program for Dairy）和乳品捐赠计划（The Dairy Product Donation Program）。乳业毛利保障计划为乳品生产者提供免费的灾难性保障（生产者只需交每年100美元的行政费用）和其他各种层次的保障。乳品捐赠计划规定若连续两个月内全美牛奶均价和平均饲料成本的差额低于最低保障利润，美国农业部将以市场价格购买乳制品，捐赠给为低收入家庭提供营养补贴的非营利机构。

然而，乳品收入损失合同计划（Milk Income Loss Contract Program）、乳品价格支持计划（The Dairy Price Support Program）和乳品出口激励计划（Dairy Export Incentive Program）已于近期叫停。这也意味着美国乳品政策由边界保护、生产和出口补贴等以政府管制为主导的奶业政策向更加自主且具有弹性的市场化管制进行转变。

（二）欧盟将继续强化"牛奶市场一揽子计划"的执行

欧盟的奶业政策[①]可追溯到20世纪60年代，这些政策分别在不同阶段不同方面为欧盟牛奶生产者和加工者创造了稳定的市场条件，且这些政策在持续不断的更新。2017和2018年欧盟乳品行业的政策重点在于继续强化"牛奶市场一揽子计划"的执行。"牛奶市场一揽子计划"（milk package）是欧盟2012年CMO法案通过的一项重大修正案，规定了牛奶生产者和加工商之间的合同关系，以及农民通过生产者组织集体谈判合同条款（包括价格）的可能性。还为分支机构组织规定了具体的市场规则，为乳品供应链中的参与者组织开展活动和提供对话机会。欧盟委员会于2016年11月向欧洲议会和理事会报告过去5年"牛奶一揽子计划"的运作情况，证实了该政策的实用性，并对一些教学、财务或运营性质的活动提出建议。同时报告强调，作为牛奶一揽子结构基石的生产者组织尚未充分发挥潜力，主要原因是农民对加入生产者组织的目标、影响和优势缺乏足够的了解。因此，需要在不同层面开展提高认识行动、传播生产者合作的好处、分享经验和最佳做法。根据这些结论，欧盟委员会启动了一项宣传运动，在2017年第四季度和2018年全年部署，以促进在奶业部门创建生产者组织，并改善现有部门的运作。

从过去欧盟乳品政策的演变来看，欧盟委员会正在从"全职市场经理"逐渐转变为"积极的观察员"。在未来，欧盟在分析干预措施、关税配额管理甚至出口退税等措施上的时间慢慢减少，工作重点将越来越多地放在贸易政策、贸易壁垒（在欧盟内外）以及收集和评估市场信息等，并将重点关注供应链的关系，政策的环境表现以及对价格波动的适应能力。在各成员国的支持下，将利用现有的安全网捍卫奶业政策的市场导向，同时鼓励开发风险管理工具，特别是期货市场，以应对价格波动加剧带来的挑战。随着牛奶产量的增

---

① https://ec.europa.eu/agriculture/milk/policy-instruments_en.

长,欧盟将越来越依赖其出口来实现市场平衡。因此,贸易方面的政策会逐渐成为欧盟乳业政策的主要方向,此外欧盟也需要关注内部市场的运作,否则一个共同的农业政策就毫无意义。在当前增加的保护主义气氛中,这一点更为重要。

(三)全面与进步跨太平洋伙伴关系协定(CPTPP)助力新西兰和澳大利亚进一步扩大乳业出口

澳大利亚和新西兰于 2018 年 3 月 8 日在贸易部长会议上签署了包括加拿大、智利、日本、马来西亚、墨西哥、秘鲁、文莱达鲁萨兰国、新加坡和越南在内的"全面与进步跨太平洋伙伴关系协定"。该协定将消除自由贸易圈内 98% 以上的关税,这将极大地有助于促进澳洲和新西兰的出口包括乳业出口,推动经济增长。然而,鉴于协定架构的质量以及更多国家如韩国和印度尼西亚的进一步加入的前景,CPTPP 可能还会获得进一步的好处。对于澳大利亚和新西兰乳业来说,CPTPP 最重要的结果是改善了澳大利亚和新西兰进入日本这个重要的奶酪市场的市场准入条件。CPTPP 规定日本逐步取消一些关于奶酪的关税,大幅度开放乳清粉的入口和建立黄油和奶粉的配额量。鉴于欧盟目前正在与日本谈判一项单独的协议,CPTPP 对于保持澳大利亚和新西兰出口商与来自欧盟的乳制品竞争力也很重要。CPTPP(相对于最初的 TPP)的另一个好处是,美国退出协议取消了澳大利亚和新西兰乳制品出口商主要竞争对手的协议优势。

澳大利亚政府已经推出了新的食品原产地标签规则,向澳大利亚消费者提供关于产品来源的更清晰和更一致的原产地信息。新标签已在市场上出现,并将于 2018 年 6 月 30 日起强制执行。该计划会使乳制品的来源更加清晰,包括用作其他食品成分的地方。然而,对奶制品的应用相当复杂,最初可能会导致一些混淆。另外,为了帮助消费者认识更健康的食品,澳洲和新西兰于 2014 年在食品包装中引入了健康星评级(HSR)系统。食品的包装标签会根据产品的营养状况给出 0.5 至 5 星的评分,这个系统已经在自愿基础上实施了五年,并于两年后审查了实施情况。乳制品行业支持 HSR 系统及其帮助消费者做出健康饮食选择的意图。然而在目前的体系下,一些核心乳制品如酸奶和奶酪得分不高(例如,一些普通的希腊酸奶得分为 1.5 星)。这样的评级显然不能反映评分系统的科学性,也不反映澳大利亚膳食指南(ADG)的建议。因此,澳大利亚和新西兰乳业近期一直致力于确保 HSR 系统的任何变化都能够认识到所有牛奶、奶酪和酸奶对健康的益处。为了改善健康星评级系统并协助消费者做出健康的饮食选择,乳业界提出了三项主要建议:一是对目前 HSR 评分算法系统进行调整,改善对于小于 3 星核心乳制品的 HSR 评分,旨在更紧密地将 HSR 系统与 ADG 对齐;二是基于行业的特殊性考虑,希望维护一个自愿的 HSR 系统(而不是强制性的);三是希望政府开展全面的公共教育健康和营养活动,帮助民众了解乳制品对健康的重要性。

六、世界供需形势展望

（一）预计全球牛奶产量持续增长价格小幅下行

2017年牛奶价格上涨导致牛奶生产周期处于扩张阶段，主要出口地区（欧盟、美国、新西兰、澳大利亚）的牛奶产量在经历2016年的低迷后已经恢复，预计2018—2019年将持续增长。如果没有相应的需求增加，额外的供应将导致乳制品和原奶价格压至多年来的低点，而多余原奶可能被用于生产奶酪。

（二）奶酪产量预计增加并成为新的贸易增长点

由于奶酪生产可以带来更高更持续的经济回报，2018—2019年奶酪市场份额将成为最重要的贸易增长点，澳大利亚、欧盟和新西兰正积极瞄准全球市场。考虑经济效率，主要出口商对增加黄油产量兴趣不高，预计2018—2019年黄油产量不会大幅增长，黄油价格仍将维持高位。脱脂奶粉的库存过剩仍将是全球性现象，2018年年初欧盟提供的脱脂奶粉干预价格已经低至每吨950美元，远低于目前的欧盟和全球价格。加上美国脱脂奶粉库存，全球奶粉库存将会给明年的国际市场带来相当大的影响。

（三）发展中国家将推动高附加值乳制品生产和贸易增长

未来中国乳品进口将向奶酪、黄油等高附加值产品转变。其他东亚地区的进口量也将继续稳定增长，其中奶酪将主要运往韩国，奶粉则面向印度尼西亚、马来西亚、菲律宾和越南，中东和墨西哥进口预计也会略增。如果俄罗斯在2019年取消进口禁令，由于经济恶化以及国内牛奶产量的增长，其进口量也不可能迅速恢复到之前的水平。相对而言，黄油和脱脂奶粉进口预计将增长更快。

专题二　国际市场价格波动特征研究

21世纪以来，全球乳制品价格整体呈现上行趋势，且2006年下半年以来价格波动趋于剧烈且频繁。2014年以来，黄油、奶酪、全脂奶粉、脱脂奶粉四大乳制品价格差距明显加大，黄油价格高居首位，但变动趋势仍保持基本一致；美国、大洋洲、欧盟等主产国（地区）乳制品价格走势基本一致，美国的价格波动更为明显。四大乳制品的价格波动均具有明显的周期性，周期集中在32~48个月，其中黄油和奶酪价格波动中走高，以2006年为界均呈"两阶段"波动特征，脱脂奶粉和全脂奶粉价格均呈"双驼峰"曲线，但是脱脂奶粉价格波动中走低，全脂奶粉价格波动中走高。主产国极端气候频发、全球经济不景气、原油价格波动、贸易国汇率变化、主要贸易国政策调整等是导致全球乳制品供需不平衡从而引起价格波动的主要因素。为了稳定本国奶业生产，保护奶农基本收益，主要生产国均采取了调控措施稳定国内乳制品价格，尽管各国政策和手段不尽相同，但主要表现为三个方面：一是调控政策通过稳定国内供给来稳定国内市场价格；二是调控政策通过运用贸易壁垒降低国际市场冲击从而稳定国内市场价格；三是鼓励出口政策和自由贸易协定提升本国乳制品的国际市场竞争力。

一、国际市场主要乳制品价格走势

（一）乳制品价格整体呈走高态势，且价格波动趋于频繁

2001年以来世界主要乳制品的价格整体呈走高态势。根据农业与园艺发展委员会（AHDB Dairy）数据，2018年4月，世界黄油、脱脂奶粉、全脂奶粉、奶酪的平均价格分别为5 693.7、1 720.1、3 293.7和3 628.5美元/吨。相比于2001年1月以来历史上曾经出现的最低价位，黄油为1 411.8美元/吨（2002年9月）、脱脂奶粉为1 476.5美元/吨（2002年8月）、全脂奶粉为1 669.4美元/吨（2002年8月）、奶酪为2 012.3美元/吨（2008年11月），增长幅度分别为303.3%、16.5%、97.3%和80.3%。同时从波动幅度看，2006年下半年以来四大乳制品的价格波动明显加剧（图1）。

（二）四大乳制品价差加大，黄油价格高企稳居首位

2014年1月以前四大乳制品价格差别不显著，之后其价格走势仍保持一致，但价差明显加大。2014年1月，四大乳制品价格均徘徊在4 500~5 000美元/吨，2014年6—8月，黄油与奶酪价格均为4 480美元/吨左右，全脂奶粉和脱脂奶粉价格在4 000美元/吨左右，价格差距初显。2015年8月，四大乳制品价格曲线开始泾渭分明，其中黄油价

格一直在高位波动，奶酪和全脂奶粉在中低位波动，而脱脂奶粉则呈缓慢下降趋势。2018年4月黄油价格为5 693.7美元/吨，居四大乳制品之首，是同期奶酪价格的1.6倍，是全脂奶粉价格的1.7倍，是脱脂奶粉价格的3.3倍（图1）。

图1　2001年1月至2018年4月主要乳制品的平均批发价格

数据来源：AHDB Dairy

（三）主产国价格走势基本一致，美国乳制品价格波动更为明显

美国、新西兰、欧盟等主要生产国（地区）的四大乳制品价格走势基本相似，但波动程度不同（图2）。除了脱脂奶粉基本一致以外，美国的黄油、全脂奶粉、奶酪价格波动更为明显，每隔不到5年，就会有一次非常明显的价格上扬，其中黄油价格波动幅度最为明显。而大洋洲和欧盟的黄油、脱脂奶粉、全脂奶粉价格在2001年到2007年间相对平稳，2007年以后开始进入频繁波动期。

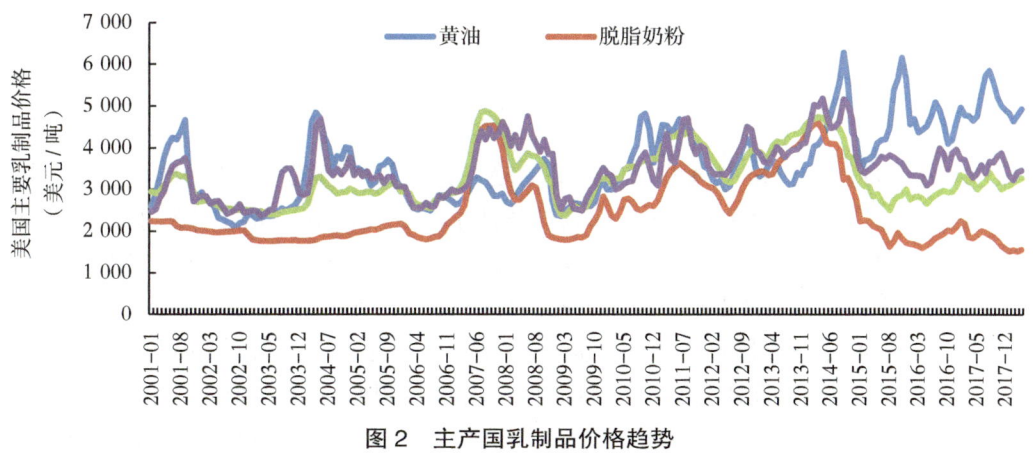

图2　主产国乳制品价格趋势

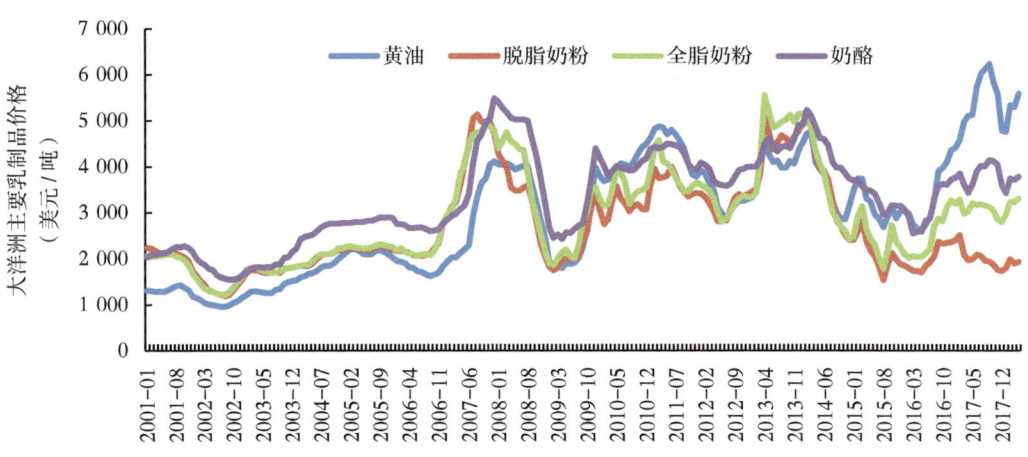

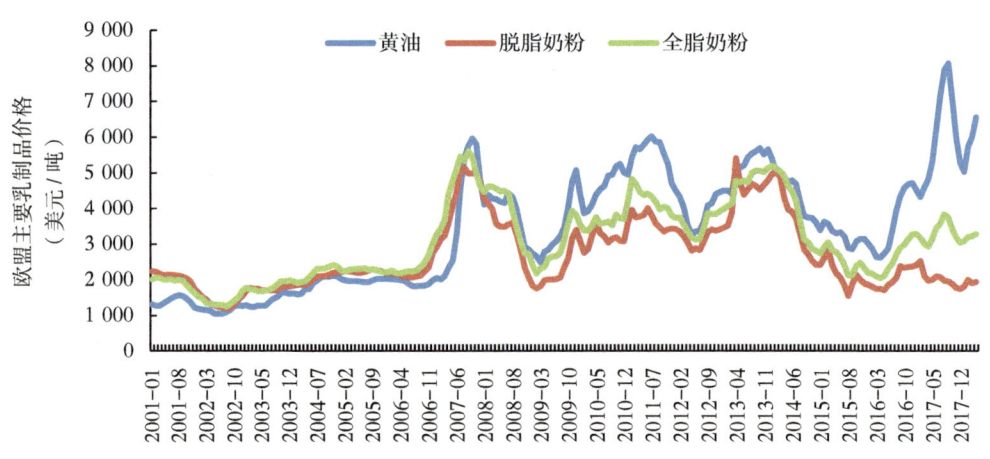

图 2　主产国乳制品价格走势（续）

数据来源：AHDB Dairy

二、主要乳制品的价格波动特征

（一）黄油价格波动中走高，呈"两阶段"波动特点

近 18 年全球黄油价格呈现波动中走高的趋势。图 3 中的蓝线为 2001 年以来全球黄油平均批发价格，下方的绿线为滤波后的全球黄油平均批发价格。根据图 3 可以看出，①黄油批发价格整体呈上升趋势，是四大乳制品中涨幅最大的品类。从 2001 年 1 月的 1 737 美元/吨到 2018 年 4 月的 4 877 美元/吨，每吨提高了 3 140 美元，并在 2017 年 5—11 月，2018 年 2—4 月每吨超过 5 000 美元，2017 年 9 月达到有史以来的最高点，6 626 美元/吨。②黄油价格波动具有明显的周期性。大致可以划分为 6 个周期：2001 年 1 月—2002 年 9 月、2002 年 10 月—2006 年 7 月、2006 年 8 月—2009 年 3 月、2009 年 4 月—2012 年 5 月、2012 年 6 月—2016 年 3 月、2016 年 4 月—2018 年 1 月，除头尾两个周期，

基本在 32~46 个月。

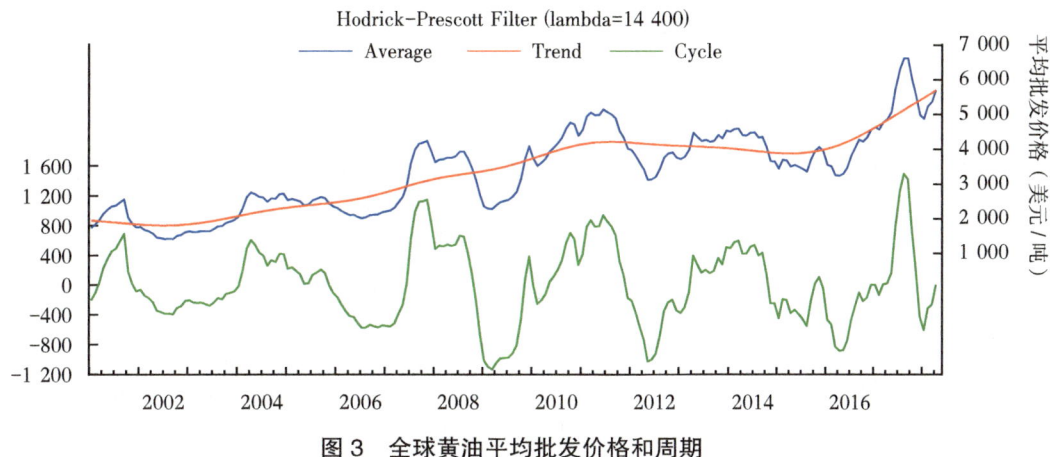

图 3　全球黄油平均批发价格和周期

从世界范围看，美国、欧盟、大洋洲 3 个地区的黄油价格走势以 2007 年 6 月为分界线呈现"两阶段"特征。根据图 4 可以看出，2001 年 1 月至 2007 年 6 月欧盟和大洋洲的黄油价格接近，走势也基本一致，美国黄油价格远远高于欧盟和大洋洲，几乎是欧盟和大洋洲价格的 2~4 倍。2007 年 7 月以后欧盟和大洋洲的黄油价格快速提升，2007 年 7 月至 2008 年 9 月、2009 年 10 月至 2014 年 3 月、2017 年 5 月至 2018 年 4 月 3 个时间段，欧盟和大洋洲的黄油价格一度高于美国，尤其欧盟的黄油价格在 3 个主产国多数时间居首位（图 4）。同时 2007 年 7 月以后国际市场黄油价格的波动明显加剧，如 2009 年 3 月欧盟黄油价格为 2 481.3 美元 / 吨，2011 年 7 月提升至 6 006.3 美元 / 吨，2012 年 5 月又跌至 3 237.5 美元 / 吨；2016 年 4 月欧盟黄油价格为 2 612.5 美元 / 吨，2017 年 9 月提升至 8

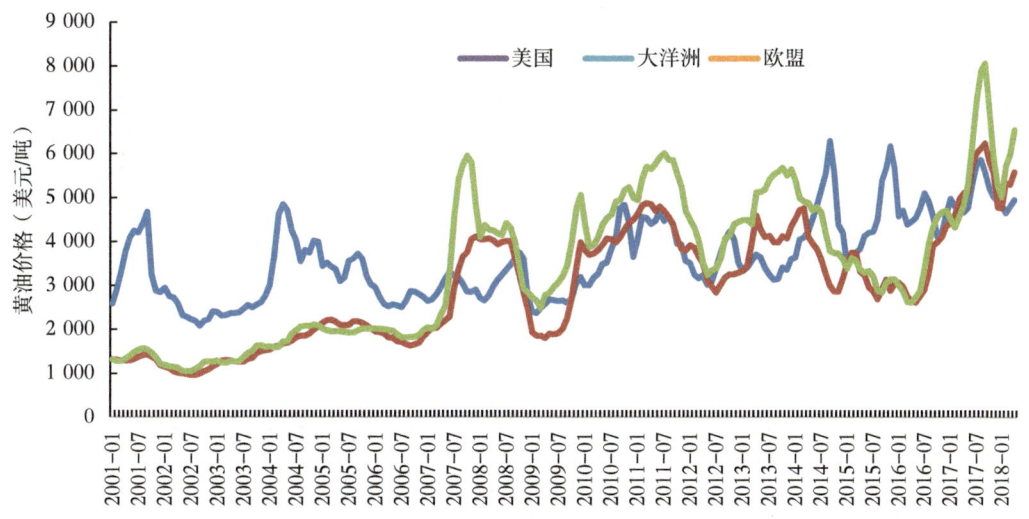

图 4　乳制品主产区的黄油价格

数据来源：AHDB Dairy

062.5 美元/吨，2018 年 1 月再次回跌至 5 025 美元/吨。

根据不同阶段不同地区黄油价格的相关性分析，2001 年 1 月至 2007 年 6 月，美国黄油价格与大洋洲黄油价格的相关系数为 0.389 3，美国黄油价格与欧盟黄油价格的相关系数为 0.342 2，均表现为中等相关；欧盟黄油价格与大洋洲黄油价格的相关性系数为 0.917 9，表现为强相关。2007 年 7 月至 2018 年 4 月，美国黄油价格与大洋洲黄油价格的相关系数为 0.413 5，呈中等相关；美国黄油价格与欧盟黄油价格的相关系数为 0.267 5，呈弱相关；欧盟黄油价格与大洋洲黄油价格的相关性系数为 0.876 4，呈强相关。

（二）奶酪价格波动具有周期性，大洋洲与美国价差缩小

与黄油价格走势相似，全球奶酪价格也呈现波动中走高的趋势。图 5 中的蓝线为 2001 年以来全球奶酪平均批发价格，下方的绿线为滤波后的全球黄油平均批发价格。根据图 5 可以看出，①奶酪批发价格整体呈上升趋势，是仅次于黄油涨幅的品类。从 2001 年初的 2 251 美元/吨上涨到 2018 年 4 月的 3 628 美元/吨，每吨提高了 1 377 美元。2007 年 12 月和 2014 年 2 月达到近 18 年来的两个历史高值，分别为 5 053.85 和 5 132.85 美元/吨。②世界奶酪价格具有明显的周期性，大致可以划分为 6 个周期：2001 年 1 月—2002 年 7 月、2002 年 8 月—2006 年 4 月、2006 年 5 月—2009 年 2 月、2009 年 3 月至 2012 年 5 月、2012 年 6 月—2016 年 5 月、2016 年 6 月—2018 年 1 月，除头尾两个周期，周期在 34~48 个月。

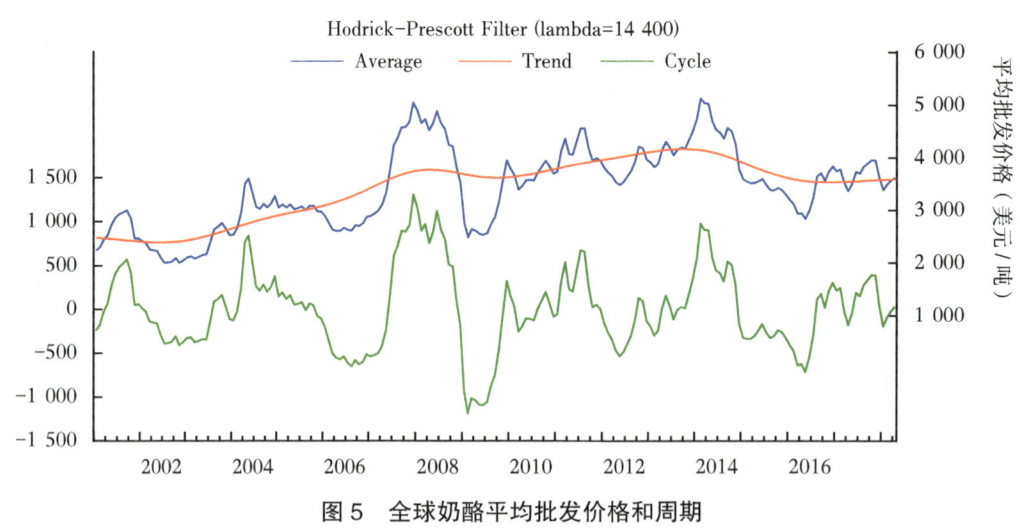

图 5 全球奶酪平均批发价格和周期

从美国和大洋洲的奶酪价格走势看，以 2006 年 2 月为分界线也呈现"两阶段"特征。根据图 6 可以看出，2001 年 1 月至 2006 年 2 月，美国的奶酪价格明显高于大洋洲，2004 年 5 月两者价差最大值为 2 163.4 美元/吨（美国奶酪价格为 4 688.4 美元/吨，新西兰奶酪价格为 2 525.0 美元/吨）。2006 年 3 月以后，大洋洲的奶酪价格快速提升，美国和

大洋洲的奶酪价格此起彼伏，新西兰奶酪价格与美国奶酪价格的价差最大不超过1 300美元/吨。

图6　乳制品主产区的奶酪价格

数据来源：AHDB Dairy

根据不同阶段不同地区奶酪价格的相关性分析，2001年1月至2006年2月，美国奶酪价格与大洋洲奶酪价格的相关系数为0.603 5，2006年3月至2018年4月，美国奶酪价格与大洋洲奶酪价格的相关系数为0.760 6，均表现为强相关。

（三）脱脂奶粉价格波动中走低，走势呈"双驼峰"曲线

图7中的蓝线为2001年以来全球脱脂奶粉平均批发价格，绿线为滤波后的全球脱脂奶粉平均批发价格。从图7可以明显看出：①脱脂奶粉批发价格走势呈现"双驼峰"曲线，价格波动中整体下行。"双峰"分别为2007年8月和2014年2月的两个价格高位，

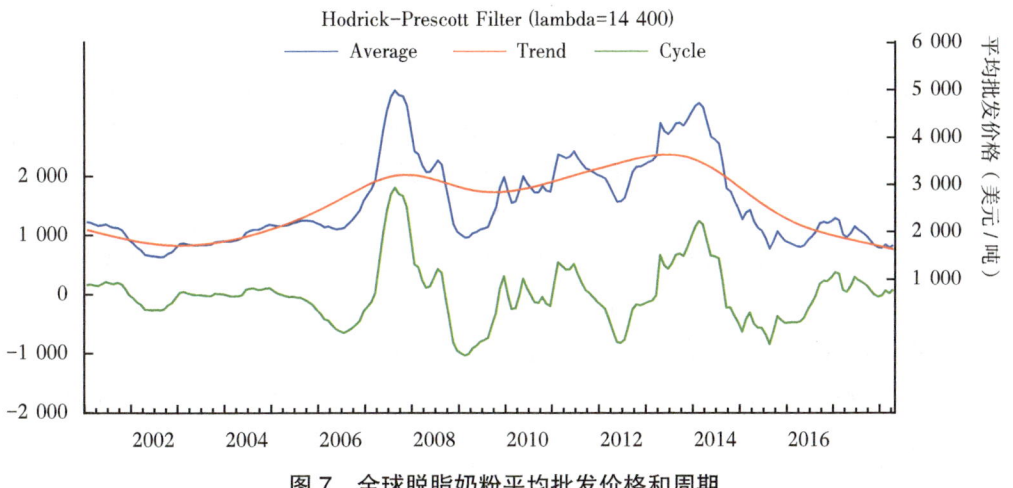

图7　全球脱脂奶粉平均批发价格和周期

分别为 4 993.1 美元/吨、4 729.4 美元/吨。至此以后，价格一路下行至 2015 年 8 月的 1 649.1 美元/吨，仅为峰期价格的 1/3，2015 年 9 月—2018 年 4 月，价格一直在 1 700~2 300 美元/吨波动，2018 年 4 月为 1 720 美元/吨，目前价格处于历史低位。②从 2006 年开始，具有明显的周期性，可以分为 3 个周期：2006 年 5 月—2009 年 2 月、2009 年 2 月—2012 年 5 月、2012 年 5 月—2015 年 8 月。

与黄油价格和奶酪价格的两阶段波动趋势不同，美国、大洋洲和欧洲的脱脂奶粉价格一直非常接近，且波动趋势一致（图 8）。根据相关性分析，2001 年 1 月—2018 年 4 月，美国脱脂奶粉价格与欧盟脱脂奶粉价格、新西兰脱脂奶粉价格的相关系数分别为 0.917 9 和 0.933 0，欧盟脱脂奶粉价格与新西兰脱脂奶粉价格的相关系数为 0.970 4，均呈强相关。

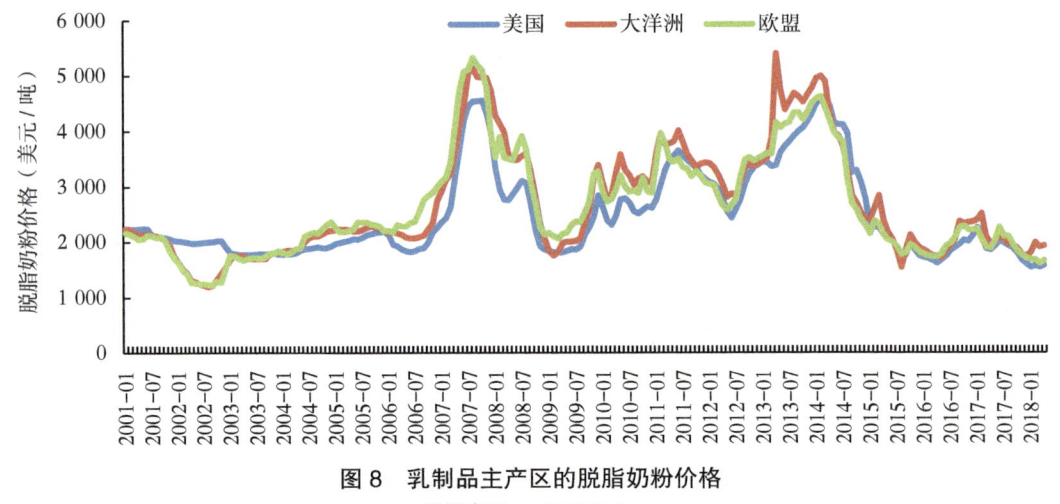

图 8　乳制品主产区的脱脂奶粉价格
数据来源：AHDB Dairy

（四）全脂奶粉价格整体上行，美国、欧盟、大洋洲价差缩小

图 9 中的蓝线为 2001 年以来全球全脂奶粉平均批发价格，绿线为滤波后的全球全脂奶粉平均批发价格。从图 9 可以明显看出：①全脂奶粉批发价格与脱脂奶粉批发价格波动趋势相似，呈"双驼峰"曲线，但价格整体呈上行趋势。2007 年 9 月和 2014 年 1 月形成两个价格高位，分别为 5 063.1 美元/吨、4 994.6 美元/吨，之后一路下行至 2015 年 8 月的 2 134.4 美元/吨，不足峰值的 1/2。2015 年 9 月—2018 年 4 月，脱脂奶粉价格在波折中反弹上行，2018 年 4 月达到 3 293 美元/吨，在历史价位中处于中等水平。②自 2006 年开始，全脂奶粉价格波动具有明显的周期性。大致可以划分为 3 个周期：2006 年 7 月—2009 年 2 月、2009 年 3 月—2012 年 6 月、2012 年 7 月—2015 年 8 月，周期大致在 33~40 个月。

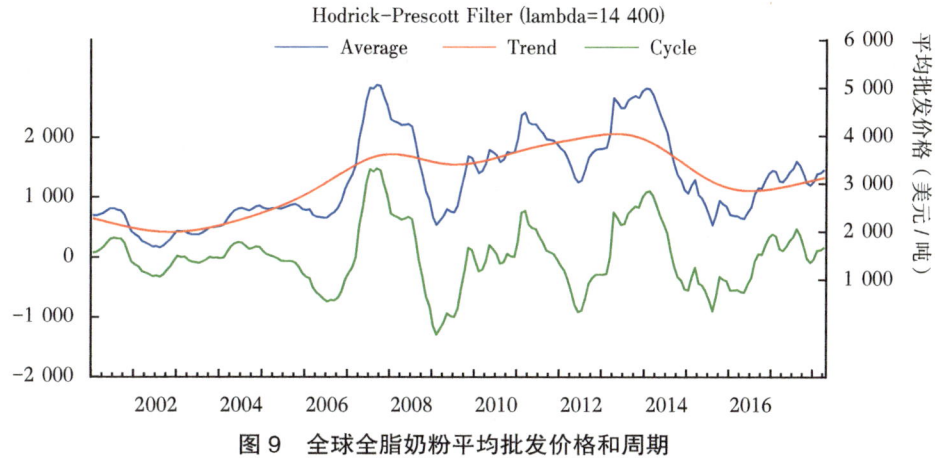

图 9 全球全脂奶粉平均批发价格和周期

与黄油和奶酪价格走势一致，全脂奶粉价格阶段性波动趋势明显。根据图 10 可以看出，2001 年 1 月—2006 年 11 月，美国的全脂奶粉价格明显高于大洋洲和欧盟，前者价格几乎是后两者的 1.5 倍，且 3 个地区的价格走势均相对平稳。2006 年 12 月以后，美国、欧盟、大洋洲的全脂奶粉价格波动均加剧，2007 年 8 月、9 月、10 月，3 个国家分别出现了近 18 年的第一次波峰，美国、欧盟、大洋洲的价格分别为 4 883.2 美元/吨、5 600.0 美元/吨和 4 950 美元/吨，第一次谷底出现在 2009 年 2 月、3 月，美国、欧盟、大洋洲的价格分别为 2 375.0 美元/吨、2 163.0 美元/吨和 1 866.7 美元/吨；第二次波峰出现在 2013 年 4 月有—2014 年 4 月，美国、欧盟、大洋洲的价格分别为 4 748.3 美元/吨、5 181.3 美元/吨和 5 550.0 美元/吨，第二次谷底出现在 2015 年 8 月，美国、欧盟、大洋洲的价格分别为 3 029.4 美元/吨、2 275.0 美元/吨和 2 291.7 美元/吨（图 10）。

根据不同阶段不同地区全脂奶粉价格的相关性分析，2001 年 1 月—2006 年 10 月，美

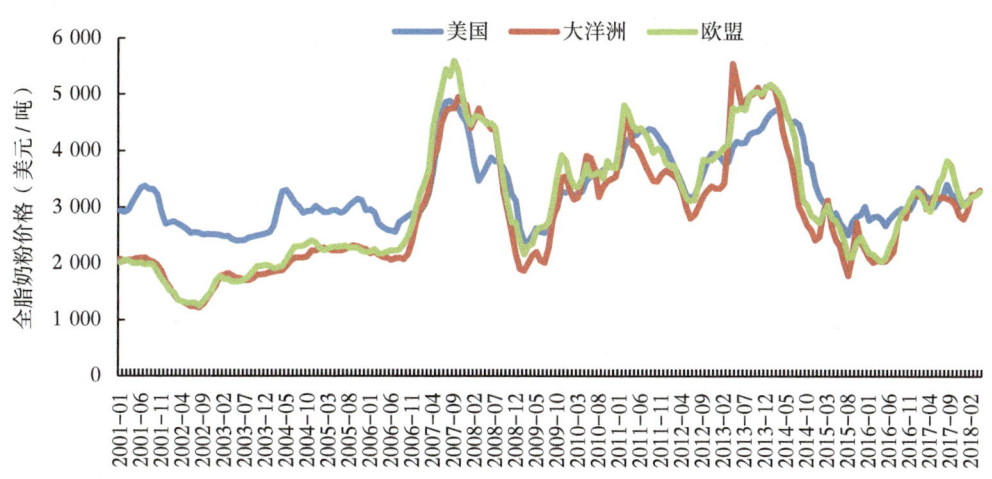

图 10 乳制品主产区的全脂奶粉价格

数据来源：AHDB Dairy

国全脂奶粉价格与大洋洲全脂奶粉价格的相关系数为 0.599 0，美国全脂奶粉价格与欧盟全脂奶粉价格的相关系数为 0.510 8，欧盟全脂奶粉价格与大洋洲全脂奶粉价格的相关系数为 0.954 6。2006 年 11 月—2018 年 4 月，美国全脂奶粉价格与大洋洲全脂奶粉价格的相关系数为 0.838 2，美国全脂奶粉价格与欧盟全脂奶粉价格的相关系数为 0.897 6，欧盟全脂奶粉价格与大洋洲黄油价格的相关性系数为 0.955 5。尽管两个时期的 3 个国家（地区）的相关系数均为强相关，但相关系数均有所增加。

三、国际价格波动原因分析

2001 年以来，四大乳制品价格在 3 个时间段经历了较为明显的波动，分别为 2006—2009 年、2009—2012 年、2012—2016 年，极端气候频发、全球经济不景气、原油价格波动、贸易国汇率变化、贸易国的政策调整等是导致供需不平衡从而引起价格波动的主要因素。目前，全球乳制品市场上主要出口国（地区）是美国、新西兰、欧盟和澳大利亚，出口量合计占全球的 90%；主要进口国是中国和俄罗斯，进口量约占全球的 30%。

（一）极端天气多发，产量波动引起价格波动

全球气候变暖使得近年来世界各国极端天气增多，极端天气多发对奶业主产国的产量影响较大。近年来新西兰、澳大利亚、欧盟、美国等主要出口国（地区）受干旱天气影响产量下降是导致乳制品价格上升的主要因素之一。2006 年新西兰大旱原料奶产量增长停滞；2007 年新西兰大旱牛奶单产下降 5.91%，全年牛奶产量下降 3.18%；2013 年新西兰遭遇短期严重干旱，奶牛单产降幅超过 4.0%，牛奶产量下降 1.8%。2007 年澳大利亚遭遇干旱天气，奶农通过购买高成本的饲料和宰杀奶牛来维持单产，导致存栏量骤降 4.47%，牛奶产量下降 3.76%；2013 年澳大利亚遭遇 1910 年以来最热夏季，全年牛奶产量增长停滞，2014 年澳大利亚部分地区也受到干旱的影响。2007 年欧盟因为干旱天气原因，产量增幅几乎停滞。2013 年，美国干旱天气影响了主要饲料玉米和豆粕产量，饲料成本维持近几年来的高点导致美国原料奶生产增长停滞。2006 年以来极端天气频发对奶业主产国原料奶生产产生了影响，产量的不断波动引起了价格的频繁波动。

（二）全球经济低迷，消费不振影响价格回升

全球经济形势对乳制品消费有很大的影响。图 11 为 1980 年以来全球 GDP 增长趋势曲线，1980—2018 年的 GDP 增长率平均为 3.5%，2008 年由于全球金融危机爆发，GDP 增长率开始下降，2009 年甚至出现 -0.1% 的负增长。2008 年全球乳制品消费低迷，消费总量降幅为 1.55%，其中黄油消费增长放缓，奶酪消费下滑 2.73%，全脂奶粉消费下滑 2.61%，唯有脱脂奶粉消费触底反弹。而四大乳制品的价格在 2008—2009 年这段时期也降至低位。虽然 2010 年全球 GDP 增长迅速恢复至 5.4% 的高位，但 2012 年受到欧洲债务危机的影响，全球 GDP 又一次跌至平均线上下，进而影响了发达国家乳制品消费的恢复和增长。

图 11　全球 GDP 增长趋势

数据来源：IMF

（三）原油价格变动间接影响乳制品价格

2008 年全球金融危机后，国际油价经历了"过山车"式的行情，2008 年上半年急剧上升，下半年断崖式下跌，2009 年的低谷徘徊，2010 年的大幅跳涨以及 2011 年的震荡回升，2012 年以后随着全球经济的复苏才逐渐进入相对稳定期（图 12）。原油价格的这一系列变化直接对全球农产品价格带来了影响，也间接影响了乳制品的价格。首先，原油价格对美国玉米的生产和价格有着直接影响，当原油价格下跌时，对用玉米生产的生物燃料需求减少，从而减少了对玉米的需求，带来玉米价格的下跌。而玉米在奶牛养殖所用的饲料中占有很高的比例（51%），由此原油价格的下跌会通过玉米传导到乳制品的价格上，尤

图 12　2001—2017 年的原油价格波动

数据来源：IMF

其对美国主要出口乳制品脱脂奶粉价格的间接影响最为明显。另外,国际乳制品贸易属于大宗交易,大部分需要海上运输,因此,原油价格也直接影响运输成本,从而影响乳制品的到岸价格。此外,目前国际上主要乳制品进口地区,如俄罗斯和中东等,在经济上高度依赖原油出口,原油价格下跌,这些国家的收入也将减少,从而减弱对乳制品的进口需求,也会带来乳制品价格的波动,如2015年开始的国际原油价格暴跌所带来的国际乳制品市场价格低迷等。

(四)主要贸易国政策调整影响乳制品价格

乳制品主要贸易国的政策调整对全球乳制品价格也有所影响。由于牛奶产量增长较快,1984年欧洲国家开始实施牛奶生产配额制度,使原料奶产量下降,欧洲国家作为奶酪的主要出口国,产量减少相应地推高了奶酪价格。

2015年欧盟取消了牛奶生产配额制度,其原料奶产量和乳制品产量均上升,增加的部分基本用于出口,导致国际市场奶酪供给增加,价格下降。2014年8月进口大国俄罗斯开始对进口原产于美国、欧盟、澳大利亚等国的农产品(含乳制品)采取禁运措施,国际市场需求的减少使得全球乳制品价格走低。

2016年,欧盟成员国英国决定退出欧盟,即英国脱欧事件,也给欧盟及全球乳制品贸易带来了一定的影响。英国是乳制品进口大国,所有乳制品几乎均从欧盟进口,因此,该事件的影响和"俄罗斯禁运"相当,英国停止从欧盟进口乳制品后,造成欧盟将过剩的乳制品转向国际市场,造成短期内乳制品过剩,价格下降。2018年中美贸易争端,中国从美国进口的乳制品、饲草、豆粕等产品关税均增加25%,直接提高了乳制品价格或从饲料成本等层面间接提高了乳制品价格。

(五)汇率变动影响乳制品价格

全球乳制品交易以美元为基础,各国货币与美元的汇率变化对全球乳制品价格有直接影响。一般情况,主要出口国的汇率升值,国际市场乳制品价格下跌;主要出口国的汇率贬值,国际市场乳制品价格上涨。图13是1970—2017年的国际汇率变化情况。

1988年以来新西兰元、澳元兑美元的汇率波动趋势基本一致。其中新西兰元、澳元兑美元的汇率于2001年达到历史高点,分别为2.4∶1和1.9∶1,之后一路下行,2014年开始出现上扬趋势。1993年欧盟成立,1999年出现欧元,欧元兑美元的汇率在2001年达到历史最高点为1.1∶1,随后逐年下降,2015年又开始回升。而人民币对美元的汇率则从1980年开始一路攀升,于1994年达到最高,为8.6∶1,之后一直缓慢下降,2014年降至6.1∶1,2017年又上涨到6.8∶1。

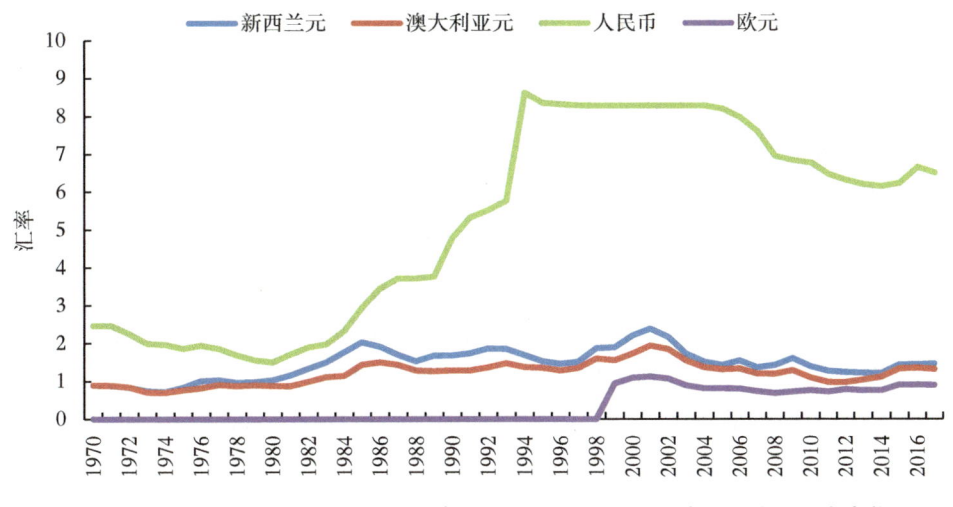

图 13　1970—2017 年新西兰元、澳大利亚元、人民币和欧元兑美元汇率变化

数据来源：IMF

四、主要国家价格调控措施及成效

世界各国对乳制品价格的调控措施不尽相同，但有 3 个共同点：一是通过稳定国内供给来稳定市场价格；二是采用贸易壁垒降低国际市场冲击来稳定国内市场价格；三是鼓励出口贸易提升本国乳制品的国际市场竞争力。

（一）欧盟

欧盟主要以生产配额、定价干预和出口补贴等综合措施进行乳制品价格调控，实现了在稳定市场供给的同时，奶牛养殖场得到合理的收益，而消费者也不必为消费乳制品而增加开支的双重目的。

一是实施牛奶生产配额制，稳定乳制品供给。1961—1980 年欧洲国家牛奶产量集聚增加，为了限制牛奶产量过剩，1984 年开始欧洲实施牛奶生产配额制，明确了牛奶产量上限（刘芳等，2014），对于超配额生产的牛奶，通过增加额外税收予以抑制，对于市场需求不足，通过价格干预以保护价进行收购，但通常保护价低于生产成本价。由于长期实施生产配额制，欧盟在世界乳制品贸易中的地位明显下降，2008 年欧盟开始增加 2% 的牛奶生产配额，此后每年增加 1%，一直持续到 2015 年 3 月 31 日，由于出口需要等外部条件的变化，欧盟取消了实施了 30 多年的牛奶生产配额制，转而鼓励奶农自主生产（刘芳等，2014）。

二是实施干预购买和私人储备计划，调节乳制品市场。欧盟制定了区内乳制品市场参考价格，当区内价格低于参考价时，将启动干预购买计划，将产品转入库存。干预购买机构由各成员国政府指定，该机构按照欧盟规定的标准购进产品，并根据"避免扰乱市场平衡"的方式将产品用于加工行业、食品援助、向非营利机构销售、生产饲料等。干预购买分为固定数量和招标购买两个阶段,当欧盟固定干预购买黄油数量达到7万吨,脱脂奶粉达到10.6万吨时,将转入招标干预购买程序。此外,私人储备援助计划是由欧盟确定私人储备产品的标准和数量,并根据储藏成本和可能的价格趋势调整和确定支持水平,以合同的方式对私人储备乳制品给予补贴,储备时间在60~180天。当市场发生不可预见的不利变化时,支持的金额也将增加。

三是进出口限制和出口补贴政策,调节内部供需。1987年欧洲国家开始减少乳制品的进口,对进口乳制品征收较高的关税,并通过关税配额限定进口量,以保护本地乳制品生产者的利益;同时对某些产量较低的乳制品出口征收出口税,以保证欧盟内部不至于出现因乳制品短缺而造成价格过高的现象。与此同时,对一些供应充裕的乳制品的出口实行鼓励政策,给予出口价格返还,以补贴出口商因国际市场价格和欧盟内部价格之间的差额而造成的损失。

(二)美国

一是奶及奶制品价格支持政策,保护经营者收益。美国实施国内支持为主体,进口限制、出口促进为补充的奶业政策支持系统。早期,美国为了更好地保护奶农利益,减少牛奶价格波动的市场风险,2002年出台的《农场法》里包含了"牛奶收入损失合同项目",该项目的具体内容为联邦政府对原料奶设立目标价,一旦原料奶的市场价格低于目标价,联邦政府则给参与该项目的农场主提供部分收入补偿,2008年该项目在《农场法》中再次授权,并进行了修改,提高了支付比例,增加了支付上限,且目标价格调整与饲料成本变动进行了挂钩。同时,美国还实施了"乳制品价格支持项目",该项目首次出台于1933年美国的《农业法》,1949年得到永久性授权,具体内容为美国农业部通过农产品信贷公司购买奶油、脱脂奶粉以及奶酪等来维持乳制品的价格保持在一定水平之上,以间接地保护奶农的利益。一旦上述乳制品的市场价格低于支持价格,乳制品加工商可将相关乳制品按照支持价格出售给农产品信贷公司。2008年,针对原奶售价下跌或饲料价格上涨导致农户经营利润损失,美国农业部风险管理局开始试运行奶业毛利保险(柴智慧等,2018)。但在2014年2月,经历了近3年的辩论、妥协,美国国会终于通过了2014年《食物、农场及就业法案》,该法案逆转了2002年和2008年《农场法》形成的以高补贴为主的农业支持保护思路,逐步放弃政府对农业生产和农产品市场的直接干预,调控手段趋于市场化(农业部课题组,2014)。而毛利保障计划即是其中新增内容,旨在帮助奶农应对生产过程中由低奶价或高饲料成本造成的低毛利,甚至负毛利风险(柴智慧等,2018)。

二是实施进口限制政策,保障国内乳制品市场稳定。美国对进口乳制品实施了进口分摊项目,该项目是指从每单位的进口乳制品中收取一定比例税收作为促进国内乳制品消费、研究与营养教育资金来源的政策安排。该项目源于1983年《乳制品生产未定法案》中的全国乳制品生产项目,2002年《农场法》中将其修订为对进口乳制品征收15美分/英担的税收,2008年《农场法》将进口乳制品征收比例降低为7.5美分/英担(王世群等,2010)。

三是乳制品出口促进政策，降价增强其国际竞争力。1985年美国乳制品出口激励项目出台，最初目的在于降低美国乳制品的国际市场价格，进而抵消国外乳品产业的不当竞争给美国乳制品产业带来的不利影响，20世纪90年代以后，该政策得到了广泛的使用。2002年的《农场法》将其政策范围进行了外延，可对销往国外的乳制品提供出口补贴。

（三）新西兰

一是对恒天然公司经营活动提出要求，为奶农提供公平的市场环境。新西兰政府对奶业的扶持较少，主要以市场为导向。为确保新西兰国内乳制品市场的有效运转，避免恒天然公司在国内形成垄断地位，新西兰在《2001乳制品行业重组法案》的鼓励竞争管理办法条款中规定，恒天然集团的所有经营活动，必须在确保市场可竞争性的前提下进行，该法案的颁布为奶农与恒天然集团之间的股份买卖提供了自由、公平的环境。

二是出口实施自由贸易政策，提升其乳制品价格的国际竞争力。在对外贸易方面，新西兰政府对乳制品出口实施自由贸易政策，目前已与澳大利亚、印度、中国、韩国、文莱、新加坡等国家达成了自由贸易协定（应若平，2006）。与任何一国签订的自由贸易协定中均对两国的乳制品贸易有所规定，主要是就降低关税问题达成一致意见，自由贸易协定明显降低了新西兰乳制品到协定贸易国的到岸价格，显著提升了其乳制品的国际竞争力（王敏等，2016）。

（四）日本

日本在不同阶段制定了不同的奶业政策促进本国奶业发展，稳定国产乳制品价格和抵御进口乳制品的入侵。

第一阶段，早在1961年日本就颁布了《畜产物价格稳定等相关的法律》（简称"畜安法"）（萨日娜等，2014），制定了生鲜乳保护价格，设定了乳制品价格变动幅度，并给与奶农和乳品企业一定数量的补贴。但由于乳制品价格波动依然明显，日本政府又在1965年实施了《加工原料乳生产者补给金等暂定措施法》（简称"不足支付法"）（萨日娜 等，2014），该法针对奶农和乳品企业之间形成的生鲜乳价格差进行补贴，该法的出台稳定了日本国内的生鲜乳和乳制品价格，平衡了奶农和乳品企业之间的利益关系。

第二阶段，日本在1966—2000年，实施了生鲜乳价格补贴政策，即"差价补贴"，政府以"保护价格"与"基准收购价格"之间的差额作为补贴金支付给奶农。同时，日本为了稳定国内黄油、脱脂奶粉、全脂加糖炼乳、脱脂加糖炼乳等的乳制品价格，基于"畜安法"和"不足支付法"，在价格补贴基础上形成了乳制品价格稳定机制，并指定农畜产业振兴机构作为稳定乳制品价格的管理机构，通过设定"稳定指标价格"，并以稳定指标价格为基础，允许乳制品价格在规定范围内波动。这两个制度大大调动了日本奶农的积极性，使生鲜乳供给过剩，为了解决这一问题，日本在1979年开始实施奶业"计划生产政策"，即配额生产，但配额生产挫伤了奶农的积极性，导致了奶农的数量和牛奶产量的减少。

第三阶段，2000年以后，日本加入WTO，根据WTO不可实行直接价格补贴的规则，日本对"不足支付法"做了修订，废除了"差价补贴"，开始实施新的"定额补贴"政策，即取消了原来实施的"保护价格"与"基准收购价格"的差额补贴，对加工原料奶的"数量限额"进行补贴。并进一步调整了乳制品"稳定指标价格"波动范围，增设了补充指标。

同时，为了限制国外过多的乳制品进入到国内，日本政府主要通过办法出口许可证、关税配额制及关税壁垒来限制国外过多的乳制品进入，从而达到稳定国内市场的作用。在关税配额限制范围内，脱脂奶粉、全脂奶粉、奶油等乳制品的进口关税在0~35%，超出配额范围的进口关税高达210%以上。

（五）以色列

以色列政府于2011年颁布了《奶业法》，以法律的形式确立了以色列牛奶生产实行配额机制，并同时实行牛奶的政府定价机制。牛奶生产采用配额制，即当年的配额是根据上一年的生产和市场消费情况进行预测，以标准奶（即规定标准脂肪含量和蛋白质含量）制定出配额，对于生产超过配额的养殖户，则会受到相应的罚款；牛奶生产者可以获得目标价格体系的支持，目标价格反映牛奶生产的平均成本加上适当的利润率，以色列每两年会选取全国大约10%的牧场进行调查，以确定牛奶的平均生产成本，包括饲料费、人力费、折旧费、贷款利息等，同时也调查牧场副产品的收入（出售淘汰牛等的收入），并将其从平均收入成本中扣除，得出净平均成本，最后以净平均成本作为牛奶定价的依据，配额内生产的牛奶可以获得高于目标价格一定比例的最低收购价格（邓蓉等，2014）。其次，以色列对牛奶的关税保护水平非常高，奶制品关税是所有农产品中最高的，1999年为60%，2012年以来降到了35%，虽然有所下降，但与经合组织国家平均水平相比，还是高出3倍（曹暕 等，2015）。

参考文献

曹暕，祁敏，赵娜，等.2015.以色列奶业政策分析及对我国的启示［J］.中国奶牛（21）：52-57.
柴智慧，李赛男.2018.中美奶业保险制度和实践的比较及启示［J］.中国乳业，194（2）：22-26.
邓蓉，倪和民.2014.以色列奶业发展经验对中国的启示［J］.现代化农业（9）：52-54.
刘芳，危薇，何忠伟.2014.中外奶业政策比较分析［J］.世界农业，417（1）：68-73.
农业部课题组.2014.2014年美国农业法案的主要内容及其对我国的启示［J］.农产品市场周刊，19：7-9.
萨日娜，刘玉满.2014.日本奶业不同转型时期的政策演变［J］.中国农村经济（10）：88-95.
王敏，何忠伟，刘芳，等.2016.新西兰奶业发展现状及经验借鉴［J］.世界农业，449（9）：136-143.
王世群，李文明.2010.奶业支持政策：美国的经验与启示［J］.农业经济（10）：28-30.
应若平.2006.新西兰乳业发展的组织基础［J］.世界农业，326（6）：46-48.
张洁，史东吉，王召锋.2017.我国牛奶安全生产现状及对策［J］.草业科学，34（1）：138-147.
Dairy N Z.2016.Economic Survey 2015-2016［R］.1-70.

IFCN. 2016. Global dairy farm economics in the crisis years 2015–2016: IFCN Perspective [EB/OL]. The Dairy Research Network.

Salois Matthew. 2016. Global Dairy Trade Situation and Outlook [J]. International Food and Agribusiness Management Review(19): 11-26.

（执笔人：董晓霞　王礞礞　张静）

第十部分

猪 肉

海外农产品市场研究（2018）

专题一　世界供需形势分析

世界生猪存栏量近十年呈现下滑趋势，主要集中在中国、欧盟28国等国家和地区。世界猪肉生产规模基数较大、粮食供需紧张、饲料价格上涨，对世界猪肉生产产生了极大的影响，世界猪肉产量增速进一步放缓，2017年猪肉产量增1.4%，中国、欧盟27国及美国猪肉产量合计占全球猪肉产量的79.9%，生猪存栏量合计占全球生猪存栏量的85%。

猪肉消费总量增速放缓。世界猪肉消费量占世界肉类总消费量的份额维持在37%以上。在经济发展和收入增加的推动下，世界猪肉消费量持续增长，2017年达到1.10亿吨。欧盟猪肉消费量基本维持在40千克/年/人以上，2016年为40.57千克/年/人，美国为29.32千克/年/人，中国为39.88千克/年/人。

美国和欧盟是世界最大的猪肉出口国（地区），其猪肉价格对世界猪肉贸易及价格有着深刻影响。自2017年以来，美国猪肉批发价格基本在1.5~2.2美元/千克之间徘徊。2017年6月，欧盟猪肉价格在涨到1.77欧元/千克的高点后进入下行通道。

随着世界猪肉产量、需求量的增加，以及世界猪肉生产向中国、欧盟27国、美国、巴西等国家和地区的进一步集中，世界猪肉贸易量也逐步增加。据UN统计，德国2001—2017年猪肉出口年均复合增长率高达9.4%，美国为8.3%，西班牙9.5%，加拿大4.4%。

全球猪肉产量和需求在未来十年预计仍然会增长，但增速将会显著放缓，发达国家国内市场趋于饱和，但贸易拉动美国、欧盟等国家猪肉产量的增长。在全球贸易方面，随着中国等发展中国家国内产能的提升，猪肉进口增速预期下滑甚至出现减少。从消费来看，未来猪肉消费需求增速放缓，供给增速略大于需求增速。从国际市场价格来看，主要猪肉进口国中国、俄罗斯猪肉产量预期继续恢复性增长，进口需求将下降；国际谷物价格处于低位，都将会拉动猪肉价格继续处于下降通道，预计2020年前后将会进入下一轮周期。

一、世界供需形势

（一）世界猪肉生产情况

在世界生猪存栏方面，世界生猪存栏量近十年呈现下滑趋势，主要集中在中国、欧盟28国（英国脱欧后的欧盟27国）等国家和地区。世界生猪存栏量在1995年之前基本呈现增长态势，1996年锐减9 535万头至7.05亿头后逐年恢复（图1），2007年达到8.26亿头的历史高峰后呈现下滑趋势，2017年下滑至7.72亿头。其中，中国生猪存栏量占世界生猪存栏量的比重在 20 世纪 70 年代为维持在 42% 左右，1993 年突破 50%，2013 年提高至 59.4% 后呈现下滑趋势，2017 年为 56.1%；欧盟 28 国生猪存栏量占世界生猪存栏量的比重由 1999 年的 20.9% 下滑至 2012 年 18.3% 后逐年提升，2017 年提升至 19.4%；进入 21 世纪后，美国生猪存栏量占世界生猪存栏量的比重则由 2000 年的 7.6% 提高至 2017 年的 9.5%，巴西则由 4.1% 提高至 5.0%，中国、欧盟 27 国、美国和巴西合计占比则由 87.5% 提高至 90.0%。

图 1　1980—2017 年全球生猪存栏量

数据来源：Wind 数据库，美国农业部

2017 年猪肉产量稳中有增。1960 年以来，世界猪肉产量大致经历了三个发展阶段。

（1）1960—1979 年的快速增长阶段。在这一阶段，在亚洲地区猪肉产量快速提高的带动下，世界猪肉产量快速增长，世界生猪屠宰量由 1960 年的 1.32 亿头增长至 1979 年的 7.67 亿头，年复合增长率达到 9.7%；世界猪肉产量由 1960 年的 1 935.4 万吨增长至 1979 年的 4 692.2 万吨，年复合增长率达到 4.8%。

（2）1980—1999 年的中低速增长阶段。在这一阶段，受资源约束、疫病等因素影响，世界猪肉产量增速放缓至 80 年代的 2.8% 和 90 年代的 3.1%。世界生猪屠宰量 1980 年为 7.48 亿头，1997 年突破 10 亿头，1999 年为 10.98 亿头，年均复合增长率为 2.0%；世界猪肉产量 1980 年为 4 942.2 万吨，1998 年突破 8 000 万吨，1999 年为 8 557.0 万吨，年均复合增长率为 2.9%。

（3）2000—2017 年的低速增长阶段。在这一阶段，世界猪肉生产规模基数较大、粮食供需紧张、饲料价格上涨，对世界猪肉生产产生了极大的影响，世界猪肉产量增速进一步放缓，2000—2009 年世界猪肉产量增速放缓至 1.9%，2010—2017 年进一步放缓至 1.3%。世界生猪屠宰量 2000 年为 10.53 亿头，2017 年增至 12.66 亿头，年复合增长率为

1.1%；世界猪肉产量2000年为8 476万吨，2009年突破1亿吨，2017增至1.11亿吨，年复合增长率为1.6%。2017年猪肉产量较2016年增加79.1万吨，增1.4%。

当前世界猪肉生产主要集中在中国、欧盟及美国等少数国家和地区，2017年中国、欧盟及美国猪肉产量合计占全球猪肉产量的79.9%，生猪存栏量合计占全球生猪存栏量的85%。20世纪60年代欧洲和美洲是世界上主要的猪肉生产地区，但随着中国猪肉产量的快速增长，亚洲猪肉产量占全球的比重逐步提高，并于1990年亚洲超过欧洲成为最大猪肉产区。根据FAO数据，2016年亚洲猪肉产量占全球产量的56.1%，欧洲占24.5%，美洲占17.8%，非洲和大洋洲仅1.2%和0.4%；2016年中国、美国、德国、西班牙、越南、巴西和俄罗斯猪肉产量占全球猪肉总产量比重分别为46.6%、6.6%、4.7%、3.3%、3.1%、3.0%和2.9%。根据美国农业部数据，2017年中国、欧盟、美国、巴西、越南和俄罗斯猪肉产量分别占全球总产量的48.1%、21.3%、10.5%、3.4%、2.7%和2.5%（图2）。

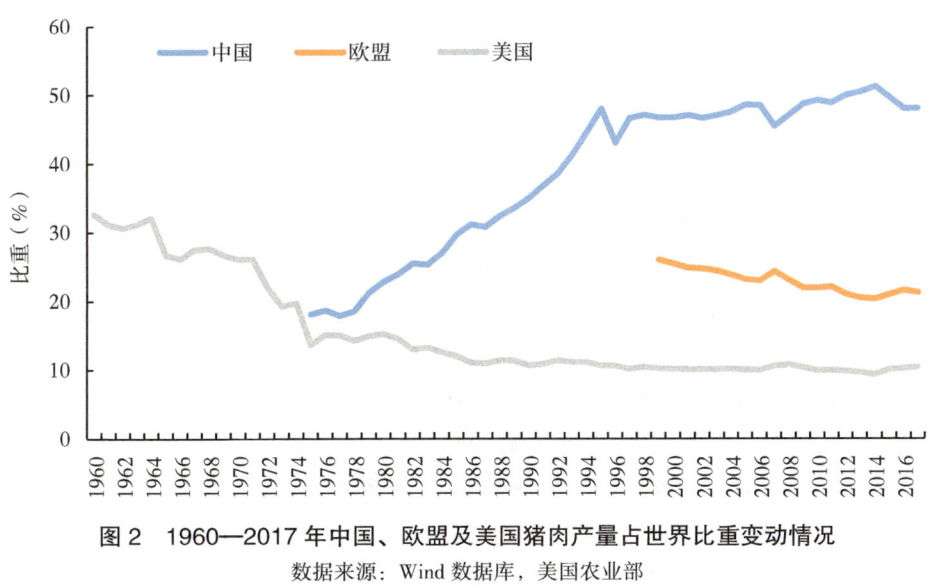

图2　1960—2017年中国、欧盟及美国猪肉产量占世界比重变动情况

数据来源：Wind数据库，美国农业部

（二）世界猪肉消费情况

猪肉消费总量增速放缓。世界猪肉消费量占世界肉类总消费量的份额维持在37%以上。在经济发展和收入增加的推动下，世界猪肉消费量持续增长。根据FAO数据，世界猪肉消费量由1980年5 205.03万吨增至1990年6 839.42万吨，年均增速2.8%；1992年突破7 000万吨，1998年突破8 000万吨，2000年达到8 537.52万吨，20世纪90年代年均增速放缓至2.2%。2006年世界猪肉消费量突破1亿吨，2013年达到1.12亿吨，2000—2013年期间年均增速2.1%。根据美国农业部数据，世界猪肉消费量由1980年的

4 912.80 万吨（胴体当量）增至 2013 年的 10 831 万吨，2017 年达到 1.10 亿吨（图 3）。

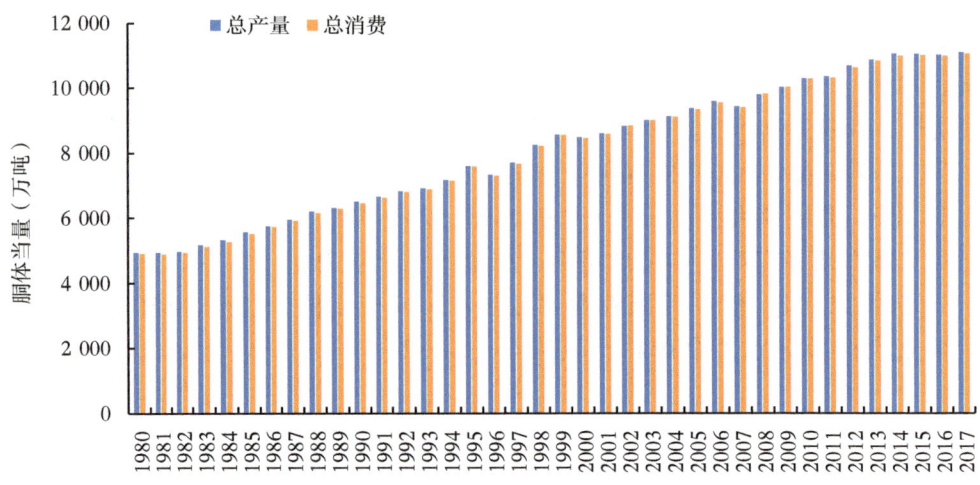

图 3　1980—2017 年世界猪肉生产与消费情况
数据来源：Wind 数据库，美国农业部

世界人均猪肉消费平稳增长。世界猪肉人均消费量 20 世纪 70 年代年均增速分别为 2.0%，20 世纪 80 年代降至 1.1%，20 世纪 90 年代年均增速 0.8%。2000 年后亚洲地区收入的增加带动了消费结构的改善，肉类消费增速有所提高，2000—2013 年均增速为 0.9%，2013 年人均猪肉消费量达到 16.02 千克 / 人 / 年。根据美国农业部与世界银行数据，世界人均猪肉消费量由 1980 年 11.07 千克 / 人 / 年增至 2016 年 14.75 千克 / 人 / 年。

欧洲、北美和大洋洲在世界猪肉产品消费中占据主导地位，但近二十年发展中国家人均猪肉消费量逐年增加，而发达国家人均猪肉消费量则未发生大幅变化。根据 FAO 数据，北美和欧洲发达国家人均猪肉消费量相对较为稳定，北美发达国家在 27 千克 / 人 / 年上下浮动，2013 年为 27.16 千克 / 人 / 年；欧洲发达国家在 33 千克 / 人 / 年上下浮动，2013 年为 34.61 千克 / 人 / 年；大洋洲国家则由 1980 年 13.5 千克 / 人 / 年稳步增长至 2013 年 22.69 千克 / 人 / 年；南美洲以及亚洲国家由于基数较小，人均猪肉消费量呈现增长态势，由 1980 年 7.21 千克 / 人 / 年增至 2013 年 11.35 千克 / 人 / 年，亚洲国家人均猪肉消费量由 1980 年的 6.13 千克 / 人 / 年增至 2013 年的 15.82 千克 / 人 / 年。受经济发展水平、饮食习惯和宗教信仰等因素的影响，非洲国家人均猪肉消费量非常低，近二十年来非洲国家的猪肉人均消费量一直徘徊在 1~2 千克，2013 年仅为 1.47 千克 / 人 / 年（图 4）。根据美国农业部与世界银行数据，欧盟猪肉消费量基本维持在 40 千克 / 年以上，2016 年为 40.57 千克 / 人 / 年；美国猪肉消费量最近 2 年在 29 千克 / 人 / 年上下浮动，2016 年为 29.32 千克 / 人 / 年；中国猪肉消费量则实现快速增长，由 1980 年的 11.39 千克 / 人 / 年增至 2014 年 41.92 千克 / 人 / 年，2016 年为 39.88 千克 / 人 / 年。

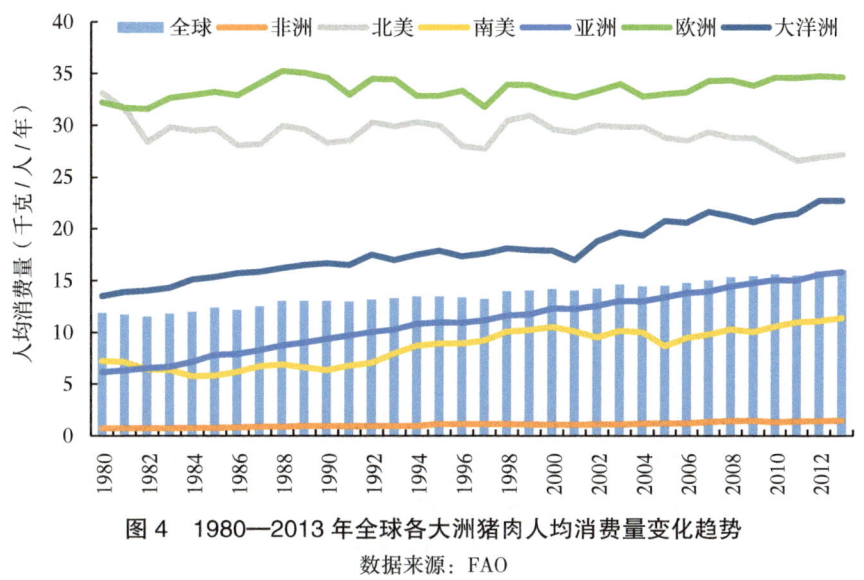

图 4　1980—2013 年全球各大洲猪肉人均消费量变化趋势

数据来源：FAO

二、国际价格走势

2002 年 12 月至 2014 年 6 月全球猪肉价格指数处于上涨通道，之后总体下降。2002 年 12 月 FAO 全球猪肉价格指数降至 83.20 后开始上涨，2008 年受中国等国家猪肉价格上涨影响，8 月 173.91 达到历史高点，之后全球供给面改善，猪肉价格指数冲高回落，2009 年 2 月降至 123.25 后再次上涨，2014 年 6 月在全球饲料价格上涨背景下，欧美国家猪肉价格上涨推动全球猪肉价格指数达到 184.57，再创历史新高，之后总体处于下降通道，2018 年 9 月为 123.70（图 5）。

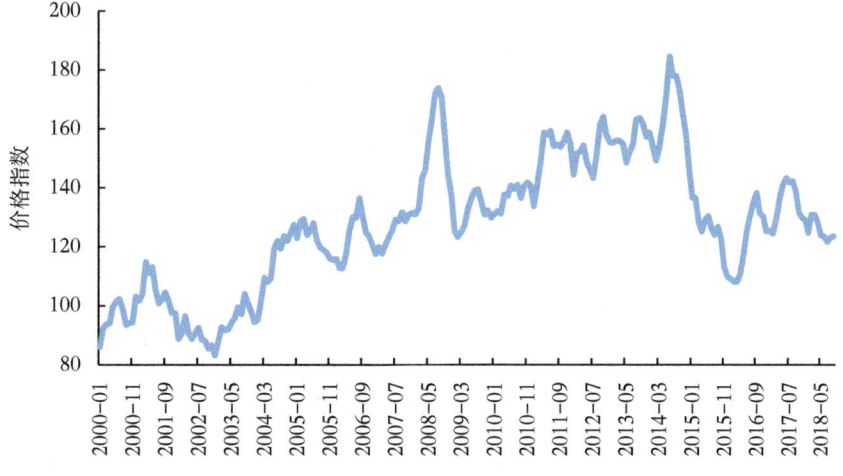

图 5　2000 年 1 月至 2018 年 9 月全球猪肉价格指数变化趋势

数据来源：FAO

美国和欧盟是世界最大的猪肉出口国（地区），其猪肉价格对世界猪肉贸易及价格有着深刻影响。美国国内产量的增加及规模化发展稳定了其猪肉价格的波动，并助推其在20世纪90年代成为猪肉净出口国。随着出口量的增加，美国国内猪肉市场受国际市场的影响也越来越大。根据美国农业部数据，美国猪肉（猪肉切块）批发价格 2000—2013 年基本在 1~2 美元/千克波动，2013 年 5 月突破 2 美元/千克，达到 2.03 美元/千克，2014 年 7 月达到 2.94 美元/千克的历史高点后迅速回落。自 2017 年以来，美国猪肉批发价格基本在 1.5~2 美元/千克徘徊，2018 年 1 月后进入下行区间，由 2018 年 1 月 1.78 美元/千克下行至 4 月 1.50 美元/千克，5 月开始回升，6 月为 1.84 美元/千克，7 月又开始下跌，9 月为 1.65 美元/千克（图 6）。

欧盟猪肉价格基本呈现出与美国猪肉价格相同的走势。根据欧盟委员会数据，欧盟猪肉（E 级胴体）价格由 2000 年 1 月 1.13 欧元/千克迅速上涨至 2001 年 3 月 1.94 欧元/千克，随后又快速回落。2001—2010 年基本维持在 1.20~1.50 欧元/千克。2011—2014 年维持在 1.50 欧元/千克以上。随后，欧盟猪肉价格经历了一轮"下跌—上涨—下跌"的周期。2017 年 6 月，欧盟猪肉价格在涨到 1.77 欧元/千克的高点后进入下行通道，2018 年 5 月跌至 1.42 元/千克，9 月回升至 1.47 欧元/千克。

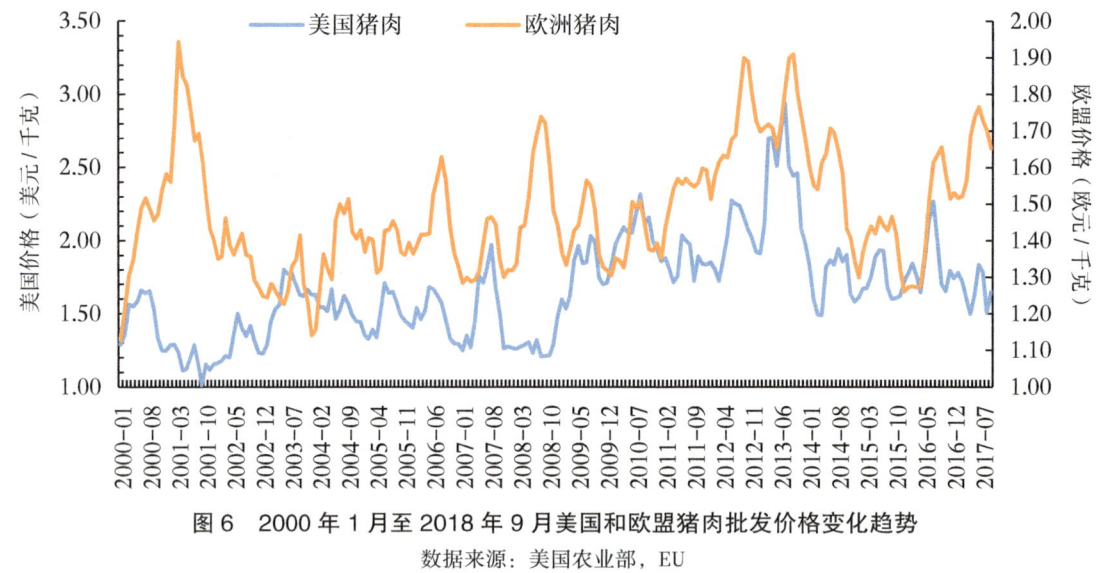

图 6　2000 年 1 月至 2018 年 9 月美国和欧盟猪肉批发价格变化趋势

数据来源：美国农业部，EU

三、国际贸易格局

随着世界猪肉产量、需求量的增加，以及世界猪肉生产向中国、欧盟、美国、巴西等国家和地区的进一步集中，世界猪肉贸易量也逐步增加。从猪肉贸易发展历史来看，世界猪肉贸易大概经历了两个阶段。一是 2010 年之前的快速增长阶段，根据 FAO 数据测算，在这一阶段，1961—2010 年，世界猪肉进口量年均复合增长率高达 5.2%，出口量年均复合增长率高达 5.3%。二是 2010 年之后的慢速增长阶段，根据 FAO 数据测算，2011—2016 年，世界猪肉进口量年均复合增长率放缓至 2.5%，出口量年均复合增长率放缓至 1.4%（表1）。从猪肉贸易格局来看，德国、美国、西班牙、丹麦、加拿大、荷兰等欧洲和北美国家主导全球猪肉出口市场，中国、意大利、日本、波兰、韩国等国家则为主要猪肉进口国。

表1 1961—2016 年世界猪肉贸易量增长速度

时间	进口量年均复合增长率（%）	出口量年均复合增长率（%）
1961—1970 年	4.9	5.4
1971—1980 年	3.0	2.9
1981—1990 年	4.8	4.9
1991—2000 年	6.1	5.5
2001—2010 年	6.3	6.8
2010—2016 年	2.5	1.4

数据来源：FAO

（一）世界猪肉出口情况

欧洲、美洲主导世界猪肉产品出口贸易，猪肉产品贸易量占世界猪肉产品贸易总量的比重达到 95% 以上。其中，欧洲在世界猪肉产品贸易中占据绝对主导地位，据联合国（UN）统计，2016 年欧洲猪肉产品出口量占世界出口总量的比重高达 68%。北美洲是世界猪肉产品第二大主要出口区域，2016 年欧洲猪肉产品出口量占世界猪肉产品出口总量比重达 23%。南美是世界猪肉产品的第三大出口区域，其猪肉产品出口量占世界出口猪肉产品总量的比重为 5.4%。总的来说，世界猪肉贸易洲际间流动主要是从欧洲与美洲流向亚洲，趋势较为明显。

从国别来看，德国、美国、西班牙、丹麦、加拿大、荷兰等欧洲和北美国家主导全球猪肉出口。德国是猪肉出口量第二大的国家，据 UN 统计，2001—2017 年年均复合增长率高达 9.4%，从 43 万吨增至 182 万吨。同期，美国猪肉出口总量则由 49 万吨增至 255 万吨，年均复合增长率高达 8.3%；西班牙从 36 万吨增至 155 万吨，年均增 9.5%；丹麦猪肉出口量稳中有增，从 99 万吨增至 109 万吨；加拿大猪肉出口量翻番，从 50 万吨增至 96 万吨，年均增 4.4%；荷兰也实现了稳步增长，从 64 万吨增至 2016 年的 93 万吨，年均增 2.5%（图7）。

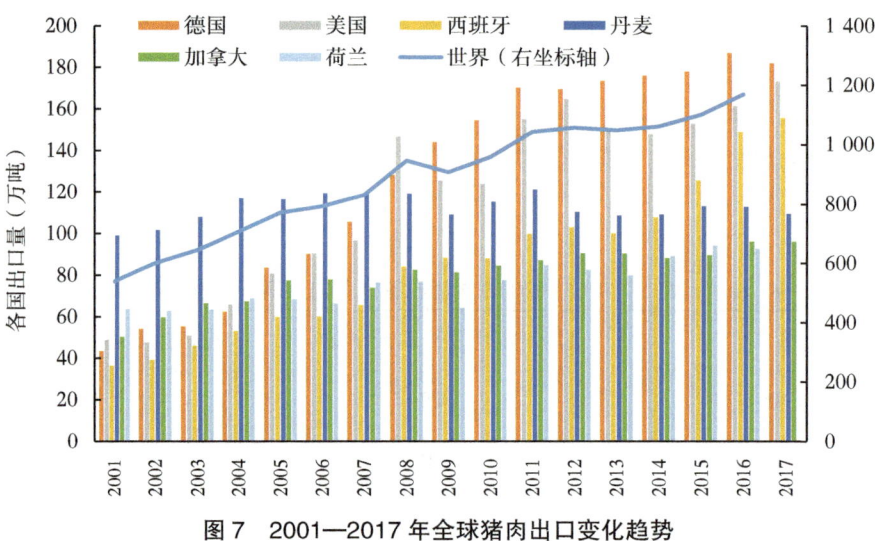

图 7　2001—2017 年全球猪肉出口变化趋势

注：UN Comtrade 数据库暂未更新 2017 年全球、荷兰的猪肉出口数据

数据来源：UN

（二）世界猪肉进口情况

世界主要猪肉净进口国为中国、意大利、日本、波兰、韩国等国家（图 8）。在国内需求增加的提振下，中国由净出口变为净进口国，并逐步成为全球最大的猪肉进口国。根据 UN 数据，中国猪肉进口量从 2001 年 9 万吨增至 2016 年 162 万吨，2011—2016 年年均增速高达 28.2%。根据中国海关数据，2017 年中国猪肉进口量为 122 万吨；日本则从 2001 年 71 万吨增至 2017 年 91 万吨，年均增 1.7%；意大利稳中有增，从 85 万吨增至

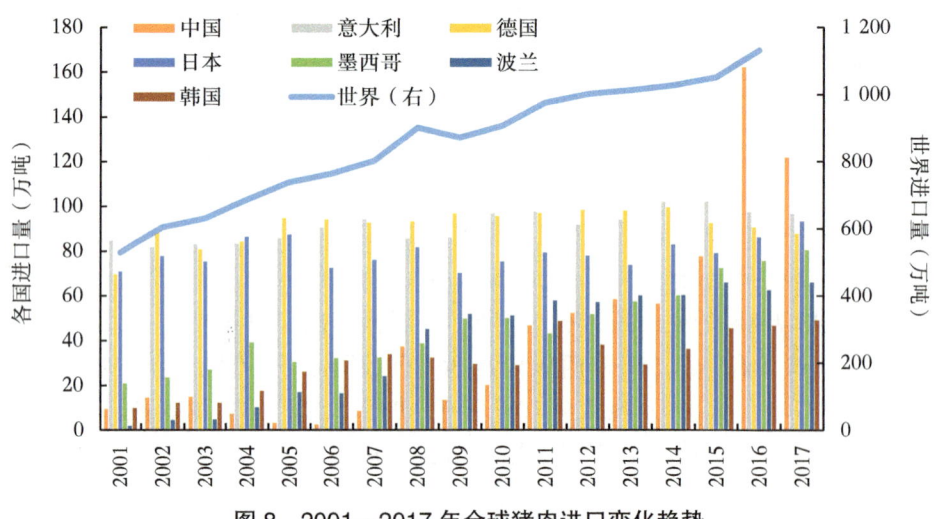

图 8　2001—2017 年全球猪肉进口变化趋势

注：UN Comtrade 数据库暂未更新 2017 年全球、中国的猪肉进口数据，2017 年中国猪肉进口数据来自于海关总署

数据来源：UN，中华人民共和国海关总署

97 万吨；同期墨西哥国从 21 万吨增至 80 万吨，年均增 8.8%；波兰从 2 万吨增至 66 万吨，年均增 25.5%；韩国从 10 万吨增至 49 万吨，年均增 10.6%。

四、世界主要国家产业竞争力

德国是猪肉生产大国和出口大国，在全球猪肉市场中扮演者重要角色。2016 年德国猪肉产量为 558.96 万吨，占全球的比重为 4.7%，仅次于中国和美国；2017 年出口量为 182 万吨，超过美国的 173 万吨，位居全球第一。整体来看，德国生猪产业链的竞争优势在于：生产分工明确，专业化程度高，繁育体系健全；多样化的交易方式（渠道）；生产、加工和销售聚集效应明显；完善的支持体系；严格的猪肉及其制品质量控制与监管体系保障了猪肉质量的可信性。

（一）生产分工明确，繁育体系健全

适度规模化家庭生产为主。德国生猪养殖以适度规模化水平的家庭农场为主，2017 年大约有 2.3 万家养猪场，育肥猪存栏规模以 1 000~1 999 头最高，占总存栏比重在 30% 以上。其中育肥养殖场 1.91 万家，自繁自养养殖场为 8 100 家。一般自繁自养家庭农场母猪存栏规模为 1 000~2 000 头，大型的工厂化生产的母猪存栏规模则为 5 000~10 000 头。在规模化生产和经营的基础上，形成了明确的分工协会和专业化生产机制。生猪产业基本以州为单位，构建起了种猪场、商品猪场和自繁自养场三个层次的生猪养殖体系，专业化生产程度较高，确保了养猪场资源的高效利用。

（二）生产大区域化分工明显呈现"西北部集聚效应"

德国西北部地区生猪农场数量超过全国总数的 1/3，生猪存栏占全国一半以上，其中，专业育肥猪存栏占总存栏 64%。德国西北部靠近荷兰、丹麦等生猪生产国，基础设施发达，每年从这些国家进口 1 500 万 ~1 600 万头的母猪和仔猪。2015 年进口 1 570 万头母猪和仔猪，其中 53.1% 来自荷兰，42.8% 来自丹麦。荷兰和丹麦每头能繁母猪有效仔猪数达到 30 头以上，通过欧盟主要生猪生产国这种区域化分工，发挥了荷兰和丹麦仔猪生产优势的同时，减缓了德国能繁母猪产能下降的压力，专注于生猪育肥效率的提升，从 29.5 千克仔猪到出栏 118.8 千克肥猪仅需要 119.3 天。

（三）多样化的交易方式（渠道）

德国主要有三种交易方式。生产者所有型畜产品营销合作社（VVGs）主要是负责帮助家庭生猪养殖场销售活畜、组织活畜与畜产品的销售与运输，约有 100 家 VVGs，这一交易方式（渠道）的家庭生猪养殖场约占德国家庭生猪养殖场总数的 25%。生产和营销协会（EZGs）整合营销资源、帮助家庭生猪养殖场销售活畜，组织被屠宰牲畜的销售与运输，约有 60 家 EZGs，这一交易方式（渠道）比重为 25%。第三种是投资者所有型畜

牧业农产品交易商，大约有3 000家，占比为42%。

（四）实施补贴减缓动物福利的成本压力

通过政府补贴猪场建设减缓动物福利对生产成本竞争力的影响。2013年以来欧盟实施了更严格的动物福利法，对怀孕母猪、仔猪等养殖空间和福利有严格的要求，养殖场要建设符合法律要求的圈舍势必增加成本。德国政府由强制实施动物福利向激励转变，2014—2017年对猪场建设提供了20%~40%的补贴降低养殖场为满足动物福利法要求而增加的生产成本。

德国重点发展适度规模化的家庭农场为主的生猪专业育肥，通过欧盟区域内分工发挥邻国仔猪生产优势，将生猪育肥布局于进口贸易便利的西北部地区，通过多样化的生产组织连接市场，政府补贴减缓了动物福利法导致的成本压力，带动生猪育肥竞争力的提升。

五、主要国家产业支持政策新变化

（一）欧盟生猪产业政策变化情况

2017年，欧盟在生猪产业政策上的变化主要在贸易政策上，表现为提高生猪产品检验检疫标准。2015年和2016年，土耳其及其他巴尔干半岛国家暴发猪坏死性皮炎，并由欧洲南部地区的几个欧盟成员国传入欧盟。同时，非洲猪瘟也在巴尔干半岛国家传播。为了防止猪坏死性皮炎和非洲猪瘟等疫病进一步传入其他欧盟成员国并在欧盟暴发，欧盟在2017年提高了进口生猪产品的检测检疫标准。

欧盟在生猪产业方面的价格支持政策、补贴政策、补贴偿付政策、牲畜保险政策、饲料支持政策、生产服务补贴及其他贸易政策未发生变化。

（二）美国生猪产业政策变化情况

2017年，美国在生猪产业方面的补贴政策、间接支持政策、临时收储政策、环保补贴政策和生猪收益保险政策未发生太大变化。

六、世界供需形势展望

全球猪肉产量和需求在未来十年预计仍然会增长，但增速将会显著放缓。从生产来看，中国及其他发展中国家猪肉产量增加将推动亚洲和全球猪肉产量的增加，但在环境等因素的制约下，在较高基数的基础上继续保持高速增长基本无望，全球猪肉产量的增速将持续放缓。发达国家国内市场趋于饱和，但在贸易的拉动下，美国、欧盟等国家猪肉产量在增长。

在全球贸易方面，随着中国等发展中国家国内产能的提升，这些国家的猪肉进口增速预期下滑甚至出现减少，日本等不具备生产优势的国家猪肉进口量预期增加，全球猪肉进口贸易预期维稳，难以产生大幅度增加。

从消费来看，未来猪肉消费需求增速放缓，供给增速略大于需求增速。亚洲地区是消费增加的主要地区，考虑到最大的猪肉消费国中国的人均猪肉消费量已经达到40千克/人/年，以及牛羊肉、禽肉及其他提供蛋白质的产品的替代效应，猪肉消费未来增长空间不大。越南、菲律宾等以猪肉消费为主的亚洲发展中国家，受国内经济发展向好的影响，猪肉消费增长潜力仍然很大。墨西哥、俄罗斯等国家猪肉消费需求将会继续增加，而发达国家将会稳中略增。

从国际市场价格来看，主要猪肉进口国中国、俄罗斯猪肉产量预期继续恢复性增长，进口需求将下降；国际谷物价格处于低位，都将会拉动猪肉价格继续处于下降通道，预计2020年前后将会进入下一轮周期。

专题二 国际市场价格波动特征研究

一、国际价格波动特征

(一) 美国生猪价格波动

美国生猪价格自1994年以来经历了4个完整周期。第一个周期为1994年12月至1998年12月,周期49个月,1994年11月生猪价格为0.66美元/千克,之后开始上涨,1996年8月涨至1.40美元/千克的高点后回落,1998年12月跌至0.37美元/千克,振幅为98.8%;第二个周期为1999年1月—2002年9月,周期长45个月,2001年8月涨至1.16美元/千克的高点后再次回落,2002年9月跌至0.59美元/千克,振幅为68.2%;第三个周期为2002年10月—2009年9月,周期长84个月,2008年8月达到周期高点1.38美元/千克,振幅为70.6%;第四个周期为2008年9月—2016年11月,2014年4月创历史新高,为1.96美元/千克,之后回落,2016年11月跌至0.96美元/千克,振幅为95.9%;第五个周期为2016年12月—今(图1)。可以看出,随着规模水平的提升,生猪价格周期时间拉长,由原来的4年左右提高至8年左右,第二和第三个周期振幅缩小,但第四个周期受全球饲料价格上涨及外部冲击影响,生猪价格波动再次加大(表1)。

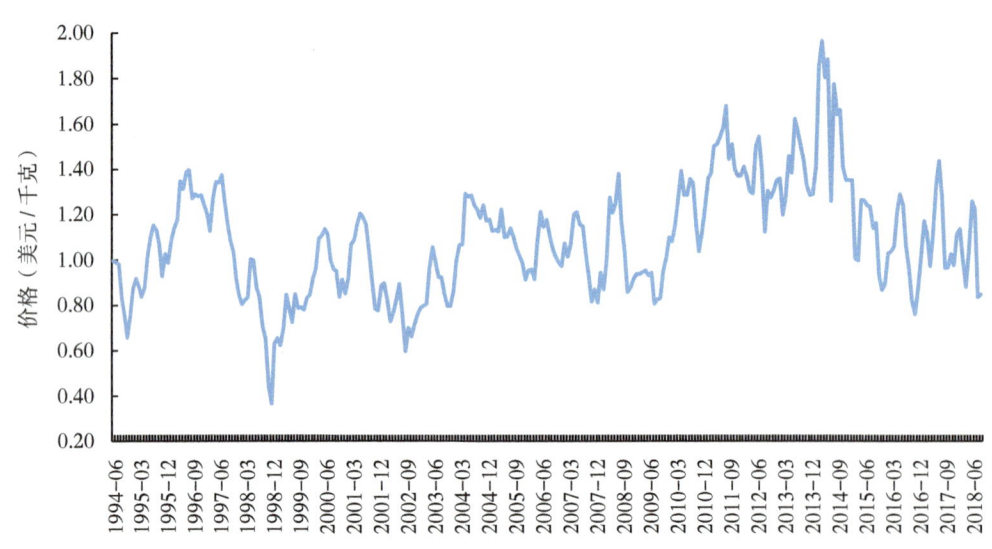

图1 1994—2018年9月美国生猪价格

数据来源:美国农业部

表1　美国生猪价格波动周期及特征分析

生猪价格周期	1994.12至1998.12	1999.1至2002.9	2002.10至2009.9	2008.9至2016.11
长度（月）	49	45	84	98
振幅（%）	98.8	68.2	70.6	95.9

数据来源：美国农业部

利用1994年6月以来美国农业部生猪出场价格数据，通过Census X12季节调整法对生猪价格数据进行季节变动调整并对调整后的数据利用Hodrick-Prescott（H-P）滤波法来测定20多年来美国猪价波动特点和规律（以下分析方法相同，下文简略）。

通过季节调整法从时间序列中剔除季节变动要素和不变要素，得到序列潜在的趋势循环分量序列，反映出经济时间序列的客观规律。Census X12方法采用如下四种模型形式。

（1）乘法模型

$Y_t = TC_t \times S_t \times I_t$

（2）加法模型

$Y_t = TC_t + S_t + I_t$

（3）对数加法模型

$\log Y_t = \log(TC_t) + \log(S_t) + \log(I_t)$

（4）伪对数加法模型

$Y_t = TC_t \times (S_t + I_t - 1)$

H-P滤波法以谱分析方法为理论基础并能够有效地分解经济时间序列的长期趋势，因此被广泛地应用于对宏观经济趋势的分析研究中。由于生猪价格具有长期趋势的非平稳时间序列，将时间序列分为趋势成分和波动性成分，模型如下：

$$Y_t = Y_t^T + Y_t^c \qquad t = 1, 2, \cdots, T$$

H-P滤波法将时间序列视为趋势成分和波动成分两部分构成，通过长期趋势反映生产系统内生性，波动成分则体现周期性的变动成分。

从季节特征来看，美国生猪价格季节性特点明显。美国生猪价格高点一般出现在每年的7—8月，猪价上半年总体上涨，8月以后随着供给增加，价格开始下滑，低点一般出现在11月或者12月。

从长期趋势来看，美国生猪价格稳中有涨，猪价围绕均值波动。剔除循环趋势后可以看出，美国生猪价格围绕0.96美元/千克上下波动，2000—2008年保持相对平稳，2009—2014年以后开始一轮上涨，之后开始回落。从循环趋势来看，美国生猪价格保持2~3年短期循环周期。经过第一次的H-P滤波，中短期波动较频繁（图2），因此为了得到更为清晰的周期性波动特征，对一次滤波得到的中短期波动进行二次滤波，剔除掉短期不规则波动和一部分季节性波动，可以看出，美国则在2000年以后更加平稳（图3）。美国是全球第二大猪肉出口国，猪价受国际市场影响大，2014年饲料价格的全球性上涨及仔猪流行性腹泻导致猪价高涨，2015年开始猪肉供给连续增加，国内消费稳定、猪肉出口增加不显著，猪价进入下降通道。

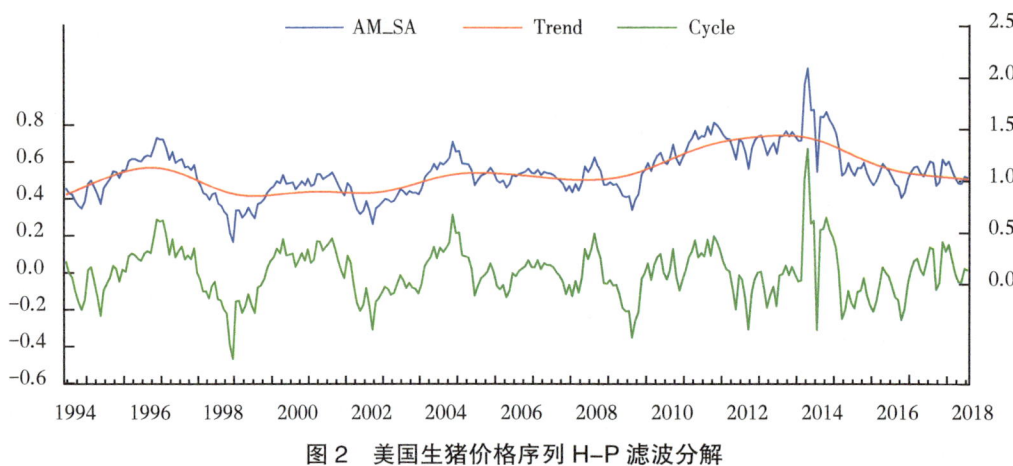

图2 美国生猪价格序列H-P滤波分解

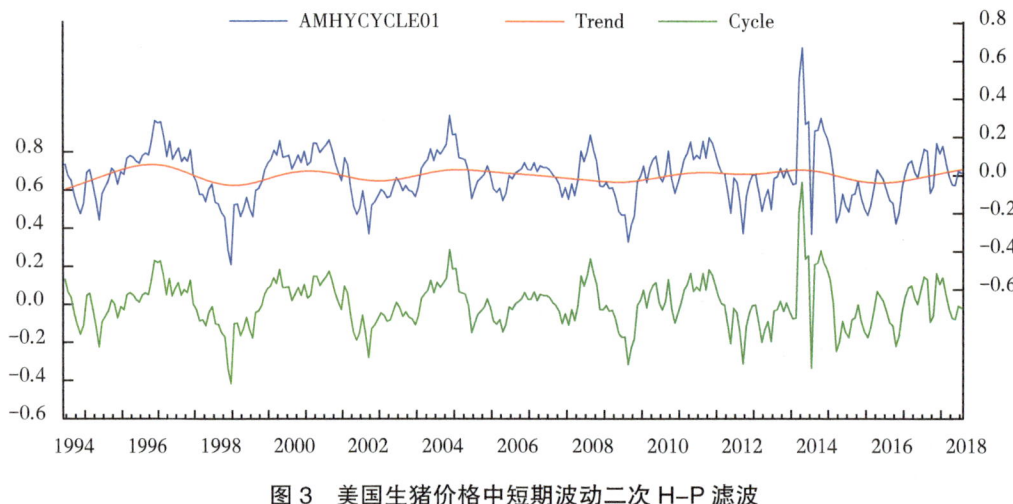

图3 美国生猪价格中短期波动二次H-P滤波

中国生猪价格波动偏移率2005年开始超过美国。从生猪价格序列中剥离出长期趋势以后,得到的价格波动值除以对应的趋势值即可得到价格偏离其长期趋势的偏离程度。在2005年之前,美国猪价波动明显高于中国,1996年向上偏移程度达到26%,而同期中国不足20%,1998年向下偏移达高达54%。2005年下半年开始中美猪价偏移方向相反,中国猪价波动加剧,2008年4月正向偏移程度高达45%;2010年下半年由于中国猪肉进口增加,两国猪价同向偏移;2013年开始美国对中国猪肉出口急剧下降,中国猪价对美国影响力减弱,2014年中美猪价再次呈现相反走势,美国猪价正向偏移接近50%,同期中国猪价处于低位,波动减小;2015年下半年开始中国猪价上涨,而美国猪价下跌,中国猪价偏移程度为27%,美国仅为2%(图4)。

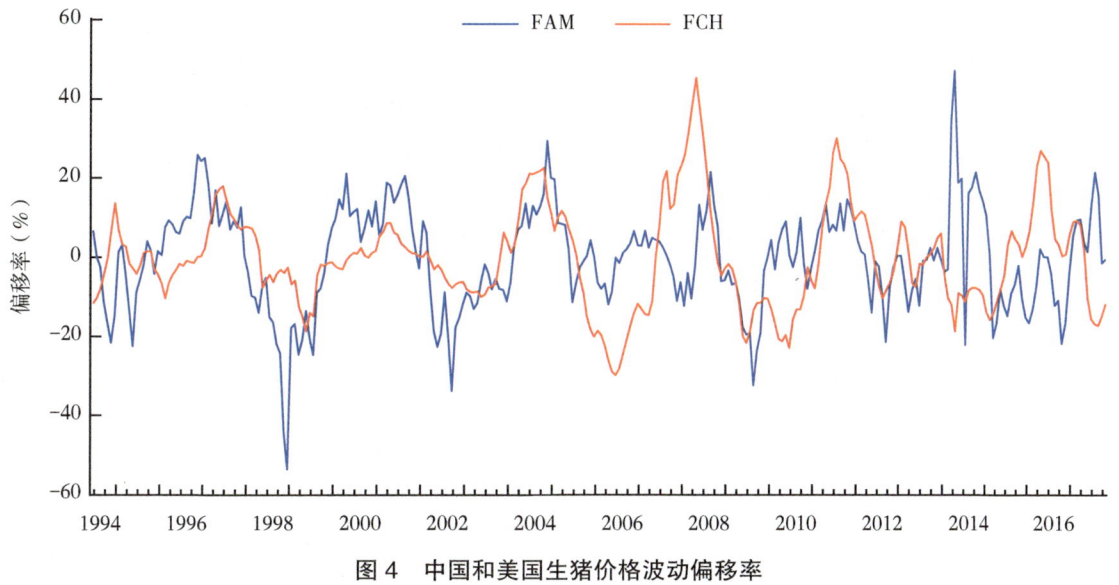

图 4　中国和美国生猪价格波动偏移率

（二）日本猪肉价格波动

总体来看，90年代以来日本生猪价格比较平稳，2012年以后开始呈现上涨趋势。1995年1月至2014年大部分月份价格在400~550日元/千克。2014年由于全球猪价上涨，猪价开始上涨至2014年6月665日元/千克，创近20多年高位，2017年年中由于日本国内屠宰量连续3个月下降，猪价再次上涨，2017年7月份价格上涨到662日元/千克，进口增加后猪价开始回落，2018年8月为617日元/千克（图5）。

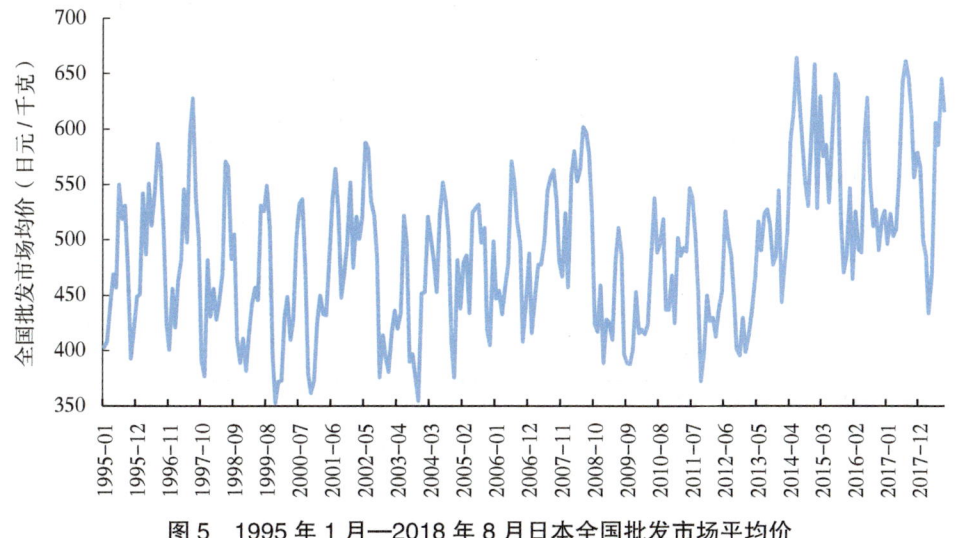

图 5　1995年1月—2018年8月日本全国批发市场平均价
数据来源：日本农林水产省

从历史趋势来看，猪肉价格稳定性显著提升（图6）。东京大阪批发市场猪肉年度加权平均价格从1975年的765日元/千克开始振荡下跌，2009年跌至431日元/千克后回升，2014年为593日元/千克，创最近30年的新高，2017年为572日元/千克，同比涨8.3%。从价格周期来看，1972年以来猪肉价格可以划分为7个周期，分别是1973—1979年、1980—1987年、1988—1993年、1994—2000年、2001—2003年、2004—2012年和2013—2016年。由于调控政策不完善，20世纪70年代价格波动较大，振幅为44.2%，之后受调控政策不断改善影响，20世纪90年代第4个周期振幅下降为10.8%，2004年以后受国际市场猪肉价格波动加剧影响，振幅有所加大，第7个周期为17.4%（表2）。1972—2017年日本猪肉年度批发价格H-P滤波输出结果见图7。

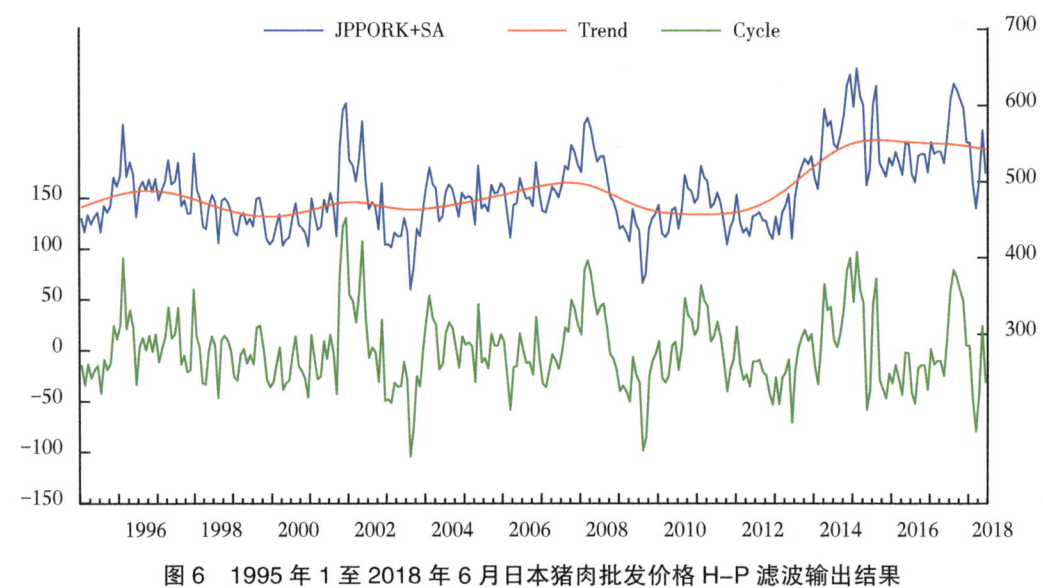

图6　1995年1至2018年6月日本猪肉批发价格H-P滤波输出结果

表2　日本猪肉批发价格波动周期及特征分析

猪肉价格周期	1973—1979年	1980—1987年	1988—1993年	1994—2000年	2001—2003年	2004—2012年	2013—2016年
长度（年）	7	8	6	7	4	9	4
振幅（%）	44.2	34.3	17.3	10.8	12.1	18.7	17.4

数据来源：日本农畜产业振兴机构

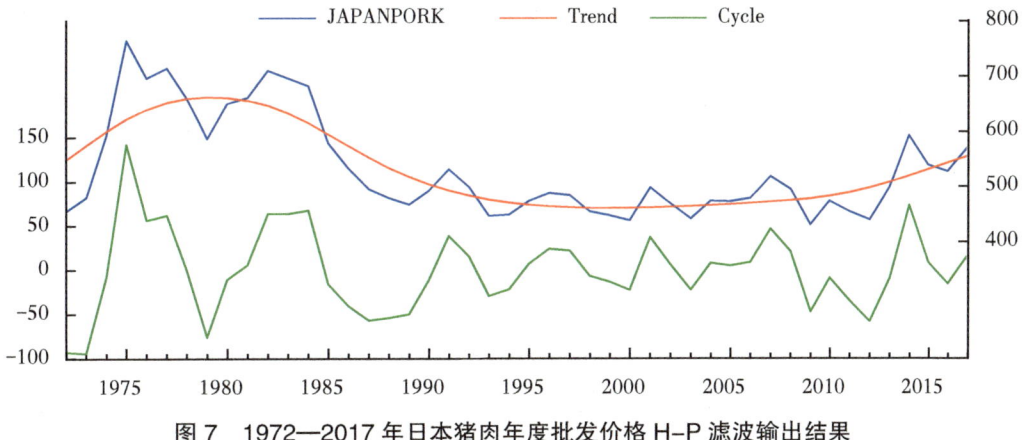

图7　1972—2017年日本猪肉年度批发价格H-P滤波输出结果

（三）德国猪肉价格波动

1999年以来德国猪肉价格总体可以分为5个周期（表3）。第一个周期为1999年1月至2003年12月，猪肉价格从914.84欧元/吨上涨至2001年4月2 031.71欧元/吨，之后开始回落，2003年12月跌至1 117.23欧元/吨；第二个周期为2004年1月至2007年1月，2006年8月达到该周期高点1 765.30欧元/吨后回落，2007年1月跌至1 294.48欧元/吨；第三个周期为2007年2月至2011年1月，周期高点为2008年9月1 797.90

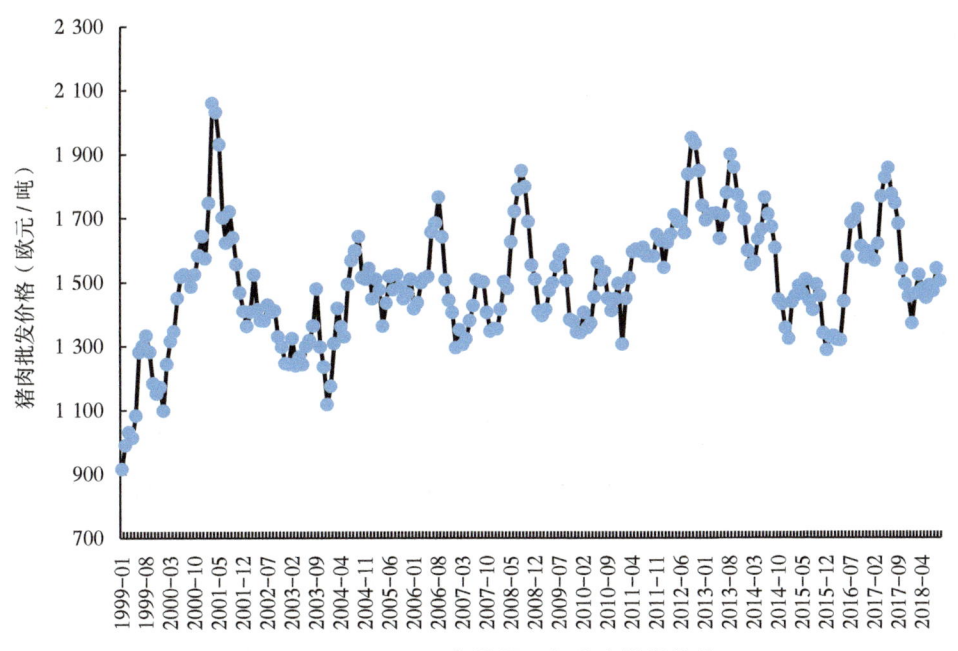

图8　1999—2018年德国E级猪肉批发价格

数据来源：Eurostat

欧元/吨，低点为1 304.95欧元/吨；第四个后期为2011年2月至2015年12月，高点为2012年10月1 932.08欧元/吨，低点为1 287.68欧元/吨；第五个周期为2016年1月至今，2017年6月为周期高点，价格为1 856.39欧元/吨（图8）。

表3 德国猪肉价格波动周期及特征分析

生猪价格周期	1999.1—2003.12	2004.1—2007.1	2007.2—2011.1	2011.2—2015.12	2016.1至今
长度（月）	48	37	48	59	31
振幅（%）	80.8	39.9	36.9	41.0	34.5

数据来源：Eurostat

从长期趋势看，2000以后德国猪肉价格保持稳中有涨的趋势（图9、图10）。价格周期一般在4年左右，振幅明显下降。第一个周期波动较大，振幅为80.8%，第二个周期开始明显稳定，振幅降至39.9%，2011—2015年受全球猪价波动影响，波动有所提升，为41.0%。

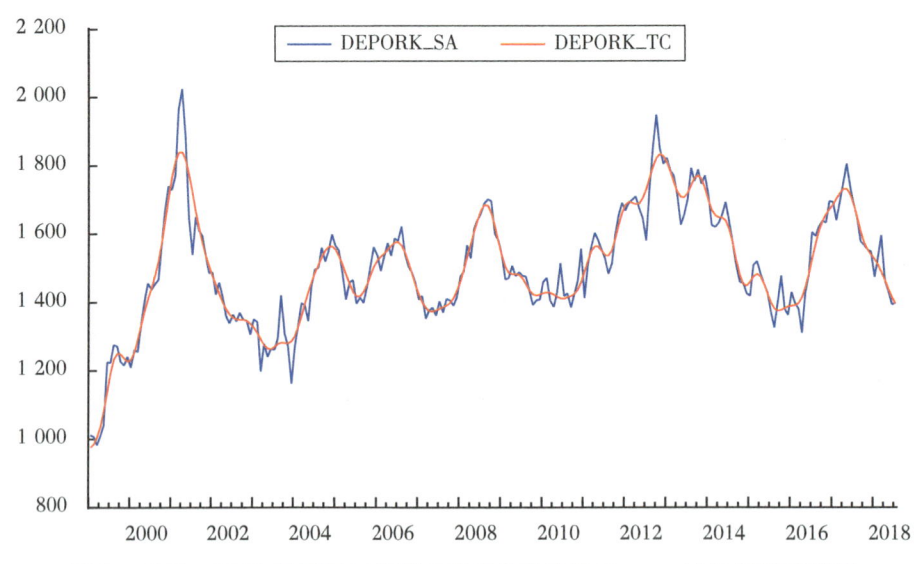

图9 1999—2018年德国E级猪肉月度批发价格Census X12调整后结果

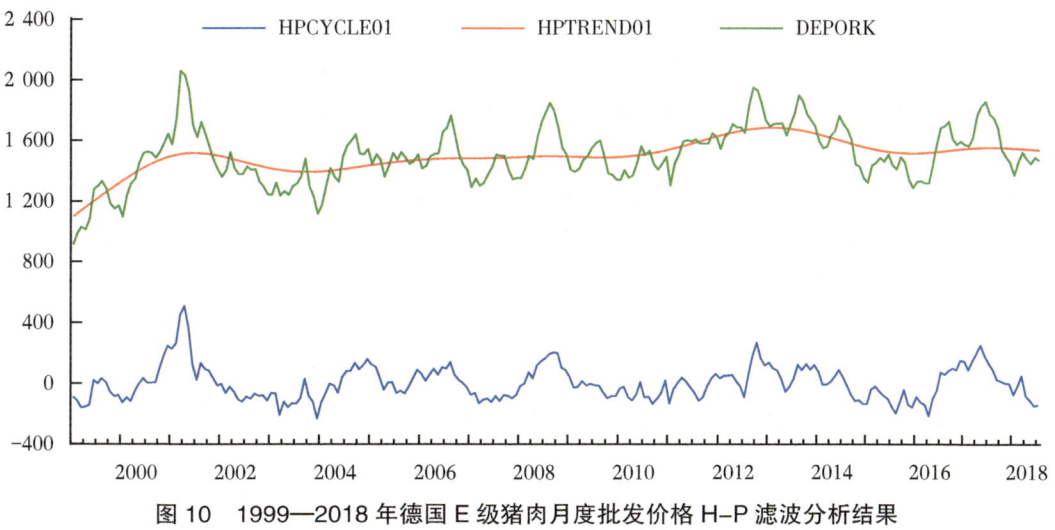

图10 1999—2018年德国E级猪肉月度批发价格H-P滤波分析结果

二、国际价格波动原因分析

（一）美国生猪价格波动的原因分析

1. 猪肉供给

美国生猪价格季节性受生产的季节性影响（图11）。美国生猪价格高点一般出现在每年的7—8月，主要原因是1月开始屠宰量总体呈下降趋势，6月一般是全年屠宰量的低点，猪价上半年总体上涨，8月以后随着供给增加，价格开始下滑，低点一般出现在11

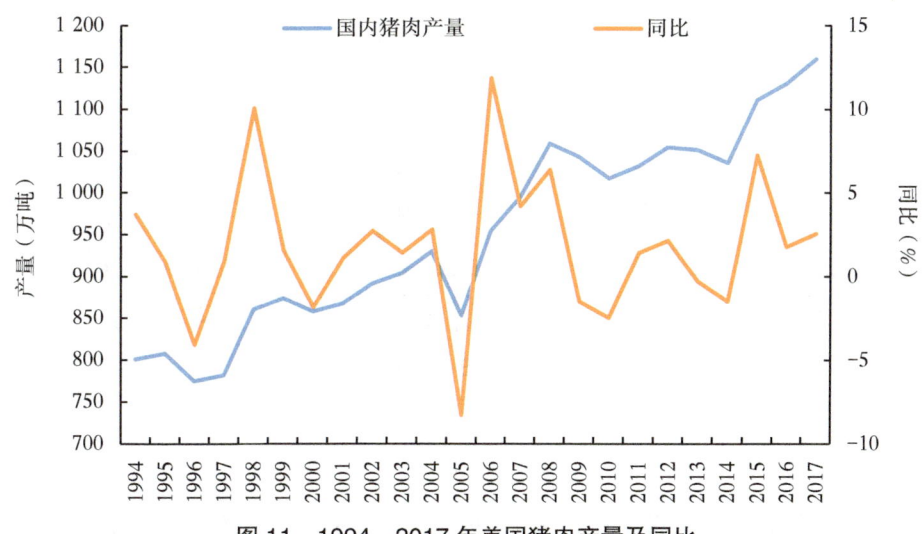

图11 1994—2017年美国猪肉产量及同比
数据来源：美国农业部

月或者 12 月。

20 世纪 90 年代美国猪价主要受国内供给影响,随着 1995 年开始出口贸易的增加,国际贸易显著影响国内猪价。1995 年三季度美国猪肉供给同比下降,供给下降的局面一直持续到 1997 年二季度,猪价 1995 年持续上涨并保持较高水平,1997 年下半年供给增加后带动猪价下跌,1998 年二季度供给量同比增加 10% 以上,猪价到达谷底。1999 年猪肉供给下降,供给偏紧的局面一直持续到 2001 年三季度,之后供给增加,2002 年猪肉产量同比增 2.7%,猪价到达谷底。2004 年供给偏紧,猪价再次回升并保持高位,2005 年四季度猪价才开始回落。2008 年国内供给增加,进口大幅增加,国内供给反而下降 1.2%,2008 年 8 月猪价再次涨至高点。2010—2014 年供给总体偏紧,尤其 2011 年和 2014 年,猪价均保持高位,之后受全球供给充裕、国内供给增加明显、出口放缓影响,猪价总体处于下降通道。

2. 猪肉贸易

从猪肉贸易来看,1995 年开始美国由净进口转为净出口,国际市场对美国猪价影响显著。1990 年美国进口猪肉 40.73 万吨,出口仅 11.03 万吨,净进口 29.71 万吨。随着美国生猪产能和竞争力的提升,1995 年出口增至 35.72 万吨,进口降至 30.13 万吨,净出口 5.59 万吨;之后猪肉进口稳中有增,2003 年增至 53.76 万吨后又开始下降,大部分年份在 40 万吨以下,2017 年为 50.61 万吨,猪肉出口增速较快,2005 年增至 120.94 万吨,1995 年增加 2.4 倍,2008 年增至 211 万吨,尽管之后两年回落,2011 年再次增加到 236 万吨,2017 年出口创历史新高,为 255 万吨(图 12)。

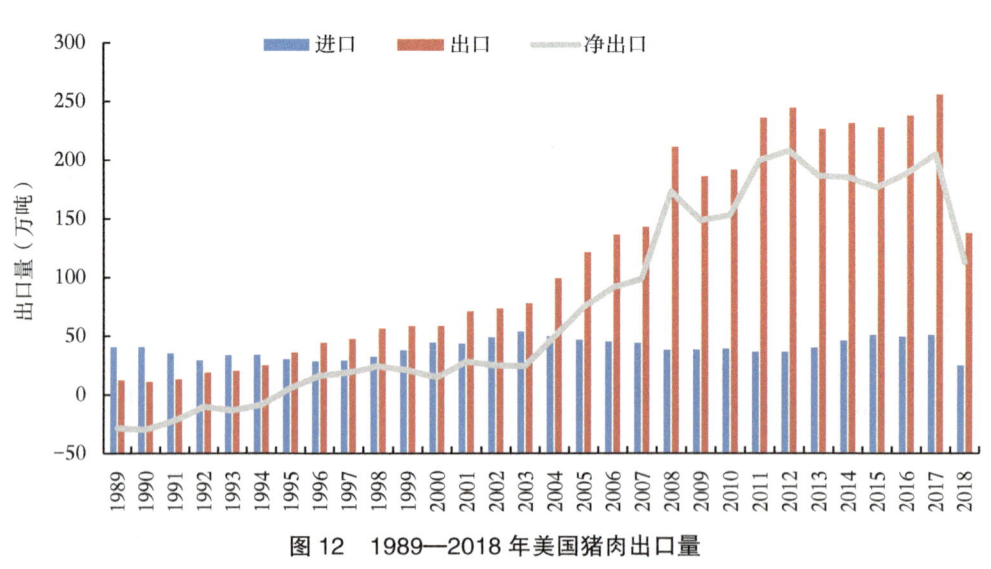

图 12　1989—2018 年美国猪肉出口量
数据来源:美国农业部

因此,从国内供给量来看,1995 年、1996 年、1997 年、2000 年、2001 年、2005 年、2010 年、2011 年和 2014 年均国内供给量出现不同程度的下滑。其中,1996 年、2005

年、2010年、2011年和2014年降幅较大,同比分别下降5.4%、11.6%、3.4%、3.7%和1.7%。当年猪价均出现较大幅度的上涨(图13)。

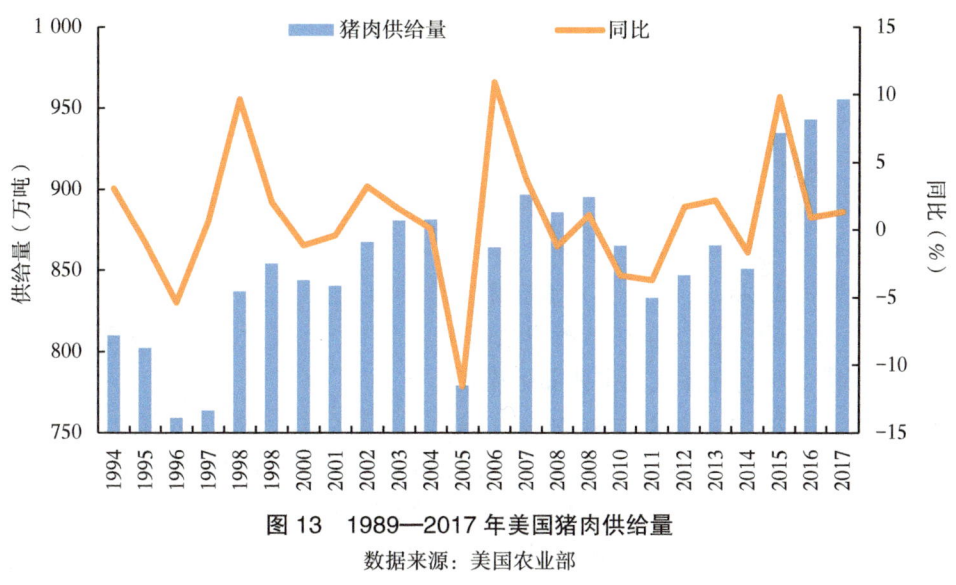

图13　1989—2017年美国猪肉供给量
数据来源:美国农业部

3. 饲料成本

玉米等饲料原料也是推动价格涨跌的主要因素(图14)。从生产成本来看,1990—1991年度玉米价格开始呈现上涨趋势,从6.27美分/千克上涨至1995—1996年度8.91美分/千克,之后总体开始下滑,1999—2000年度降至5.00美分/千克后开始回升,

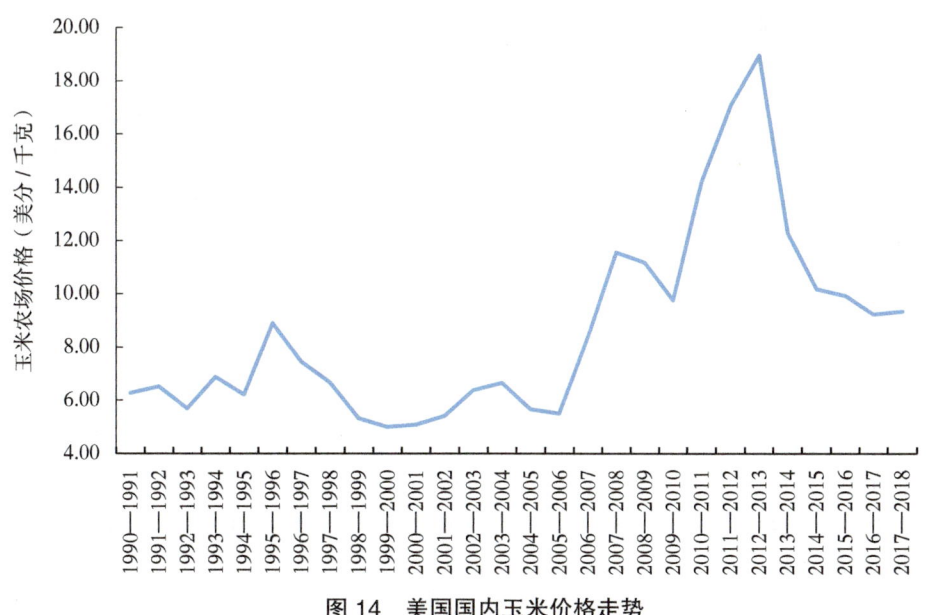

图14　美国国内玉米价格走势
数据来源:美国农业部

2012—2013年度受全球饲料粮价格上涨影响，涨至18.94美分/千克的历史高位，也推动了美国猪价的上涨，之后开始回落，生猪成本下降，美国猪价也总体呈现下降趋势。

（二）日本生猪价格波动的原因分析

1. 猪肉供给

20世纪60年代初，日本以家庭养猪为主，户均养殖2~3头；20世纪70年代初，农村劳动力流向制造业和服务业，规模化养猪开始发展。1991—2000年，在猪价低迷冲击下，小规模、散养户加速退出，一体化经营确立，饲养户数由3.60万户降至1.17万户，减少2/3以上，年均下降12.9%，高于上两个10年的11.0%和10.9%。其中，以1 000~1 999头和2 000头以上的养殖规模发展速度较快。2000年后进入大型化、标准化、一体化经营阶段，2017年初养殖户数降至4 670户，每户饲养头数2 001头，3 000头以上养殖规模发展迅速并成为主体养殖模式。

日本猪肉供给状况。自20世纪90年代开始，日本国内猪肉供给能力下降。最近10年开始缓慢恢复。1990年后猪价下跌、养殖收益下滑，养殖户数量快速下降，猪肉产量由1990年的108万吨一直下降到2001年的86.20万吨；2002年开始有所恢复，2017年为89.06万吨。在进口调节下，猪肉供给量从1990年的116万吨增至2004年的175万吨；2009年回落到161万吨，消费需求增加带动供给2017年达到182万吨。猪肉自给率从1990年的92.5%降至2017年的48.9%。其主要原因是养殖户老龄化（70岁以上农业从业人员2014年占47%）、严格的环保法规以及投资成本高（增加一头母猪的配套设施投入成本平均大约是100万日元，折合成6万~7万人民币）。

日本猪肉供给具有明显的周期性特征，最近10年猪肉生产波动小于供给波动。运用H-P滤波法，根据猪肉产量变异率可以将1993—2017年日本猪肉生产周期划分为5个完整周期。第一个周期振幅为10.5%，之后开始下降，2008—2011年和2012—2014年分别为4.5%和4.7%。

从猪肉供给变化率来看，可以划分为4个完整周期，周期长度呈下降趋势，2007年以后在4年上下，振幅由第二个周期的18.6%降至第4个周期的2.1%。供给波动幅度低于猪肉生产，说明日本政府通过有效的市场和贸易调控手段保证供应的稳定（表4）。

表4 日本猪肉生产和供给量波动周期及特征分析

	周期	年份	长度（年）	振幅（%）		周期	年份	长度（年）	振幅（%）
产量	1	1993—1997	5	10.5	供给量	1	1991—1997	7	11.1
	2	1998—2001	4	4.8		2	1998—2006	9	18.6
	4	2002—2007	6	2.6		3	2007—2009	3	5.0
	4	2008—2011	4	4.5		4	2010—2013	4	2.1
	5	2012—2014	3	4.7		5	2014至今	4	
	6	2015至今	3						
	平均		4.4	5.4				5.75	9.2

数据来源：日本农畜产业振兴机构

2. 猪肉消费

日本人口结构趋于老龄化,猪肉人均消费趋于稳中略增。20世纪90年代初期猪肉消费占肉类消费总量的37%,中后期受牛肉供给增加影响,90年代末比重下降至35%,2000年以后开始恢复并稳定,2017年为37%,低于禽肉的44%。20世纪80年代后期日本开始进入老龄化,65岁以上消费人口比重超过10%,人口老龄化导致猪肉需求增加驱动力不高、人均消费增速明显放缓,1990年猪肉人均消费量为10.3千克/人/年,之后10年都稳定在10~10.5千克/人/年,2002年受生产恢复影响,人均消费量增至11.4千克/人/年,连续10多年保持在11~12千克/人/年,最近两年继续稳中有增,2016年为12.4千克/人/年。猪肉消费以家庭消费为主,从1990年的40%增至2016年的50%,加工消费和外出消费则分别从30%和30%降至24%和26%。人均猪肉家庭消费量(包含加工猪肉消费)从1991年的4.7千克/人/年增至2016年的6.84千克/人/年,占总猪肉消费量的56.1%。

3. 猪肉贸易

从20世纪90年代开始,日本猪肉进口量呈增加趋势。猪肉进口量从1990年的8.67万吨持续增加至2005年的87.92万吨,之后回落至80万吨左右。最近4年连续增加,2017年同比增10.6%,为93.12万吨。冷鲜猪肉进口比重持续增加。冷鲜猪肉进口量占猪肉进口总量比重由1996年的25.3%增至2017年的43.1%,提升17.8%。受日本猪肉进口贸易政策影响,进口猪肉价格普遍高于国内猪肉批发市场价格。美国是日本最大的进口来源国,大部分年份占日本猪肉进口量的30%~40%,2008年和2011年日本国内猪价上涨,自美国猪肉进口量份额也增至40%以上,最近两年美国猪价上涨,相应的进口比重降至2017年的28.2%。

通过重点扶持中小规模养殖户,日本生猪生产顺利实现了向中等规模化、专业化的过渡,猪肉生产和消费均呈现稳中有增趋势,猪肉生产以平均5年为一个周期,振幅较小且低于猪肉供给的振幅。在进口调节下,猪肉价格周期平均在8年左右,振幅在20%以内。

(三)德国猪肉价格波动的原因分析

1. 猪肉供给

从国内供给来看,2001—2007年生猪屠宰量保持较快增速,国内供给充裕,猪价总体保持相对较低水平。2011年开始屠宰量增速明显放缓,尤其是2012年同比下降2.3%,猪价开始上涨。2013年开始屠宰量增幅明显放缓,尤其是2016年屠宰量同比略增0.1%,同时中国从德国进口猪肉明显增加,双重因素带动猪肉价格再次上涨,2017年屠宰量下降1.8%,猪肉价格上涨至周期高点(图15)。

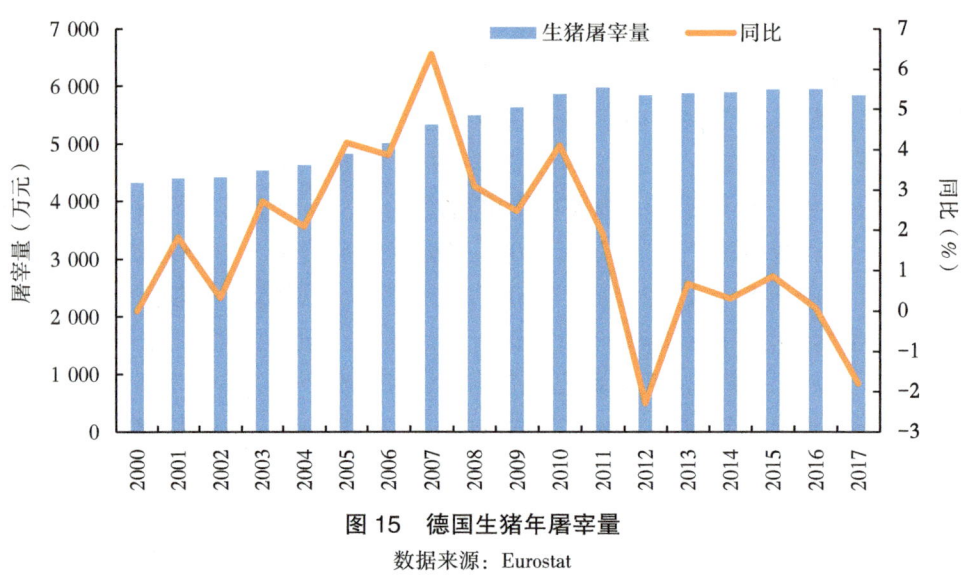

图 15　德国生猪年屠宰量

数据来源：Eurostat

2. 猪肉贸易

从猪肉贸易来看，2007年以来猪肉贸易以进口为主，之后进口量大幅增加，成为除美国外最大的单个猪肉出口市场。受国内供给增加影响，进口量相对稳定，猪肉出口持续增加，特别是2007年国内供给明显增加6.4%，猪肉贸易转为净出口。2000年猪肉出口32.60万吨，进口量71.28万吨，净进口38.68万吨，到2007年，出口增至105.49万吨，进口为92.57万吨，净出口12.92万吨。之后进口量总体在90万~100万吨，出口量在2016年增至186.99万吨，2017年由于中国进口量小幅下降，德国猪肉出口小幅下降2.4%，为181.89万吨，净进口量为94.24万吨（图16）。

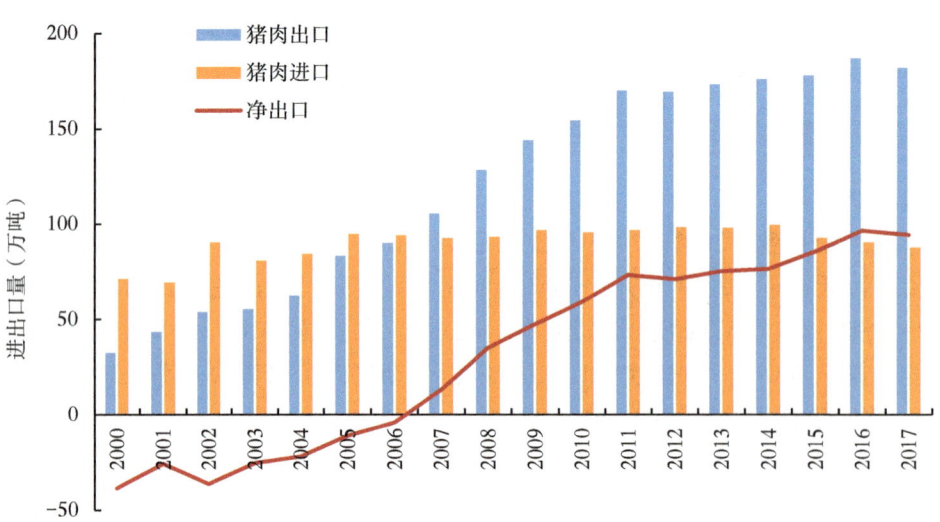

图 16　德国猪肉进出口变化趋势

数据来源：UNcomtrade

3. 饲料成本

从饲料原料来说，玉米价格涨跌也影响德国猪肉价格。2013年9月玉米价格上涨至239欧元/吨，带动2013年8月猪肉价格涨至周期高点，随后玉米价格开始下降，饲料成本下滑，一定程度上也推动猪价呈现下降趋势。2016年以后德国猪肉价格主要受出口贸易影响拉升。

三、主要国家价格调控措施及成效

（一）美国

（1）在猪价低迷时美国建立相应的冻肉收储措施。美国农业部通过农产品购买计划缓解供求压力来稳定猪价。2009年美农部冻猪肉收储费用为1.5亿美元，2012年为1.0亿美元。猪肉收储主要基于对当时市场情况的分析。

（2）生猪期货对稳定生猪生产和调控猪肉市场起到重要作用。美国于1966年在芝加哥商业交易所推出生猪期货合约，并于1996年转变为瘦肉猪合约，目前已成为交易所最活跃的农产品合约之一。生猪期货对生猪产业的调控作用主要体现在以下方面：一是促进生猪养殖业与上下游企业的整合。期货市场为生猪行业提供了未来现货的参考价格，生产者可以根据这一信息进行产量的调整，加工和销售商则利用生猪期货规避市场风险，生产合同和市场合同逐渐成为美国生猪生产企业和猪肉加工企业的主要交易方式；二是有效减少生猪价格异常波动。生猪期货作为一种风险管理工具，具有发现价格、规避风险的功能，能够帮助生猪养殖户通过期货交易行情及时了解未来的生猪市场价格走势，合理调整养殖规模和饲养周期，从而降低生产经营的盲目性，实现稳定增收。同时也满足了猪肉加工企业应对肉猪价格的波动和存储加工产品价格波动的风险；三是促进生猪养殖与加工业规模化发展。由于生猪期货能及时、准确地反映未来猪肉现货市场的变化，大规模生产者在技术和资金方面更具实力，通过期货市场规避风险能力更强。

（二）日本

日本根据本国资源条件、市场供需、生猪产业实际情况，通过立法管理生猪生产、屠宰、市场销售等，制定了一系列保护和调控本国生猪产业的价格干预、生产补贴、融资支持和贸易调控政策，猪肉价格波动小，生猪养殖保持较好收益，规模化水平不断提升，生猪生产平稳增长。

（1）建立以中等规模户为重点的生猪产业竞争力改良政策。日本政府出台的包括融资等政策主要扶持中小规模养殖户。

（2）通过组织化水平的提高提升养殖户收益、降低风险。日本的生猪产业链不同环节相关协会明确分工、有效合作，提供了完善的生产服务体系，有利于生猪生产水平提高、效益的保障和生产的稳定。日本农业协同组合（农协）自建的饲料加工厂、物流体系为养殖户提供质量高、价格便宜的饲料原料，协助生猪运销、猪肉加工和存储，减少了养殖成本，提升了附加值。此外，养猪协会、国产纯种猪改良协会等提供种猪改良服务，日本食肉评级协会负责屠宰评级，日本食肉批发协会提供和发布参考价格，全国食肉事业协同组合联合会负责猪肉流通设施的改造。

（3）以产地屠宰加工为核心的供应链运营模式保障猪肉食品安全。日本以屠宰场为核心的供应链运营模式保障了物流快速、质量安全。日本的食肉中心和屠宰场主要布局于产区，屠宰后的猪肉全程冷链运送到产地的食肉中心和销地的肉类批发（拍卖）市场分割、加工和包装，通过肉摊等终端销售渠道进入家庭的餐桌，减少了运输成本和疫病风险，保障了品质安全；集中于大型城市的肉类拍卖市场能够形成权威的猪肉价格标准，及时反映消费需求。

（4）采取一揽子政策支持生产、提高收入、稳定市场。日本生猪产业保护政策，既包括生产能力支持和收入补贴，还兼顾了政府对市场价格调控。日本政府建立有效的生猪产业保护机制，出台猪肉收储、储备肉投放、生猪保险、收入支持、猪肉进口调控等配套政策，由日本农畜产业振兴机构按照统一标准执行，政策效果显著。

（三）德国

（1）欧盟国家建立起较为完善的牲畜保险体系，帮助养殖户抵御风险。目前，欧盟有超过20个保险及再保险公司从事牲畜保险，保险设计涵盖畜牧业的相关风险，如因意外死亡或非传染病（如布氏杆菌病）等。德国、挪威、瑞典和英国的保险公司系统性地提供包含非专业性的牲畜流行病，其他国家如意大利，芬兰，瑞士和西班牙，对非专业性的牲畜流行病分类担保。一般情况下，标准的有效保险时间为12个月，德国和瑞士的保险公司提供更长的保险时间。牲畜保险包括正式的赔偿和补偿计划特设赔偿。补偿计划可分为三个不同方案：① 法定补偿方案；②非法定计划；③ 保险覆盖。欧盟国家给予生猪保险强有力的财政支持。一是实行低费率高补贴的财政政策。政府往往对农民支付高额的保费补贴，使农民能够买得起保险。二是实行相应的税惠政策。为了提高农业保险经营者的积极性，很多国家采取了税收优惠的措施支持农业保险的发展。

（2）欧盟通过发放补助金的方式，支持私人猪肉存储和鼓励购买政府相关机构存储的猪肉产品。当欧盟猪肉价格（由各成员国生猪饲养规模加权计算所得）低于基础价格的103%时，政府干预就可被授权实施。

（3）紧急补助措施。欧盟对由于疫病和意外造成生猪死亡的养殖户进行补贴。在欧盟，针对生猪疫病暴发和其他突发情况，欧盟通过采取紧急补助措施的方式维持猪肉市场的稳定。欧盟国家实施共同农业政策，农业补贴由欧盟和各国政府共同承担。一般做法是：先由本国政府按规定对农民进行补偿支付，然后再凭借各种凭证接受欧盟的转移支付。一般情况下，欧盟支付对农民补贴的60%~70%，成员国则支付剩下的30%以及防疫费用。

参考文献

陈蕊芳,申鹏,薛凤蕊,等.2017.国内外生猪养殖业发展的比较及启示[J].江苏农业科学,45(7):331-334.

付蕾,冯静静.2017.美国农业补贴对生猪产业的影响及启示研究[J].黑龙江畜牧兽医(14):14-17.

高群,宋长鸣.2015.美国生猪价格突变识别及对我国的启示[J].国际经贸探索(5):62-72.

郭惠武,张海峰.2018.2017年世界生猪产业发展情况及2018年的趋势[J].猪业科学,35(2):54-57.

郭慧武.2017.2016年世界生猪产业发展情况及2017年的趋势[J].猪业科学,34(2):44-47.

马改艳,周磊.2016.美国生猪价格保险的经验及对中国的启示[J].世界农业(12):32-36.

赵黎.2016.德国生猪产业组织体系:多元化的发展模式[J].中国农村经济(4):81-90.

朱增勇,陈加齐,张学彪,等.2018.日本生猪产业发展与价格支持性政策启示[J].价格理论与实践(4):68-72.

FAO.2018.Food Outlook[EB/OL].http://www.fao.org/giews/reports/food-outlook/en/.

（执笔人：朱增勇）

第十一部分

禽肉

海外农产品市场研究（2018）

专题一　世界供需形势分析

2017年世界禽肉生产和消费同步增长,维持供需平衡格局。尽管非洲、亚洲和欧洲等多地暴发了禽流感疫情,许多国家的禽肉生产受到限制,但下半年以来逐步恢复,全球生产基本保持稳定,产量同比增长1.1%。消费方面,全球禽肉消费呈现小幅增长态势,但增速首次低于肉类增速。亚洲禽肉消费出现小幅下滑,同比减少1.0%,非洲、欧洲、美洲和大洋洲的禽肉消费继续保持增长态势。贸易方面,禽肉出口同比增加2.8%,出口区域继续维持高度集中的态势,巴西、美国、欧盟、泰国、土耳其、中国和乌克兰7国(地区)的出口量占全球禽肉出口量的90%。俄罗斯、土耳其、中国和泰国的出口增幅较大。禽肉进口基本稳定,增幅为0.2%,中国、日本、墨西哥、沙特阿拉伯、欧盟仍是主要进口国家(地区)。加纳、安哥拉和古巴的进口显著增加,沙特阿拉伯、中国、欧盟的进口下降,南非和阿拉伯联合酋长国的进口略有下降。

受全球禽肉消费旺盛,饲料供给充足影响,预计2018年世界主要禽肉生产国家的产量继续增加,全球禽肉生产和消费的增幅保持在2%以内。由于非关税壁垒,禽肉贸易增速放缓,同比增长1.9%。禽肉进口增加主要来自中国、日本、欧盟、安哥拉,同时加纳、伊拉克和墨西哥的进口也将增加。由于贸易政策的改变,沙特阿拉伯的进口将下降10%,巴西由于丧失了重要出口市场(包括欧盟、中国、沙特阿拉伯),出口将有所下降,但仍维持世界最大禽肉出口国的地位。

2017年,国际禽肉价格处于自2014年连续3年下跌后的回暖阶段,禽肉价格指数为169,同比提高8.3个百分点。2017年上半年禽肉价格呈现上涨走势,7月后价格波动剧烈,10月份开始国际禽肉价格大幅下跌,2018年1月跌至谷底,随后止跌回升。禽肉主产国美国和巴西的价格在2017年均有所上涨,但进入2018年以来价格出现分化,美国价格持续上涨,巴西价格震荡下行,美国和巴西禽肉价格的价差逐步缩小。

国际家禽业的发展正面临着市场、科技、无抗、动物福利以及可持续环境的影响。消费者需求以及饲料成本的变化影响着产业的利润。国际市场价格的变化主要受到饲料原料价格波动的影响,与此同时,饲料质量也会影响成本,在无抗生产的大趋势下,新的配方饲料生产计划将会增加生产成本。饲料成本是影响价格的最重要因素,尽管2018年全球饲料价格上涨,成本有所抬升,但家禽业仍维持盈利水平。此外,贸易流动的变化也会影响价格。2018年全球禽肉贸易面临多国贸易政策变化的挑战,特别是沙特阿拉伯、欧盟、中国等国家(地区)的政策影响了巴西禽肉的出口,出口减少成为巴西禽肉价格下跌的主要原因之一。

一、世界供需形势

(一) 产量小幅增长

2017年世界禽肉产量达到1.21亿吨,同比增长1.1%。尽管非洲、亚洲和欧洲暴发了高致病禽流感疫情,主要禽肉生产地区的产量均增加。2017年禽肉产量增加主要来自美国(增幅为2.4%)、俄罗斯(7.2%)、巴西(1.9%)、土耳其(12.5%)、印度(4.8%)、泰国(6.7%)、墨西哥(3.8%)和欧盟(0.8%)。2010—2017年,世界禽肉产量增加2 130万吨,增长速度显著放缓。禽肉生产区域保持稳定,美国、中国、欧盟、巴西、俄罗斯、印度、墨西哥、日本8国的产量占全球总产量的份额维持在68%。

从国家来看,美国禽肉产量为2 200万吨,同比增长2.4%,产量增加的主要原因是国内和国际市场需求强劲,以及遗传改良促进了大体型家禽的生产和流水线加工。欧盟国家(地区)由于高致病禽流感的暴发,抑制了产量的增加,产量为1 463万吨,增幅仅为0.8%,而3年前年均增速为3%。俄罗斯由于国内需求高涨,消费者对其他高价肉类的替代消费增加,以及生产设施的升级改造,导致禽肉产量大幅增加,达到444万吨,增长7%。中国是个例外,产量增长几乎停滞。中国禽肉生产受阻的主要原因:一是年初发生的流感疫情导致活禽禁运和禁止销售;二是受封关影响,种禽进口受限;三是由于环保政策实施小农户加快退出市场。2017年,由于暴发禽流感疫情,许多国家的禽肉生产受到限制,但这种不利影响仅限于年初,下半年生产逐步恢复,因此,总体上全球禽肉生产基本保持稳定。

从鸡肉生产情况来看(图1),2017年全球鸡肉产量为9 072万吨,同比增长1.7%。除中国以外,大多数国家的产量均有所增加。其中,土耳其的产量增幅最大,达到12.5%,其次是俄罗斯7.2%、泰国6.7%、印度4.8%、墨西哥3.8%、美国2.4%、欧盟

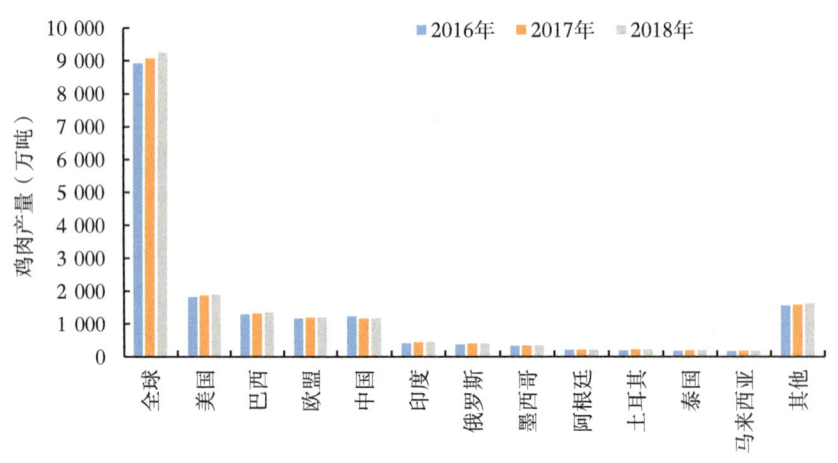

图1 2016—2018年全球鸡肉生产情况

数据来源:美国农业部

2.4%、巴西1.9%、阿根廷1.5%，马来西亚1.1%。预计2018年全球鸡肉产量达到9 247万吨，同比增长1.9%。产量增加主要来自美国、巴西、印度和欧盟国家（地区）的贡献，预计产量增幅分别为1.6%、1.7%、4.5%和1.4%。除了这些鸡肉生产大国外，土耳其、泰国和墨西哥的产量增加也比较明显，增幅分别为5.3%、3.4%和2.9%。美国和巴西由于具有充足的低价饲料供给，以及未发生禽流感疫情和全球需求增加，支撑生产扩张。2018年1—7月，美国鸡肉产量1 119.42万吨，同比增长2.8%，预计全年产量1 928万吨，同比增长2.0%。2018年1—6月，巴西鸡肉产量688.66万吨，同比增长1.3%。印度和欧盟产量的增长主要源自国内消费需求的拉动。中国由于连续两年的产量下降，预计2018年产量微增，主要原因是流感疫情得到有效控制、饲料价格稳定以及国内消费需求恢复。但由于种禽进口受到限制，产量大幅增加的可能性不大。

（二）消费稳步增加

世界禽肉产量增长主要是受消费增加的驱动，生产大国也是禽肉消费大国，生产与消费增速保持大体相当。2017年世界禽肉消费量继续增加，达到1.18亿吨，同比增长0.8%。从区域来看，亚洲的禽肉消费出现小幅下滑，同比减少1.0%，非洲、欧洲、美洲和大洋洲的禽肉消费继续保持增长态势，同比增幅分别为1.5%、1.5%、2.1%和2.2%。2017年，全球禽肉消费增速首次低于肉类消费增速，禽肉消费增速下降主要源自亚洲和美洲的消费增长动力不足。

从鸡肉消费情况来看（图2），2017年全球鸡肉消费量8 859万吨，同比增长1.3%。除中国以外，大多数国家的消费量均增加。其中，土耳其的消费量增幅最大，达到7.9%，其次是俄罗斯6.0%、印度4.8%、日本4.2%、墨西哥3.4%、巴西3.1%、美国2.0%、南非1.8%和欧盟1.7%。阿根廷的鸡肉消费基本保持稳定。预计2018年全球鸡肉消费量为9 021万吨，同比增长1.8%。消费增加主要来自土耳其、印度、日本、南非、墨西哥

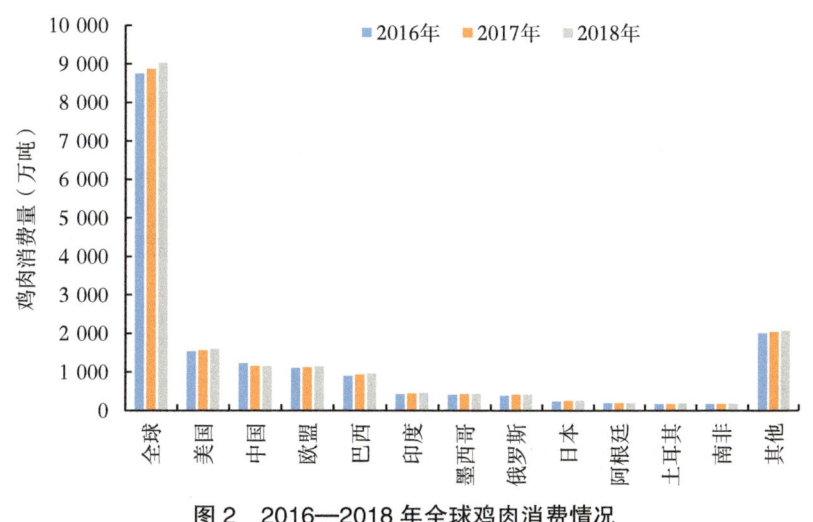

图2　2016—2018年全球鸡肉消费情况
数据来源：美国农业部

等国家,预计消费量增幅分别为5.7%、4.5%、4.4%、3.8%和2.8%。美国和欧盟的禽肉消费也继续保持2%以内的增速,中国和阿根廷鸡肉消费基本保持稳中略增态势。

二、国际价格走势

(一)价格低位运行,波动频繁

2017年,国际禽肉价格处于自2014年连续3年下跌后的回暖阶段。据联合国粮农组织禽肉价格数据显示,2017年世界禽肉价格指数为169,同比提高8.3%,但比2013年的最高点206低18%。禽肉价格相对低位运行主要受国际饲料价格较低的影响。

从月度价格走势来看,2017年以来禽肉价格波动比较频繁。1—6月,价格不断攀升,6月份价格指数达到173,比1月上升8.4%;7月价格明显下跌,价格指数跌至167;8月后价格逐步回涨,10月达到年内峰值175;11—12月持续走低,价格指数跌至165。

进入2018年,禽肉价格先涨后跌,相对弱势运行。1—6月价格指数平均值为164,比2017年价格指数低5个点。从月度价格走势来看,1月延续2017年下半年以来的跌势,且达到谷底,价格指数为161;2—4月价格稳步走高,4月价格指数达到168;5—6月价格回落(图3)。

图3 2017年1月—2018年6月国际禽肉价格走势
数据来源:联合国粮农组织

(二)美国和巴西价格走势差异化

2017年,美国和巴西禽肉价格均上涨。美国禽肉价格为999美元/吨,同比上涨9.3%;巴西禽肉价格为1 653美元/吨,同比上涨7.9%。2018年上半年,美国和巴西禽肉价格走势出现分化,美国价格持续上涨,巴西价格震荡下行。截至2018年6月,美国禽肉价格为1 095美元/吨，比1月上涨12.7%；巴西禽肉价格为1 520美元/吨，比1月下跌2.3%。由于美国禽肉价格上涨比较明显，巴西禽肉价格与美国的价差逐步收窄（图4）。巴西禽肉价格下跌主要受到出口下滑的影响，但总体波动比较平缓。由此可见，2018年国际禽肉价格下行主要受巴西价格影响。

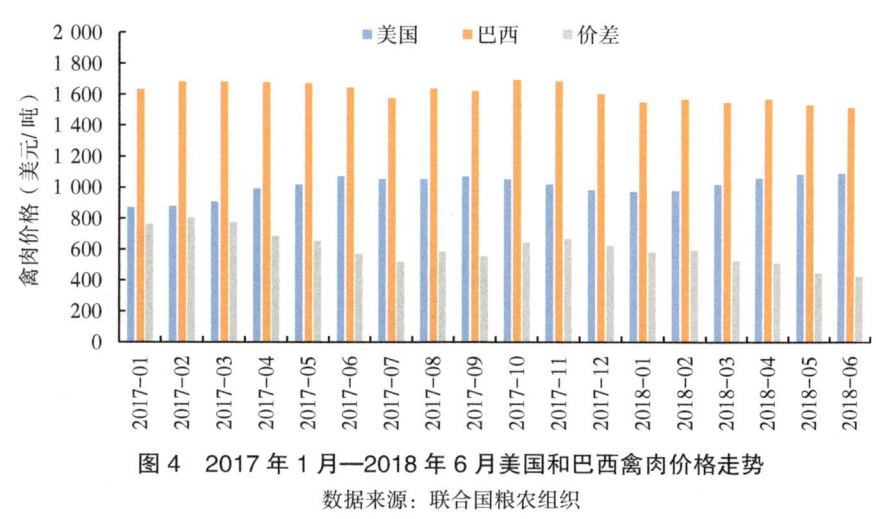

图4　2017年1月—2018年6月美国和巴西禽肉价格走势
数据来源：联合国粮农组织

三、国际贸易格局

（一）出口量小幅增加

2017年世界禽肉出口量为1 309万吨，同比增长2.8%。巴西、美国、欧盟和泰国仍是主要的禽肉出口国家和地区，出口增加主要来美国（增幅3.1%）、土耳其（33.6%）、泰国（10%）、中国（15%）、俄罗斯（40.7%）、欧盟（2.5%）。禽肉出口区域继续维持高度集中的态势，巴西、美国、欧盟、泰国、土耳其、中国和乌克兰7国（地区）的出口量占全球禽肉出口量的90%。

从国家来看，美国出口禽肉377万吨，出口增加主要得益于自2017年8月以来再没有发生禽流感疫情，以及墨西哥、古巴、加拿大和安哥拉的进口需求强劲。泰国禽肉出口量105万吨，出口扩张主要受世界市场，尤其是日本对其高附加值的熟制禽肉产品的旺盛需求拉动。欧盟尽管因暴发禽流感导致贸易伙伴对其禽肉产品采取进口禁令，由于积极开拓新市场，出口继续增加，出口量达到154万吨。巴西禽肉出口量为428万吨，同比下滑1.8%，但仍是全球最大的禽肉出口国。2018年，巴西由于遭遇欧盟国家进口禁令（未遵循对沙门氏菌的管理规范），沙特阿拉伯实施新的伊斯兰教法宰杀标准，以及中国对巴西禽肉采取征收保证金的反倾销措施，预计禽肉出口将有较大幅度的下降。

从鸡肉出口情况来看，2017年全球鸡肉出口量1 104万吨，同比增长3.1%。除巴西以外，其他主要出口国家的出口均增加。其中土耳其的出口增幅最大，达到38.5%，其次是俄罗斯19.2%，阿根廷14.6%、中国13.0%、乌克兰11.0%、泰国9.7%。白俄罗斯、欧盟和美国的鸡肉出口增幅分别为3.4%、2.7%和2.0%。巴西由于发生"黑心肉"事件，受多国贸易政策的影响，鸡肉出口减少1.1%，出口量为385万吨。预计2018年全球鸡肉出口1 128万吨，同比增长2.2%。鸡肉出口增加主要来自乌克兰、阿根廷、泰国、土耳其、白俄罗斯和美国，预计出口增幅分别为18.3%、10.5%、7.0%、3.7%、3.3%和2.5%。亚洲、中东、欧盟和北非地区的需求是刺激出口增加的原动力。俄罗斯和欧盟的鸡肉出口将会有所下降，减幅分别为3.2%和0.8%（图5）。

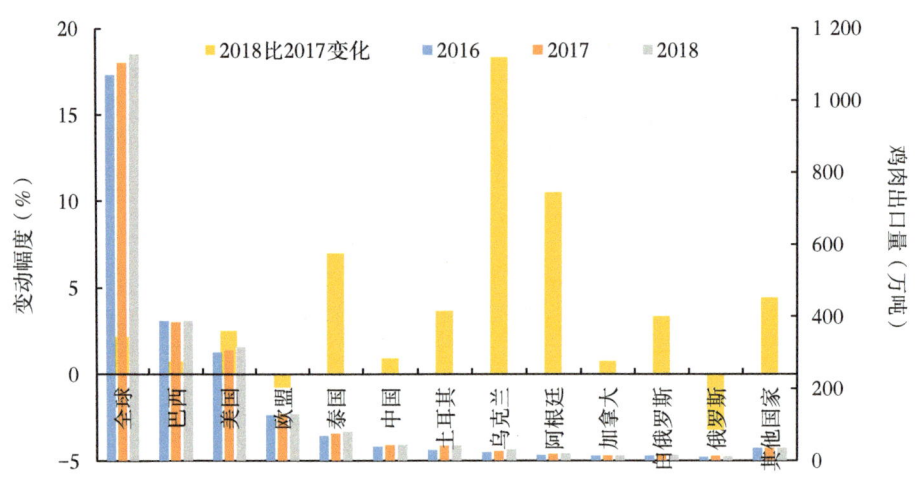

图5　2016—2018年全球鸡肉出口情况

数据来源：美国农业部

（二）进口量基本稳定

2017年世界禽肉进口量为1 238万吨，同比增0.2%。中国、日本、墨西哥、沙特阿拉伯、欧盟是主要进口国家（地区）。禽肉进口增加主要来自加纳（增幅55.7%）、安哥拉（29%）、古巴（19.2%）、伊拉克（8.4%）、日本（9.5%）、越南（2.7%）。沙特阿拉伯、中国、欧盟的进口下降，南非和阿拉伯联合酋长国的进口略有下降，减幅不足1%。禽肉进口区域维持稳定，前十大进口国家的进口份额维持在61%。

从国家来看，日本进口禽肉129万吨，进口增加主要源于国内需求旺盛。墨西哥进口禽肉98万吨，沙特阿拉伯进口79万吨，欧盟进口72万吨，越南进口60万吨，南非进口56万吨。沙特阿拉伯由于国家政策的调整，禽肉进口较大幅度下降，预计2018年继续维持下滑态势。

从鸡肉进口情况来看，2017年全球鸡肉进口量897万吨，同比减少0.2%。进口减少主要来自中国香港（减幅15.4%）、沙特阿拉伯（12.0%）、欧盟（8.3%）、美国（3.4%），伊拉克和南非的进口略有下降，均减少0.8%。主要进口国家的鸡肉进口减少主要是受到巴西食品安全事件以及中国 H7N9 疫情的影响。古巴、日本、阿拉伯联合酋长国、墨西哥继续保持进口增长趋势，增长幅度分别为 19.3%、8.5%、4.7% 和 1.6%。预计 2018 年全球鸡肉进口 901 万吨，同比增长 0.5%。除沙特阿拉伯进口大幅度下降外，其他国家的进口均有所增加。进口增加的国家和地区有古巴、中国香港、日本、伊拉克、美国和阿拉伯联合酋长国，增长幅度分别为 25.9%、20.3%、8.9%、4.4%、3.5% 和 3.2%。墨西哥、欧盟和南非的进口增加幅度在 2% 以内（图6）。

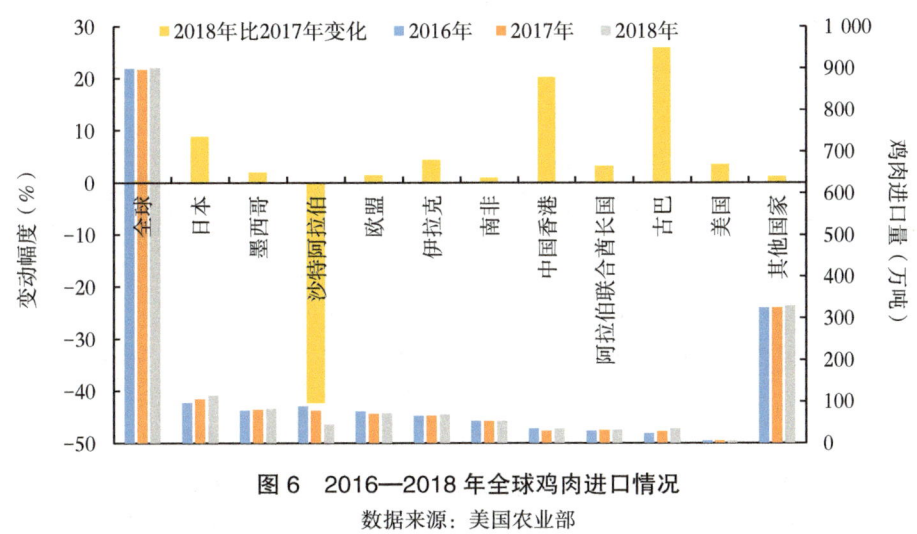

图 6　2016—2018 年全球鸡肉进口情况
数据来源：美国农业部

四、世界主要国家产业竞争力

（一）美国

2017 年美国家禽业产值为 427 亿美元，比 2016 年增长 10%。家禽业产值包括肉鸡、禽蛋、火鸡生产产值和鸡苗销售值，其中 71% 来自肉鸡，18% 来自禽蛋，11% 来自火鸡，来自鸡苗的销售额不足 1%。

2017 年美国肉鸡生产产值为 302 亿美元，比 2016 年增长 17%，出栏肉鸡 89.1 亿羽，比 2016 年增长 2%。肉鸡生产产值主要来自佐治亚州、卡罗来纳州、阿肯色州、亚拉巴马州、密西西比州和得克萨斯州，上述 6 州的产值占 66%。

2017 年美国玉米价格波动比较剧烈，上半年震荡下行，7 月反弹回升至年内最高点，8—11 月快速下跌，跌幅达到 12.7%，12 月价格止跌回升。豆粕价格相对平稳，上半年下跌，7 月反弹后，8 月下跌，随后小幅回涨。但饲料成本走势不同，上半年小幅上升，下半年震荡走低，总体比较平稳。受第二季度和第三季度鸡肉价格上涨的影响，肉禽业效益增加。2018 年以来，美国玉米和豆粕价格均呈上涨走势，特别是玉米价格上涨明显，饲料成本小幅上升，与此同时鸡肉价格亦稳步上涨。受饲料成本上涨过快的影响，产业利润受到一定挤压（图7）。

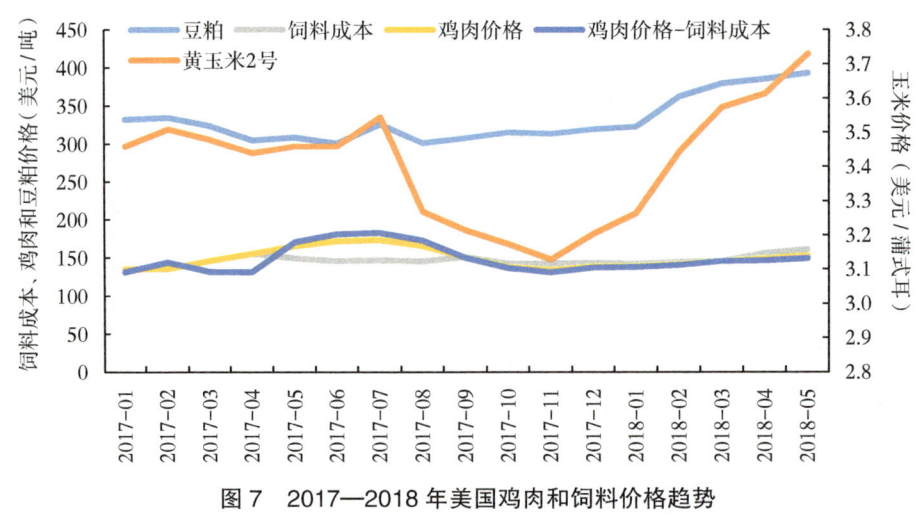

图7　2017—2018年美国鸡肉和饲料价格趋势

注：饲料成本、鸡肉价格、鸡肉价格减饲料成本均以 1998—2000 年 =100 为基期

数据来源：美国农业部

总体来看，尽管饲料、劳动力和运输成本不断上升，但美国肉禽业仍保持盈利水平。2018年，由于南美干旱引发了粮食价格波动，利润水平将有所下降。短期内，美国肉禽业面临着较高的劳动力成本和运输成本的挑战，长期来看，成本的上升可以得到有效弥补。

预计2018年美国禽肉产量继续增加，鸡肉综合售价高于2017年，分割腿肉价格强劲，无骨鸡肉价格基本稳定，鸡翅价格季节性波动。由于对古巴、危地马拉的出口增加，2018年禽肉出口继续增加。但同时由于与加拿大和墨西哥正在进行北美自贸协定的谈判，出口墨西哥和安哥拉市场面临着压力，进口国可能会转向从别国进口。

（二）巴西

巴西禽肉生产得益于其在国际市场的快速开拓，2017年由于发生食品安全事件，出口受到影响，产量出现下滑。2018年，巴西禽肉出口继续面临下滑压力。尽管调查结果显示仅有少数工厂存在质量监管违规，但仍对出口带来了负面影响，多个进口国都提出重新评估其鸡肉生产设施。

据巴西动物蛋白协会数据显示，2017年巴西鸡肉出口量为432万吨，同比减少1.4%，出口额72.3亿美元，同比增加5.7%。禽肉出口150个国家（地区），出口的市场结构为沙特阿拉伯14%、日本10%、中国9%、南非8%、欧盟（28国）7%、沙特阿拉伯7%、埃及4%、科威特3%、伊拉克3%、其他29%。从产品结构来看，鸡块占63%、整鸡占29%、盐制品占3%、调理品占3%、香肠占2%。鸡块和整鸡的比例发生较大变化,鸡块占比增加10%,整鸡占比下降9%,主要是因为出口市场发生变化。

2017年,由于大豆和玉米丰收,饲料价格较低,巴西鸡肉主产区的生产成本下降9.4%,产业盈利较好。2017/18年度大豆生产可能再获丰收,玉米产量小幅下滑,预计肉鸡生产成本增加。据监测,2018年上半年,巴西第一大禽肉生产地区巴拉那州的肉鸡生产成本增加了17%。巴西国内经济状况有所改善,消费一直处于恢复状态,但出口形势对国内的鸡肉价格影响很大。2018年第一季度鸡肉批发价格下滑,而饲料价格上涨,尤其是由于玉米供应减少导致的价格上升,肉禽业的利润收缩,甚至亏损(图8)。下半年的收益状况主要取决于冬季作物的收成状况以及国际贸易关系是否有所改善。

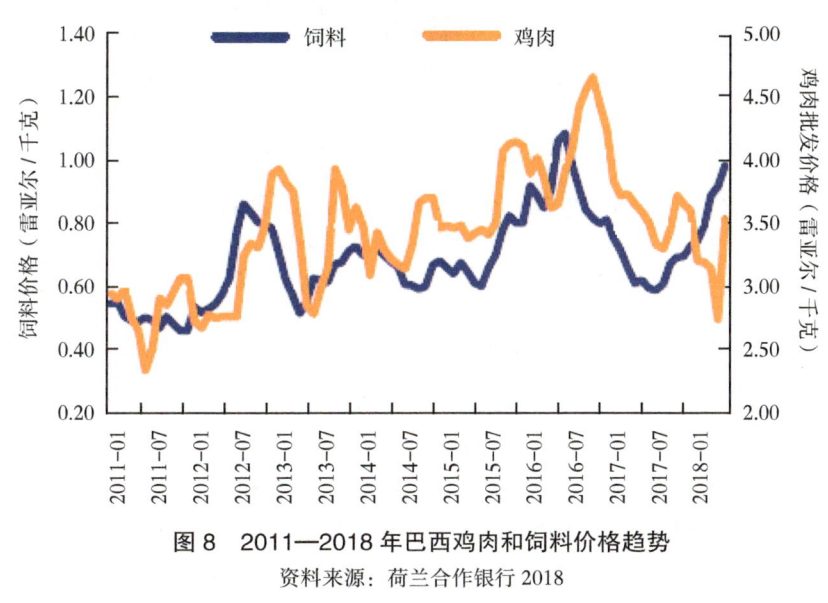

图8　2011—2018年巴西鸡肉和饲料价格趋势
资料来源:荷兰合作银行2018

2018年上半年巴西家禽业面临的问题是,高饲料价格、国际贸易受阻、国内鸡肉价格走低。这些因素对行业发展的影响较大,然而5月,全国卡车司机大罢工(维持两个星期)又对产业带来冲击,影响了肉鸡价值链。据巴西动物蛋白协会(ABPA)估计,罢工期间由于饲料缺乏,大约有7 000万羽鸡死亡,这将对后期的供给和出口带来影响。

(三) 欧盟

欧盟肉禽业运行相对较好,但由于饲料价格逐步上涨,产业利润受到一定影响。特别是2018年第一季度消费疲弱,价格季节性下跌。自2017年冬季多国暴发禽流感以后,生产恢复性增长。特别是东欧传统的禽肉生产国波兰产量增加4%,但匈牙利的产量仍处于较低水平,比前些年下滑5%。2018年第一季度,荷兰、意大利、法国等国家相继暴发禽流感,局部生产受到影响(图9)。

欧盟的禽肉贸易仍维持净出口格局,出口增加显著。2017年出口170万吨,增长

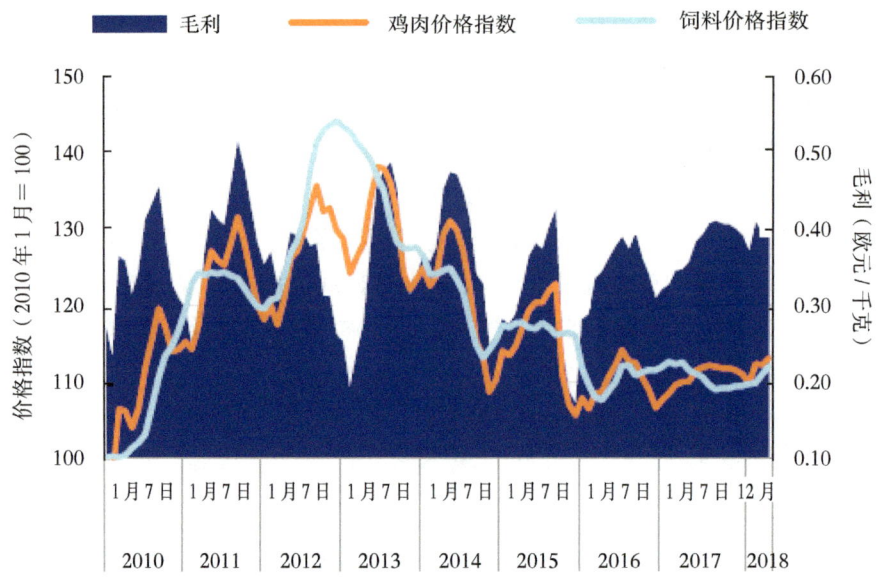

图9 2010—2018年西北欧鸡肉、饲料价格及盈利水平变化情况
资料来源：荷兰合作银行 2018

3%，特别是对乌克兰、中国香港、越南和非洲的出口增加明显。进口量为80.5万吨，从巴西的进口减少21%，从泰国的进口减少9%，从乌克兰的进口增加65%。

由于2018年第二、三季度的消费需求可能增加，而进口减少（特别是从巴西的进口），供需面利好产业，支撑鸡胸肉价格。尽管饲料价格上行，产业仍将保持盈利水平。欧盟禽业的盈利水平主要取决于供给增长的幅度，目前东欧的一些新生产设施投资将会改变整体供给状况，因为一些新产能在下半年将投入生产。此外，禽流感也是需要密切关注的一个因素，目前对市场的影响比较有限，但后期有很大的不确定性。

（四）泰国

经过近几年的扩张，泰国肉禽产业面临供给过剩的困境。2017年，禽肉产量增长7%，大型家禽企业均报告称市场上的挑战较大。由于供大于求，禽肉价格较大幅度下跌（-27%），但仍处于较高水平。2018年第一季度禽肉价格继续下滑。泰国家禽业也受到猪肉市场供给过剩影响，目前猪肉价格处于较低水平。

从需求面来看，国内需求不旺，不足以消化吸收过剩产能。但泰国积极开拓出口市场，包括中国首次允许进口泰国的新鲜鸡肉食品，对日本和韩国的出口保持增长态势，但对欧盟的出口减少，主要由东欧国家的新增产量部分弥补欧盟市场的缺口。

2017年以来，泰国饲料价格相对低位运行，由于供需失衡，鸡肉价格也出现下滑（图10）。为了逐步恢复适度的市场平衡，泰国家禽业需要放慢增长速度，积极应对产业面临亏损的挑战。

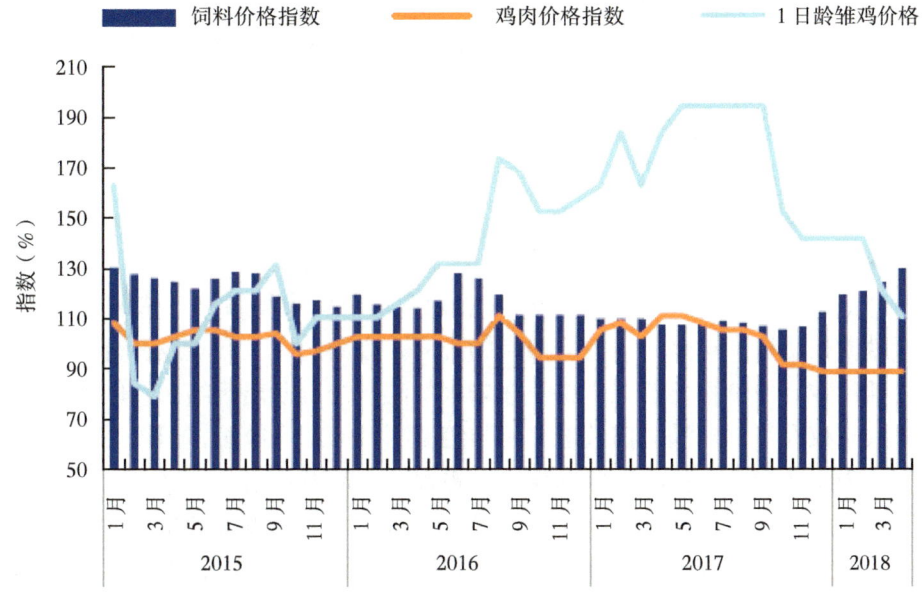

图10 2015—2017年泰国鸡肉、饲料和雏鸡价格趋势
资料来源：荷兰合作银行2018

五、主要国家产业支持政策新变化

家禽业是一个市场化程度较高的产业，各国针对该产业的具体支持政策均不多，大多包含在整体的农业支持政策中。本部分主要以巴西为例，分析其农产品价格支持措施及最新的农业支持政策变化，同时梳理全球部分国家最新出台的禽肉贸易政策。

（一）巴西政策变化

1. 巴西农产品价格支持措施

巴西禽业的快速发展主要得益于其丰富的饲料原料和低廉的饲料价格。巴西对玉米、大豆等主要农作物采取了价格保证与支持措施，从而间接支持和保障禽业的持续发展。根据巴西联邦政府建立的农产品支持和价格保证机制，包括了从传统的联邦政府采购到最新的均衡工具。其中，农业信贷对禽业发展的支持作用最为明显。

1996年，巴西颁布了第79号法令，规定以联邦最低担保价格购买农产品的联邦政府工具。为了从这一工具中受益，生产商必须将他希望出售给联邦政府的产品存放在Conab认可的仓库中。产品必须是干净、干燥以及归好类的。国家供应公司（Conab）通过了这项措施。联邦政府贷款（EGF）根据最低价格为生产者、合作社和农用工业提供贷款。信用证的目的是由受益人储存产品，最长的期限为180天，从而保证在收获期间减少产品的供应。借款人的经营限额因产品而异，最高限额为2 000万雷亚尔。基本利率是每年6.75%。

（1）产品流奖（PEP）。产品流奖（PEP）的目的是保证生产者的最低价格。政府向购买者支付保险费，购买者保证生产者至少有最低价格并根据国家的供应需要将产品运送到预定的地区。

（2）支付给生产者的均衡溢价（PEPRO）。生产者的均衡溢价（PEPRO）目的也是确保生产者以最低价格出售。为此，如果市场价格低于最低价格，政府则向生产者支付其向市场出售的价格与最低价格之间的差额。它与 PEP 的根本区别在于直接支付给生产者的经济补贴（保险费），生产者也负责证明这一措施的所有文件。

（3）农产品公开销售期权合同。1997 年巴西政府以对市场价格的未来预期价格为基准制订了看跌期权协议。这是一项政府谈判的合同，合同允许生产者或者合作社将其生产的产品以之前约定好的价格（罢工价格）在未来的某一个日期出售给公众库存。这项合同确保其持有人有权在经营期满时向政府交付与经营有关的产品数量，但需遵守合同中规定的规格。它作为生产者防止价格下跌的保险，也提高了消费价格。

（4）回购和转让看跌期权协议。回购或者转让拍卖是为了解除政府购买产品的义务，而不对生产者和合作社造成损害。在看跌期权合同的回购或转让中，通过提供相当于敲定价格与市场价格之差的财政补贴，使期权合同发生逆转。在转让拍卖中，由接受补贴的代理人取代政府（期权合同的原始启动者）。政府对持有期权合同的生产者和合作社的义务由拍卖者承担。在回购中，补贴直接给予生产者。

（5）农产品私募期权（PROP）。该机制类似于政府看跌期权合同。不同之处在于，期权的启动者是有兴趣购买该产品的私营公司。政府保证在一定限度内开展业务。

（6）商品化信贷特别额度（LEC）。LEC 被称为"特殊"信贷额度，因为在这种情况下，它可以允许对不包括在最低价格担保政策（PGPM）中的产品进行融资。LEC 和 EGF 的主要区别在于操作的基本价格可能与最低价格不同。LEC 第一次成立于 2003 年，它使得为库存的装载提供资金成为可能，即使最低价格是缺货，也不一定要改变它们。在这一收益中，每名投保人的经营限额为 2 000 万雷亚尔。

（7）供应量。公布于 2017 年 1 月 31 日。作为对生产商最低价格保证的回应，政府向消费者保证及时供应和分配，以满足国家需求。为了向消费者提供国家债券，政府采用以下机制：①传统的销售，政府出售来自于国债的产品，通过由 Conab 操作的拍卖，来调节市场上农产品的供应和价格。②产品流价值（VEP），也是一种允许出售国债的赠与。如果在传统销售中，产品是在存款的原产地销售的，在 VEP 的情况下，政府会根据国家的需要，向预定的地区（通常是赤字）发布支付补贴—溢价通知。

（8）私人融资工具。联邦政府还利用能够吸引私人资本的机制来资助农业活动和支持销售。这些机制的形式是专门为农业综合企业融资而开发的债券。其目的是刺激城市投资者，无论是小型储蓄基金还是大型养老基金，为农村活动提供资金，从而补充政府监管的农村信贷。

一是农业综合商业票据（NCA）。它又称为农业票据。NCA 来自于商业票据集团，是商业票据，供公众发行，专门针对农业综合企业。根据 2005 年 9 月 20 日第 422 号 CVM 指令制定。在 NCA，发行公司承诺向其持有人（债权人）支付现金，金额将根据证券中规定的条款确定，并在未来的某一日期确定。

为了在市场上推行这类证券，公司必须向证券交易委员会登记为"NCA 的发行人"，或注册为合作社或股份制公司，能够为它们提供从事面向农业活动的产品、投入、机械或工具的生产、销售、加工或产业化。

二是农村产品卡（CPR）。这一工具允许生产者提前出售作物并获得资金，向银行或者其他融资机构支付种植作物的费用。CPR 可以由生产者或合作社发行，代表着提供相关产品的承诺。也有 CPR 金融中心，可以以现金结算。这种证券在投入融资业务中被广泛用做抵押品。

三是农村期票和农村重复票据（NPR 和 DR）。NPR 和 DR 退税使农业原材料加工部门能够获得农村信贷资源，以支付农业生产者购买商品的费用。这项业务的限额是每位投保人 1 000 万雷亚尔。这些是与金融代理人进行的交易。

四是农业存款证（CDA）和农业证（WA）。农业存款证（CDA）和农业证（WA）是以存放在仓库中的农产品为担保的证券。CAD 代表交付存放货物的承诺，WA 授权负责操作的金融机构典当 CDA 中描述的商品。这两种证券同时发行并且涉及的是同一批货物。农村生产者将农产品存入他信任的商店，并要求店主发行 CDA 和 WA。在持有证券的情况下，生产者与一家金融机构一起，在中央银行授权的实体内进行登记和保管。

五是农业企业信用许可证（LCA）。为了保证银行贷款业务，生产商发行金融证券，这些证券在偿还债务时被赎回。这些证券应收归其持有人，在投资组合中保持成熟。为了提高这些资源的使用率，LCA 是由金融系统专门发行的。

六是农业综合企业信用证（CDCA）。其运作类似于 ACL，在收益期收集。它可以由提供投入或资助的公司、合作社或非金融实体（农业工业或出口公司）执行。通过为其投入提供资金或出售部分未来作物，生产者可以通过发行 CPR 或任何其他代表未来将被赎回的债务的证券来确保运营。融资公司可以利用应收账款来支持 CDCA 的推出，在市场上提供这些股票，并获得新的资源来增加对生产商的融资。合作社可以作为应收款的发行人或 CDCA 发行人。CDCA 及其压载物必须列入中央银行授权的登记系统，并由一些银行保管。

七是农业综合企业应收款证书（CRA）。CRA 的业务完全由为证券化交易设立的特殊目的公司（SPE）操作。由于法律禁止证券化公司在市场上承担风险，金融交易的条件必须事先在各方之间谈判。CRA 买方承担风险的是农民，而不是证券化公司。由证券化公司确定愿意承担此类风险的投资者。一旦客户（经营合作社或农业综合企业公司）与投资者进行谈判，就会详细说明操作细节（如投资者的报酬、证券的到期日等）。然后证券化公司从合作社购买应收账款，发行带有应收账款余额的 CRA，并建立将 CRA 转让给投资者。这样，违约风险就完全由投资者承担。

2. 巴西农业支持政策变化

巴西每年都制定农业和畜牧业计划，安排信贷资金支持农业生产者。农户的信贷利率每年会有所调整，2016—2017 年度，包括中等规模农业生产者国家支持项目在内的贷款利率为 8.5%，同时政府还对投资项目给予相应支持。需要注意的是，政策创新性地设立了资助最高限。对于生产成本的支持,每年每个申请资助者最高可获得300万雷亚尔的资助;对于市场营销的支持,最高限为450万雷亚尔;对于投资支持,最高限为43万雷亚尔。由于农村信贷的最大额限制,大型生产者还可以获得其他资源补偿,主要资金来源于农业企业信用证项目,贷款利率为12.75%,总额为100亿雷亚尔。

巴西2017/18年度农业和畜牧业计划共安排了2 000亿雷亚尔的低息贷款支持农业生产,通过该计划大中生产者将可以获得金融支持。政府的贷款利率下调1%~2%,重点是支持农业企业,创造就业和增加收入。对于成本和投资的支持,贷款利率下调1个百分点,对于仓储以及农业技术创新等重点领域项目,贷款利率下调2%。对于生产成本、市场营销和投资的支持贷款利率分别为7.5%、8.5%和6.5%。技术创新项目主要是提升农业生产的信息化水平,精准农业设备的最高支持额度为每个申请者110万雷亚尔。2018年,巴西农业生产者还可以获得农村保险补贴资助计划(RSP)的支持,为农民提供更多的保护机会。

巴西2018—2019年度农业和畜牧业计划进一步强化了对农业商业化生产的支持,低息贷款总额略有下降,为1 943.7亿雷亚尔。其中包括贷款资助、控制利率和自由利率的贷款。生产成本支持的贷款利率进一步下调至6.0%,市场营销和投资支持贷款利率为7.0%。最新的政策对集约化的家禽养殖场或企业每次最高给予20万雷亚尔的生产成本支持贷款。对于农业生产合作社,最高给予50万雷亚尔的支持贷款。此外,对仓储设施建设的支持力度加大,恢复对低碳农业项目下永久保护区的法律保护,支持可持续的农业实践和技术,比如农—畜—林一体化生产系统,提高最大补贴额度,从220万雷亚尔增加至500万雷亚尔。

(二)全球贸易政策变化

家禽业的支持政策中有一项最为特殊,由于禽流感疫情的频繁发生,为保护本国产业以及公共卫生安全,各国会相应出台贸易限制政策。自2017年以来,全球先后有多国实施了家禽产品进口禁令。与此同时,一些国家还实施了贸易保护或者支持政策。

2018年5月,摩洛哥扩大禽肉出口补贴支持范围并延长执行期,享受出口补贴的产品包括禽肉制品、冷冻禽肉及杂碎,在一定条件下每吨出口禽肉可以享受158美元的补贴。

2018年5月,纳米比亚准许从美国进口加工和未加工禽肉产品。

2018年4月,泰国实施家禽产品进口禁令,主要针对中国,源自中国局部地区发生禽流感疫情。

2018年4月,欧盟对巴西20家家禽企业的禽肉产品进口实施禁令,主要出于卫生检疫标准实施过程不合规范要求。

2018年4月,科威特禁止从巴基斯坦、墨西哥、丹麦、英国、美国得克萨斯和密苏里州进口活禽、种蛋和雏鸡,主要源自禽流感疫情。

2018年3月,中国禁止从美国得克萨斯、法国、墨西哥进口禽肉产品,主要源自上述地区发生了高致病性禽流感疫情。

2018年1月，欧盟将从乌克兰进口禽肉的关税配额提高到1.76万吨。2017年9月乌克兰与欧盟协会协议生效，该协定拟定未来5年，欧盟对乌克兰每年提高10%的关税配额。

2018年1月，阿尔及利亚禁止禽肉等产品进口，目的是为了减少公共开支，缓解因能源收入减少带来的压力。

2018年1月，沙特阿拉伯对匈牙利部分省份、乌克兰、波兰、荷兰、法国和印度的禽肉进口采取临时性禁令。

2017年12月，墨西哥将对美国禽肉进口的关税配额实施期限延长至2019年，目前的最高配额为30万吨。

2017年12月，沙特阿拉伯禁止从希腊、捷克、罗马尼亚、莫桑比克进口禽肉，主要源自禽流感疫情。

2017年11月，阿曼禁止从保加利亚、马来西亚、英国、印度、德国、美国威斯康星和田纳西州进口禽肉及制品。

2017年11月，越南禁止从韩国进口禽肉。

2017年10月，中国香港禁止从韩国进口禽肉产品。

2017年9月，阿曼实施禽肉进口禁令，主要针对菲律宾、老挝、南非、刚果和津巴布韦。

2017年8月，肯尼亚对乌干达三家公司的就禽肉进口实施禁令，主要原因是禽流感疫情。

2017年8月，韩国对美国禽肉产品实施进口禁令，主要源自美国暴发高致病性禽流感疫情。

2017年8月，沙特阿拉伯对菲律宾部分地区的禽肉产品进口实施禁令，主要源自禽流感疫情的暴发。

2017年7月，阿曼对荷兰、丹麦、乌克兰、西班牙、科威特的禽肉产品进口实施禁令，主要源自禽流感疫情。

2017年7月南非限制活禽、禽肉、食用蛋以及其他加工家禽产品向南部非洲国家出口，包括博茨瓦纳、马拉维、莫桑比克、纳米比亚、赞比亚和津巴布韦。

2017年6月，纳米比亚限制从南非进口禽肉产品。

2017年6月，卢旺达限制从南非和津巴布韦进口家禽产品。

2017年6月，中国香港限制从刚果进口禽肉及其制品，主要源自H5流感的暴发。

2017年5月，沙特阿拉伯禁止从巴西进口禽肉，主要原因是巴西食品安全事件影响。

2017年4月，沙特阿拉伯禁止从越南进口活禽、孵化蛋和雏鸡，主要源自禽流感疫情。

2017年3月，墨西哥公布严格的贸易措施，限制美国部分地区活禽和禽肉产品的进口。

2017年3月，沙特阿拉伯对美国局部地区的各类活禽、鸡苗和禽蛋限制进口。

2017年1月，哈萨克斯坦严格限制俄罗斯行政区的家禽进口，主要源自禽流感疫情。

六、世界供需形势展望

（一）近期形势展望

受全球禽肉消费旺盛，饲料供给充足影响，世界主要禽肉生产国家的产量继续增加。由于全球禽流感得到有效控制，预计2018年禽肉产量达到1.23亿吨，同比增长1.6%，2019年禽肉产量继续保持增长势头。美国、俄罗斯、欧盟、印度、中国、土耳其和巴西等国家（地区）禽肉产量均增加。美国产量维持多年的增加趋势，主要得益于品种遗传改良和工业化生产模式，2018年产量有望增加2.0%，2019年产量继续增加。俄罗斯由于近几年的大规模投资，禽肉产量预计增长4.5%，但由于市场已经饱和，对价格带来压制，生产增速比2017年有所放缓。欧盟的产量增幅在1.2%。中国的流感疫情得到有效控制，而且饲料供给充足，价格低位运行，生产恢复增加。土耳其和印度则受国内消费需求增加的强劲拉动，产量继续增加。巴西尽管面临外部市场的困境，但由于国内经济恢复，需求增加，且通胀率较低，饲料充足，禽肉生产继续增加。2018年禽肉产量将增加2.6%，2019年有望继续保持这一增速。

由于非关税壁垒，世界禽肉贸易增长缓慢。预计2018年全球禽肉贸易量1 330万吨，同比增长1.9%，增速将比2016年的4.6%和2017年的2.7%明显放缓。世界禽肉进口增加主要来自中国、日本、欧盟、安哥拉，同时加纳、伊拉克和墨西哥的进口也将增加。沙特阿拉伯的进口将下降10%，降至其2009年以来的最低水平。进口下降部分是由于实施侨民税政策，国内的大量外国居民外移，消费需求减少。此外，沙特阿拉伯还禁止未严格按照清真标准生产的肉类进口，特别是有关动物屠宰击晕方式的要求，这一改变将严重影响从巴西和欧盟的进口。俄罗斯由于国内生产增加，国内价格下跌，进口将减少。出口方面，美国、泰国、乌克兰和欧盟增加，乌克兰主要得益于临近欧盟市场，并且签定了协会协议。巴西由于重要出口市场（包括欧盟、中国、沙特阿拉伯）的丧失，出口有所下降，2018年上半年出口量下降13.2%，但预计巴西仍维持世界最大禽肉出口国的地位。亚洲、中东和北非国家将是巴西禽肉出口增加的主要来源，特别是埃及、阿拉伯联合酋长国和科威特。对中东和北非国家的出口可能会占到巴西禽肉出口的40%，同时对新兴出口市场——墨西哥和智利的出口将增加。

但是，由于干旱和贸易争端频发，全球粮食和油籽价格的波动性增加，将对全球禽肉市场展望带来挑战。此外，北半球冬季易于发生禽流感，疫病的不确定性也将对禽肉市场展望结果产生影响。

（二）中期形势展望

从未来3~5年的发展趋势来看，世界禽肉生产和消费继续保持同步增长的态势。禽肉消费增速仍是肉类消费中最快的，受消费驱动，导致主要进口国家的进口较大幅度增加。新兴市场撒哈拉以南非洲、中东、拉丁美洲和亚洲地区的进口显著增加，进口增长较多的国家主要包括墨西哥、沙特阿拉伯、伊拉克、菲律宾等。禽肉进口下降的国家是俄罗斯，由于其国内政策刺激禽肉的生产和出口，抑制了进口。日本、加拿大和欧盟的进口增长比较缓慢，基本平稳。墨西哥、中美洲和加勒比海国家由于收入增长，禽肉消费需求增加，加之进口禽肉价格比较低廉，进一步刺激消费，尽管这些国家的禽肉生产增加，但仍不能满足消费需求增加，禽肉进口也将增加。

巴西是最大的禽肉出口国，巴西禽肉出口占全球禽肉出口增长的60%，但出口增速比过去几年明显放缓。美国位居全球禽肉出口第二位，受不确定贸易政策的影响，特别是2018年多国对美国产品实施征收进口关税的反制措施，禽肉出口将保持小幅增长态势。欧盟作为第三大出口国（地区），禽肉出口相对稳定。泰国的出口也会有较大幅度的增加。由于亚洲、欧洲和中东的一些高收入国家生产熟制禽肉产品的成本较高，主要从泰国进口。与此同时，欧盟、日本和韩国也对泰国开放了生鲜鸡肉进口，因此，泰国的禽肉出口将不断增加。

专题二 国际市场价格波动特征研究

禽肉在世界肉类消费中的地位逐步提高,据联合国粮农组织数据显示,2013年世界肉类消费中禽肉的消费占比达到35.0%,仅比第一大消费肉类猪肉的占比低1.8%。随着人们对健康饮食需求的增加,禽肉因其廉价、低脂肪、高蛋白质而日益受到青睐,未来禽肉有望成为世界第一大消费肉类。全球禽肉消费保持较快速的增长,在消费需求拉动以及饲料成本上升的推动下,全球禽肉价格总体呈现上涨态势。但由于各国的资源禀赋不同,经济发展水平差异,以及面临的贸易环境不断变化,主要国家的禽肉价格呈现不同的波动特征。重点选取美国、巴西、欧盟的禽肉价格进行分析研究,探寻价格波动规律,分析价格波动原因,并尝试挖掘不同国家对稳定禽肉市场的宏观调控措施。

一、国际价格波动特征

(一)价格波动具有周期性

根据联合国粮农组织的禽肉价格指数,国际禽肉价格波动频繁,总体呈上涨态势。2018年(1—6月平均)的禽肉价格指数为164.47,比2000年的94.31上涨了74.3%。2000—2017年间,国际禽肉价格经历了5个倒"V"字形的波动周期(图1)。每个波动周期的历时略有不同,2000—2002年仅3年,涨跌幅度大致相当,在15%以内;2003—2006年为4年,上涨幅度大于下跌幅度,累计涨幅达40%,下跌8%;2007—2009年的

图1 2000—2018年国际禽肉价格变化
数据来源:联合国粮农组织

3年间，上涨幅度大于下跌幅度，累计涨幅达46%，下跌12%；2010—2012的3年间，上涨幅度大于下跌幅度，累计上涨26%，下跌2%；2013—2017年的5年间，下跌幅度较大，累计下跌27%，仅上涨3%。2018年，全球禽肉价格开始新一轮的波动周期。特别需要说明的是，2013—2017年的波动周期价格涨势比较平缓，倒"V"字特征不太明显。

虽然月度时间序列数据能较好地反映价格波动规律，但禽肉月度价格不可避免地受到自然气候因素、市场供求关系的影响，从而使禽肉价格变动呈现出一定的季节性。为剔除季节因素，采用X-12-ARIMA模型对禽肉价格数据进行季节变动调整。调整后的数据将更有利于分析禽肉价格波动的性质。本研究利用1990年1月至2018年6月的禽肉价格指数月度数据对禽肉价格波动进行分析，结果表明，国际禽肉价格波动存在一定的周期，并且周期呈逐渐缩短态势。2004年之前价格变动周期为3~4年，2004年之后价格变动的周期平均在2年左右。国际禽肉价格在周期波动中不断上涨，2013年达到历史价格的高点（图2）。由于国际禽肉价格指数是主要是美国和巴西禽肉价格的综合性指标，不同国家季节性不一致，国际禽肉价格并未显示出明显的季节波动性特征。

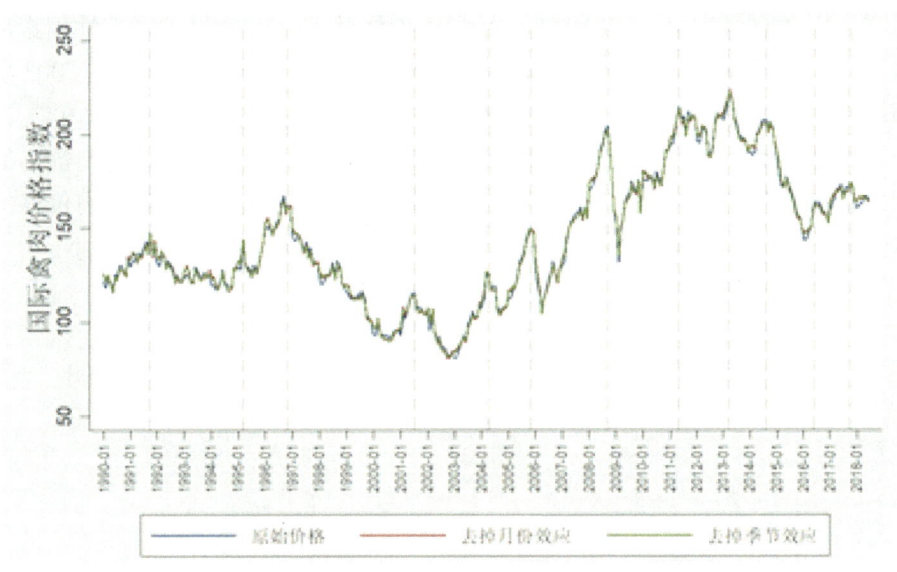

图2 1990—2018年国际禽肉月度价格变化
数据来源：联合国粮农组织

（二）价格波动幅度在15%以内

纵观近20年来的国际禽肉价格变动情况，大部分时间价格的涨跌幅度在5%以内，波动相对平缓。价格出现剧烈波动的时间分别是2001年2月、2004年3月、2006年1月、2008年12月、2009年2月、2009年3月、2009年12月、2010年1月，涨跌幅度达10%~14%。可以说，2008—2009年的粮食价格飙升、金融危机等对禽肉价格的波动带来一定影响。2010年以后，禽肉价格的波动幅度趋窄，基本平稳运行（图3）。

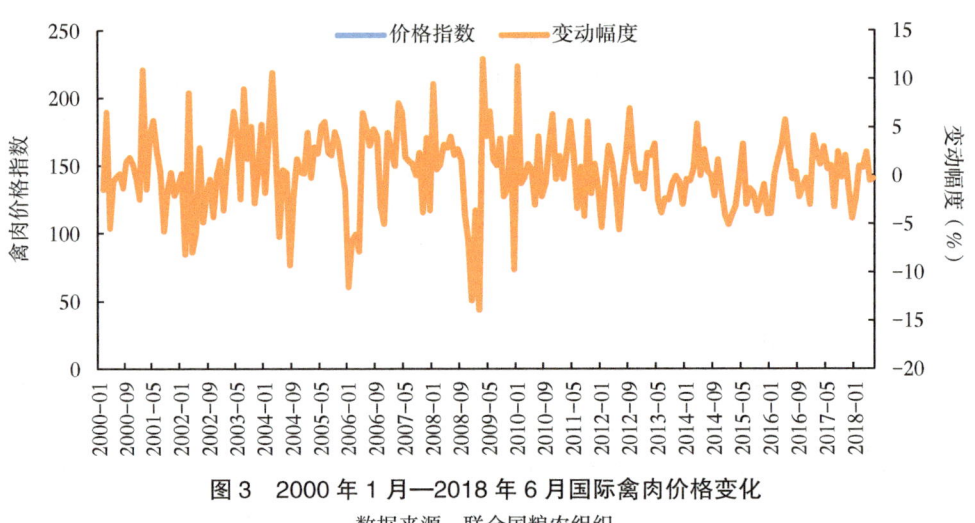

图 3　2000 年 1 月—2018 年 6 月国际禽肉价格变化
数据来源：联合国粮农组织

本研究利用 2000 年 1 月—2018 年 6 月禽肉价格数据，在剔除了季节性因素后，采用 H-P 滤波法进一步分析了禽肉价格波动特征。结果显示，国际禽肉价格在 2003 年后开始出现大幅度上涨，价格上涨的趋势一直持续到 2014 年（图 4）。2014—2016 年，国际禽肉价格出现了大幅下跌。2016 年后禽肉价格开始缓慢回升。整体来看，禽肉价格的波动频繁且剧烈，价格不稳定性增加。从循环趋势来看，近 10 多年来，国际禽肉价格的波动周期趋于不明显。2013 年以后，禽肉价格的波动周期似乎有所拉长，振幅较小。

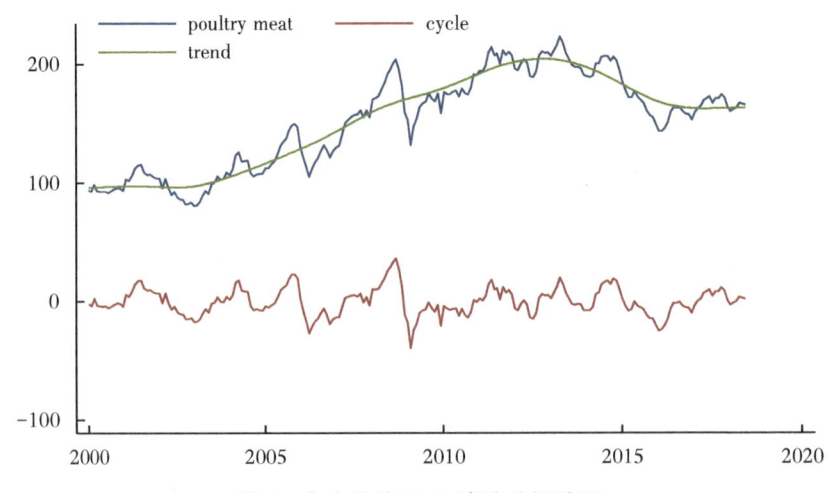

图 4　禽肉价格 H-P 滤波分解结果
数据来源：联合国粮农组织

（三）价格进入平稳波动阶段

2000 年以来，禽肉价格波动上涨，但自 2013 年起上涨势头出现逆转，整体进入下跌通道。从月度价格变动来看，比较明显的波峰分别出现在 2001 年 7 月、2004 年 4 月、2005 年 11 月、2008 年 9 月、2011 年 5 月、2013 年 4 月、2014 年 8 月。由于价格的不断上涨，2008—2014 年间的波峰价格指数均在 200 以上，但自 2014 年 12 月以来，国际禽肉价格指数均未超过 200，延续时间长达 44 个月，各月的价格变动幅度在 6% 以内，波动比较平缓。

（四）美国禽肉价格波动频繁剧烈

2016 年以前，美国分别监测主产区佐治亚码头和主销区 12 个城市的鸡肉批发价格，2016 年以后主要监测全国鸡肉综合售价，因此，主要分两个阶段来分析美国禽肉价格的波动特征。

主产区和主销区禽肉价格均呈上涨态势。2000—2015 年，美国禽肉价格呈上涨走势，其中主产区佐治亚码头的鸡肉批发价格上涨更为明显。2015 年 12 月的价格为 113.06 美分/磅，比 2000 年 1 月的 56.94 美分/磅上涨了近一倍（99%），同期，12 个城市的鸡肉批发价格由 2000 年 1 月的 55.43 美分/磅上涨至 2015 年 12 月 82.05 美分/磅，涨幅为 48%。

主产区和主销区禽肉价格走势趋于分化。美国禽肉主产区价格除了在 2002 年、2006 年有两个明显的下跌低谷外，其余时间基本在波动中上涨，特别是 2011 年以来，价格上涨的势头非常明显。2015 年 12 月的价格比 2011 年 1 月价格上涨 34%，可见 15 年间 1/3 的涨幅发生在这 4 年间，属于价格快速上涨的阶段。与主产区相比，主销区的鸡肉价格由于波动频繁，价格上涨幅度较小。主销区价格在 2011 年以前与主产区的价格走势基本保

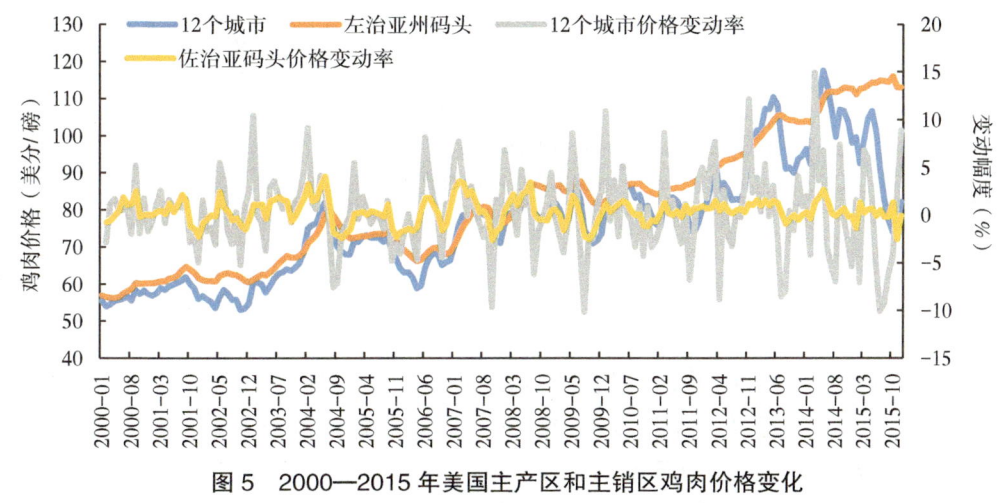

图 5　2000—2015 年美国主产区和主销区鸡肉价格变化

数据来源：美国农业部

持一致，分别在2002年和2006年出现两个比较明显的低谷，2012年以后价格涨幅波动剧烈，分别在2013年5月、2014年5月和2015年5月形成3个比较明显的波峰，随后价格呈振荡下滑态势，基本回落至2012年年初的水平（图5）。

主产区禽肉价格波动平缓，主销区禽肉价格波动剧烈。美国禽肉主产区佐治亚码头的鸡肉价格波动比较平缓，大多时间价格的变化幅度在3%以内，仅有2004年2月、5月、6月，2007年2月、3月，2008年7月的波幅达3%~4%。主销区12个城市的鸡肉批发价格波动幅度较大，1/2以上的时间价格波动幅度超过5%，其中2003年1月、2009年8月、2010年1月、2012年12月、2014年3月、2015年7月的价格涨跌幅度高达10%以上。

美国禽肉价格波动性上涨，季节性特征明显。2016年1月—2018年6月，美国鸡肉综合售价由87.90美分/磅上涨至118.92美分/磅，涨幅达35.3%。但价格波动比较剧烈，其中2016年8月、11月，2017年3月、5月、8月和2018年3月的价格涨跌幅度均超过10%，还有9个月的价格涨跌幅度在5%~10%。也就是说，此期间有一半的时间价格波动幅度在5%以上。从年内价格变动来看，基本呈先涨后跌的不规则"W"形走势，具有明显的季节性特征。每年2月禽肉价格小幅回落，随后上涨，6月达到年内高点后回落，10月达到低谷反弹，直至次年1月。2018年7月，美国禽肉价格止涨回落，价格为112.75美分/磅，环比下跌5.2%（图6）。

图6　2016年1月—2018年7月美国鸡肉价格变化

数据来源：美国农业部

（五）巴西禽肉价格波动趋缓

巴西禽肉价格波动性上涨，涨跌幅度趋缓。2011年1月—2018年1月，巴西全国活鸡价格从1.81雷亚尔/千克上涨至2.45雷亚尔/千克，涨幅达35.4%。2015年以前，巴西活鸡价格在1.64~2.65雷亚尔/千克波动，总体呈上涨之势，波幅在15%以内。2015年6月，价格出现剧烈波动，价格涨至2.89雷亚尔/千克，上涨幅度达到32.0%。此后价格高位震荡，2015年6月至2017年1月，活鸡价格一直维持在2.70雷亚尔/千克以上，其中2016年7—12月价格突破3.0雷亚尔/千克，9月达最高点。此后，巴西禽肉价格总体呈下跌态势，目前已回落至2014—2015年的水平。2015年6月以后，巴西禽肉价格的波动幅度也有所收窄，基本维持在10%以内，且大部分时间的波幅都不足5%（图7）。

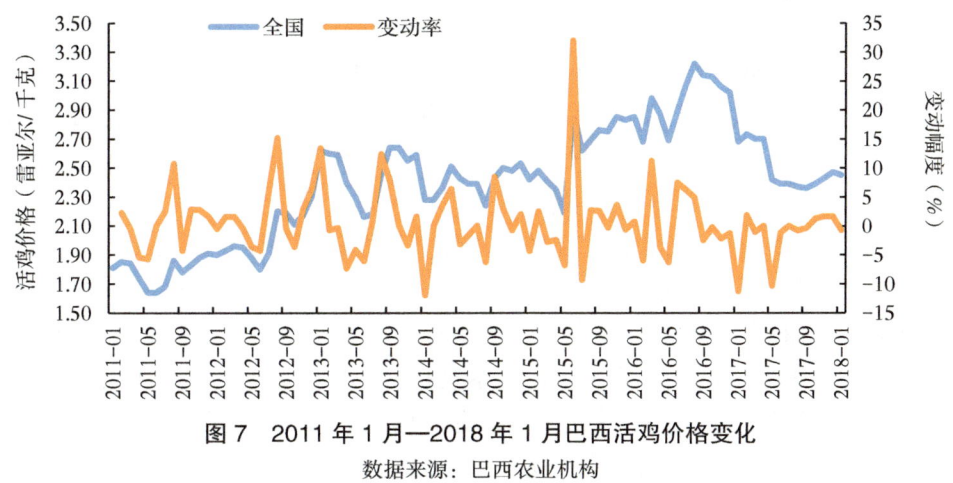

图7　2011年1月—2018年1月巴西活鸡价格变化

数据来源：巴西农业机构

从年度内价格变化规律来看，基本是5月、6月为低点，9月、10月为高点，价格波动规律与中国的禽肉价格波动规律非常相似。巴西禽肉生产具有一定的季节性，一般每年的第三季度产量最高，第四度产量下降，第二季度的产量变化较大，或者增加或者减少，主要是产业链根据市场行情自发调整的结果。因此，每年第四季度巴西鸡肉价格相对较高，大多呈现涨势。

从巴西禽肉主产区的价格变化来看（图8），圣卡塔琳娜州作为第二大禽肉生产区，

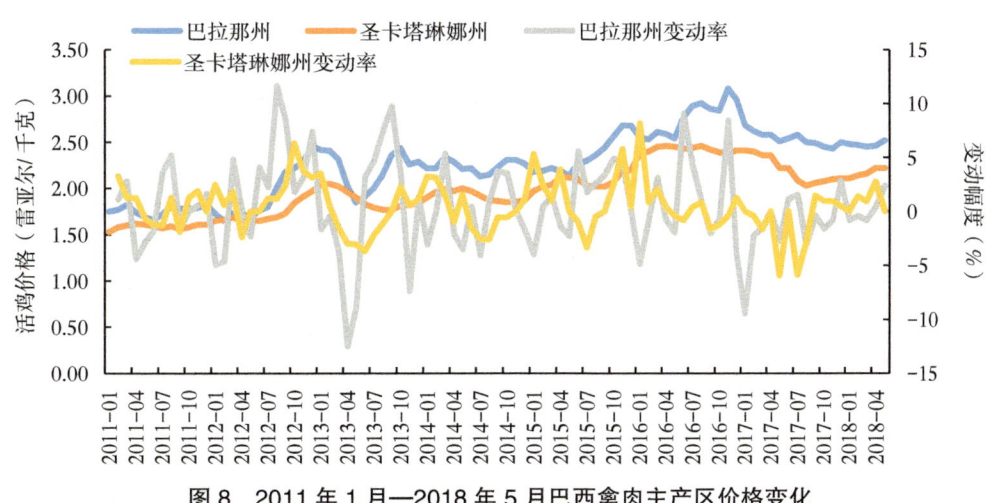

图8　2011年1月—2018年5月巴西禽肉主产区价格变化

数据来源：巴西农业机构

禽肉价格的波动相对比较平缓。2011—2018 年，大致有 4 个明显的波动周期，波峰分别出现在 2013 年 2 月、2014 年 5 月、2015 年 5 月、2016 年 4 月，2016 年 5 月—2017 年 6 年价格呈平稳下滑态势。2018 年 5 月，活鸡价格为 2.22 雷亚尔/千克，比 2011 年 1 月的 1.53 雷亚尔/千克上涨了 45.1%。从价格波动幅度来看，基本维持在 3% 以内，超过 5% 的波幅仅有 6 次，最大涨跌幅度为 8.2%。

巴拉那州是巴西第一大禽肉生产区，禽肉价格走势基本与圣卡塔琳娜州一致，但价格高于圣卡塔琳娜州，波动较为剧烈。2018 年 5 月，巴拉那州活鸡价格为 2.52 雷亚尔/千克，比 2011 年 1 月的 1.75 雷亚尔/千克上涨了 44.0%。从价格波动幅度来看，基本维持在 10% 以内，其中 2012 年 8 月、2013 年 4 月的价格涨跌幅度超过 10%，有 12 个月价格波动幅度达 5%~10%，多数时间的波幅在 2%~5%。

巴西禽肉产区和销区价格变化存在非同步性。巴西圣保罗主销区的冷鲜鸡肉价格波动相对剧烈，有 14 个月的波动幅度达到 10% 以上，其中 2018 年 6 月价格涨幅高达 34.8%。但 2011-2018 年间的价格总体上涨幅度小于主产区，为 30.3%。主销区冷鲜鸡肉价格在每年 5 月、6 月基本处于低位，而主产区的活鸡价格通常在 4 月、5 月达到峰值，这表明在消费淡季时，肉鸡生产也相应减少。从历史变化来看，主销区价格与巴拉那州产区的价格变动基本趋于一致，但与圣卡塔琳娜州背向波动最为明显的是 2012 年 2 月和 10 月、2014 年 2—4 月和 8—12 月，该产区价格对销区价格的传导性不明显。自 2017 年 12 月开始，巴西主销区和主产区价格的关联性有所减弱（图 9）。

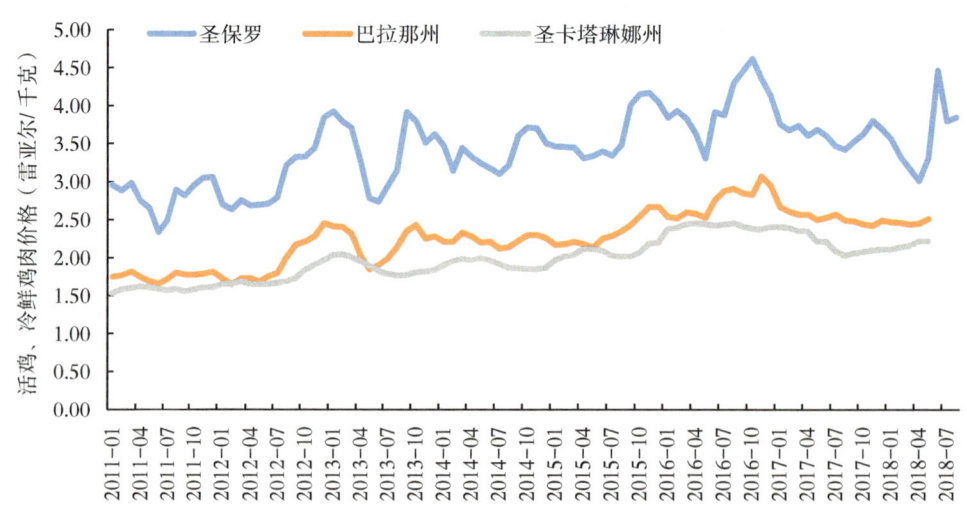

图 9　2011—2018 年巴西主产区和主销区禽肉价格比较
注：圣保罗为冷鲜鸡肉价格，巴拉那州和圣卡塔琳娜州为活鸡价格
数据来源：巴西农业机构

(六)欧盟禽肉价格窄幅波动

与美国、巴西相比,欧盟禽肉价格运行相对平稳,窄幅波动。2008—2018 年的 10 年间,欧盟禽肉价格经过下跌(2 年)—上涨(3 年)—下跌(3 年)—上涨(1 年)的波动,目前基本维持在最初的水平上。2018 年 7 月欧盟鸡肉价格为 1.87 欧元/千克,比 2008 年 1 月的 1.78 欧元/千克仅上涨 5.1%。2008 年以来,欧盟鸡肉价格波动大致可以划分为三个阶段,一是 2008 年 1 月—2011 年 9 月,此阶段价格走势呈现一个较明显的"V"字形变动,其中 2009 年 12 月—2010 年 5 月为谷底,价格在 1.6 欧元/千克以下,是近 10 年来的最低值。二是 2011 年 10 月—2015 年 7 月,价格高位震荡,共出现 4 个小的"V"字形变动,价格维持在 1.80~2.00 欧元/千克。三是 2015 年 8 月—2018 年 7 月,价格震荡下滑,较低位运行,期间价格波动的"V"字形规律不太明显(图 10)。

从价格波动幅度来看,欧盟禽肉价格基本呈现小幅波动,总体波幅在 3% 以内。只有 2009 年 10 月和 2010 年 6 月的波动幅度较大,分别为 -4.8% 和 6.6%。2016 年以来,价格运行更加平稳,涨跌幅度基本不超过 2%。

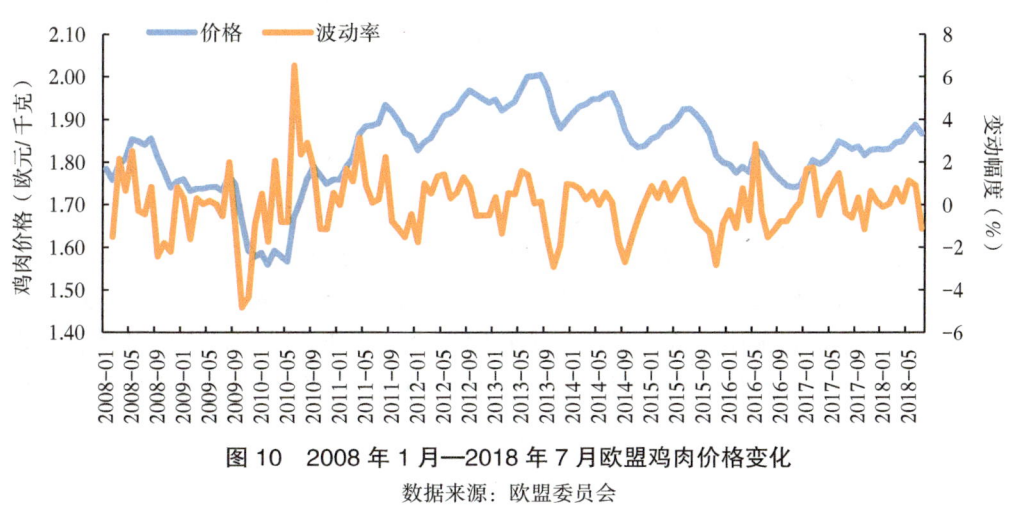

图 10　2008 年 1 月—2018 年 7 月欧盟鸡肉价格变化
数据来源:欧盟委员会

二、国际价格波动原因分析

(一)饲料成本

生产成本是影响国际禽肉价格的主要因素,包括雏鸡、饲料成本、人工成本、免疫成本、运输成本以及土地、水电等成本,其中饲料成本是最主要的决定性因素。一般来说,饲料成本与国际禽肉价格的波动趋于一致。以美国为例,2016 年以来,美国鸡肉价格变动趋势大部分时间与美国芝加哥玉米期货价格的变动走势相吻合,说明玉米价格对鸡肉价格有较大的影响作用(图 11)。

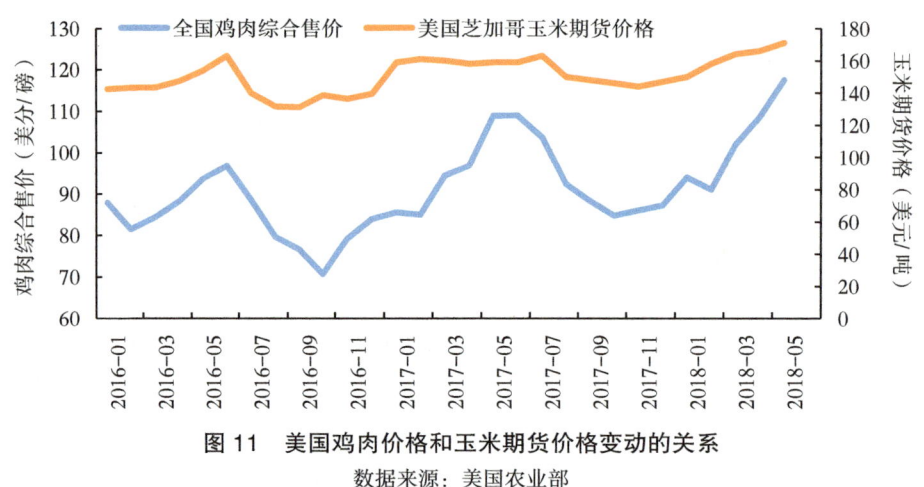

图 11 美国鸡肉价格和玉米期货价格变动的关系
数据来源：美国农业部

近年来，巴西玉米价格不断上涨，肉鸡饲料成本上升，与此同时，人工和运输成本也呈增加趋势，推动了巴西禽肉价格的逐步上涨。然而，巴西具有低价玉米生产的优势，饲料成本对价格影响相对偏弱。具体来讲，巴西南部的巴拉那州和圣卡塔琳娜州由于饲料供应充足，交通便利，邻近出口港口，且拥有大量的城市消费人口，利于肉鸡产业的发展。巴西大豆于9—12月种植，次年1—4月收成，新豆上市，市场供应充足，而肉鸡生产处于淡季，需求不旺，价格低位，为后期的低饲料成本提供保障。巴西玉米有两个种植季。一是10—12月种植，次年1—3月收成，东南部及南部地区为此季种植；二是1—3月种植，5—7月收成，中西部为此季种植。由此可以看出，巴西玉米收获季时间较长，市场供应充足，导致价格较长时间低位。但在新玉米上市前，会存在价格不稳定，同时由于不确定性的天气因素，可能引起大幅减产，导致饲料价格波动，进而影响禽肉价格波动。最为明显的例子是，2012年巴西禽肉价格出现一轮上涨的主要原因是受国内饲料和大豆价格的推动。

（二）消费需求

禽肉价格主要由供求关系决定，国际禽肉需求的旺盛与否决定了其价格的涨跌。然而，禽肉消费需求与全球经济的发展状况紧密相关。从历史数据来看，经济增速减缓对全球禽肉出口贸易有正相关的影响，即经济增速下降，禽肉出口贸易亦有所下降。特别是近年来，全球经济增速在2%~3%的低位徘徊，国际禽肉需求不振，出口贸易小幅增长，且2015年出现负增长（主要是受禽流感影响）。据有关机构预测，预计未来1~2年全球经济增长形势依然不容乐观。在经济低迷的影响下，全球禽肉消费需求疲软，导致价格上涨乏力（图12）。因此，近5年来国际禽肉价格结束了过去10年前的快速上涨，转而呈下跌态势，并且价格波动幅度趋于减缓，进入一个相对平稳的时期。

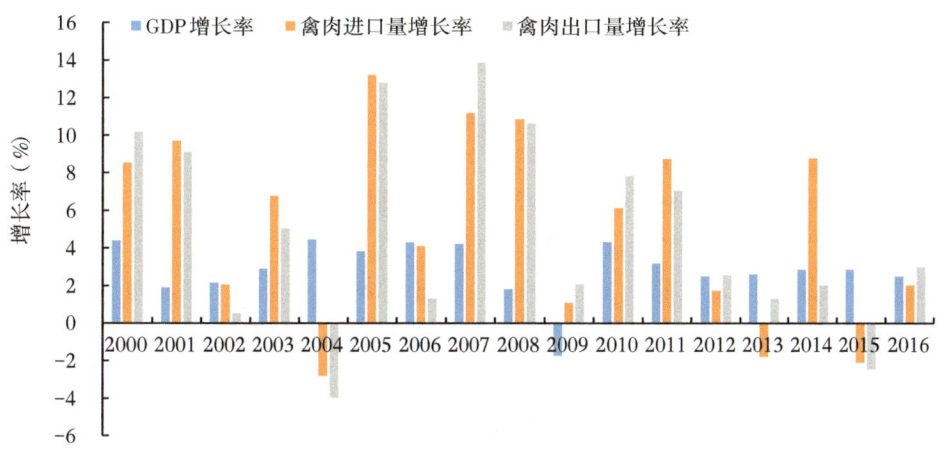

图 12　禽肉消费需求对全球经济增长的敏感性
数据来源：联合国粮农组织、世界银行

此外，替代品供给的增减也会影响禽肉消费需求，带来价格的波动。实证研究表明，巴西的活牛价格对活鸡价格存在持续的正向影响，并且在第 2~3 期达到最大，牛肉和鸡肉消费存在替代性，活牛价格对活鸡价格的影响会一直持续。2018 年第一季度美国鸡肉综合售价同比上涨 7%。但由于其他竞争性肉类供给的增加，国内需求减弱，4 月鸡腿肉价格下跌；由于对中东出口减少，去骨鸡胸肉和鸡翅价格也分别下跌 22% 和 8%。由此可见，随着其他竞争性肉类供应的增加，会对禽肉价格上涨带来压制作用。

（三）贸易政策

全球禽肉贸易比较活跃，特别是发展中国家的需求在不断增加，而禽肉生产主要集中在欧美国家，因此，地区需求的差距驱动了全球禽肉的贸易流动。然而，由于各国的卫生检验检疫制度、禽流感疫情引起的封关、为保护本国产业采取的关税措施等，都将改变贸易流向。禽肉主产国贸易一旦受到其他国家的贸易政策限制，出口需求减少，就会影响到价格，从而引起价格的阶段性波动。2018 年，巴西禽肉价格持续低位，主要是因为欧盟、沙特阿拉伯的进口贸易政策改变，大幅减少巴西的禽肉产品进口，导致需求不旺，价格弱势运行。

（四）国际汇率浮动

国际市场的禽肉价格主要是指美国、巴西和欧盟的价格，而这三个国家（地区）又是主要的禽肉出口国，因此其出口价格受到国际汇率浮动的影响。近年来，各国货币兑美元的汇率均不断发生着变化。美元的走强、巴西货币雷亚尔和欧元的贬值，会使得各国禽肉进出口价格出现波动，进而影响国内的价格。巴西国内通货膨胀也影响国内需求，对禽肉价格波动的作用不可忽视。例如，2018 年 6 月巴西货币显著贬值，成为巴西禽肉价格大幅度上涨的影响因素之一。

（五）突发事件

国际禽肉市场受到重要影响的突发事件主要是食品安全事件和禽流感疫情。2017年4月，巴西曝出"黑心肉"事件，严重影响了其产品的国际声誉，多国出台临时性政策，禁止进口，导致4—6月的价格快速下跌。2015年，美国由于暴发禽流感疫情，多国采取封关措施，出口减少下挫了美国的禽肉价格，此后随着国际需求恢复，出口增加，美国禽肉价格逐步回暖。2017—2018年，欧洲多地相继出现禽流感疫情，对该地区的禽肉生产造成一定影响，供给端的变化进而导致禽肉价格波动。

三、主要国家价格调控措施及成效

（一）对饲料价格上升的支持政策

肉禽产业是一个市场化程度较高的产业，各国专门针对禽肉价格所采取的调控措施不多。由于饲料成本占家禽养殖成本的60%~70%，饲料价格对禽肉价格的决定性作用较大，因此，国际上对家禽业的支持主要体现在对饲料作物的补贴支持上。美国对饲料作物的补贴力度较大，农民收入可以得到保障，国家有多种措施可以平抑饲料作物的价格快速上涨和下跌，间接影响了禽肉价格。巴西政府对玉米种植户提供补贴，当农民在遇到干旱作物减产时，由于供给减少，饲料作物价格会出现大幅上涨，政府会低价拍卖国储玉米，降低饲料价格。为了减缓家禽业的困难，国家亦采取信贷扶持政策，平抑饲料价格上涨带来的成本上升，保证了家禽业的持续发展。

（二）国际贸易限制和提升措施

禽肉生产的目的是为了满足人们的动物蛋白消费需求，发达国家和发展中国家生产均以满足本国消费为目的。对于生产技术比较落后的发展中国家，重点是发展适合本地条件的生产技术，培育品种、提高饲料转化率，解决饲料原料不足以及饲料替代的问题。国内价格主要取决于品质以及养殖成本，为保护本国产业，可能会采取进口限制措施，征收较高的进口税，使本国产品价格维持在相对稳定的水平，防止进口冲击。对于生产技术先进的发达国家，大多以出口为导向，国际需求决定了其禽肉价格的运行水平，各国会积极采取各种贸易提升措施，包括出口补贴政策，在全球范围内推广其禽肉产品，但汇率的变化有时会影响到国内的价格。

（三）引导消费，稳定价格

禽肉消费在全球范围内保持一种上升的态势，除了饲料成本对价格的影响较大外，旺盛的需求将会拉动价格上涨。与其他肉类相比较而言，禽肉价格比较低廉，在经济低迷的情况下，低收入消费者会转而增加禽肉的消费。此外，在美国、巴西等国家，禽肉与牛肉的替代消费关系较强。如果牛肉价格高涨，消费者将会替代消费禽肉。目前，巴西和美国的年人均禽肉消费量在40千克以上，政府对禽肉消费的引导措施仍在继续，通过学生营养餐计划、电视媒体推广等，引导禽肉消费，培育消费习惯。通过科学引导，促进消费端的稳步增加，有效保证禽肉市场的平稳运行。

（四）生产供应链的透明化管理

近些年来，全球肉禽业得到了快速发展，生产基本可以满足消费需求。在供需基本平衡的状态下，禽肉市场平稳运行。但随着消费者消费偏好的改变，如何动态地满足新型消费需求成为家禽业面临的重要课题。禽肉消费增速减缓的事实，表明我们正在面临着消费转型。生产多元化的优质、安全禽肉产品，满足日益增长的全球禽肉消费需求，促进产业健康发展是国际肉禽业未来努力的方向。为了实现此目标，国际家禽业正在向生产供应链的透明管理转变，建立基于大数据的智能化养殖体系，通过可追溯体系保证产品的质量和安全。为消费者提供优质、安全的禽肉食品，构建市场消费导向的产业发展模式，将有助于禽肉市场的平稳运行。

参考文献

陈丽园. 2010. 欧盟家禽行业举步维艰 [J]. 国际瞭望, 30（5）: 19-21.

Food and Agriculture Organization of the United Nations. 2017. Food Outlook: Biannual Reporton Global Markets [M]. Italy: FAO.

Food and Agriculture Organization of the United Nations. 2018. Food Outlook: Biannual Report on Global Food Markets [M]. Italy: FAO.

Food and Agriculture Organization of the United Nations. 2018. Meat Market Review [R]. FAO.

João F. Silva, Nicolas Rubio. 2017. Brazil: 2017 Poultry and Products Annual Report [R]. USDA Foreign Agricultural Service Global Agricultural Information Network.

João F. Silva, Nicolas Rubio. 2018. Brazil: 2018 Poultry and Poultry Products Semi-Annual Report [R]. USDA Foreign Agricultural Service Global Agricultural Information Network.

Karen Heuvelmans. 2017. Chicken Saves the Day. Slower Growth in EU Feed Market [R]. USDA.

Interagency Agricultural Projections Committee. 2018. Long-term Projections Report - Agricultural Projections to 2027 [R]. USDA.

Nan-Dirk Mulder. 2017. Peaking Industry Performance after Perfect Storm in 1H 2017 [R]. https://www.rabobank.com/en/home/index.html.

Nan-Dirk Mulder. 2018. A Massive Global Poultry Trade Shake-UP? [R]. https://www.rabobank.com/en/home/index.html.

Nan-Dirk Mulder. 2018. Trade Volatility, but Local Markets Bullish [R]. https://www.rabobank.com/en/home/index.html.

United States Department of Agriculture Foreign Agricultural Service. 2018. Livestock and Poultry: World Markets and Trade [R]. USDA.

United States Department of Agriculture. 2018. World Agricultural Supply and Demand Estimates [R]. World Agricultural Outlook Board.

（执笔人：张莉）

第十二部分

牛 肉

海外农产品市场研究（2018）

专题一　世界供需形势分析

美国农业部（USDA）报告显示，预计 2018 年全球牛肉产量增至 6 260 万吨，同比增加约 2%。牛肉消费量 6 055 万吨，同比增 1.5%。21 世纪后，由于牛肉需求旺盛，国际竞争加剧，国际牛肉价格逐渐上涨。2015—2016 年 8 月国际牛肉价格回落，2016 年后半年至 2018 年价格呈现逐步回升态势。2018 年国际市场牛肉价格指数 207，比肉类平均价格指数水平高，仅次于羊肉价格指数。从贸易来看，2018 年全球牛肉出口预计达 1 010 万吨，增长近 3%，领涨世界肉类市场，其中美国出口预计增长最多。

全球牛肉主产国和贸易国继续支持牛产业发展，针对国际市场竞争加剧，2017 年美国修订本国《牛肉促进研究法》和牛肉标准；巴西在 2016 年的牛肉质量丑闻后，及时采取牛肉安全补救措施；澳大利亚面临南美国家出口市场的低价竞争，出台红肉可持续发展政策《2020 年肉类产业战略计划》；阿根廷牛肉产业十年萎缩后全面复苏；中国牛肉进口对国际市场影响巨大，正逐步解除欧盟市场禁令，扩展"一带一路"等国家牛肉进口，牛肉贸易方式也呈现多元化发展。

展望 2018—2019 年，全球牛肉市场生产稳步推进，预计全球牛肉产量增幅达到 2%。出口增幅 5%，领涨所有肉类产品。未来 3~5 年，全球牛肉生产仍然维持低速增长态势。随着经济水平的提高，消费者对蛋白质的需求显著增加，许多发展中国家牛肉需求旺盛。另外，印度尼西亚和俄罗斯等一些国家正努力提振本国产业，提高牛肉自给率，长期来看可能会增加全球牛肉供给和减少部分贸易需求。各国积极引进国际先进畜牧科技，均会提高未来全球牛肉生产效率和供给。

一、世界供需形势

全球牛肉供需基本平衡，近年来供需缺口逐渐削减。美国农业部（USDA）2018 年《畜禽全球市场与贸易》报告。预计 2018 年全球牛肉产量增至 6 260 万吨，同比增近 2%。牛肉消费量 6 055 万吨，同比增 1.5%。由于资源禀赋和产业发展不同，部分发展中国家对牛肉的需求偏高而产量供应不足，需要从其他国家大量进口，带动全球牛肉进出口贸易持续升温。不同国家之间，资源禀赋和产业发展程度各异，导致了全球牛肉进出口量基本保持平衡。

（一）生产

从生产来看，美国和巴西牛肉产量增长占全球产量增长的一半。由于连续四年增加存栏量，美国牛肉产量进一步增长，2018 年增至 1 240 万吨，涨幅近 3%。巴西产量为 970

万吨，增加 25 万吨，增长 2.6%。欧盟产量增长有限，仅增长 1 万吨。中国产量为 711 万吨，位居世界第四，增长 4 万吨。受益于国内政策支持以及存栏量扩张，阿根廷牛肉产量继续增至 290 万吨，增长 5%。受干旱影响，澳大利亚牛肉产量曾在 2015—2017 年连续下跌，但目前已从干旱影响中恢复，2018 年产量增至 225 万吨，增长近 6%（图 1）。

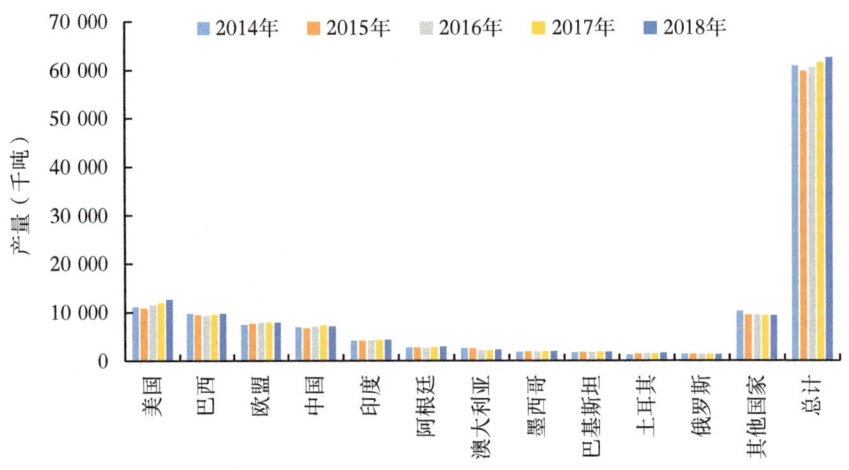

图 1　国际市场牛肉产量

数据来源：USDA

（二）消费

从消费来看，美国、中国、巴西和欧盟的牛肉消费量占全球消费量的 60.2%（图 2）。美国牛肉消费量进一步增长，2018 年预计增至 1 252 万吨，涨幅近 4%。中国牛肉消费量

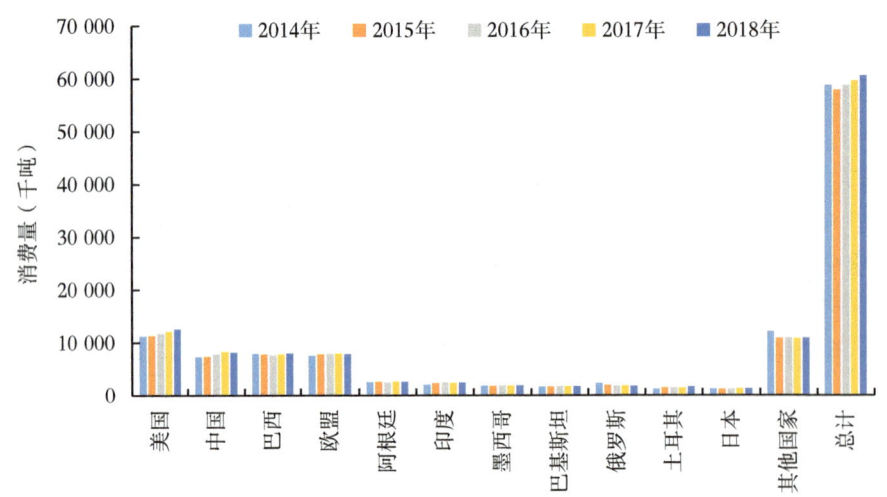

图 2　国际市场牛肉消费量

数据来源：USDA

814万吨，轻微下降1.0%。巴西消费量为794万吨，增长2.4%。欧盟消费量784万吨，减少0.4%。其他国家阿根廷、印度、墨西哥、巴基斯坦、土耳其消费量预计有所增加，俄罗斯、日本牛肉消费量预计轻微下降。

二、国际价格走势

国际牛肉价格受到美国市场影响严重，美国是全球最大的牛肉进口国和第二大出口国。美国牛肉价格走势与国际牛肉基本一致。20世纪90年代，世界牛肉市场价格受到巨大的下行压力。北美的牛周期对牛肉价格影响很大。与此同时，第二大进口市场日本的经济停滞不前，消费者偏好转向低价进口牛肉，日本进口价格下降，牛肉价格下行压力加大。21世纪后，国际牛肉价格逐渐上涨。2015—2016年8月牛肉价格回落，2016年后半年至2018年逐步回升。2018年全球肉类价格指数上涨了9%，其中牛肉价格涨3.7%，羊肉价格上涨27.6%，猪肉、禽肉价格下降。其中牛肉价格指数207.4，在肉类平均价格水平（169.8）以上，高于猪肉（129.4）和禽肉（163.6），仅次于羊肉（218.6）（图3）。

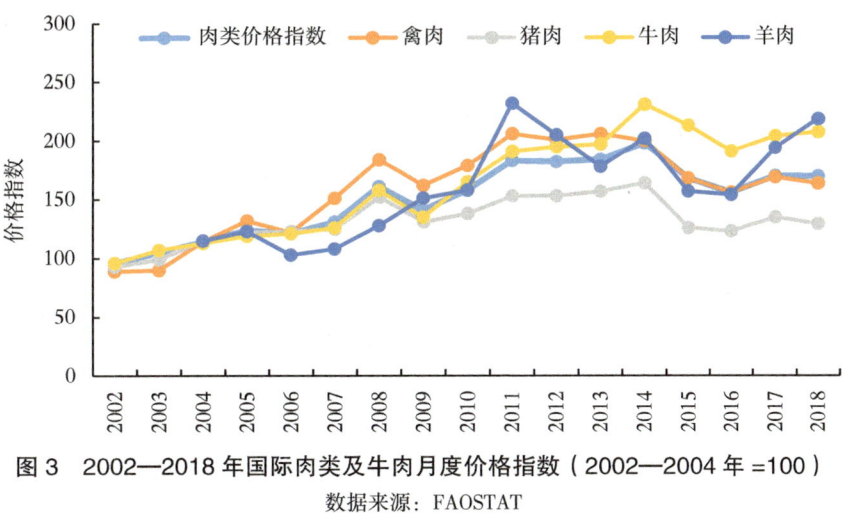

图3　2002—2018年国际肉类及牛肉月度价格指数（2002—2004年=100）
数据来源：FAOSTAT

从国际市场出口价格来看，2018年7月FAO最新食物展望报告显示，美国牛肉出口价格最高，其次是澳大利亚，巴西价格较低。从中国进口牛肉价格来看，海关数据显示，2017年美国牛肉进口单价（根据进口额/进口量测算）11.3美元/千克，远高于同期加拿大（8.8美元/千克）、澳大利亚（5.7美元/千克）、新西兰（4.8美元/千克）、巴西（4.4美元/千克）、阿根廷（4.3美元/千克）和乌拉圭（3.3美元/千克）价格。综上，从进口价格来看，美国、加拿大等美洲国家最高，其次是大洋洲国家，南美国家价格最低，价格优势最明显。

三、国际贸易格局

从贸易来看，牛肉 2018 年全球牛肉出口预计达 1 010 万吨，增长近 3%，领涨世界肉类市场（图4）。世界牛肉贸易的强劲增长受到全球强劲需求的推动和有竞争力的价格。印度、巴西、澳大利亚及美国仍是主要出口国，2018 年四国牛肉出口分别为 185 万吨、182.5 万吨、152.5 万吨和 132 万吨，分别增长 1.3%、3.7%、5.2% 和 2.7%。持续强劲的供给能力、相对较低的市场价格以及美元走弱均促进了美国对墨西哥、加拿大及东亚主要市场的出口。但美国也面临来自主要出口国的激烈竞争，随着澳大利亚肉牛存栏量逐渐恢复，澳大利亚重新成为美国在东亚市场主要的竞争对手。2018 年，韩国、日本、加拿大和墨西哥的牛肉需求强劲。

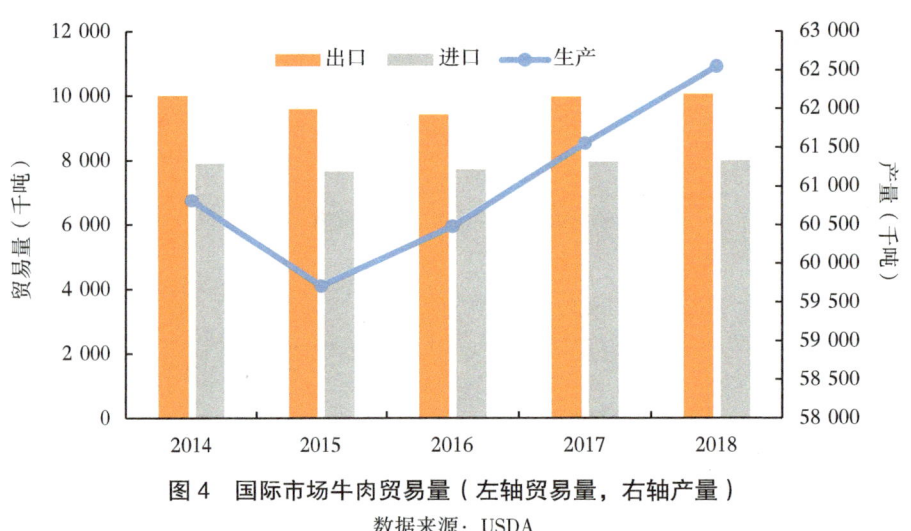

图 4　国际市场牛肉贸易量（左轴贸易量，右轴产量）
数据来源：USDA

从主要生产国和贸易国来看，美国出口预计增长最多。随着美国牧群数量的持续增加，美国 2018 年预计产量将达到 100 万吨，增长 6%，至创纪录水平。出口预计 140 万吨，将增长 6%，超过产量的 10%。2017 年 5 月，美国的牛肉产品重新获得了中国市场。但中国市场仍是美国出口总额的一小部分。在 2017 年，美国对华出口 4 284 吨（占美出口总额的 0.4%）。在持续充足的供应和有竞争力的价格推动下，将推动美国关键市场出口的增长，例如韩国、日本、墨西哥和加拿大等市场（图 5）。

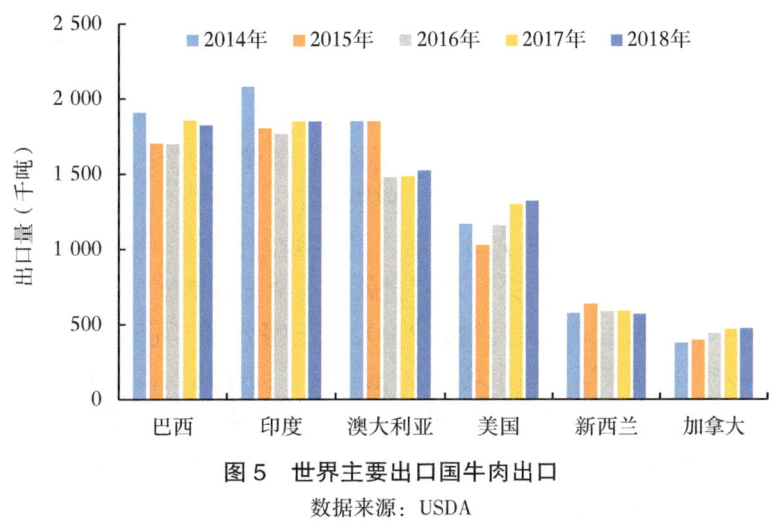

图 5　世界主要出口国牛肉出口

数据来源：USDA

四、世界主要国家产业竞争力

（一）养殖环节

1. 巴西

巴西从战略角度进一步拓宽世界牛肉市场，出台强有力的融资支持政策，肉牛产业开始投入各类技术追求肉牛生产效率，肉牛生产农场主不断增加，屠宰加工场数量逐步减少的同时，屠宰加工规模、效率和质量越来越高，在世界牛肉市场的竞争力越来越强。

（1）牛肉生产以放牧为主，节约养殖成本。巴西基础母牛群大，架子牛来源充足，品种相对固定。肉牛存栏基数大。气候适宜牧草生长，且草场维护和土地种植成本低，饲草和土地资源丰富，人均可用于肉牛养殖的草地、饲草料资源是中国的10余倍。为低成本的肉牛放牧养殖提供了土地和物质基础。巴西肉牛养殖模式主要以放牧为主，管理精细，重视草场改良，实施测土配方施肥，自觉执行围栏放牧和以草定畜。肥育场含隔离场、集中肥育采用电围栏方式，没有牛棚或牛舍，中间有活动高地。巴西肉牛在放牧补饲和集中育肥中注重利用丰富的农副产物。集中育肥虽然饲养成本高于放牧，但集中育肥的比例低（2%）。由于其大多数没有经过强度育肥，加上出栏年龄偏大（31个月以上），繁殖方式是自然繁殖、3岁怀孕、4岁分娩。犊牛放牧18个月，生产周期大约5年半，是美国的2倍多，牛肉以中低档为主，高等级牛肉较少，价格相当于中国牛肉价格的一半。

（2）辅之以短期集中育肥。粗放环境下的饲养管理虽然成本低，但弊端是不容易控制出栏时间，到了出栏淡季，每年的5—10月，往往因牛肉价格上升等影响国内牛肉市场的稳定。为此，在20世纪80年代初，圣保罗州等州成功开发了用甘蔗渣等农产品加工副产物进行集中育肥的高效育肥模式。到了20世纪90年代，该模式将170天的育肥时间缩短到了80天，一个淡季可以出栏2次。之后集中育肥饲养管理方式得到进一步研究和完善，现在形成了大型屠宰场和部分投资者在几个月之前事先预测牛肉市场需求动向，参股肉牛育肥场或牧场进行适度规模集中育肥的模式。集中育肥一般在每年的冬季，此时雨水较少牧草质量不高，为了保证出栏牛的膘情而采用短期（3个月）集中育肥，集中育肥在巴西分围栏育肥、半围栏育肥和冬季牧草育肥3种模式。

（3）低成本规范屠宰，副产物充分利用。巴西规范化肉牛屠宰企业的月屠宰能力约为290万头，以JBS公司为首的四大公司屠宰量就占了全国总屠宰量的33%，产业集中度很高。这点与美国肉牛产业相似，美国约有2 000家屠宰公司，而到20世纪90年代，美国前五大肉牛屠宰公司占据美国牛肉市场85%的份额。而相比较，中国牛肉产业发展较晚，产业程度不高，国内牛肉业分散，排名前十位企业的市场占有率不足2%。巴西屠宰加工中产生的血液、骨骼生产宠物饲料，下脚料也进一步包装与利用，与中国相比，巴西肉牛屠宰企业设施规范、管理先进、生产效率高，车间规模不是很大，但屠宰量大，能够进行标准化、规范化生产。因此，巴西单头肉牛的屠宰成本反而比中国低很多。

（4）未来巴西牛肉具有增产潜力。巴西农业部战略管理室（AGE/MAPA）预测了未来巴西主要农牧产品的产量，其中牛肉产量在2018/19年度之前的10年中将增产49.4%。这意味着今后每年度将增产4%以上，每年度将比上年度多屠宰160万~200万头。换个角度看，如果不增加屠宰头数还要达到上述的预测产量，巴西需要将现有的胴体产量提高约1.5倍，达到约300千克。如果用现有的胴体产量除以存栏头数得到的"牛肉生产效率"（千克/头）来比较，美国是125.0，澳大利亚是76.9，阿根廷是59.0，分别是巴西49.7的2.5倍、1.6倍、1.2倍。这表明巴西还有极大的增产空间。如果巴西达到上述牛肉生产大国的生产效率，其牛肉产量甚至还有可能超出AGE/MAPA的预测值。

2. 美国

美国在全球牛肉方面具有很强的竞争力市场，特别是在生产和出口高质量、谷物饲养的牛肉。这种竞争力基于以下几个因素：低成本投入，特别是牧场和谷物饲料；广泛使用先进动物饲养方法和遗传学；农场规模经济和加工水平；高效的交通基础设施；发达营销和定价系统；庞大的国内市场；支持政府项目；以及完善的动物监管框架卫生和食品安全。

（1）美国肉牛养殖高度集中。美国肉牛产区相对集中，得克萨斯州养牛业最发达，出栏数量排名第一，其余的4个州分别是内布拉斯加州、堪萨斯州、加利福尼亚州和俄克拉何马州。存栏100万头以上的州累计占美国牛肉存栏的70%。养殖量前十位的州肉牛存栏量占全美产量的57%。有76万个牛肉养殖单位主要集中在玉米带和美国西南部。100头以上的肉牛农场，占农场总数的10%，却占肉牛存栏总数的54%。

（2）美国具有肉牛专业化繁育体系。美国的牛肉产业系统由3个专业部分组成：牛犊繁育、架子牛饲养和肉牛育肥。在美国肉牛生产中，有80%的断奶犊牛会进入育肥环节，进行集中育肥，并于16-18月龄出栏。美国育肥牛场有16 000多个，其中超万头的大型商业化围栏育肥场有500多个，年可周转2.5次，这些大型育肥场提供一半以上的育肥牛。其中育肥体系呈现优势区域布局和高度规模化的特点。肉牛育肥生产一般位于饲料资源富集，主要集中在美国中央和南部大平原区，还有玉米带、美国西南部和太平洋西北部也是重要的肉牛育肥区。通过快速育肥，经全价饲料催肥，比单纯放牧缩短2年时间，在很短的时间内使牛的体重几乎增加1倍，这不仅提高了出栏率，而且提高了肉的品质。

3. 澳大利亚

澳大利亚仅生产世界上3.9%的牛肉，但其超过60%的产量用于出口。澳大利亚与美国和巴西并称世界三大牛肉出口国。其生产的肉牛以自然高品质牛肉著称。

（1）生产系统始于牧场。澳大利亚的肉牛产业主要是以天然放牧为主，养牛户依赖于在其所在地区天然生长的牧场（很多北部生产者依赖这种饲料来源）。这种牧场所含的蛋白质及能量低于人工引进的牧场，但通常比后者有着更好的可复原性。其他养牛户在土地上播种（栽种）可制造大量、高营养饲料的牧草品种。养牛户必须决定其所期望的肉牛目标市场。这些市场包括牛犊市场（在9个月断奶时出售），小牛市场（12个月大），饲育场市场（18个月），或草料喂养市场。一旦做出决定，养牛户将采用针对目标市场并适应当地环境的品种。目前，在澳大利亚安格斯种是最受欢迎的品种。这一受欢迎程度是因为安格斯种生产优质牛肉的能力（因其大理石纹理）。其他受欢迎的品种包括夏洛莱种（该品种有着显著的成长优势）以及耐受力强的婆罗门种（该品种可经受在北部生产系统中常见的不利条件）。

（2）家庭农场为主，育肥和加工相对集中。据澳洲统计局公布的数据，澳共有约4.38万个肉牛农场，其中约99%是自主生产和经营管理的家庭农场，从业35.1万人，其余1%左右为法人农场和其他形式的农场。法人农场主要集中于北部，数量虽少但其经营的土地面积却占所有肉牛农场经营土地总面积的40%以上，肉牛存、出栏量均占19%左右的份额。澳洲育肥场数量不多且较为集中，400余家育肥场育肥肉牛数量约300万头，其中昆州育肥约166万头。澳洲全澳50%的牛肉由前5大肉类加工厂加工处理，其中40%的牛肉在昆州加工，这些大加工厂多为外资或合资加工厂，市场份额分别为Teys/Cargill，21%（澳美合资）、JBS，25%（巴西）和Nippon Meat，6%（日本）等。

（3）根据世界市场需求细化产品结构。澳大利亚以活牛出口或成品牛肉的形式出口60%的产量。活牛出口市场在澳大利亚北部最为普遍，该地区将瘤牛出口至印度尼西亚等国家。然而，尽管活牛出口市场有所增长，但是大多数产品依旧是在澳大利亚屠宰加工后出口。由于瘤牛的顽强生命力，壁虱抵抗性及抗热能力，北部生产者通常选择瘤牛品种。而该品种的牛肉质量通常低于普通牛，例如安格斯等非瘤牛品种。南部生产系统中通常采用普通牛品种生产优质牛肉，普通牛则通常育肥加工，然后在国内消费或向日本等高端市场出口。

（4）完善的红肉质量安全制度。全国牲畜认证系统-NLIS。澳大利亚的牛羊追溯系统已经非常完善，完全可以保障牛羊肉类产品的食品安全。澳大利亚牛肉产业的主要优势是其无病害，"干净与纯天然"形象。采用全国牲畜认证系统（National Livestock Identification System，NLIS），NLIS要求肉牛在很小的时候就打上电子认证耳标。当肉牛通过供应链，可通过 NLIS 查询。美国疯牛病的暴发导致日本停止进口美国牛肉多年。这给了澳大利亚一个立足于日本肉类市场的机会。如果这样的疾病在澳大利亚暴发，NLIS 可以在很短的时间内将病源孤立。澳大利亚是第一个引进这种系统的国家。

牲畜生产保证体系-LPA。牲畜生产保证体系（LPA）帮助认证食品安全和质量保证标准，牧场将被随机抽查，确保实施 LPA，符合食品安全标准。牛只交易过程中，相关单位也会检查饲料和饮水的安全，并检查农药或微量金属残留。LPA 包含以下五个主要领域：①畜牧场风险评估；②安全和负责任的动物管理；③用作饲料的农物、谷和牧草的处理和储藏；④牲畜运送的准备；⑤牲畜交易及运输。

（二）成本比较

澳大利亚牛肉生产成本主要包括劳动力薪酬、肥料、牲畜管理、合同服务、灌溉费用、牧场维护、饲料生产等。其中劳动成本、肥料、牲畜管理和合同服务占72%，劳动成本占比最高，为总成本的31%；另外是肥料费用，占18%，牲畜管理费用12%，合同服务占11%。新西兰饲养牛、羊农场成本中，肥料费用与剪毛费用分别占农场的18%与15%，劳动力费用占总成本的10%，饲料费用仅占农场成本的6%。美国肉牛的总成本中分为运行成本和分摊成本，各占一半左右。运行成本中，饲料成本占总成本的比重最高，为2.7%，在饲料成本中收获饲草和私人牧场成本最高，在分摊成本中，主要支出为非偿付劳动力机会成本和机械和设备资本恢复成本比重最高。

经比较，在中国肉牛成本构成中，仔畜费用占比重最高，占总成本的60%以上，其次是饲料20%，第三项人工费用占比12%左右（《2016年成本收益年鉴》）。中国牲畜管理费用很低，占比很小。这也印证了澳大利亚、新西兰、美国等畜牧业发达国家肉牛养殖已经达到了经营规模化、生产机械化、服务社会化，而中国肉牛养殖还是以散养为主，综合管理不够，规范化、专业化程度不足。

中国肉牛养殖主要分为两种，散户多以自繁自育养殖为主，规模场多以短期育肥为主。根据农业部畜牧业司统计资料，肉牛户均存栏量由2010年的5.89头增加到2016年的6.54头，反映中国肉牛规模化程度有所提高。但肉牛养殖仍以小散户为主，规模化水平有待加强。

（三）价格与品质比较

从国际市场出口价格来看，FAO 食物展望报告显示，美国牛肉价格最高，其次是澳大利亚，价格最低为巴西。从中国进口牛肉价格来看，海关数据显示，2017年美国牛肉进口单价（根据进口额/进口量测算）11.3美元/千克，远高于同期加拿大（8.8美元/千克）、澳大利亚（5.7美元/千克）、新西兰（4.8美元/千克）、巴西（4.4美元/千克）、阿根廷（4.3美元/千克）和乌拉圭（3.3美元/千克）价格（表1）。综上，从进口价格来看，美国、加拿大等美洲国家最高，其次是大洋洲国家，南美国家价格最低，价格优势最明显。

表1 牛肉国际价格比较

单位：美元/吨

年份	澳大利亚	美国	巴西
2007	2 544	4 023	2 367
2008	3 024	4 325	3 785
2009	2 562	3 897	3 118
2010	3 272	4 378	3 919
2011	3 944	4 516	4 816
2012	4 176	4 913	4 492
2013	4 009	5 535	4 326
2014	5 016	6 678	4 515
2015	4 638	6 201	4 130
2016	4 059	5 569	3 836
2017	4 378	5 871	4 047

数据说明：澳大利亚：小乳牛（肥瘦相当 90CL）出口美国船边交货价（FAS）；美国：冷冻牛肉，出口价；巴西：冷冻牛肉，出口价

当前，国外牛肉分别布局中国低、中、高端市场。从份额上看，国内牛肉进口市场主要是南美和澳洲的天下。南美草饲牛肉主打大众牛肉市场，其中巴西和乌拉圭牛肉进口占中国进口总量的57%，而中高端市场归澳大利亚和新西兰牛肉，占中国进口总量的30%。加拿大牛肉和已经恢复进口的美国牛肉聚焦中国市场对于高品质、谷饲牛肉的需求。从品质上看，北美和大洋洲牛肉具有一定的优势，而南美国家具有一定的价格优势，同时欧盟和"一带一路"国家也逐渐参与到中国牛肉市场的竞争中来，未来中国牛肉市场竞争加强，充满变数。

五、主要国家产业支持政策新变化

（一）美国修订《牛肉促进研究法》和牛肉标准

2017年5月30日，美国发布82 FR 24455法规，修订了根据1985年《牛肉促进和研究法》设立的"牛肉促进和研究指令"。此次修订增加了6个进口牛肉和牛肉产品协调关税表（HTS）代码，并更新了基于活体动物等效性确定的进口牛肉及牛肉产品的评估利率。另外，农业营销服务（AMS）正在修订"指令"中对"进口牛肉和牛肉制品"的定义，删除不再使用和过时的税号。该规定自2017年6月29日起生效。另外，美国农业部部长根据《Agricultural Marketing Act of 1946》修订美国牛肉等级标准，并于2016年3月1日生效。2017年12月6日，美国农业部农产品市场服务局发布通告，修订胴体牛肉分级标准。按照新修订的标准，美国农业部在进行胴体牛肉官方质量分级时，可采用牛的牙列和年龄资料判断牛肉的成熟度。新规定自2017年12月18日实施。

(二)巴西采取补救牛肉安全措施

2017年3月发生的巴西肉类品质问题事件,引发全球对巴西出口肉类产品质量的关注。中国、欧盟、韩国及智利已暂停从巴西进口牛肉。就此,巴西政府已采取多项补救国家农业实验室亦负责审核实验室的水平、研究和发展分析方法,以及检讨相关的法例和技术指引。措施包括:①派遣特别查核小组,对事件涉及的肉类制造厂房进行审核和巡查;②下令涉事的其中3间肉类制造厂房停止营业;③就事件涉及的产品,增加抽取样本进行实验室检测;④加强农牧业和食品供应部与联邦警察的合作,以便对食物品质监控制度出现的任何问题进行调查。2017年12月,巴西政府推出"诚信农业企业计划"(Agro Integrity Programme),藉以鼓励农业企业界提高透明度和采用良心手法经营。在该计划下,按规定经营的农业企业可获授诚信农业企业印章(Agro Integrity Seal)。一个由政府、商界和民间代表组成的委员会负责审核参与计划企业的营商手法。倘若企业的营商手法符合各方面(例如防止欺诈行为、防贪,以及履行社会和环保责任等)的规定,委员会便会向其颁授"诚信农业企业印章"。

(三)澳大利亚红肉可持续发展支持

澳大利亚红肉咨询委员会(Red Meat Advisory Council,RMAC)最新发布首个澳洲牛肉可持续发展框架报告,以期为整个牛肉价值链的全面振兴提供支撑。澳洲牛肉可持续发展框架将指导、确立适当的牛肉产量目标,确定优先发展领域及可参考的行业指标,就当前行业运行表现给出报告。引导并促进行业投资,促进行业内部协作。报告指出,澳洲牛肉价值链复杂且变化多样。包括牧场、饲料、运输、零售及终端客户等环节。框架将关注各个环节的动态变化。红肉咨询委员会表示,设立本次框架的目的在于满足消费者和行业利益相关者不断变化的预期,确保澳洲牛肉继续树立品牌形象、确保充分的市场准入,促进牛肉的可持续性生产。RMAC近期发布2020年肉类产业战略计划(The Meat Industry Strategic Plan 2020),如果政策得当,到2030年整个红肉与牲畜养殖行业的价值将最高增加70亿澳元。

(四)阿根廷牛肉产业十年萎缩后全面复苏

商务部网站援引阿根廷《国民报》《商业纪事报》《金融界报》2018年1月11日报道称,阿根廷牛肉产业在历经十年的萎缩后终于在2017年全面复苏。据阿根廷牛肉工贸商会(CICCRA)数据显示,2017年,阿根廷生牛屠宰量为1 260万头,同比增长7.6%;牛肉产量285万吨,同比增长7.7%。2017年阿根廷人均牛肉消费量为58.4千克,同比增长5.6%。2017年阿根廷国内牛肉消费为257万吨,其中90.4%通过冷链流通。据《国民报》报道,2017年阿根廷牛肉出口量为31万吨,这项数据足以使阿根廷重新回归世界十大牛肉出口国的行列。中国和阿根廷正在协商冷藏带骨牛肉进口等政策的开放,未来将对中阿两国的牛肉贸易产生巨大影响。

(五)印度活牛及牛肉出口政策徘徊不定

中国商务部决定免除进口印度牛肉的禁令。早些时候,中国商务部已向印度派出质量检查组,查验水牛肉生产设施,现在已完成对14个屠宰场的检查工作。促进中国直接从印度进口水牛肉是莫迪政府自2014年5月上台以来的首要任务之一。但印度出口政策一直徘徊不定。印度中央政府2017年5月26日颁布法令:禁止全国牲畜市场出售年老的牛,买卖牛时买家需要有农田,并提供证明保证牛用于耕种,不用作屠宰。严格禁令要求包括奶牛、水牛在内的动物不得在动物市场上进行交易。印度的禁令可能会将改变牛肉国际贸易格局,澳大利亚牛肉产业将获益,印度的禁令将增加印度尼西亚对澳大利亚牛肉的需求。印度中央政府先前下令禁止牲畜市场出售屠宰牛引发争议,经最高法院下令停止执行后,印度中央政府计划撤回修订草案争议法条。

(六)中国拓展牛产品进口渠道与方式

2001年,由于欧洲疯牛病暴发,国家质检总局和农业部于2001年3月27日下令禁止进口和销售包括英、法、德、意、荷、比、卢等13个欧洲国家的牛肉、牛肉组织与器官等为原料生产制作的食品。时隔17年后,来自欧盟的牛肉即将大规模地进入中国,包括爱尔兰和法国。此外,比利时和德国也在申请牛肉的进口许可证。中国正逐步解除欧盟各国牛肉进口市场。在"一带一路"倡议的支持下,中国正探索周边东南亚国家市场。2017年12月,缅甸正式解除出口活牛禁令,中国正加紧在云南建立境内肉牛隔离检疫场和活牛进口通道,设立跨境动物疫病区域化管理试点,以保证缅甸活牛进口通畅。同时,牛产品贸易方式也呈现多元化发展。从牛肉贸易扩展到活牛贸易,传统易货扩展到电子商务,海运扩展到空运、铁海联运等。

六、世界供需形势展望

(一)短期

展望2018—2019年,全球牛肉市场生产稳步推进,预计产量增幅达到2%。出口增幅5%,领涨所有肉类产品。其中,巴西、美国、阿根廷主产国由于胴体重增长,产量预计增长。根据澳大利亚畜牧协会展望报告,澳大利亚畜群重建步伐继续,2018年澳牛肉产量216.7万吨,增长1%,2019年产量227.2万吨,逐年增长。美国牧群扩张正在放缓,但还没有结束。美国牛肉产量在2018—2019年将会恢复性增长。近年来的强劲回报刺激了小牛生产商加速生产,再加上两年创纪录的玉米产量,都促成了2018年可能达到创纪录水平1 245万吨。巴西牛肉生产预计未来几年将出现增长,超过国内消费的增长。印度牛肉和水牛肉仍然是一个不稳定的市场。尽管如此,印度目前仍是世界上最大的牛肉出口国。印度的牛肉生产主要是乳制品行业的副产品,在私人投资和政府在乳制品行业的支持下,畜牧业规模和牛产量和出口预计将在未来几年增加。2018年,乌拉圭的牛肉产量 57 万吨，预计将下降 4%，由于干旱天气和牧草条件不好将限制牛肉供应，但预计出口 42 万吨，接近产量的 3/4，中国预计仍将是乌拉圭的主要出口目的地，欧盟和美国的市场也将保持稳定。

(二) 中长期

未来 3~5 年，全球牛肉生产仍然维持低速稳定增长态势。随着收入的增加，对蛋白质的需求可能会显著增加。许多发展中国家对牛肉的需求将会增加。据荷兰合作银行称，预计到 2020 年，中国对牛肉的进口将增长近 100 万吨，其中巴西会是主要的来源。中国在牛肉的生产中有结构性的短缺。2020 年巴西向中国出口的牛肉将达到 200 万吨，占巴西总出口的一半。另外，也有一些国家努力增加本国牛肉产量。例如印度尼西亚和俄罗斯，2010 年，印度尼西亚限制活牛进口重量。这是为了激励当地生产者要增加生产，要自给自足。俄罗斯的牛肉数量曾经达到 1 000 万头，而后数量下降到近 20 万头母牛。目前，俄罗斯设定一个目标，到 2020 年将牧群数量增加到 400 万，尽快实现自给。其他国家也有类似的情况。从长期来看，这可能会增加全球牛肉产量生产和减少出口需求。此外，各国引入国际先进畜牧技术，如 EBVs（育种值估计），可能会提高牛肉生产效率和产量。从出口来看，根据《全面且先进的跨太平洋伙伴关系协定》(CPTPP)，新西兰出口到日本的牛肉关税将在未来 16 年内从 38.5% 减少到 9%，预计未来牛肉出口日本会增加。

专题二　国际市场价格波动特征研究

根据 FAO 食物展望报告显示，2017 年国际牛肉价格指数涨 3.7%，在肉类平均价格水平上，高于猪肉、禽肉，仅次于羊肉。从牛肉主产国来看，美国、欧盟、澳大利亚、巴西等国 2018 年上半年牛肉价格均呈跌后回升态势。2018 年全年国际牛肉价格预计仍将保持良好态势。从 2017 年中国进口牛肉价格来看，美国牛肉进口单价最高，其次是加拿大、澳大利亚、新西兰，南美国家（巴西、阿根廷和乌拉圭）价格较低，价格优势最明显。另外，国际市场的不确定性增加，美国贸易保护政策、英国脱欧、南美政治和经济不稳定以及气候变化等因素都导致了近年来国际牛肉价格波动，很难拥有长期盈利能力。各国为了应对牛肉等肉类价格波动，出台了各种价格调控措施和政策。牛肉作为重要的敏感性农产品，各国对价格及农民利益加以支持和保护。例如针对养殖风险，美国的牲畜赔偿支付、灾难计划、欧盟的牲畜保险、日本的保险灾难补贴等保险类政策降低了自然灾害、动物疫病等外界因素对产业的巨大风险，稳定了肉类供给；欧盟的农产品干预价格体系、日本的稳定价格政策等把牛肉作为特殊类产品进行价格干预与保护；欧盟的单一农场支付、日本的农户直接支付制度等是价格干预以外的另一种价格保护措施，不仅保障了本国养殖户收益，而且通过与农户签订环保协议，调整畜牧业生产与环境的可持续发展问题。

一、国际价格波动特征

从历史价格数据来看，20 世纪 90 年代，世界牛肉市场价格受到巨大的下行压力。北美的牛周期对牛肉价格影响很大。与此同时，第二大进口市场日本的经济停滞不前，消费者偏好转向低价进口牛肉，日本进口价格下降，牛肉价格下行压力加大。21 世纪以后，国际市场牛肉价格逐渐上涨。目前，全球牛肉价格都远低于 2014 年的峰值水平，并且价格峰值不太可能在未来 10 年内再次出现。2015—2016 年 8 月国际牛肉价格回落，2016 年下半年至 2018 年呈现逐步回升态势。2018 年全球肉类价格指数上涨了 9%（图 1），其中牛肉涨 3.7%，羊肉涨 27.6%，猪肉、禽肉价格下降。其中牛肉价格指数 207.4，在肉类平均价格水平（169.8）以上，高于猪肉（129.4）和禽肉（163.6），仅次于羊肉（218.6）。牛肉价格预计仍将保持良好。美国是全球最大的牛肉进口国和第二大出口国，美国牛肉价格走势与国际牛肉价格走势基本一致。

从国际市场出口价格来看，FAO 最新食物展望报告显示，美国、澳大利亚、巴西牛肉出口价格比较，美国最高，其次是澳大利亚，巴西最低。从中国进口牛肉价格（海关数据）来看，2017 年美国牛肉进口单价（根据进口额/进口量测算）11.3 美元/千克，远高于同期加拿大（8.8 美元 / 千克）、澳大利亚（5.7 美元 / 千克）、新西兰（4.8 美元 / 千克）、巴西（4.4 美元 / 千克）、阿根廷（4.3 美元 / 千克）和乌拉圭（3.3 美元 / 千克）价格。综上，美国、加拿大等美洲国家进口价格最高，其次是大洋洲国家，南美国家价格最低，价格优势最明显。

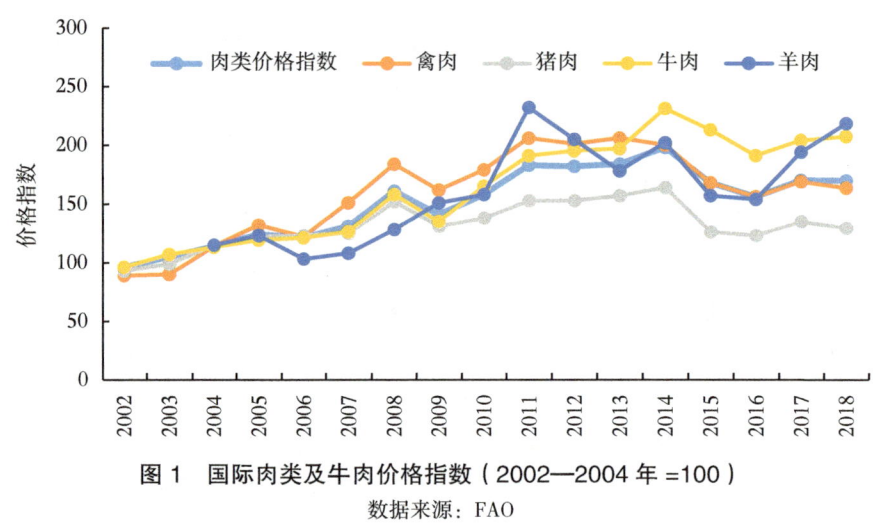

图 1　国际肉类及牛肉价格指数（2002—2004 年 =100）
数据来源：FAO

（一）美国

北美在内战后肉牛业得到迅速发展。19 世纪末，随着工业化发展，种植业水平迅速提升，同时农业机械化水平提高，肉牛业进入现代肉牛生产阶段，各方面均居于世界领先地位。作为全球主要的牛肉生产国和贸易国，美国的牛肉价格直接影响着国际市场牛肉价格走势。2014 年，美国西南部和中东部部分地区持续干旱，影响牛肉生产商重建牧群，进而影响供应，美国牛只数量进入自 1951 年以来的最低谷。供应减少导致牛肉价格高涨，2015 年初达到近年最高位（图 2）。随着牧群的扩大，供应量跟上后，价格迅速回落。同时，由于美元汇率下调，与近几年相比，牛肉价格普遍偏低。2016—2017 年供应量逐渐增加，2017 的屠宰量已经增加了 5%~6%，2018 年美国牛养殖数量连续保持增长，2018 年初，牛养殖总数达到 9 440 万头，全年数量有望继续增加。2018 年，牛肉价格有降后回升迹象，这也给养殖户带来动力。1—6 月，美国牛肉价格连续上涨 6 个月，7 月美国去骨牛肉（90% 新鲜）批发价格为 4.36 美元 / 千克，同比降 5.7%。国内外需求一直是推动美国牛肉价格上涨的主要因素。强劲的需求远远抵消了其他影响，支撑着美国育肥牛的价格。

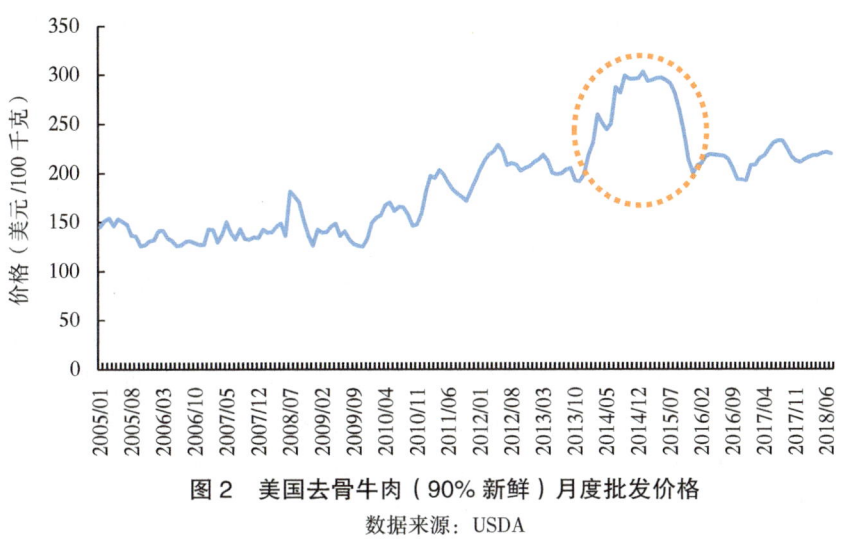

图 2　美国去骨牛肉（90% 新鲜）月度批发价格

数据来源：USDA

（二）欧盟

欧盟原来是主要的牛肉出口国。然而，20 世纪欧盟的许多补贴和激励政策减少，使得牛肉产量下降促使成为牛肉净进口地区。1986 年英国疯牛病地暴发，1989 年欧洲其他国家也相继暴发，导致欧盟牛肉消费需求和信心受挫。牛肉消费需求下降直接导致牛肉价格低迷。肉牛主要集中在四个欧盟成员国国家，法国（牛存栏占欧盟的 1/3）、西班牙、爱尔兰以及英国。2010—2013 欧盟牛肉价格开始出现明显的恢复，2015 年 8 月价格涨到近年最高点 4 479 欧元 / 吨，2015 年下半年到 2016 年价格逐渐下滑，2017 年价格停滞不前。2018 年 1—2 月，欧盟牛肉价格继续小幅回落，3—6 月有所价格回升。6 月平均价格为 4 098 欧元 / 吨，同比增 1.2%（图 3）。根据澳洲肉类及畜牧业协会（MLA）报告显示，

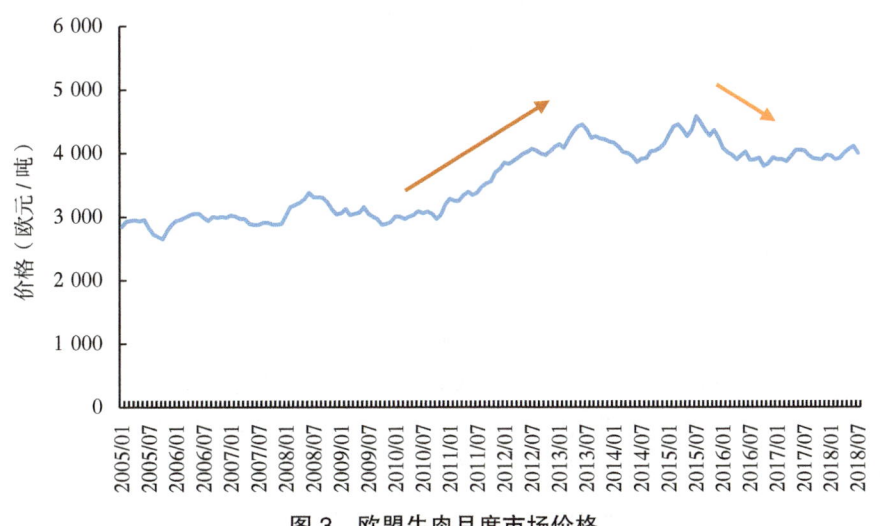

图 3　欧盟牛肉月度市场价格

数据来源：欧盟网站

欧盟包括28个人口规模不同的欧洲国家。在经济状况略有改善和牛肉价格下降的背景下,预计未来牛肉消费需求将会上涨。

(三) 巴西

巴西作为南美第一大国,其肉牛业发展较早。随着工业化进程推进,巴西肉牛数量在20世纪60到80年代经历了大幅度的增长,之后以较慢速度稳步上涨。根据USDA (FAS) 报告预测,2018年预计巴西牛肉产量将上涨2.5%,达到970万吨,消费量达到790万吨,牛肉出口将增长2.4%以上。在经历了2017年的几起巴西劣质肉丑闻后,巴西牛肉受到多国市场准入限制。涉及中国最大肉类加工公司的腐败丑闻。巴西农业部长表示,巴西"问题肉"一事严重影响该国肉类加工业形象,或将造成其全球市场份额10%的下滑。2017年3月开始,中国、欧盟、韩国、智利、美国相继暂停进口巴西牛肉,继而巴西牛肉价格出现明显下降,2017年3—7月,巴西牛肉价格下跌了16.7%。2018年初,巴西牛肉继续下跌,7—8月,由于巴西东北部干旱严重,导致可屠宰的动物供应减少,牛肉价格温和回升(图4)。

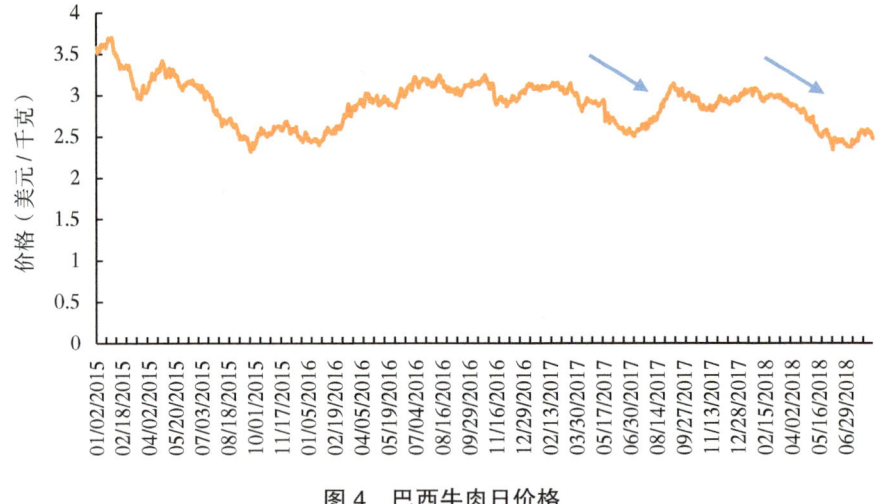

图4 巴西牛肉日价格

数据来源：Cepea/Cattle price

(四) 澳大利亚

19世纪后半叶,淘金热出现后,大洋洲的牛群数量开始增长。20世纪初,由于极端炎热气候,季节性短缺的饲料等因素,澳大利亚北部生产力下降。20世纪50年代引入了耐热品种瘤牛而得到改善,20世纪60年代,又引入大体格欧洲利木赞、夏洛莱和西门塔尔等品种,并与英国品种杂交,得到目前的澳洲优良品种。20世纪90年代,北澳大利亚的发展得益于活畜出口,而南部牛肉产业不景气而改变了生产模式,由草饲改成谷饲。21世纪开始,干旱影响了南部地区产业发展,直到2009年气候得到改善,并进行了牛群重建。2013年以来，澳大利亚的牲畜价格逐渐恢复。2015年，澳大利亚的牛肉价格与巴西、乌拉圭、巴拉圭和阿根廷的比较接近。2017年，澳大利亚的价格与美国的价格大致持平。2018年，澳大利亚的牲畜价格继续下滑，原因是持续恶劣的季节性条件导致牲畜，减少了牲畜的补充需求。澳洲牛肉价格低于美国（图5）。根据MLA报告预计，澳大利亚未来牛肉价格将受到很多因素的影响，比如季节性条件、交易环境、货币波动和澳大利亚牛肉产量的恢复速度等。2018年，肉牛供应仍将紧张，畜群重建仍在继续。预计成牛屠宰量仅小幅上升，牛肉产量仅增加1%，随着国际竞争加剧，特别是来自美国和巴西的出口压力，加上目前澳大利亚东部、南部地区持续干旱，特别是新南威尔士洲地区，2018—2019年澳大利亚牛肉价格将面临压力。

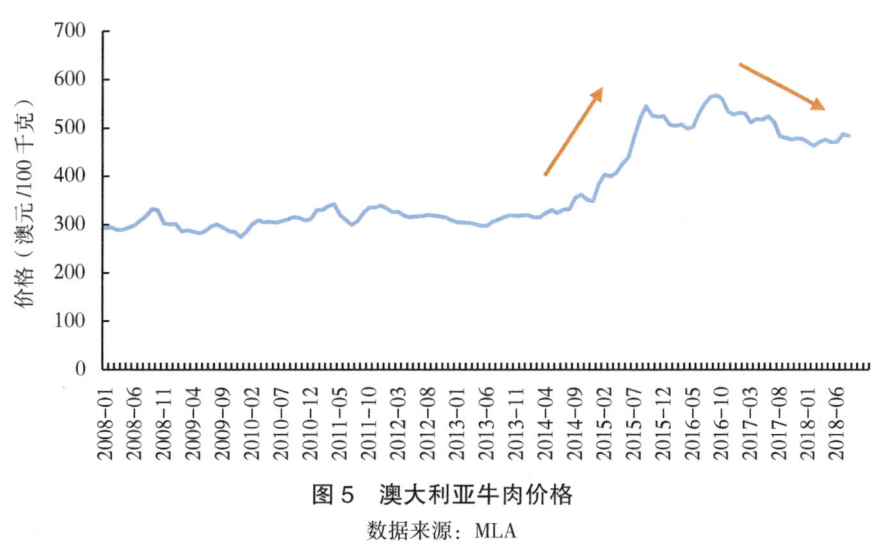

图5　澳大利亚牛肉价格

数据来源：MLA

二、国际价格波动原因分析

近年来，国际牛肉价格波动原因有很多，牛肉市场不确定性增加，很少有国家能在牛肉生产方面拥有长期的盈利能力。以美国为首的贸易保护主义、英国脱欧、南美政治和经济不稳定以及气候变化等原因都导致了国际牛肉价格波动。

（一）自然灾害

近年来，对全球牛业影响最严重的自然灾害是旱灾。主产国美国、巴西、澳大利亚等国都曾经受到干旱的影响。在所有国家中，澳大利亚牛肉价格在极端干旱之后，导致价格不断飙升，波动较大。根据澳洲贸易委员会（MLA）报告，2002年、2006年和2016年历史上三个干旱期结束后的6个月，许多地区的牛羊市场都开始复苏，其中澳大利亚东部小牛指标价格（EYCI）涨幅最高达到45%。2018年，澳大利亚东部、南部地区持续干旱，特别是新南威尔士洲地区，新州95%的土地受灾严重。由于干旱，部分农场主由于饲料价格上涨被迫出售牲畜甚至农场。据澳大利亚气象部门预测，干旱还将持续。澳政府宣布了一项1.9亿澳元的救援计划补助遭受旱灾的农民。

南美其他牛肉出口国最近受严重厄尔尼诺现象的影响，牛群和短期牛肉供应产量减少。2017年，巴西东北部地区遭遇有史以来最严重的干旱，土地龟裂，牲畜尸体遍地。巴西牛肉价格在前期持续低迷的情形下，由于供给不足，而价格上扬。

中国内蒙古地区从去年秋季开始，部分地区也出现了持续性的干旱，截至2018年6月上旬，内蒙古大部地区的气象干旱持续发展，其中，呼伦贝尔市北部、通辽市东部和西南部、赤峰市、巴彦淖尔市北部等地干旱较重。由于饲草不足，很多牧民提前将牛出栏，也给牛肉市场供应带来了一定影响。

（二）季节性及节假日影响

中国牛肉价格季节性波动明显，由于供给端养殖周期长等原因，牛肉价格变化趋势很大程度上由需求端来决定。从需求规律上看，年初及年末，牛肉消费需求旺盛，春季到秋季需求相对较低。一季度由于春节等节日需求推动影响，居民肉类及牛肉消费需求较大；春节之后二季度由于节后因素以及天气逐渐变暖，居民肉类消费需求整体略有下降；三季度牛肉整体需求开始稳中有增；四季度随着天气逐渐变冷与居民火锅消费量增长等因素影响，牛肉消费量稳步增长并将一直持续到春节前后。

美国牛肉价格也受季节消费需求驱动。每年当夏季到来的时候，受烧烤季和假日的影响，美国牛肉零售价格也会随着需求增加而明显上涨。从历史价格来看，每年的7—8月夏季假日时期，牛肉价格往往高于其他月份。同样，12月至次年1月，也会带来一波牛肉价格上涨态势。节日过后，需求下降，价格自然回落。

另外，还有一些宗教节日会对牛肉价格有一定的影响。例如伊斯兰教的斋月、开斋节（肉孜节）、古尔邦节等。每逢斋月前，会迎来牛羊肉的采购季，斋月期间，肉类消费又明显下降，到开斋节、古尔邦节来临，消费出现明显上升。这些都会给本国及贸易国家的牛肉价格带来一定的影响。例如，中东国家及中国的新疆、宁夏、青海等省市（自治区）在这些节日前后（8—10月，日期每年不定），牛羊肉价格会有些许波动。

（三）全球经济形势及贸易政策

2017年，全球贸易不确定性加剧。以美国为首的国家重新推动贸易保护主义措施，反对多边主义支持双边自由贸易协定，可能会破坏过去30年在全球取得的牛肉贸易自由化格局（MLA，2018）。

近年来，英国"脱欧"引起了英国和爱尔兰牛肉生产商和主要牛肉出口国—南美、澳大利亚和新西兰等国的极大关注。爱尔兰的牛肉行业非常依赖出口，而英国又是爱尔兰牛肉最大的出口国。英国脱欧无疑会对爱尔兰的牛肉出口产生很大的冲击，由于英镑兑欧元大幅贬值，牛肉价格上涨。爱尔兰出口商正在积极开拓新的出口市场（特别是中国和美国）以作为贸易应变策略。

其他新贸易准入问题包括美国退出跨太平洋战略经济伙伴关系协定（Trans-Pacific

Partnership，TPP）、美国对北美自由贸易协定 North American Free Trade Agreement，NAFTA）的威胁、美国与中国的贸易关系、巴西与美国的关系、巴西牛肉的市场准入问题、墨西哥同意有条件重新谈判北美自由贸易协定。澳大利亚、新西兰、加拿大正探索出口机会，减少对美国的依赖。中国已经解禁欧洲多国市场，继法国之后，今年英国牛肉重返中国市场。中国还积极扩展周边国家和"一带一路"进口渠道。例如，中国计划每年从缅甸进口 10 万~30 万头活牛。根据缅甸商务局信息，2017 年 12 月—2018 年 5 月，中国已经从缅甸进口 50 022 头白牛（缅甸瘤牛）和 6 771 头水牛。

（四）主要国家产业政策

印度是世界上最大的牛肉出口国之一，2017 年 5 月 30 日，印度政府试图禁止牛和水牛被屠宰，颁布全国性出口禁令。由于印度水牛牛肉供应了全球约 20% 的出口，如果出口突然从全球市场消失，虽然巴西、澳大利亚等国会迅速填补市场，也将造成国际市场供给的大幅下降。另外，预计这一禁令还将导致印度的活牛及牛肉将以灰色贸易的形式流向越南（绝大多数从越南转口中国）、中国和印度尼西亚等国。经合组织—粮农组织预测，未来 10 年印度牛肉出口将增长 16%（2026 年）左右。因此，未来印度牛肉及活牛出口政策将严重影响周边和全球牛肉市场的供给及价格。

（五）汇率变化

不可忽视，汇率变化是影响国际贸易的主要因素之一。但在最近几年，这种关系却变得不那么明显。因为全球市场牛肉供给偏紧，汇率变化波动频繁且幅度不大，目前供应因素似乎是价格的主要驱动因素。前期美元与澳元的汇率变化，确实对两国的牛肉出口价格有一定的影响。澳元的下跌有助于澳大利亚牛肉的出口，提高竞争力。但真正推动贸易的是国际市场消费需求。澳大利亚有大约 70% 的牛肉用于出口，所以外国对澳大利亚产品的需求在支持牛肉价格方面发挥着重要作用。

（六）突发和重大事件

牲畜疫病、质量安全等突发和重大事件会导致牛肉市场价格的剧烈波动和贸易变化。巴西是中国的牛肉和鸡肉的主要进口来源。2017 年，巴西农业部的检疫人员受贿，非法为多个巴西肉类企业发放合格证，查出有 21 家被曝制售"问题肉"的厂家。巴西作为全球主要牛肉和鸡肉产品出口国，事件曝光令其形象大打折扣，出口遭受严重冲击，包括中国在内的超过 20 个国家和地区宣布对进口巴西肉类采取限制措施，价格受到一定冲击，巴西两大肉类生产加工企业 JBS 和 BRF 一个月来股价蒸发 54.71 亿雷亚尔（约合 120 亿元人民币）。

（七）其他产业影响

1. 奶牛产业

奶牛产业是对肉牛产业影响最大的产业之一，全球很多国家养殖乳肉兼用品种，养殖者可以根据国际市场行情调整乳用或者肉用。2014年全球原奶供过于求，国际奶价持续下跌。"乳品危机"对许多国家的牛肉供应有一定的影响。在不同国家影响不同，主要取决于肉牛和奶牛在牛肉供应中的替代关系。在那些以奶牛群为主要牛肉来源的国家，包括欧洲大部分地区和新西兰（66%是奶牛），乳牛的淘汰直接导致牛肉供应的增加。但这个影响时间不长，2016年和2017年上半年乳制品价格回升了一半以上，供需逐渐平衡。

2. 饲草产业

除了奶牛以外，饲草产业也对草食畜牧业影响很大。中国饲草产量供给不足，特别是优质饲草依靠进口。中国海关数据显示，2017年中国进口美国苜蓿草金额为4.2亿美元，进口量近139.8万吨。金额已超越玉米、小麦等农产品。在中美贸易战中，如果中国对美加征苜蓿关税，美国牧草不再具有价格优势，国产牧草产业面临新的机遇和挑战。从中长期看，有利于提振中国牧草产业的加快发展。

三、主要国家价格调控措施及成效

各国为了应对牛肉等肉类价格波动，出台了各种价格调控措施和政策。牛肉作为重要的敏感性农产品，对价格及农民利益加以保护。例如，针对养殖风险，美国牲畜赔偿支付、灾难计划、欧盟牲畜保险、日本保险灾难补贴等保险类政策降低了自然灾害、动物疫病等外界因素对产业的巨大风险；欧盟农产品干预价格体系、日本稳定价格政策等把牛肉作为特殊类产品进行价格的干预与保护；欧盟单一农场支付、日本农户直接支付制度等是价格干预以外的另一种价格保护措施，不仅保障了养殖户获得最低收益，而且通过与农户签订环保协议，调整畜牧业生产与环境的可持续发展问题。目前，中国牛肉产业还没有得到足够的重视和保护，学习和借鉴外国经验和做法，有利于中国产业政策的不断完善和改进。

（一）美国

美国新农业法案中有关于牛的相关内容。2013年农业法案有12章内容，分别是商品计划、作物保险、环境保护、营养援助、贸易、信贷、园艺、能源、科研、农村发展、林业、其他。与2008年农业法案相比减少了3章，其中第十一章畜牧业章被合并到第十二章中。

目前对牛发展有影响的法律条款主要有以下几个。

● 第一章　商品计划　第五节　农业灾难援助补充

1501（b）牲畜赔偿支付（LIP）

2012—2018财政年，由于恶劣天气或受到其他动物的袭击如狼或鸟类捕食者，导致牲畜非正常死亡的，政府将给予市场价值率的75%赔偿给那些符合条件的牲畜生产者。补贴的产品包括牛、绵羊、山羊、水牛及鲶鱼，资金直接补贴给生产者。牲畜补偿计划的补贴是以每头有资格享受补贴的牲畜所遭受的损失为基础的。

1501（c）牲畜饲料灾难计划（ELFP）

2012—2018财政年，由于干旱或火灾造成放牧牲畜损失的。覆盖范围为永久植被的天然或改良牧场，或专门为放牧牲畜的土地。干旱的损失支付率相当于每月饲料成本的60%，火灾造成的损失支付率相当于每月饲料成本的50%提供给符合条件的牲畜生产商。

1501（d）牲畜、蜜蜂、养殖水产品的紧急援助（ELAP）

2012—2018财政年，2千万美元资金用来为生产商提供紧急救助、援助以减少由于疫病和恶劣天气而带来的损失。疫病其中包括牛蜱热带来的损失。

- 第三章　贸易

3102　市场准入计划（MAP）

3102　修订原来的促进畜产品出口措施的211条，重新授权"市场准入计划"的资金支持直到2018年。

- 第七章　研究推广和相关事宜

7110　修订动物健康和疾病研究计划

修订动物健康和疾病研究计划（7 USC3195），从2014年至2018年每财政年度拨款从2500万美元减少到1 500万美元。

7215　取消红肉安全研究中心

红肉安全研究中心（7 U.S.C. 5929）被废除。

7303　取消为提高中小农户乳制品，牲畜和家禽经营能力的研究、推广和教育协调计划为提高中小农户乳制品，家畜和家禽（7 USC7627）经营能力的推广和教育协调项目被废除。

7305　取消牛慢性细菌性肠炎控制项目

牛慢性细菌性肠炎控制项目（7 U.S.C. 7629）被废除。

- 第十二章　其他　第一节　牲畜

12105　强制性原产地标签

第12105条要求部长通过首席经济学家进行经济分析，颁布之日180天以内，拟议规则，"强制性原产地标签，包括产品有牛肉、猪肉、羊肉、鸡肉、羊肉、野生和养殖的鱼类及贝类、易腐农产品、花生、山核桃、人参和澳洲坚果"。2013年3月12日发布。分析中应包括牛肉、猪肉和鸡肉的原产地标签对美国消费者、生产者和包装商的影响的信息。

12106　全国动物卫生实验室网络

第12106条授权部长可以与符合资格的实验室签订合同、补助协议、合作协议或其他法律文书。动物卫生诊断实验室网络将加强对新型、现有的动物健康威胁的检测和应对能力，为保护公众健康、环境和支持美国农业经济贡献力量。实验室的选择应优先考虑现有的联邦、州和大学设施。2014—2018年每个财政年度将为该项目拨款1 500万美元。

（二）欧盟

1.农产品干预价格体系

欧盟主要的农产品通过价格干预和与此相联系的对外保护而获得保护与补贴。这种共同价格并非是一种实际的市场价格,而是为管理农产品共同市场而设定的各种价格。干预价格体系包括目标价格、干预价格和门槛价格三种。

目标价格一般高于市场价格,是农业生产者可望得到的最高价格,该价格在一定程度上起着保护消费者利益的作用;干预价格(即收购价格)一般比目标价格低10%~30%,当市场价格下降到干预价格以下时,市场管理组织即以干预价格无限制地收购农产品,以保证农产品价格不再下跌,是农民最低收入的保证;门槛价格即进口农产品的控制价格。它加上进口农产品在欧盟内部的运费和装卸费后应大致等于欧盟确定的目标价格。目的在于防止出现因大量进口价格低廉的农产品而引起欧盟内部市场同类产品价格的下跌,而损害其农业生产者的收入。欧共体通过收购、储存、控制进出口等手段,使市场价格的波动控制在一定的范围。

2. 设立单一农场支付计划

欧盟现行的直接补贴体系与特定农产品生产、根据面积和单产计算的土地闲置补贴,以及根据每头牲畜计算的牲畜补贴相挂钩。欧盟改革新方案规定各成员国必须在2005—2007年间用单一农场支付计划替代现行的直接补贴体系。作为"脱钩补贴",单一支付计划与当前生产情况没有任何联系,因为单一农场支付补贴的计算基础是生产者2000—2002年间的历史补贴情况,而不是未来的生产情况。各成员国在实施单一农场支付计划将具有极大的自主权。它们可以选择将现行补贴的某个部分继续作为与生产挂钩的补贴,但是这种补贴必须在欧盟统一规定的限制之内。它们还可以自行决定如何实施补贴。此外,在欧盟其他八个新成员中开始采用"单一区域支付计划"(SAPS),统一每公顷应享受的补贴标准,并将补贴纳入到受援地区的财政计划中。这些新成员国将于2009年开始执行单一支付计划。接受补贴的养殖场必须实施农业与环境交叉配合(Cross-compliance,CC)协议,如果没有完全履行,直接补贴将至多减少5%,如果故意不履行协议,将至少减少20%补贴,完全不履行将不能接受补贴。单个农场补贴属于脱钩补贴,目的是促使农民以市场信息而不是以干预政策作为生产导向。

3. 牛肉为重要的敏感性农产品,补贴不作消减

尽管欧盟在共同农业政策支持的方式上在朝着WTO所倡导的较小扭曲贸易(生产者直接补贴)和最小扭曲贸易(脱钩的支付)的生产者直接补贴和脱钩的补贴方式转变,但由于改革的力度有限,共同农业政策仍然与WTO所倡导的公平贸易精神相违背。过去的改革虽然小幅度降低了对部分产品的支持价格,但直接支付补贴却以更快的速度上升,结果是总补贴与对重要农产品的补贴额并没有实质性的减少。对欧盟7种重要的农产品考察发现,在过去的两年中,欧盟只对谷物与牛肉的干预价格进行了小幅度的削减,而其余5种农产品的干预价格都没有变化。对欧盟进行直接支付补贴的8种农产品考察发现,除羊肉和蛋白类作物的补贴率不变外,其余4种都增加了。新方案对干预价格的削减力度有所加大,但对于糖、牛羊肉等重要的敏感性农产品却没有进行削减。

4. 牲畜保险模式

欧盟国家建立起了较为完善的牲畜保险体系,帮助养殖户抵御风险。牲畜保险在欧盟地区非常普遍,目前欧洲有超过20个保险及再保险公司从事牲畜保险,保险设计涵盖畜

牧业的相关风险，如因意外死亡或非传染病（如布氏杆菌病）。例如，保加利亚对公牛、水牛、绵羊、山羊、家禽进行多重保险。由于火灾、自然灾害、寄生虫病和传染性疾病所导致的死亡与宰杀。再如，意大利对农场的黄牛和水牛，由于口蹄疫和布鲁氏菌病、胸膜肺炎、结核病和流行性白血病所造成的牲畜本身价值及处置动物费用，农场关闭期间的收入减少进行保险，补贴率达到50%。

（三）日本

1. 价格支持

日本畜禽水产品价格管理主要有三种类型：猪肉、牛肉、蚕茧等的稳定价格制度；牛奶等的差价补贴制度；肉用仔鸡、鸡蛋的价格安定基金制度。稳定价格制度作为一种稳定商品价格的办法，它的作用是：当市场上的物价低于最低价格时，政府将这种货物全部买入，当市场上的物价不断上涨，最后超过最高价格时，政府就把在低于最低价格时买入的商品按原价或高于原价的价格卖出，以降低市场物价。这种制度可以稳定市场物价，有益于繁荣市场。

2. 收入补贴

农户直接支付制度。目的是补贴山区、半山区地区，以减少这些地区和平原地区生产成本之间的差异。具体标准是支付生产成本差异的80%，对每个农户的补贴上限为100万日元。要求接受补贴的村落签订"村落协议"，以村落为单位，全体农户参与；对于不能签订村落协议的地方，由单个农户签订"个别协议"，要求接受补贴的农户根据协议的规定，进行养殖业生产活动。

养殖生产资料购置补贴。日本农林水产省规定，凡是按一定标准联合起来集体进行养猪、养鸡的农户，在购置农业机械、建造农用设施方面的费用，50%可以从中央财政得到补贴，25%可以从都府县得到补贴，其余25%则可从接受国家补贴的金融机构得到贷款，有些地方市町村财政还要补贴12.5%。

3. 养殖保险与灾害补贴

日本养殖业保险制度的特点是由政府直接参与保险计划，并具有强制性，凡是生产数量超过规定数额的农民和农场都必须参加保险。灾害补贴的对象包括被灾害损害的公共设施及农地、养殖基础设施。灾害补贴的费用主要是由国库承担，既减轻了农民的负担，又降低了生产成本，使农民不会因自然灾害损失而过分地影响收入和生活水平。

根据日本《农业灾害补偿法》规定，牛、马、猪等牲畜列为法定保险范围，实行强制保险，家禽等实行自愿保险。强制保险和自愿保险都享受政府补贴和再保险。日本政府对投保人实行保险费率补贴，如牛、马为保险费率的50%，猪为保险费率的40%。县以上联合会的全部经费和共济组合部分费用由政府负担。政府作为农业保险的后盾，接受共济组合联合会的再保险。一般情况下，承担保险责任的比例为：共济组合10%~20%，联合会20%~30%，政府50%~70%，遇有特大灾害，政府承担80%~100%的保险赔偿。

参考文献

Cepea. 2018. Available online at: https://www.cepea.esalq.usp.br［EB/OL］.

FAO. 2018. Food outlook［R］.

Karl Behrendt. 2018. MLA, How are global and Australian beef producers performing? Global agri benchmark network results［R］. MLA market information.

MLA. 2017. MARKET SUPPLIER SNAPSHOT BEEF Brazil［R］. MLA market information.

MLA. 2017. MARKET SUPPLIER SNAPSHOT BEEF European Union［R］. MLA market information.

MLA. 2018. Industry projections. Australian cattle［R］. MLA market information.

MOPI. 2018. Situation and Outlook for Primary Industries［R］.

USDA (FAS). 2017. Livestock and Products Annual Brazil［R］. GAIN Report Number: BR1714.

USDA. 2018. Livestock and Poultry: World Markets and Trade［R］.

USDA. 2018. World Agricultural Supply and Demand Estimates［R］.

（执笔人：司智陟）

第十三部分

羊 肉

海外农产品市场研究（2018）

专题一　世界供需形势分析

羊肉在世界肉类产量中所占的比重不大，2016年羊肉产量占世界肉类产量的比重为4.5%（FAOSTAT）。2017年世界羊肉产量预计较上年增长0.6%。世界羊肉生产主要集中在亚洲和非洲，约占世界羊肉产量的80%。近几年世界羊肉产量增长乏力，主要是由于部分主产国进入了畜群重建阶段。亚洲是羊肉的主要进口地区，约占世界羊肉进口量的50%；大洋洲是羊肉主要出口地区，约占世界羊肉出口量的70%，澳大利亚与新西兰作为世界羊肉主要出口国的地位不会改变。预计未来一段时期，世界羊肉生产有望继续温和增长，羊肉消费继续刚性增加，羊肉贸易将继续保持微弱的增长态势。

一、世界供需形势

（一）世界羊肉产量继续温和增长

据FAOSTAT，2016年世界羊肉产量1 493万吨，较上年增长1.0%，年均增速连续两年放缓。羊肉产量占肉类总产量的比重为4.5%，较上年降低0.1%。2016年羊肉产量排名前五位的国家分别是中国、印度、澳大利亚、新西兰和巴基斯坦，合计占世界羊肉产量的47.0%，其中中国羊肉产量占世界的30.9%（图1）。与上年相比，中国和印度羊肉产量分别增长4.7%和1.1%，澳大利亚、新西兰和巴基斯坦羊肉产量分别减少5.3%、1.3%和2.6%。

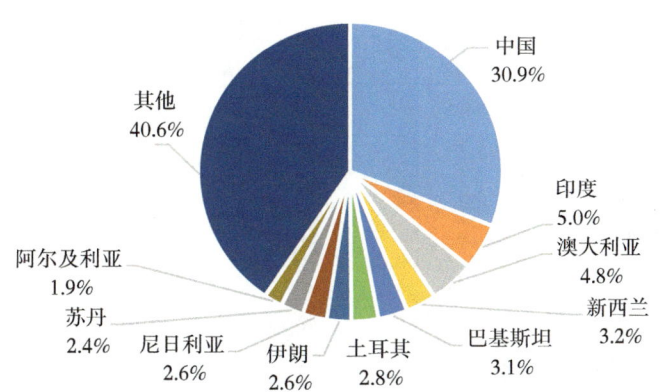

图1　2016年全球羊肉主产国产量占比
数据来源：FAOSTAT

据 FAO 食物展望报告预计，2017 年世界羊肉产量继续增加，较上年增长 0.6%。亚洲和非洲的羊肉产量占世界总产量的 80%，依旧占据主导地位。其中，中国、印度、巴基斯坦、土耳其、伊朗、尼日利亚等是羊肉主产国，而大洋洲的羊肉生产在世界羊肉贸易中继续发挥重要作用。与前两年一样，2017 年澳大利亚和新西兰两国的羊肉生产继续面临压力，尽管 2017 年上半年羊肉生产呈现良好发展势头，但全年看，两国合计羊肉产量预计将减产 3.8% 之多。羊群重建过程中出栏量会减少，导致羔羊屠宰量相应减少。与此同时，欧盟羊肉产量预计将增长 2.6%。

澳大利亚羔羊业对其经济发展做出了贡献，2015/2016 年度，羔羊业产值占农业总产值的 6%，其出口收入占农业出口总收入的 4%。澳大利亚羔羊肉产区集中在东南部，包括塔斯马尼亚、维多利亚、新南威尔士州中部和南部以及南澳大利亚东南部，还有澳大利亚西南部。2017 年澳大利亚羊肉（lamb+mutton）产量 69.76 万吨，较上年增加 1.7%，其中，羔羊肉产量 50.92 万吨，较上年减少 1.3%；成羊肉产量 18.84 万吨，较上年增加 10.9%（表 1）。2018 年 1—7 月，澳大利亚羊肉产量 42.72 万吨，同比增加 10.8%，其中，羔羊肉产量 31.73 万吨，同比增加 8.4%；成羊肉产量 10.98 万吨，同比增加 18.6%。由于澳大利亚部分地区发生干旱，下半年羊肉产量有可能减少，全年羊肉产量将保持稳定。随着存栏量的增加，预计 2018 年全国羊群将进一步扩大 2.5%。2018 年 1—7 月，羔羊和成羊屠宰量分别为 1 201.84 万只、415.17 万只，同比分别增加 9.2%、26.3%，预计全年屠宰量分别为 2 250 万只、720 万只。1—7 月羔羊胴体重平均为 22.94 千克/只，同比略有减少，而绵羊胴体重从 2017 年的历史高位（24.96 千克/只）减少至 23.04 千克/只。此外，由于许多绵羊产区的季节条件改善，预计 2018 年绵羊胴体重较上年略有提升，但绵羊屠宰量预计将减少，2018 年绵羊肉产量较上年小幅减少至 17.70 万吨，而羔羊肉产量将达到 51.40 万吨。另外，因存在生产者扩大羊群的预期，2019 年羊肉产量将下降，但羊毛价格的居高不下，又将刺激羊肉产量的增加。

表 1 2010—2018 年澳大利亚羊屠宰量、羊肉产量及胴体重情况

年份	屠宰量（万只）		产量（万吨）		胴体重（千克/只）	
	羔羊	成羊	羔羊	成羊	羔羊	成羊
2010	1 860.90	615.85	40.19	13.91	21.59	22.62
2011	1 779.29	493.26	39.30	11.44	22.10	23.16
2012	2 000.92	606.37	44.35	13.92	22.18	22.85
2013	2 188.60	961.46	46.99	21.66	21.47	22.44
2014	2 225.05	1008.58	48.65	23.40	21.86	23.17
2015	2 287.61	848.68	50.86	20.19	22.23	23.73
2016	2 295.62	696.51	51.60	16.99	22.45	24.38
2017	2 243.13	753.60	50.92	18.84	22.72	24.96
2018（1—7月）	1 382.74	477.83	31.73	10.98	22.94	23.04

数据来源：Meat & Livestock Australia Limited（MLA）

新西兰羊的养殖数量总体呈现下降趋势。羊的数量从 2007 年 6 月底的 3 846 万只减少至 2017 年 6 月底的 2 753 万只，减幅达到 28.4%。2018 年 6 月底羊的数量预计将比上年同期减少 22 万只，减至 2 731 万只，减幅 0.8%，其中能繁母羊数量同比减少 2.1%，这是因为羊肉价格坚挺，刺激养殖户大幅度削减能繁母羊的数量，保留更多的羊羔进行增重，同时也保留更多的母羊羔来补充淘汰的能繁母羊。1—7 月羊屠宰量 1 586.43 万只，同比略有增加（0.3%），其中绵羊屠宰量 242.27 万只，同比增 7.8%；羔羊屠宰量 1 344.17 万只，同比减 0.9%（表2）。预计 2019 年羊肉产量增速将达到 1.3%，由 2018 年的 45.98 万吨增加到 46.58 万吨。新西兰屠宰的羊肉绝大多数用于出口。欧洲一直是其最大的出口目的地，近年来欧洲的需求量在减少，亚洲的需求量在增加。

表 2 2010—2018 年新西兰羊屠宰量

单位：万只

年份	总屠宰量	其中：羔羊屠宰量	成羊屠宰量
2010	2 518.77	2 098.89	419.88
2011	2 295.79	1 906.20	389.59
2012	2 372.45	1 978.71	393.74
2013	2 565.35	2 142.39	422.96
2014	2 500.54	2 071.96	428.58
2015	2 611.21	2 164.72	446.49
2016	2 323.24	1 952.60	370.65
2017	2 399.93	2 010.18	389.75
2018（1—7月）	1 586.43	1 344.17	242.27

数据来源：新西兰统计局

（二）世界羊肉消费刚性增长

2017 年，全球羊肉消费量继续增加，由 2000 年的 1 304.87 万吨增加至 1 461.39 万吨，年均增长率为 0.9%。全球羊肉消费水平受到经济增长水平、消费者购买能力、人口增长、消费者收入水平、消费者饮食偏好、其他蛋白质来源、贸易政策以及市场准入等因素共同作用。OECD（2017）指出，羊肉在发达国家作为一种利基食品，烹饪过程与包含牛肉、猪肉以及家禽在内的其他肉类相比较为复杂，因此在总体肉类消费份额中所占的比重较低，而在中国、中东等许多发展中国家或地区的饮食结构中，羊肉是作为主要的肉类蛋白，这些国家对其偏好程度逐年增加。因此，未来 10 年发展中国家人口数量的增长将成为全球羊肉消费量增长的主要动力来源，2018 年全球羊肉消费量将比上年增长 1.7%，达到 1 486.81 万吨，其中发展中国家预期消费量将达到 1 195.30 万吨，而发达国家预期消费量为 291.50 万吨，仅为发展中国家羊肉消费总量的 1/4。FAO 预测 2019 年这一差距将进一步扩大，发展中国家与发达国家羊肉消费量将分别为 1 216.50 万吨、295.90 万吨。

全球羊肉消费量在肉类消费中所占的份额基本保持在 4.5%~4.6%（图2）。尽管过去

20年羊肉的消费总量显著增加，但与牛肉、猪肉以及禽肉相比，其在全球肉类消费总量中所占的份额依然较低，仅占全球肉类消费量的5%左右，这是因为与其他肉类相比，羊肉产量较低，价格波动频繁，还有来自其他植物蛋白较为强势的竞争。

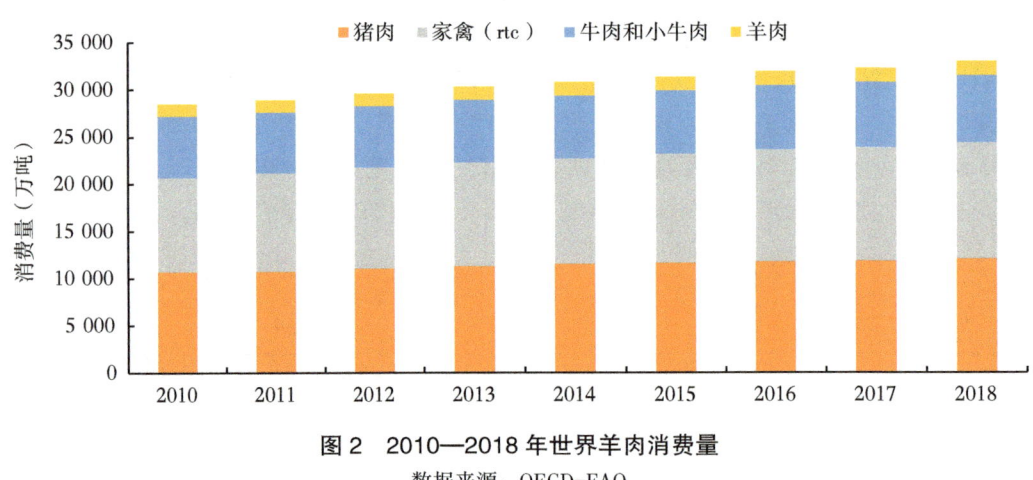

图2 2010—2018年世界羊肉消费量

数据来源：OECD-FAO

二、国际价格走势

（一）FAO羊肉价格指数波动上升

从FAO羊肉价格指数看，2005年以来波动频繁且幅度较大。尤其是2010年4月为131，之后连续7个月上涨，11月为198，12月小幅下跌后开始一路上涨，到2011年

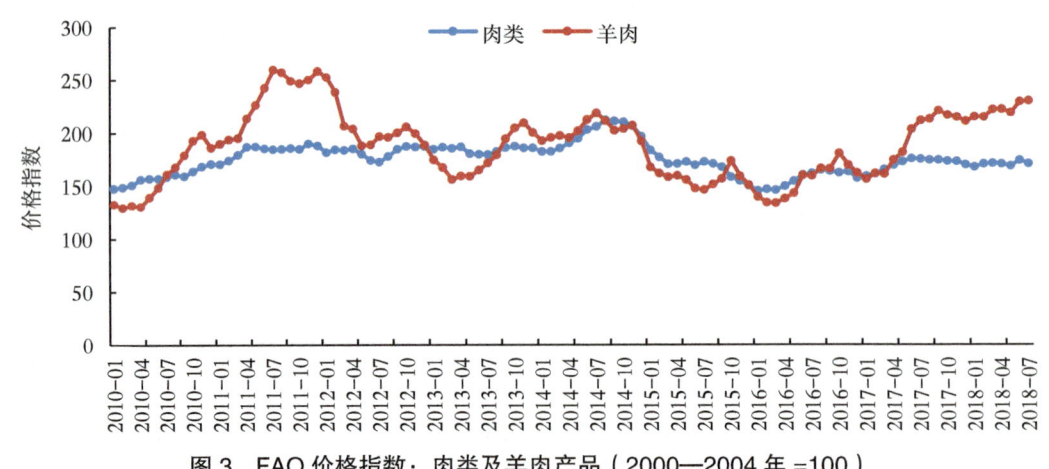

图3 FAO价格指数：肉类及羊肉产品（2000—2004年=100）

数据来源：FAO

7月涨至260，16个月涨了129点（图3）。之后又波动下滑，到2013年3月降至156，2014年7月恢复至218，2016年3月跌至133，2017年9月涨至221，之后因大洋洲羊肉供应季节性增加压低了羊肉价格，12月羊肉价格指数温和下滑至211。2018年由于羊肉进口需求强劲，羊肉价格指数总体呈现上涨态势，1—6月平均价格指数为220，较上年同期增加27.2%，其中7月羊肉价格指数为230，较上年同期增加8.9%。

（二）澳大利亚羊肉价格高位波动上扬

2010—2018年，澳大利亚羔羊肉零售价格由13.47澳元/千克上涨至15.01澳元/千克，涨幅为11.5%，年均上涨1.4%。2011年达到最高值14.62澳元/千克，受欧洲债务危机与贸易保护主义的影响，2012年价格下跌，2014—2018年经济逐步回暖，羊肉价格止跌回升，到2018年3月价格已达15.01澳元/千克，创历史新高。

从澳大利亚养殖场出售羊只的月度价格看，2018年价格先跌后涨，1月羔羊、架子羊价格分别为6.52澳元/千克、6.72澳元/千克（图4），4月降至5.74澳元/千克、5.58澳元/千克，跌幅分别为12.0%、17.0%，5月开始价格回升，9月初羔羊、架子羊价格均达到近年来较高水平，分别为7.68澳元/千克、8.45澳元/千克，较4月分别上涨33.7%、51.4%。澳大利亚7—8月季节性条件变差，导致羊群养殖密度增加，羊屠宰量也明显增加。1—7月，澳大利亚羔羊、成羊屠宰量同比分别增加9.3%、26.9%，羔羊肉、羊肉产量同比分别增加10.8%、18.6%，尽管市场上羊肉供应量增加，但羊肉价格依然坚挺，8月底，澳大利亚东部羊肉（胴体重）价格达到4.77澳元/千克，同比上涨17%。

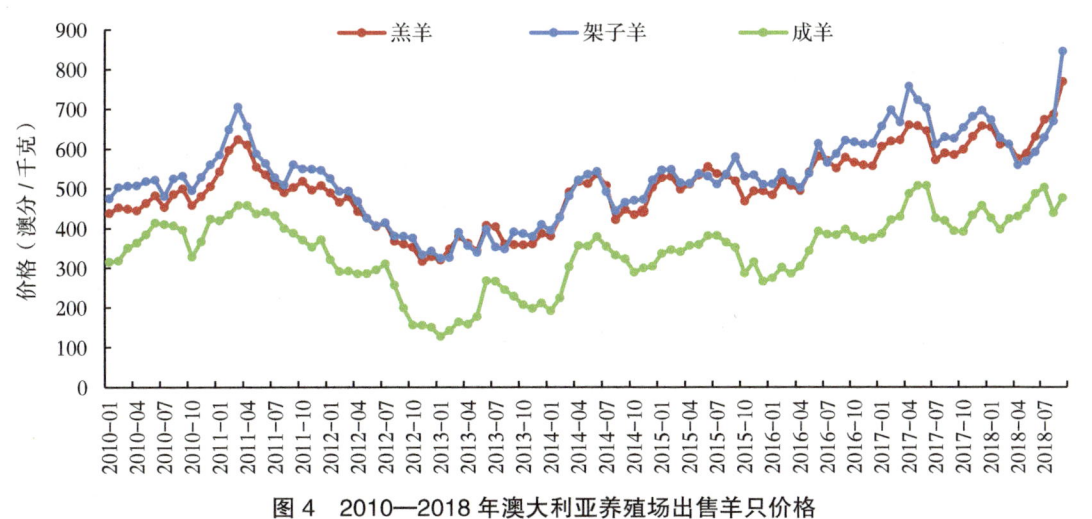

图4　2010—2018年澳大利亚养殖场出售羊只价格

数据来源：Meat & Livestock Australia Limited（MLA）

（三）新西兰农场羊出售价格持续上涨

从新西兰养殖场出售羊只的月度价格看（图5），2018年价格持续上涨，1月小羔羊（15千克）、大羔羊（17.5千克）和成羊（21千克）价格分别为102.67新西兰元/只、119.73新西兰元/只、94.50新西兰元/只，9月初分别涨至125.41新西兰元/只、146.31新西兰元/只、111.44新西兰元/只，涨幅分别为22.2%、22.2%、17.9%。相比其他肉类，羊肉价格一直持续上涨，新西兰人均羊肉消费量不断减少。另外，新西兰越来越多的地都用来饲养奶牛，发展乳业，羊肉供应的短缺也就催生了价格的大涨。

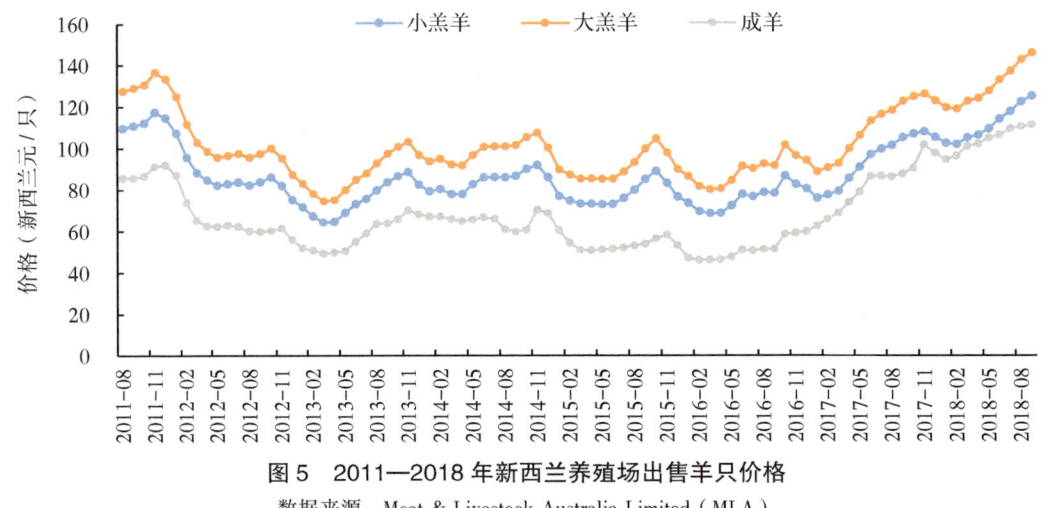

图5 2011—2018年新西兰养殖场出售羊只价格

数据来源：Meat & Livestock Australia Limited（MLA）

（四）欧盟羊肉市场价格波动上扬

从年平均价格看，欧盟羊肉（大羔羊胴体）价格整体呈现波动上扬态势（图6），羊

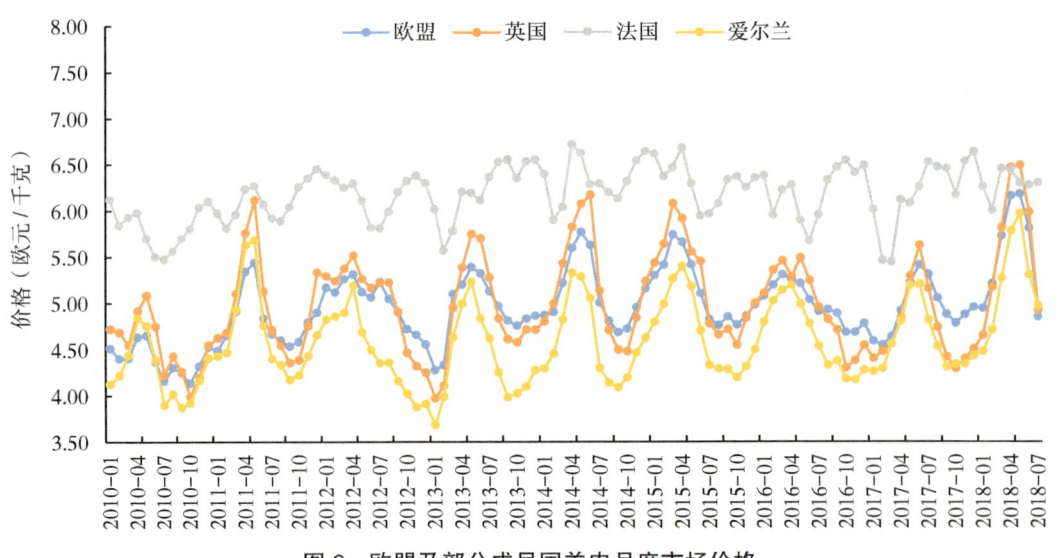

图6 欧盟及部分成员国羊肉月度市场价格

数据来源：欧盟委员会

肉价格由 2010 年的 4.39 欧元/千克上涨至 2018 年（1—7 月）的 5.56 欧元/千克，涨幅为 26.7%，年均增长 3.0%。从月度价格看，2018 年 1—7 月的波动幅度较上年同期要大一些，1 月价格 4.95 欧元/千克，从 2 月起，欧盟羊肉价格快速上涨，羊肉价格上涨主要因为新一季北欧羊羔供应短缺，加上 5 月 26 日开始的斋月以及 6 月 25 日开始的开斋节推动了羊肉的需求。另外，由于恶劣的春季天气，产仔比正常情况稍晚一些，都会影响一季度欧盟的羊肉供给。欧盟羊肉价格 5 月涨至 6.18 欧元/千克，之后连续 2 个月下跌，7 月跌至 4.85 欧元/千克。

从欧盟成员国羊肉市场月度价格看，法国羊肉价格基本上是高于英国和爱尔兰的价格，且波动比较平稳。英国和爱尔兰的羊肉价格走势基本与欧盟平均价格走势一致，英国在 4 月和 5 月的价格分别达到 6.47 欧元/千克、6.49 元/千克，已超过法国，6 月和 7 月价格迅速下跌，7 月价格较 5 月下跌 24.2%。

三、国际贸易格局

（一）世界羊肉贸易量缩小

据 FAO 食物展望报告，2017 年世界羊肉贸易量将减少 0.5%，为 90.50 万吨。小幅减少主要是由于澳大利亚和新西兰羊肉供应受限，出口将减少 2%。进口需求增加将主要是在中国、沙特阿拉伯和马来西亚，而欧盟羊肉进口需求下降。2018 年世界羊肉贸易量将增加 1.5%，达到 99.50 万吨。进口增加主要是由于进口需求旺盛，特别是中国、欧盟和马来西亚等国家（地区）。美国羊肉购买量在 2017 年激增了 17%，2018 年将略有减少，但仍在平均水平之上。

尽管世界羊肉进口需求不断增加，但作为羊肉主要出口国的新西兰和澳大利亚羊肉供应仍然有限。2018 年澳大利亚部分地区经历了旱灾，预计活羊及羊肉产量将大幅锐减，具体程度还要看旱灾的持续情况，预计羊肉出口量将会有不同程度的减少。同时，新西兰羊肉供应严重受限，羊肉出口量预计减少至 39.40 万吨。

（二）世界羊肉贸易总体分布稳定

2017 年全球五大羊肉出口国分别为新西兰、澳大利亚、英国、爱尔兰和西班牙，其中澳大利亚与新西兰共占全球贸易总额的 82%，世界羊肉出口仍以澳大利亚和新西兰为主。主要进口国家或地区为美国、中国、中东、法国等。其中，羊肉进口份额中，澳大利亚羊肉占比较大的国家或地区有中东、美国等，而新西兰羊肉进口占比较大的国家有英国、中国等。

由于澳大利亚南部与西部上半年气候条件低于绵羊繁殖条件，致使活羊总出栏数降低，且作为澳大利亚活羊主要出口的中东地区对活羊的进口需求疲软且降低，此外随着该地区人均收入水平的提升，消费者饮食偏好逐渐从成羊肉转向羔羊肉。羊肉全球贸易格局总体保持稳定。

（三）澳大利亚羊肉出口依然向好

2017年，澳大利亚羔羊肉出口达到历史最高水平（25.08万吨），较上年增加3.5%（图7）。2018年1—7月，澳大利亚羔羊肉出口16.44万吨，同比增加1.0%。预计2018年全年羊肉出口量将会增加0.9%，达到45.00万吨，活羊出口将由2017年的195万只降至190万只。从近期来看，持续的高价格将为生产者提供增加羔羊出栏的动力。预计澳大利亚羊肉（酮体）产量将在2018/2019年度增加约1.7%，达到73.50万吨，其中45万吨走向国际市场，预计带来33.18亿美元贸易收入，而活羊总出口数量将达190万只，同比下降2.6%，预计贸易额达到2.50亿美元，同比减少0.8%。美国、中国以及中东依然是澳大利亚羊肉的主要出口国或地区，占总出口量的65%。

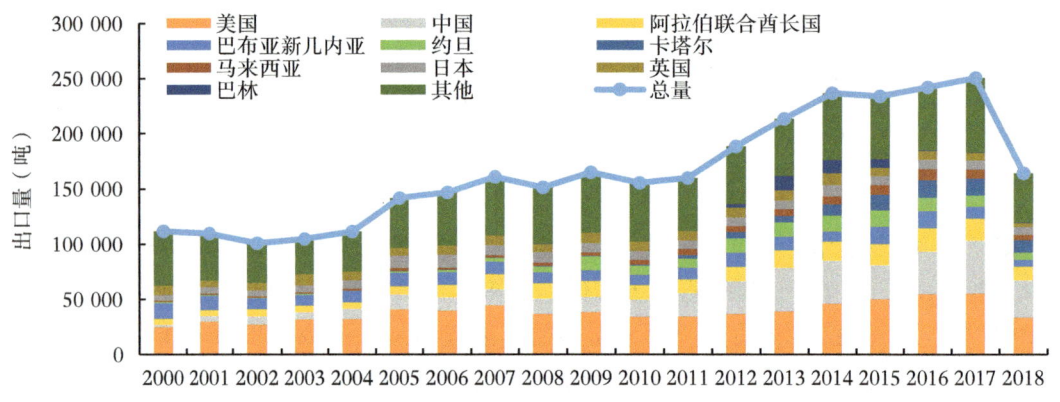

图7　澳大利亚羔羊肉贸易变化情况

注：图中所示数据均为羔羊肉出口数据，2018年数据为1—7月累计数
数据来源：DAFF

对美国的羊肉出口放缓。美国是澳大利亚羔羊肉最大的出口市场，已连续6年持续增长，从2013年的3.92万吨增加至2017年的5.52万吨。羊肉在美国属于利基产品，这就意味着人均消费量的微小变化会引起总消费量的显著变化。2016年之前的10年间，美国羊肉产量下降了近20%，进口占消费量的比例从大约50%上升到60%，澳大利亚羊肉约占3/4，其余大部分进口来自新西兰。由于澳大利亚本地供应和来自新西兰的出口竞争加剧，预计未来澳大利亚对美国的出口将放缓。2018年1—7月澳大利亚出口美国羔羊肉量为3.35万吨，同比增8.2%。其中，7月出口4 274吨，同比减8.7%。

中国的进口需求依然保持强劲。中国作为人口大国与羊肉消费大国，近年来对羊肉需求较为强劲，一度成为新西兰与澳大利亚羊肉对外出口的主要国家，2017年澳大利亚和新西兰出口中国羊肉分别为8.20万吨、12.28万吨，分别较2016年增长4.9%、2.3%。2018年1—7月，澳大利亚出口中国的羊肉为5.46万吨，同比增长43.1%。这主要是因为中国对羊肉的需求有增无减，并继续超越国内羊肉供给量，促使羊肉进口继续增加。中国仍然是澳大利亚羊肉出口的主要市场，而市场价格的敏感性、面临的市场准入挑战（包括冷链基础设施）和中国肉羊产业的发展状况将决定未来的进口规模。

中东的进口需求小幅下降。羊肉是中东地区的主要肉类消费品种，占总肉类消费量的10%。随着收入增长，消费者对羊肉的需求有所减少，对其他替代产品如鸡肉和牛肉的消费偏好有所增加。中东从澳大利亚进口的羔羊肉由2015年的6.84万吨下降为2016年的6.21万吨，下降9.1%；此外，澳大利亚出口中东地区的羊肉价格在过去10年价格增长了85.6%，2017年达到7.76澳元/千克。这是由于可支配收入增加以及中东地区旅游业的发展共同推动的。2018年对高品质冷鲜羊肉的需求持续增加。中东仍将是澳大利亚羊肉出口的重要市场，2019年中东地区将面临澳大利亚本地羔羊肉供给减少，以及来自罗马尼亚和北非廉价产品的竞争，预期2019年中东地区对澳大利亚的羊肉需求会有下降，幅度较小。

（四）新西兰羊肉出口较为稳定

新西兰和澳大利亚都是羊肉的主要出口国。2007—2017年，新西兰羔羊肉出口量下降了6.8%，出口量下降主要是因为产量下降，原因之一在于部分绵羊生产者退出了该行业而从事奶牛养殖。未来，由于环境水法规和土地供应限制将抑制乳制品行业的进一步扩张，新西兰羊群预计将保持稳定。新西兰仍将是澳大利亚羊肉出口的主要竞争对手。新西兰羊肉出口的绝大部分将流向带来高价值的中国与欧盟市场。

新西兰每年生产的羊肉中超过80%的份额走向国际市场，其羔羊肉主要出口中国、英国、德国、美国、沙特阿拉伯、荷兰、加拿大、约旦以及日本等（图8），其中，2017年出口中国、英国及美国的羊肉占比达到58.0%，2018年前5个月该比例为59.9%。2018年1—5月新西兰累计出口羔羊肉16.52万吨，同比减2.9%，其中，对中国、英国以及美国的羔羊肉出口量分别为6.18万吨、2.72万吨和0.99万吨，同比分别增1.4%、减3.8%、减6.0%。由于新西兰国内对乳制品价格预期较高，许多生产者将继续从绵羊

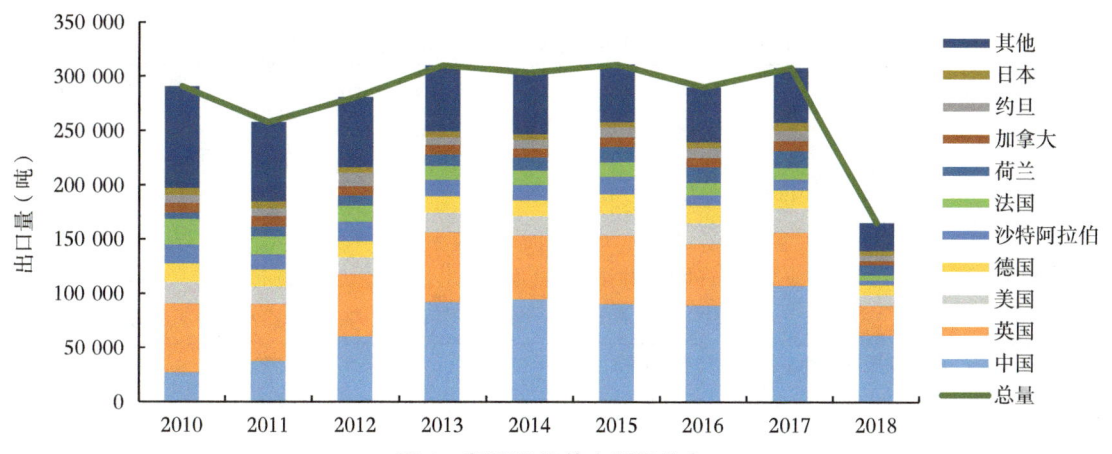

图8 新西兰羔羊肉贸易分布

注：2018年数据为1—5月累计数
数据来源：Statistics NZ

养殖转向奶牛养殖，新西兰羔羊肉出口增长潜力仍然受到限制，其在提供全球市场不断增长的需求方面较澳大利亚具有竞争弱势，总体出口趋向稳定。

四、世界主要国家产业竞争力

（一）澳大利亚规模化养殖有效降低羊肉成本

养殖规模化程度较高，成本优势明显。澳大利亚是一个发达的畜牧业国家，目前主要以绵羊养殖为主。2013—2017年澳大利亚绵羊养殖数量比较稳定，平均在7 150万只左右，其中，1岁以下的羔羊数量为2 200万只，绵羊（包括公羊、母羊和羯羊等）4 950万只。由于澳大利亚国内市场和国际市场对于羔羊肉等高端羊肉的消费需求不断增加，澳大利亚羔羊数量在2014—2017年呈现出不断上升的态势，由2014年的2 146.60万只增加到2017年的2 285.73万只，年均羔羊肉产量50.50万吨，年均羊肉出口量24.10万吨，成为国际市场主要羊肉出口国家之一。澳大利亚稳定的羊肉生产在很大程度上依赖于其发展规模化的养殖。2000/2001年度至2016/2017年度，羔羊农场数量由19 666个减少至17 220个，减幅达12.4%；但养殖规模在2 000~4 000只以及4 000只以上的农场数量是增加的，增幅分别为63.3%和1.2倍（表3）；养殖规模在200~500只、500~2 000只的农场数量分别减少了27.7%、7.8%。羔羊养殖规模不断扩大，尤其是拥有2 000只以上羔羊的农场数量比例不断增加，从5.6%增加到11.2%；500~2 000只的农场比例略有增加，从48.0%增加至50.6%；200~500只的农场比例有所下降，从46.3%降至38.3%。2016/2017年度，养殖规模在500~2 000只的农场比例为50.6%，其出售的羔羊占比为50%；其次是养殖规模在2000~4 000只的农场，农场比例为8.5%，其出售的羔羊占比为22%；超大规模（4 000只以上）的农场比例为2.7%，其出售的羔羊占比为15%。由此可知，澳大利亚羔羊产量的一半来自于养殖规模在500~2 000只的中等规模农场。

表3　2016/2017年度澳大利亚羔羊养殖场规模

农场规模	农场数量（个）	农场比例（%）	出售羔羊比例（%）
小规模（200~500只）	6 588	38.3	14
中规模（500~2 000只）	8 706	50.6	50
大规模（2 000~4 000只）	1 466	8.5	22
超大规模（4 000只以上）	460	2.7	15
总计	17 220	100	100

数据来源：澳大利亚农业和水资源部（ABARES）

2016/2017年度，绵羊、羔羊和羊毛价格上涨以及绵羊生产成本的小幅增加，使得绵羊养殖户经营利润增加了96%，羔羊养殖户的经营利润增加了93%。按实际价值算，

2015/2016年度和2016/2017年度，农场平均每千克绵羊活重的生产成本增加了2%，主要原因是绵羊和羔羊的收购价格上涨。近三年，绵羊养殖户的总生产成本是平均每千克活重315澳分，羔羊养殖户的成本是每千克活重306澳分（表4）。对于羔羊养殖户而言，随着养殖规模的扩大，平均生产成本是下降的。最小规模养殖户（销售200~500只羔羊）的总生产成本平均为每千克364澳分，最大规模养殖户（销售超过2 000只羔羊）的为266澳分。羔羊养殖户出售的羔羊（超过1 000只）越多，经营利润越高，羊肉和羊毛的生产成本也随之降低。从近三年的平均成本看，各种规模羔羊养殖户（包括最小规模在内）获得的收益足以支付所有的生产成本。2016/2017年度，由于绵羊和羔羊价格的上涨，羔羊养殖户增加了购买绵羊和羔羊的支出，也增加了维修和保养、畜牧材料和兽药方面的支出。其他的大部分支出基本没有变化。由于季节性因素的改善，特别是在维多利亚州，饲料支出较上年减少了28%（按实际价值计算）。

表4　2014/2015年度和2016/2017年度澳大利亚每千克肉羊（活重）平均生产成本及收入

单位：澳分/千克

生产成本及收入	羔羊养殖户				平均	所有养羊户
	200~500只羔羊出栏	500~1 000只羔羊出栏	1 000~2 000只羔羊出栏	超过2 000只羔羊出栏		
每千克活重收益						
羊肉和羔羊肉	226	230	231	243	234	231
羊毛	183	151	129	119	139	148
总计	409	381	360	362	373	379
生产成本，其中						
架子羊和羔羊费	23	28	29	36	30	30
雇工费	4	8	9	14	10	10
劳动力机会成本	84	65	40	20	45	49
总成本（所有现金成本、融资、折旧和劳动力机会成本）	364	340	295	266	306	315
养殖利润	45	41	65	96	67	64

数据来源：ABARES澳大利亚农牧业调查

这些结果表明，羊肉行业的规模经济为生产者提供了强大的经济动力，可以扩大羊肉产量并提高盈利能力。澳大利亚养殖规模化程度较高，且具有明显的成本优势，这使得较大规模农场主可以获得较高且稳定的生产经营利润，从而保证了羊肉供给的稳定，维持了澳大利亚羊肉良好的品质，进而提高了肉羊产业竞争力。

（二）新西兰注重产业链全程把控，以质优走向世界

新西兰凭借天然的草场优势和气候条件，顺应国际竞争需求，不断强化其在畜牧业产品方面的国际竞争优势，涌现出一批在国际羊肉市场具有重要贸易地位的大型企业。主要

代表企业之一的新西兰 AFFCO 集团有限公司成立于 1904 年，自成立以来，公司不断完善生产加工流程，通过与客户和农民建立稳固、良好的关系，旨在为新西兰和世界提供新西兰最优质的肉类。AFFCO 生产链的第一步是确保优质牲畜满足客户的标准和要求。在原材料供应方面，通过成立专门的牲畜购买组织——南太平洋肉类（SPM）购买组织，该组织成员几乎遍布新西兰的所有省市中心和乡镇，通过与地方养殖户、承包商和合作社建立长期有效的合作机制，保证了优质原材料供应。在肉类生产方面，采用世界上最先进的食品安全系统进行加工，严格满足国际公认的最佳标准，已获得美国农业部和欧盟的认证。在每个生产现场，检查员全程监督动物的处理过程，以确保运输和屠宰程序均符合要求，对所有羊屠体进行质量检查以确保符合肉类的健康和卫生标准，并配备了最先进的肉类和产品加工技术，不断投资新技术创新系统，进而提高产品质量和工作人员的工作效率。在肉类销售方面，AFFCO 的目标市场与目标客户较为多元化，包含大型超市、食品服务分销商、利基零售商、小商品制造商和预制食品加工商及餐厅等，并鼓励重要海外客户和独立机构实地考察，不断拓宽国际市场。

新西兰农场保证计划（NZFAP）是 2017 年底推出的一项新的行业标准农场保障计划。这项计划有利于供应商在全国范围里执行统一的标准，旨在满足世界顶级商超集团及其消费者的需求。NZFAP 完全遵循顾客至上的理念，包括从农场到消费者餐桌的可追溯体系，确保产品符合国际最高标准。NZFAP 的要求体现在四个方面：食品安全、动物健康和福利、环境可持续性、可追溯性，从产地、加工到包装、运输，产业链全程把控，确保食品安全健康和新鲜美味。

五、主要国家产业支持政策新变化

（一）澳大利亚的绵羊产业领导计划

澳大利亚的绵羊产业战略计划规定了未来五年羊肉产业的战略重点。澳大利亚绵羊产业在过去 20 年的成绩归功于强有力的领导、良好的政策制定和战略规划。绵羊产业战略计划（以下简称 SISP）2015—2020 中要解决的一个关键问题是培养政策制定与生产能力提升方面的有效管理和能力。澳大利亚绵羊生产组织（SPA）正在与澳大利亚肉类和畜牧业（MLA）合作，推出旨在培养绵羊产业生产者的核心领导能力，为绵羊产业的长期发展注入持久动力。该计划的运作过程受到澳大利亚农村领导基金会（ARLF）支持，招收具有优秀领导潜质的人参与到其中，预期分为 2017 和 2018 两个学年进行招募，具体培养目标有：①确保董事会、委员会以及羊业和整个社区的继任规划和战略贡献；②培养和积累绵羊产业参与者的优秀技能以及实践经验；③培养具有前瞻性思维的战略领导者，为未来的产业发展做出贡献；④为广泛传播澳大利亚肉类和畜牧业的研发和营销成果保驾护航。

（二）新西兰的羊肉增量提案

近年来，新西兰养羊业面临着诸多不确定性，包括环境压力、英国脱欧等贸易问题，而替代蛋白质的增加、生物安全入侵以及公众对农业的信心受到质疑等也极大地制约着新西兰养羊业的发展。为此，新西兰牛羊肉发展协会根据有关内容和反馈意见，制定了羊肉增量方案，以结构调整促进资源重组。该组织认为较低的投资水平与规模化养殖之间的矛盾是新西兰羊肉产业发展滞后的主要原因，因此在该计划中提出以下几点：①继续推进新西兰红肉产业在国际市场中的地位，打造特色产品核心价值优势；②不断完善环境政策法规，为羊肉产业长期稳健发展奠定基础；③推进养殖户培训工程，完善羊肉产业供给链；④加强应对生物安全风险能力，维持羊肉产业健康有序发展。

六、世界供需形势展望

全球羊肉产量继续小幅增加。尽管一些国家由于城市化进程加快，荒漠化和饲料供应限制羊业的发展，但亚洲、中东和北非地区羊肉产量预计将增加。据FAO预计，2018年全球羊肉产量达1 492万吨，较上年增加0.5%，连续2年增长乏力。中国和欧盟羊肉产量继续增加，蒙古国、叙利亚和苏丹的产量将下降。预计全球羊肉产量增长的大部分将来自羊肉产量最高的中国，随着国内需求的不断增加，中国的养羊业正在朝着规模化发展。受羊群扩大的影响，预计欧盟羊肉产量增长1%，有望超过90万吨。作为世界羊肉主要出口国的澳大利亚羊肉产量将增加，新西兰的产量将减少。新西兰羊肉产量连续3年减产，主要是因为保留羔羊数量进行羊群重建，导致羊出栏规模缩减。较高的价格预期使得澳大利亚生产者保持较高的羔羊出栏水平，2019年羊肉产量预计增加。羊肉价格的高位运行也使得生产者继续保持较高的羔羊屠宰量，预计未来10年全球羊肉产量将继续增长。其中，发展中国家的羊肉产量占80%以上，包括中国、印度、巴基斯坦和尼日利亚，欧盟羊肉产量也有小幅增长。

全球羊肉贸易量将小幅增长。2018年羊肉贸易量将比上年增长1.5%，达到99.50万吨，2019年将继续保持微弱的增长态势。因需求增加，中国对羊肉的进口量将稳步增加，美国、阿拉伯国家、马来西亚和加拿大的羊肉进口量预计略有增加。全球人均羊肉年消费量将达到1.8千克。FAO预测，未来10年间，非洲、北美和拉丁美洲以及大洋洲的人均羊肉消费量将略有下降。相比之下，羊肉消费量将继续在几个亚洲国家扩大，例如中国，消费者将更加关注羊肉的质量和营养价值。预计作为羊肉消费传统的中东和北非地区的人均羊肉消费量将增加，且该地区的需求增长与石油市场密切相关，而石油市场严重影响中产阶级的可支配收入和政府支出模式。此外，澳大利亚和新西兰羊肉将继续供应全球市场，因为中国和中东的中产阶级继续扩大，预计澳大利亚羊肉产出中将主要以羔羊肉为主。在新西兰，随着土地使用从养羊业转向乳制品业，其羊肉出口将保持稳定。

专题二　国际市场价格波动特征研究

近年来，全球羊肉供需偏紧，羊肉价格不断攀升，发达国家人均羊肉消费水平降低，在发展中国家，虽然羊肉价格上涨，人均羊肉消费水平在不断增加。羊肉价格显著提高，有别于其他肉类蛋白质的价格水平，国内外诸多学者将其归因于羊肉特殊的供给机制（Robecca Locke，2017）。经济发展水平和消费者购买能力、人口和消费者收入、与历史、文化和宗教相关的消费者饮食偏好、来自于其他肉类蛋白质的竞争、贸易政策和市场准入条件等在一定程度上影响着羊肉价格的波动趋势（Fletcher，2014）。本文首先对国际羊肉价格波动特征加以分析，并利用CensusX12季节调整法和H-P滤波法对国际羊肉价格的波动规律和周期特征进行深入研究，在此基础上，剖析了影响国际羊肉价格波动的多重因素，最后基于对主要国家价格调控措施进行了总结。

一、国际价格波动特征

（一）2000年后羊肉国际价格波动特征

1. 研究方法与数据来源

羊肉价格波动不可避免地会受到季节变动的影响，而使用含有季节变动因素的数据进行经济分析可能会影响结果的准确性。因此本文首先利用CensusX12季节调整法对数据进行季节变动调整，然后对调整后的数据利用H-P滤波法进行趋势分解，以此来对羊肉国家价格波动规律加以分析。

（1）CensusX-12季节调整法

季节调整法最早是由美国人口普查局于1954年在战前研究的移动平均比法的基础上提出的。其目的是从时间序列中剔除季节变动要素和不规则变动要素，从而得到序列潜在的趋势循环分量，趋势循环分量在没有季节要素干扰的情况下可以更好地反映出经济时间序列的客观规律。Census X-12方法是在X-11方法的基础上提出的，主要有乘法模型、加法模型、对数加法模型以及伪对数加法模型四种形式。本研究所使用的方法是应用最广泛的乘法模型，其具体模型形式如下：

$$Y_t = YC_t \times S_t \times I_t \tag{1}$$

其中，t代表年份，Y、TC、S、I分别代表原始时间序列、趋势循环要素、季节变动要素与不规则变动要素。

（2）H-P滤波方法

H-P滤波法是由Hodrick和Prescott在分析美国战后的经济周期时首次提出的。该方法主要原理为：设 Y_t 是包含趋势成分和波动成分的时间序列，Y_t^T 为其中的趋势成分，Y_t^c 为其中的波动成分。则有：

$$Y_t = Y_t^T + Y_t^c, \quad t=1、2...T \tag{2}$$

计算 H-P 滤波就是从 Y_t 中将 Y_t^T 分离出来。H-P 滤波法的一个重要问题就是平滑参数 λ 的取值，不同的 λ 值决定了不同的周期方式和平滑度。根据一般经验以及统计学家的意见得出 λ 的取值如下：对于年度数据，$\lambda=100$；对于季度数据，$\lambda=1\,600$；对于月度数据，$\lambda=14\,400$。

（3）数据来源

研究涉及的数据包括：澳大利亚羊肉酮体零售季度价格（单位为澳元/千克，以下简称澳大利亚羊肉零售价格）、美国羔羊酮体月度批发价格（单位为美元/磅，以下简称美国羊肉批发价格），澳大利亚羔羊肉酮体月度生产者价格（单位为澳元/千克，以下简称澳大利亚羊肉生产者价格）。批发价格为美国 HRI 机构定时发布的购买指南中提供的羊肉批发价格，而澳大利亚肉类牲畜市场信息数据库加以整理汇总，本研究这部分数据直接来源于该数据库，数据区间为 1999 年 1 月—2018 年 8 月。零售价格是消费者在零售市场为获得每千克羔羊肉所需要支付的价格，该数据来源于澳大利亚零售商品信息统计数据库、澳大利亚农业与水资源管理部，数据区间为 2001 年第一季度至 2018 年第一季度；生产者价格为澳大利亚肉类和牲畜市场信息网站上提供的从澳大利亚农场获得一单位每只 16~22 千克标准内美利奴羊肉所支付的最低价格，单位为澳元/千克，数据区间为 2000 年 1 月—2018 年 9 月。

2．实证结果分析

（1）CensusX12 季节调整法模型分析

澳大利亚羊肉零售价格的原始序列（图 1）剔除掉季节因素序列（图 2）以及不规则

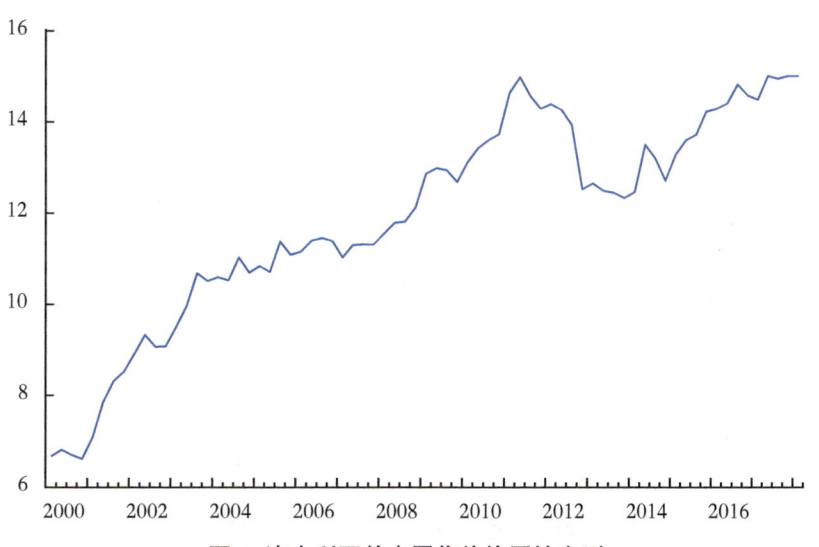

图 1　澳大利亚羊肉零售价格原始序列

分量（图3）带来的影响之后，得到的是澳大利亚羊肉零售价格趋势序列（图4），比原始序列更加平滑，说明澳大利亚羊肉零售价格受季节因素影响比较大。从图2的季节因素序列可以看出，澳大利亚羊肉零售价格通常以一年为周期，具有明显的季节效应。澳大利亚羊肉零售价格在第一季度和第二季度季节因素序列表现出上涨趋势，第三季度与第四季度表现为下降趋势，每年1月的澳大利亚元旦和国庆节推动季节因素序列在短期快速增长。此外，受供给和需求等多方面的影响，不规则序列表现出较强的波动性。

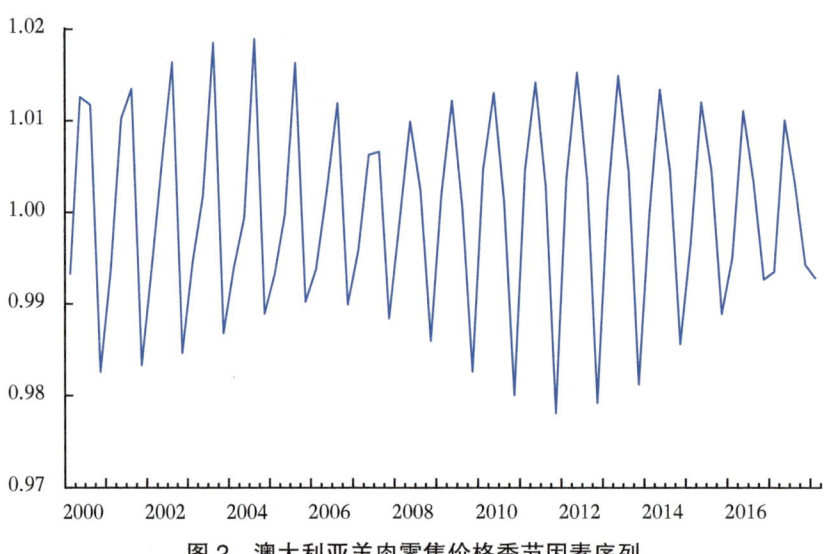

图2　澳大利亚羊肉零售价格季节因素序列

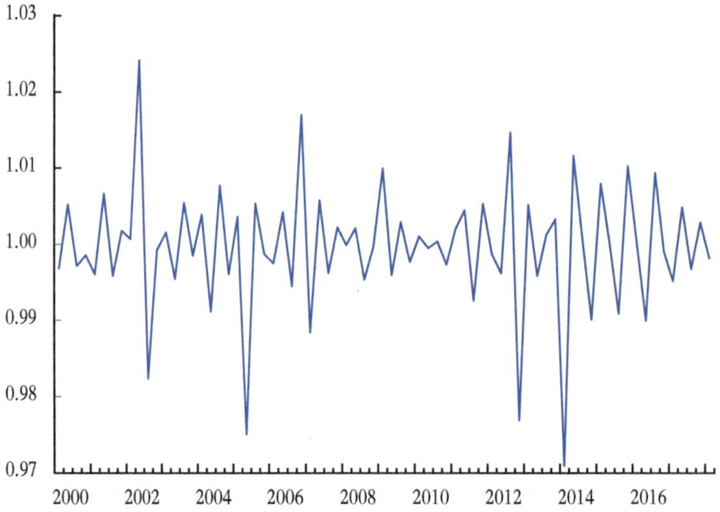

图3　澳大利亚羊肉零售价格不规则因素序列

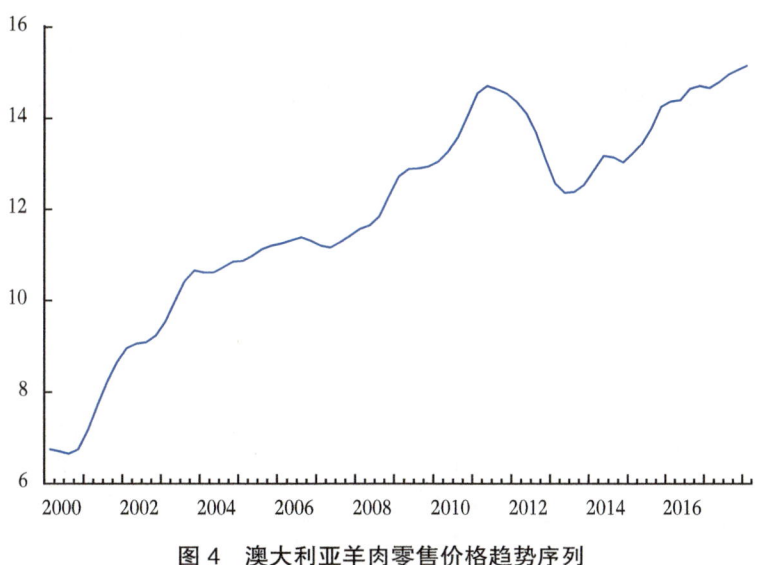

图 4　澳大利亚羊肉零售价格趋势序列

澳大利亚羊肉生产者价格原始序列（图 5）剔除季节因素序列（图 6）以及不规则序列（图 7）带来的影响之后，得到的是澳大利羊肉生产者价格趋势序列（图 8），比原始序列更加平滑，相较于澳大利亚羊肉零售价格，澳大利亚羊肉生产者价格受季节因素影响更为剧烈。从图 6 的季节因素序列可以看出，澳大利亚羊肉生产者价格通常也以一年为周期，季节效应较为明显。且与澳大利亚羊肉零售价格保持一致的是，澳大利亚羊肉生产者价格也在第一季度和第二季度季节因素序列表现出上涨趋势，而第三季度与第四季度表现

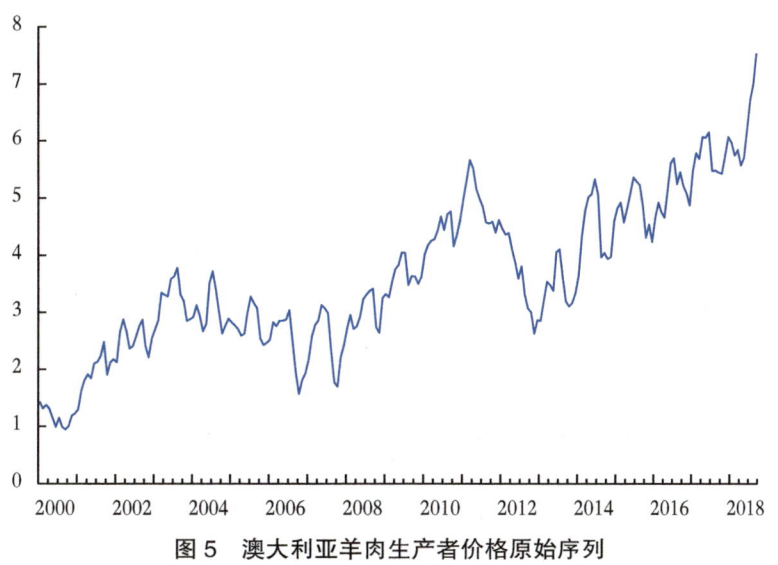

图 5　澳大利亚羊肉生产者价格原始序列

为下降趋势，且 2008 年之前（包含 2008 年），每年的 7 月澳大利亚羊肉生产者在短期内大幅度地上涨，而 2008 年之后，该快速上涨期提前到 6 月。此外，澳大利亚羊肉生产者价格不规则序列比澳大利亚羊肉零售价格波动更为剧烈，也在一定程度上说明，影响澳大利亚羊肉生产者价格的因素更为复杂且作用力较强。

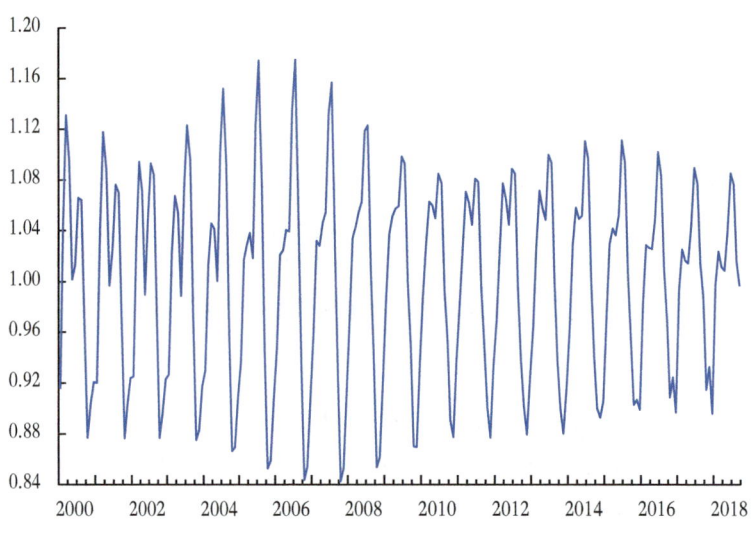

图 6 澳大利亚羊肉生产者价格季节性因素序列

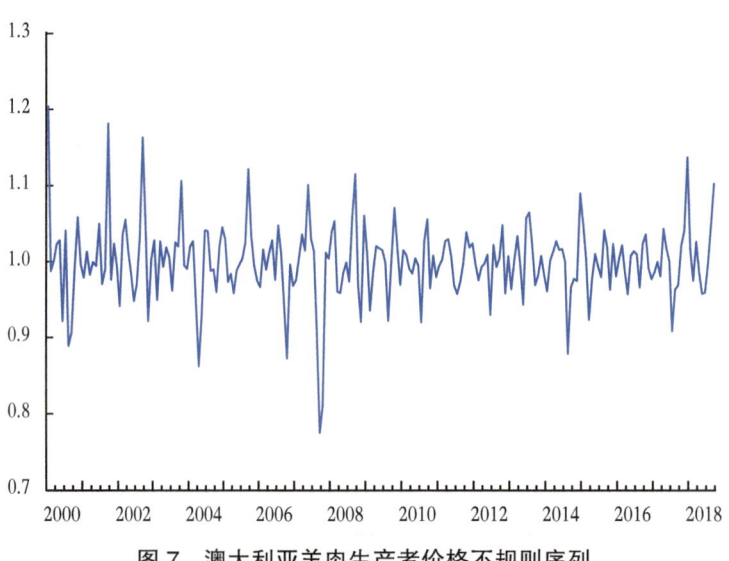

图 7 澳大利亚羊肉生产者价格不规则序列

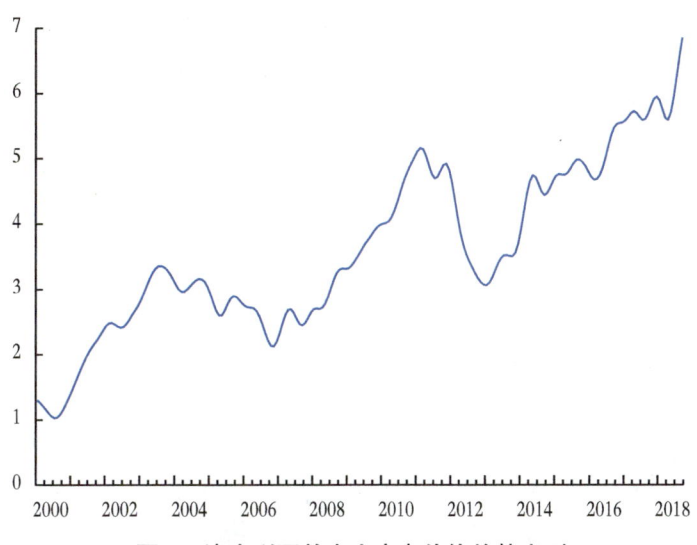

图 8 澳大利亚羊肉生产者价格趋势序列

美国羊肉批发价格的原始序列（图9）剔除掉季节因素序列（图10）以及不规则分量（图11）带来的影响之后，得到的是美国羔羊酮体月度批发价格趋势序列（图12），比原始序列更加平滑，说明美国羊肉批发价格受季节因素影响比较大，这也可以美国羊肉批发价格季节因素序列表现出明显的季节分布特征得到验证，由于美国羔羊肉产销存在季节分布不平衡特征，从而导致美国羊肉批发价格波动具有季节变化性。从季节因素序列可以看出，美国羊肉批发价格通常以一年为周期，具有明显的季节效应。第三季度与第四季度季节因素序列表现出上涨趋势，而第一季度与第二季度表现为下降趋势。由于受圣诞节等

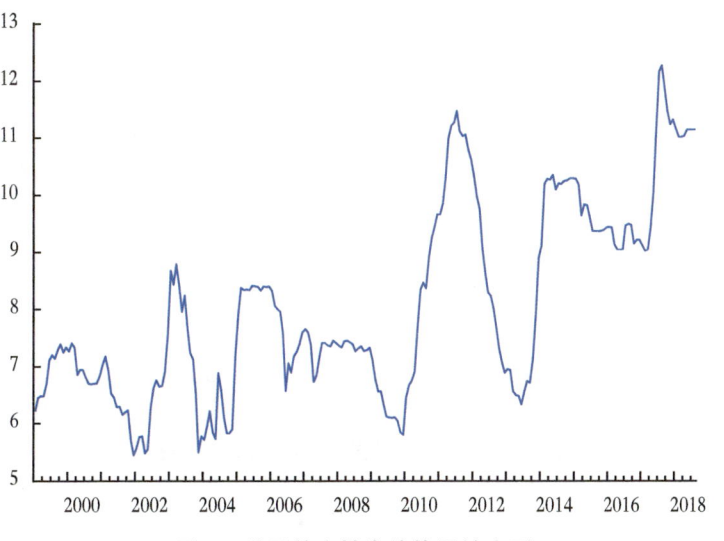

图 9 美国羊肉批发价格原始序列

美国传统节日的影响,每年 12 月季节因素序列会快速增长从而出现一个短期高峰。此外,由于畜牧业发展存在较强的不确定性,所以不规则因素序列波动性较强,且个别年份波动幅度较大,且总体并未呈现明显规律。

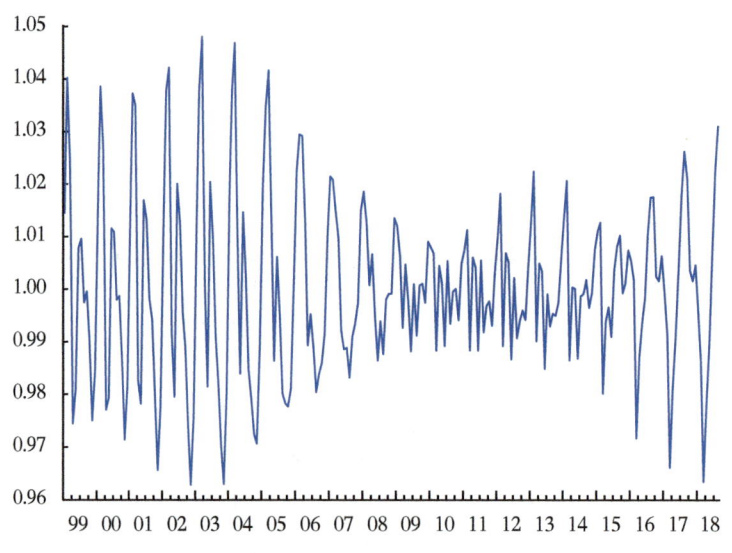

图 10　美国羊肉批发价格季节性因素序列

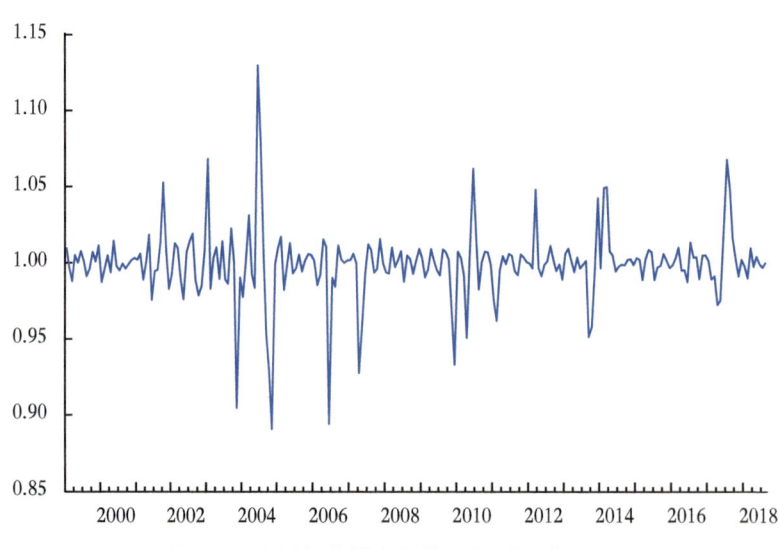

图 11　美国羊肉批发价格不规则因素序列

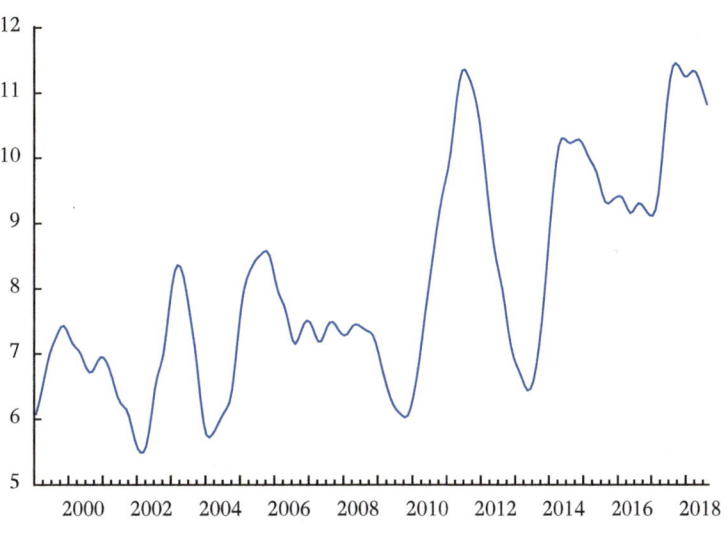

图 12 美国羊肉批发价格趋势序列

综上分析，无论是美国羊肉批发价格、澳大利亚羊肉零售价格还是澳大利亚羊肉生产者价格都在很大程度上受到季节因素的影响，且都以一年为周期。不同的是，美国羊肉批发价格的上涨期为每年的第三季度、第四季度，下跌期为每年的第一季度和第二季度，而无论是澳大利亚羊肉零售价格还是生产者价格，其价格增长期均为每年的第一、第二季度，下降期为每年的第三、第四季度。这与两国包含传统节日、气候特点、地域环境等在内的诸多因素不同有关系。

（2）周期规律分析

2000年以后澳大利亚羊肉零售价格呈现出不断上涨的趋势（图13）。按照"波峰到

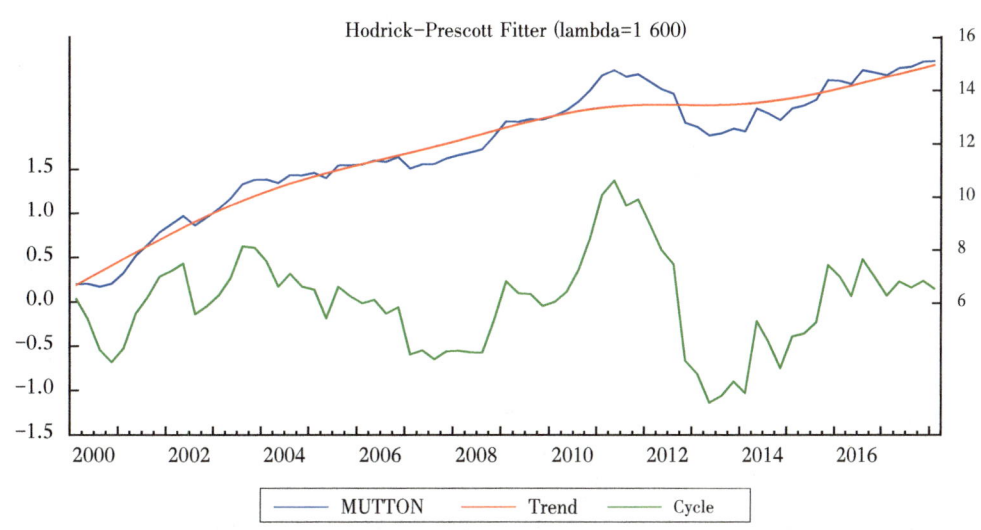

图 13　2000—2018 年澳大利亚羊肉零售价格波动周期

波峰"的波动周期来划分，2000年以来，澳大利亚羊肉零售价格经历3个完整波动周期，第1个波动周期为2000年第一季度至2003年第一季度，波长为9个季度；第2个波动周期为2003年第一季度至2010年第一季度，波长延长到21个季度；第三个波动周期为2010年第一季度至2014年第二季度，波长缩短至9个季度。此外，从波距来看，第一、第二、第三周期的澳大利亚羊肉零售价格的波距分别为41.1%、38.0%、21.4%，第一周期较大，第二、第三周期波距呈减小趋势，波动剧烈程度减缓。从年度波幅来看，2004—2006年、2016—2018年波幅较小，而2006—2016年波幅较为明显。

  2000年以后澳大利亚羊肉生产者价格呈现出从低位波动向高位波动移动的态势（图14），且整体波动非常剧烈。同样按照"波峰到波峰"的波动周期来划分，2000年以来，澳大利亚羊肉生产者价格经历8个完整波动周期，第1个波动周期为2000年1月—2001年9月，波长为20个月；第二周期为2001年9月—2003年10月，波长为25个月；第三个周期为2003年10月至2005年9月，波长为23个月；第四个周期为2005年9月—2007年5月，波长为20个月；第五个周期为2007年5月—2008年9月，波长为16个月；第六个周期为2008年9月—2011年3月，波长为30个月；第七个周期为2011年3月—2014年5月，波长为34个月；第八个周期为2014年5月—2017年12月，波长为42个月。显然在整个研究期间，澳大利亚羊肉生产者价格的波动周期呈现出先降低后增加的趋势，从波距来看，第一、第二、第三、第四周期的澳大利亚羊肉生产者价格的波距分别为52.0%、192.1%、43.5%、98.8%，第五、第六、第七、第八周期的波距分别为100.7%、114.6%、115.9%、56.2%。显然澳大利亚羊肉生产者价格波距呈现出先增加并以较高波距持续多年后又降低的规律，整体波动非常频繁。从年度波幅来看，每个周期年段内，波幅均较大。因此，澳大利亚羊肉生产者价格整体波动非常剧烈且较为频繁。

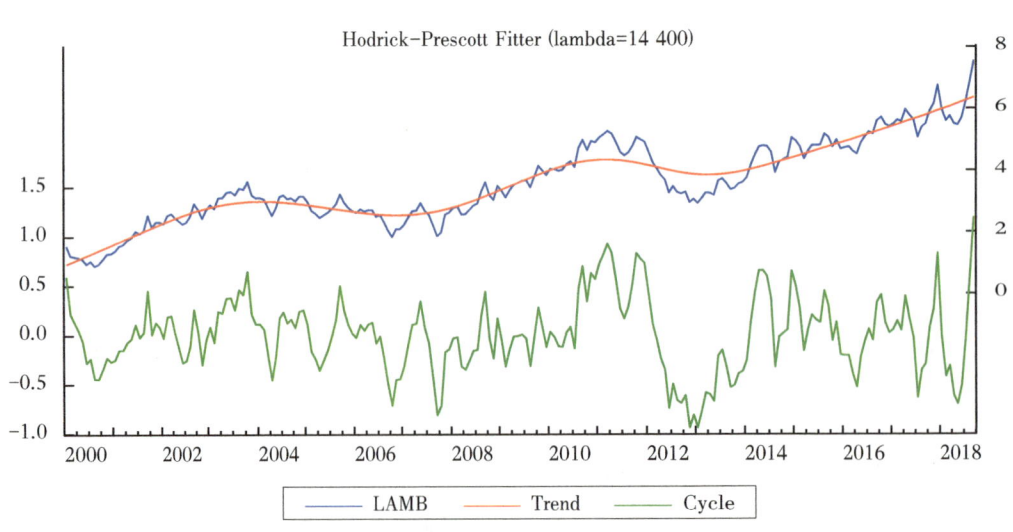

图14　2000—2018年澳大利亚羊肉生产者价格波动周期

2000年以后美国羊肉批发价格走势基本一致且呈螺旋式增长趋势（图15）。按照"波峰到波峰"的波动周期来划分，2000年以来，美国羊肉批发价格经历5个完整周期，第1个周期为2000年1月—2003年1月，波长为36个月；第2个周期为2003年1月—2005年10月，波长缩短到30个月；第3个周期为2005年10月—2011年6月，波长延长到68个月；第四个周期为2011年6月—2014年4月，波长缩短至34个月；第二个波动周期为2014年4月至2017年8月，波长延长至40个月。总体来看，目前羊肉价格正处于第6个价格周期。从波距（波峰价格与波谷价格的增长率）来看，第一周期的美国羊肉批发价格波距为59.3%，且第二、第三、第四、第五周期波距分别为59.9%、94.3%、81.0%、36.0%，显然，美国羊肉批发价格第三、第四周期波距较大，波动剧烈程度较为明显，第五周期波距呈下降趋势，波动程度减缓。从年度波幅来看（相对于零刻度线的偏离程度），2007—2008年波幅较小，而2003—2005年、2008—2017年波幅都较为明显。

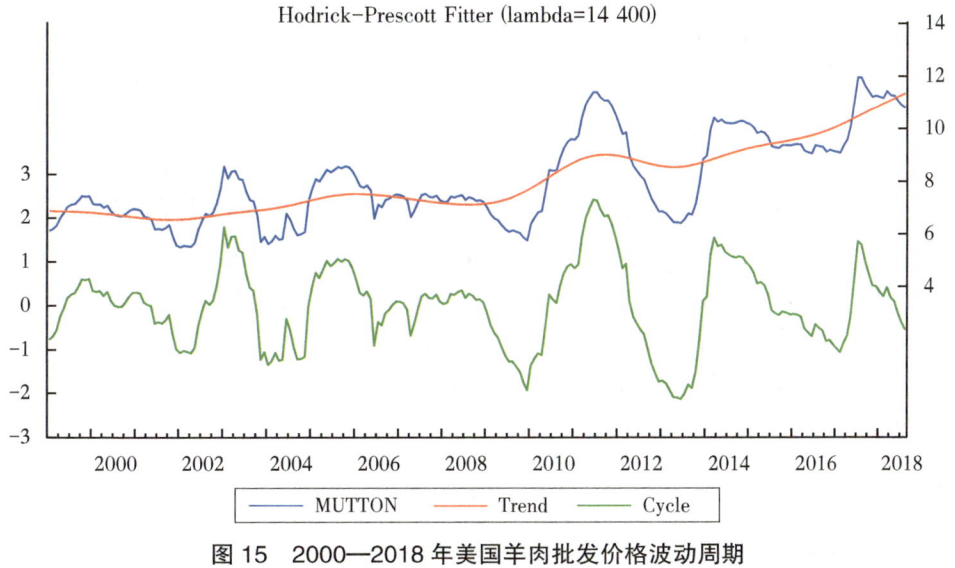

图15　2000—2018年美国羊肉批发价格波动周期

二、国际价格波动原因分析

依据经典西方经济学市场价格理论可知，国际羊肉价格波动是供求关系变化的表现形式，按照均衡理论，当市场中羊肉的供给量等于需求量时，羊肉价格达到均衡价格。若供求不等，则非均衡的羊肉价格会向均衡价格调整，表现为羊肉价格波动，波动的羊肉价格又进一步影响国际市场羊肉供求。由于国际羊肉市场中存在着影响羊肉价格波动的多重因素，绝对的市场均衡不可能出现，从而羊肉价格的波动也不可避免（朱振宇等，2014）。通过对近年国际羊肉价格波动特征与规律的分析，归纳出以下影响因素。

(一)羊肉需求量的变动是影响羊肉价格波动的根本因素

国际市场中羊肉需求增长的主要动力来源于世界人口的增长与人均收入的增加。自2000年以来,世界人口不断增长,已由61.22亿增长到2015年的74.44亿,增加了13.22亿。此外,OECD/FAO(2016)预测2016—2025年,全球人口总数将由74亿增长至81亿,其中95%的增长贡献来自发展中国家,预测到2025年,67亿人口生活在发展中国家,而14亿人口生活在发达国家。此外,发展中国家人均消费的增加是导致羊肉价格增长的另一重要动力来源。而人均收入直接作用于人均消费水平,OECD(2017)指出人均收入对消费者偏好具有显著性的影响。

(二)羊肉供给量的变动是影响羊肉价格波动的主要因素

根据市场供求规律,羊肉供不应求时市场价格会升高,而供过于求时市场价格便会降低。2000—2018年的大多数年份中,国际羊肉供应量是增长的,但年均增速不同。其中羊肉供给量增加较快的年份为2005—2007年、2010年及2013—2018年。这些年份羊肉增长量均超过17.3万吨,且年增长率均高于6%。羊肉供应量的较快增长使得羊肉价格增速减缓甚至出现下降,除2010—2011年羊肉供应量增加而羊肉价格明显上涨外,供应量变换情况基本与羊肉价格的波动情况相对应。从2003年起,中国占世界羊肉产量比重不断攀升,2010年占比接近35%,2007—2009年由于禁牧、休牧、轮牧及草畜平衡等生态保护政策开始实施并发挥作用,肉羊养殖规模得到控制,国内羊肉供应量增速减缓,年均增长率不足3%,年增长量不足15万吨,更有个别年份(2008年、2011年)国内羊肉供应量出现同比下降。作为世界羊肉主要出口国的澳大利亚与新西兰在该期间,羊肉产量也出现明显下降,其中澳大利亚从2007年的68.08万吨下降到2009年的54.09万吨,新西兰从2007年的58万吨下降到2009年的47.9万吨。国际羊肉供给增速放缓甚至下降,导致供不应求,从而使得该期间羊肉价格大幅上升。

(三)羊肉供应链环节繁杂直接影响羊肉价格

从养殖场到消费者餐桌,羊肉通常经过养殖户、商贩、屠宰加工企业、批发市场、超市、餐饮机构等诸多主体,销售环节包含小商贩(从养殖户家中收购活羊)、中型商贩(从小商贩手中收购活羊)、大型商贩(从小商贩或中型商贩手中收购活羊,或从屠宰场收购羊胴体)(王纪元等,2015)。每个环节的利益主体要保障自身收益,因此羊肉流经供应链的每一个主体,价格便有一定程度的上涨。供应链的长短对国际羊肉价格具有直接影响。国际羊肉的主产区主要分布于中国、澳大利亚、新西兰,对羊肉具有较强偏好需求的国家包括中国、美国、法国、英国、阿拉伯联合酋长国、沙特阿拉伯、马来西亚等分布在各大洲,羊肉供应链加长成为必然。

(四)经济形势、国际政策对羊肉价格波动具有重要影响

全球化背景下,世界各国互联互通性不断增强,国际政策、经济形势等宏观环境对

羊肉价格波动日益产生重要的影响。中国羊肉进口来源地高度集中，主要来自新西兰和澳大利亚，这2个国家羊肉进口量占中国羊肉进口总量的98%。自中澳邦交正常化以来，中国与澳大利亚间经贸合作开始步入发展的快车道，而自2005年中国政府与澳大利亚政府开启中澳自由贸易协定谈判以来，两国经贸合作呈爆发式增长。1995—2004年，中国自澳大利亚羊肉进口量仅由0.02万吨增至1.00万吨，而2005年后的10年中，该数值由1.45万吨增至8.17万吨。中澳自贸协定实施后，中国自澳大利亚的羊肉进口量加速增长。中国稳步增长的进口需求促使澳大利亚羊肉价格有上涨的动力。2008年中国与新西兰自由交易协定的签署与其具有相同效果。此外，世界市场的通货膨胀导致2004—2012年间羊肉价格逐渐上涨，但由于世界经济的疲软，各国消费水平趋于稳定，全球贸易量从2015年开始呈现下降趋势，羊肉价格也出现下跌的势头。2008年，受国际金融危机影响，2009年国际羊肉价格在较低位波动。可见，无论是国际经济形势还是国际政策环境都对羊肉价格波动具有重要影响。

（五）突发事件对国际羊肉价格波动具有一定影响

2006—2008年以及2010—2011年间，世界粮食市场危机四起，在2006—2008年粮食危机期间，国际市场中大米、小麦和玉米价格出现大幅攀升，到2018年7月，各国大米、小麦以及玉米的平均价格均比2007年1月上涨了约40%，而该时间段，国际羊肉价格也显现出相同的价格波动趋势。此外，影响国际羊肉价格波动的突发事件主要有疫病、自然灾害、社会事件等。近些年，畜禽疫病的频繁暴发造成不可忽视的消费恐慌，致使暴发期间牛肉、禽肉需求大量下降，消费者转而购买作为替代品的羊肉，使短期内羊肉的需求量增加，导致羊肉价格阶段性上涨。此外，2014年非洲中部、西部以及亚洲部分地区小反刍兽疫的暴发及频繁报道的羊肉造假事件，对消费者造成一定影响，不可避免地降低羊肉的消费需求量，使羊肉价格有所下降。

同时，自然灾害也影响羊肉供应量，并成为影响羊肉价格的重要因素。其中2006—2010年中国北方频繁爆发旱灾与雪灾，饲草价格上升，养殖户饲养成本增加，为减小过冬压力，养殖户纷纷加大出栏肉羊数量、缩减养殖规模，导致羊肉阶段性供应量增加及存栏数量下降，使2008—2010年羊肉价格上涨速度放缓。而羊的生物特性使其存栏变动所引起羊肉产量的变化存在一定滞后效应，并反映在2010年以来羊肉价格新的阶段性高涨中（王士权等，2014）。可见突发性事件对国际羊肉价格波动具有一定影响。

三、主要国家价格调控措施

（一）澳大利亚主要羊肉价格政策

1. 澳大利亚政府加大对畜牧业的保护

澳大利亚对畜牧业的保护主要是畜产品的保护，有两种形式：直接价格补贴和间接价格补贴。由于直接价格补贴易受到国家社会的质疑，因此，澳大利亚政府对畜产品直接价格补贴率较低，一般为2%~6%，而间接价格补贴则较高，一般为4%~30%。后者可通过向消费者征收关税（如2000年7月1日实施的GST即消费税）建立产业基金来补贴出口商，这样大大增加了澳大利亚畜产品的国际竞争力。同时，政府征收专门的消费税建立肉羊专向基金，帮助牧民扩大养殖规模，当发生重大自然灾害时，给牧场主提供补贴。此外，澳大利也制定了一套完整的肉类质量标准体系即MSA，在饲喂、运输、屠宰、肉的含水、脂肪含量、疫病、肉色、污染等方面都做出了一系列严格的规定，以可追溯性确保肉类安全。按MSA生产的肉类，在国内外市场均受欢迎。此外，澳大利亚积极推进自动化与价值链技术，澳大利亚肉类与牲畜组织（MLA）与澳大利亚肉类公司每年共同投资高达1 500万美元，用于自动化与价值链技术研发，提高绵羊肉加工效率与生产力，以确保即使在高成本投入下澳大利亚红肉价值链的全球竞争力仍能得以保持，进一步保障了其在国际市场的核心竞争力，也在一定程度上提升了本国应对国际价格变动的能力（卢全晟等，2018）。

2. 推进绵羊产业领导计划，打造核心竞争力

绵羊产业领导计划（SILP）是由澳大利亚农村领导基金会支持的一项旗舰类计划，作为澳大利亚绵羊生产组织（SPA）和澳大利亚肉类和畜牧业组织联合倡议"建立绵羊产业领导能力"计划的一部分。该计划的主要目的包含三个方面：第一，培养参与者强大的领导能力，包括批判性思维、说服力和影响力，谈判、促成和沟通的能力；第二，促进更深入地了解澳大利亚农业企业部门面临的共同领导挑战和机遇，并寻求实际合作的有效途径；第三，促进行业内各参与者的合作伙伴关系，以加强部门之间的联通与抵御风险的能力。此外，澳大利亚的生产企业和出口商对国际羊肉市场有一个非常合理的划分及执行措施，具体包括：成羊肉主要出口于中国、日本、韩国；羔羊肉主要出口于中国、日本、韩国、中东地区、东南亚；大羊肉主要出口于中国、中东地区；活羊主要出口于中东地区、东南亚以及中国。

（二）新西兰制定奖励出口政策，推进多边贸易

1. 对畜产品实行保证价格、奖励出口

国家采取各种"干预经济"的措施，设立许多官方、半官方机构，如肉类生产者委员会、乳业委员会、羊毛委员会等，对畜牧产品实行保证价格，以协调生产和销售。在畜产品贸易方面，基本方针是奖励出口。对部分出口产品实行减税，给予出口保险。此外，政府还对畜牧业提供化肥和短期的额外援助等。对某些产品，如羊毛实行最低价格，提高羔羊的价格。为减少出口商品生产者的开支，某一个时期停止征收肉类检查费等。

2. 建立多边贸易格局

为稳定出口市场，新西兰政府积极签订多边和双边的国际贸易协定，如和世界几个主要羊毛出口国组成国际羊毛秘书处，与羊肉需求大国——中国建立其自由贸易区，和澳大利亚组成奶业联合会等。

(三)欧盟主要羊肉价格政策

1. 对牲畜的补贴政策

2004年起,欧盟的共同农业政策逐步从以价格支持为基础转向农民收入补贴,农业政策更加市场化。针对包含羊肉在内的肉类产品的主要支付方式以单一支付和挂钩支付为主。由于生产者获得的收入支持与其耕种面积或牲畜养殖数量无关,因此,该政策不再属于扭曲生产的政策,而是属于不受贸易协定限制的绿箱政策。在此期间,欧盟也加强了对农村发展政策的支持力度,更加强调对环境、食品安全和动物福利等标准的建设和关注。

2. 贸易支持政策

欧盟制定和实施了形式多样的贸易促进政策,包括利用关税政策控制进口数量,实施严苛的质量标准等技术性贸易措施限制进口,实施出口补贴和出口信贷政策。如欧盟对低于其制定的门槛价格的进口农产品征收进口差价税,以防止其内部市场同类产品价格的下降,损害其农业生产者的收入。

参考文献

郝永红,钱贵霞. 2011. 我国现阶段羊肉价格上涨原因分析 [J]. 农业展望(12):16-21.

卢全晟,张晓莉. 2018 美英澳新四国肉羊产业发展经验与启示,黑龙江畜牧兽医(6):35-38.

王晶,卢进勇. 2015. 中国与澳大利亚贸易的现状、影响因素和发展策略 [J]. 国际贸易(10):37-44.

王纪元,肖海峰. 2015. 我国羊肉价格波动特征及影响因素研究 [J]. 农业经济与管理(6):76-84.

王士权,李秉龙,耿宁. 2014. 羊肉价格快速上涨为什么没带来供给大幅提升——基于十余年来羊肉价格上涨背景 [J]. 农业现代化研究(6):743-749.

王纪元,肖海峰. 2017. 中澳自由贸易协定实施对中国羊肉产业的冲击研究 [J]. 农业经济与管理(1):84-93.

韦敬楠,张立中,张美艳,等. 2017 国际羊肉价格波动对中国羊肉价格的传导效应研究——基于 VEC-TARCH 模型 [J]. 黑龙江畜牧兽医(20):31-35.

闫旭文,南志标,唐增. 2012. 澳大利亚畜牧业发展及其对我国的启示 [J]. 草业科学(3):482-487.

张培增,郭海鸿. 2014. 新西兰草地畜牧机械化技术考察印象 [J]. 当代农机(2):33-35.

朱振宁,朱美玲,甘昶春. 2014. 羊肉价格波动影响因素的实证分析——基于新疆羊肉市场的调研数据 [J]. 中国畜牧杂志(12):25-29 34.

ABARES. Agricultural commodities:March quarter 2018 [R]. ISSN:1839-5627.

FAO. 2018-08-01.Food Outlook(June 2018)[EB/OL]. http://www.fao.org/.

Meat & Livestock Australia.2018-09-14.Industry Projections 2018 Australian sheep- May update [EB/OL]. http://www.mla.com.au/.

New Season Outlook 2017-18.Beef + Lamb New Zealand Economic Service [R].

OECD/FAO.2018. OECD-FAO Agricultural outlook 2018-2027 [R].

Peter Martin. 2016.Cost of production Australian beef cattle and sheep producers 2012-13 to 2014-15 [R].ABARES research report.

Rebecca Locke. 2018-07-15. Jack O'Connor. Sheepmeat's unique global position [EB/0L].http : //www.mla. com. au/prices-markets.

Sheep Producers Australia. 2018-08-12. Building leadership capability for the sheep industry [EB/OL]. http : // www. sheepproducers.com.au/.

（执笔人：曲春红　钱贵霞）

第十四部分

天然橡胶

海外农产品市场研究（2018）

专题一　世界供需形势分析

天然橡胶与石油、铁矿石、有色金属，被称为现代社会四大工业原料，是关系到国家生存发展和人民生活需要的重要战略物质，在交通运输业、机械制造业、建筑建材业、电子信息业、采掘业和医药制品行业等都发挥着非常重要的作用。天然橡胶在弹性、抗冲压、抗撕裂、耐磨等方面性能突出，天然橡胶是四大工业原料中唯一可再生的绿色资源，在航天航空、国防、载重机械、矿山机械、汽车轮胎、医疗等领域中需求量较大。

2018年开割以来，泰国、印度尼西亚和马来西亚等各橡胶主产国的物候良好，1—4月泰国等9大主产国产量达346.09万吨，创下多年新高。泰国和印度尼西亚产量最大，分别达到128.5万吨和127.44万吨，占2017年总产量的29%和35%；预计全球橡胶产量供过于求，天然橡胶主产国和消费国的格局相对集中。2017年1—12月中国橡胶进口量为716万吨，同比增长23.2%，2018年5月，中国进口天然橡胶、合成橡胶和胶乳共计64.9万吨，环比大幅增长51.6%，同比增长18%。中国取代美国和欧洲，成为马来西亚橡胶第一大出口国。越南橡胶行业崛起，产量连年增长，中国成为越南和泰国橡胶的最大出口国。2018年1—4月中国天然橡胶进口量为208.1万吨，2017年上半年泰国RSS3、印度尼西亚SIR20、新加坡RSS3的价格全线回升，1—5月，基本保持在2 000~2 500美元/吨的较高水平，下半年胶价比上半年走低，回落到1 600~1 800美元/吨的价位。2018年上半年，美国纽约的TSR 20价格和泰国STR20价格比2017年有所下跌，美国纽约的TSR 20到岸价格为1 653美元/吨，泰国STR20的离岸价为1 300美元/吨。影响天然橡胶国际市场价格的因素非常多，包括全球经济总体状况、国际政局变动、国际天然橡胶市场供求、进口关税、合成胶的生产和消费、汽车轮胎和重卡产销、国际原油价格、美元兑橡胶主产国货币的汇率变动和气候变化等因素。近年来，天然橡胶主产国和国际天然橡胶组织主要出台联合限制橡胶出口、提供低息贷款和补贴、通过减产和增库存、实行指导价收购天然橡胶等措施稳定市场价格。

一、世界供需形势

从全球范围看，2018年开割以来各大橡胶主产国的天气状况良好，没有发生往年开割初期频繁出现的干旱及病虫害，给开割提供了良好的自然条件。尽管2018年以来，胶价低迷且进一步下跌，但产量仍然创下历年同期新高。2018年1—4月，泰国等9大主产国产量达346.09万吨，创下多年新高。除物候条件良好外，中国橡胶主产区提前开割，东南亚主产国停割时间短，均给产量增长提供了条件。从9大主产国1—4月产量及占比来看，泰国和印度尼西亚产量最大，分别达到128.5万吨、127.44万吨，占去年总产量的

29% 和 35%；越南产量 30 万吨，占去年总产量的 28%；马来西亚和印度产量分别 21.92 万吨和 21 万吨，占去年总产量的 30% 和 29%。中国产量为 7.46 万吨，占全年产量的 9% 左右，但已创下历年 1—4 月总产量之最。

（一）2018 年全球天然橡胶的需求持续增长

据 ISRG 的数据显示（图 1），2017 年，全球天然橡胶的产量 1 327 万吨，消费量 1 322.2 万吨。近年来，全球天然橡胶年产量和消费量持续增长。据 ISRG 预测，2018 年全球天然橡胶需求量为 1 334 万吨，年增幅 2.4%，受到中国和印度的强大消费需求拉动，2018 年全球天然橡胶产量为 1 346 万吨，年增幅 1.9%。2018 年全球合成橡胶需求量达 1 582 万吨，增长 2.7%。2018 年 1—4 月，世界天然橡胶的消费量 460 万吨，同比增长 5.5%，天然橡胶产量 400 万吨，增加了 2.6%，产量的增幅不敌消费量增幅。随着全球经济的恢复，新兴经济体国家汽车工业的不断发展推动了橡胶消费的需求。根据 ANRPC 的数据，2018 年中国全年的天然橡胶需求量为 570 万吨，比 2017 年增加 6.2%。印度 120 万吨，年增长率 10.9%。泰国 89.9 万吨，印度尼西亚 66 万吨，马来西亚 52 万吨，越南 25 万吨，斯里兰卡 14.4 万吨。2018 年泰国的天然橡胶供给量为 481.9 万吨，比 2017 年增加 8.8%。印度尼西亚 377.4 万吨，年增长率 4%，越南 110 万吨，中国 83.7 万吨，马来西亚 75 万吨，印度 72 万吨，柬埔寨 22.2 万吨，菲律宾 11.5 万吨，斯里兰卡 9 万吨，各橡胶主产国和消费国的需求量和供给量都比 2017 年增长。

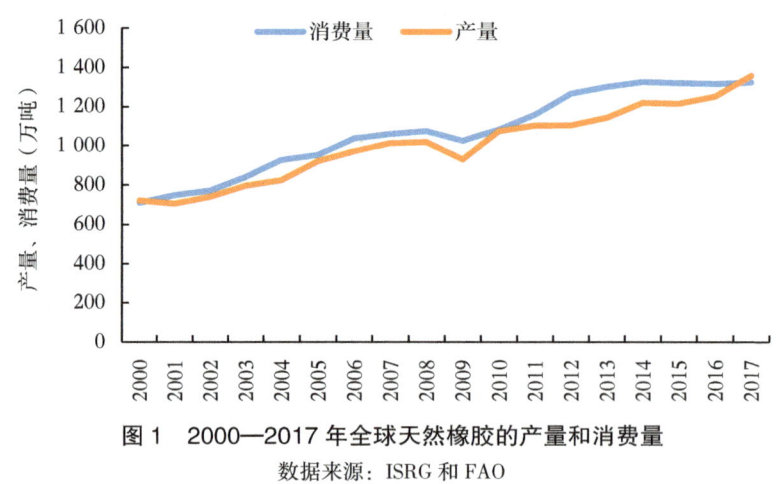

图 1　2000—2017 年全球天然橡胶的产量和消费量
数据来源：ISRG 和 FAO

（二）中国天然橡胶的市场需求量增长

中国、日本和美国继续保持着全球橡胶消费引领国地位。据美国行业研究公司弗利多尼亚集团（Freedonia Group）预测，世界橡胶总需求将以年均 3.9% 的速度递增，预计 2019 年突破 3 170 万吨。中国从 20 世纪中期就非常重视发展天然橡胶产业，经过科研人员的不懈努力，实现了在北纬 18°~24°地区大规模种植天然橡胶，并成为世界第一大天然橡胶消费国和进口国，并建成了以海南、云南、广东为中心的天然橡胶主要种植区。目前，中国的天然橡胶需求量占亚太市场总量的 1/2 以上。预计 2018 年中国和印度的的天然橡胶消费约占世界天然橡胶消费总量的 48%。中国合成橡胶产业以自主创新技术为主，合成橡胶产业的迅猛发展势必会带动天然橡胶种植和加工产业，轮胎市场的出口订单激增，国内汽车、重卡市场需求增长提升了轮胎企业开工率，从而加大了对天然橡胶的进口需求。天然橡胶的需求量将进一步加大。中国天然橡胶产量增幅有限，供需缺口将长期存在，较低的自给率将导致中国天然橡胶市场供需矛盾越来越突出。

（三）天然橡胶主产国和消费国的格局相对集中

世界天然橡胶主产国基本集中在亚洲，特别是东盟国家，如泰国、印度尼西亚和越南等国，而天然橡胶的消费主要集中在亚洲、美洲和欧洲，东盟国家和中国的天然橡胶消费持续增长，已成为亚洲天然橡胶消费增长率最高的国家和地区。据美国工业市场研究公司预测，2019 年亚太地区的橡胶消费量将约占全球总需求量的 2/3，亚太地区市场占据了全球橡胶制品工业市场的最大份额，至少达到 1/3。亚太地区的天然橡胶消费在世界天然橡胶总消费量所占比从 2007 年的 64.96% 增加到 2017 年的 73.84%（表 1），2017 年亚太地区的天然橡胶产量为 1 234.47 吨，占当年世界天然橡胶总产量的 91.04%。

表 1　2007—2017 年亚太地区天然橡胶消费量世界占比情况

单位：%

年份	2007	2008	2009	2010	2011	2012	2013	2014	2015	2016	2017
占比	64.96	66.46	73.72	70.20	68.81	71.46	72.36	73.20	72.78	73.22	73.84

数据来源：国际橡胶研究组织（IRSG），http://www.rubberstudy.com/documents/WebSiteData_June2017.pdf

2016—2019 年，印度尼西亚、印度和泰国等国的橡胶市场在全球范围内增长最快，其中 6 个来自亚太地区。根据透明度市场研究公司的最新报告，预计到 2025 年，全球橡胶产品市场额达到 1 510 亿美元（约合 9 443.2 亿元人民币）。中国、马来西亚和越南等亚洲国家的制造业发展势头强劲，对天然橡胶的需求持续攀升。由于轮胎产业的发展，中美洲、南美洲、非洲国家和地区的橡胶需求迅速增长，而北美和欧洲市场的橡胶需求量将低于全球平均水平。

多年来，在橡胶主产国中，泰国的天然橡胶产量居全球第一（图 2），年均产量超过 300 万吨，2014—2016 年更是突破 400 万吨，被誉为"黄金农业"；其次是印度尼西亚，天然橡胶的大规模商业种植源于印度尼西亚，年均产量为 267.66 万吨，2012—2016 年产量都突破 300 万吨，这两国的天然橡胶年产量是其他主产国橡胶产量的 3~4 倍。此外，越南、印度和中国的天然橡胶年产量也呈增加趋势，2007 年马来西亚的天然橡胶产量 119.96 万吨，此后逐年减产，由于种植面积小，单产水平偏低，近 10 年斯里兰卡的橡胶产量不足 20 万吨。2017 年，除了印度和中国之外，各大主产国的天然橡胶产量均比

2016年有所增产，科特迪瓦的天然橡胶增产最大，增幅为94.34%，其次是缅甸，增幅为12.36%，印度尼西亚10.80%，马来西亚9.95%，泰国6.67%。2018年上半年，泰国的天然橡胶产量为253.1万吨，科特迪瓦的天然橡胶产量为29.47万吨，都超过2017年当年产量的一半。

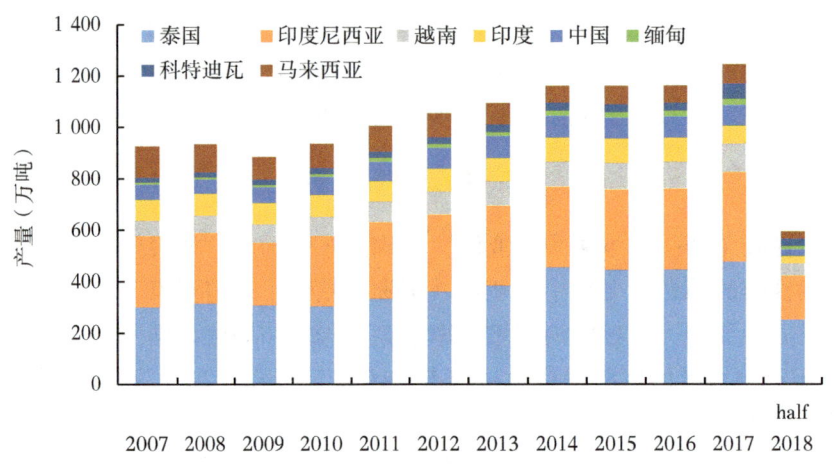

图2　2007—2017年世界天然橡胶主产国的产量

数据来源：2007—2016年数据来源于世界粮农组织（FAO），2017年和2018年数据来源于ISRG

在全球天然橡胶需求增长的推动和经济效益的刺激下，经过140多年的发展，橡胶树已经在亚洲、非洲和美洲热带地区共60多个国家种植。进入21世纪，在以中国为主的亚洲国家消费需求拉动下，全球橡胶种植面积进入快速增加时期，2007—2014年全球的天然橡胶种植面积平均每年增加41.5万公顷，到2017年全球橡胶面积达到1 471万公顷（图3）。近十年来，泰国的天然橡胶种植面积逐年扩大，2011年突破200万公顷，2015

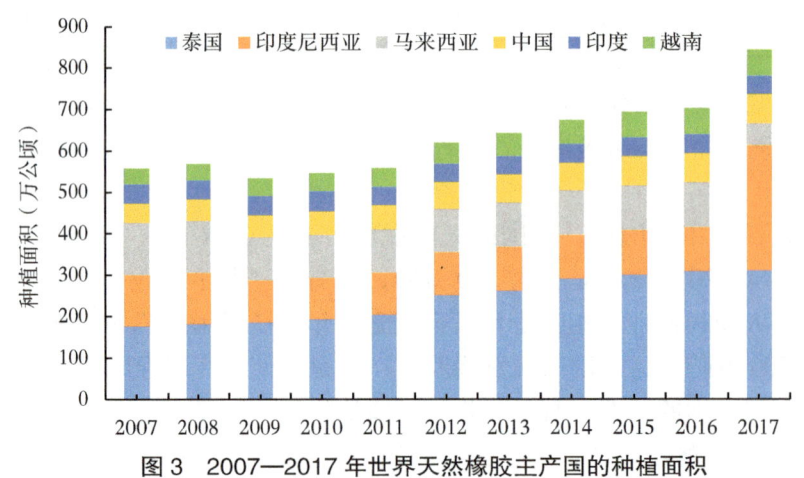

图3　2007—2017年世界天然橡胶主产国的种植面积

数据来源：2007—2016年数据来源于FAO，2017年数据来源于国际橡胶研究组织（IRSG）

年突破300万公顷；印度尼西亚和马来西亚的天然橡胶种植面积基本保持在100~120万公顷，2017年印度尼西亚的橡胶种植面积突破300万公顷，比上年增幅高达182%，与之相反，马来西亚的橡胶种植面积严重缩减，2017年减至52.1万公顷。中国的橡胶种植面积也小幅度扩大，2017年扩至72万公顷，印度基本保持在45万公顷左右，2015年越南的橡胶种植面积突破60万公顷，2017年达到62.5万公顷。

2017年第1季度至第3季度（图4、图5），亚太地区的天然橡胶产量占总量的91.2%，消费量占73.05%，是当之无愧的天然橡胶主产区和主要消费地区，欧洲、中东和非洲的天然橡胶产量占5.96%，消费量占13.47%，美洲的天然橡胶产量占2.83%，消费量占13.47%。亚太地区的合成胶产量和消费量占总量的55%左右。在亚太地区里，中国是世界合成橡胶的生产和消费大国，合成橡胶产业的迅猛发展势必会带动天然橡胶种植和加工产业，非洲具有发展天然橡胶产业的巨大潜力。其产量却仅占世界天然橡胶产量的5%。非洲的天然橡胶商业化种植比亚洲晚了近50年，非洲大规模种植天然橡胶始于20世纪40年代，20世纪90年代超过50万公顷。

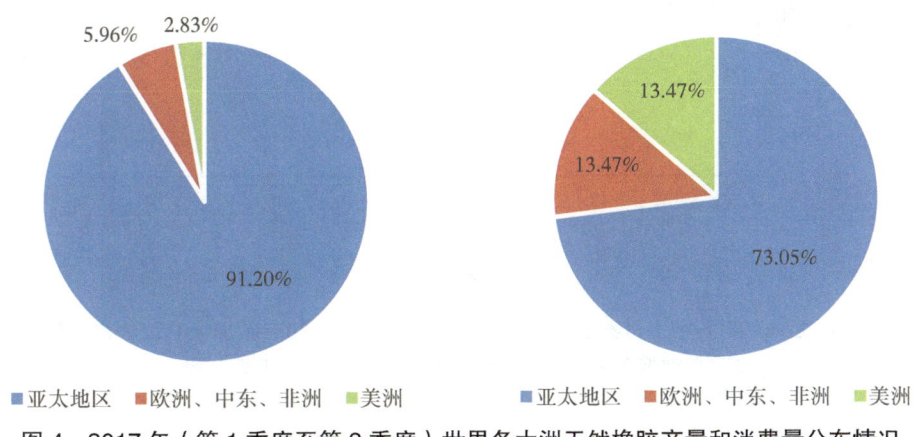

图4　2017年（第1季度至第3季度）世界各大洲天然橡胶产量和消费量分布情况

数据来源：国际橡胶研究组织（IRSG）

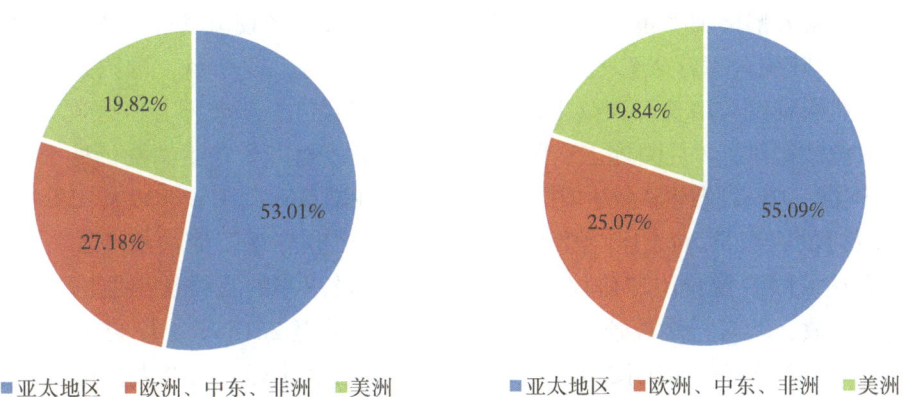

图5　2017年（第1季度至第3季度）世界各大洲合成橡胶产量和消费量分布情况

数据来源：国际橡胶研究组织（IRSG）

二、国际价格走势

(一)现货市场

由于主产国的天然橡胶种植面积不断扩大和轮胎行业增长放缓等,预计到 2025 年全球橡胶制品市场将达到 1 510 亿美元。由于天然橡胶高度波动的价格和不稳定的供应,使得丁苯橡胶、丁腈橡胶等合成橡胶需求量以显著的速度增长。2017 年上半年泰国 RSS3、印度尼西亚 SIR20、新加坡 RSS3 的价格全线回升,1—5 月,基本保持在 2 000~2 500 美元/吨的较高水平,下半年胶价比上半年走低,回落到 1 600~1 800 美元/吨的价位(图 6)。

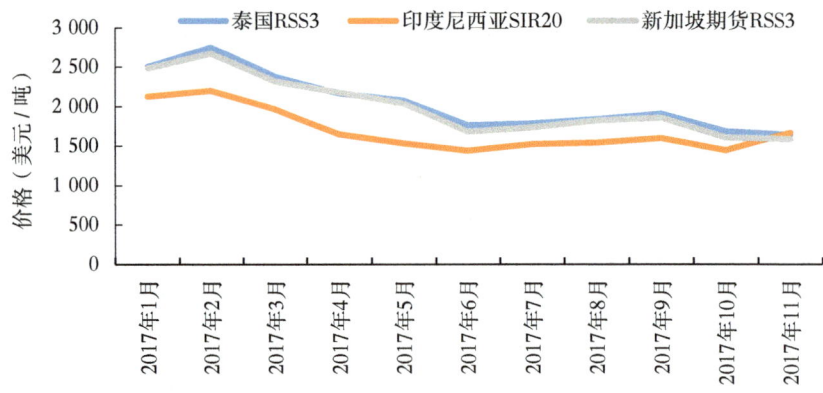

图 6 2017 年 1—11 月泰国 RSS3、印度尼西亚 SIR20、新加坡 RSS3 的价格
数据来源:中国橡胶,2017 年第 1 期至第 11 期

1 月中上旬,受泰国洪涝灾害影响,合成橡胶价格持续大幅上涨。3 月,受美联储加息、国际原油价格大幅回落、合成橡胶价格持续下跌、泰国启动第四轮储备胶抛售、国内天然橡胶进口量大幅增加多重利空因素影响,国内外天然橡胶市场价格持续大幅下跌。泰国拍卖约 15 万吨剩余库存天然胶,对市场价格形成压制。6—7 月,国内外主产区处于割胶旺季,天然橡胶供应增长,连续出台严禁违法种植砍伐、严控外劳、财政支持增加橡胶消费量等保价政策等,8 月国外主产区进入割胶旺季,而汽车轮胎消费仍处于淡季。2017 年 11 月,国际三方橡胶理事会达成限制橡胶出口协议等有利因素,以及国外主产国处于割胶旺季原料供应充足。12 月,国外主产国仍处于产胶旺季资源供给增加,但国际三方橡胶理事会达成限制橡胶出口协议,2018 年起小排量汽车购置税优惠取消,刺激新车消费需求提前释放,均对天然橡胶市场价格有所支撑。截至 2018 年 4 月 11 日,泰国橡胶价格为 48.68 泰铢/千克,如果按泰铢兑人民币 1∶5 汇率计算,约合人民币 9.7 元/千克,和西双版纳橡胶价格差不多。

（二）期货市场

2017年全球经济企稳向好，天然橡胶供应量充足，1月4日，泰国烟片胶RSS3的离岸价（FOB）2 283.4美元/吨，1月3日，印标20#的FOB价2 080美元/吨，马标20#的FOB价2 028美元/吨。到12月，泰国烟片胶RSS3、印标20#和马标20#的FOB价略涨，沪胶主力合约收盘价和TOCOM主力月收盘价略跌，当年的12月最后一周，上海期货交易所的天然橡胶库存38.33万吨，12月27日，泰国烟片胶RSS3的FOB价1 680美元/吨，印标20#的FOB价1 485美元/吨，马标20#的FOB价1 470美元/吨。沪胶主力合约收盘价14 105元/吨，TOCOM主力月收盘价206.7日元/千克。2017年东南亚国家和地区降水量增加，泰国南部地区甚至出现连日降雨，但对天然橡胶的产量影响不大，试行生态环境损害赔偿制度和启动全国碳排放交易体系等环保政策对轮胎企业的影响逐步显现，橡胶产业的下游加工业的总体刚性需求大，9月中旬天然橡胶和合成橡胶价格双双大涨，民营橡胶加工厂停工，国有橡胶加工厂的生产能力有限，影响了橡胶的供应。第4季度天然橡胶需求进入传统季节性淡季，因此，天然橡胶的供需结构变化不大。

2017年，上海期货交易所天然橡胶主力合约年初开盘价18 360元/吨（1月3日），年末收盘价14 105元/吨（12月29日），最高价20970元/吨（12月14日），最低价12 455元/吨（6月6日）。全年下跌4255元/吨，跌幅23.18%，最大价差8515元/吨；2017年，东京商品交易所天然橡胶主力合约年初开盘价273.4日元/千克（1月4日），最高价312.6日元/千克（1月26日），最低价181.6日元/千克（6月8日），年末收盘价206.7日元/千克（12月29日）。全年下跌66.7日元/千克，跌幅24.40%，最大价差131日元/千克。

2018年1月，全球天然橡胶供应充足，上海期货交易所的天然橡胶库存39.69万吨，比2017年年底库存有所增长，青岛保税区橡胶库存23.56万吨，比2017年年底库存增幅超7%。1月5日，泰国烟片胶RSS3的离岸价（FOB）1 660美元/吨，印标20#的离岸价（FOB）1 450美元/吨，马标20#的离岸价（FOB）1 450美元/吨。2018年一开年，沪胶主力合约收盘价14 340元/吨，比2017年最后一周下跌1.74%，TOCOM主力月收盘价206.9日元/千克，比2017年最后一周下跌1.01%。橡胶产业的下游仍然是刚性需求，因此供需结构变化不大，天然橡胶的需求量也不缩减。

三、国际贸易格局

（一）2017年世界天然橡胶出口同比小幅度增长，亚洲仍然是天然橡胶的主产区和消费区

天然橡胶是大宗工业原材料和军用物资，同时是重要的国际期货品种，对国际政治有较强的敏感度，容易受各国政府进出口政策、国际突发事件及战争影响，一旦进口困难，很可能使国内的橡胶制品工业陷于瘫痪，影响国民经济安全。中国航天航空及部分军工产

品所需的高档天然橡胶原料，一直高度依赖进口。2015年中国自主研发的航空轮胎橡胶材料通过空军装备部验收，可以替代进口，但距离建成高档天然橡胶材料自主保障体系的要求，还有很长的路要走。2017年世界天然橡胶进口量为945.79万吨，出口量为976.62万吨，比2016年分别增长5.1%和6.22%。近十年来，世界天然橡胶的出口大于进口，总体波动不大，保持稳定中略有增长的态势，从2011年起基本稳定在850万吨以上的水平（图7）。

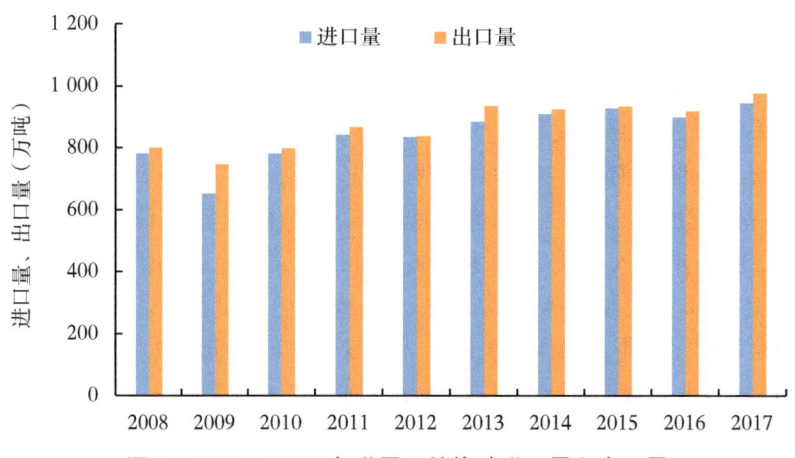

图7　2008—2017年世界天然橡胶进口量和出口量

数据来源：http://www.intracen.org/itc/market-info-tools/trade-statistics/

受国际天然橡胶市场价格波动等因素的影响，世界天然橡胶的进出口额波动幅度较大，2009年的世界天然橡胶进口额和出口额为近十年最低（图8），2011年的国际天然

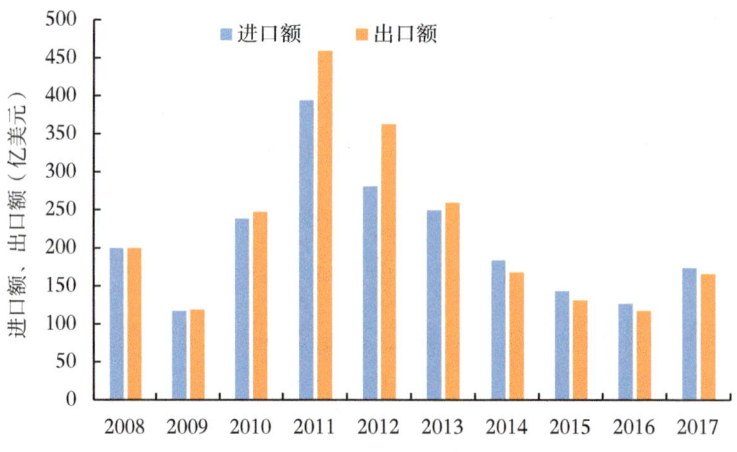

图8　2008—2017年世界天然橡胶进口额和出口额

数据来源：http://www.intracen.org/itc/market-info-tools/trade-statistics/

橡胶市场价格攀升到历史最高点，进出口贸易额也猛增，当年世界天然橡胶进口额为394.5亿美元，出口额达到459.7亿美元，此后逐年减少，2017年世界天然橡胶进口额为174.5亿美元，出口额为166.3亿美元。

世界天然橡胶的主产国基本都在亚洲（图9），因此，亚洲地区的天然橡胶出口额占世界天然橡胶总出口额的85%左右，2017年占84.65%，非洲、欧洲和美洲的天然橡胶出口额在世界占比非常少。

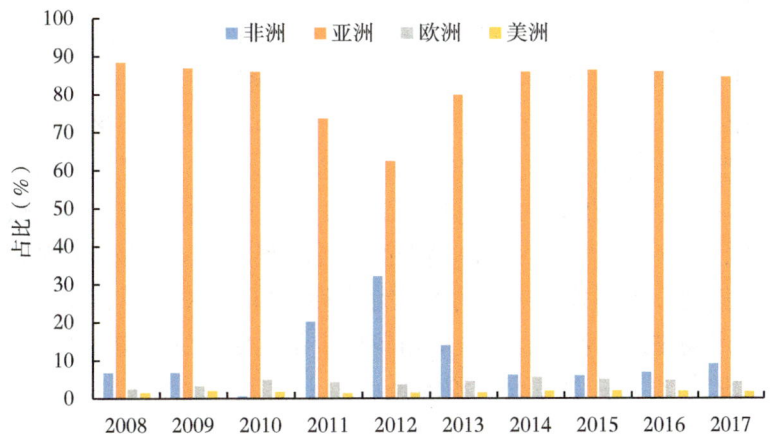

图9　2008—2017年非洲、亚洲、欧洲和美洲天然橡胶出口额世界占比情况

数据来源：http://www.intracen.org/itc/market-info-tools/trade-statistics/

亚洲地区同时也是天然橡胶的主要消费地区（图10），多年来亚洲的橡胶进口额在世界所占比重也过半，2017年占61.85%，欧洲和美洲的天然橡胶进口额占比基本在

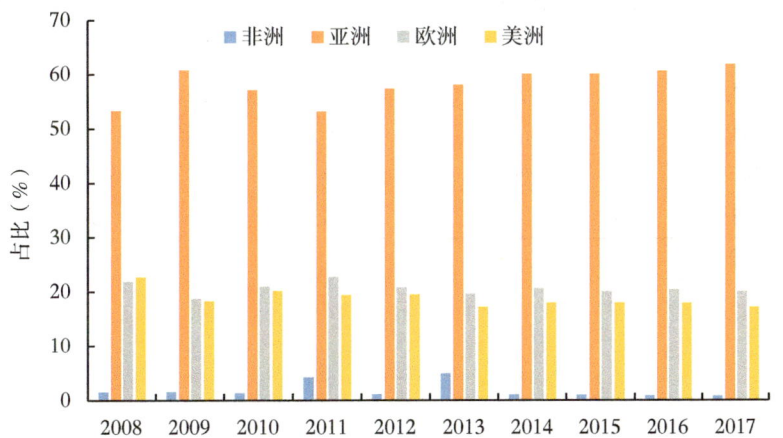

图10　2008—2017年非洲、亚洲、欧洲和美洲天然橡胶进口额世界占比情况

数据来源：http://www.intracen.org/itc/market-info-tools/trade-statistics/

17%~20%，非洲仅占非常小的比例，2017年不足1%。

（二）中国的天然橡胶进口依存度很大，11—12月是全年进口量的高峰期

中国天然橡胶消费量约占全球橡胶总需求量的40%，是全球最大的天然橡胶消费国和进口国，天然橡胶的对外依存度较高。2014年，中国天然橡胶的消费量已经突破1 020万吨，约占全球天然橡胶总消费量的1/3以上，但是橡胶自给率仅为7.65%，对外依存度已超过90%，据外媒预测，由于全球的油价大跌、橡胶需求较预期低迷和全球股市疲软，天然橡胶价格下跌，受上述多个因素综合影响，橡胶园的更新和新植效率将有所降低。

2017年1—12月中国橡胶进口量为716万吨，同比增长23.2%。2018年1—4月中国天然橡胶进口量为208.1万吨，同比下跌11.5%，中国橡胶进口量呈持续下降趋势，4—7月为天然橡胶的季节性进口低谷，其中2、3、4月降幅较大。2018年5月，中国进口天然橡胶、合成橡胶和胶乳共计64.9万吨，环比大幅增长51.6%，同比增长18%。

2017年下半年，中国的橡胶进口量大幅增长，一方面由于橡胶需求恢复，下游需求增长是进口需求；另一方面与市场不断高企的库存相呼应，混合胶进口的高增长是形成库存的主要力量。因此，根据橡胶进口的季节性规律，11月和12月都将是全年进口量的高峰期，泰国等主产国进入旺产季，相应的市场供应偏宽松，供应增速大于需求增速。

中国天然橡胶的进口贸易主要来源国是泰国（表2），从2017年6月—2018年3月，每月进口量几乎超过20万吨，特别是11月和12月，均超过30万吨，其次是马来西亚和印度尼西亚，月进口量为5万~7万吨。

表2　2017年6月至2018年3月中国天然橡胶进口来源情况

单位：万吨

进口来源	2017年							2018年	
	6月	7月	8月	9月	10月	11月	12月	2月	3月
泰国	20.19	14.69	21.70	28.72	22.57	31.34	31.34	17.26	29.37
马来西亚	7.11	6.32	7.12	7.62	5.97	8.75	8.75	4.08	7.26
印度尼西亚	5.87	4.61	5.06	5.43	6.03	6.55	6.55	2.14	3.58
越南	4.48	9.36	10.30	11.88	6.81	11.18	11.18	4.75	2.66
缅甸	0.61	0.58	0.90	0.25	0.33	6.06	6.06	0.11	0.34
老挝	0.58	0.78	0.45	0.03	0.15	3.81	6.26		

数据来源：卓创资讯

（三）2018年美国的天然橡胶进口贸易持续增长

2018年3月，美国天然橡胶进口量同环比双增至9.6万吨，其中，同比增加9.5%，环比大幅增长28.0%。从天然橡胶主流品种看，除乳胶（同比降39.9%，环比增54.2%）外，其余品种均同环比双增。其中，标胶进口量8.1万吨，同比增加14.7%，环比增加

28.8%。在第 1 季度，美国天然橡胶进口总量 25.4 万吨，同比增加 6.8%。其中，标胶增加 13.0%，烟片胶增加 1.2%，乳胶下降 47.2%。

（四）2017 年中国取代美国和欧洲，成为马来西亚橡胶第一大出口国

马来西亚是中国橡胶及橡胶产品的最大供应国。2017 年 1—11 月，马来西亚出口至中国的橡胶及橡胶产品出口额达到 74.6 亿马币，同比增长 76%，中国超越美国和欧洲，跃升为马来西亚橡胶的第一大出口国。由于 2017 年马来西亚橡胶停割期较短，2018 年马来西亚提前进入停割期，3 月马来西亚天然橡胶陆续停割，泰国限制出口政策造成泰国干胶出口受到影响，加上泰国部分地区提前停割，3 月原料产出减少，而泰国是马来西亚天然橡胶的主要进口国，因此马来西亚的原料进口受到一定影响。

（五）越南橡胶行业崛起，产量连年增长，2017 年中国成为越南和泰国橡胶最大出口国

2017 年越南橡胶出口量 139 万吨，较 2016 年增加 10.9%，出口至中国 90.25 万吨，占越南当年橡胶总出口量的 64.93%。2018 年 1—3 月，越南的橡胶出口量 27.5 万吨，同比增长 10.5%，出口额 4.09 亿美元，同比减少 19.7%。主要原因是出口价格下滑。4 月越南橡胶出口总量为 7.07 万吨，环比下跌 7.1%，同比上涨 36.2%。中国是越南天然橡胶最大的出口国，越南胶主要通过混合胶形式进口，国内市场流通较多为越南 3L 混合和越南 10# 混合胶。其中一季度出口中国 19.6 万吨，同比增长 3.2%。中国、印度、马来西亚是越南橡胶的 3 大出口市场，分别占市场份额的 53.4%、8.4% 和 6.9%。2018 年上半年，中国从越南进口橡胶的数量较 2017 年有所减少，从月进口量 15 万吨缩减到 7 万~9 万吨（图 11）。

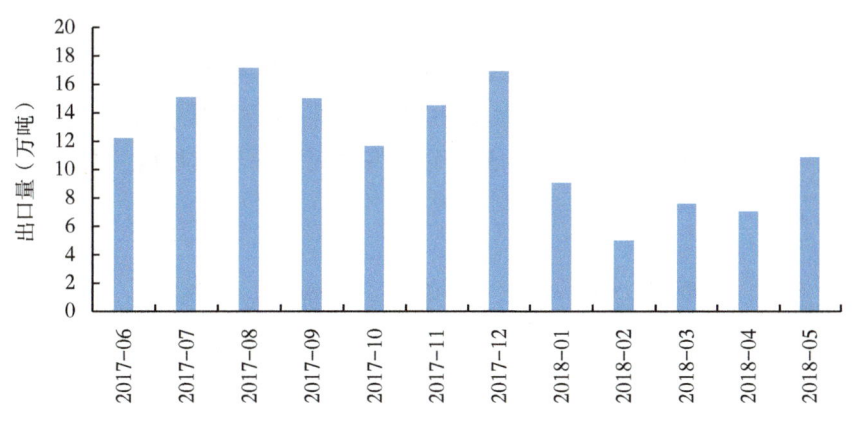

图 11　2017 年 6 月—2018 年 6 月越南天然橡胶出口至中国的出口量

数据来源：卓创资讯

（六）其他橡胶主产国的贸易简况

泰国：泰国天然橡胶贸易主要以出口导向型为主，2015—2017 年泰国天然橡胶出口

量一直呈现直线上升趋势,增速保持在5%~6%。预计2018年泰国干胶产量为480万吨,较2017年同期增加8%,橡胶出口量小幅增加至417万吨,泰国的标胶和乳胶仍是出口量最多的两个品种,占总出口量的73.7%。2018年1月泰国天然橡胶出口量达42.87万吨(图12),创下历史新高,同比增加12.74%,环比下跌15.13%,虽然2018年年初泰国的橡胶树提前落叶,原料减产,但充足的库存量保证了橡胶的出口量。泰国政府要求工厂将出口订单份额减少,减幅约为2015年和2016年同期出口量的20%。因为该国限制出口的政策初见成效,3月出口同比大跌27.33%。4月泰国出口量大幅增长至50.42万吨,环比增幅达到53.03%,首先增长表现最为突出的就是20#标胶和混合胶,出口量均出现跳跃式增长。

图12 2017年6月—2018年4月泰国天然橡胶出口量

数据来源:卓创资讯

泰国的天然橡胶70%以上出口到中国(表3),其次是马来西亚,少量出口到欧美和日韩等国。中国从泰国进口橡胶的数量占当年橡胶进口总量的65%,2013—2017年每年第一季度中国从泰国进口量平均为45万吨。中泰两国在天然橡胶贸易上相互依赖性非常高。

表3 2017年6—10月泰国天然橡胶出口流向情况

国家	6月	7月	8月	9月	10月
中国	80%	71%	78%	77%	62.36%
马来西亚	9%	14%	10%	9%	7.64%
日本	3%	5%	5%	5%	3.77%
美国	4%	5%	3%	2%	2.18%
韩国	3%	3%	2%	2%	1.21%
其他国家	德国1%	德国2%	印度2%	巴西2%,德国1%	21.92%

数据来源:卓创资讯

柬埔寨：2017年柬埔寨橡胶出口量19万吨，增幅36%。该国的天然橡胶出口量每年都在持续增长，主要出口到越南、马来西亚、新加坡和中国，其中越南占85%。

缅甸：在2016年之前，缅甸橡胶的出口量为8万~9万吨。2016—2017年，该国的橡胶出口已超过13万吨。2017—2018年，截至2018年3月2日，缅甸累计出口橡胶13.6万吨，主要经中缅边境木姐和清水河口岸出口到中国，占出口总量的65%。其余出口马来西亚、日本、韩国和泰国。缅甸年产橡胶约20万吨，90%供出口，8%供国内市场。缅甸的橡胶出口仅占全球橡胶市场出口额的1.6%。缅甸副总统亨利·范迪友在2018年缅甸橡胶发展研讨会上表示，缅甸橡胶跟泰国、印度尼西亚、马来西亚和越南的橡胶相比，无论是产量还是质量都还有较大的差距，在国际市场上竞争力不强，需要进一步提升产量和质量。

四、世界主要国家产业竞争力

近年来，橡胶主产国的中下游橡胶产业都在积极升级，泰国等天然橡胶主产国政府致力于提高橡胶制品的附加值和含金量，延伸下游橡胶产业链，鼓励轮胎、橡胶手套、橡胶医疗设备和安全套等制造业扩大生产，优化下游橡胶产业的产业结构，提高橡胶加工能力和橡胶制品的质量标准，中下游橡胶产业升级将大幅度带动天然橡胶的生产和需求。

（一）橡胶主产国的天然橡胶产业国际竞争力对比分析

2008—2017年（表4），科特迪瓦、印度尼西亚和泰国的天然橡胶产业贸易竞争力指数（TC）都接近于1，天然橡胶的出口大于进口，表现出很强的国际竞争力，天然橡胶产业的生产效率高于国际水平。2017年越南的天然橡胶TC值为0.798，近十年也保持在0.8左右。马来西亚的天然橡胶TC值从2013年开始严重滑坡，国际竞争优势减弱，由正转负。印度和中国的天然橡胶产业的TC值都接近于−1，在国际天然橡胶市场竞争中基本处于弱势。

表4　2008—2017年世界天然橡胶主产国的贸易竞争力指数（TC）

国家	2008年	2009年	2010年	2011年	2012年	2013年	2014年	2015年	2016年	2017年
科特迪瓦	0.957	0.941	0.962	0.965	0.976	0.995	1.000	0.999	0.999	0.997
印度尼西亚	0.992	0.988	0.990	0.989	0.982	0.985	0.980	0.978	0.981	0.984
泰国	0.997	0.998	0.995	0.997	0.998	0.998	0.997	0.997	0.998	0.998
越南	0.805	0.736	0.792	0.784	0.805	0.854	0.831	0.742	0.654	0.798
马来西亚	0.398	0.000	0.229	0.308	0.011	−0.054	−0.121	−0.116	−0.144	−0.236
印度	−0.152	−0.817	−0.851	−0.591	−0.840	−0.838	−0.983	−0.912	−0.893	−0.896
中国	−0.996	−0.996	−0.972	−0.990	−0.987	−0.989	−0.986	−0.995	−0.987	−0.988

数据来源：收集 http://www.intracen.org/itc/market-info-tools/trade-statistics/ 的进出口贸易数据计算而得

国际市场占有率（MS）反映的是一国某产业或者某种产品在国际市场竞争中所占据

的市场份额（图13），是判断产品或产业竞争水平的重要因素。在市场大小不变的情况下，MS值越高该产业国际竞争力越强。除了个别年份外，泰国的天然橡胶MS都在33%左右，印度尼西亚的天然橡胶MS基本在25%，2017年两国的天然橡胶国际市场占有率分别达到36.21%和30.69%，都表现出很强的出口竞争实力。马来西亚和越南的天然橡胶MS处于6%~10%的水平。科特迪瓦的天然橡胶国际市场占有率逐年小幅度在提高，2017年达6.8%。

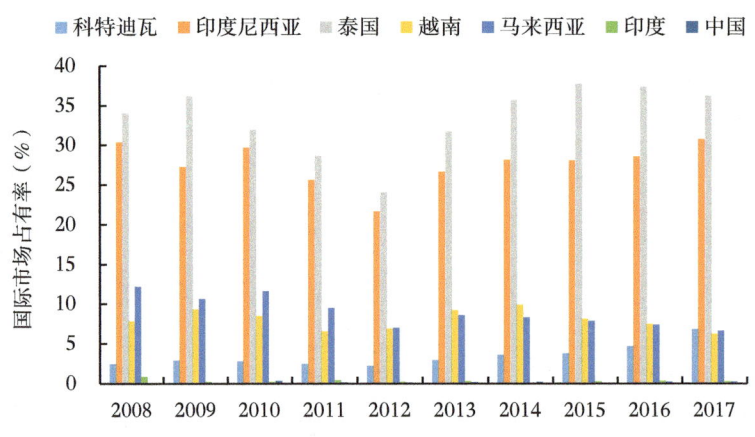

图13　2008—2017年世界天然橡胶主产国的国际市场占有率

数据来源：收集 http://www.intracen.org/itc/market-info-tools/trade-statistics/ 的进出口贸易数据计算而得

（二）天然橡胶主产国的成本与收益

1. 橡胶主产国的生产者价格分析

除了2013、2014年的印度尼西亚，2010年、2014—2016年的中国天然橡胶生产者价格没有数据显示，近10年来，世界橡胶主产国印度尼西亚、马来西亚、泰国、越南和中国的橡胶生产者价格持续走高，除了印度尼西亚之外，其他主产国的天然橡胶生产者价格都在1 000美元/吨的水平，2010年，马来西亚和泰国的天然橡胶生产者价格都突破了3 000美元/吨，2011年达到各国橡胶者生产价格最高峰，中国的天然橡胶生产者价格达到5 211美元/吨，高于其他主产国，马来西亚和泰国都超过4 000美元/吨，2012年开始走下坡路，马来西亚、泰国和越南的天然橡胶生产者价格跌幅最大，分别为43%、45%和45%，此后的3年时间里，橡胶主产国的生产者价格持续下跌，甚至在2014年一度跌破了2 000美元/吨，基本跌回到2006年、2007年的价格水平，全球天然橡胶价格呈现低迷的态势。中国的天然橡胶生产者价格波动很大，2011年上涨到5 211.92美元/吨，2012年和2013年跌破4 500美元/吨，跌幅15%。2016年泰国的生产者价格为1 382.9美元/吨。国际天然橡胶的价格一直在成本线徘徊，主产国泰国、印度尼西亚、越南、马来西亚等国家的劳动力和种植成本远低于中国，天然橡胶的单位产量又明显高于中国，一低一高，使得进口天然橡胶价格有较大优势。

2. 天然橡胶的成本和收益分析

天然橡胶的成本可以分为可变成本和不变成本。可变成本由种植、劳动力、土地成本构成，种植成本包括除草等人工管理成本以及肥料、工具和苗木，劳动力成本则专指割胶所付出的人工成本，土地成本则指土地的租赁费用或胶农使用自己土地所需付出的机会成本。橡胶树是多年生树种，其成本构成弹性极大，此外，由于单产的地域差异比较明显，投入产出比不尽相同。胶农的收益由天然橡胶产量和天然橡胶价格共同决定。影响天然橡胶产量的有诸多因素，除了肥料、农药等农资外，还有土地质量、割胶工的割胶熟练程度等。而天然橡胶价格波动幅度较大，胶农在天然橡胶树开割后的第3年可收回全部成本。比如天然橡胶树在第8年开割，胶农从第10年开始就可收回成本，第10年之后的收入都是净收入，根据胶价和产量的不同收益有所区别。

以泰国的天然橡胶产业为例，以10莱（1莱=1 600平方米，相当于2.4亩）的成熟期胶园为例，每年割胶9个月，成本主要包括化肥、农药、机器成本维修费、人工费用，施化肥费用约1 100泰铢/月，化学品费用330泰铢/月，雇工人600泰铢/月，每月的成本约为2 150泰铢/月。如果当月天气晴好，按照每月开割20天计算，每月可收胶300千克，按照2017年的泰国橡胶价格59.85泰铢/千克计算，一个10莱的成熟期胶园每个月的割胶收入为17 955泰铢，除去肥料和人工成本等费用，该胶园的当月收益可达15 925泰铢。

（三）主要天然橡胶企业现状

1. 中国广垦橡胶集团有限公司

该公司是集天然橡胶种植、加工、销售及研发于一体的大型跨国集团企业。在国内外拥有60多家天然橡胶种植、加工和贸易企业，2个科研机构以及30多个橡胶种植基地农场。在东南亚的泰国、马来西亚、印度尼西亚、老挝、柬埔寨、新加坡建立了42多个天然橡胶项目。2016年，成功收购全球第三大天然橡胶企业泰国泰华树胶公司后，建成了全球最大的天然橡胶全产业链经营企业。2016年8月，广垦橡胶集团宣布耗资18亿元人主泰华树胶，将集团的天然橡胶年加工能力提升至150万吨，种植面积提高到200万亩。2017年，广垦橡胶集团在泰国自建的湄公河加工厂当年产量突破5万吨大关，同比增产28%，成为广垦橡胶集团海外第一个年产量突破5万吨的自建加工厂。该集团研发生产颗粒型混合胶（MNR20），突破国际天然橡胶新标准的限制，实现了稳产增产。广垦橡胶集团在泰国的自建工厂及控股经营的泰华公司均呈现产销两旺局面，其中自建的5个加工厂在2017年11月底已实现产量18.5万吨。

2. 泰国诗董橡胶股份有限公司（Sri Trang Agro-Industry Plc.）

泰国诗董橡胶股份有限公司是泰国天然橡胶产业的主导企业，是全球最大的生产及销售天然橡胶公司之一。2018年诗董公司重点发展橡胶加工下游产业，天然橡胶产能和胶园建设。诗董的主要销售对象仍以中国及亚洲客户为主，从销售流向上看，中国占比达46%，泰国国内销售占比20%，亚洲其他地区（除中国及泰国外）占比25%，欧洲占比仅有5%。乳胶手套成为继标准胶（占比67.7%）之后占比最大的产品，占比达14.8%，截至2018年3月31日，诗董手套产能达到157亿副/年，在2018年诗董在手套产能上仍有扩产计划，而最终目标是成为全球三大天然乳胶手套生产商之一。诗董天然橡胶全球产能计划扩至280万吨/年。

泰国诗董2017年总收益为900.72亿泰铢，比2016年增长16.28%，其中，TSR的销售额占70.1%，RSS的销售额占10.7%，浓缩乳胶的销售额占7%，橡胶手套的销售额占10.9%。泰国诗董2013—2017年的经营情况和收入构成分别见表5和表6。

表5 2013—2017年泰国诗董橡胶股份有限公司的经营状况

单位：百万泰铢

类别	2013年	2014年	2015年	2016年	2017年
货物和服务销售额	92 185	75 530	61 292	77 266	89 387
税息折旧及摊销前利润	3 747	2 568	3 008	794	1 650
经营利润（亏损）	1 987	1 076	1 143	（1 073）	（1 398）
净利润（亏损）	1 820	1 038	1 118	（758）	（1 437）
总资产	44 237	37 791	43 879	55 959	59 708
总负债	24 246	17 199	22 545	36 047	36 431
总股权	19 991	20 592	21 334	19 912	23 277
毛利润率（%）	5.6	4.4	5.7	7.0	4.2
销售净利率（%）	2.0	1.4	1.8	（1.0）	（1.6）
流动比率（%）	1.3	1.4	1.2	1.0	1.1
负债股权比率（%）	1.1	0.7	1.0	1.7	1.5

数据来源："Sri Trang Agro-Industry Plc." 2017年年报

表6 2013—2017年泰国诗董橡胶股份有限公司的收入构成

单位：百万泰铢

类别	2015年		2016年		2017年	
	销售额	占比（%）	销售额	占比（%）	销售额	占比（%）
TSR	44 482.7	72.3	56 133.4	72.5	63 183.1	70.1
RSS	5 462.4	8.9	7 305.3	9.4	9 653.1	10.7
浓缩乳胶	4 774.2	7.8	6 088.0	7.9	6 285.5	7.0
橡胶手套	—	—	—	—	9 858.7	10.9
其他产品和服务类	6 272.5	10.7	7 738.8	10.0	406.6	0.5
其他经营收入	186.3	0.3	197.5	0.2	685.5	0.8
总收益	61 478.1	100	77 463.0	100	90 072.5	100
投资于联营企业和合资企业的利润	648.8		402.8		129.8	

来源："Sri Trang Agro-Industry Plc." 2017年年报
https://www.sritranggroup.com/en/business/plantation

该公司拥有 8 000 公顷的天然橡胶种植园，种植园遍布泰国 19 个省。年产橡胶手套 140 亿副，在泰国、印度尼西亚和缅甸等国建有 36 所橡胶加工厂，其产品主要销往中国、新加坡、泰国、印度尼西亚、美国和越南。2017 年泰国诗董生产 132.39 万吨的橡胶制品，该企业当年天然橡胶产量占泰国天然橡胶总产量的 29%，全球 10% 的天然橡胶来自该企业，14% 的中国天然橡胶进口量也来自该企业。2017 年生产了橡胶手套 163.44 亿副，占全球橡胶手套市场份额的 8%，预计 2019 年该期企业的橡胶手套年产量可达 180 亿副。

3. 印度尼西亚 PT. Kirana Megatara

PT. Kirana Megatara 位于印度尼西亚南雅加达，是印度尼西亚最大的天然橡胶企业，拥有 14 个橡胶加工厂、5 个橡胶种植企业，天然橡胶年产能为 72 万吨。该公司的主要产品是标准胶，分为 10 号、20 号标准胶，主要用于生产轮胎，供应欧美市场，客户包括米其林、普利司通、优科豪马、固特异等。2017 年 7 月，海垦投资收购了 PT. Kirana Megatara 45% 的股权，成为该公司最大股东，该公司的第二、第三大股东分别是 PT Triputra Investindo Arya 和 PT Persada Capital Investama，分别持有 32.03% 和 14.52% 的股权。

4. 印度 Tinna 橡胶公司

Tinna 橡胶公司（Tinna Rubber and Infrastructure Ltd.）成立于 1984 年，是印度最大的胶粉、再生胶生产企业，有员工 700 余名，年产值 1 500 万美元。每月生产胶粉 4 000 吨，产品主要包含胶粉、混炼胶、碳钢、改性沥青等。

五、主要国家产业支持政策新变化

（一）泰马印等主产国严格控制橡胶出口

为了稳定橡胶价格，橡胶主产国普遍推行的策略是刺激国内橡胶消费需求增长和限制橡胶出口。2016 年三国橡胶理事会虽然出台过为期 6 个月的限制出口政策，但 2016 年泰国天然橡胶出口量不降反升，全年出口量高达 451 万吨，限制出口政策对于降低出口形同虚设。2018 年 1—3 月，泰国、马来西亚和印度尼西亚三国成立的国际三方橡胶委员会（ITRC），联合实施严格控制出口的政策（AETS），橡胶出口缩减行动计划涉及的橡胶产品包括标准烟胶、标准胶块和合成橡胶等，目标是缩减 35 万吨的橡胶出口量，其中泰国 234 809 吨，印度尼西亚 95 192 吨，马来西亚 20 000 吨，在此影响下，全球橡胶价格已经从年初的 1.40 美元/千克升到 1.55 美元/千克，增长了 10%。同样，泰国橡胶价格也从 44~45 泰铢/千克上涨到 47.15 泰铢/千克。

（二）为胶农和橡胶园提供低息贷款和补贴

2017 年国家天然橡胶政策委员会达成决议，要延长保护橡胶价格稳定的保护措施和相关计划，共有 4 个计划已经届满期限，如为胶农和橡胶园提供流动资金优惠贷款计划、加强橡胶种植业稳健性计划、发展橡胶产业潜力以让橡胶价格更加稳定计划和提高附加值促进橡胶价格稳定性计划、橡胶企业增加流动性扶持计划等。2017 年年底泰国政府推行橡胶收购、企业低息贷款和减产计划。收购 96 484 吨胶片、10 7431 吨乳胶，总预算不超过 120 亿泰铢，执行时间为 2017 年 12 月—2018 年 4 月 30 日。同时为收购胶片和乳胶的橡胶加工企业提供低息贷款，并推行橡胶替代种植、混合种植和降低种植面积等减产计划。

（三）中国试点天然橡胶"保险+期货"和启动了连接橡胶产销的价格指数体系

2017 年，中国的启动了"新华·海南农垦·中国天然橡胶系列价格指数"，这是中国首个连接橡胶产销的价格指数体系，由中国天然橡胶的"（胶水）价格指数""（混合胶）价格指数""（浓乳）价格指数""中国天然橡胶（标准胶）价格指数"4 个指数组成。样本数据覆盖全产业链，旨在精准反映产业链各环节价格走势，为行业提供价值参考。

中国以云南省普洱市西盟县为试点，启动天然橡胶"保险+期货"项目帮助胶农规避橡胶价格波动风险，以上海期货交易所公布的天然橡胶期货主力合约的价格作为价格依据，一旦天然橡胶价格下跌低于保险的目标价格，保险公司即进行赔付，通过投保的方式将其风险转嫁给保险人，当胶农生产的橡胶市场价格下跌时，可获得保险人的经济补偿，降低了胶农因胶价波动应对不足而返贫的风险。

（四）泰国政府设立橡胶稳定基金，提高国内的橡胶消费量，并对停割期和停割区的胶农进行补贴

2017 年，泰国农业与合作社部联合国防部设立的橡胶稳定基金已出资 10.2 亿泰铢购买现货及期货市场橡胶，这也是政府稳定国内橡胶价格的行动之一。在 2018 年 5—7 月，泰国农业部拨款 135 亿泰铢来弥补胶农的损失，减少 20 万吨橡胶，促使橡胶价格上涨。

泰国 4 大橡胶协会（泰国橡胶协会、泰国乳胶协会、泰国橡胶手套制造商协会、泰国橡胶木材商协会）实施区域停割计划，在 3 个月的停割期实现 6 700 吨的减产目标。作为对停割期的胶农补贴，按照 1 000 泰铢/莱的标准进行经济补偿。泰国政府将橡胶纳入价格保护商品目录，等于将橡胶生产各环节都纳入政府监管范围，减少泰国橡胶对中国的依赖，这是泰国所能采取的强硬措施之一。

泰国总理要求将国内橡胶使用率提升 50%，橡胶使用比例提高至 8%。2017 年上半年 557 个道路修缮翻新计划中天然橡胶的消耗量达 7 172 吨。从 2017 年上半年开始，泰国驻海外商务官员联系当地进口商组织国内生产商、出口商与国外进口商、商家进行商务对接，促进包括天然橡胶、汽车橡胶部件、橡胶手套、医用手套、橡胶轮胎等在内的橡胶制品出口。

六、世界供需形势展望

根据 IRSG、FAO、泰国及印度尼西亚的天然橡胶产量数据，2018—2020 年，预计泰国及印度尼西亚的天然橡胶开割面积和产量的增幅保持在 1%~3%。

随着重卡和汽车轮胎等产业的快速发展，以中国为代表的亚洲国家和地区已经成为

世界天然橡胶的主要消费区域，根据 IRSG、中国及印度的天然橡胶消费量数据，预计到 2020 年年底全球橡胶市场价值将达到 5 070 亿美元，计算机仿真以及三维打印技术对橡胶制品制造业产生重大影响。2018—2020 年，预计中国和印度等天然橡胶消费国的橡胶消费量将保持 4%~6% 的增幅。

随着全球天然橡胶总产量的稳步增长，橡胶的消费需求从发达国家向新兴市场转移，未来的天然橡胶进出口贸易将会越来越活跃。根据 ITC、IRSG、ANRPC、FAO、UN、泰国及印度尼西亚的天然橡胶进出口数据，预计 2018—2020 年，中国和美国等天然橡胶消费大国的天然橡胶进口量将保持 3%~5% 的增幅，泰国和印度尼西亚等天然橡胶主产国的天然橡胶出口量将保持 2%~3% 的增幅。

2018—2020 年，预计全球天然橡胶市场的整体供需情况为供大于求，供需矛盾是引发天然橡胶市场价格波动的主要因素之一，此外，全球经济总体状况、国际政局变动、进口关税、合成胶的生产和消费、汽车轮胎和重卡产销、国际原油价格、货币汇率变动和气候变化等因素也对天然橡胶国际市场价格产生较大影响，天然橡胶市场价格短期内天然橡胶价格仍将在低价位徘徊（1 400~1 800 美元 / 吨），中长期天然橡胶价格有望缓慢回升上涨（2 000~2 200 美元 / 吨）。

专题二　国际市场价格波动特征分析

天然橡胶是目前世界上重要的工业原料和战略物资之一。近年来天然橡胶的国际市场价格波动剧烈，给天然橡胶的种植户、贸易商、经销商和轮胎重卡鞋子等橡胶加工厂下游企业造成巨大冲击。随着全球经济一体化趋势增强和国际贸易合作不断深入，天然橡胶国际市场价格的联动性逐年增强。本报告分析2000年以来天然橡胶的国际市场价格波动特征和规律，及其影响市场价格波动的相关因素，并梳理各大橡胶主产国和国际相关组织为调控橡胶国际市场价格的措施及其成效。

一、国际价格波动特征

泰国、印度尼西亚和马来西亚等主产国的天然橡胶市场价格波动、产量变化、进出口贸易格局和趋势变动对世界天然橡胶的整体供需局面影响非常大，进一步影响国际天然橡胶市场价格的变化和走势，本报告选取了泰国的STR20离岸价、美国纽约的TSR 20到岸价、美国纽约的RSS1价格、马来西亚的SMR价格、新加坡TSR价格等橡胶主产国和主要橡胶产品的市场价格为代表进行分析。

泰国自引进橡胶种植至今已有100多年的历史，20世纪初成为世界第一大橡胶生产国和出口国。泰国南部地区是天然橡胶的主产区，其天然橡胶产量占全国总产的60%以上，近年来向东部地区等扩张天然橡胶种植。泰国的天然橡胶主要出口到中国、日本、马来西亚、欧盟和美国。泰国南部橡胶产区旺产期为1月，当地橡胶月产量至少有30万吨，全国的月均产量在50万吨左右。2002年泰国20号标准胶的离岸价为968.29美元/吨，此后逐年上涨（图1）。

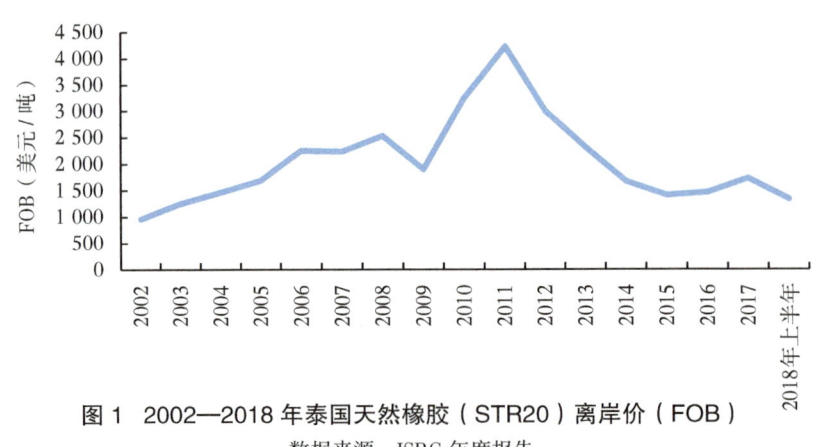

图1　2002—2018年泰国天然橡胶（STR20）离岸价（FOB）
数据来源：ISRG年度报告

2006年，泰国20号标准胶的离岸价突破2 000美元/吨的大关，2010年突破3 000美元/吨，2011年泰国20号标准胶的离岸价涨至近20年来的最高点——4 233.84美元/吨，2012年全球经济受到欧债危机的负面影响，汽车工业、制鞋工业等受影响较大，导致天然橡胶价格逐年下跌，2014年跌破2 000美元/吨的关口，跌至1 680.38美元/吨。2015年和2016年持续下跌，价位一度跌到1 400美元/吨。2017年泰国STR20的价格止跌回升到1 700美元/吨的水平，2018年上半年泰国STR20的价格下跌到1 300美元/吨。

2002—2018年（图1和图2），泰国和美国的天然橡胶价格走势基本一致，总体价格波动的周期特征总结如下。

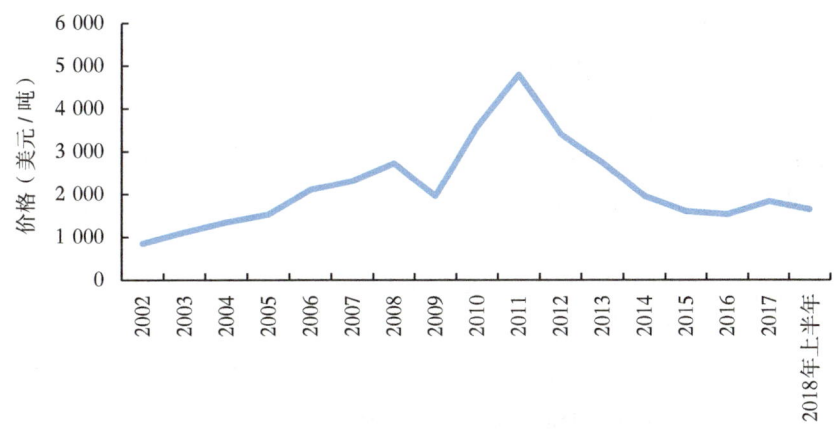

图2　2002—2018年美国纽约天然橡胶（TSR 20）到岸价（CIF）

数据来源：ISRG年度报告

2002—2005年：世界天然橡胶价格小幅度上涨，但总体仍处于低位徘徊状态；美国、中国和日本等国家对天然橡胶的市场需求增加，2005年世界天然橡胶的消费量为952.21万吨，产量920.05万吨，比2000年的709.54万吨和721万吨分别增长了34.2%和27.61%，消费量大于产量，消费增幅大于产量的增幅，推动了天然橡胶价格的小幅度上涨，2002年，泰国、印度尼西亚和马来西亚成立天然橡胶地区销售联盟（ITRC），在保护当地胶农利益的同时，也对世界胶价上涨起到制约作用。

2005—2007年：世界天然橡胶价格在1 600~2 200美元/吨之间波动，2006年世界天然橡胶消费量突破1 000万吨，达到1 037.24万吨，2007年天然橡胶产量突破1 000万吨，达到1 013.78万吨。2006年国际石油供应紧张的局面得到缓解，国家油价下跌；2007年国际石油价格大幅上涨，2007年12月涨至90.93美元/桶，比年初的53.68美元/桶上涨了69.39%，加上美元汇率贬值，多重因素导致了橡胶价格的上涨。

2008—2009年：2008年美国纽约的TSR 20价格涨至2 729美元/吨，泰国STR20价格涨至2 538.51美元/吨，2009年分别下跌了27.98%和24.97%。受金融危机的影响，2009年世界经济总体环境低迷，2009年世界天然橡胶的消费量1 026.99万吨，天然橡胶产量928.90万吨，两者都低于2006—2008年，引发了世界天然橡胶价格的大幅度下跌。

2010—2011 年：2010 年世界经济开始逐步复苏，美国纽约的 TSR 20 价格回涨至 3 577.5 美元/吨，泰国 STR20 价格回涨至 3 256.11 美元/吨，2011 年持续大幅度上涨，均突破 4 000 美元/吨的大关，达到近 20 年来胶价的最高点。世界天然橡胶的消费量和产量也开始回升，2011 年橡胶消费量 1 159.33 万吨，产量 1 103.37 万吨，均高于 2006—2010 年。

2012—2013 年：美国纽约的 TSR 20 价格和泰国 STR20 价格开始持续下跌，2012 年跌回 3 000 美元/吨，2013 年跌落至 2 000 美元/吨。

2014—2016 年：2014 年开始世界天然橡胶价格持续走低，逐年大幅度下跌，美国纽约的 TSR 20 价格为 1961 美元/吨，泰国 STR20 价格为 1 680.38 美元/吨，分别比 2013 年下跌了 28.61% 和 27.58%，泰国政府通过控制天然橡胶出口，清国内橡胶库存，批复 300 亿泰铢低息贷款，增加泰国国内橡胶消费等方式推高胶价和保护胶农利益。

2017—2018 年上半年：2017 年，美国纽约的 TSR 20 价格和泰国 STR20 价格比 2016 年大幅度上涨，涨幅分别达 20.29% 和 17.76%。2018 年上半年，美国纽约的 TSR 20 价格和泰国 STR20 价格比 2017 年有所下跌，美国纽约的 TSR 20 到岸价格为 1 653 美元/吨。

2017 年美国纽约 RSS1 价格为 2 312.8 美元/吨（图 3），马来西亚 SMR 价格为 1 706.28 美元/吨，新加坡 TSR 价格为 1 666.86 美元/吨，比 2016 年分别上涨了 24.56%、25.48% 和 20.69%。2018 年上半年有所下跌，美国纽约 RSS1 价格为 1 942.3 美元/吨，马来西亚 SMR 1 336.25 美元/吨和新加坡 TSR 1 447 美元/吨。

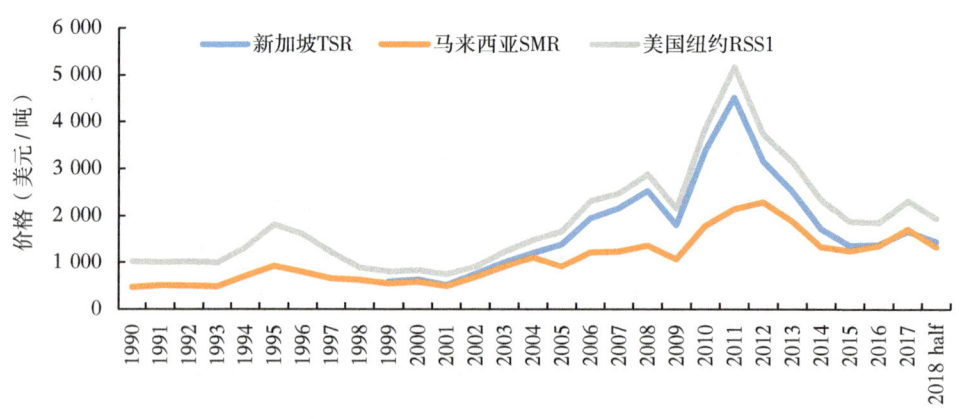

图 3　1990—2018 年美国纽约天然橡胶（RSS1）和马来西亚天然橡胶（SMR）价格，1999—2018 年新加坡天然橡胶（TSR）价格

数据来源：ISRG 年度报告

1999—2000 年，美国纽约 RSS1 价格保持在 800~1 600 美元/吨的价位水平，最高价格在 1995 年，达到十年内的波峰 1 815 美元/吨，其次是 1996 年 1 606.6 美元/吨，1990—1992 年的均价超过 1 000 美元/吨，十年内的波谷在 1999 年的 808.2 美元/吨，振幅达 124.57%。1999—2000 年，马来西亚的 SMR 价格保持在 500~900 美元/吨的价位水

平,波峰在 1995 年的 924 美元/吨,波谷在 1990 年的 471.12 美元/吨,振幅达 96.13%。

2001—2010 年,美国纽约 RSS1 的价格和马来西亚的 SMR 价格持续走高,相对而言,新加坡 TSR 的价格波动幅度较小,美国纽约 RSS1 价格波峰在 2010 年的 3 878.6 美元/吨,波谷在 2001 年的 746.5 美元/吨,振幅达 419.57%。马来西亚的 SMR 价格波峰在 2010 年的 1 782.24 美元/吨,波谷在 2001 年的 493.68 美元/吨,振幅达 261.01%。新加坡 TSR 的价格波峰在 3 380.77 美元/吨,波谷在 515.27 美元/吨,振幅达 556.12%。

2011—2017 年,2011 年和 2012 年国际天然橡胶价格达到近 30 年的最高峰值,美国纽约 RSS1 价格高达 5168.3 美元/吨,马来西亚的 SMR 涨至 2 286 美元/吨,新加坡 TSR 价格高达 4 519.01 美元/吨。此后逐年下跌,进入 2014 年之后,这 3 种胶片价格基本回落到 1 300~1 600 美元/吨。2017 年,国际天然橡胶市场价格普遍回升,美国纽约 RSS1 价格上涨了 24.57%,马来西亚 SMR 价格涨幅为 25.48%,新加坡 TSR 价格涨幅为 20.69%。

二、泰国、印度尼西亚和新加坡价格波动情况

2014 年 4—11 月(图 4),泰国 RSS3、印度尼西亚 SIR20、新加坡 RSS3 的价格均小幅度下跌,在 1 600~2 200 美元/吨之间波动。泰国橡胶种植的综合成本高于胶价,为了减少橡胶供给量,泰国政府清理了 20 万吨的橡胶库存;越南从当年的 10 月初取消橡胶出口税。此外,泰国政府批准 300 亿泰铢低息贷款,目的是帮助合资公司和企业购买橡胶,以此推高橡胶期货价格。泰国、印度尼西亚、越南、印度、斯里兰卡和菲律宾等国家联合保价,将天然橡胶的底价设定在 1 500 美元/吨。2014 年 11 月,泰国、马来西亚和印度尼西亚联合控制天然橡胶出口,承诺不扩种天然橡胶,并提高国内橡胶消费量 10%。

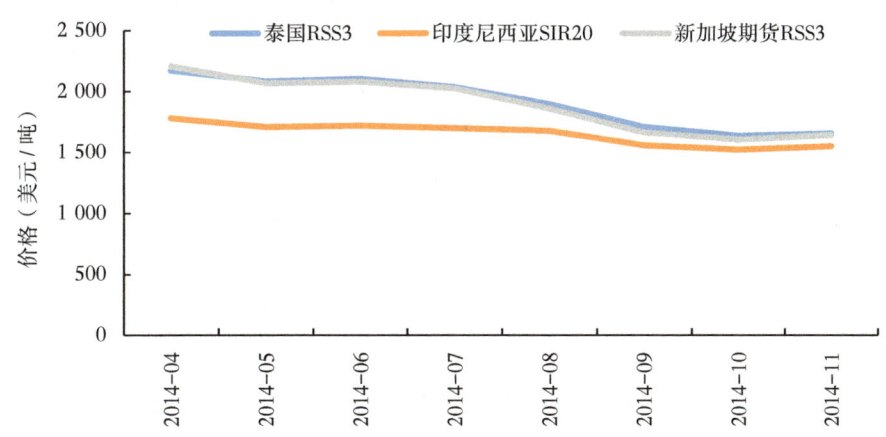

图 4　2014 年 4—11 月泰国 RSS3、印度尼西亚 SIR20、新加坡 RSS3 的价格
数据来源:中国橡胶,2014 年第 4 期至第 11 期

2015 年 2—9 月,泰国 RSS3、印度尼西亚 SIR20、新加坡 RSS3 较 2014 年继续下跌,

在 1 300~1 700 美元/吨之间波动（图 5）。受原油走弱影响，合成橡胶价格继续下调，基于合成胶对天然橡胶的替代作用，天然橡胶价格也受影响而下跌，9 月，受美联储加息预期不减、原油供大于求和汇率波动等影响，包括天然橡胶在内的大宗农产品价格在全球范围内继续下跌。3 月美国停征反补贴税和印度尼西亚国内的基建项目增加橡胶消费，都是对世界天然橡胶价格利好的消息。2015 年 1 月中国提高对天然橡胶等商品的进口暂定税率水平，从 1 200 元/吨上调至 1 500 元/吨，意味着国内的橡胶库存得以及时消费。

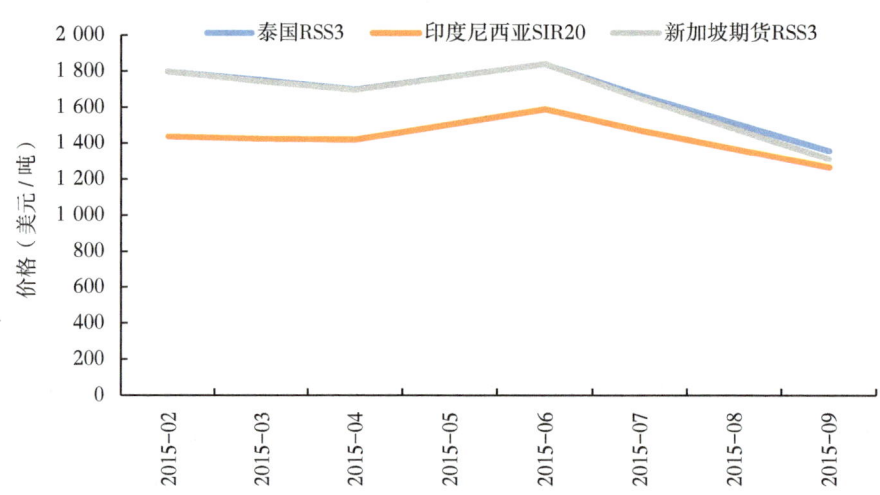

图 5　2015 年 2—9 月泰国 RSS3、印度尼西亚 SIR20、新加坡 RSS3 的价格

数据来源：中国橡胶，2015 第 2 期至第 9 期

2016 年 6—10 月（图 6），泰国 RSS3、印度尼西亚 SIR20、新加坡 RSS3 较 2015 年同比持续下跌，到 11 月胶价有所回升，11 月泰国 RSS3 价格从 6 月的 1 524 美元/吨上涨至 1 851 美元/吨，新加坡期货 RSS3 价格从 1 558 美元/吨上涨至 1 855 美元/吨。6 月，英国脱欧后引发了人民币贬值，中国国内大宗商品期货价格因此上涨，汽车销量和轮胎出口量增长等因素影响，国内天然橡胶市场价格在低价区域震荡小幅上扬。8 月，国内外产区均进入割胶旺季，英国脱欧后全球采取货币宽松政策预期增加，对于天然橡胶在内的大宗商品都是利好的信号。10 月，东南亚橡胶主产国的强降雨影响割胶，合成橡胶价格大幅上涨。12 月，国内橡胶主产区及越南进入停割期，国内车辆购置税减半的优惠政策到期，汽车产销量仍持续增长，对天然橡胶市场价格有所支撑。

2017 年上半年泰国 RSS3、印度尼西亚 SIR20、新加坡 RSS3 的价格全线回升（图 7），1—5 月，基本保持在 2 000~2 500 美元/吨的较高水平，下半年胶价比上半年走低，回落到 1 600~1 800 美元/吨的价位。1 月中上旬，受泰国洪涝灾害影响，合成橡胶价格持续大幅上涨。3 月，受美联储加息、国际原油价格大幅回落、合成橡胶价格持续下跌、泰国启动第四轮储备胶抛售、国内天然橡胶进口量大幅增加多重利空因素影响，国内外天然橡胶市场价格持续大幅下跌。泰国拍卖约 15 万吨剩余库存天然胶，对市场价格形成压制。

6—7月，国内外主产区处于割胶旺季，天然橡胶供应增长，连续出台严禁违法种植砍伐、严控外劳、财政支持增加橡胶消费量等保价政策，8月国外主产区进入割胶旺季，而汽车轮胎消费仍处于淡季。2017年11月，国际三方橡胶理事会达成限制橡胶出口协议等有利因素，以及国外主产国处于割胶旺季原料供应充足。12月，国外主产国仍处于产胶旺季资源供给增加，但国际三方橡胶理事会达成限制橡胶出口协议，2018年起小排量汽车购置税优惠取消，刺激新车消费需求提前释放，均对天然橡胶市场价格有所支撑。

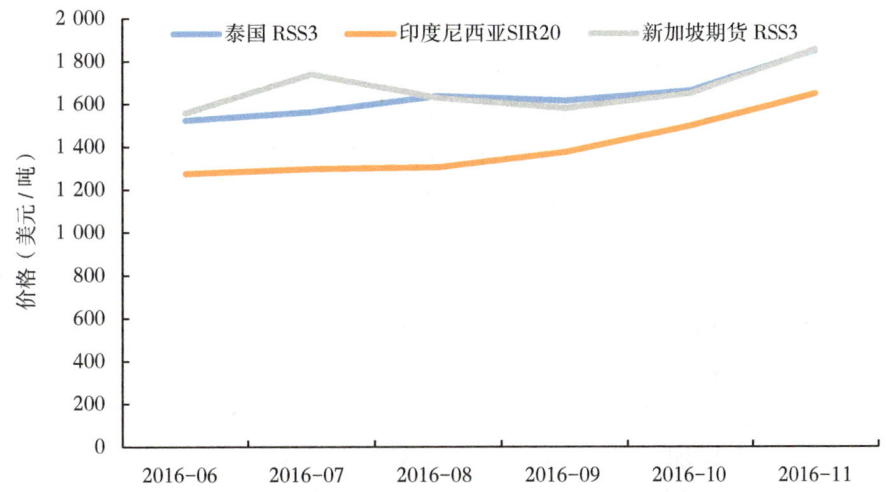

图6 2016年6—11月泰国RSS3、印度尼西亚SIR20、新加坡RSS3的价格

数据来源：中国橡胶，2016年第6期至第11期

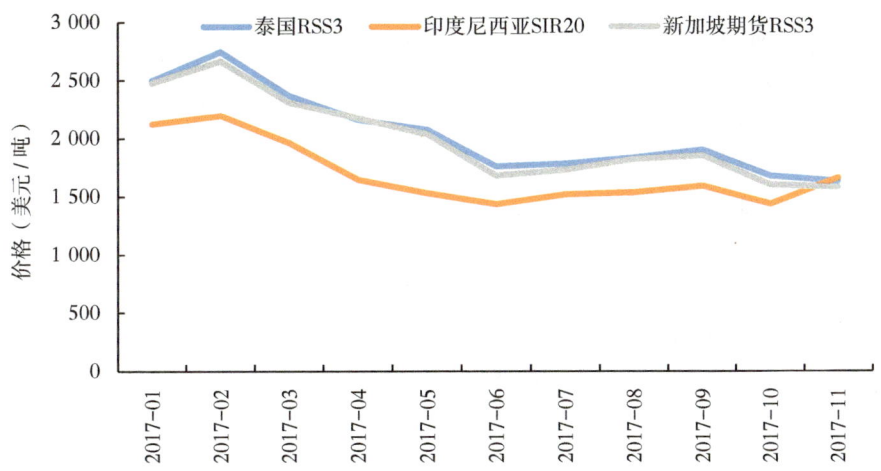

图7 2017年1—11月泰国RSS3、印度尼西亚SIR20、新加坡RSS3的价格

数据来源：中国橡胶，2017年第1期至第11期

三、国际价格波动原因分析

影响天然橡胶国际市场价格的因素非常多，包括全球经济总体状况、国际政局变动、国际天然橡胶市场供求、进口关税、合成胶的生产和消费、汽车轮胎和重卡产销、国际原油价格、货币汇率变动和气候变化等因素。以下对影响天然橡胶国际市场价格的主要因素进行分析。

（一）2000—2017 年全球天然橡胶供需因素分析

在诸多制约天然橡胶价格的因素中，最主要的因素之一是供需矛盾。供需关系决定天然橡胶价格的长期走势，世界天然橡胶消费量从 1990 年的 521 万吨增长到 2012 年的 1 266.30 万吨，1990—2000 年，天然橡胶国际市场总体处于供求基本均衡的格局。2001—2016 年，随着世界天然橡胶产量和消费量出现阶梯状攀升，国际天然橡胶市场呈现供小于求态势，但世界天然橡胶供给和需求整体上均呈现出上升势头，具有一定的同步性。2017 年世界天然橡胶的供需平衡出现变化（图 8），世界天然橡胶总产量为 1 355.9 万吨，消费量 1 322.2 万吨，供大于求，在中国和印度这两个橡胶消费大国的带动下，2018 年世界天然橡胶需求持续增长，预计中国的天然橡胶消费量可达 570 万吨，增长 6.2%。印度的天然橡胶消费量可达 120 万吨，增长 10.9%。2018 年第一季度，世界天然橡胶消费 460 万吨，比 2017 年同期增加 5.5%，而世界天然橡胶产量为 400 万吨，总体表现为供不应求，预计 2018 年世界天然橡胶总产量为 142 万吨，总消费量为 143 万吨。

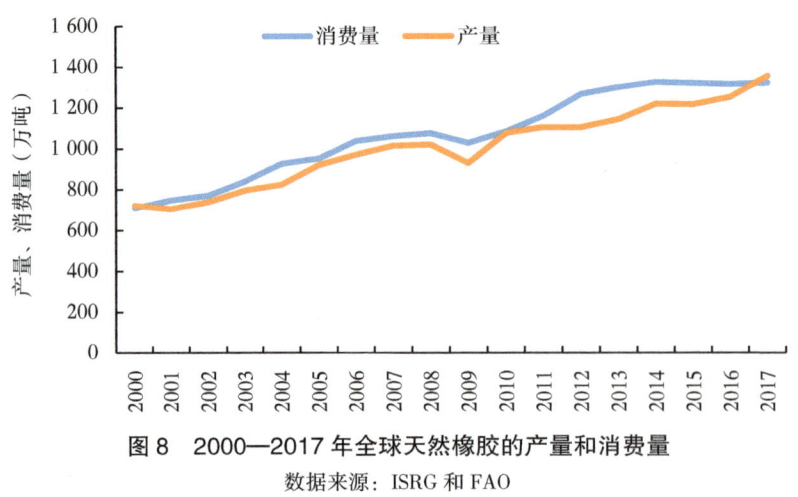

图 8　2000—2017 年全球天然橡胶的产量和消费量
数据来源：ISRG 和 FAO

除了 2000 年之外，2001—2016 年世界天然橡胶的消费量均略高于天然橡胶的总产量，两者的增减趋势表现为同向，主要表现为以下几个阶段：2000—2002 年的消费量和总产量均处于 700 万~750 万吨的水平。2003—2005 年消费量和总产量增加至 800 万~900

万吨。2006 年消费量首次突破 1 000 万吨,此后逐年小幅度增长,产量则波动较大,2006—2008 年表现为增产,但在 2009 年回落到 928.9 万吨。2011 年是一个重要转折点,世界天然橡胶消费量和总产量均突破 1 100 万吨,此后的 5 年里,天然橡胶的消费增幅大于产量的增幅。在不考虑全球经济、政局变动、气候变化等其他因素的前提下,国际天然橡胶市场的供需平衡情况直接影响橡胶市场价格的涨跌。

(二)合成胶的替代因素分析

2012—2016 年,天然橡胶价格的连续下跌,严重打击了胶农的积极性,国外橡胶主产国和国内橡胶主产区的胶树弃割率不断提高,厂商联合减产丁苯胶,并更改橡胶制品中不同种类橡胶的配方,合成胶消费量增长,引发天然橡胶减产和供应量不足,干胶库存缩减,但需求不减,合成胶价格上涨,带动天然橡胶价格上涨,橡胶供不应求和合成胶消费增长导致了世界天然橡胶价格恢复上涨的态势。

2000—2017 年,天然橡胶的消费和合成胶的消费趋势基本保持同向(图 9),且合成胶的消费量均高于天然橡胶的消费量,2000—2006 年,天然橡胶消费量在 700 万~1 000 万吨,合成胶消费量 1 000 万~1 200 万吨,2007 年以后,天然橡胶消费量在 1 000 万~1 200 万吨,合成胶的消费量在 1 300 万~1 400 万吨,合成胶的消费量比天然橡胶的消费量高出 20%~40%。天然橡胶的消费需求增长时,具有替代关系的合成胶的消费需求也在增长,合成胶的价格上涨,天然橡胶的价格也上涨。合成胶在橡胶市场中的份额越来越大,因此,合成橡胶的价格下降,会引发天然橡胶的价格也下跌。

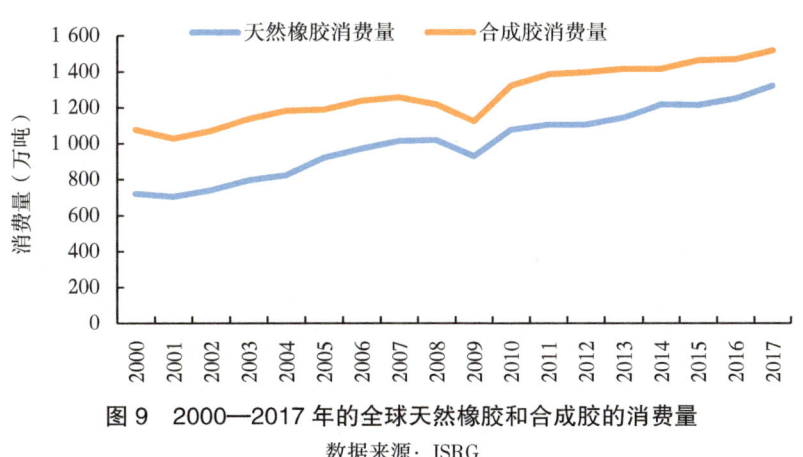

图 9 2000—2017 年的全球天然橡胶和合成胶的消费量

数据来源:ISRG

(三)全球经济发展水平因素分析

天然橡胶的国际市场价格与全球经济发展的关联性也很大,2008 年金融危机直接导致天然橡胶的国际市场价格下跌,2009 年全球经济开始回暖,全球天然橡胶市场需求上涨,天然橡胶市场价格也止跌回升,2011 年和 2012 年爆发欧债危机,全球经济急转直下，汽车、轮胎等橡胶加工产业受到负面影响，从2012年开始，天然橡胶的国际市场价格持续下跌。

在全球GDP出现负增长的年份（图10），天然橡胶消费也是负增长，比如2001年GDP增长率为-0.62%，天然橡胶消费增长率为-2.22%，2009年GDP增长率为-5.21%，天然橡胶消费增长率-8.82%，2015年分别为-5.53%和-0.29%，在全球GDP出现正增长的年份，天然橡胶消费也大幅增长。当经济大环境向好时，重卡轮胎等橡胶制品的市场需求量大，橡胶加工业对天然橡胶需求量相应增加，将抬高天然橡胶价格；反之，当全球的经济大环境不景气，市场悲观情绪严重，对天然橡胶需求不足，价格也随之下跌。

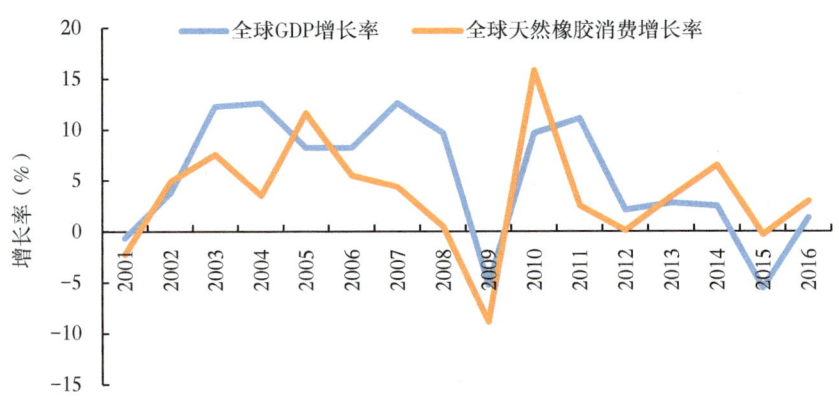

图10　2001—2016年的全球GDP增长率和天然橡胶消费增长率
数据来源：从ISRG和World Bank的相关数据整理得来

（四）国际原油价格的影响因素分析

合成橡胶的主要原材料是丁二烯，是石油化工的末端产品，原油是合成橡胶的主要原料，其价格随着国际原油价格的波动而波动，因此国际原油价格走势对合成胶的成本具有较强的影响力。合成橡胶是天然橡胶的替代品之一，如果国际市场的石油价格走低，会直接导致合成橡胶的成本下降，因此原油的价格对合成橡胶的供给成本有着直接的影响。原油价格的上涨会进一步推动合成橡胶价格的上涨，合成橡胶成本的上升会促使天然橡胶的使用量加大。天然橡胶与合成橡胶在轮胎领域具有一定替代作用，由于天然橡胶成本较高、品质较好，历史上天然橡胶价格始终高于合成橡胶价格。2016年由于合成橡胶原料丁二烯上涨带动合成橡胶价格大幅增长，合成橡胶价格与天然橡胶形成倒挂。2016年11月，OPEC达成协议，从2017年1月起6个月内日产量缩减120万桶，以俄罗斯为首的非欧佩克国家也同意减产。2016年9月底至12月底，布伦特原油价格上涨24%，同期马来西亚SMR20橡胶价格飙升了43%。

（五）其他因素分析

天然橡胶主要产地是东南亚国家，而主要消费地是中国、美国和日本等国家和地区，因此，美元贬值会引发国际石油、金属、天然橡胶等大宗商品的价格上扬。比如，当人民币相对美元升值时，以美元计价的天然橡胶进口价格会降低，从价格的传导关系分析，这些产品进入国内市场后会引起国内市场同类产品价格的下跌；反之，人民币相对美元升值时，将会导致国内市场同类产品价格的上涨。人民币汇率的变化和货币供应量的变化利率等因素都会影响市场上天然橡胶的供求。因此各国汇率之间的波动对天然橡胶价格影响很大。日元兑美元、泰铢兑美元、人民币兑美元、印度尼西亚盾兑美元和马来西亚林吉特兑美元等重要币种的汇率波动会对天然橡胶国际市场价格的波动产生较大影响，从而使得国际天然橡胶价格随之发生改变。全球汽车工业快速发展，2016年全球汽车销量达9 600万辆，2017年9 800万辆，2018年预测10 100万辆，汽车销量增长也带动了天然橡胶的消费需求增长，从而促使国际天然橡胶市场价格波动。

此外，重卡和轮胎的销量、天气因素、国际政局动荡和橡胶主产国的政治运动等也是影响世界天然橡胶价格波动的主要因素。泰国南部地区是橡胶主产区，当地多发暴雨，一旦暴雨影响割胶，会缩减对世界天然橡胶供应量。2004年爆发的泰国南部地区动乱也间接影响了胶价上涨。1998年亚洲金融危机，2008年国际金融危机，2012年欧洲次贷危机都直接引发了天然橡胶市场价格波动和下跌。

四、主要国家价格调控措施及成效

天然橡胶生产的高度集中决定了泰国、印度尼西亚和马来西亚在橡胶供给中享有很高的话语权，这3个国家的橡胶出口量占全球总出口量的86%，中国橡胶进口量占全球进口总和的70%，这就出现了限制出口供给的高集中度和供需区域的严重错配，此现象导致了一旦供给方联合限产、控制出口及其他不可抗力因素导致供给受限，势必让触底的天然橡胶价格大幅反弹。多年来，天然橡胶主产国和国际天然橡胶组织主要出台联合限制橡胶出口、提供低息贷款和补贴、通过减产和增库存、实行指导价收购天然橡胶等措施稳定市场价格。

（一）为保护当地胶价，泰国等橡胶主产国多次联合限制橡胶出口

2002年，为了保护天然橡胶的本土价格，泰国、印度尼西亚和马来西亚3个橡胶主产国成立了天然橡胶地区销售联盟（ITRC）。2004年，为了维护天然橡胶的供需平衡，三国成立了国际橡胶公司（ITCO）。2006年1月，印度尼西亚和马来西亚召开总理级会议，出台相关政策保护胶价，"限高护低"，当胶价高于60泰铢/千克的时候征收1泰铢的胶价保护基金，以此作为胶价下跌时期保护胶农利益的限产补助和收购库存的基金。2014年11月，ITRC举行会议以对抗天然橡胶供应过剩，稳定橡胶价格，决定"管理"天胶出口，11月中旬泰国对胶农再次补贴。2016年三国橡胶理事会出台过为期6个月的限制出口政策，但2016年泰国天然橡胶出口量不降反升，全年出口量高达451万吨，限制出口政策对于降低出口形同虚设。2016年3月泰国、印度尼西亚和马来西亚减少橡胶出口61.5万吨，主产国橡胶出口限令的出台直接影响当时天胶市场价格不断走高。2018年

1—3月，泰国、马来西亚和印度尼西亚三国成立的国际三方橡胶委员会（ITRC），联合实施严格控制出口的政策（AETS），在此影响下，全球橡胶价格已经从年初的每千克 1.40 美元升到 1.55 美元，增长了 10%。同样，泰国国内价格也从每千克 44~45 泰铢上涨到每千克 47.15 泰铢。

（二）通过国家财政经费为胶农和橡胶园提供低息贷款和补贴

主产国对橡胶主产区的胶农和胶园提供低息贷款和补贴，是多年来一直推行的调控天然橡胶市场价格的政策和措施，泰国政府出台政策维持胶价的稳定，2017 年 7 月，泰国内阁批准了农合社部、国防部等部委的 18 亿泰铢的经费预算，专门支持橡胶计划。为胶农提供 100 亿泰铢的低息贷款折合政府补助 3 亿泰铢，稳定胶价的项目允许延续到 2020 年 5 月。泰国长期低息贷款给国营企业或私营小企业发展胶园，专用于更新橡胶园补助种苗、化肥和农药。对橡胶种植业实行免税政策，对新胶农免费发放胶苗，免费传授种植和管理技术。泰国对于投资天然橡胶项目的厂商，减免一定时期的所得税和设备进口关税。马来西亚对橡胶出口商征收更新胶园税，补贴更新的小胶园。印度无偿补助更新及扩种的胶园，印度橡胶局协助向银行申请贴息贷款。马来西亚和印度对出口商征收出口税，对胶农的种植、开垦和更新进行补助。为了降低为加工成本，各国都积极帮助胶农建立产品集中加工基地。以上这些举措都是为了保护胶农利益和提升橡胶价格。橡胶主产国限制天然橡胶出口，取消轮胎出口反补贴税也是胶价上涨的重要催化剂。2016 年 11 月 3 日，美国海关宣布将不再对进口自中国的卡客车轮胎征收反补贴税，此举有利于中国恢复对美轮胎出口，利好天然橡胶价格。

（三）通过减产和增库存等促进国内国际上的供需平衡，从而保护天然橡胶市场价格

2008 年 10 月，为保护胶农利益，抑制不断下跌的天然橡胶价格，天然橡胶国际联盟组织决定减少天然橡胶的产量和供给量，减少割胶次数从而减产，增加库存从而缩减供应。2009 年天然橡胶的国际价格已有所回升。泰国农业与合作社部、商务部联合对橡胶价格进行监管，而橡胶价格监管委员会由政府、企业、胶农三部分组成，负责监管橡胶成本，合适的收购价格以及出口价格。2018 年 5—7 月泰国为了减产 20 万吨橡胶，采取割 15 日停 15 日的措施，同时拨款 135 亿泰铢来弥补胶农的经济损失。这些措施将有效促进国内国际上的天然橡胶供需平衡，泰国橡胶管理局预计由年产 450 万吨橡胶减少至 350 万吨较为合适。通过减产来提高橡胶价格，橡胶价格也由 50 泰铢/千克上涨至 80 泰铢/千克。

（四）实行指导价收购天然橡胶的收储制度

泰国、马来西亚和印度尼西亚对天然橡胶实行指导价收购，并对橡胶价格进行最低价保护，以支持价格的方式来保障胶农的利益。当采取出口限制时，会导致国内库存量增大，为了稳定天然橡胶市场，主产国要求本国银行贷款给橡胶贸易商。通过调整天然橡胶

的供给来影响价格是政府重要的价格调节手段，2008年年底，国际天然橡胶联盟各成员国同意减少天然橡胶出口量、最低保护价格和天然橡胶出口配额制度的政策，对橡胶价格起到了很强的支持作用。2009年，泰国农业部斥资42亿泰铢对天然橡胶进行收储，收储量计划达10万~20万吨，收储消息公布后，国际市场天然橡胶价格连续6个交易日上涨。中国两次启动天然橡胶收储，受国际金融危机冲击，天然橡胶价格狂跌，为保护胶农利益，国家物资储备局与云南农垦、海南农垦签署了国家储备10.5万吨橡胶的协议，收储价格1.4万元/吨，对当时沪胶的价格形成较大的推动力。海南农垦以1.2万元/吨保护价收购干胶也对沪胶价格形成强有力的支撑。天然橡胶的收储被东南亚产胶国广泛应用，每次大规模收储计划的公布对价格的提振作用十分明显。

参考文献

董昱. 2014. 天然橡胶价格大幅下跌——2014年9月份国内橡胶市场分析[J]. 中国橡胶, 30 (21): 30-31.

侯冰凌, 樊孝凤. 2016. 我国天然橡胶价格波动趋势及短期预测——基于ARIMA模型的实证分析[J]. 价格理论与实践 (1): 116-118.

丽佳 (泰国). 2017. 泰国天然橡胶出口竞争力分析[D]. 大连: 大连海事大学.

刘锐金. 2012. 国内外橡胶价格周期形成分析[J]. 中国热带农业 (3): 28-33.

孙娟. 2014. 国际天然橡胶价格波动因素分析[J]. 世界农业 (11): 88-93.

左娟. 2015. 国内天然橡胶价格波动原因分析——基于近年来供过于求因素[J]. 当代经济 (4): 54-55.

（执笔人：卢琨　刘恩平）

海外农产品市场研究（2018）

第十五部分

香 蕉

海外农产品市场研究（2018）

专题一 世界供需形势分析

香蕉是世界上最受欢迎的水果之一,也是全球贸易量最大的热带水果,目前全世界有130多个国家和地区种植香蕉。随着生产水平提高和种植面积的扩大,1990—2016年间,全球香蕉的总产量有较大幅度增加,1990年全球香蕉总产量仅为0.50亿吨,2016年全球香蕉总产量已经达到1.13亿吨,约占全球水果总产量的16.3%,全球香蕉的收获面积为549.4万公顷,保持稳定增长,但产量和单产比2015年略有下降。2016年,香蕉生产区域布局变动不大,香蕉的生产和消费主要集中在亚洲地区,生产和消费相对集中也较为稳定,其中印度是世界上香蕉生产量和消费量最大的国家。2016年,全球香蕉消费排名前六的国家分别是印度、中国、印度尼西亚、巴西、菲律宾、美国,除美国外,全球香蕉生产排名较前的国家也集中在上述地区。进出口贸易方面,厄瓜多尔、危地马拉、哥斯达黎加、哥伦比亚和菲律宾等是世界上主要的香蕉出口国,美国、德国、俄罗斯、比利时、英国等是世界上主要的香蕉进口国,上述主要的香蕉进出口国家对国际市场上的香蕉价格影响较为明显。随着全球经济的不断发展,国际香蕉进出口价格从1990年以来总体保持持续上涨趋势,其价格增长趋势与世界香蕉进出口贸易趋势相似,但近几年波动明显,且不同国家和地区价格差异较大。随着人们水果消费的多元化趋势和香蕉种植利润的下滑,预计2018年度,全球香蕉产量将保持稳定或略有下降,但供求形势仍然较为宽松。随着人口的增长、经济的发展和全球经济的一体化,未来5年全球香蕉贸易量仍将以增长为主,进出口贸易规模将持续扩大。

一、世界供需现状

不断发展的种植技术和科技创新能力的提升带动了香蕉单位产量的大幅增加。全球依然存在着对香蕉产量和贸易不利的一些因素,例如不断蔓延的巴拿马病毒、厄尔尼诺现象带来的恶劣天气以及不断上升的地租和劳动力成本,以及国际间不稳定的政治关系依然对香蕉产业的健康发展带来负面影响。

(一)香蕉的生产情况

2016年全球香蕉的生产总体保持稳定。据FAO统计,1990—2016年,全球香蕉的收获面积从372.6万公顷增加到549.4万公顷,增长了47.5%,年均增长1.76%,2016年全球香蕉的收获面积与上年相比增长0.9%(图1)。1990—2016年全球香蕉的平均单产明显增长,全球香蕉平均单产从13.4吨/公顷增加到20.6吨/公顷,增长了53.7%,年均增长2%,2016年与上年相比下降2.5%(图1)。1990—2016年全球香蕉的总产量从0.50

亿吨增加到 1.13 亿吨，增长了 126%，年均增长 4.67%，2016 年总产量与上年相比下降 1.7%（图 2）。1990—2016 年香蕉产量增长出现明显的阶段特征，主要经历了四次较大幅度增长：第一次发生在 1992 年前后，全球香蕉总产量从 0.51 亿吨增长到 0.56 亿吨，较上年增长 8%；第二次发生在 1997 年前后，全球香蕉总产量从 0.58 亿吨增长到 0.63 亿吨，较上年增长 8%；第三次发生在 1999 年前后，全球香蕉总产量从 0.65 亿吨增长到 0.70 亿吨，较上年增长 7%；第四次发生在 2005 年前后，全球香蕉总产量从 0.84 亿吨增长到 0.89 亿吨，较上年增长 6%（图 2）。

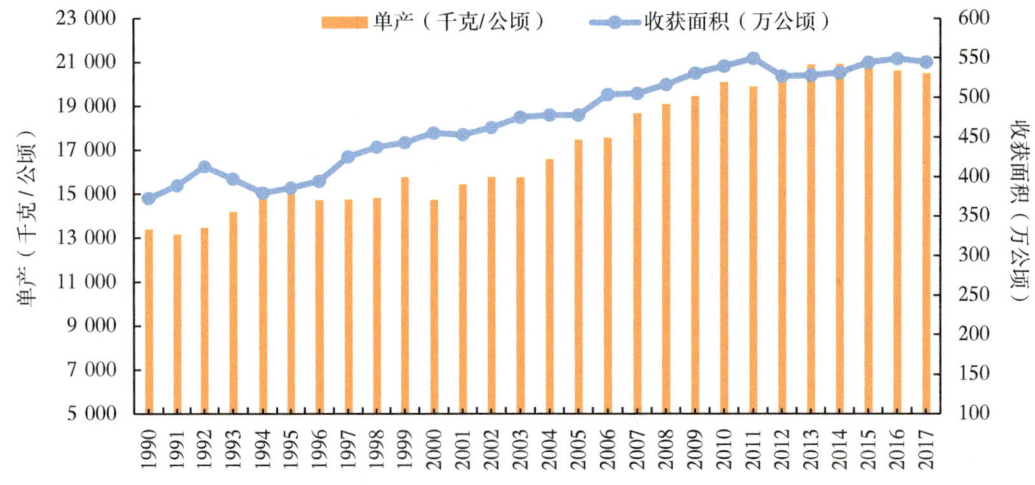

图 1　1990—2017 年全球香蕉单产和收获面积变化

数据来源：根据 FAO 整理，其中 2017 年数据为估计值

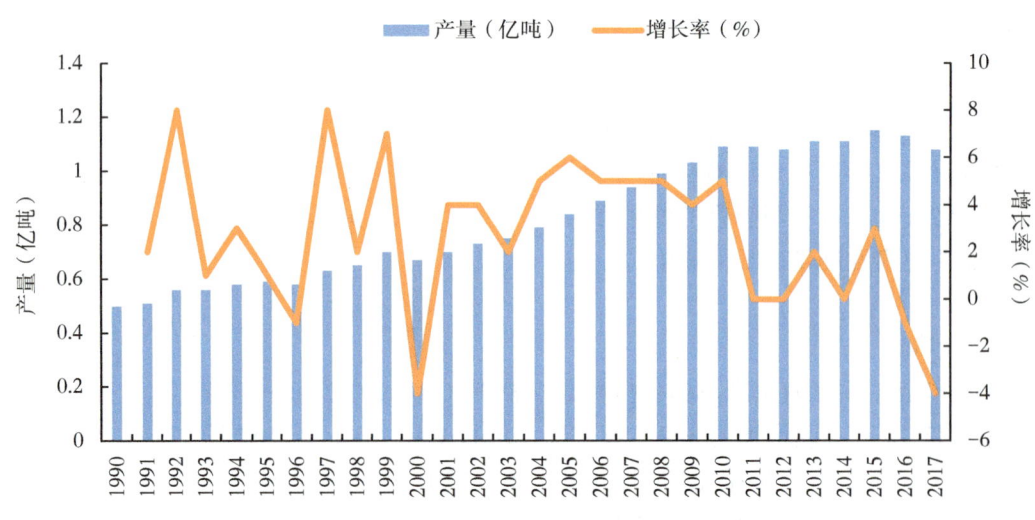

图 2　1990—2017 年全球香蕉产量变化

数据来源：根据 FAO 整理，其中 2017 年数据为估计值

(二)世界生产布局及演变

香蕉主要分布在东、西半球南北纬度 30° 以内的热带、亚热带地区。世界上栽培香蕉的国家有 130 多个,目前以亚洲的种植面积和产量最多,其次是中南美洲和非洲,大洋洲和欧洲也有少量种植。香蕉生产主要集中于亚洲的印度、中国、菲律宾、印度尼西亚、泰国、越南,拉丁美洲的厄瓜多尔、巴西、危地马拉、墨西哥、哥斯达黎加、哥伦比亚,非洲的坦桑尼亚、安哥拉、布隆迪、喀麦隆、肯尼亚、埃及,以及巴布亚新几内亚和加勒比海地区的多米尼加共和国。

近 20 多年来,世界香蕉产量布局变动较大,亚洲产量一直呈上升趋势,美洲产量一直呈下降趋势,非洲产量相对较稳定。1990 年美洲产量占比约 39%,亚洲产量占比约 40%,非洲产量占比约 19%;2000 年美洲产量占比减少到 33%,亚洲产量占比增长到 49%,非洲产量占比减少到 15%;2010 年美洲产量占比进一步减少到 26%,亚洲产量占比进一步扩大达到 55%,非洲产量占比略有增长到 18%。

2016 年全球香蕉产量为 11 328 万吨,生产集中在亚洲地区。2016 年全球香蕉产量前三位的国家是印度、中国和印度尼西亚,产量前十的国家共占全球总产量的 73%(表 1),其中安哥拉(11.9%)、中国(5.8%)和危地马拉(5.7%)是香蕉主要生产国中生产增长率最高的三个国家。2016 年全球香蕉的收获面积为 549.4 万公顷,收获面积前三位的国家是印度、巴西、坦桑尼亚,排名前六的香蕉主产国,占全球总香蕉采收面积的 54%(表 2)。单产方面,印度尼西亚、危地马拉、厄瓜多尔、印度、中国和安哥拉的香蕉生产力排名前列(表 3)。

表 1　2016 年全球香蕉主产国产量排名 TOP10

排名	国家	产量(万吨)	占比(%)
1	印度	2 945	26
2	中国	1 359	12
3	印度尼西亚	680	6
4	巴西	680	6
5	厄瓜多尔	680	6
6	菲律宾	566	5
7	安哥拉	340	3
8	危地马拉	340	3
9	坦桑尼亚	340	3
10	卢旺达	340	3

数据来源:IndexBox

表 2　2016 年全球香蕉收获面积排名 TOP6

排名	国家	收获面积(万公顷)	占比(%)
1	印度	82.4	15

（续表）

排名	国家	收获面积（万公顷）	占比（%）
2	巴西	49.4	9
3	坦桑尼亚	49.4	9
4	菲律宾	44.0	8
5	中国	44.0	8
6	卢旺达	44.0	8

数据来源：IndexBox

表3 2016年全球香蕉生产力排名TOP6

排名	国家	生产力（吨/公顷）
1	印度尼西亚	50.1
2	危地马拉	48.3
3	厄瓜多尔	36.2
4	印度	34.4
5	中国	31.0
6	安哥拉	29.3

数据来源：IndexBox

（三）消费市场现状

随着经济水平的提升、消费者健康观念的普及，以及全球人口老龄化的加快等因素均带动了香蕉消费趋势的上升。2016年，香蕉的总产值为488亿美元，同比2015年增加了7.3亿美元，增幅达18%。总体而言，香蕉的产值呈上升趋势，全球香蕉的消费量每年增长约2.2%，在2016年达到了1.13亿吨，人均消费约15千克。2011—2016年，香蕉市场在经过稳定增长后出现了轻微的波动。2016年，印度、中国、印度尼西亚、巴西、菲律宾、美国、安哥拉、坦桑尼亚和卢旺达是世界上9大香蕉消费市场——上述国家共占全球香蕉消费量的67%左右（图3），其中安哥拉（增幅达11.9%）和中国（增幅达6.1%）

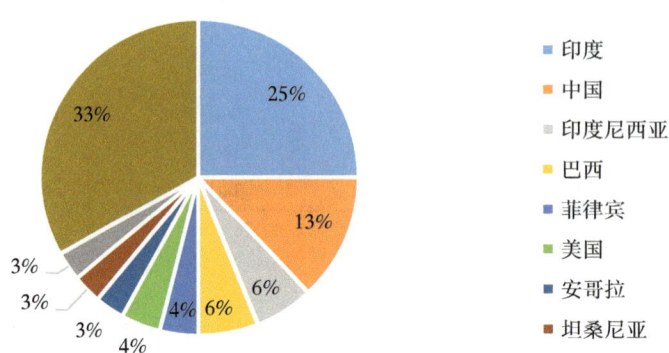

图3 2016年全球香蕉消费市场占比

数据来源：IndexBox

的香蕉消费量年增长率较高。除美国外，这些国家中大多数也是世界上香蕉的主要生产国。

印度和中国仍然是全球最大的两大香蕉消费市场。印度约占全球香蕉消费的1/4，由于人口增长和大量自己种植的香蕉使得当地市场需求完全可以被满足，香蕉消费量预计将继续呈现上升的趋势。其他主要亚洲市场中，中国和印度尼西亚随着人口持续增长，消费预计也会增加。

人均消费量最高的是非洲市场。印度和中国作为香蕉主产国人均消费量却比较低，分别为每人29千克和每人10千克，随着中国经济的不断增长以及普通消费者的保健和营养意识的提高，预计未来，香蕉在中国市场的需求量将以每年5%左右的速度增长。非洲国家因为人口相对较少、生活水平较低，香蕉是当地的传统水果，当地人把香蕉当主食，人均消费量大。2016年，卢旺达、安哥拉、坦桑尼亚仍然是全球香蕉人均消费方面的领导国家，人均消费量每人每年平均分别为252千克、154千克和67千克。

欧盟和美国的人均消费在不断增长。欧盟的人均消费量于2015年达到了每人11.6千克，增长了3%，主要原因是新成员国的消费量增加，2012—2015年，新成员国的消费量翻了一番，到2015年达到9.6千克。美国人均消费持续增长，2015年达到了每人12.6千克。欧美发达国家，香蕉作为健康的零食，成为日常生活的一个既快又方便的选择，欧美的人均香蕉消费量低，表明了在人口和收入增长的背景之下，该地区和国家的消费市场仍然有进一步增长的潜力。

优质的香蕉品种和有机香蕉受消费者青睐。2017年厄瓜多尔仍是最大的香蕉出口国，除了价格优势外，厄瓜多尔的香蕉品种和口感受世界消费者欢迎，卡文迪什香蕉仍是需求最大的香蕉品种，还有红香蕉、迷你香蕉及大蕉。美国、法国、阿根廷、西班牙和荷兰是大蕉的部分出口目的地，其他特色香蕉也正在进入新市场，红香蕉在美国、加拿大和俄罗斯卖得较好，迷你香蕉在阿根廷和韩国很受欢迎。产自菲律宾的超甜蕉，深受亚洲国家欢迎，在日本市场占有率第一，该蕉种植的海拔较高，生长周期长达12个月，平均糖度可达23，因口感超甜而得名。欧洲和美国的消费者比较喜欢有机香蕉，像秘鲁、多米尼加都是世界有机香蕉的主要供应国家之一。

二、国际价格走势

（一）总体价格走势

香蕉的价格受多重因素的综合影响。随着多国贸易的不断扩大，香蕉的国际贸易日益活跃，而近年来国际市场上香蕉的价格也波动较大，受不同品种、品质以及上市时间等因素的影响，各国香蕉的市场价格差异也较大，而进出口贸易单价能在一定程度上反映该国香蕉在国际市场的接受度和竞争力，具有代表性。1990—2017年，香蕉的进出口单价总体都呈波动上涨的趋势，香蕉的进口单价从0.5美元/千克上涨到0.74美元/千克，出口单价从0.29美元/千克上涨到0.55美元/千克，价格的增长趋势与进出口贸易的增长趋势相似，2013年以来香蕉的进出口单价波动较大，先呈下降的趋势，2017年进出口单价上涨幅度较大，进口单价从0.64美元/千克上涨至0.74美元/千克，涨幅为15.6%，出口单价从0.43美元/千克上涨至0.55美元/千克，涨幅为27.9%（图4）。

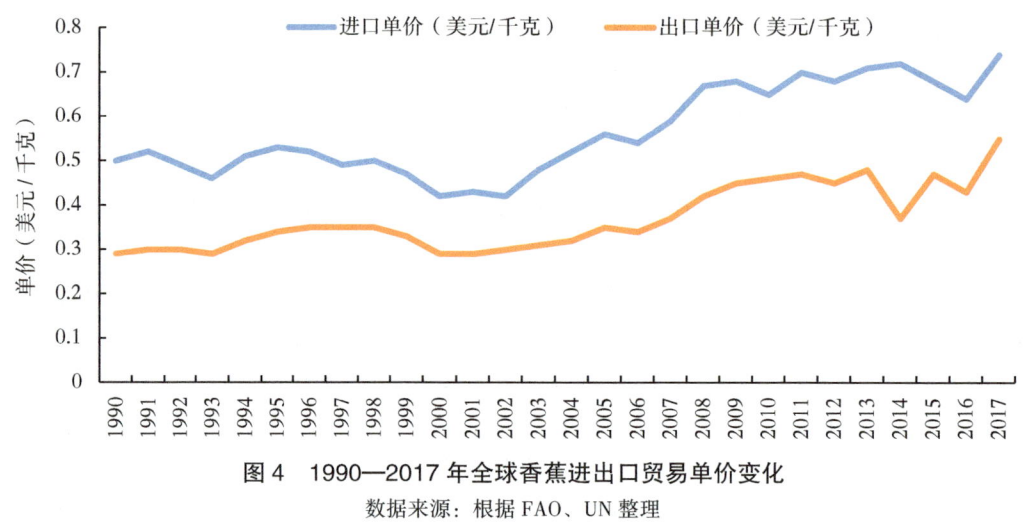

图4　1990—2017年全球香蕉进出口贸易单价变化

数据来源：根据FAO、UN整理

（二）重点国家价格走势

影响香蕉的国际市场价格的因素较多，各国香蕉贸易价格差异也较大，但总的来说影响香蕉价格基本面还是香蕉的生产成本和产量，本报告选择几个具有代表性的香蕉生产国的出口贸易单价为重点研究对象，发现其价格变化的规律，能在一定程度上反映国际香蕉价格波动变化的一些特点（图5）。1990—2016年，重点国家的香蕉出口贸易单价都呈

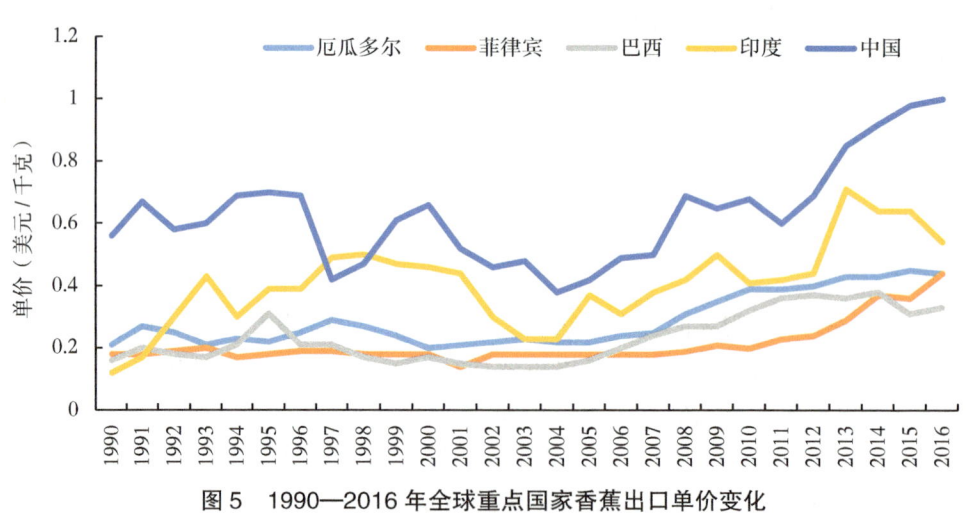

图5　1990—2016年全球重点国家香蕉出口单价变化

数据来源：根据FAO整理

上涨趋势，其中，中国和印度的香蕉出口单价波动幅度最大，中国的价格远远高于其他国家，2016年中国的出口单价约为巴西的3倍，从0.56美元/千克上涨至1美元/千克，增长了78.6%，年均增长2.9%，中国香蕉出口在价格竞争上处于劣势，在很大程度上也限制了香蕉的出口贸易；厄瓜多尔、菲律宾、印度的出口单价呈平稳增长趋势，波动幅度较小，菲律宾和巴西的出口单价最具优势，厄瓜多尔的出口单价处于中等区间，但其香蕉出口却占据世界第一，可以看出，价格并不是香蕉出口贸易的唯一决定性因素，厄瓜多尔的香蕉品种的口感受世界各地的消费者欢迎是其中很重要的原因。

三、国际贸易格局

2016年，世界香蕉的总产值为488亿美元，同比增加了7.3亿美元，增幅达18%。从全球香蕉贸易统计来看，2017年香蕉贸易总额已超过500亿美金。进口方面，美国和欧盟是世界上进口香蕉最多的国家和地区。出口方面，中南美洲是世界上出口香蕉最多的国家和地区。影响全球香蕉产贸易的因素较多，其中消费者不断增长的需求量拉动了香蕉贸易的增长。

（一）进出口量

香蕉是世界上主要的水果之一，贸易量稳定排名世界前列，也是全球重要的国际贸易农产品。据统计，2016年，全球136个国家和地区种植香蕉，122个国家参与香蕉贸易的出口，147个国家参与香蕉的进口，全球约18%所消费的香蕉源自进口。由于消费量增加、贸易自由化政策的出现，以及全球和区域一体化的进程加剧，香蕉贸易继续攀高。

1990—2017年全球香蕉的进口量呈相对稳定增长的趋势。进口量从1990年的888.15万吨增长到2017年的2 235万吨，增长了151.6%，年均增长8.4%（图4）。2016年美国仍然是主要的进口国。进口量排名前列的国家依次为：美国、德国、俄罗斯、比利时、英国、日本、中国等（表4），上述国家是香蕉进口的主要市场，共占全球进口量的55%。主要进口国中，中国的香蕉进口量年均增长率为11.5%，俄罗斯的香蕉进口量年均增长率为3.7%，中国和俄罗斯是2007—2017年间全球香蕉进口量年增长率最高的两大国家。

1990—2017年全球香蕉出口量总体呈上升趋势，但从2013—2017年出口量波动幅度较大。出口量从1990年的903万吨增长到2016年的2 120万吨，增长了134.8%，年均增长率为5.0%，2017年出口量仅为1 094万吨，比2016年下降了43.3%（说明：原因有统计口径的因素，2017年采用的是UN的数据，FAO和UN的数据有差异，UN的数据中部分国家的数据缺少或不全，所以2017年数据仅供参考）。1990—2017年全球香蕉出口出现了三次较大幅度的波动，第一次发生在2013年前后，全球香蕉出口总量从2 009.81万吨增长到2 684.21万吨，增幅达33.6%；第二次大的波动发生在2014年前后，全球香蕉出口总量从2 684.21万吨下降到1 931.51万吨，降幅达28.0%；第三次大的波动发生在2016年前后，全球香蕉出口总量从2 120万吨下降到1 094万吨，降幅达43.3%（图6）。

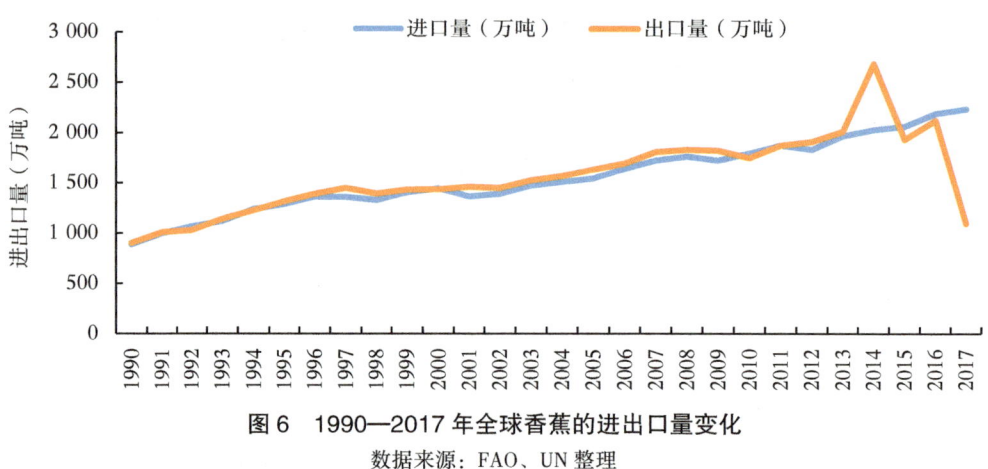

图6 1990—2017年全球香蕉的进出口量变化

数据来源：FAO、UN 整理

2016年厄瓜多尔领导了全球香蕉的出口。出口量排名前五的国家依次为：厄瓜多尔、危地马拉、哥斯达黎加、哥伦比亚、菲律宾等，上述国家共占全球香蕉出口量的39%（表4），其中厄瓜多尔占全球出口总量的29.1%。厄瓜多尔是香蕉出口型的国家，出口占其本国香蕉总产量的95%，其中出口的香蕉中有22%出口至俄罗斯，占据俄罗斯94%的市场。据厄瓜多尔中央银行的数据显示，2016年厄瓜多尔的香蕉总出口量为620万吨，比前年高出2%，而俄罗斯、美国及德国成为厄瓜多尔出口的三大国家，该三国的总香蕉进口量达厄瓜多尔总香蕉出口量的一半，2016年厄瓜多尔出口俄罗斯香蕉达140万吨，比前年多出7%；出口美国则稍微下跌，达97.4万吨，比前年少4%；出口德国达72.3万吨，比前年高出1%。2016年厄瓜多尔减少了对华香蕉的出口量，出口量为19.1万吨，比上年减少约27%。厄瓜多尔也是欧盟最大的香蕉进口来源国，也是以前惟一支付最惠国税率的主要供应商。2007—2016年间，危地马拉是全球香蕉出口量增长最快的香蕉供应国，年均出口量增长率为5.5%。尽管印度和中国是全球最大的香蕉生产国，却没有出口太多的香蕉，所生产香蕉以国内消费为主。另一个香蕉出口量较大的国家是比利时（2016年为114.4万吨），但考虑到因为比利时不生产任何香蕉，而且进口量也很高，所以从比利时出口的香蕉货运应被视为转口货物来计算。

表4 2016年全球香蕉进出口量排名TOP8

	进口量				出口量		
排名	国别	进口量（万吨）	占比（%）	排名	国别	出口量（万吨）	占比（%）
1	美国	495.2	22.6	1	厄瓜多尔	617.6	29.1
2	德国	138.1	6.3	2	危地马拉	247.8	11.7
3	俄罗斯	135.6	6.2	3	哥斯达黎加	237	11.2
4	比利时	131.5	6.0	4	哥伦比亚	196.1	9.3
5	英国	121.2	5.5	5	菲律宾	139.7	6.6

（续表）

进口量				出口量			
排名	国别	进口量（万吨）	占比（%）	排名	国别	出口量（万吨）	占比（%）
6	日本	95.7	4.4	6	洪都拉斯	65.9	3.1
7	中国	88.7	4.1	7	美国	57.3	2.7
8	荷兰	70.1	3.2	8	荷兰	50.6	2.4

数据来源：根据 IndexBox、FAO 整理

（二）进出口额

2017 年全球香蕉进出口贸易总额为 225.38 亿美元，比 2016 年的 231.58 亿美元下降了 2.8%。1990—2017 年全球香蕉的进出口额呈不断上升趋势，进口额从 1990 年的 44.5 亿美元增长到 2017 年的 165.23 亿美元，增长了 271.3%，年均增长率为 15.1%，出口额从 1990 年的 25.91 亿美元增长到 2017 年的 60.15 亿美元，增长了 132.1%，年均增长率为 7.3%。1990—2017 年间，全球香蕉的进口峰值都出现在 2017 年，进口额达 165.23 亿美元，出口峰值出现在 2014 年，出口额达 98.25 亿美元。2017 年全球香蕉的进出口贸易趋势出现了异常，进口贸易和出口贸易呈反向增长，进口贸易大幅增加，进口额比 2016 年增长了 17.2%，出口贸易大幅下降，出口额比 2016 年下降了 33.6%（图 7）（说明：1990—2016 年采用的是 FAO 的数据，2017 年的数据采用的是 UN 的数据，可能是统计口径不同造成数据不完全一致，还有 2017 年 UN 的数据还在更新中，有的国家和地区的数据还有缺失，2017 年的数据仅供参考）。

图 7　1990—2017 年全球香蕉进出口额变化
数据来源：根据 FAO、UN 数据整理

2017 年 1—12 月，全球香蕉的进出口量和进出口额的峰值都出现在 5 月，进出口量达到 387.76 万吨，进出口额达到 25.61 亿美元，其中 1—5 月全球香蕉的贸易较为活跃，呈波动上涨的趋势，6—12 月全球香蕉的贸易较 1—5 月呈下降趋势，尤其是从 6 月开始

香蕉的进出口量大幅下降，6月香蕉的出口量降幅达到了50.3%，这可能与香蕉主要出口国上市的时间有关（图8）（说明：2017年采用UN的数据仅供参考）。

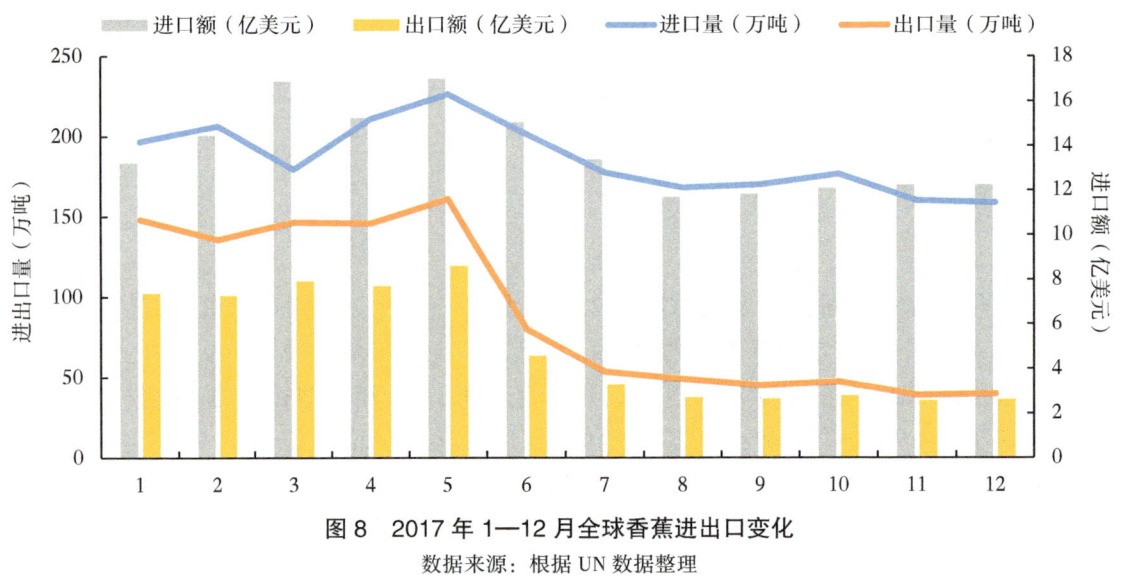

图8 2017年1—12月全球香蕉进出口变化

数据来源：根据UN数据整理

四、世界国家产业竞争力

（一）生产成本收益变化

全球经济的增长也带动了各国土地价格和劳动力价格的增长。香蕉生产属于劳动力密集型产业，特别是在一些发展中国家，香蕉种植过程需要大量的劳动力投入，劳动力价格增长将直接提高香蕉种植的人力成本。在一些香蕉种植的国家，经济的快速发展将使得土地资源越来越紧缺，势必压缩香蕉种植面积，提高香蕉土地地租。在很长一段时间，全球香蕉病虫害防治形势仍然严峻，防治成本将持续上涨，增加了香蕉种植的生产成本。这些因素将直接推动全球香蕉生产成本的进一步上涨。生产者价格（=成本+利润）是反映香蕉生产成本的一个重要指标，全球主要的香蕉生产国中（无印度数据），1991—2016年，中国的香蕉生产者价格最高，而且波动幅度较大，2012年达到了历史最高值1 044美元/吨，巴西的香蕉生产者价格的涨幅也较大，2016年也达到了630.6美元/吨，厄瓜多尔和菲律宾的香蕉生产者价格的上涨幅度较小（图9），从近几年来看，厄瓜多尔的香蕉生产者价格最具优势，除了其本身的香蕉品质受欢迎外，这也是厄瓜多尔的香蕉出口在国际上最具竞争力的重要原因。

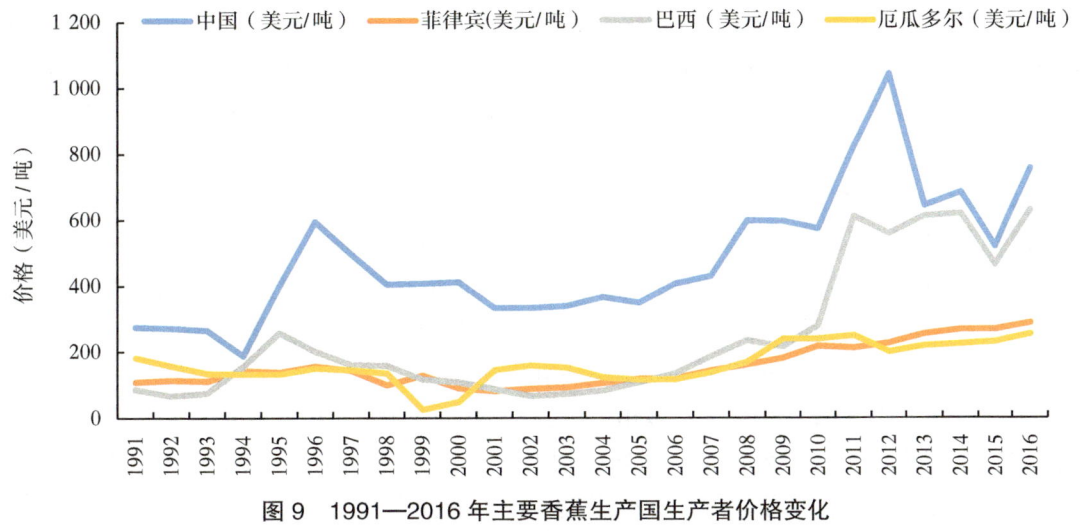

图9 1991—2016年主要香蕉生产国生产者价格变化

数据来源：根据 FAO 整理。中国 2016 年的数据是估计值

（二）代表性企业

美国本土生产的香蕉虽然仅占世界总产量的 0.02%，但其水果跨国公司却控制了世界 70% 以上的香蕉供应，其中都乐（Dole）、金吉达（Chiquita）和德尔蒙（Del monte）这三大企业占了全球香蕉市场 70% 左右的份额（图 10），控制的香蕉面积在 30 万亩以上，这三家公司都在菲律宾有种植园，都乐的香蕉种植面积和产量位居菲律宾第一位，而金吉达和德尔蒙公司的香蕉种植面积和产量位列第三位和第四位。在整个产业链上这三大美资背景的跨国集团无论在香蕉种植技术、种植园管理以及后续的流程包括包装、物流、质量监管，还有市场营销方面都具有丰富的经验并处于世界的领先水平。作为全球最大的香蕉

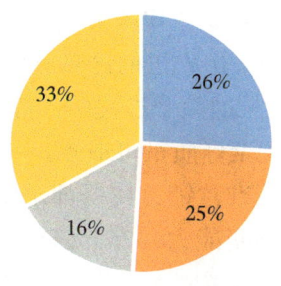

图 10 世界香蕉市场份额情况

数据来源：来自公开网络数据

出口国，厄瓜多尔香蕉出口中有近30%是由外国果品公司来完成的，厄瓜多尔最大的几家香蕉出口公司为厄资的NOBOA公司和REYBANPAC公司，以及跨国果品公司Standard和Del monte。厄瓜多尔的Noboa公司香蕉出口量分别占世界出口总量的7%，爱尔兰的Fyffes公司占世界出口总量的6%等。

1. 都乐（Dole）

都乐是世界上最大的水果和蔬菜品牌，2017年，都乐的营业收入为12.84亿美元，在全球香蕉市场约占有26%的份额。都乐公司是世界上最大的综合性水果蔬菜种植商和跨国销售商，也是美国最大的香蕉生产商和第二大菠萝生产商，在北美和日本市场占有率第一。2017年都乐的新鲜水果分部收入为9.42亿美元。

都乐总部位于美国，拥有160多年历史，在非洲、亚洲、北美洲及南美洲等九十多个国家建立了销售网络或子公司，全球雇用的专职员工约为8万人。都乐在90多个国家采购、种植、加工、销售和分销近200种产品。都乐从自产部门（公司利用自有土地和租赁土地种植果蔬）以及其他生产者那里采购产品，再利用其独有的全球冷藏供应链——该供应链拥有全球最大的专用冷藏集装箱船队，以及广泛的包装、成熟的配送中心网络，向市场提供新鲜的果蔬产品。都乐公司有三个业务部门：新鲜水果、新鲜蔬菜和包装食品。

都乐新鲜水果部门是世界领先的生产商、销售商和分销商，出品新鲜香蕉、菠萝以及其他热带落叶水果，它是全球最大的香蕉销售商和分销商之一，都乐香蕉的主要产区在菲律宾和拉美国家，其爆款产品——产自菲律宾的超甜蕉，深受亚洲国家欢迎。在亚洲，都乐销售的香蕉主要产自菲律宾、哥斯达黎加、厄瓜多尔、中国海南等，销往中国（包括港澳台）、东南亚、新西兰、日本、中东、韩国、俄罗斯等诸多国家，并成为当时市场最畅销的品牌，在中国进口的菲律宾产地的香蕉中，都乐公司所占的市场份额为10%~15%，都乐的香蕉种植面积和产量位居菲律宾第一位。

全产业链始终如一的标准控制和不断改进的产品质量使都乐的果蔬产品拥有非常好的口碑。都乐公司有自己的一套严格的质量标准体系和操作规程，针对所有市场执行统一的标准，从育苗、栽种、培育、收获、包装等有非常成熟的产业链。在原产地方面，都乐严格审核和评估自有农场和供应商的生产管理水平，保证产品符合食品安全要求；在加工包装过程中，都乐严格遵守GMP（良好操作规范），确保果蔬在安全卫生的环境内加工；在仓储物流过程中，都乐水果蔬菜均采用先进的冷藏仓储系统，可以全年365天持续发货；在从挑选种子，到果蔬摆上超市货架的整个过程中，都乐实施严格的国际规范和标准，采用国际通用EAN·UCC系统，实现全球质量可追溯。

以客户为中心的产品投放和精准营销，使得都乐始终霸占了全球果蔬产业的顶尖位置。都乐拥有强大的消费者市场调研能力，充分研究消费者的行为习惯，针对喜欢"食甜"的消费者，开发了超甜蕉，针对减肥人士推出了"低糖度香蕉"（比普通香蕉糖分低13%），针对一线城市的消费者偏爱小包装，研发了独立小包装。都乐注重与消费者的互动，做过许多趣味十足的营销，例如，在日本推出了一款能在香蕉上写字的可食用无色墨水笔——香蕉笔，推出了"可穿戴香蕉"等，使消费者产生了巨大兴趣，引发了购买狂热。

都乐于1998年进入中国，中国总部位于上海。在过去的十年中，都乐在中国6个主要城市建立了现代化的加工配送中心，分别位于沈阳、北京、青岛、上海、厦门和东莞，主要经营新鲜水果、蔬菜的加工与销售。同时，都乐还拥有一个蔬菜种植基地和五个水果合作种植基地。目前，都乐在中国筹划建立13个加工配送中心和多个水果和蔬菜生产基地，形成种植、分级、储存、加工、包装、配送和销售的产业链，都乐的市场已经覆盖了中国116个主要城市的1 197家超市。沃尔玛、家乐福、易初莲花、欧尚、大润发、乐购、麦德龙、吉之岛、百佳等著名国际零售巨头，都与都乐建立了良好的合作关系。同时，本土连锁超市华润万家、深圳天虹、世纪联华、家家悦等主要大型卖场，也都跟都乐保持着紧密的合作。2009年，都乐在中国的销售收入达5.8亿元人民币。

2. 金吉达（Chiquita）

金吉达是首批以品牌方式经营香蕉业务的公司之一。金吉达的LOGO，于1944年由漫画家迪克·布朗（Dik Browne）绘制，称为"金吉达小姐"，被誉为"水果第一夫人"，是金吉达品牌营销的形象代言人，此后先后聘请多位明星扮演过金吉达小姐，成为美国广为关注和受欢迎的偶像，金吉达还聘请著名音乐人创作了以香蕉为主题的品牌主题曲，意在传播健康时尚的观念，传播金吉达的品牌价值，金吉达小姐和品牌主题曲，在美国的电视屏幕上存在超过了50年，在世界各地大受欢迎的同时，金吉达的香蕉也受到世界各国消费者的青睐，显示了该公司强大的市场营销能力。

金吉达占世界香蕉的市场份额约为25%。金吉达公司于1899年创立，总部设于美国辛辛那提市，拥有200多年的发展历史，至今已为60多个国家的消费者提供新鲜、健康、美味的果蔬产品，并将他们优质的香蕉带到了世界各地。金吉达早在100多年前就以销售高品质的香蕉而菲名美国，如今是世界著名的香蕉大王，目前经营的品牌是Chiquita和Fresh Express。金吉达致力于种植生产加工符合自己标准的产品，金吉达的香蕉主要种植在拉丁美洲低地地区，在世界各地，经营产自包括加勒比、菲律宾等传统香蕉产区的香蕉。这些产区按照金吉达的标准（质量标准和劳工人权标准）种植的香蕉，并通过自有的果蔬运输船穿梭于世界市场，金吉达在菲律宾的香蕉种植面积和产量位列第三位。1903年，金吉达公司就在纽约证交所上市，1966年就获得了首个自创的专利技术——低氧包装技术，该技术使香蕉包装保持低含氧量，以保证香蕉在运输中不会过早成熟，1992年可控温度的冷藏船投入使用，旨在使香蕉处于良好的温度控制的环境，避免果品于运输途中早熟，提高产品质量，1998年金吉达在全球最大的香蕉加工厂在哥斯达黎加落成，2008年金吉达品牌国际公司进入中国市场，在世界30多个国家拥有2万名员工。金吉达公司经营多个香蕉产品，主要包括Chiquita class extra（金吉达特级蕉）、Chiquita organics（金吉达有机蕉）、Chiquita minis（金吉达迷你蕉）、Chiquita plantains（金吉达芭蕉）、Chiquita reds（金吉达红香蕉）、Chiquita manzanos（金吉达曼萨诺）等，以满足消费者多元化的需求，金吉达香蕉力求从口味、外观、新鲜度、营养、价值和尺寸等方面迎合消费者的喜好，受到世界多国消费者的欢迎。

3. 德尔蒙（del monte）

德尔蒙创建于1886年，德尔蒙食品公司成立于1916年，总部位于美国加利福尼亚州旧金山，是一家著名的经销水果及蔬菜罐头的企业，世界香蕉的市场份额约为16%。于1907—1909年间，创建了世界上最大的水果罐头厂。"德尔蒙"品牌以授权形式行销全世界，"德尔蒙食品"自己持有北美洲（加拿大除外）及中南美洲的品牌销售权，"新鲜德尔蒙农产品"获得欧洲、非洲及中东地区的品牌销售权，"德尔蒙亚洲"（Del Monte Asia）持有品牌在亚洲（菲律宾及印度次大陆除外）及大洋洲的销售权，"德尔蒙太平洋"（Del Monte Pacific）持有菲律宾及印度次大陆的品牌销售权。所有公司获得"德尔蒙食品"授权使用"德尔蒙"品牌在其地区内销售授权产品，各家公司互相交易不同的产品，"德尔蒙亚洲"在泰国拥有果园，"德尔蒙太平洋"是全球最大的菠萝种植者，在菲律宾大量种植。德尔蒙是世界第三大香蕉贸易商，对香蕉的生产、运销、市场、贸易以及整个产业链中所需的相关设备及维护和研究，以"托拉斯"的模式进行经营，在生产和管理上他们实行严格的标准化，不论在哪个国家、哪个基地生产香蕉都遵守统一的技术标准。德尔蒙在菲律宾、马拿马等国家都有投资种植香蕉。

4. 佳农（Good farmer）

佳农集团成立于2002年，最初以果蔬出口业务为主，总部位于中国上海，自2011年起，推出了香蕉进口业务，香蕉是该公司的拳头进口产品，2014—2016年，连续三年成为中国最大的香蕉进口商，目前年进口量已达到12万吨以上，平均每周有120个集装箱的进口香蕉到港。佳农拥有香蕉催熟库并掌握先进的催熟技术，有严格的质量标准控制。佳农在上海、北京、深圳、南京、重庆等多个大型城市投资建设了配送中心，不断发展自主品牌香蕉，以佳农品牌出售给中国各零售商。佳农进口香蕉目前主要来自菲律宾和厄瓜多尔，2017年佳农集团销售的香蕉有40%来自厄瓜多尔，50%以上来自菲律宾，也从越南、泰国等国家进口香蕉，并在中国广西和云南建立了香蕉种植基地。

（三）中国香蕉产业竞争力分析

中国是世界上第二大香蕉生产国和消费国，但目前由于国产香蕉自主品牌还处于空白状态，且香蕉质量不稳定，不能达到国内中高端市场的要求，国产香蕉的出口价格也一直在低位徘徊。

1. 竞争力总体较弱

据测算，2016年中国香蕉的国际市场占有率（MS）、贸易竞争力指数（TC）和显示性比较优势指数（RCA）分别位居世界第43位、第73位和第77位，中国的香蕉产业链整体上竞争力是比较弱的。近些年中国的人工和地价导致香蕉的种植成本居高不下，使得香蕉的价格上涨过快，从而导致中国香蕉出口的数量急剧下滑，削弱了中国香蕉在国际市场上的竞争力；中国和香蕉的主要生产国中的东盟国家以及非洲国家的土地和工人成本相比没有优势，而且这些国家的气候、土壤条件较好，香蕉的病虫害少，香蕉的品质比中国的好；随着中国的土地和人工成本不断攀升，以及香蕉主产区枯萎病的日益蔓延，许多国内的种植户开始转往东南亚国家种植香蕉，原来种植香蕉的土地被其他经济价值更高的作物替代；中国香蕉生产和出口企业对香蕉的品牌重视不够，缺乏国内外知名的香蕉品牌。

2. 贸易逆差不断扩大

近20多年来，中国香蕉的进出口贸易量在不断上升，进口额不断增长，出口额总体呈下降趋势，贸易逆差在不断扩大。中国的香蕉主要进口国为菲律宾、厄瓜多尔和哥斯达黎加。1990—2016年香蕉的进口额从1 605.6万美元增长到2016年的63 646.8万美元，增长了约39倍，出口额从2 943.2万美元下降到2016年的1 244.2万美元，下降了57.7%。1990—2016年间，从1995年开始中国的香蕉进出口贸易开始出现逆差，而且从1995—2016年香蕉的贸易逆差一直在不断扩大，从1995年的2 682万美元扩大到2016年的62 402.6万美元，其中在2014年贸易逆差达到了历史最大值，达到了84 094.4万美元（图11）。

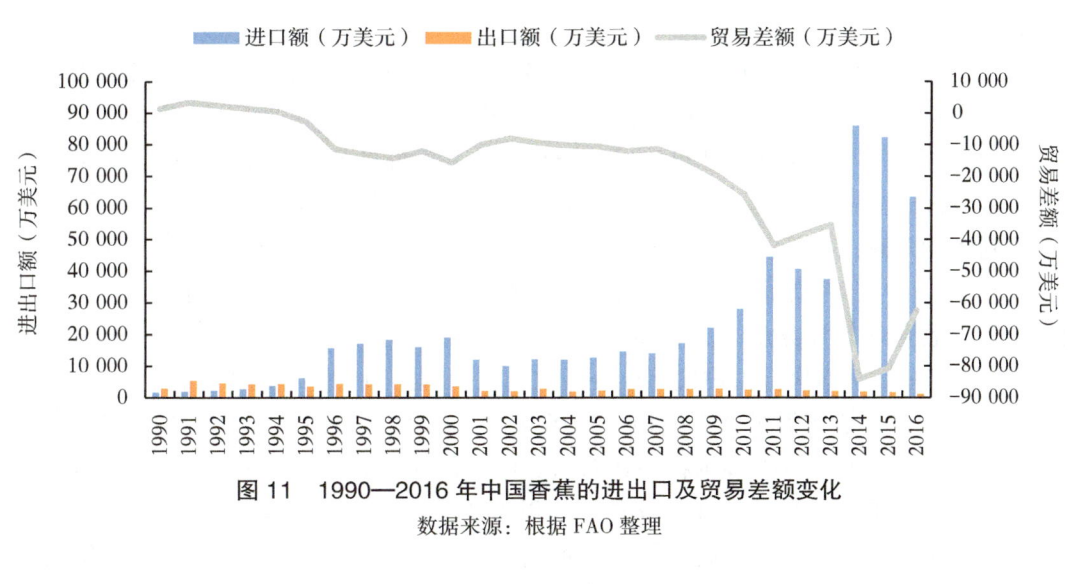

图11　1990—2016年中国香蕉的进出口及贸易差额变化
数据来源：根据FAO整理

五、主要国家产业支持政策

（一）印度

重新振兴传统的香蕉产业。2015年印度设立香蕉种植公司，由50个种植协会和生产团体组成，覆盖14个香蕉种植区。该公司的股东包括全国1 000位香蕉农民。该公司加快建立收割期仓库设备，使香蕉商业模式标准化，降低香蕉采收后的损失，提高农业收益，使公司成员获得产品附加值。

建立香蕉局扶持香蕉产业。为实现香蕉生产的快速增长，政府决定建立香蕉局，以帮助蕉农解决假的种子、假的生物肥和生物杀虫剂问题，以及保证蕉农能在网上销售其产品等，香蕉局的最初的储备基金为1亿卢比。

引进香蕉作物保险。2015年印度地方行政在印度陈柰农业保险公司提供香蕉的作物保险这项服务之后，第一次引进香蕉的作物保险，已为受到"卡里夫风季节"影响的蕉农引进该保险。香蕉作物保险对于大额投资的蕉民来说是一项福利，通过保险，香蕉受自然灾害或病虫害影响的损失，投保蕉农可获赔偿金，蕉农投保后，政府还支付50%~55%的补贴，蕉农申请银行农业贷款时保险费可扣除。

发放香蕉种植补贴和举办生产培训。2016年印度国家香蕉科学研究中心资助印度Bidar和Kalaburagi地区的香蕉种植户种植补贴。同时，这些香蕉种植户还接受培训，学习如何科学种植香蕉，提高香蕉收后技术和香蕉抗病害能力。此项培训计划是一项长期发展计划，由印度国家香蕉科学研究中心专家同种植户交流香蕉种植经验，并指导香蕉生产。

（二）厄瓜多尔

与巴西订香蕉贸易协议促进出口。厄瓜多尔农产品质量保护局与巴西农畜供应部的植物健康局共同签署了2018年厄瓜多尔对巴西的香蕉出口协议。之前由技术人员、农研所和商贸部组成的厄瓜多尔代表团赴巴西商讨植物检验检疫条款并呈交技术报告与风险化解工作计划。经过协商与改进，直至巴西方面认为植物检验检疫问题都已解决，厄巴双方就厄香蕉对巴出口达成协议，这是厄香蕉种植户发展的契机，为厄香蕉在巴西市场打开了通道。香蕉是厄农业经济的重要组成部分，且厄香蕉口感好、品质佳、保质期长，签订贸易协议有助于香蕉出口业务及经济发展。2016年，厄瓜多尔向71个国家与地区出口香蕉约550万吨，将继续严格执行植物检验检疫条款，确保厄出口香蕉无病虫害。

加入欧盟自贸协定促进香蕉出口。2016年欧洲议会通过决议，将厄瓜多尔纳入欧盟自由贸易协定。至此，厄瓜多尔将与其邻国（秘鲁和哥伦比亚）共享该协定，这将对厄的香蕉行业非常有利。自贸协定正式实施时，欧盟将取消主要成员国进口农产品95%的关税和厄瓜多尔60%的关税。欧盟委员会预计，自贸协定中主要成员国出口商将年均节省关税1.06亿欧元，而厄瓜多尔出口商将节省2.5亿欧元。通过该协定，厄瓜多尔农产品可优先进入欧盟市场，但欧盟也将实行香蕉进口配额的限定，即在规定配额外不享有此优惠关税，以保护欧盟香蕉种植户的利益。目前厄瓜多尔是欧盟最大的香蕉供应国，占欧盟香蕉总进口量的26%。

（三）菲律宾

降低关税和成本应对竞争力下降。据相关从业人员表示，菲香蕉产业衰落因除反政府武装攻击和缺乏政府支持，以及自然灾害和地方管理综合影响的结果外，还因高进口成本、高关税等国家政策致使香蕉进口商们另谋低廉的进口渠道，即菲香蕉的高关税让进口商们望而却步，香蕉业逐渐丧失其在全球香蕉出口市场的竞争力。菲律宾以往是全球第二大香蕉产地，仅次于厄瓜多尔，供给亚洲市场的香蕉总需求量的95%。近日美国有关贸易与发展大会的报告显示，哥斯达黎加已取代菲律宾，成为第二大香蕉出口国。菲律宾香蕉种植与出口商协会（PBGEA）也表示，菲律宾香蕉产业的巨头地位与竞争力正逐步丧失。至此，菲香蕉从业者们呼吁菲政府终止农业企业条款，以扩展香蕉种植业。菲土改部复查该条款，该协会的常务理事指出，菲香蕉从业者们担心政府部门介入现有的有利于本地与国外投资者的条款，这将不利于菲香蕉业的发展，而其他亚洲国家和拉丁美洲等国家削减关税、所得税及实行其他优惠政策来吸引投资，如越南、柬埔寨、老挝等。

积极的外交谈判促进香蕉出口。2017年菲律宾农业部支持本国香蕉种植者和香蕉出口商与澳大利亚政府官员进行会谈，2018年澳大利亚官员也表示，愿意协助菲律宾出口商遵守澳方的动植物检验检疫法规，以便菲方的香蕉进入澳方市场，而之前菲律宾向澳大利亚的香蕉出口已被关闭了20多年，这次会谈被视为破冰会谈。2017年菲律宾贸易和工业部再次重启香蕉关税谈判，与日本和韩国磋商，以调整水果关税结构，主要是希望降低香蕉的关税，以期实现公平交易。菲方认为，现有与日韩的自由贸易协定的关税仍然很高，菲律宾进入韩国的香蕉关税率为25%~30%，而韩国出口菲律宾的草莓、梨等水果的关税率却为0~5%，双边互惠关税失衡，菲方希望将互惠关税率调整为0~5%，而日本对菲律宾实行两种季节性关税，即日本处于香蕉上市旺季时，对菲的关税是18%，不处于香蕉上市季节时对菲关税是8%。

六、世界供需形势展望

（一）生产展望

种植面积和产量保持稳定，增速趋缓。从整个亚洲来看，主要香蕉生产国四季皆可种植香蕉，除中国的香蕉产业有向东南亚国家（主要是老挝、缅甸）转移的趋势外，其他国家如印度、菲律宾、越南、泰国、老挝、柬埔寨等国家都在扩大香蕉种植规模，但总体来说，全球香蕉种植面积将保持稳定，仍有小幅增长空间。未来5年全球香蕉的生产预计将继续保持亚洲、美洲和非洲的生产布局，亚洲地区的香蕉产量仍会占据世界第一位，而美洲和非洲地区的香蕉产量次之，产量不会出现太大的波动，未来5年香蕉的产量预计将保持在1.1亿~1.4亿吨。

（二）消费展望

继续保持现有的消费格局，亚洲仍是最大的香蕉消费市场，欧美和非洲次之，欧美的香蕉消费仍有较大的增长潜力。随着人口数量的增长，预计未来5年全球香蕉消费量将呈持续增长趋势，但由于人们生活水平的提高，饮食的多元化，预计香蕉的消费量增幅温和。2018—2022年，香蕉消费量的增长率预计平均每年将增加2.0%，到2022年时，预计全球香蕉市场的容量将达到1.26亿吨。

（三）贸易展望

由于经济发展，人们收入水平的提高，以及全球经济一体化进程的加速，多国双边贸易的签订，出口限制条件放宽和税率的降低，跨境电商发展带来的便利性等因素将持续推动香蕉进口量的增长。预计未来 5 年，全球香蕉的进出口贸易规模将持续扩大。2018—2022 年，香蕉进出口贸易的增长率预计平均每年将增加 3.0%，到 2022 年时，预计全球香蕉进出口贸易量达 5 215 万吨。

专题二　国际市场价格波动特征研究

一、国际价格波动特征

（一）总的价格波动特征

2000—2017 年间，香蕉的进出口单价先总体呈波动上涨趋势。出口单价远低于进口单价，进口单价是出口单价的 1.3~1.95 倍。2000—2017 年，香蕉的进口单价从 0.42 美元/千克上涨到 0.74 美元/千克，增长了 76.2%，年均增长率为 4.2%；出口单价从 0.29 美元/千克上涨到 0.55 美元/千克，增长了 89.7%，年均增长率为 5%，如果要考虑美元贬值的因素，实际的香蕉进出口价格涨幅更大。香蕉进出口单价的增长趋势与进出口贸易的增长趋势基本吻合。2013—2017 年香蕉的进出口单价波动幅度较大，在 2017 年香蕉的进出口单价都达到历史最高，分别为 0.74 美元/千克和 0.55 美元/千克，进口单价较 2016 年上涨 15.6%，出口单价较 2016 年上涨 27.9%（图 1）。

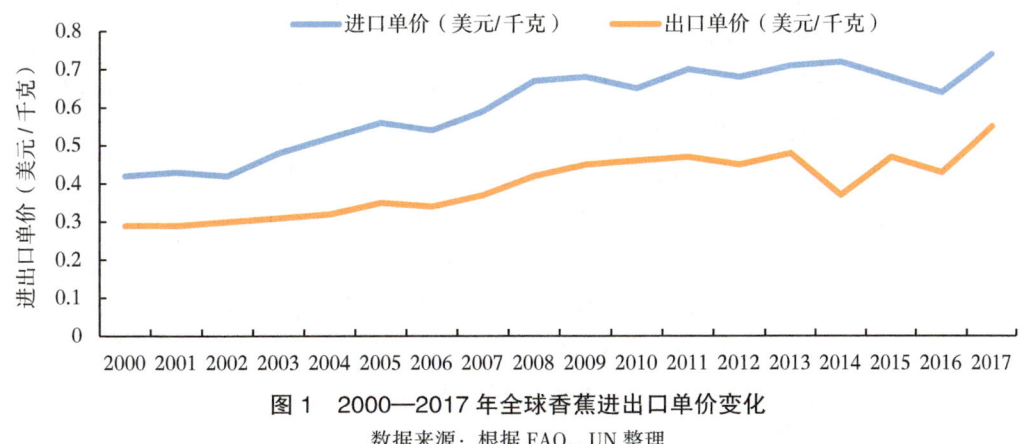

图 1　2000—2017 年全球香蕉进出口单价变化

数据来源：根据 FAO、UN 整理

2017 年 1—12 月，全球香蕉的进出口单价总体呈上涨趋势，其中进口单价的波动幅度较大，波峰出现在 3 月，达到了 0.94 美元/千克，出口单价总体稳定，波动幅度较小，在 11—12 月达到了最高值 0.66 美元/千克（图 2）。

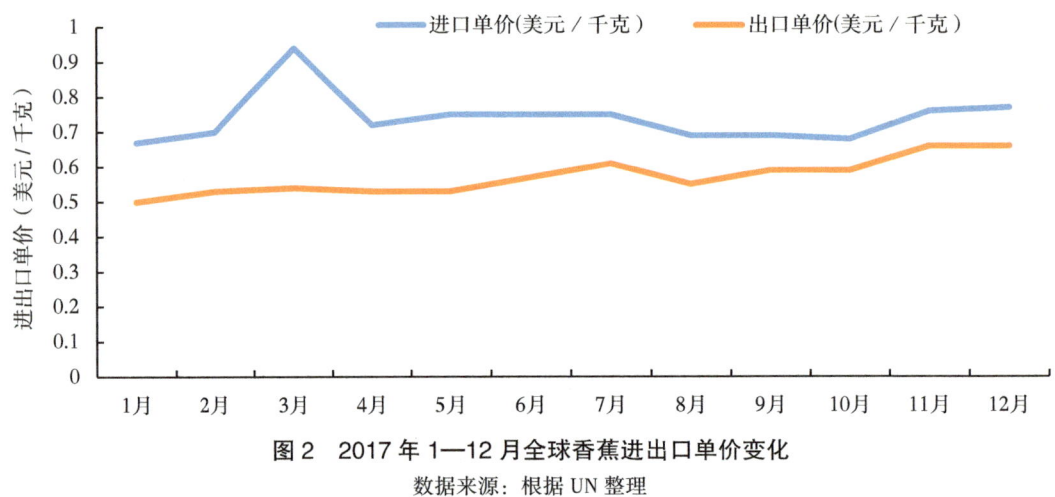

图2 2017年1—12月全球香蕉进出口单价变化

数据来源：根据UN整理

（二）重点国家价格波动特征

1. 收购价持续上涨

引起香蕉的国际市场价格波动的因素较多，各国香蕉贸易价格差异也较大，但总的来说影响香蕉价格最基本的因素还是生产成本和香蕉的产量，本报告选择几个具有代表性的香蕉生产国的收购价和进出口单价为重点研究对象，研究其价格波动的特征，发现其价格变化的规律，能在一定程度上反映国际香蕉价格波动变化的一些特点。

据FAO统计，2000—2016年，重点国家中国、菲律宾、巴西、厄瓜多尔（无印度数据）的香蕉收购价整体呈上涨趋势，其中中国的香蕉收购价波动幅度最大，巴西的收购价波动幅度次之，菲律宾和厄瓜多尔的收购价相对较稳定，波动幅度较小，其中厄瓜多尔的收购价最具优势，除了香蕉的品质和口感受欢迎外，这也是厄瓜多尔能成为全球香蕉出口量最大国家的主要原因。重点国家香蕉收购价的差异反映了不同国家经济的发展水平所带来的土地、人工、生产资料投入等因素的差异和进出口贸易差异。相比菲律宾、巴西、厄瓜多尔以农业生产为主，香蕉的进口贸易较小，中国经济处于高速发展阶段，土地、工人、生产资料的投入一直处于不断持续增长阶段，国内外经济形势较为复杂，而且近年来随着香蕉的进口量不断增加，进口香蕉价格也对国产香蕉价格造成了较大的影响。近年来，中国的香蕉收购价波动剧烈，尤其是2010—2016年间，香蕉的收购价从2010年的574.6美元/吨，上涨至2012年的1 044美元/吨，达到了历史最高值，2015年又降至521.1美元/吨，2016年上涨至757.6美元/吨，其中2015年至2016年的上涨幅度最高，达到了45.4%，2012年至2013年的降幅最大，达到了38.2%（图3）。收购价处于世界高位使中国香蕉出口竞争处于劣势，很大程度上限制了中国香蕉出口贸易。

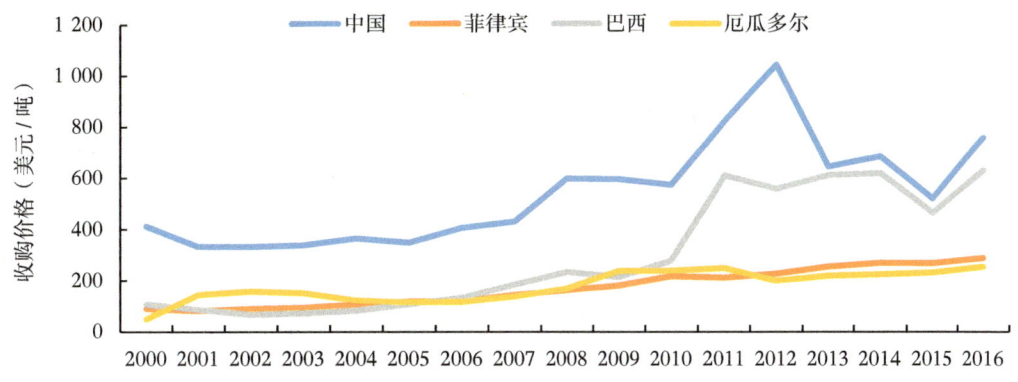

图3 2000—2016年全球重点国家香蕉收购价格变化
数据来源：根据FAO整理

2. 进出口单价波动上涨

香蕉的进出口贸易单价能在很大程度上反映该国香蕉产业在国际上的竞争力，也能反映国际香蕉价格波动的一些规律和特点。香蕉的进口贸易单价重点国家选取进口量世界排名前列的美国、德国、俄罗斯、日本和中国，2000—2017年，重点国家的香蕉进口单价都呈波动上涨趋势，其中近几年来，日本的进口单价处于世界高位，在2016年达到了历史最高0.96美元/千克，美国的进口单价最低，最低进口单价为0.3美元/千克，最高进口单价为0.57美元/千克，中国的进口单价从2010年开始呈大幅上涨的趋势，于2017年达到了0.75美元/千克，较2016年上涨13.6%（图4）。美国的进口单价占据优势，与其水果跨国公司控制了世界70%以上的香蕉供应有直接关系，其中都乐（Dole）、金吉达（chiquita）和德尔蒙（del monte）这三大企业占了全球香蕉市场67%左右的市场份额，控制的香蕉面积在30万亩以上。中国虽然是香蕉生产第二大国，但香蕉的进口价较高，年均增长率在重点国家中也处于最高。

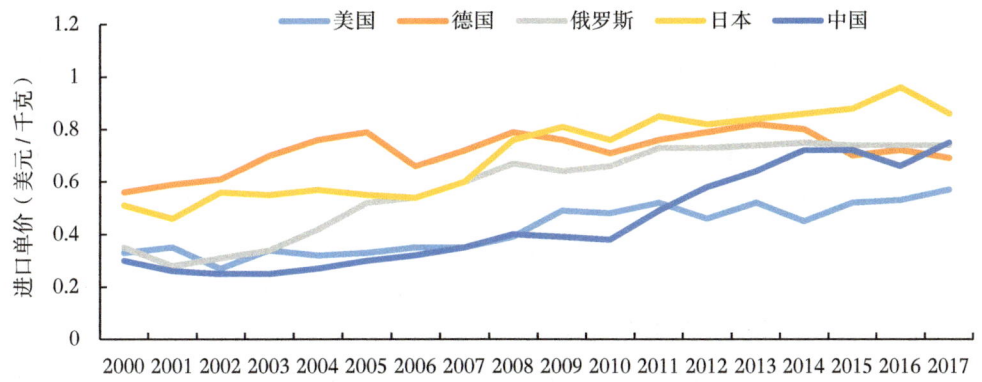

图4 2000—2017年全球重点国家香蕉进口单价变化
数据来源：根据FAO、UN整理，其中2017年中国采用的是中国香港的数据

2017年1—12月,全球重点国家香蕉的进口月度单价分析,选择了数据较为完整的美国、俄罗斯和中国进行分析。2017年1—12月,俄罗斯的香蕉进口单价较为稳定,最低价格为0.73美元/千克,最高价格为0.75美元/千克;中国的香蕉进口单价有小幅波动,最低价格为0.72美元/千克,最高价格为0.8美元/千克;美国的香蕉进口单价波动幅度较大,最低价格为0.5美元/千克,最高价格为0.76美元/千克(图5)。

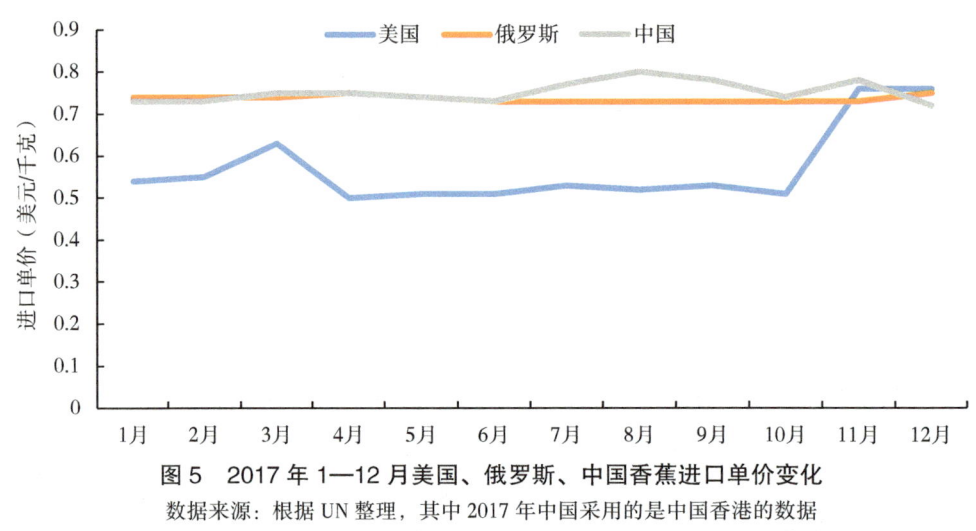

图5　2017年1—12月美国、俄罗斯、中国香蕉进口单价变化

数据来源:根据UN整理,其中2017年中国采用的是中国香港的数据

香蕉的出口重点国家选取世界排名前列的主要香蕉生产国印度、中国、厄瓜多尔、巴西、菲律宾,2000—2017年,重点国家的香蕉出口贸易单价整体呈波动上涨趋势,其中中国和印度的香蕉出口单价波动幅度最大,中国的价格远远高于其他国家,2017年中国的出口单价为0.72美元/千克,较2016年的1美元/千克下降了38.9%,缩小了与世界香蕉出口价格的差距,巴西的出口单价为0.29美元/千克,巴西香蕉的出口单价最具竞争优势,中国香蕉的出口在价格上处于劣势,在很大程度上也限制了中国香蕉的出口贸易;厄瓜多尔、菲律宾、巴西的出口单价呈平稳增长趋势,波动幅度较小,厄瓜多尔的出口单价处于中等区间(图6),但其香蕉出口却占据世界第一,可以看出,价格并不是决定香蕉出口贸易的惟一因素。

2017年1—12月,全球重点国家香蕉的出口月度单价分析,选择了数据较为完整的巴西、印度和中国进行分析。2017年1—12月,巴西的香蕉月度出口单价较为稳定,最低价格为0.23美元/千克,最高价格为0.38美元/千克;印度的香蕉月度出口单价波动幅度也较大,最低价格为0.39美元/千克,最高价格为0.68美元/千克;中国的香蕉月度出口单价波动幅度最大,最低价格为0.6美元/千克,最高价格为0.88美元/千克(图7)。

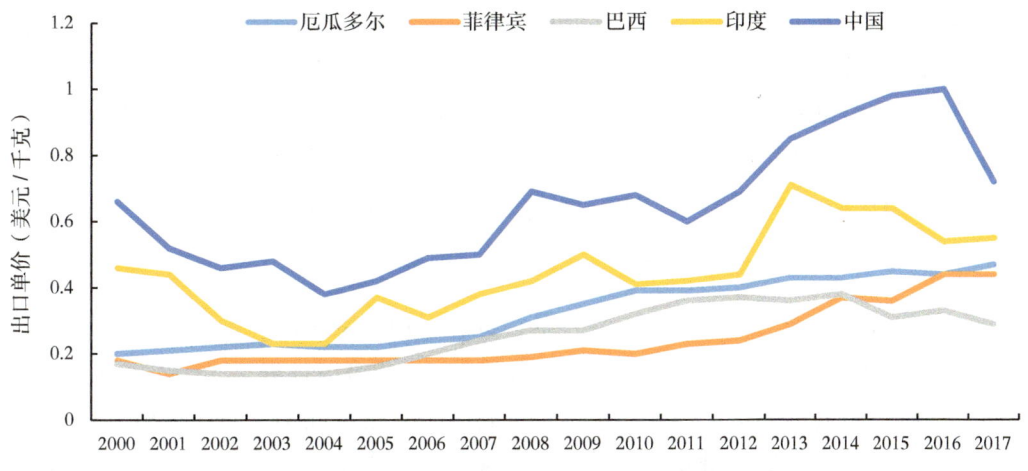

图6　2000—2017年全球重点国家香蕉出口单价变化

数据来源：根据FAO、UN整理，其中2017年中国采用的是中国香港的数据

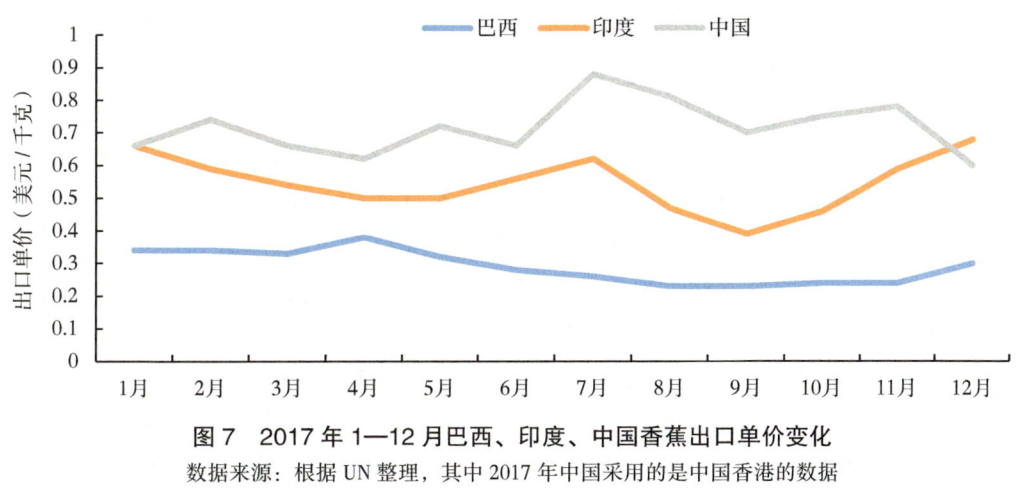

图7　2017年1—12月巴西、印度、中国香蕉出口单价变化

数据来源：根据UN整理，其中2017年中国采用的是中国香港的数据

二、国际价格波动原因分析

香蕉国际价格的波动受多重因素的影响，但生产成本、产量、上市时间是影响香蕉价格的基本面，其他如南北半球差异、气候变化、自然灾害、上市时间、全球经济形势、贸易政策等也是造成香蕉价格波动的重要因素。

（一）成本的持续上涨

随着经济的发展，由于土地租金、人工、生产资料（农药和肥料等）投入为主要构成的生产成本在持续上涨，这是导致国际香蕉价格持续上涨的主要原因。2017年，玻利维亚的香蕉出口价格就因持续上涨的生产成本而受到影响，同时受到来自厄瓜多尔、巴西、巴拉圭的竞争，价格从 2.4 美元/箱下降到 1.3 美元/箱，降低了 50%，玻利维亚香蕉的最低生产成本为 2.5 美元/箱，其中物流成本远高于厄瓜多尔和巴拉圭的物流成本。2017年厄瓜多尔的物流也受到来自智利和秘鲁的严重影响，智利有大量香蕉，并比厄瓜多尔支付更高的运费，物流成本严重影响到了许多厄瓜多尔公司的利润，使厄瓜多尔面临两个选择——销售香蕉但因运费更高而亏本，或者不销售香蕉也同样亏本。

（二）自然气候因素造成的减产

病虫害造成的减产。香蕉枯萎病是一种侵染香蕉植株维管束的真菌引起的土传病，又叫香蕉黄叶病或称巴拿马病（Panama disease），是一种毁灭性病害，是国际植物检疫对象，由尖孢镰刀菌古巴专化型侵染引起。标准化生产带来的品种单一化种植，导致病虫害不断升级，但科学研究除了研发新品种替代老品种外，也没有解决品种单一化种植带来的病虫害风险。一个种群缺乏遗传多样性，患上疾病的风险就会增加。遗传突变和变异让一些个体有机会发展对害虫或疾病的免疫力，但香蕉没有遗传差异，香蕉不结种子，只能从根部育苗。例如，在中国南方数省香蕉产区都有发生，病原菌在土壤中存活时间达数年之久，一般减产 20% 以上，严重的田块甚至绝收。2015—2017 年中国受到香蕉枯萎病的持续侵袭，很多主产地种植面积衰减厉害，广西、云南等地部分蕉农弃种、改种率较高，香蕉枯萎病的蔓延不得不让中国的许多蕉户转向东南亚种植，一些香蕉投资者开始寻找新的香蕉适作区，转向了东南亚地区，老挝、缅甸、柬埔寨已经成为投资热地。亚洲、非洲和其他地区的一些香蕉种植园，已经被枯萎病的一个新变体"热带 4 号"（TR4）影响，这种病菌具有很高的传染性，2018 年澳大利亚确认 TR4 已在当地登陆。

自然气候的不可抗力造成的减产。哥伦比亚 2014 年 7 月遭遇暴雨侵袭，损失 5 500 公顷产量；2014 年菲律宾尚未完全从 2012 年超强台风宝霞（菲称 Pablo）的影响下恢复，同年又遭 TR4 病害肆虐，损失 5 900 公顷产量。2015—2016 年印度持续干旱，香蕉产量受到干旱的影响，2016 年的产量减少了 40%，导致了印度香蕉的出口价上涨。受厄尔尼诺现象影响，2016 年菲律宾干旱严重，香蕉行业受到了重创，预计菲律宾香蕉或减产 30% 左右，产量减少 280 万吨左右，菲律宾香蕉减产导致进入中国的香蕉价格在近一个月时间内出现了大幅上涨，其中，大连港菲律宾香蕉由 2016 年 6 月底的 75 元/箱涨至近期的 108 元/箱，累计涨幅 44%。受减产影响，进出口商在菲律宾的拿货成本增加。2017—2018 年厄尔尼诺现象已对拉美香蕉业造成了负面影响，哥伦比亚、哥斯达黎加、厄瓜多尔、菲律宾产量下降，2017 年由于不良天气状况，厄瓜多尔的香蕉产量下降了 15%，整个拉美地区香蕉产量可能下降 30%，给香蕉产业造成损失，由于供应较少，现货市场价格较高且呈持续上涨之势，已达到欧洲市场限定的最高水平，尽管种植户不断提高香蕉的售价，消费需求仍居高不下。据国内权威机构梳理 2006—2017 年中国香蕉行情走势，发现蕉价涨跌每 3~5 年为一个经济周期，每 3~5 年蕉价会涨至高峰、跌至低谷，许多蕉农已习惯计算种蕉收益大多以 3 年为一个周期。每隔两年台风或霜冻会重创一次产业。近几年，像 2013 年台风"尤特"和 2014 年"威马逊"重创海南和广东徐闻等香蕉产地；2009 年北方暴雪、2011 年寒流和 2016 年霜冻等曾重创广西香蕉产地。这些灾害不仅使得香蕉产区受创,几乎也将全国产区重新洗牌。2017年10月以后,中国的香蕉主产区由于广西和云南出现低温天气,香蕉受寒,云南、老挝和缅甸三地香蕉上市时间比去年同期延迟,而广西香蕉已经进入收尾阶段,市场上的货量只有去年同期的三成左右,产量减少导致主产区香蕉均价从1.02元/千克上涨为3.56元/千克,价格几乎增长了两倍之多,香蕉的市场售价从每千克4元多上升至每千克10元多,国家统计局12月发布的数据显示,该月香蕉价格涨幅最大,达到6.6%。

(三)贸易政策调整

1. 牙买加

因欧盟的贸易政策调整,导致牙买加香蕉出口价大幅上涨,失去世界市场的地位。1970—2000年,香蕉行业的发展带动了牙买加经济的繁荣与稳定,2000年年初,欧盟就改变了与非加太国家的自由贸易协定,牙买加不再能向其免税出口香蕉,每吨香蕉的税率为176欧元,新规则于2006年生效,与欧盟达成的协议将持续到2020年,该国的香蕉出口业价值3 000万美元,涉及3.4万吨香蕉,2016年牙买加的香蕉出口量为412吨,仅为10年前的一小部分。

2. 厄瓜多尔

2016年欧洲议会通过决议,将厄瓜多尔纳入欧盟自由贸易协定。至此,厄瓜多尔将与其邻国(秘鲁和哥伦比亚)共享该协定,这将对厄的香蕉行业非常有利,大大降低了出口成本。自贸协定正式实施时,欧盟将取消主要成员国进口农产品95%的关税和厄瓜多尔60%的关税,厄瓜多尔出口商将节省2.5亿欧元。通过该协定,厄瓜多尔农产品可优先进入欧盟市场,厄瓜多尔是欧盟最大的香蕉供应国,占欧盟香蕉总进口量的26%。

3. 菲律宾

贸易政策导致菲律宾香蕉出口价格高。菲律宾香蕉产业因高进口成本、高关税等致使香蕉进口商们另谋低廉的进口渠道,即菲香蕉的高关税让进口商们望而却步,香蕉业逐渐丧失其在全球香蕉出口市场的竞争力。菲律宾以往是全球第二大香蕉产地,仅次于厄瓜多尔,供给亚洲市场的香蕉总需求量的95%。近日美国有关贸易与发展大会的报告显示,哥斯达黎加已取代菲律宾,成为第二大香蕉出口国。菲律宾香蕉种植与出口商协会(PBGEA)也表示,菲律宾香蕉产业的巨头地位与竞争力正逐步丧失。至此,菲香蕉从业者们正呼吁菲政府像其他亚洲国家和拉丁美洲国家削减关税、所得税及实行其他优惠政策来吸引投资。

(四)上市时间

香蕉的上市时间有时成为了影响香蕉价格的决定性因素。上市越早越能卖出好价格,上市高峰的价格最低,所以许多香蕉产区都注重利用现代农业技术调整香蕉的生产周期,抢占市场先机,或错峰上市,避免与其他产区同时上市。例如厄瓜多尔与美洲其他香蕉生产国集中上市,导致市场出现超量或过量的香蕉供应,来自哥斯达黎加、哥伦比亚、危地马拉和墨西哥等其他产区的更为廉价的香蕉也给市场施加了压力，使价格下降至常规水平以下，2017年第9周时，香蕉价格从每箱18美元下降到了7美元左右，价格的下降是连续性的，一直降到每箱2美元的底线。在亚洲，中国和东南亚香蕉的上市时间也较接近，而且随着中国从东南亚国家香蕉进口的不断增加，东南亚香蕉的价格对国内香蕉产区的价格造成了较大的冲击。

合同价格比现货市场价格更为稳定。由于香蕉价格的波动较大，现货市场的价格非常高，一些种植商甚至违反供货合同，以利用现货市场的高价格。大多数经营香蕉的跨公司更趋谨慎，有的甚至已停止在现货市场购买香蕉，买方市场更愿意购买合同数量的香蕉，现货市场出现了崩盘情况。许多进口商签订了订购合同，价格波动对其造成的影响相对较小，合同价与现货市场价差在每箱1.5~2美元。

三、主要国家价格调控措施及成效

（一）厄瓜多尔

积极的外交谈判，降低关税税率。厄瓜多尔是欧盟最大的香蕉供应国，为促进香蕉出口欧盟，在价格上占据优势，厄瓜多尔积极与欧盟进行双边贸易磋商。2016年欧洲议会通过决议，将厄瓜多尔纳入欧盟自由贸易协定，厄瓜多尔将与其邻国（秘鲁和哥伦比亚）共享该协定，欧盟将取消主要成员国进口农产品95%的关税和厄瓜多尔60%的关税，而厄瓜多尔出口商将节省2.5亿欧元，大大降低了出口价格。厄瓜多尔农产品质量保护局与巴西农畜供应部的植物健康局共同签署了2018年厄瓜多尔对巴西的香蕉出口协议。经过协商与改进，直至巴西方面认为植物检验检疫问题都已解决，厄巴双方就厄香蕉对巴出口达成协议，为厄香蕉在巴西市场打开了通道。

开拓更多的新兴市场来降低市场单一造成的价格风险。长期以来厄瓜多尔香蕉的出口对象主要是欧洲和俄罗斯，这也是拉美国家香蕉出口的主要地区，存在明显的地缘竞争，同时一旦这两个地区的香蕉需求下降厄瓜多尔的香蕉出口就受到很大的影响，而且厄瓜多尔的香蕉的大量供应旺季刚好碰上欧洲和俄罗斯的夏季，传统上，这些月份是香蕉需求低迷的时间段。针对这样的情况，厄瓜多尔在不断开拓新兴的市场，如亚洲市场，中国、伊朗、伊拉克、卡塔尔、阿曼、阿尔及利亚和中东其他国家是其目标市场。

（二）菲律宾

积极的外交谈判应对出口单价上涨。2017年菲律宾农业部支持本国香蕉种植者和香蕉出口商与澳大利亚政府官员进行会谈，以便菲方的香蕉进入澳方市场，而之前菲律宾向澳大利亚的香蕉出口已被关闭了20多年，这此会谈被视为破冰会谈。2017年菲律宾贸易和工业部再次重启香蕉关税谈判，与日本和韩国磋商，以调整水果关税结构，主要是希望降低香蕉的关税，以期实现公平交易。菲律宾现有与日韩的自由贸易协定的关税较高，菲律宾进入韩国的香蕉关税率为25%~30%，而韩国出口菲律宾的草莓、梨等水果的关税率却为0～5%，双边互惠关税失衡。日本对菲律宾实行两种季节性关税，即日本处于香蕉上市旺季时，对菲的关税是18%，不处于香蕉上市季节时对菲关税是8%。通过这一系列谈判，有利于降低菲律宾香蕉的出口价格。

参考文献

禾本. 2016. 厄瓜多尔：与欧盟签订自由贸易协定将使香蕉出口受益[J]. 中国果业信息，33（12）：39.

黄艳. 2015. 印度引进香蕉作物保险[J]. 世界热带农业信息（9）：11.

林海妹. 2015. 印度重新振兴传统的香蕉产业[J]. 世界热带农业信息（3）：11-12.

童彤. 2016. 菲律宾：香蕉业渐失竞争力[J]. 中国果业信息，33（11）：29.

童彤. 2018. 厄瓜多尔：与巴西签订香蕉贸易协议[J]. 中国果业信息，35（1）：35.

童彤. 2018. 菲律宾：政府支持向澳大利亚出口香蕉[J]. 中国果业信息，35（3）：36.

汪汇源. 2016. 印度政府发放香蕉种植补贴[J]. 世界热带农业信息（6）：12.

周洲. 2018. 菲律宾：与日韩重启香蕉关税谈判[J]. 中国果业信息，35（1）：35.

WBF. 2017. 2015—2016年世界香蕉市场回顾报告[R].

（执笔人：徐小俊　刘恩平）

海外农产品市场研究（2018）

第十六部分

咖 啡

海外农产品市场研究（2018）

咖啡是特色热作产品，其产量、消费量和产值均为世界三大饮料之首。近年来，世界咖啡收获面积相对稳定，产量保持稳步增长，生产格局相对稳定，巴西、越南和哥伦比亚产量稳居前三位。世界消费总量稳步增长，美国居于消费量第一位，巴西成为第二大消费国，中国等新兴市场消费增长迅猛。国际咖啡价格波动剧烈，主要受期货价格影响，2017年11月以来价格持续下跌，而生产成本不断攀升。预计未来一段时间，国际咖啡价格仍将保持波动，当前价格已普遍低于生产成本，在主要生产国采取稳价措施后估计会有所反弹。在未来3~5年内，咖啡产量估计会稳步增长，消费量亦会因当前消费大国消费量保持相对稳定、新兴市场消费量迅速增长而持续增长。

一、世界供需形势

（一）咖啡总产量在小幅波动中不断增加

2000年以来，世界咖啡收获面积相对稳定，产量保持稳步增长，所有咖啡出口国总产量由2000/2001收成年的113 673千袋（60千克/袋，以下均以此为单位）增长至2017—2018收成年的159 663千袋，较2016/2017收成年总产量（157 694千袋）增长1.24%，其中小粒咖啡产量降低4.6%，总产量为94 881千袋；而中粒种咖啡的产量增长12.1%，总产量为648 87千袋。其中巴西、越南、哥伦比亚的总产量分别为51 000千袋、29 500千袋、14 000千袋，分别占世界总产量的31.94%、18.47%和8.76%（图1）。2010年以来，十大咖啡生产国的产量变化呈现出两种不同的发展态势。从2017年全球十大咖啡生产国的咖啡产量来看，巴西的产量达到51 500千袋，虽较2016年有所减少，但仍居于全球领先地位；2017年巴西、越南、哥伦比亚、印度尼西亚、洪都拉斯、埃塞尔比亚、秘鲁7国产量整体保持增长，其中越南、哥伦比亚和洪都拉斯的增速较快；而十大生

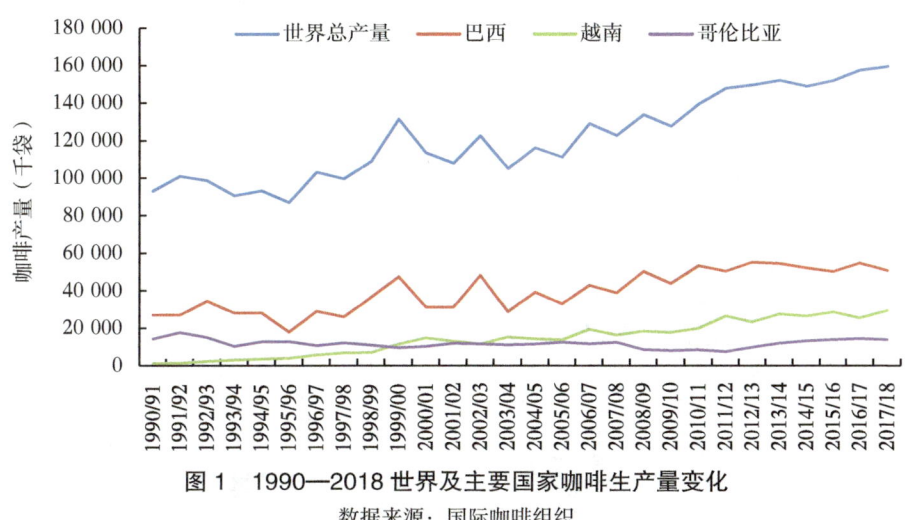

图1 1990—2018世界及主要国家咖啡生产量变化
数据来源：国际咖啡组织

产国中的墨西哥和危地马拉2017年的产量则较2010年有所下滑。

小粒咖啡总产量居前十位的国家依次为巴西、哥伦比亚、洪都拉斯、埃塞俄比亚、秘鲁、墨西哥、危地马拉、尼加拉瓜、中国和印度尼西亚（图2）。

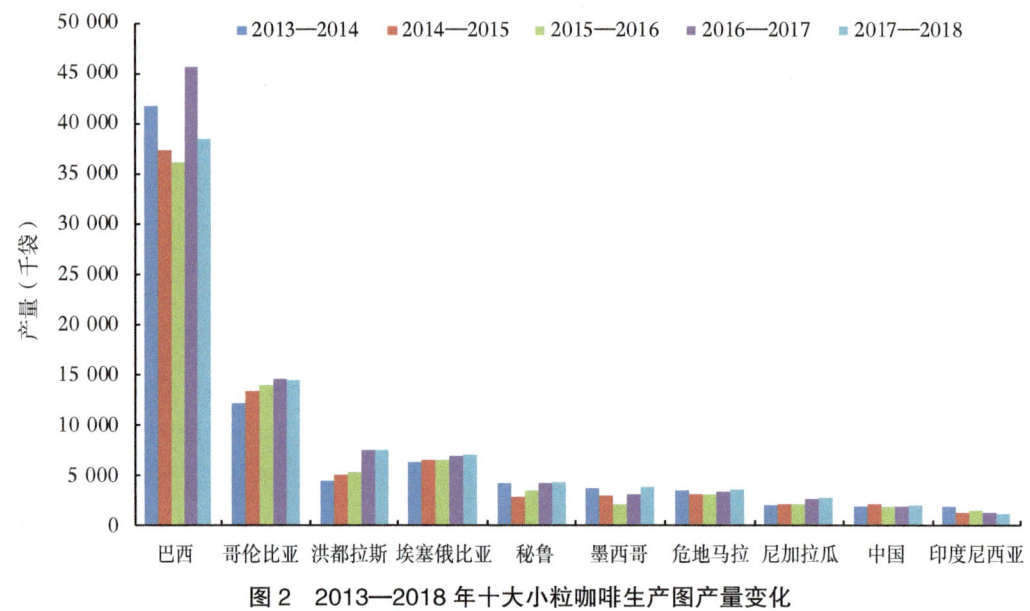

图2 2013—2018年十大小粒咖啡生产图产量变化

数据来源：美国农业部

中粒咖啡产量居前十位的国家则依次为越南、巴西、印度尼西亚、印度、乌干达、马来西亚、科特迪瓦、泰国、坦桑尼亚和喀麦隆（图3）。

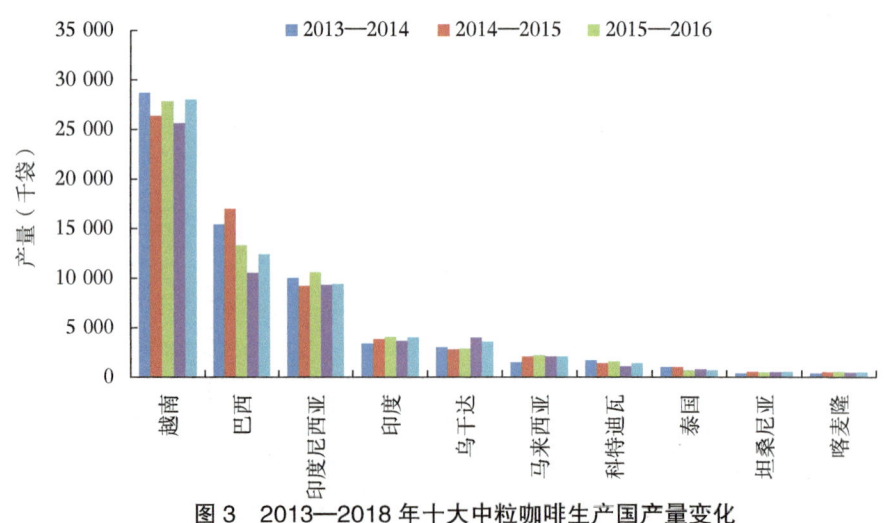

图3 2013—2018年十大中粒咖啡生产国产量变化

数据来源：美国农业部

（二）世界咖啡消费量稳步增长、库存逐渐下降

自 2013 年以来，世界咖啡消费总量平稳增长，由 2013—2014 咖啡年的 142 389 千袋增长至 2017—2018 咖啡年的 158 657 千袋。2017—2018 咖啡年消费总量较 2016—2017 咖啡年的 157 049 千袋增长 1.02%（图 4）。

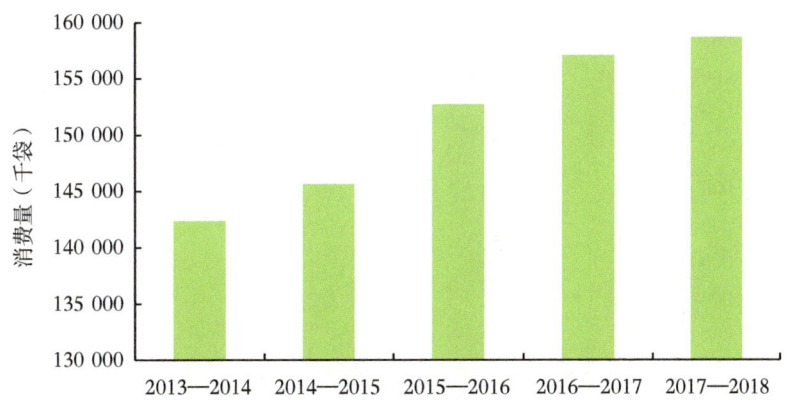

图 4　2013—2018 年世界咖啡消费总量变化

数据来源：美国农业部

2017—2018 年度消费总量居前十位的地区和国家依次为欧盟、美国、巴西、日本、菲律宾、俄罗斯、加拿大、中国、印度尼西亚和埃塞俄比亚（图 5）。5 年来，欧盟、美国、巴西、日本的消费总量一直稳居前 4 位，消费总量稳步增长态势；其消费量在世界消费总量中的占比较为稳定，为 64%~66%，2017—2018 年度的消费量占世界消费总量的 64.1%。菲律宾、中国和越南的消费量近 5 年来迅猛增长，其中，菲律宾的消费总量于

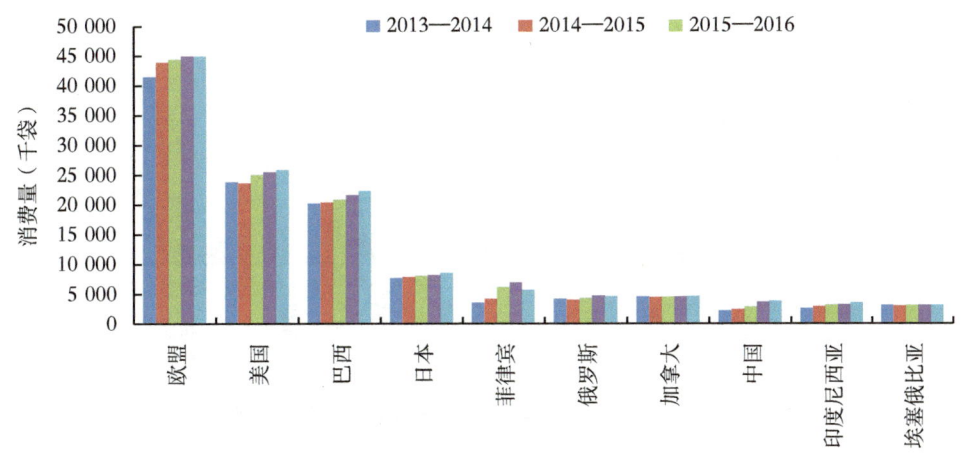

图 5　2013—2018 年十大咖啡消费国消费量变化

数据来源：美国农业部

2015—2016年度超越俄罗斯和加拿大跃居第5位。而中国则于2016—2017年度跃居第8位，2017—2018年度消费总量为3 825千袋。

自2013年以来，世界咖啡结存量逐年下降。由2013—2014年度的41 164千袋下降至2017—2018年度的29 403千袋（图6）。

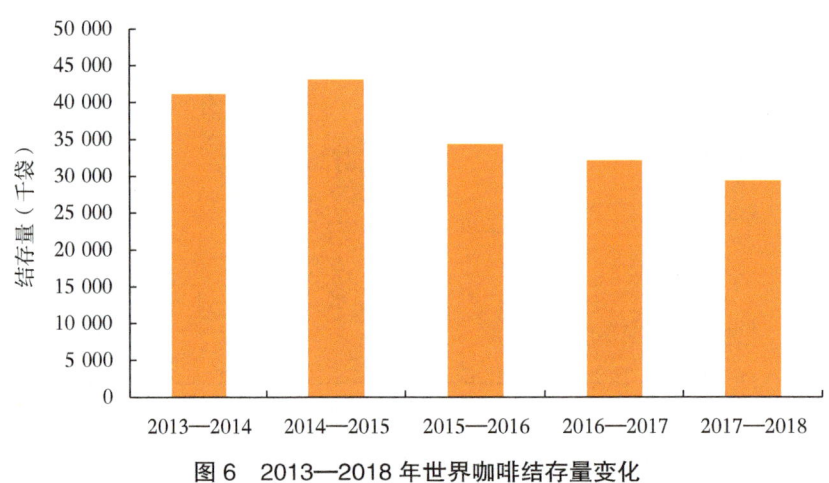

图6　2013—2018年世界咖啡结存量变化

数据来源：美国农业部

2017—2018年度结存量居前四位的地区和国家为欧盟（11 100千袋）、美国（6 600千袋）、巴西（2 270千袋）、日本（3 000千袋）（图7）。

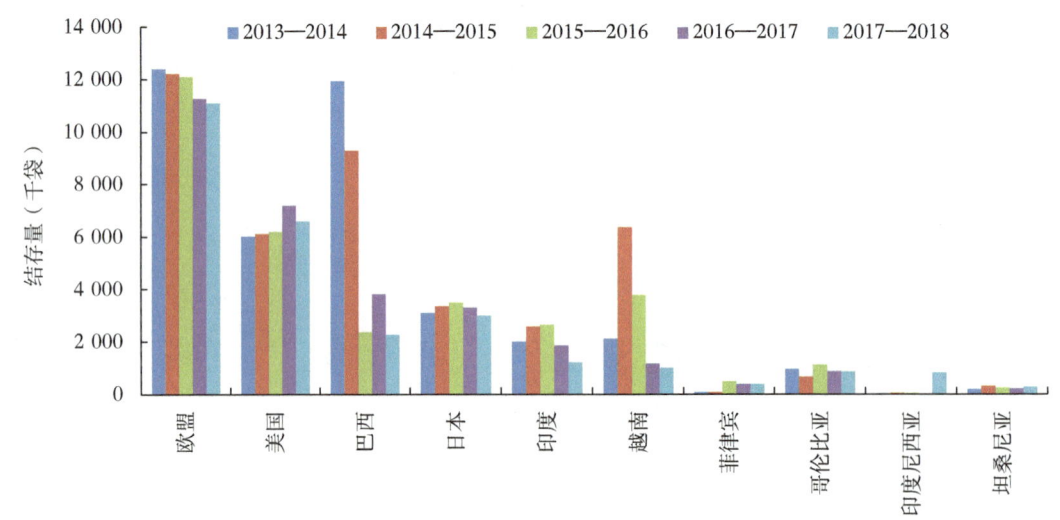

图7　2013—2018年十大咖啡结存国（地区）结存量变化

数据来源：美国农业部

二、国际价格走势

据国际咖啡组织（ICO）的监测数据（将小粒种咖啡分为哥伦比亚淡味咖啡组、其他淡味咖啡组和巴西自然风味咖啡组，ICO综合指数价格为这3组小粒咖啡和中粒种咖啡价格的综合指数价格），2017年10月ICO综合指数继续走低，均价为120.01美分/磅，为2016年5月的119.91美分/磅以来的最低价。2017年11月ICO综合指数较2017年10月下挫2.3%，月平均价格为117.26美分/磅。价格下跌几乎均由中粒咖啡价格下降引起，2017年11月中粒种价格下降7.2%，均值为91.33美分/磅。2017年12月ICO综合指数降至21个月来最低水平，月均价为114美分/磅，较2017年11月下跌2.8%。各组咖啡价格均下跌，中粒种咖啡价格下跌幅度最大。2018年1月，咖啡市场从2017年12月的价格低迷中略有恢复，ICO综合指数较12月增长1.4%，月均价为115.60美元/磅。2018年2月，ICO综合指数较2018年1月下降1.2%，月均价为114.19美分/磅。小粒咖啡各组商品价格均下降，而中粒种咖啡价格略增0.7%，均价为89.24美分/磅。自2017年8月以来，除2018年1月以外，ICO综合指数价格均在下降（图8）。2018年3月综合指数下降1.1%，月均价为112.99美分/磅，为自2016年2月以来最低价；各组咖啡指数价格均下跌，哥伦比亚淡味咖啡组价格下降幅度最大，下降1.4%，月均价139.45美分/磅。哥伦比亚淡味咖啡与其他淡味咖啡咖啡的价格差异收窄至4.42美分/磅。2018年4月，ICO综合指数价格下降0.4%，平均为112.56美分/磅，日价格在110.49~114.73美分/磅。小粒咖啡3个组的价格均下跌，巴西自然风味组跌幅最大，较上月跌0.9%，月均价为118.76美分/磅。中粒种咖啡的月均价较上月上涨0.1%，为88.31美分/磅。

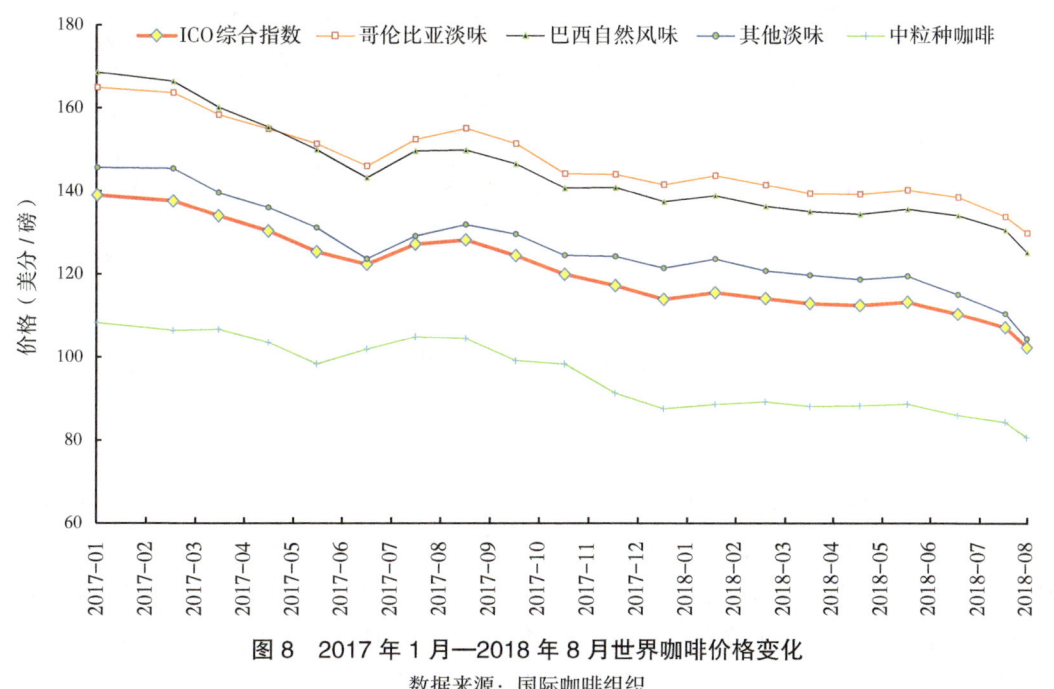

图8　2017年1月—2018年8月世界咖啡价格变化
数据来源：国际咖啡组织

2018年5月，连续3个月下跌后，ICO综合指数价格上涨0.7%，平均为113.34美分/磅。所有咖啡组价格均上涨，其他淡味组涨幅最大，上涨0.9%，达135.61美分/磅。2018年7月，ICO综合指数价格下跌2.9%，月均价为107.20美分/磅，为自2007年以来7月最低价，2007年7月的月均价为106.20美分/磅。2018年7月各组咖啡价格均下跌，跌幅最大者为巴西自然风味组，下跌4%，至110美分/磅。2018年8月，ICO综合指数价格再创57个月以来新低，月均价为102.41美分/磅。

三、国际贸易格局

（一）出口

据美国外国农业局监测数据，2016—2017年咖啡产品总出口量为133 552千袋，2017—2018年出口量预计为130 872千袋。2106—2017年咖啡豆总出口量为113 811千袋，预计2017—2018年度的出口总量为111 187千袋（图9）。出口量居前十位的国家为巴西、越南、哥伦比亚、印度尼西亚、洪都拉斯、乌干达、秘鲁、埃塞俄比亚、印度和危地马拉，其中巴西、越南和哥伦比亚多年稳居前三位，值得注意的是印度尼西亚已于2015—2016年度超越印度，位居第4位（图9）。

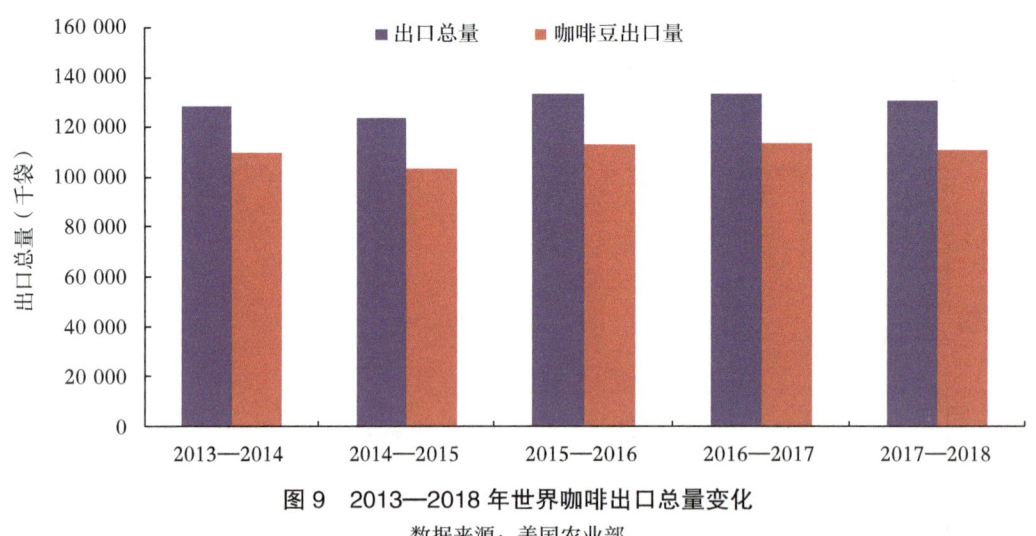

图9　2013—2018年世界咖啡出口总量变化
数据来源：美国农业部

从2013—2018年全球十大咖啡生产国咖啡豆的出口量变化情况来看，十大咖啡出口国中，出口量居世界第一的巴西除2014—2015年度（33 051千袋）较2013—2014年度（30 600千袋）有所增加外，此后3年均在下降，而出口量居第二位的越南则是由2013—2014年度的27 269千袋下降至2014—2015年度的19 791千袋，再上升至2015—2016年度的2 695千袋，再降至2016—2017和2017—2018年度的25 000千袋，因而至2018年，巴西与越南的咖啡豆出口量已十分接近，这与巴西国内的消费需求较大有关，而其他国家的出口量则相对较为稳定（图10）。

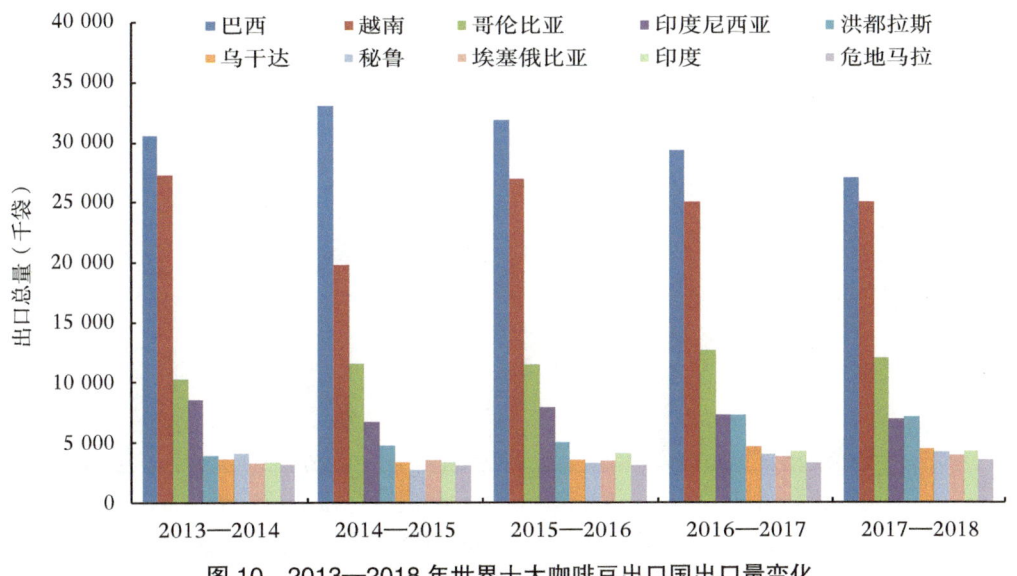

图10　2013—2018年世界十大咖啡豆出口国出口量变化

数据来源：美国农业部

咖啡深加工产品出口方面，自2013年以来，除2015—2016年度较2014—2015年度下降0.3%以外，烘焙豆和辗磨粉的出口量稳步增长，至2017—2018年度，其出口总额达到3 893千袋（图11）。

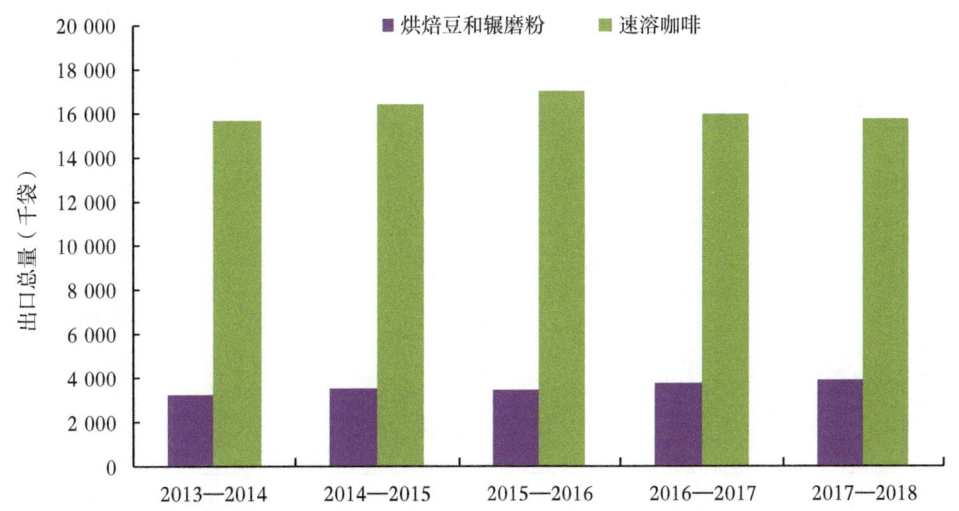

图11　2013-2018年世界烘焙豆和辗磨粉及速溶咖啡出口量

数据来源：美国农业部

出口量居前十位的国家（地区）为欧盟、瑞士、越南、墨西哥、哥伦比亚、中国、印度尼西亚、巴西、巴拿马、尼加拉瓜。近5年来中国在烘焙豆和辗磨粉的出口量上很不稳定，2016—2017年度一度居于第4位，但与位居第三的越南差距颇大（图12）。

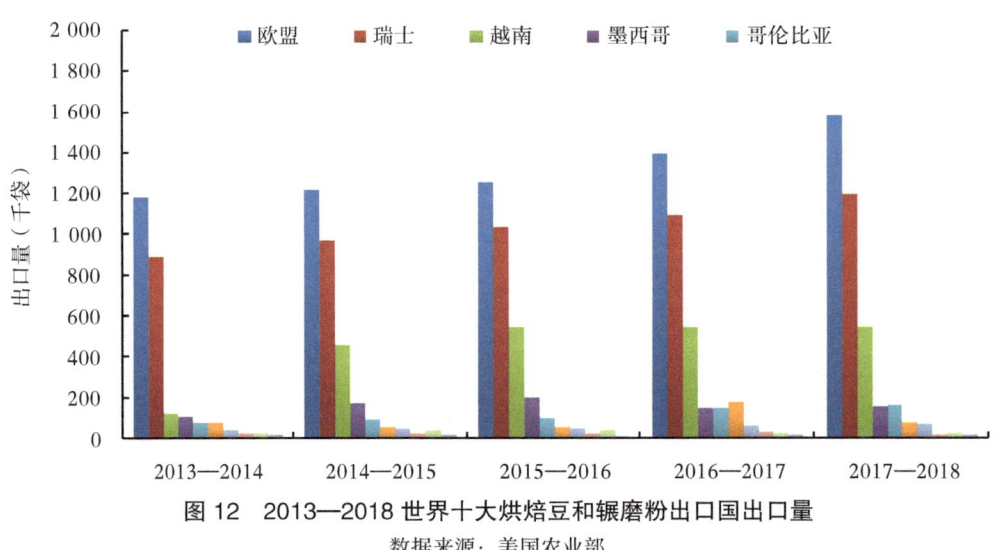

图12 2013—2018 世界十大烘焙豆和辗磨粉出口国出口量
数据来源：美国农业部

在速溶咖啡出口方面，2016—2017的出口量为15 974千袋，2017—2018的出口总量为15 747千袋（图11），出口量居前十位的国家为巴西、马来西亚、越南、印度、印度尼西亚、墨西哥、哥伦比亚、泰国、厄瓜多尔和中国（图13）。

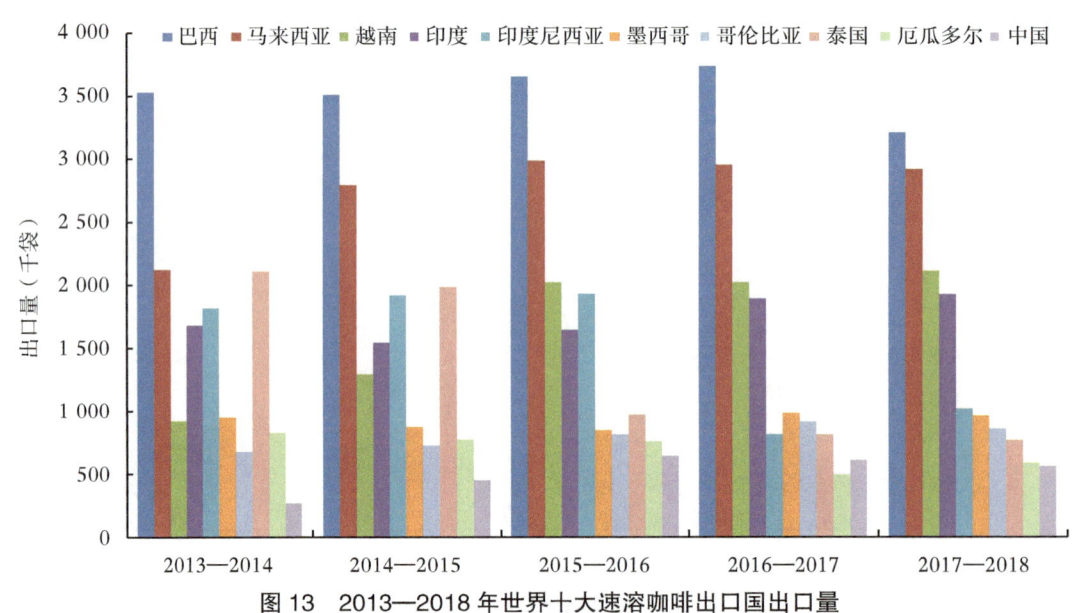

图13 2013—2018年世界十大速溶咖啡出口国出口量
数据来源：美国农业部

从 2017—2018 年度每月出口量变化来看，据国际咖啡组织（ICO）的监测数据，2017年 9 月，出口总量为 8 340 千袋，2016 年同期为 9 791 千袋。2016—2017 年度的总出口量达 122 449 千袋，较 2015—2016 年度总出口量的 116 890 千袋增长 4.8%。哥伦比亚淡味咖啡出口量增长 8%，达到 14 660 千袋，其他淡味咖啡出口量增长 15.6%，达到 27 020 千袋，巴西自然风味咖啡增长 2.6%，达 35 840 千袋；中粒种咖啡保持稳定，为 44 930 千袋。2017 年 10 月出口量较 2016 年同期减少 11.4%，为 8 800 千袋。小粒咖啡出口降低 9.9%，为 5 700 千袋。2017 年 11 月出口量较上年同期下降 9.2%，为 9 020 千袋。小粒咖啡出口量下降 5.5%，为 6.06 百万袋，中粒种咖啡下降 15.6%，为 2 960 千袋。全球咖啡产量初步估计为 158 780 千袋，较去年增长 0.7%。2017 年 12 月全球咖啡出口总量较 2016 年同期增长 0.7%，为 10 620 千袋。但，2017—2018 年度首个季度的出口量较去年同期降低 6.7%。2018 年 1 月中粒种咖啡的出口量较上年同期增长 48.2%，达到 4 480 千袋，主要原因是越南 1 月的出口量估计为 3 290 千袋，几乎为上年 1 月的 2 倍。2017—2018 咖啡年前 4 个月出口总量较上年增长 6.4%，达 14 870 千袋。2017—2018 年度前 4 个月，其他淡味咖啡和巴西自然风味咖啡的出口量分别较上年同期增长 9.3% 和 2.2%，达到 7 620 千袋和 13 310 千袋。出口增长源自洪都拉斯其他淡味咖啡出口量和埃塞俄比亚巴西自然风味咖啡出口量的增长。相反，同期哥伦比亚淡味咖啡的出口则下降了 10.9%，为 4 940 千袋，原因是雨水过多，哥伦比亚产量减少。2018 年 3 月，全球出口量达 10 810 千袋，而 2017 年同期的出口量为 10 910 千袋，减少的原因为小粒咖啡，尤其是哥伦比亚淡味咖啡的出口量减少。2017—2018 年度前 6 个月的出口总量较上年同期减少 0.6%，为 59 960 千袋。2018 年 4 月全球出口量为 10 180 千袋，上年同期则为 9 500 千袋，原因为中粒种咖啡和哥伦比亚淡味咖啡出口较上年分别增长 14.1% 和 6.8%。2018 年 5 月出口总量 9 270 千袋，上年同期则为 10 590 千袋，原因是巴西、洪都拉斯和印度尼西亚的出口量分别较上年同期下降 32.5%、25.7% 和 55.2%（图 14）。2018 年 6 月，总出口量为 10 450 千袋，较上年同期增长 2.6%，原因为中粒咖啡出口增长 7.9%，达 3 950

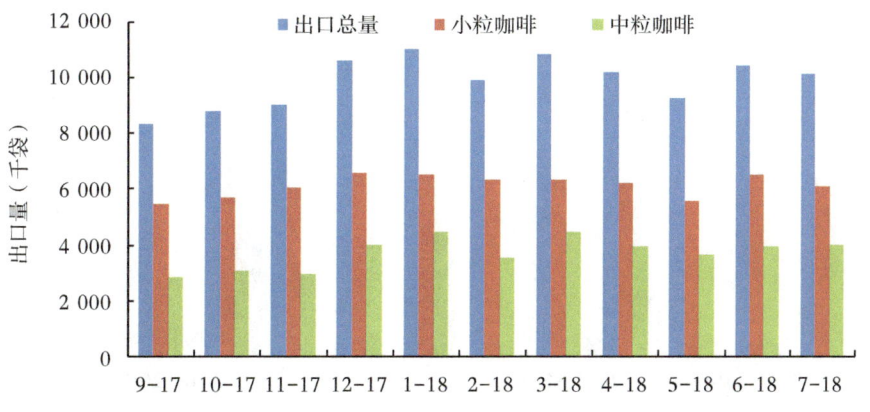

图 14 2017 年 9 月—2018 年 7 月世界咖啡出口总量变化

数据来源：国际咖啡组织

千袋。但小粒咖啡出口下跌 0.4%，出口量为 6 510 千袋；而哥伦比亚淡味小粒咖啡出口量增长 1.1%，出口量 1 030 千袋；巴西自然风味咖啡增长 2.2%，达 2 610 千袋，其他淡味咖啡出口量则增长 3.2%，达 2 870 千袋。

（二）进口

自 2013 年以来，世界咖啡产品进口总量稳步增长，由 2013—2014 年度的 117 011 千袋增至 2017—2018 年度的 126 959 千袋（图 15）。

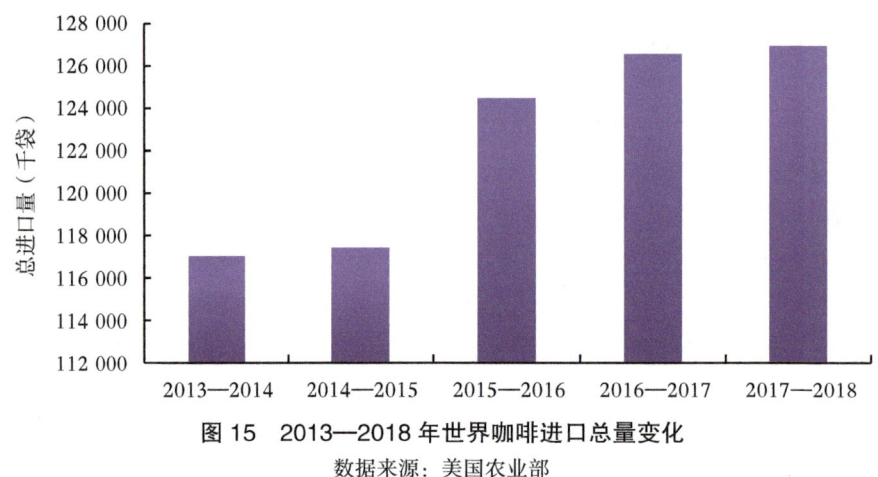

图 15　2013—2018 年世界咖啡进口总量变化

数据来源：美国农业部

其中，2016—2017 年度全球咖啡豆进口总量为 107 260 千袋，2017—2018 年咖啡豆的进口总量较上年稍有增加，为 107 797 千袋；咖啡豆进口量居前十位的国家（地区）为欧盟、美国、日本、加拿大、俄罗斯、瑞士、韩国、阿尔及利亚、澳大利亚和马来西亚，欧盟和美国的进口量约占全球咖啡豆总进口量的 66.4%（图 16）。

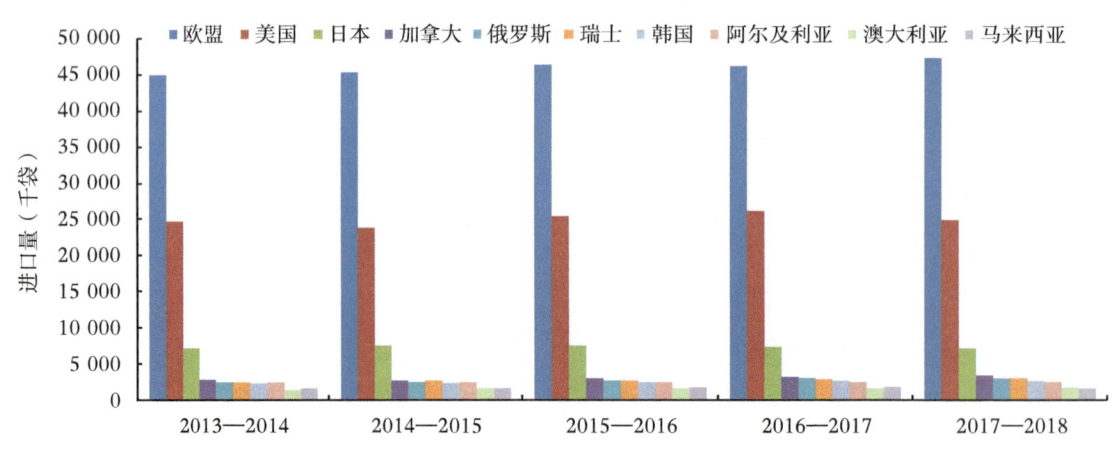

图 16　2013—2018 年十大咖啡豆进口国进口量变化

数据来源：美国农业部

2017/2018年度烘焙豆和辗磨粉进口总量为3 375千袋，较2016/2017年度减少0.5%，进口量居前九位的国家和地区为中国、越南、俄罗斯、乌克兰、韩国、美国、加拿大、澳大利亚、挪威（图17）。

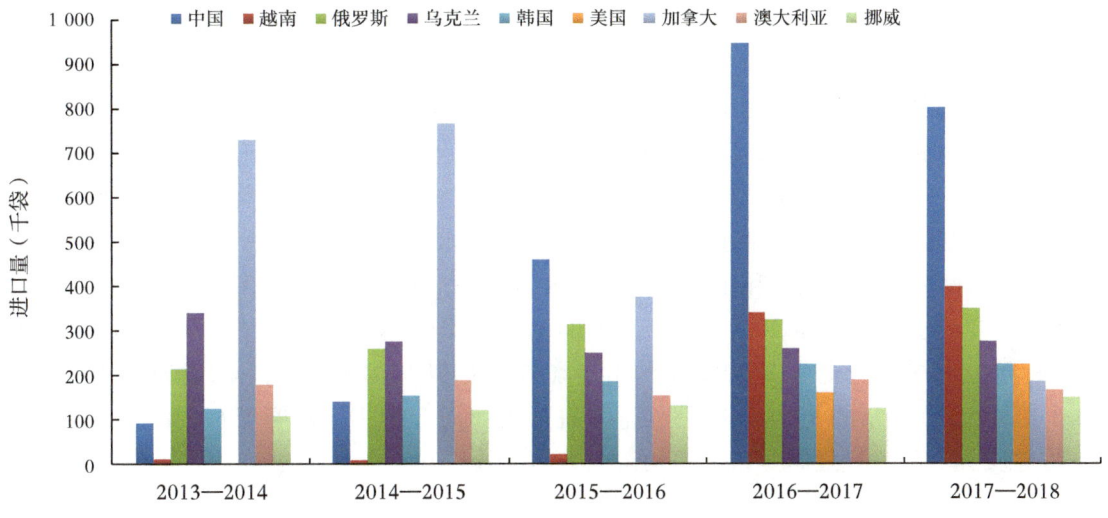

图17　2013—2018年十大咖啡烘焙豆和辗磨粉进口国家和地区进口量
数据来源：美国农业部

2017—2018年度速溶咖啡进口总量为15 787千袋，较2016—2017年度减少0.66%，进口量居前十位的国家为菲律宾、中国、俄罗斯、加拿大、日本、伊朗、印度尼西亚、美国、乌克兰和南非（图18）。

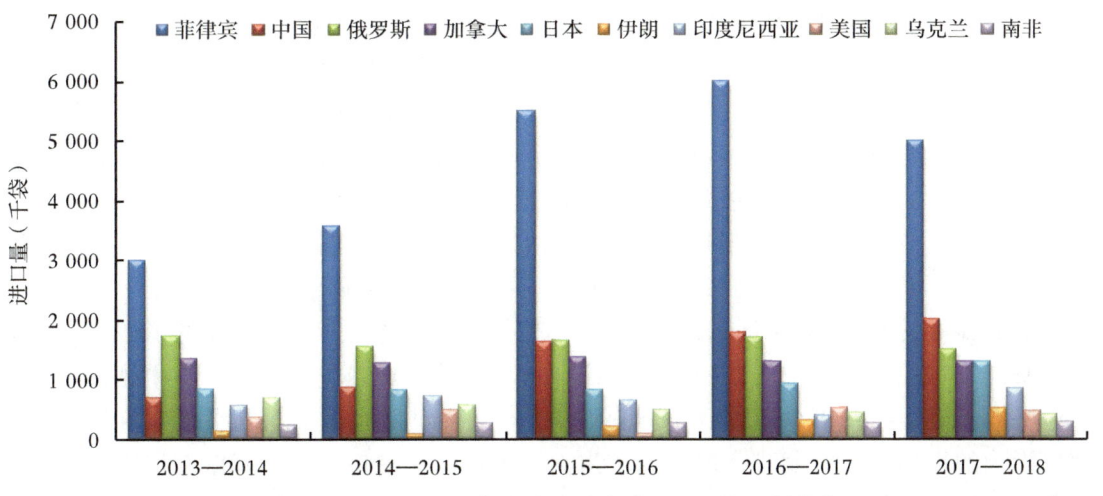

图18　2013—2018年十大速溶咖啡进口国进口量变化
数据来源：美国农业部

四、世界主要国家产业竞争力

(一) 巴西

多年来,巴西是最大咖啡生产和出口国,其咖啡供应量占世界总量的30%~40%,并已成为继美国之后的第二大咖啡消费国。巴西的大多数咖啡种植园位于米纳斯吉拉斯、圣保罗和帕拉纳3个州,这些地区的气候和温度非常适合咖啡生产。但近年来,其咖啡产业的发展遇到了气候变化、小粒咖啡加工水平不高、成本上升等挑战,其产业链的发展出现了一些新的变化。其中的一个重大变化是其自2008年以来,开始开展"巴西,咖啡之国"计划,注重精品咖啡的生产和出口,精品咖啡的产量、出口量和市值不断增长,大幅提高了咖啡产业的竞争力,至2017年,精品咖啡产量年均增长15%,精品咖啡产量达8 500千袋;精品咖啡生产企业由2012年的143家增至2017年的170家,出口国由2012年的40个倍增至2017年的93个,精品咖啡销售额较计划开始实施时增长600%,至2017年达20亿美元,该计划还将延长实施两年至2020年。

(二) 越南

越南为世界第二大咖啡生产国和第一大中粒咖啡生产国。虽然越南咖啡业劳动力成本相对较低,但目前的生产模式是,为了提高产量,大量购买使用化肥、灌溉,降低了投资效益,提高了生产成本,总体来说越南咖啡生产成本仍较高,竞争力不强。近三年来,越南咖啡价格连续下滑,而胡椒价格直线上升,导致咖啡种植户大量砍伐咖啡树,改种胡椒树。据越南农业和农村发展部种植司数据,仅2015年全国已砍伐咖啡树30 000公顷。

越南具备相当的咖啡豆粗加工和深加工生产能力,目前已经实现咖啡加工专用机械设备越南国产化并可出口其他国家。越南咖啡豆粗加工设计产能为150万吨/年,烘焙制作咖啡粉设计产能为5.2万吨/年,速溶咖啡设计产能为3.65万吨/年。全国11家上规模的咖啡深加工生产厂家总产能为14万吨/年,咖啡产品储存设计能力为236万吨/年,目前释放的产能为80%左右。近年来,越南烘焙和速溶咖啡深加工能力不断增强,形成了越南咖啡(Vinacafe)、中原(Trung Nguyen)、安泰(An Thai)、湄妆(Me Trang)、芳薇(Phuong Vy)等大品牌,形成了较强的出口能力。目前越南速溶咖啡出口排世界第5位,居巴西、印度尼西亚、马来西亚和印度之后,占市场份额的9.1%。

越南咖啡豆出口80多个国家和地区,出口量约占世界咖啡市场份额的15%,出口额占10%,仅次于巴西,位居第二;主要出口市场为欧盟成员国和美国,其中越南咖啡对欧盟各国出口额约占45%;越南咖啡对美国出口额约占15%。而同样受干旱和厄尔尼诺现象影响的世界第一大咖啡产地巴西,为弥补市场需求缺口,已从越南进口咖啡豆,一定程度拉高了越南咖啡售价。据越南海关数据统计,截至2017年8月15日,越南咖啡出口平均价格达2 262.8美元/吨,同比上涨30.4%;出口总量达97.471 2万吨(同比下降16.4%),而出口总值达到22.2亿美元(同比上涨7.9%)。

（三）哥伦比亚

哥伦比亚独特的地理条件使其成为世界3大咖啡生产国之一，仅次于巴西和越南，每年向世界各国出口的高海拔淡味咖啡的市值达26.4亿美元。哥伦比亚咖啡主要由农户种植，每户种植面积为5~12公顷。其山地肥沃，但经常遭遇泥石流和水土流失等天气相关风险。近年来，国际市场价格低迷，生产未完全从2013年后的病虫害暴发中恢复，生产成本上升等因素使哥伦比亚咖啡产业面临严峻考验。咖啡产量方面，2018年1季度哥伦比亚咖啡同比减产6%，降至3 380千袋；近12个月（2017年4月—2018年3月）哥咖啡产量较上年同期减少4%；而在最近一个咖啡生产季（每年10月—翌年3月），哥伦比亚咖啡产量同比降幅更是达8.1%。咖啡价格方面，哥伦比亚咖啡生产者协会的报告称2018年一季度淡味咖啡国际参考价格较去年同期降低了16.2%，跌至121美分/磅。同时，哥伦比亚比索对美元在2018年1季度升值6.8%，至2 780比索/1美元。这些因素导致2018年一季度哥伦比亚咖啡国内生产者价格下跌了13.7%，至74.6万比索/袋，为2015年7月以来最低。咖啡出口方面，2018年一季度哥伦比亚咖啡出口量较上年同期减少7%，为3 248千袋；近一个咖啡生产季的出口量同比减少10%。

五、主要国家产业支持政策

（一）巴西

巴西主要通过农村信贷、农业保险、政府采购剩余产能（最低价保护）等政策支持咖啡产业发展。政府积极吸引国际企业和机构开展咖啡可持续发展项目，并继续执行2008年开始的"巴西，咖啡之国"计划，注重精品咖啡的生产和出口，提升精品咖啡的产量、出口量和市值，提高咖啡产业的竞争力。

（二）越南

越南政府于2017年制定了新的咖啡产业发展目标，力图在产量和出口量均位居世界第二的基础上，提升出口量和产值，改变增长方式，沿现代化、多样化方向提高咖啡的竞争力和附加值，稳步取得经济、社会和环境效益。其目标是至2020年，将咖啡种植总面积控制在60万公顷，单产达到2.7吨/公顷，总产量控制在160万吨/年，每公顷平均产值达到1.2亿越南盾（约3.6万元人民币），将咖啡加工比例从目前的10%提高到30%，速溶、烘焙咖啡产量达到总产量的25%，出口额达到38亿~42亿美元。2030年的目标则是咖啡多样化深加工比重达到产量的30%~40%，建立强大的越南咖啡品牌，咖啡总产值达2017年的2倍，出口额达到50亿~60亿美元。继续开展"越南人优先使用越南货"运动，将国内市场销售比重从2017年的10%提高到30%；多渠道开拓国际市场。

该规划的主要产业支持方向包括：①转变种植结构，加大小粒咖啡的比重，减少中粒咖啡的种植面积，将咖啡种植效益低的土地转为种植橡胶、胡椒等经济效益相对较高的作物；在有条件的地区扩大小粒咖啡种植面积；维持目前常年 45 万至 50 万公顷的咖啡种植面积，其中中粒咖啡种植面积为 35 万公顷至 40 万公顷（减少 10 万~15 万公顷），小粒种咖啡 10 万公顷。②寻求产品差异化，充分发挥地区气候优势，在越南北部气候条件适宜山区和少数民族地区生产高质量有机咖啡、小粒咖啡、精品咖啡等；开展有机咖啡权威认证。③降低生产成本，提高综合效益，调整投资结构，减少化肥、农药、灌溉方面投资，转向施用有机肥，提高科技含量和利润水平。④提升咖啡加工能力，尤其是小粒咖啡加工水平，改进加工工艺和设备，采用与国际标准相符的本土化国家产品质量标准，按照市场要求提高产品质量，提高附加值。⑤多渠道开拓市场，销售高附加值产品，充分盘活边和咖啡厂和雀巢（泰国）的在越工厂存量，生产并向市场提供除咖啡生豆之外的多种商品，发展盒装液体咖啡。⑥内销外贸并重，深挖越南国内咖啡消费潜力，创新贸易伙伴关系，在世界 50 个国家和地区中建立稳定的贸易伙伴，开拓中国、欧盟和与越南签署自贸协定国家市场；并将咖啡加入期货市场交易。

（三）哥伦比亚

由于比索对美元走强导致的国内价格下降和国际价格下跌，咖啡种植户要求政府通过农民收入保护（PIC）中的补贴项目加以支持。但自 2014 年下半年以来，该政府项目已因咖啡价格超过 PIC 触发价格（生产成本）而废止。哥伦比亚政府未重启 PIC 项目支持咖啡种植户，而是通过农村激励基金项目（ICR）给予咖农金融支持，以折现还本的方式提供贷款。此外，政府的农业融资基金还为小型种植户提供一类特殊贷款，支持小型种植户进行咖啡重植。

哥伦比亚农业部为致力于收获后加工技术改良和咖啡品质提升的具体项目提供支持。哥伦比亚政府资金和哥伦比亚全国咖啡种植者联合会（FEDECAFE）基金 2018 年拨付的资金总额估计达 450 亿比索（1 600 万美元），主要用于扶持咖啡重植项目。

哥伦比亚的大多数种植户都是 FEDECAFE 的会员，可从该组织获得人才培养、技术培训和销售支持等方面的支持。FEDECAFE 通过推广服务为咖啡生产者提供技术支持，帮助种植户提高种植、收获和收获后种植管理以及对咖啡最后品质有影响的加工等方面的实践水平。此外，FEDECAFE 还为重植抗锈病品种提供低息贷款。FEDECAFE 还以与国际市场价并行、但管理和运输费用较低的内部价收购会员的咖啡，进行底价保护。

六、世界供需形势展望

（一）2018—2019 年世界供需形势展望

美国外国农业局的半年报告，2018—2019 年度的世界咖啡总产量将主要因巴西增产而比 2017—2018 年度增长 114 00 千袋，达到 171 200 千袋。全球消费总量预计到达 163 200 千袋，出口总量亦会因应强劲需求增长；库存量则会在连续 3 年下降后有所反弹。

因大部分地区天气利于开花、坐果和果实生长，巴西的小粒咖啡产量预计较上一年度增长6 000千袋，达到445 00千袋；占总产量（小粒咖啡和中粒咖啡）的80%，收获高峰期可能从5月至6月开始。巴西的中粒咖啡产量预计将因圣灵州、容多尼亚洲和巴伊亚州气温合适、降雨丰富以及无性系苗木的扩大投产和改良栽培管理措施较上年度增产3 300千袋，达到15 700千袋；收获高峰期预计从4月至5月开始。巴西小粒咖啡和中粒咖啡预计增产9 300千袋，产量达到602 00千袋。增产将使出口量急剧增长，亦会使消费量和库存继续增长。

越南的咖啡总产量预计将增长600千袋，达到29 900千袋。2017—2018收成年产量增长可抵偿价格下跌的不利影响，种植户可购买充足的投入品，利于增产。越南的种植面积预计较上年略有增长，其中中粒种咖啡的产量估计仍占其咖啡总产量的近95%，其出口量、国内消费量和库存量预计均会因供给量增长而增长。

尽管部分国家仍要与6年前导致减产的锈病暴发继续斗争，中美洲和墨西哥的总产量预计维持不变，为20 300千袋。危地马拉、洪都拉斯、墨西哥和墨西哥的产量已经恢复，而哥斯达黎加、萨尔瓦多和尼加拉瓜则因锈病而减产。该地区的出口量预计减少200千袋，为16 700千袋。该地区出口总量的45%出口到欧盟，另有约1/3出口到美国。

哥伦比亚的总产量预计平稳地保持在14 500千袋。在过去的10年里，哥伦比亚的咖啡产量增长了约30%，主要原因是用抗锈品种更新低产咖啡树。该项目将咖啡树的平均树龄从15年降低至7年，进一步促进了增产。哥伦比亚的咖啡豆大部分出口美国和欧盟，2018/19年度的出口量预计较上年度增长500千袋，达到12 500千袋，而库存量将会下降。

印度尼西亚的产量预计增长500千袋，达到11 100千袋。中粒咖啡产量预计会因南苏门答腊和爪哇的种植条件有利达到9 700千袋。小粒咖啡的产量估计也略有增长，达到1 400千袋。产量提高估计会使出口量增长300千袋，达到7 200千袋。

咖啡进口方面，欧盟的进口量预计增长1 000千袋，达到48 000千袋，约占全球咖啡豆进口总量的40%。其主要供货方包括巴西（29%）、越南（24%）、洪都拉斯（7%）和哥伦比亚（7%）。库存量预计较2017/18年代增加800千袋，达到11 900千袋。美国仍为第二大咖啡豆进口国，预计其进口量将增加2 400千袋，达到27 000千袋。其主要供货方包括巴西（23%）、哥伦比亚（22%）、越南（/15%）和洪都拉斯（6%）。库存量预计增加600千袋，达到7200千袋。

（二）未来3~5年供需形势展望

咖啡产量强烈受气候变化和病虫害发生的影响，全球咖啡的生产将在未来3~5年内经受严重挑战。世界咖啡主国巴西、越南和哥伦比亚均已积极采取措施应对气候变化和病虫害的不利影响。随着哥伦比亚抗锈品种更新计划、越南增产计划以及巴西可持续发展计划的推进，其咖啡产量已恢复至锈病大发生前的水平，未来3~5年世界咖啡产量预计会持续增长。而在咖啡豆产品品种结构方面，三大主产国均在推行高品质咖啡计划，增加小粒咖啡、高品质咖啡的比例。

世界咖啡消费方面，国际咖啡组织的数据显示，美国、日本、韩国的咖啡消费量呈现出平稳发展态势，整体市场较为饱和，而中国、菲律宾市场对于咖啡的需求正在强势增长，另外，2018年5月13日，巴西咖啡工业协会公布的数据表明，巴西已成仅次于美国的全球第二大咖啡消费国，2017年，巴西国内咖啡消费量为2 150万袋，相当于107万吨咖啡，仅次于美国，而到2025年巴西民众消费的咖啡量将会超过美国，成为全球咖啡消费量最多的国家，消费量将达到2 500万袋。因此，预计未来全球咖啡消费量将继续保持上升的趋势，2021—2022年度全球咖啡消费量将超过1 000万吨。

参考文献

孙　娟，程泽南，杨小静. 2014. 世界咖啡市场价格波动及我国产业应对分析［J］. 世界热作（6）：45-49.

ICO. 2017-10.Coffee Market Report［EB/OL］. http://www.ico.org/.

ICO. 2017-11.Coffee Market Report［EB/OL］. http://www.ico.org/.

ICO. 2017-12.Coffee Market Report［EB/OL］. http://www.ico.org/.

ICO. 2018-1.Coffee Market Report［EB/OL］. http://www.ico.org/.

ICO. 2018-2.Coffee Market Report［EB/OL］. http://www.ico.org/.

ICO. 2018-3.Coffee Market Report［EB/OL］. http://www.ico.org/.

ICO. 2018-4.Coffee Market Report［EB/OL］. http://www.ico.org/.

ICO. 2018-5.Coffee Market Report［EB/OL］. http://www.ico.org/.

ICO. 2018-6.Coffee Market Report［EB/OL］. http://www.ico.org/.

ICO. 2018-7.Coffee Market Report［EB/OL］. http://www.ico.org/.

ICO. 2018-8.Coffee Market Report［EB/OL］. http://www.ico.org/.

ICO. 2018-9.Coffee Market Report［EB/OL］. http://www.ico.org/.

USDA. 2018-6. Coffee: world markets and trade［EB/OL］. http://www.fas.usda.gov/data/coffee-world-markets-and-trade.

USDA.2018-5-15. Colombia-Coffee Annual- Colombian Coffee Production Decreases after Five Years of Growth［EB/OL］. https://www.fas.usda.gov/search/coffee.

（执笔人：李荣福　申科　万红辉）

第十七部分

化 肥

海外农产品市场研究（2018）

化肥是重要的农业生产资料之一，对于粮食增产功不可没，并具有培肥地力、改善农产品品质等作用，常称为"粮食的粮食"。全球每年化肥生产和消费量巨大，进出口贸易频繁，摸清全球化肥供需形势对于化肥生产、流通和布局意义重大。因此，本报告基于联合国粮农组织数据库、国际肥料工业协会、世界银行、联合国商品贸易数据库等公开数据资源，详细分析了世界化肥（包括氮肥、磷肥和钾肥）生产、消费和供需形势、生产和消费分布格局、进出口贸易额及分布格局等形势，研究了世界化肥价格演变趋势及原因，比较了主要国家化肥产业国际竞争力，调研了主要国家化肥产业支持政策，力求为全球化肥产业发展提供参考与借鉴。

研究结果显示，世界范围内化肥生产量和消费量（折纯量，全文统一）从1961—2018年整体呈现波动上升趋势，两者变化趋势较为一致。2018年预计化肥生产量和消费量分别达2.30亿吨和2.24亿吨。氮肥生产量和消费量增速较快，波动较小，预计2018年氮肥生产量和消费量将达到13 278.0万吨和11 537.6万吨，生产量增速仍然高于消费量增速，库存压力较大。磷肥生产和消费量呈现上升—下降—上升周期变化，2018年预计生产量达5 489.6万吨，消费量达4 886.4万吨，有过剩趋势。钾肥生产量和消费量前期平稳上升后期波动频繁，2018年生产量和消费量预计达4 724.9万吨和4 159.6万吨，并呈继续上升趋势。基于生产量和消费量的年度化肥产销平衡结果显示，世界化肥产销平衡整体呈现盈余—亏缺—盈余3个阶段。依据世界化肥生产、消费、进出口数据的每年化肥总供需平衡（折纯量，$N+P_2O_5+K_2O$）结果显示，全球化肥产业一直呈现供大于求的局面。

在化肥生产和贸易格局方面，亚洲是氮肥生产和消费核心区域，3/4以上磷肥生产和消费分布在亚洲和美洲；欧洲和亚洲是钾肥主要生产区，亚洲和美洲是钾肥主要消费区。中国是氮肥、磷肥和钾肥的主要生产国和消费国。世界化肥进出口量呈现波动增长趋势，化肥贸易额历经平稳—缓慢—快速增长转而下降过程。

美洲、亚洲和欧洲是氮肥主要进出口贸易区，美国、巴西和印度是氮肥贸易主要进口国，俄罗斯和中国是氮肥贸易主要出口国。亚洲、欧洲和美洲是磷肥进口贸易区，非洲磷肥出口占比较高。印度尼西亚和巴西是磷肥贸易主要进口国，中国和摩洛哥是磷肥贸易主要出口国。美洲是钾肥进出口贸易核心区，亚洲钾肥依赖进口，欧洲钾肥主要用于出口。美国、巴西和中国是世界钾肥进口贸易额排名前三位的国家，加拿大和俄罗斯是钾肥主要出口国全球化肥价格波动频繁，以2008年为分水岭，2008年之前呈现稳步上涨趋势，2008年以后整体呈现波动下降趋势，且每一年化肥价格变化呈现季节性波动。价格变化的原因主要归因于供需关系的不平衡，上游能源限制、原料等生产成本增加，农产品价格变化的连锁效应，进出口量变化对价格的牵制，国家政策的导向，季节生产性和气候变异的影响，人工及运输成本的增加等方面。

选取中国、美国、俄罗斯、加拿大、荷兰等国家作为对比国，从化肥国际市场占有率、贸易竞争指数和生产成本三大指标来测评主要国家化肥产业竞争力。结果显示，加拿大化肥总体国际市场占有率较高，其次为俄罗斯，中国居于第三位。中国和俄罗斯的氮肥国际市场占有率位居全球前两位，中国磷肥国际市场占有率稳居第一，美国和荷兰的磷肥国际市场占有率有上升趋势。加拿大钾肥国际市场占有率达全球 1/3 以上，其次为俄罗斯，中国、美国、荷兰则相对较少。

从贸易指数来看，俄罗斯和加拿大的化肥贸易具有较强的竞争力，荷兰化肥贸易竞争指数处于中等，中国化肥总体贸易竞争指数相对偏低。从氮肥、磷肥和钾肥单品贸易竞争指数来看，俄罗斯 3 种主要化肥品种的竞争优势最强。加拿大钾肥的贸易竞争优势明显，与俄罗斯基本相当，氮肥贸易竞争力相对偏弱，磷肥竞争力处于劣势。中国氮肥、磷肥的竞争优势明显，尤其是磷肥贸易竞争力最强。但是中国钾肥依赖进口，竞争力较差。美国是全球氮、磷和钾肥主要进口国家，3 种肥料其贸易竞争力相对最弱。荷兰氮肥贸易竞争力相对较高，磷肥次之，钾肥较弱。中国化肥生产成本优势不足，以天然气为化肥原料的美国和俄罗斯成本优势明显。

预计 2018—2019 年全球氮肥、磷肥和钾肥需求分别增长 0.5%、2.3% 和 0.9%。全球氮肥用量预计将实现每年 1.4% 的增长，而磷肥和钾肥的用量将分别增加 2.2% 和 2.6%。化肥价格稳中有升。中短期来看，全球氮肥、磷肥和钾肥供应量将保持年均 1.8%、2.2% 和 4.0% 的增长率。全球化肥市场正面临着产能继续增加的风险，全球化肥潜在供应量快速增长与需求增长缓慢之间的矛盾将日益加剧。

一、世界供需形势

（一）化肥生产与消费量波动上升趋势明显

据 FAO 数据显示（图 1），世界范围内化肥生产量和消费量从 1961—2018 年整体呈现波动上升趋势，两者变化趋势较为一致，证明了化肥消费需求量一定程度上影响着化肥生产量。化肥生产量和消费量虽然在 1975 年、1981 年、1982 年稍有下降波动，但是

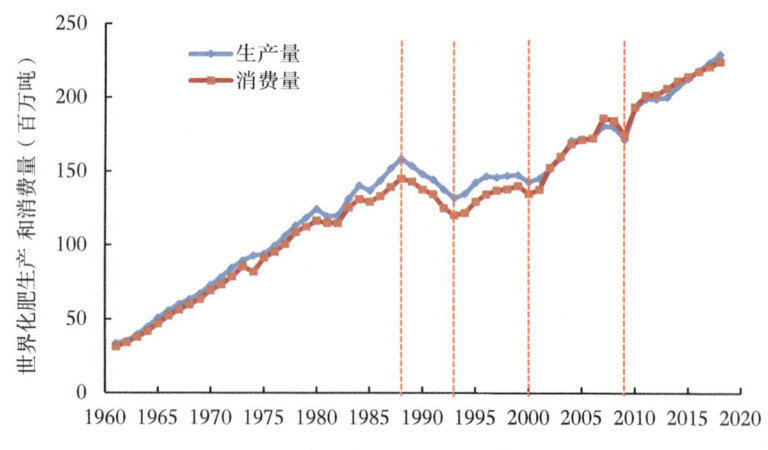

图 1 世界化肥生产和消费量

数据来源：FAO

在1961—1988年持续增长势头明显，1988年达到生产和消费的第一个高峰，是世界化肥大发展阶段。化肥生产量由1961年的3 351万吨增长到1988年的1.59亿吨，消费量由1961年的3 118万吨增长到1988年的1.45亿吨，生产量和消费量年均增长速度分别为6.0%和5.9%。

1988年后，由于受发达国家化肥需求减少和苏联解体的影响，世界化肥的生产和消费量进入下降趋势，1993年降到低谷，生产量和消费量分别为1.32亿吨和1.20亿吨，期间平均年生产量减少523万吨，平均年消费量下降489万吨，之后转而上升，但是相对20世纪80年代以前增长速度趋缓。

2000年后，随着经济社会的快速发展，农业生产规模扩大，化肥生产量和消费量又呈现快速增长趋势。受金融危机等外界环境影响，2008年、2009年稍有下降，其他年份均保持增长势头，到2018年预计生产量和消费量分别达2.30亿吨和2.24亿吨，年均增长量分别为479.8万吨和497.0万吨，年均增长速度分别为2.71%和2.94%。2014年后，化肥生产量增速略高于化肥消费量，两者呈现稳健增长趋势。

从整体来看，2001年前，世界范围内化肥生产量一直高于化肥消费量，呈现供大于求；2002年以后化肥消费量与生产量基本平衡，或稍高于化肥生产量。据国际货币基金组织预计，2009年全球经济下降1.1%，全球谷物产量下降至22.3亿吨，减产2%。由于受全球经济衰退影响，在农作物和化肥价格下滑的情况下，农民不愿在农资上投资，农业生产因而遭受冲击，全球化肥生产和消费均有不同程度降低。2010年以后随着世界经济的复苏，化肥需求也逐渐增加，化肥生产和消费也转为活跃。

（二）氮肥生产量和消费量增速较快，波动较小

1960年以来，氮肥的生产量和消费量一直呈现增加趋势（图2）。1988年前，氮肥生产和消费量增速较快，并且生产量增速逐渐高于消费量增速，表明库存呈现积存现象。

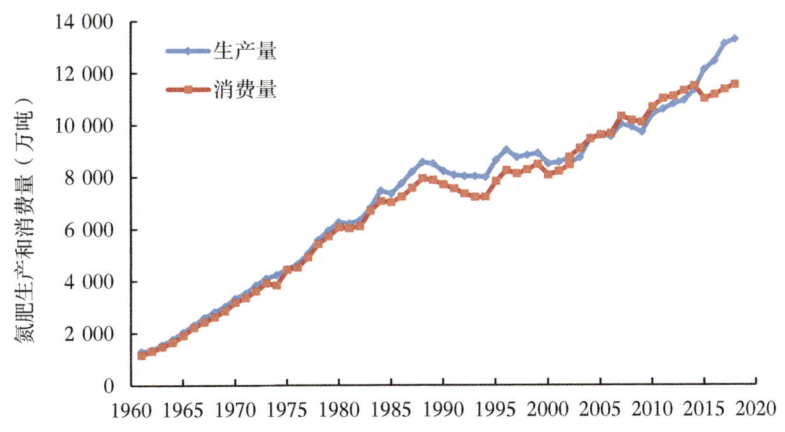

图2　世界氮肥生产量和消费量

数据来源：FAO

1989—1994年生产和消费量均稍有下降趋势，1995年后波动上升趋势明显。预计2018年氮肥生产量和消费量将达到13 278.0万吨和11 537.6万吨，生产量增速仍然高于消费量增速，库存压力较大。

（三）磷肥生产量和消费量呈现上升—下降—上升波动增长趋势

全球磷肥生产量和消费量在1988年以前上升趋势明显（图3），之后一直到1993年呈现下降趋势，并长期保持相对平稳状态，2003年后增速明显，2009年磷肥产量大幅度下跌，之后增长了5年，2015年又呈现下跌之后，生产量和消费量转而上升趋势明显。2016—2018年生产量高于消费量，2018年预计生产量达5 489.6万吨，消费量达4 886.4万吨，有过剩趋势。

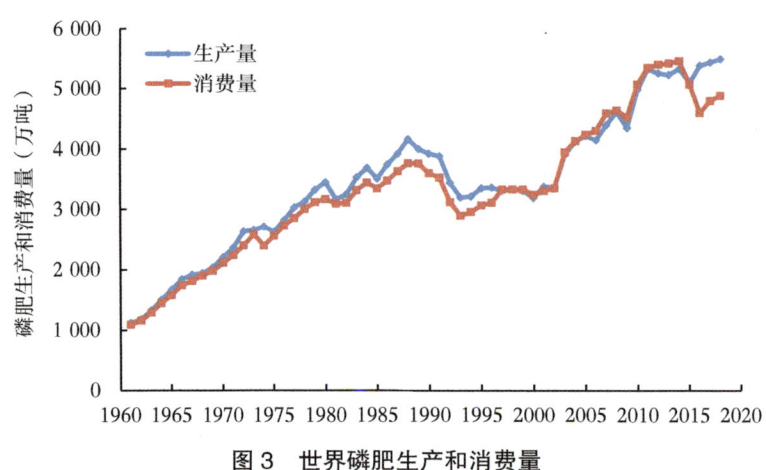

图3 世界磷肥生产和消费量
数据来源：FAO

（四）钾肥生产量和消费量前期平稳上升后期波动频繁

世界钾肥生产量和消费量在1988年以前呈现上升趋势（图4），之后到1993年呈现明显下降趋势，在保持了近10年的相对平稳期后，2003年以后增速明显，2009年受全球需求萎缩及主要国家库存过高的影响，钾肥生产下跌36%。有数据显示，2009年全球钾肥企业平均开工率仅为50%。之后钾肥生产和消费量呈现波动增长趋势。2018年生产量和消费量预计达4 724.9万吨和4 159.6万吨，呈继续上升趋势，并且近几年钾肥生产量高于消费量。

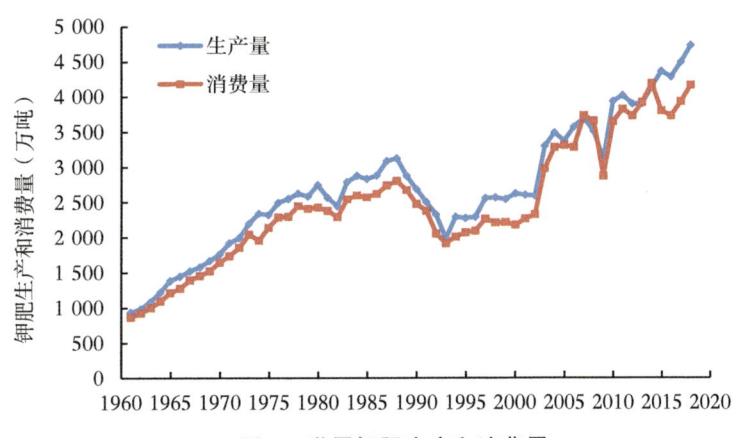

图 4　世界钾肥生产和消费量

数据来源：FAO

（五）化肥产销平衡呈现盈余—亏缺—盈余 3 个阶段

基于世界化肥生产量和消费量的年度化肥产销平衡整体呈现盈余—亏缺—盈余 3 个阶段（图 5）。结果显示，从 1961—2018 年，多数年份表现出生产量大于销售量的局面，2007—2015 年则呈现负平衡状态。1961—2018 年平均年度产销平衡盈余量为 470 万吨。

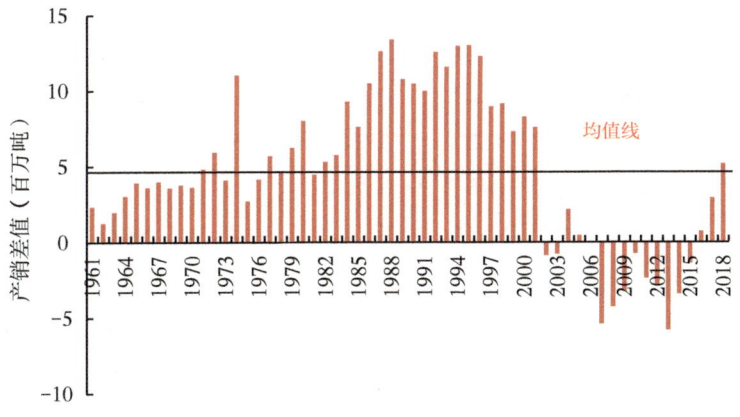

图 5　世界化肥产销平衡分析

（六）化肥总供需平衡呈现供大于求

依据世界化肥生产、消费、进出口数据，计算得出每年化肥总供需平衡状况。结果显示（图 6），全球化肥生产一直呈现供大于求的局面，盈余量保持在 71.55 万 ~1 766.8 万吨，其中在 1992 年达到盈余高峰，并且发现 1978 年以前，年盈余量波动较小（1974 年除外），1978—1992 年盈余量在波动中快速上升，之后呈现下降趋势，2000 年以后年盈余量变幅较大。

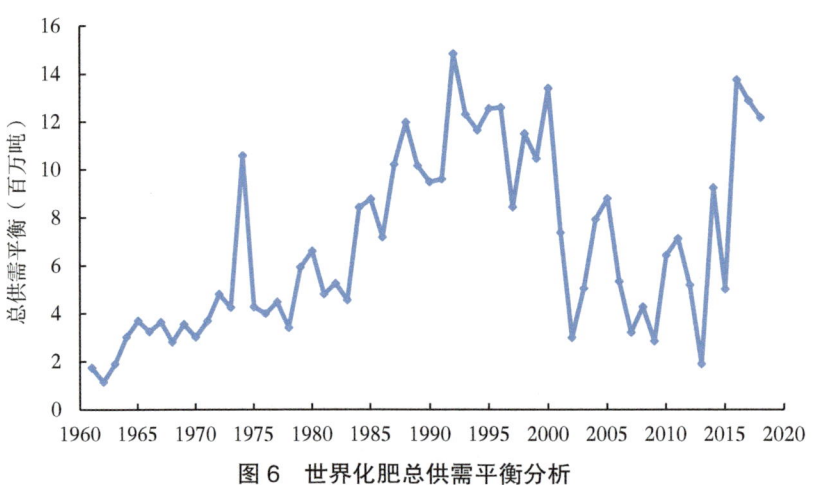

图6 世界化肥总供需平衡分析

从氮肥、磷肥和钾肥年度变化分别来看，各种肥料的总供给和总需求量随着时间的变化呈现逐年增长趋势，供需平衡呈现一定盈余，2017年化肥盈余量达1 291万吨（表1）。

表1 世界化肥供需平衡表

单位：百万吨

项目	1961年	1970年	1980年	1990年	2000年	2010年	2017年
化肥生产量	33.51	72.94	124.72	148.29	143.18	193.23	223.95
化肥进口量	7.86	18.52	35.90	48.83	63.41	84.48	75.00
化肥总供给	41.37	91.45	160.62	197.11	206.59	277.71	298.95
化肥出口量	8.44	19.12	37.28	49.78	58.27	77.28	65.00
化肥消费量	31.18	69.31	116.72	137.83	134.91	193.99	221.04
化肥总需求	39.62	88.42	154.00	187.61	193.18	271.26	286.04
化肥供需盈余	1.75	3.03	6.62	9.51	13.41	6.45	12.91

二、世界生产和消费格局

（一）亚洲是氮肥生产和消费核心区域，中国氮肥生产量和消费量世界第一

1. 世界氮肥生产洲际布局

据统计数据（图7），2017年世界氮肥生产量约13 109万吨，其中亚洲8 235万吨，占世界氮肥生产总量的62.82%，是氮肥的主要产区；其次为欧洲2 606万吨，占世界氮肥生产总量的19.88%；排名第三的为北美洲1 462万吨，占世界氮肥生产总量的11.15%。

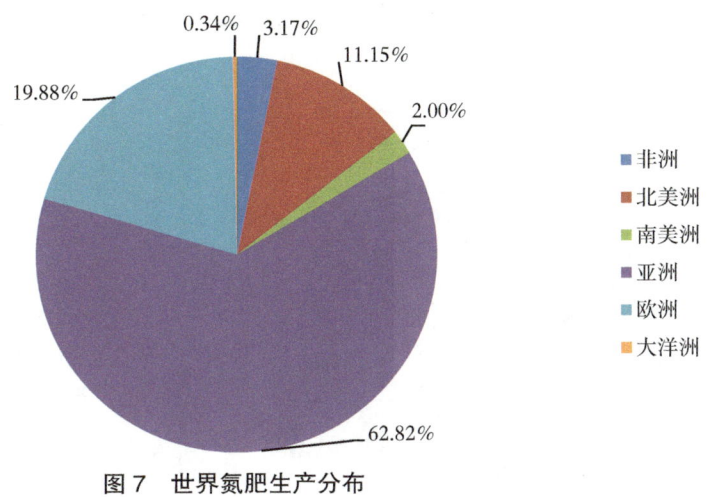

图7 世界氮肥生产分布

2. 世界氮肥生产排名前十国家

世界范围内氮肥生产量排名前10位的国家如图8所示。结果显示，中国是世界上氮肥生产量最多的国家，2017年氮肥生产量达3 810万吨，占世界范围氮肥生产量的29.06%。据FAO数据显示，2014年中国氮肥生产量高达4 927万吨，占世界氮肥生产量的43.5%，近几年中国氮肥生产量有下降趋势，但是仍远远高于其他国家。

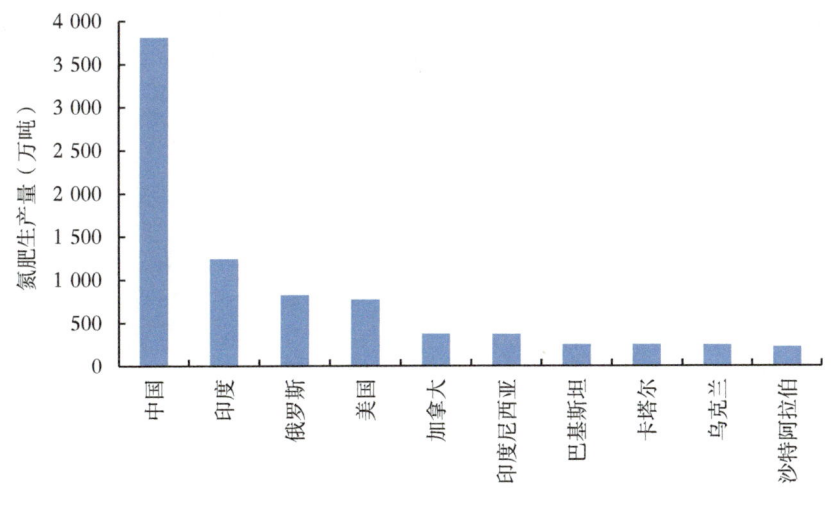

图8 世界氮肥生产前十国家

3. 世界氮肥消费洲际布局

据统计，2017年世界氮肥消费量约达11 361万吨，其中亚洲氮肥消费量为6 501万吨，占世界氮肥消费量的57.22%（图9）；北美洲氮肥消费量达1 930万吨，占世界氮肥消费量的16.99%，居世界第二；排名第三的为欧洲，氮肥消费量达1 442万吨，占世界氮肥消费量的12.69%；南美洲、非洲和大洋洲氮肥消费量分别占世界氮肥消费量的6.32%、3.41%和1.53%。

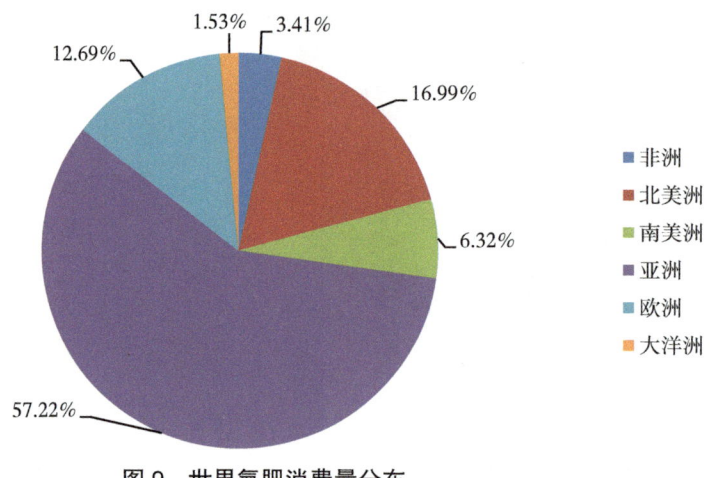

图9　世界氮肥消费量分布

4. 世界氮肥消费排名前十国家

中国是世界上氮肥消费量最多的国家（图10）。据数据统计，2017年中国氮肥消费量为3 276万吨，占世界氮肥消费量的28.84%；其次为印度和美国，氮肥消费量分别为1 722万吨和1 450万吨，占世界氮肥消费量的15.16%和12.76%。亚洲是氮肥生产和消费主要洲域，且亚洲的生产和消费量贡献主要来自中国。

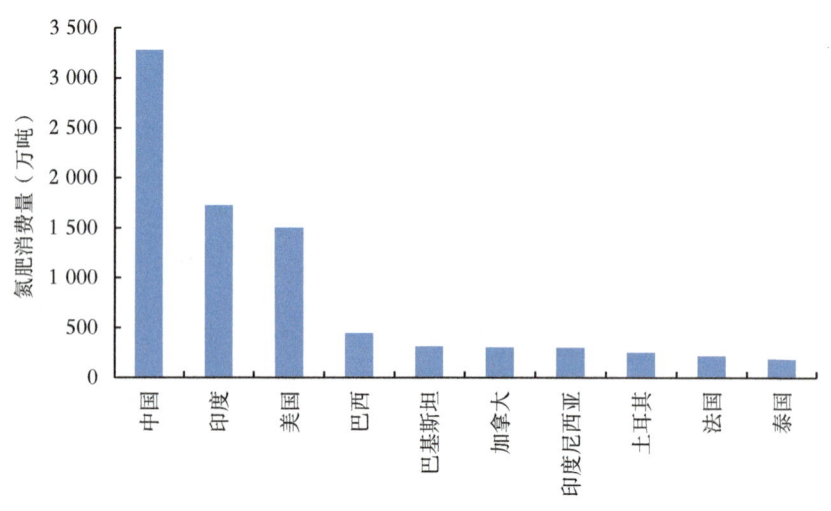

图10　世界氮肥消费前十国家

(二) 3/4 以上磷肥生产和消费分布在亚洲和美洲

1. 世界磷肥生产洲际布局

2017年世界磷肥生产量达5 435万吨,其中亚洲磷肥生产量为2 931万吨,占世界磷肥生产量的53.92%(图11);北美洲磷肥生产量为1289万吨,占世界磷肥生产量的23.71%,排名第二;其他洲磷肥生产量占比较小。

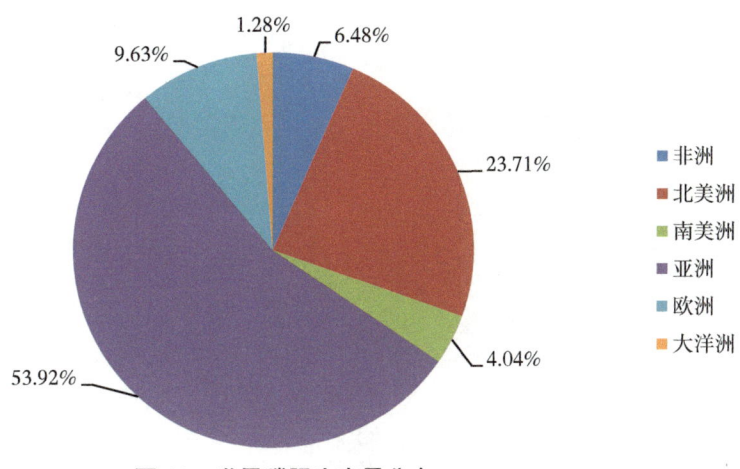

图11 世界磷肥生产量分布

2. 世界磷肥生产排名前十国家

中国是世界上磷肥生产量最多的国家(图12),2017年磷肥产量达1 617万吨,约是排名第二美国磷肥生产量的2倍。印度、俄罗斯、摩洛哥磷肥生产量分别居世界第三、第四和第五位。

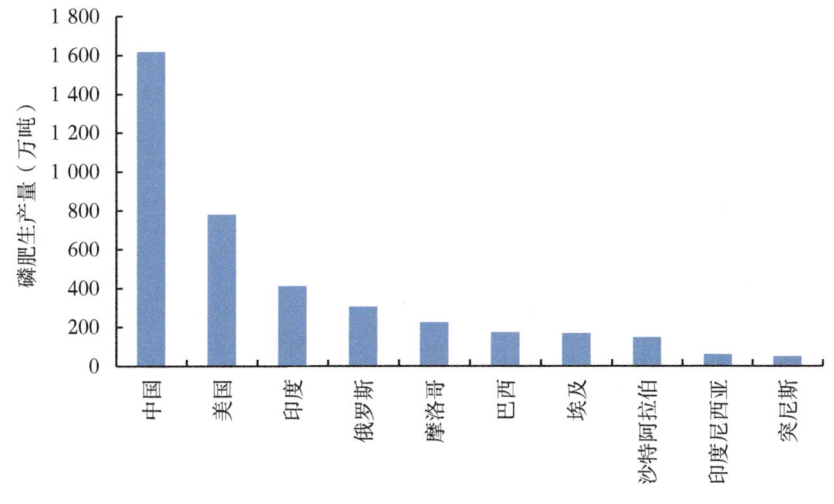

图12 世界磷肥生产量前十国家

3. 世界磷肥消费洲际布局

2017年世界磷肥消费量达4 800万吨，其中亚洲磷肥消费量为2 474万吨，占世界磷肥消费量的51.55%，世界磷肥消费量1/2以上由来自亚洲的国家使用（图13）。北美洲磷肥的消费量为1 080万吨，占世界磷肥消费量的22.49%，排名第二；南美洲磷肥的消费量为594万吨，占世界磷肥消费量的12.37%，排名第三；其余洲占比较小。

与磷肥生产格局综合比较，亚洲和北美洲是世界上磷肥生产和消费大国，南美洲磷肥消费量占比高于生产量，可能一部分依赖于进口磷肥。

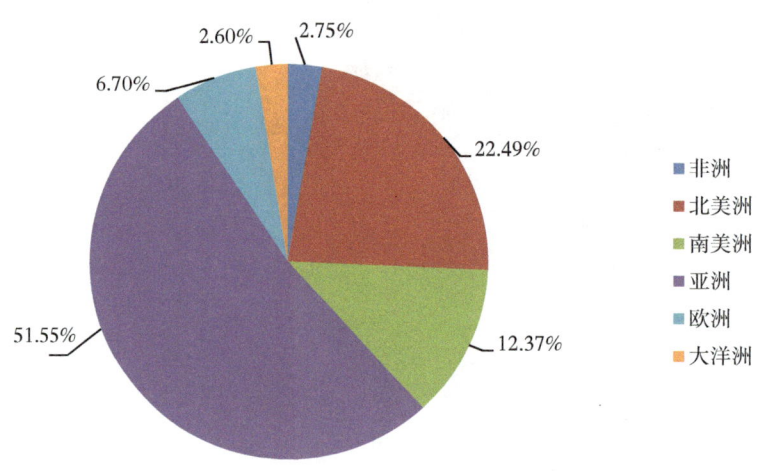

图13 世界磷肥消费量分布

4. 世界磷肥消费排名前十国家

2017年世界各国磷肥的消费量中国排名第一，达1 174万吨，约为排名第二美国的1.63倍（图14）。印度和巴西分别位于第三和第四位，远远高于印度尼西亚、加拿大等国家。与

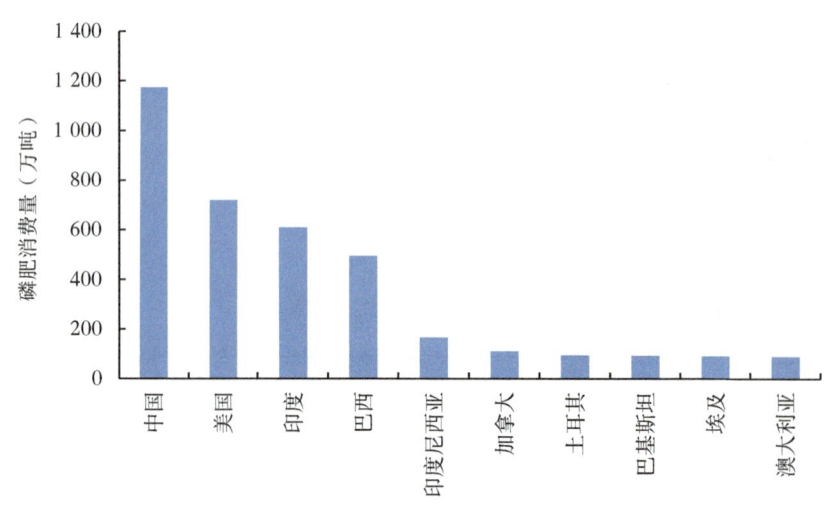

图14 世界磷肥消费前十国家

磷肥生产量国家布局综合比较可以看出,中国、美国和印度是磷肥生产和消费的主要国家。

(三)欧洲和亚洲是钾肥主要生产区,亚洲和美洲是钾肥主要消费区

1. 世界钾肥生产洲际布局

钾肥生产需要依赖丰富的钾矿资源。2017年世界钾肥生产量达4 487万吨,其中欧洲生产量为1 850万吨,亚洲生产量为1 364万吨,欧洲和亚洲是世界主要钾肥生产区,分别占世界钾肥生产量的41.23%和30.40%(图15)。北美洲钾肥生产量为1 120万吨,占世界钾肥生产量的24.98%;非洲和大洋洲钾肥生产量较小。

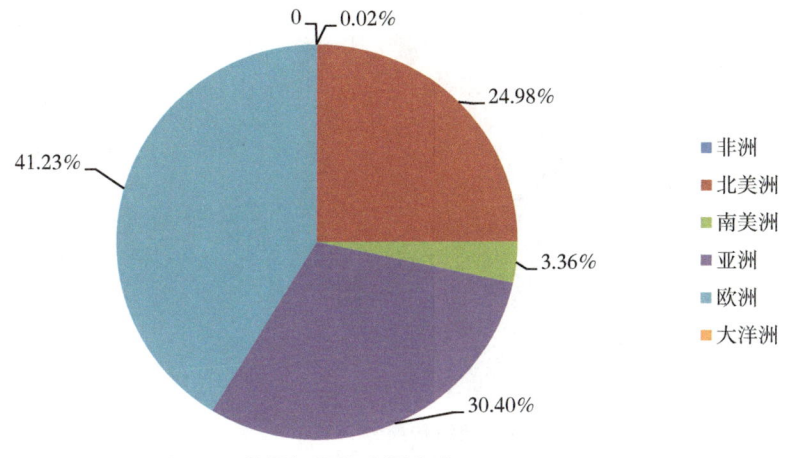

图15 世界钾肥生产量分布

2. 世界钾肥生产排名前十国家

加拿大、中国、俄罗斯、白俄罗斯具有丰富的钾矿资源(图16),是世界上钾肥生产量

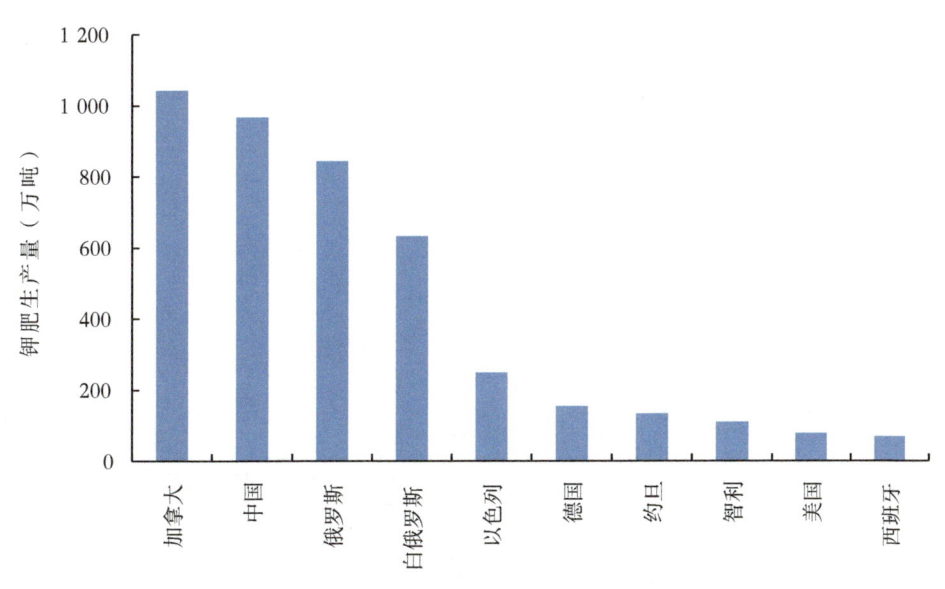

图16 世界钾肥生产量前十国家

排名前四位的国家，远高于其他国家，分别占世界钾肥生产量的23.26%、21.57%、18.81%和14.13%。以色列、德国、约旦、智利、美国、西班牙也有钾肥生产，进入前十名。

3. 世界钾肥消费洲际布局

2017年世界钾肥消费量达3 928万吨，其中亚洲消费量高居世界第一，为2 038万吨，占世界钾肥消费量的51.88%（图17）。北美洲和南美洲为723万吨和642万吨，占世界的18.40%和16.35%，居世界第二和第三位。欧洲钾肥消费量为395万吨，占世界钾肥消费量的10.08%。

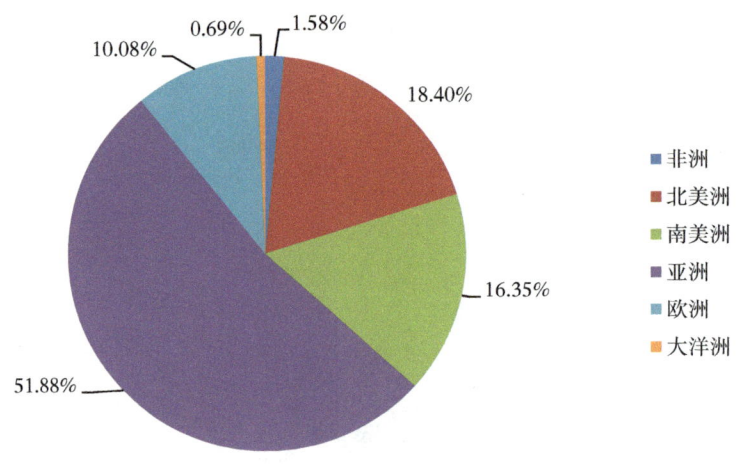

图17　世界钾肥消费量分布

4. 世界钾肥消费排名前十国家

2017年中国钾肥消费量近1 952万吨，是世界范围内钾肥消费量最高的国家，是排名第二位美国和第三位巴西国家的3倍以上（图18）。印度、印度尼西亚排名第四和第五

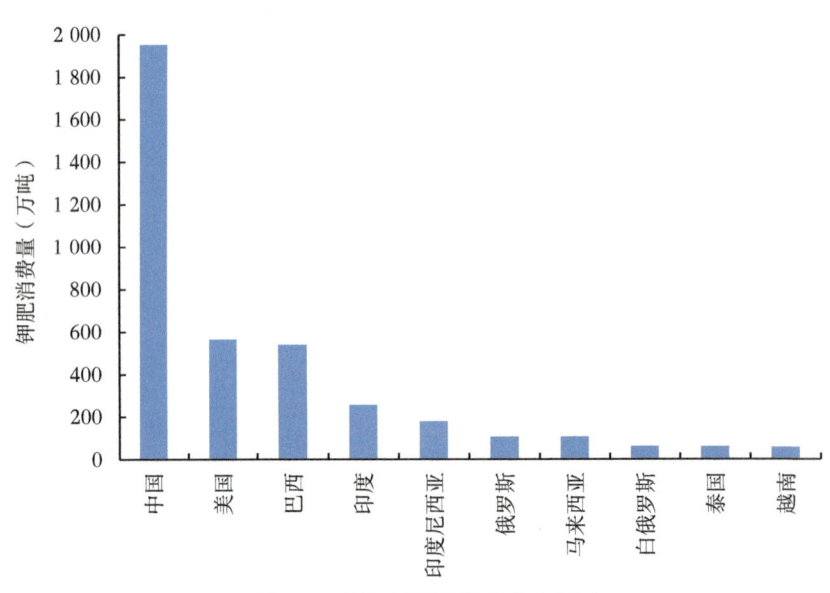

图18　世界钾肥消费量前十国家

位，但是钾肥消费量远低于以上国家。欧洲生产的钾肥一部分除满足自身需求外，很大一部用于出口。亚洲是钾肥生产和消费大国，很大程度上依赖进口。加拿大钾肥的生产主要用于出口。中国钾肥生产和消费并重。

三、国际贸易格局分析

（一）化肥进出口量长期波动增长，近期有下降趋势

据 FAO 数据显示，1961—2014 年以来世界范围内化肥进口量与出口量（折纯量）整体呈现波动增长趋势，2015 年以后进出口量有降低趋势（图19）。在 1961—1997 年两者基本持平，出口量普遍稍高于进口量，年均进出口差值为 44.93 万吨。1998 年后，世界化肥进口量转而高于出口量，年均进出口差值为 636.88 万吨，并且随着时间的推移，两者差值有增大趋势。2009 年由于受经济衰退影响，农作物和化肥价格下滑，导致农民在农资方面投资有限，由此引致肥料需求疲软，2009 年全球化肥进口量、出口量均出现了大幅度下滑。7 种主要化肥产品的贸易量比 2008 年下降了 16%，中国钾肥进口极度疲软。2010 年后，随着经济复苏，化肥进出口量逐渐恢复性增长，持续到 2014 年，之后呈现出下降趋势。

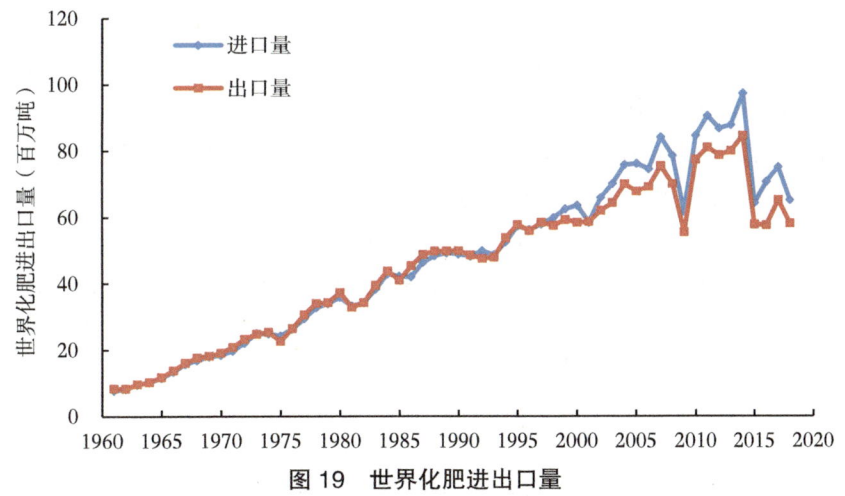

图19 世界化肥进出口量

数据来源：FAO 数据库，2018 年数据为预估数据

（二）化肥贸易额历经平稳—缓慢—快速增长转而下降过程

2011 年以前全球范围内化肥进出口贸易额整体呈现逐年增加趋势，两者变化较为一致（图20），2011 年以后转而下降，分阶段来看：

1961—1970 年，全球化肥贸易流通不强，进口贸易额基本保持在 7.97 亿~13.83 亿美元，年均进口贸易额 10.92 亿美元，年均增长额仅为 0.49 亿美元；出口贸易额在 6.06

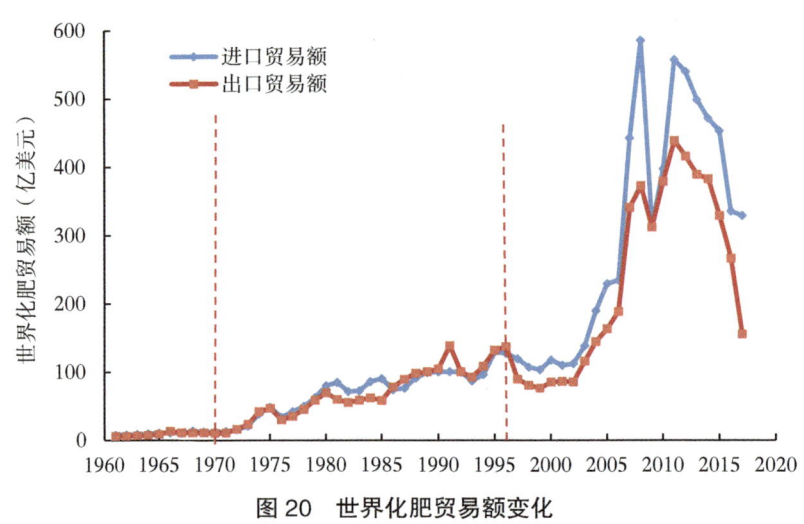

图 20 世界化肥贸易额变化

数据来源：FAO 和 UN Comtrade

亿~13.78 亿美元，年均贸易额为 9.46 亿美元，年均增长额为 0.53 亿美元。

1971—1996 年全球化肥贸易额发展呈现小幅波动快速上升趋势，进口贸易额在 13.30 亿~129.00 亿美元，年均贸易额为 72.80 亿美元，年均增长额为 4.43 亿美元；出口贸易额在 10.99 亿~137.58 亿美元，年均贸易额为 71.32 亿美元，年均增长额为 4.88 亿美元。

1997—2002 年，进出口贸易额基本平稳，2002 年后，全球化肥进出口贸易额大幅度增加，进口贸易额在 139.00 亿~586.44 亿美元，年均贸易额为 375.82 亿美元，年均增长额为 35.16 亿美元。2002 年后全球化肥出口贸易额在 116.04 亿~439.33 亿美元，年均出口贸易额为 297.04 亿美元，年均增长额为 27.67 亿美元。

1997 年后，全球化肥贸易进口额一直高于出口额，差值在 1.65 亿~212.67 亿美元。2009 年由于受金融危机等影响，进出口贸易额大幅度下滑，两者贸易额基本平衡。2010 年、2011 年两年化肥贸易额增长迅速，之后处于下降趋势，并且发现化肥进口贸易额高于出口贸易额，两者差值呈现扩大趋势。

（三）世界氮肥贸易额前期周期性增长后期波动加大

世界氮肥贸易额变化与化肥贸易整体变化趋势较为一致（图 21）。在 1961—1970 年期间，氮肥贸易额基本平稳，1971—1996 年期间在波动中呈现平稳上升趋势，经过 1997—2002 年过渡期后，化肥进出口贸易额快速上升，进口贸易年均增长额在 18.29 亿美元，出口贸易年均增长额为 14.36 亿美元。受金融危机等影响，2009 年氮肥进出口贸易额处于低谷期，之后转而上升，2012 年达到高峰，之后下降较快。在 1986—1996 年期间，氮肥出口贸易额高于进口贸易额，而多数年份氮肥进口贸易额高于出口贸易额，尤其是在 2006 年以后更为突出。

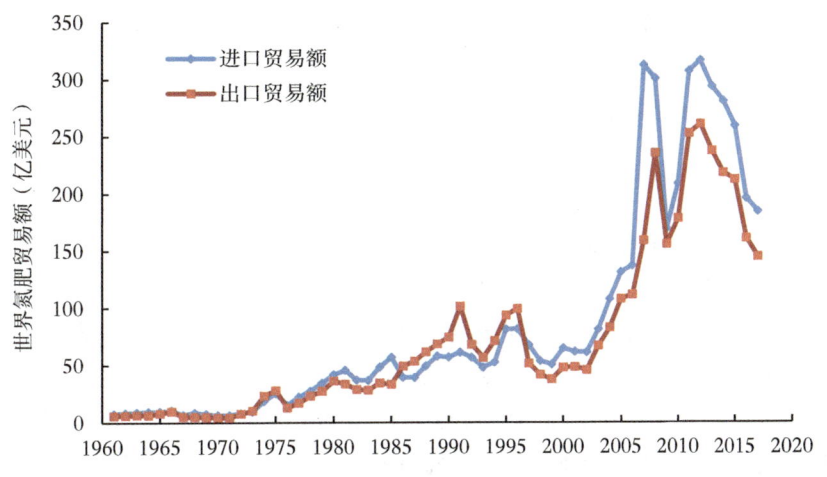

图 21　世界氮肥贸易额变化

数据来源：FAO 和 UN Comtrade

（四）磷肥贸易额整体波动频繁后期有下降趋势

1961—1983 年全球磷肥进口贸易额处于上行期，贸易额在 0.23 亿~13.83 亿美元，年均贸易额为 4.88 亿美元；1984—2001 年期间处于下行期，贸易额在 6.43 亿~13.01 亿美元，年均贸易额为 8.85 亿美元（图 22）。2002 年之后经过 5 年平稳增长过渡期后，2008 年达到峰值，2009 年又减少到常年水平（14.00 亿美元），2010 年、2011 年两年上升到峰值，达 32.68 亿美元，之后处于下降周期。

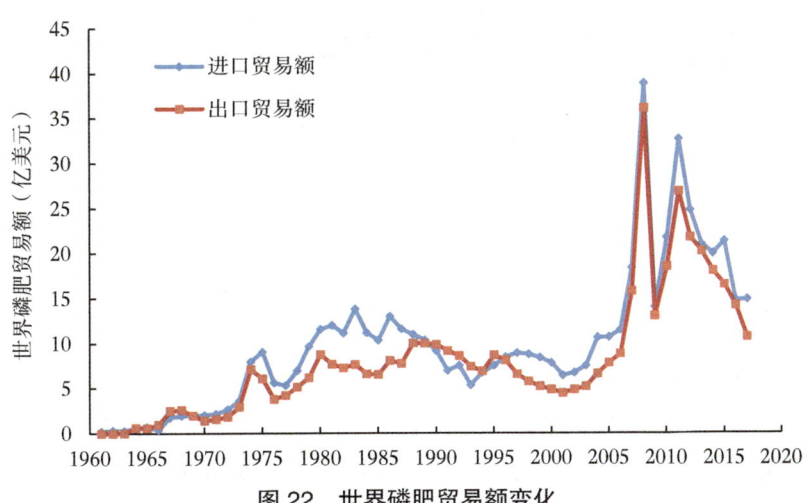

图 22　世界磷肥贸易额变化

数据来源：FAO 和 UN Comtrade

全球磷肥出口贸易额在 1961—1995 年期间一直处于平稳波动增长期，1996—2001

年处于缓慢下降趋势，2002年以后转而上升，2007年、2008年直线上升，达到峰值后，2009年迅速下降，之后快速上升，2011年达到峰值，之后处于下降周期。多数年份磷肥出口贸易额低于磷肥进口贸易额。

（五）钾肥贸易额前期平稳后期波动较大

全球钾肥进出口贸易额在2000年以前长期处于平稳上升趋势，年际变化范围不大，均在50亿美元以下（图23）。由于2001年中国正式加入世贸组织后，加强了与其他国家的贸易伙伴关系，促进了化肥贸易，钾肥的进出口贸易呈现快速上升趋势，在2008年达到峰值，进出口贸易额分别为247.20亿美元和166.92亿美元。2009年由于受金融危机影响，贸易额下降了近一半，进出口贸易额分别为130.94亿美元和102.62亿美元，之后转而上升。2011年达到高峰之后处于下降趋势。由于全球钾肥矿产资源的分布不均，全球钾肥的进口贸易长期高于出口贸易。

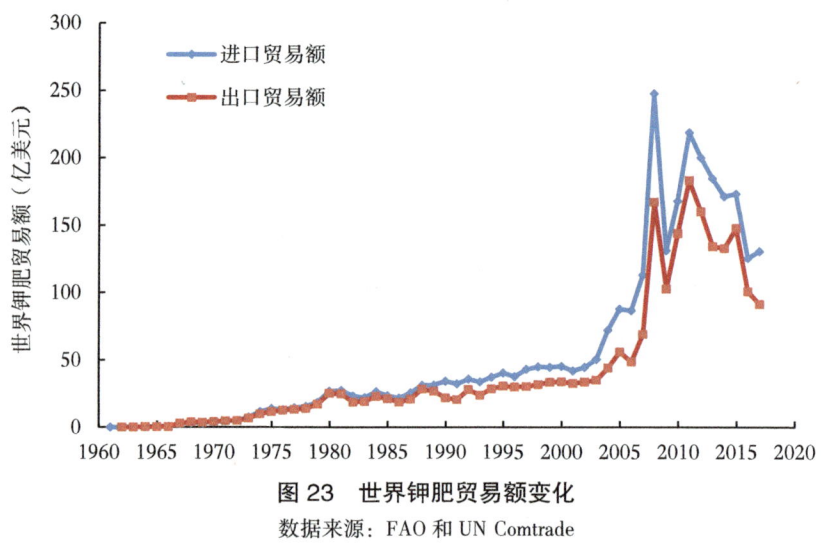

图23　世界钾肥贸易额变化

数据来源：FAO 和 UN Comtrade

（六）美洲、亚洲和欧洲是氮肥主要进出口贸易区

1. 世界氮肥进口贸易额洲际分布

1961—2017年期间，世界氮肥累计进口贸易额达4 788.29亿美元，年均进口贸易额为84.01亿美元，其中美洲、亚洲和欧洲累计进口贸易额分别为1 484.37亿美元、1 465.70亿美元和1 414.55亿美元，分别占总进口贸易额的31.00%、30.61%和29.50%，美洲、亚洲和欧洲是氮肥主要进口贸易区域（图24）。大洋洲和非洲仅占世界总体进口贸易水平的2.87%和6.03%。

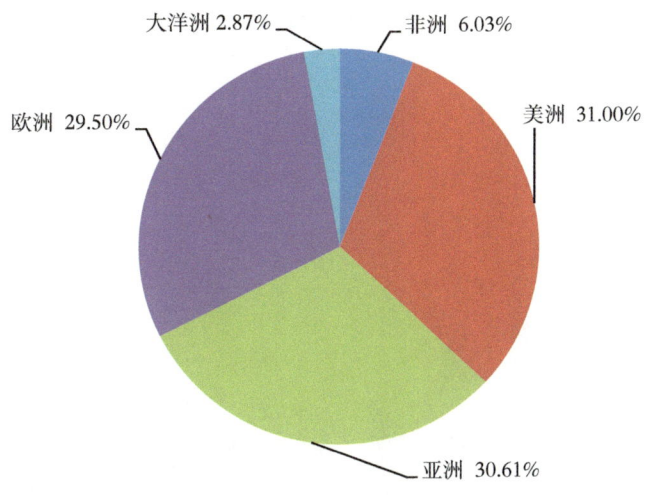

图 24　世界氮肥累计进口贸易额分布

数据来源：FAO 和 UN Comtrade

2. 世界氮肥出口贸易额洲际分布

1961—2017 年期间，世界氮肥出口贸易额累计为 4 067.70 亿美元，其中欧洲出口贸易额累计为 2 117.64 亿美元，占世界氮肥出口总贸易额的 52.06%，是氮肥第一大出口贸易洲（图 25）。其次为亚洲，累计氮肥出口贸易额为 1 053.13 亿美元，占世界氮肥贸易出口额的 25.89%。排名第三的是美洲，累计氮肥出口贸易额为 745.20 亿美元，占世界总氮肥贸易额的 18.32%。

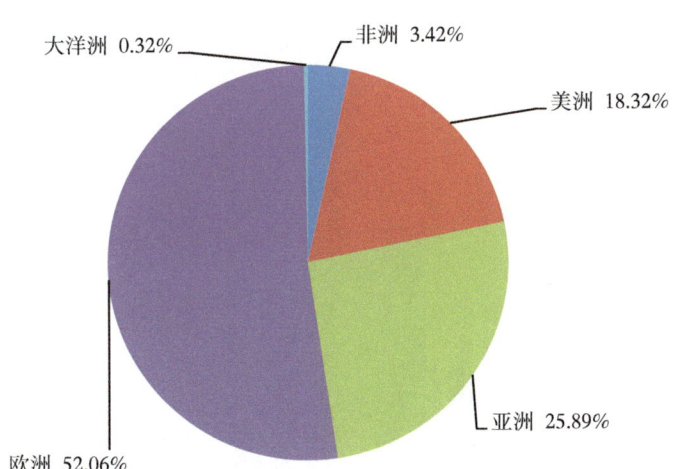

图 25　世界氮肥出口累计贸易额分布

数据来源：FAO 和 UN Comtrade

3. 世界氮肥进口贸易额排名前十国家

从 2017 年世界主要国家氮肥进口贸易额排名来看，美国氮肥进口贸易额达 22.91 亿美元，排名世界第一（图 26）。巴西和印度氮肥进口贸易额分别为 19.70 亿美元和 14.10

亿美元，排名第二和第三位。其次为土耳其、墨西哥、澳大利亚、德国等国家，氮肥进口贸易额在 4.39 亿~8.50 亿美元。

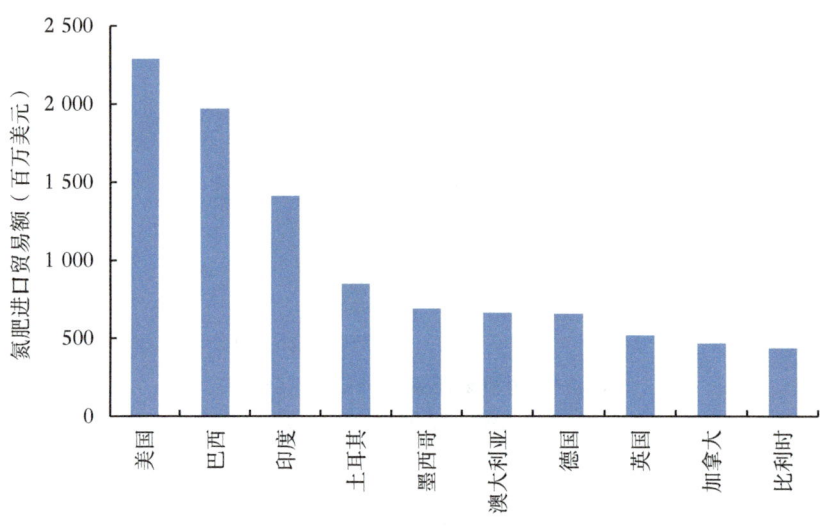

图 26　世界氮肥进口贸易额前十国家

4. 世界氮肥出口贸易额排名前十国家

2017 年世界主要国家氮肥出口贸易额排名第一位的是俄罗斯，达 23.37 亿美元（图 27）。中国排名第二位，氮肥出口贸易额达 19.39 亿美元。荷兰、埃及、比利时等国家氮肥出口贸易额在 10.92 亿美元、9.74 亿美元和 8.48 亿美元，分别位于第三、第四和第五位。其他国家均在 8 亿美元以下。

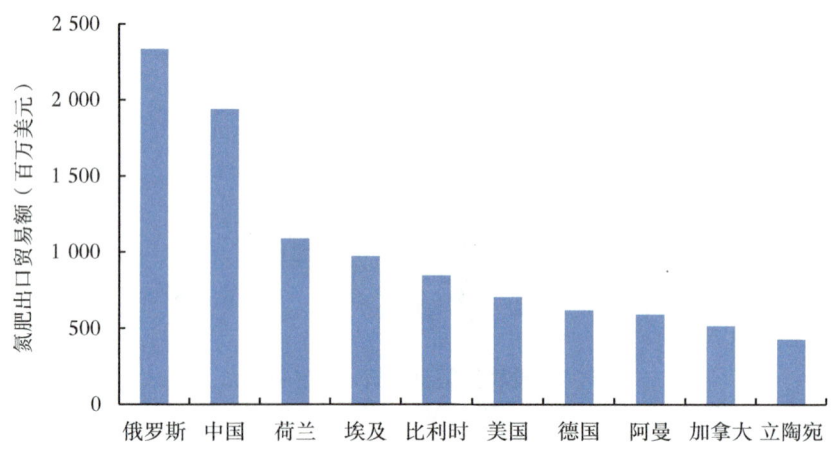

图 27　世界氮肥出口贸易额前十国家

（七）亚洲、欧洲和美洲是磷肥进口贸易区，非洲磷肥出口占比较高

1. 世界磷肥进口贸易额洲际分布

1961—2017 年期间世界磷肥进口贸易额累计为 560.97 亿美元，其中亚洲、欧洲和美洲磷肥进口贸易额排名前三，分别为 189.72 亿美元、166.66 亿美元和 163.97 亿美元，占世界总进口贸易额的 33.82%、29.71% 和 29.23%（图 28）。

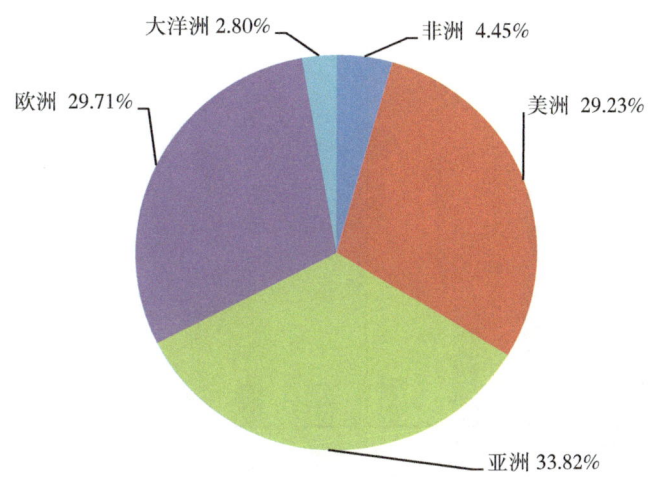

图 28　世界磷肥进口贸易额分布

数据来源：FAO 和 UN Comtrade

2. 世界磷肥出口贸易额洲际分布

1961—2017 年期间，世界累计磷肥出口贸易额达 460.48 亿美元（图 29）。其中由于非洲磷矿产资源丰富，磷肥出口贸易额为 171.30 亿美元，占世界磷肥出口贸易额的

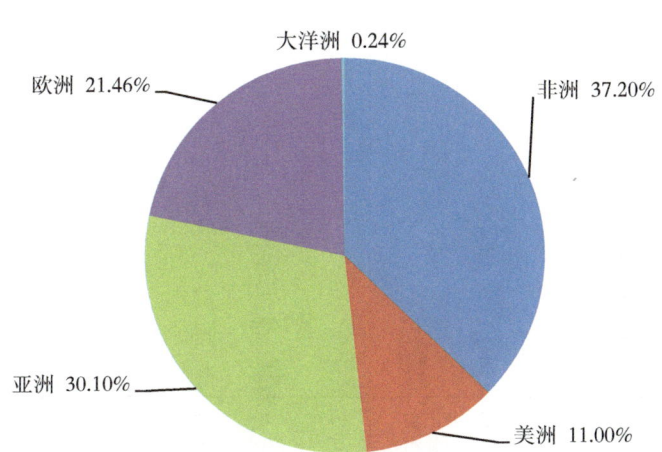

图 29　世界磷肥出口贸易额分布

数据来源：FAO 和 UN Comtrade

37.20%，为第一大磷肥出口洲。其次为亚洲，磷肥出口贸易额为138.60亿美元，占比为30.10%。欧洲和美洲分别排名第三和第四位，磷肥出口贸易额分别为98.82亿美元和50.65亿美元，占比为21.46%和11.00%。

3. 世界磷肥进口贸易额排名前十国家

2017年世界主要国家磷肥进口贸易额主要集中在印度尼西亚和巴西，贸易额分别达4.09亿美元和3.33亿美元（图30）；美国磷肥进口贸易额达0.97亿美元，排名第三。其他国家磷肥进口贸易额在0.7亿美元以下。

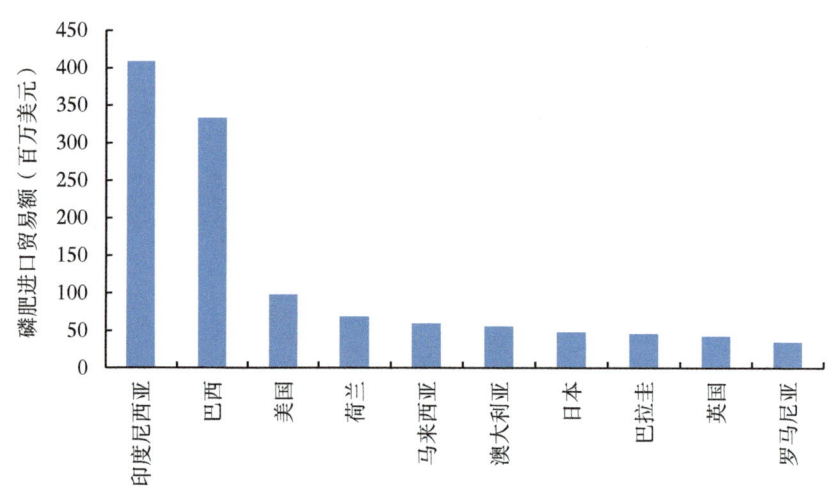

图30　世界磷肥进口贸易额前十国家

4. 世界磷肥出口贸易额排名前十国家

2017年中国是磷肥出口贸易大国，贸易额达4.15亿美元，远远高于其他国家（图31）。

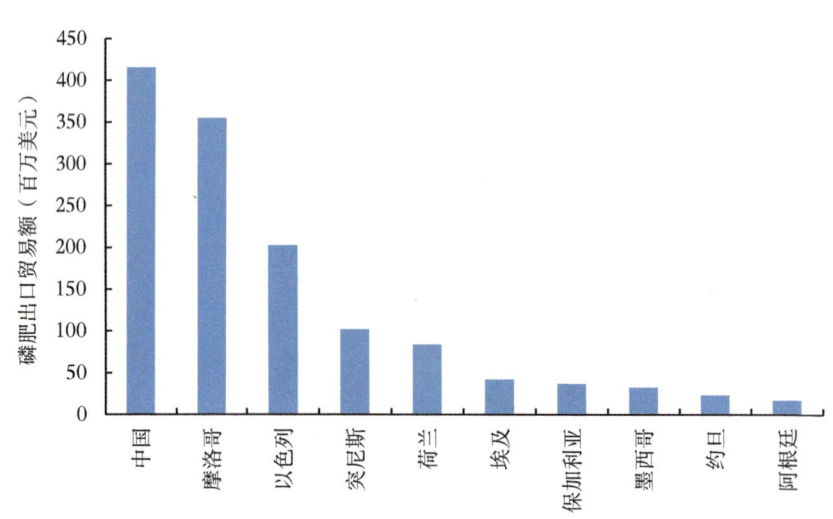

图31　世界磷肥出口贸易额前十国家

摩洛哥磷肥出口贸易额排名第二，为 3.55 亿美元。以色列磷肥出口贸易额排名第三，为 2.12 亿美元。突尼斯磷肥出口贸易额排名第四，贸易额达 1.02 亿美元。荷兰、埃及、保加利亚、墨西哥、约旦、阿根廷国家磷肥出口贸易额也进入世界前十名，磷肥出口贸易额在 1 亿美元以下。

（八）美洲是钾肥进出口贸易核心区，亚洲钾肥依赖进口，欧洲钾肥用于出口

1. 世界钾肥进口贸易额洲际分布

1961—2017 年期间世界钾肥进口贸易额累计为 3 048.33 亿美元，其中亚洲和美洲钾肥进口贸易额为 1 162.02 亿美元和 1 127.27 亿美元，占世界钾肥进口贸易额的 38.12% 和 36.98%，位列前两位（图 32）。排名第三的是欧洲，钾肥进口贸易额累计为 631.00 亿美元，占比为 20.70%。

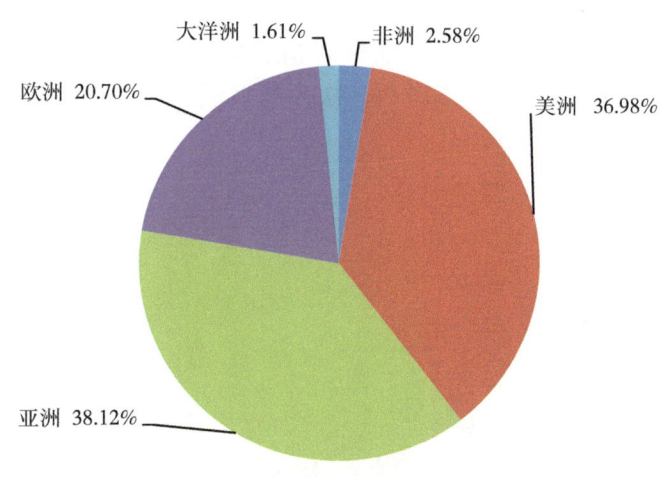

图 32 世界钾肥进口贸易额分布

数据来源：FAO 和 UN Comtrade

2. 世界钾肥出口贸易额洲际分布

1961—2017 年期间，钾肥出口贸易额累计为 2 327.64 亿美元。由于欧洲和美洲钾矿产资源丰富，钾肥出口份额也主要来自欧洲和美洲，其中欧洲钾肥出口贸易额累计为 1 168.71 亿美元，占比高达 50.21%（图 33）；美洲钾肥出口贸易额累计为 1 028.82 亿美元，占比为 44.20%。亚洲排名第三，钾肥出口累计贸易额累计为 124.30 亿美元，仅占世界的 5.34%。与钾肥进口贸易布局相比，美洲既是钾肥的进口洲域，又是钾肥的出口洲域。亚洲钾肥主要依赖进口，欧洲钾肥主要用于出口。

3. 世界钾肥进口贸易额排名前十国家

美国、巴西和中国是世界钾肥进口贸易额排名前三位的国家，2017 年进口贸易额分别达 26.12 亿美元、24.38 亿美元和 17.64 亿美元，印度、印度尼西亚、马来西亚 3 个亚

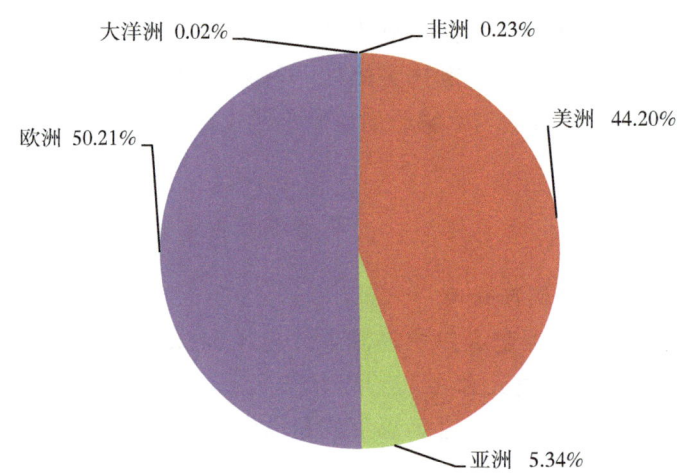

图 33　世界钾肥出口贸易分布

数据来源：FAO 和 UN Comtrade

洲国家分别排名第四、第五和第六位，钾肥进口贸易额在 10.80 亿美元和 10.19 亿美元，与前三名国家贸易额相差较大（图 34）；其次为马来西亚、比利时、荷兰、波兰和日本，钾肥进口贸易额在 5 亿美元以下。

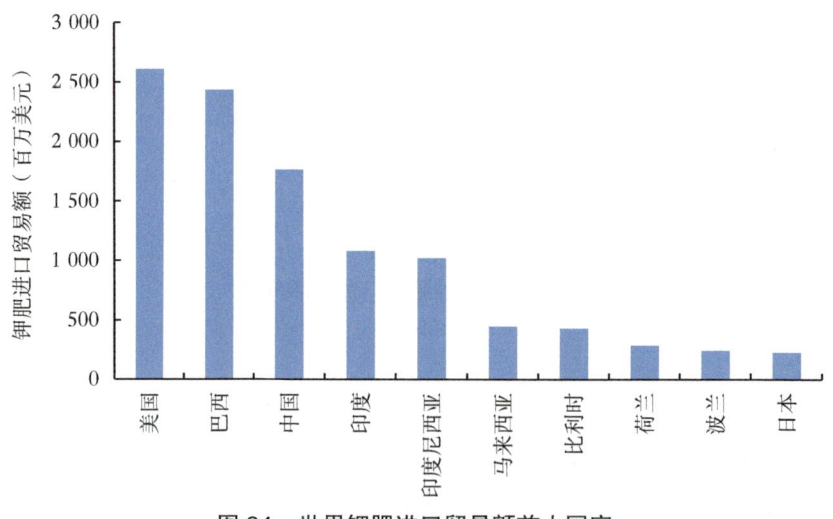

图 34　世界钾肥进口贸易额前十国家

4. 世界钾肥出口贸易额排名前十国家

世界范围内加拿大的钾矿资源充足，钾肥公司产能较高，其钾肥出口贸易额近 40 亿美元，是排名第二位俄罗斯的近 2 倍（图 35）。美国、约旦、智利、荷兰、西班牙、比利时、中国和瑞典也有一定的钾肥出口，出口贸易额在 0.45 亿~7.94 亿美元，进入世界排名前十国家。

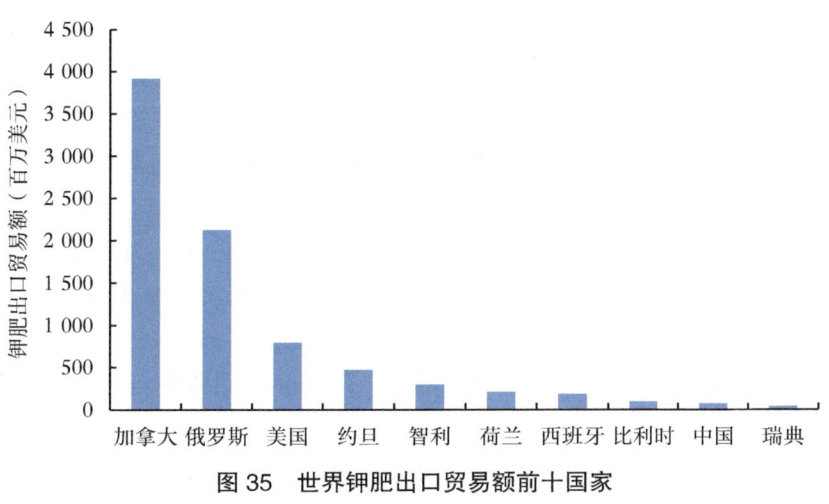

图 35 世界钾肥出口贸易额前十国家

四、国际价格走势与演变

（一）化肥价格年度变化前期平稳上升后期波动下降

全球化肥价格波动频繁，以 2008 年为分水岭，2008 年前呈现稳步上涨趋势，2008 年后整体呈现波动下降趋势（图 36）。除 2009 年磷酸二铵价格低于氯化钾外，其余年份均高于其他肥料。受金融危机等因素影响，尿素、磷酸二铵、重过磷酸钙和氯化钾价格均在 2008 年呈现突涨，之后 2009 年价格骤降，2010 年、2011 年价格又转而高于 2009 年，3 年期间价格波动幅度较大。2000—2007 年 4 种肥料价格基本处于缓慢上升趋势，价格变化幅度相对平稳。与 2000 年肥料价格相比，2007 年磷酸二铵、重过磷酸钙、尿素和氯化钾价格分别从 154 美元 / 吨、138 美元 / 吨、101 美元 / 吨、123 美元 / 吨上涨到 432.5 美元 / 吨、339.1 美元 / 吨、309.4 美元 / 吨和 200.2 美元 / 吨，分别上涨了 1.8 倍、1.5 倍、

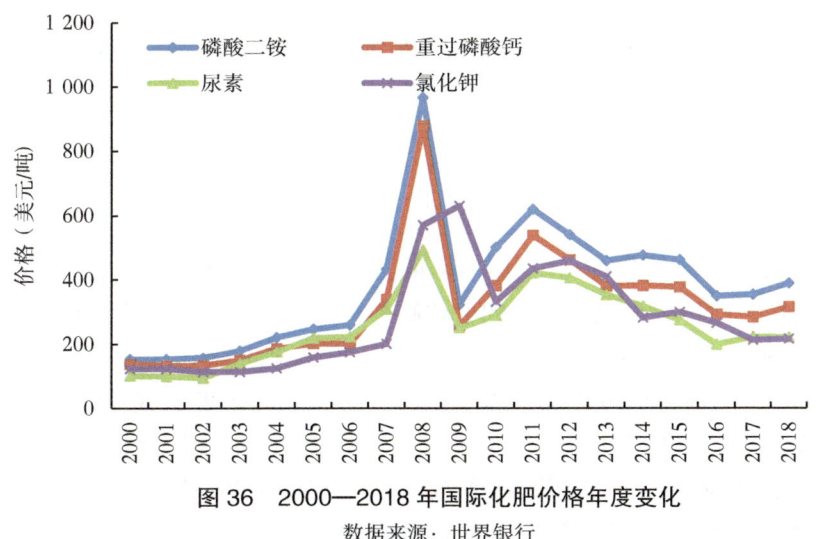

图 36 2000—2018 年国际化肥价格年度变化

数据来源：世界银行

2.1倍和0.6倍,年均分别增长25.7%、21.4%、30%和8.6%,磷酸二铵、重过磷酸钙、尿素涨幅较大。2008年以后磷酸二铵、重过磷酸钙、尿素和氯化钾4种肥料价格与2007年相比,又分别上涨了1.2倍、1.6倍、0.6倍和1.8倍,出现异常高价。

排除2008—2009年异常价格,2011年4种肥料的价格达到高峰。金融危机过后,从2011年开始,磷酸二铵、重过磷酸钙、尿素和氯化钾4种肥料价格又整体呈现下降趋势,分别从618.9美元/吨、538.3美元/吨、421.0美元/吨、435.3美元/吨下降到2018年的390.0美元/吨、315.0美元/吨、220.0美元/吨、216.0美元/吨,分别下降了37.0%、41.5%、47.7%和50.4%,年均下降幅度为5.3%、5.9%、6.8%和7.2%,价格波动较2008年以前幅度较大。虽然有下降趋势,但是4种肥料价格几乎全部高于2006年价格水平。

从世界化肥价格指数(2000年=100)年度变化(图37)同样可以看出,化肥价格指数也以2008年为界,前期表现出稳步增长趋势,2008年以后呈现下降趋势,但是仍然高于2006年价格水平,处于高位运行。

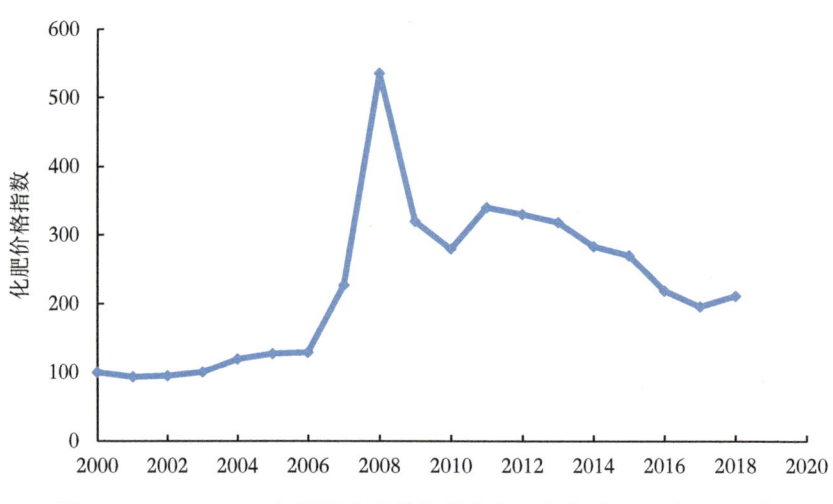

图37　2000—2018年国际化肥价格指数年度变化(2000年=100)

数据来源:世界银行

(二)化肥价格月度变化呈现季节性波动

对尿素、磷酸二铵和氯化钾2010年以来的月度价格进行统计,结果(图38)发现,每一年不同月份化肥的价格也呈现不同的变化趋势,具有一定的周期性。尿素价格变化相对较为频繁。2010年4—12月、2011年4—9月、2012年1—5月、2012年12月—2013年2月、2013年10月—2014年2月、2014年6—9月、2015年5—6月、2016年9月—2017年2月、2017年7—11月、2018年1—3月尿素价格均呈现上涨趋势。从近期化肥市场价格来看,由于化肥新产能将陆续上线,2017—2018年3月期间化肥需求量适中,化肥市场呈现供大于求局面。2017年10月,由于中东地区、阿尔及利亚、印度尼西亚和委内瑞拉的尿素生产中断，以及其他地方的延迟启动，同时，加上矿物燃料等能源生产成本上升，特别是煤炭和天然气价格的上涨以及中国因保护环境，尿素生产厂家落后产能的淘汰，产能逐渐降低，尿素价格在第四季度临时飙升。2018年第一季度，随着生产恢复和新产能进入市场，以及美国新的国内产能取代进口，美国的尿素进口量继续下降，在进口需求疲软的情况下，与2017年第四季度相比，2018年第一季度尿素价格随后回落，价格下跌了6%。

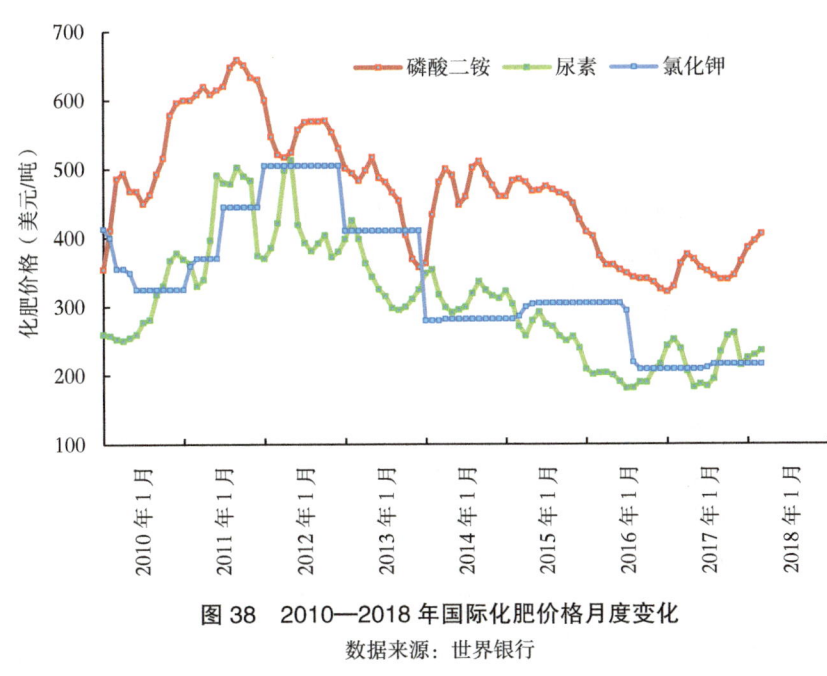

图38　2010—2018年国际化肥价格月度变化
数据来源：世界银行

磷酸二铵从2010年1月开始，除了2010年5—7月出现下降外，直到2011年9月呈现价格上扬趋势。之后受到市场过剩不断加剧压制，自2011年开始，国际市场磷酸二铵价格重心逐步下移，进入缓慢的长期下降通道，一直到2014年2月价格才转而上升，虽有波动，但相对平稳。2015年7月—2017年1月，价格又呈现长期的下降趋势。之后在需求强劲、新产能增长速度缓慢、低能厂家淘汰关闭、供应缩减和成本上升的情况下，推高了价格上涨的压力。2017年2月，进入新的波动上涨周期。由于供应紧张和较高的成本投入，磷酸二铵价格在2018年第一季度价格维持在400美元/吨左右，上涨了13%。由于未来产能扩张速度大于需求，全球磷肥市场过剩程度将持续加剧。受此影响，预计未来国际市场磷酸二铵价格主要在400~500美元/吨波动。

氯化钾价格变化呈现阶梯性。2010年1—6月呈现下降趋势，之后保持平稳，2011年1月—2012年1月，氯化钾价格由325美元/吨阶梯性上涨到505美元/吨，一年期间上涨了55.4%。受到市场供给过剩加剧的压制，2011年开始国际市场氯化钾价格逐步回落。2013年7月Uralkali退出BPC联盟，加快了国际钾肥价格的跌势，下降到410美元/吨，2014年保持在280~282美元/吨，2015年1月—2016年7月价格变化不大，2016年8月之后又下降到209~216美元/吨，下降了近100美元/吨。目前，氯化钾价格基本保持平稳。近期新项目交付量低于预期，供应约束使市场相对紧缩。同时，由于主要钾肥企业加快了扩张步伐，2018年新增产能即将投入实现，尤其是在加拿大和俄罗斯，预计2018年之后全球潜在过剩量将超过1 300万吨，过剩程度高达33%，钾肥市场仍将保持盈余。另外，自2014年全球50%左右的钾肥产量出口离岸成本在125美元/吨之下，且主要钾肥企业正通过各种方式降低生产成本，其中Uralkali成本已降至60美元/吨上下，产量占到全球总量的25.3%。因此，未来国际市场钾肥价格仍有较大的下行压力与空间，预计未来几年价格重心在200~300美元/吨之间波动。

五、国际价格演变原因

影响化肥价格变化的因素是多方面的，主要体现在供需变化、生产成本、农产品价格牵制、国家政策引导、气候条件、运输成本等方面。

（一）供需平衡关系的影响

化肥价格由市场供需形势主导。由于化肥生产装置的购置或改善、闲置产能的重新启动以及开工率的增长，极大增加了化肥生产潜能、化肥供给量增加。化肥的下游行业主要是农业，农业种植面积、单位面积施肥量（施肥水平）对化肥需求量有直接的影响，供给与需求的变化以及是否平衡影响着化肥价格的变异。

世界化肥价格指数（2000年=100）与基于化肥生产量和消费量的化肥产销平衡之间存在显著的相关性（r=0.67，图39）。化肥产销平衡为负值，说明生产量相对紧缺，化肥价格偏高。产销平衡为正值，说明化肥产品有盈余，供应充足，化肥价格相对偏低。从世界化肥生产、消费、进出口数据，计算得出每年化肥总的供需平衡状况来看，全球化肥折纯量一直呈现供大于求的局面。由于需求动力不足，影响价格下跌波动。

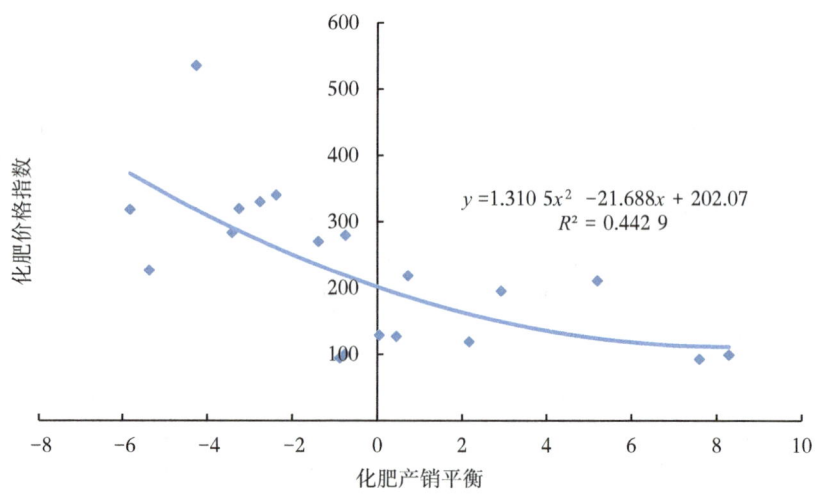

图39 世界化肥价格指数与产销平衡相关性

（二）上游能源限制、原料等生产成本增加

随着全球性农产品、能源资源等原料产品以及劳动力价格的上涨，化肥企业进入高成本时代。化肥的上游行业主要是煤炭、天然气、磷矿、硫磺和钾矿等，上游原料的价格对化肥生产成本具有直接影响。煤炭、天然气既是氮肥生产所必需的能源又是不可缺少的原料。就全球而言，氮肥生产以天然气为主要原料，而中国氮肥企业面临天然气成本较高与用气量限制的问题，煤炭占比高达70%，天然气占比仅为30%，原油类产品相对较少。天然气供应紧张也是以天然气为原料的氮肥企业长期以来生产和发展中的突出矛盾。同时，油类化肥企业的退出使国际化肥价格不断上升。2004年以来，国际天然气价格只上升了14.3%，而国际油价已从每桶30多美元上升到70多美元。国际油价的成倍上升已迫使全球45%的以石油为原料的油类化肥企业退出，同时煤炭价格的上升也抑制了以煤炭为原料的化肥企业的扩张，而以天然气为原料的化肥企业具有成本优势。但气类企业受资源条件限制且新建周期长，短期内也很难大量增产，多重原因导致化肥供需失衡，价格出现波动。

经过统计原油、煤、天然气等能源价格，发现能源价格变化也比较频繁，进一步影响着化肥的价格（图40）。2000—2008年原油价格持续上涨，2009年由于金融危机等外界环境影响，价格下跌，之后又快速上升到2013年，2014—2016年转而下降，但价格仍处于高位，并且预计仍将高位缓慢增长。从近期原油价格变化可以看出，原油价格在2018年第一季度上涨了10%，平均为64.6美元/桶。与2016年初价格（约25美元/桶）相比，上涨了一倍多。继2017上半年疲软之后，下半年油价大幅上涨。强劲的石油消费增长和超过预期的欧佩克（石油输出国组织）和非欧佩克生产者遵守其一致的产量削减有助于减少库存，特别是在美国。目前石油库存仅比5年平均水平高出3 000万桶。在2018第一季度，油价持续上涨，Brent原油价格在1月略高于70美元/桶。4月价格进一步上

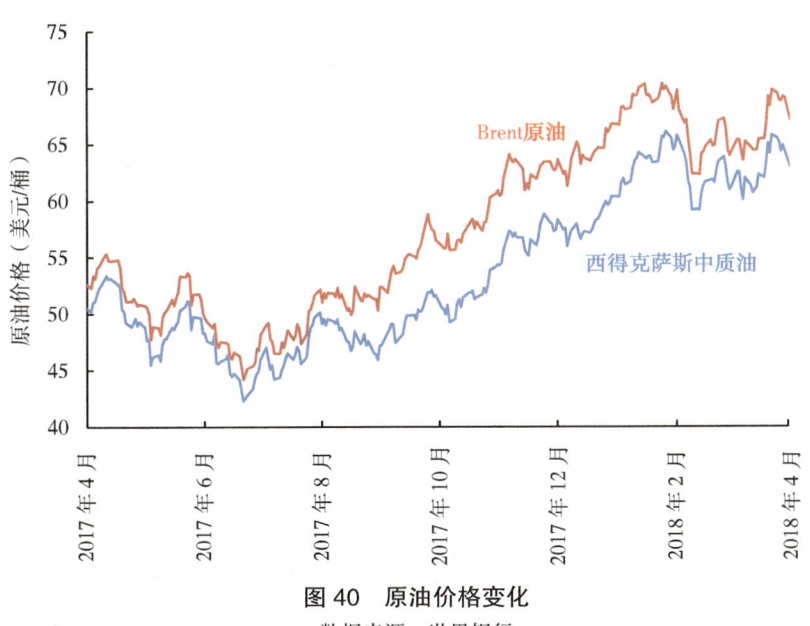

图40　原油价格变化

数据来源：世界银行

涨超过74美元/桶，这是自2014年11月以来的最高水平。

从煤价和天然气价格变化（图41）可以看出，从2010年1月至2011年1月，澳大利亚煤价格呈小幅上升，之后一直到2016年6月，煤价呈缓慢下降趋势，截至目前，一直保持价格增长趋势，接近2011年11月水平。日本、欧洲和美国的天然气价格在2010年1月—2014年1月波动增长趋势后，至2016年1月呈现下降趋势，但是近两年持续上扬，天然气价格上升趋势明显。

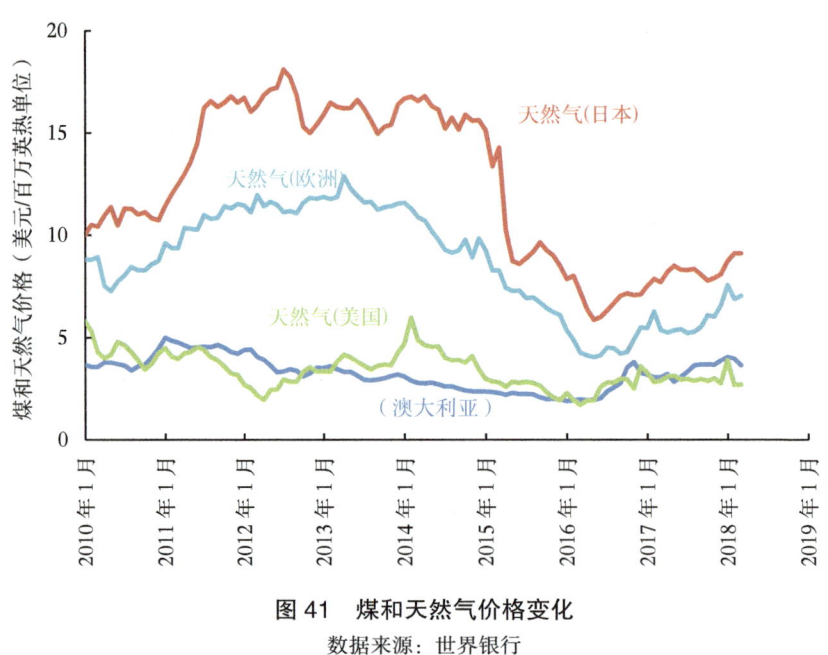

图41 煤和天然气价格变化

数据来源：世界银行

从化肥价格指数与能源价格指数（2000年=100）两者的关系（图42）同样可以看

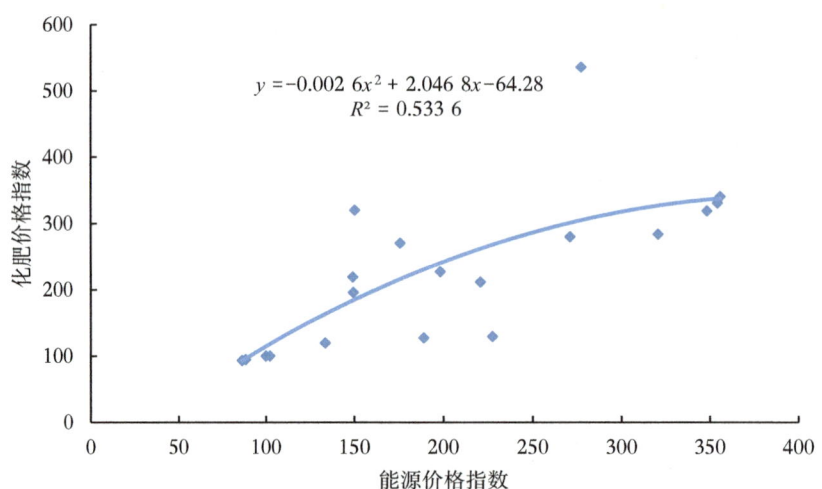

图42 化肥价格指数与能源价格指数关系

出，两者之间存在显著的一元二次函数关系（r =0.73），即随着能源价格的提升，化肥价格上扬。

另外，磷矿与硫磺是磷肥的主要生产原料，中国磷矿资源储量较高、硫磺资源缺乏，硫磺价格起伏对化肥行业的影响很大。钾矿主要分布在加拿大、俄罗斯等国，加之中国自身钾肥产能较低，中国钾肥的进口依存度很高，钾矿价格波动将直接影响化肥企业的生产成本。同时，化肥生产需要占用大量能源，工农业相互竞争能源，使能源供应更趋紧张，化肥价格因此大幅上升，而工业的发展使众多化肥企业生产质量向国际水平接轨，使国内化肥供应紧张局面进一步加剧，行业因此进入成本高峰期。

（三）农产品价格变化的连锁效应

农产品价格大幅波动引起农民收益高低的变化。农产品价格的上涨将提高农民的种粮积极性，增加对农业的投入，拉动用肥量迅速增长，利好化肥市场。相反，如果农产品价格下降，农民种地收益不明显，影响农业生产积极性，农民会减少种植面积和农业投入，导致化肥需求量不足，化肥市场低迷。统计2010年以来农产品价格变化（图43），谷物、油料和其他农产品价格指数波动变化明显，尤其是2012年7月以后整体呈现下降趋势，一定程度上影响着农民开展农业生产的活力，也降低了化肥需求，影响着化肥市场和价格波动。以中国为例，《全国农产品成本收益资料汇编》的数据显示，2015年中国3种粮食作物（稻谷、小麦、玉米）每亩现金收益为617元，同比下降13.2%，为2011年以来的最低水平。2016年多家化肥企业均提出，农产品价格走低降低了农民购肥的积极性。主要作物的种植收益持续下滑拖累了化肥需求的增长，农产品价格持续探底也压制了化肥行业的景气程度，一定时期内化肥需求的减少进一步影响了化肥价格的低迷。

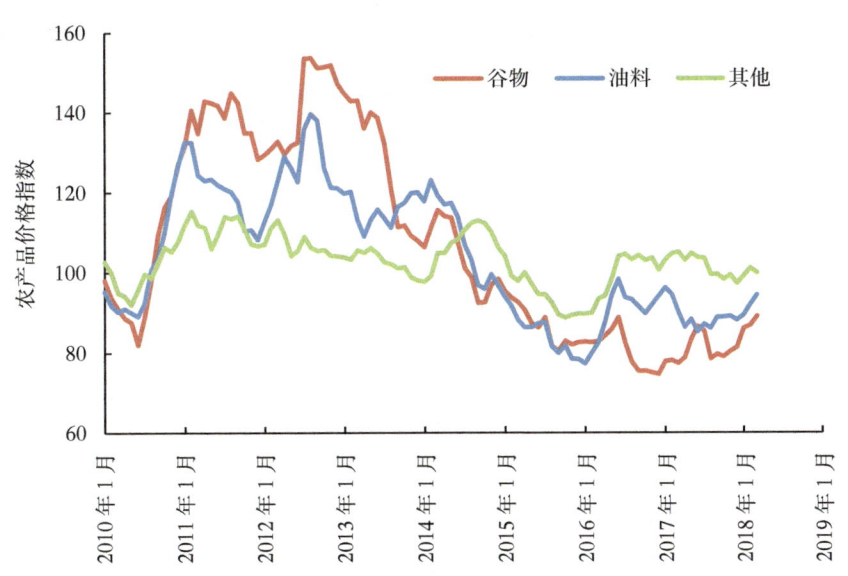

图43　农产品价格指数变化（2010年=100）

数据来源：世界银行

从世界粮食价格指数与化肥价格指数（2000年=100）的相关性（图44）可以看出，两者之间存在显著的幂函数关系（$r=0.96$）。农产品价格指数直接显著影响着化肥价格指数变化，农产品价格越高，化肥价格也越高。

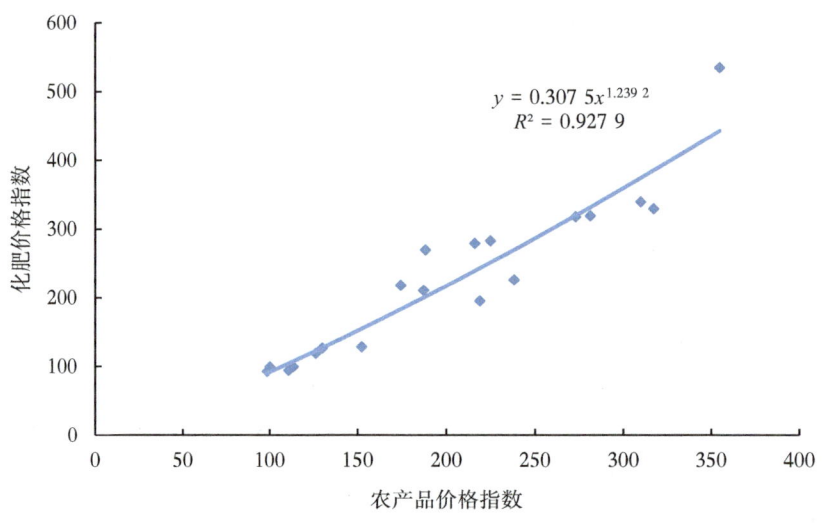

图44　化肥价格指数与农产品价格指数关系

（四）进出口量变化对价格的牵制

国际化肥的进出口拉动了化肥价格的上涨。国际化肥市场的高价格吸引国内生产企业大量出口。世界化肥进出口量呈现快速上升趋势。由于化肥出口增加，导致国内供应减少，供需形势紧张，从而对市场价格攀升起到了推动作用，进一步又推动国际市场价格。2004年以来，美洲和东南亚地区加大了对化肥产品进口的力度，导致全球主要化肥产品价格上涨了约60%。

（五）国家政策的导向

国家对农业的重视有力促进着农业的发展，使农业面临较好的发展机遇，进一步带动化肥行业旺盛的市场需求，提升市场活力，促进化肥价格可能呈现上扬趋势。同时，价格也受政府指导价的限制。中国是主要的化肥生产国和消费国，中国化肥价格的调控对国际化肥价格影响较大。以中国为例，化肥行业的产业政策有利有弊，如尿素设有限价制度，1 650元/吨为最高限价。这不利于化肥企业的发展，但同时配套出台了取消化肥企业增值税，优惠化肥运输以及给化肥企业用天然气价格优惠等有利于化肥企业的措施。在目前2 200元/吨的国际尿素价格下，如果放开尿素价格并取消优惠政策将有利于化肥生产企业。因为放开价格能使价格提升550元/吨，而取消优惠带来的成本增加不过250元/吨。若化肥价格放开，化肥生产企业将获得较大的收益。

另外，国家也会制定适时的化肥生产供应和价格稳定的政策。如发改委、工信部、财政部、中华全国供销合作总社等12部门联合下发了《关于做好2018年春耕化肥生产供应和价格稳定工作的通知》，对保障春耕化肥供应和价格稳定进行了全面部署。强调"做好淡季储备调控"，并明确指出国家将追加安排550万吨化肥淡储任务。化肥淡储对稳定农资市场价格起到了重要作用。

同时，国家的强农惠农政策也影响着化肥价格。国家发布政策增加涉农补贴规模，加快发展现代农业。2009年中国农业补贴已达1 200亿元，相当于每亩地补贴67元，比2008年增加171亿元，增长率达16.6%；2010年农业补贴将进一步增加，补贴范围更广，受益农民更多。同时，提高粮食最低保护价、农资综合直补只增不减、实施土地流转、大力发展农业集约化经营、政策向种粮大户倾斜，这些对化肥市场和化肥价格均起到刺激作用。近年来，随着国家环保政策的严格实施，低产或污染的工厂被迫关闭，化肥生产受到一定影响。同时，国家对科学施肥水平的科学普及，化肥利用效率的提高，以及2015年开始中国化肥"零增长"政策的执行，有机肥替代化肥的实施，加上种植业结构的调整、土地的休耕轮作，化肥增长量受到控制，也影响着化肥的供求关系，进一步影响化肥价格。

（六）季节性生产和气候变异的影响

化肥是常年生产、季节性消费的商品，化肥主要应用于农业生产。农业生产具有季节性，根据农作物的生长周期出现化肥需求的淡旺季，旺季价格走高，淡季价格下滑。适宜的气候会使生产者积极增加作物种植面积，直接拉动作物的生产，并间接影响着化肥的需求量。作物生产旺季化肥需求上涨，化肥价格也会呈现上扬趋势。2008年开始，中国为了保障国内农业对化肥的需求，根据化肥需求的淡旺季制定了氮肥、磷肥的出口关税政策，用肥旺季征收高关税，限制出口；用肥淡季则减少征收比例，鼓励出口。

同时，气候也会影响化肥生产。在一些国家由于受到干旱、洪涝和飓风的影响，生产工厂无法正常开工，暂停生产会导致产能下降，导致化肥市场供需形势紧张，进一步影响化肥价格。

（七）人工及运输成本的增加

人工成本的上涨，导致化肥出厂价格的上涨。流通运输环节的成本也大大抬升了化肥的价格。流通成本是化肥从生产环节进入销售环节所形成的成本，包含了化肥的运输、包装、分类、加工、损耗等环节的费用。在高成本的压力下，磷肥和钾肥生产依赖矿产资源分布，化肥厂址也选择在矿区附近建设，化肥产能也相应集中在富矿区域，而市场需求分散，这样生产出来的化肥产品就要从厂矿区域运输到其他地区和国家。由于原油价格上涨、交通不畅，交通设施不足，必然会产生较高的物流成本。尤其是铁路、港口等运输价格上涨，再加上储存、包装、人工等费用，带动化肥成本提高，拉动化肥价格，将会对整个行业带来打击。中国大多依靠铁路运输，相比美国和目前新兴磷化工国家产能基地多建在物流成本较低的港口沿岸来说，都极大地削弱了中国的产品竞争力。

六、世界主要国家产业竞争力

化肥产业国际竞争力是指化肥产业以相对于其他国家更高的生产能力,向国际市场提供符合消费者或购买者需求的更多产品,并持续地获得盈利的能力。多采用比较优势理论,选取全球市场份额、贸易竞争指数、比较优势指数等核心指标对化肥产业竞争力进行评价。

根据目前世界各国化肥生产现状及地域分布情况,本章选取中国、美国、俄罗斯、加拿大、荷兰等国家作为对比国。从生产贸易数据来看,各参比国家都具有各自的化肥生产优势,如俄罗斯、美国均为氮肥和磷肥的生产大国;加拿大是钾肥的重要生产国;中国既是主要化肥生产国,也是主要消费国;荷兰是主要的氮肥和磷肥出口国。对于这些国家的选取保证了竞争力评价结果的可参考性。选取化肥国际市场占有率(全球市场份额,Trade Market Share,TMS)、贸易竞争指数(贸易专业化指数,Trade Specialization Coefficient,TSC)和生产成本三大指标来测评化肥产业竞争力,以弥补单个指标的缺点,充分发挥各指标优点。通过量化各国竞争力指标,分析和评价不同年份各国化肥产业在国际市场上竞争力的演变和现状,为产业发展提供参考。

(1)国际市场占有率TMS是指各国化肥产业某产品在世界市场上的销售额所占的比重。该指标可以直接反映该国化肥产品在世界市场的地位,从总体上可以反映该国化肥产业争夺市场的能力,但并不能深入反映进、出口贸易的状况,如果既是化肥出口大国又是化肥进口大国,那么该指标很难反映该国的现实竞争力。TMS的计算公式为:

$TNS_i = X_i / X_w \times 100\%$

TNS_i——i国化肥产品的国际市场份额

X_i——i国化肥产品出口总额

X_w——世界市场化肥产品总出口额

(2)贸易竞争指数 TSC 反映化肥主要生产国进、出口结构的变化,通常是指一个国家某类产品的净出口量(额)与该类产品总贸易量(额)的比重。即一定时期内,本国某种化肥产品的出口额与进口额之差除以该产品进口额与出口额之和。$TSC>0$,说明该国的化肥产品生产效率高于国际水平,具有竞争优势,绝对值越大优势越明显;$TSC<0$,说明该国为某种化肥产品的净进口国,该国的化肥产品生产效率低于国际水平,处于竞争劣势;$TSC=0$,则表明某种化肥产品的生产效率与国际水平相当,其进出口纯属与国际间进行品种交换。TSC 从进出口角度弥补了 TMS 的不足,通过该指标可以反映一个国家化肥产业是进口型还是出口型,并且还可以潜在反映一个国家对化肥产业的政策是鼓励市场化还是保护封闭化。TSC 的计算公式为:

$TSC_{ij} = (X_{ij} - M_{ij}) / (X_{ij} + M_{ij})$

TSC_{ij}——j国i产品的贸易竞争指数

X_{ij}——j国i产品的出口总额

M_{ij}——j国i产品的进口总额

（一）主要国家化肥国际市场占有率比较

选取中国、美国、俄罗斯、加拿大、荷兰5国，比较其化肥国际市场占有率。结果（表2）显示，不同国家化肥国际市场占有率不同，不同化肥种类国际市场占有率也各有不同。从化肥出口总量来看，加拿大化肥总体国际市场占有率较高，2010年、2016年化肥出口贸易额分别占全球贸易额的15.62%和11.33%。其次为俄罗斯，2010年、2016年化肥国际市场占有率也保持在10%以上。中国居于第三位，国际市场占有率保持在8%左右。美国和荷兰相对偏低，在2.93%~4.17%。

中国和俄罗斯的氮肥国际市场占有率位居全球前两位，2016年氮肥出口贸易额占国际市场的13.14%和10.28%，远高于荷兰、加拿大和美国。并且发现，相比与2010年，2016年加拿大、俄罗斯和美国的氮肥国际市场占有率有下降趋势，中国氮肥的国际市场占有率稍有上升，荷兰基本稳定。中国磷肥国际市场占有率稳居第一，约占全球国际市场的1/4，这与中国丰富的磷矿资源优势有关。美国和荷兰的磷肥国际市场占有率有上升趋势。加拿大钾肥国际市场占有率达全球1/3以上，其次为俄罗斯，中国、美国、荷兰相对较少。与2010年相比，2016年中国和荷兰的钾肥出口市场占有率有上升趋势，美国有明显减少。

表2 主要国家化肥国际市场占有率比较

单位：%

国家	化肥整体市场占有率		氮肥国际市场占有率		磷肥国际市场占有率		钾肥国际市场占有率	
	2010年	2016年	2010年	2016年	2010年	2016年	2010年	2016年
加拿大	15.62	11.33	4.95	2.94	0.01	0.01	35.13	36.56
俄罗斯	12.34	10.95	11.66	10.28	0.01	0.05	18.16	19.14
中国	7.54	8.72	13.26	13.14	25.25	23.26	0.22	1.06
美国	4.17	2.93	2.55	2.81	0.36	0.60	7.80	4.92
荷兰	3.51	3.57	6.50	4.86	3.34	6.88	0.78	1.96

（二）主要国家化肥贸易竞争指数比较

从化肥整体贸易竞争指数（表3）来看，俄罗斯和加拿大的化肥贸易具有较强的竞争力，荷兰化肥贸易竞争指数处于中等，中国化肥总体贸易竞争指数相对偏低，在0.19~0.28，说明中国化肥有一定的出口能力，但是竞争力相对较弱。美国化肥贸易指数为负数，竞争力最弱。

从氮肥、磷肥和钾肥单品贸易竞争指数来看，俄罗斯氮肥、磷肥和钾肥的竞争贸易指数均接近1，说明俄罗斯3种主要化肥品种的竞争优势最强。加拿大钾肥的贸易竞争优势明显，与俄罗斯基本相当，氮肥贸易竞争力相对偏弱并有下降趋势。由于缺少磷矿资源，磷肥竞争贸易指数为负值，处于劣势。中国氮肥、磷肥的竞争优势明显，尤其是磷肥贸易竞争力最强，但中国钾肥依赖进口，竞争力较差。美国氮肥、磷肥和钾肥的贸易指数均为负值，并且从美国进出口量和贸易数值来看，美国是全球氮肥、磷肥和钾肥主要进口国家，3种肥料其贸易竞争力最弱。荷兰氮肥贸易竞争力相对较高，磷肥次之，钾肥较弱。

表3 主要国家化肥贸易竞争指数比较

国家	化肥贸易竞争指数		氮肥贸易竞争指数		磷肥贸易竞争指数		钾肥贸易竞争指数	
	2010年	2016年	2010年	2016年	2010年	2016年	2010年	2016年
加拿大	0.88	0.81	0.45	0.23	−0.74	−0.94	0.99	0.98
俄罗斯	0.99	0.98	0.99	0.99	0.84	0.95	1.00	0.98
中国	0.19	0.28	0.99	0.98	0.91	0.98	−0.97	−0.89
美国	−0.61	−0.64	−0.74	−0.63	−0.83	−0.85	−0.51	−0.64
荷兰	0.45	0.36	0.72	0.60	0.20	0.15	−0.42	−0.22

（三）主要国家化肥生产成本比较

中国化肥生产成本优势不足，以天然气为化肥原料的美国和俄罗斯成本优势明显，成本优势是国际竞争优势所表现出来的重要因素之一。几种基本化肥品种对自然资源的需求很不相同，氮肥主要消耗的资源是煤、天然气和石油，磷肥主要依赖的是磷矿石，钾肥则依赖的是钾矿。不同国家化肥生产在资源以及原料价格、生产成本、规模、技术、管理、流通、品牌等方面存在较大的差距，生产成本较高，总体上在国际竞争中处于劣势。中国氮肥生产原料结构中以煤为原料，煤炭业的发展好坏直接影响着氮肥的竞争力。中国煤炭资源丰富，但煤炭资源分布比较集中、开采难度大，安全性要求高，运输不便，且天然气的开采量还不大，用气价格相对较高。据世界肥料协会报告，2003年4月供化肥用天然气价格，俄罗斯为0.149 4元/立方米，乌兹别克斯坦为0.157 7元/立方米，乌克兰为0.525 5元/立方米，而中国的用气价格为0.648~0.900元/立方米。中国盈利的氮肥企业中，绝大部分就是以天然气为原料的。氮肥企业由于使用原料的不同，生产成本差会有较大差别，其中以天然气为原料最为合理、经济。以尿素生产为例，以天然气为原料的生产成本只占以石油为原料的生产成本的65.1%，占以煤为原料的78.7%。因此，世界上以天然气为原料生产的化肥占80%~90%，美国以天然气为原料生产的化肥则达到了98%，俄罗斯也达到了92%，而中国则仅为20%。

磷、硫、合成氨是磷复肥生产的三大原料，其原料价格成本占磷肥成本的80%以上，以磷酸二铵为例，美国、北非等地区有较丰富、质量较好的磷矿资源。2000年美国磷矿的原料成本在20~24美元/吨，中国的磷矿原料成本在20~25美元/吨。但综合来看，美国磷肥原料成本要远低于中国。美国硫磺的成本平均在60美元/吨左右，而中国进口硫黄成本在70美元/吨以上；中国从美国进口合成氨价格在100~120美元/吨，而中国自己生产的合成氨成本在200美元/吨左右。由于国际市场煤、石油、天然气等能源的不断上涨，国际化肥价格也在一路飙升。

2017年国际磷酸二铵价格表现坚挺，主要原因在于原料成本持续高位，加之中国供应层面持续紧张。中国磷酸二铵首期指数3445.72点，其中企业的直接生产成本指数占到3 000点左右，而经销流通环节的成本大概在400点左右。由沙特往澳大利亚的3万吨一铵/二铵订单中，离岸价格推升至410美元/吨，比之前估价高出35美元/吨。巴基斯坦二铵到港价格推升至400美元/吨以上，相较之前订单涨幅至少在10美元/吨，折合中国离岸价格在380美元/吨。俄罗斯磷肥生产企业也看涨一铵/二铵价格。来自波罗的海的一铵标购价格已至370美元/吨离岸，售往北欧的二铵离岸价格已接近380美元/吨。苏伊士运河以西，塔帕港最新订单，二铵离岸价格上行21美元/吨至366美元/吨。

国际上东欧国家和中东地区的氮肥最具竞争优势，其原因在于这些地区具有丰富和廉价的石油、天然气、电等资源。以俄罗斯为例，1996—1998年俄罗斯的天然气价格大约在0.50~0.55元/立方米，而中国计划内优惠天然气价格在0.65元/立方米左右。中国有70%以上的氮肥生产企业以煤为原料，折算成天然气价格以后，相当于0.8元/立方米的成本。另据有关资料，俄罗斯工业用电的平均价格为0.12元/度，而国内化肥企业的平均用电价格在0.30元/度。因此中国化肥的生产成本与俄罗斯存在很大差距。

由于资源的约束和对进口的依赖性，进口钾肥对中国钾肥市场具有一定的垄断性。加拿大和独联体的钾肥资源储量总和超过世界总储量的50%以上，资源量占世界总量的80%。相对于需求而言，中国国内钾肥供给严重不足，钾肥市场对进口具有很强的依赖性。中国的钾肥市场处在一个开放的经济环境下，国外钾肥厂商对中国钾肥市场具有相当的影响。

七、主要国家产业支持政策

化肥原料储量和国内农业用肥需求规模决定了世界化肥产业总体格局，但各国化肥产业政策也很重要，直接影响着各国化肥产业发展速度和质量。各国政府都十分重视化肥在农业生产中的投入，它们对国内化肥产业发展采取了不同的政策。近年来，各国的化肥产业政策也随着环境的变化进行不断改革与发展，主要是从税收政策、限价政策、关税政策、化肥补贴、价格维稳、流通储备等环节调整化肥产业的发展，主要国家的相关措施如下。

（一）中国

化肥行业直接与农业生产相关联，关系到国家粮食生产的安全。在计划经济体制下，中国化肥一直作为专营产品，由国家统一调拨，统一安排销售。自1999年以来，中国化肥行业开始进入市场化发展模式，化肥生产企业具有经营自主权，根据自身生产情况及市场需求情况组织生产，在国家限定范围内确定销售价格。由于化肥作为粮食的"粮食"，在提高农业产量、农产品质量、人民生活水平等方面起到重要作用，国家频频出台化肥行业的政策法规，在税收、运输、原材料供应等方面给予了化肥行业诸多优惠政策。一方面保证国内市场供应，稳定国内化肥价格，确保农民种粮收益；另一方面当国内化肥产能过剩时，增加出口消化企业过剩产能，增加化肥企业效益。

主要措施表现在以下方面。

1. 化肥税收政策

中国先后出台了一系列的优惠政策来扶持化肥产业的发展。2001年7月，财政部、国家税务总局联合下发了《关于若干农业生产资料免征增值税政策的通知》，对除尿素以外的氮肥、除磷酸二铵以外的磷肥、钾肥以及以免税为主要原料的复混肥等免征增值税，尿素产品增值税先征后返50%，国产磷酸二铵每吨给予100元补贴等。2004年，国家给予化肥生产流通等多个环节优惠政策，其中财政补贴资金计有7亿多元。此外，国家对化肥生产用煤、电、天然气实行优惠价格；在化肥运输方面，铁路实行优惠运价，免征铁路建设基金。

征收关税是国家政策影响化肥价格与产量的重要手段。中国对化肥产品的出口一直实施较为严格的管理，国家主管部门根据国内、国际化肥市场的供需情况，运用出口退税以及特别关税等政策，对化肥产品的出口进行调节。2002年1月，国家经济贸易委员会、海关总署发布《化肥进口关税配额管理暂行办法》，确定实行关税配额管理的化肥品种以及年度市场准入数量，在确定数量内的进口适用关税配额内税率，超过该数量的进口适用关税配额外税率，促进公平贸易，按照公开、公正、公平和非歧视的原则管理化肥进口。2006年中国继续暂停对尿素、磷酸二铵、磷酸一铵的出口退税；继续对尿素1—9月按30%税率、10—12月按15%税率计征出口季节性暂定关税。2008年12月1日起实施的化肥出口关税政策，大幅调低了出口关税，有利于化肥出口，促进行业发展。鉴于氮磷肥出口依存度逐年升高，钾肥又依赖进口，所以关税调整主要集中在氮磷肥及其原料的出口关税上。

2010年化肥出口关税在淡季与旺季分别为7%和110%。虽然上半年化肥价格很低，但仍过剩很多，至少250万吨磷肥需要出口才能保持稳定生产，下半年淡季来临时企业快速产销出口。为适应外贸形势的发展与变化，2011年商务部对修订《化肥进口关税配额管理办法》公开征求意见。2012年财政部发布《2013年关税实施方案》，尿素旺季出口税率由110%下调至75%，淡季出口基准税率由7%下调至2%。主要磷肥的出口税率由2012年的淡季7%、旺季35%统一下调至5%，淡季时间由2012年的4个月增加至2013年的5个月。此次下调化肥出口税率，将加大化肥产品出口力度，有效缓解产能释放压力，化肥供需状况将得到明显改善。2015年度，中国又进一步调整了部分化肥品种的关税征收方式，取消了季节性关税，中国化肥出口将保持2014年度的量值水平。2016年12月底国务院发布了《关于2017年关税调整方案的通知》，决定取消氮肥、磷肥等肥料的出口关税，并适当下调三元复合肥出口关税。该政策无疑会促进氮肥、磷肥等出口，缓解国内产能过剩的部分压力。2017年12月15日，财政部公布了《国务院关税税则委员会关于2018年关税调整方案的通知》（税委会〔2017〕27号）内容。自2018年1月1日起，适当调整磷矿石和氮磷钾三元复合肥出口关税，其他原料和其他肥料进出口关税政策保持2017年水平。

2018年度，中国对磷矿石出口仍然实行配额管理，配额总量80万吨；出口关税从

20%下调至10%。对列明含钾的肥料及原料继续征收出口关税，硝酸钾和磷钾二元复合肥从价按5%税率征收，硫酸钾、氯化钾从量按600元/吨征收，其他钾盐和钾矿从价按30%税率征收。氮磷钾三元复合肥由20%从价计征调整为从量按100元/吨征收。

2. 化肥淡储计划

2004年开始中国实行化肥淡季储备制度，总体原则是"企业储备、银行贷款、政府贴息、市场运作、自负盈亏"。淡储制度的建立对缓解化肥产品常年生产、季节使用矛盾，保障春耕农业生产用肥，稳定化肥市场价格发挥了重要作用。2004—2006年3个季度淡储总量均为800万吨，2007年增至1 000万吨，2008年增加到1 600万吨，并连续4年保持该总量不变。2011年10月11日，国家发展改革委经贸司、财政部经建司与国家淡储化肥承储企业签署了2011/2012年度化肥淡季商业储备协议。该次签署的淡储化肥任务量为1 530万吨（另有70万吨磷肥专项储备正在承储中），由1 025万吨上年度延续任务和505万吨新年度重新招标任务组成。2018年受多种因素影响，中国部分地区化肥生产供应偏紧，价格上涨较快。发改委、工信部等12个部门联合下发《关于做好2018年春耕化肥生产供应和价格稳定工作的通知》，追加安排550万吨化肥淡季储备任务保障春耕需求。此外还将在保障化肥生产、加强运输、信贷支持以及指导农民科学施肥等方面加大管理力度。

3. 化肥价格机制改革

中国化肥价格管理体制经历了计划定价、计划价和市场价的"双轨制"、政府指导下的市场定价、市场主导的价格形成机制四个阶段。1994年以前化肥的价格由国家严格控制，是不放开的。1994年5月，政府颁布了《改革化肥价格管理办法》，按照市场形成价格的原则，对原统配化肥的国家统一定价、地方管理的化肥价格、计划外化肥的最高限价，统一改为国家化肥出厂中准价格和上下浮动幅度，由企业在国家允许的范围内自主确定出厂价格。化肥的调拨价格和零售价格实行经营差率控制。1996年1月，国家计划委员会下发了《国务院关于进一步完善化肥流通体制的通知》，国家对化肥出厂价格实行政府定价、分级管理的体制。随后又下发了《关于进一步改革化肥价格管理办法的通知》，规定化肥出厂价格由现行政府定价改为政府指导价。政府指导价则根据化肥生产成本及市场供求的变化适当调整，同时放开化肥零售价格，在必要时，地方物价部门可以对价格实行最高零售限价。2009年1月国家发改委、财政部联合发布的《关于改革化肥价格形成机制的通知》（发改价格〔2009〕268号），有利于中国建立更为市场化的化肥价格形成机制，有利于通过市场竞争平衡市场供需、完善市场结构，促进行业的长期健康发展。特别是春耕期间，国家相关管理部门就会发布化肥供应和价格维稳的通知。例如：2018年1月，国家发展改革委等12部门联合下发《关于做好2018年春耕化肥生产供应和价格稳定工作的通知》，通过采取保障化肥生产所需原料供应、保障化肥生产用天然气、煤炭供应和价格稳定、提高企业开工率、保证化肥生产企业的用电需要、加强运输和信贷支持、做好淡季储备调控、强化市场监测预警等措施，鼓励生产，保障化肥生产和价格稳定。

4. 化工产业调整振兴规划

2009年2月，国务院常务会议原则通过了石化产业调整振兴规划。规划针对化肥行业提出要提高农资保障能力，包括调整化肥农药生产结构，优化资源配置、降低成本、增加供给、完善化肥淡储制度等。化工产业调整振兴规划的通过，表明了国家对化肥行业的高度重视。有关调整振兴规划的逐步落实，有利于调整化肥行业的产能结构性问题、有利于化肥生产将逐步向资源地和市场转移、有利于中国建立更为科学的化肥管理体系以及化肥行业的健康发展。化肥行业发展迅猛，"产能过剩"逐渐取代"供不应求"，成为化肥市场的主基调，国家对于化肥行业税收政策的优惠力度也在逐渐减轻。2015年8月10日，财政部、海关总署和国家税务局印发了《关于对化肥恢复征收增值税政策的通知》，决定自2015年9月1日起，对纳税人销售和进口化肥统一按13%税率征收增值税。原有的免征增值税及增值税先征后返政策停止执行。同时，2015年以来取消铁路优惠运价、恢复征收增值税以及2016年4月20日起全面取消优惠电价，化肥生产企业成本大幅增加。

2015年工信部印发《关于推进化肥行业转型发展的指导意见》（下称《意见》）的贯彻实施，是全面推动化肥行业转型升级的一个重要战略契机，并指出化肥行业要率先走上转型升级的新高地。该《意见》包括充分认识推进中国化肥行业转型发展重要意义、指导思想和主要目标、化肥行业转型升级重点措施3部分。主要目标是：到2020年，氮肥产能6 060万吨，产能利用率提升至80%；磷肥产能2 400万吨，产能利用率提升至79%；钾肥产能880万吨，自给率提升至70%。

2016年，氮肥、磷复肥、钾肥行业"十三五"发展指南陆续发布。氮肥行业要提高技术研发水平，加强先进煤气化技术、净化技术的推广和大型合成装置的开发，优化固定层间歇煤气化生产工艺，较大幅度提高行业技术创新水平。到2020年，大中型氮肥企业研发投入占主营业务收入比例从目前的不足1%提高至1.5%，建设一批达到世界先进水平的大型合成氨生产企业。力争实现六大目标，到2020年，总产能在6 100万吨、产能利用率提升至80%以上、大力发展新型氮肥。磷复肥行业要去产能、调结构，钾肥的发展要与农业产业结构调整相适应，配合农业部门开展的测土配方施肥工作，以提高化肥利用率和产品质量为目标，大力发展新型含钾肥料。

5. 支农惠农政策

为了促进粮食生产稳定发展，调动农民种粮积极性，保障国家粮食安全，中国一直实行力度较大的惠农政策。"四项补贴"是针对农民的主要补贴政策，包括粮食直补、农资综合补贴、良种补贴、农机购置补贴。2003年以后，国家实行宏观调控，采取"少取、多予、放活"的政策，减免农业税，发放种粮补贴，采取了多项措施提高农民种粮积极性。农资综合补贴政策是国家在2006年出台的补贴政策，根据"价补统筹、动态调整、只增不减"的基本原则，对农民购买农业生产资料（包括化肥、柴油、农药、农膜等）实行直接补贴制度。近年来，农资综合补贴政策在四项补贴政策中的比重稳步增长，2014年达到四项补贴的61.60%（2015年起该项补贴和种粮农民直接补贴、农作物良种补贴合并，体现为农业支持保护补贴）。农资综合补贴政策的出台以及补贴力度的逐年加大有利于提高农户对农资的购买积极性，促进农资流通行业的发展。

（二）印度

1. 建立农民化肥合作社

印度实施农业集约化发展路线，主张在所有耕作条件和气候条件较好的地区开展以新技术为中心的绿色革命，包括引进、培育和推广高产作物品种，发展小型水利工程，扩大耕地灌溉面积以及改进水利灌溉技术，加强农业科学研究和农业技术推广等举措。化肥产业政策是实现农业绿色革命的重要支点。印度农民化肥合作社是化肥产业不可缺少的一个组织，它于1967年成立，是印度最大的化肥合作公司。它主要通过化肥合作社的形式，致力于化肥的合作生产和销售。印度农民化肥合作社在全国设有多个化肥销售中心，主要销售给社员。销售方式主要有两种：工厂—省级合作社联盟—基层社—农民，或工厂—分销中心—社员—农民，相对减少了化肥流通环节，一定程度上减少了成本支出。

2. 政府的规划与监管

印度化肥政策制定者在化肥行业实现自力更生方面发挥了重要作用。印度政府积极参与化肥行业的扶持工作。化肥部门负责化肥行业的整体规划、发展以及行业的监管，对生产定价和产量分配进行监控。印度化肥价格政策并没有拘泥于某种特定的模式，而是处于一种动态调整过程中。但对化肥实施某种形式的管制或放松管制，则是印度化肥价格管理政策的一条主线。行业发展阶段不同，行业管制目标必然不同，管制形式与管制重点也要发生相应调整。在化肥行业发展的初期，政府对化肥主要采取扶持和管制政策。当化肥行业发展到一定阶段，政府可能就要放松管制和引入竞争以发挥市场的效率。

印度化肥生产厂商2/3是私有成分，1/3是国有成分。印度的化肥法规颁布于1955年，对化肥管理的主要条款列入政府颁布的《主要商品法案》中，以后又逐步补充完善，形成严格的肥料管理法规。1985年印度农业部颁布了肥料法规，1995年作了一些适当补充。印度是农业大国，但化肥大部分依赖进口。印度对化肥实行严格管理，对化肥采取价格控制政策，全国统一肥料销售价格。

3. 化肥补贴政策

为进一步改善农业生产条件，提高农业竞争力，进而确保粮食安全，自20世纪80年代开始，印度政府对部分农业生产投入品采取直接补贴政策，主要包括对化肥、电力和灌溉用水等的补贴。根据世界贸易组织农业协议的相关规定，对农业生产资料的直接补贴属于对生产和贸易具有扭曲作用的"黄箱"中非特定产品支持政策，需要进行削减，但由于印度非特定产品的支持水平低于农业总产值的10%的微量允许水平，故而这部分无须进行削减。因此，化肥补贴是印度农业生产最重要的补贴方式，也是印度最大的农业补贴项目。

由于政府对化肥生产企业、进口商，包括对化肥运输费用、进口价和零售价差价进行补贴，使得农民可以按照化肥实际成本的25%~40%购入化肥。自1995年以来，印度化肥补贴绝对额整体呈现快速上升的趋势，补贴总额由1995年的623.5亿卢比增长到2010年的4 998.1亿卢比，增幅高达701.62%，其中2008年印度化肥补贴绝对额达到7 660.3亿卢比，为1995年以来的最高值。此外，进口化肥补贴、国内化肥补贴以及化肥生产者补贴均呈现不同程度的增长，分别为184.24%、271.65%和559.88%。

2018年2月，印度公布了2018—2019年度化肥补贴预算，为7 010亿卢比（110亿美元），2017—2018年度实际拨款从7 000亿卢比调整至6 500亿卢比，相比上一年的实际调整拨款增加8%。印度财政部表示，政府正在提高对进口尿素和进口磷钾复合肥的补贴，同时削减国内尿素的补贴配额。与上一年的预算公告相比，进口尿素的补贴额同比增长2%，达到1 000亿卢比；国内尿素补贴额减少了13%，为3 500亿卢比。对进口磷钾复合肥的补贴上涨了17%，达到930亿卢比；对国内磷钾复合肥的补贴额为1 580亿卢比，同比增长28%。

同时，印度也鼓励境外合资经营，鼓励在富饶国家建立合资企业，促进化肥生产和销售。

（三）俄罗斯

1. 农业发展和规划刺激化肥需求

农业被正式列为俄罗斯未来经济发展重点领域之一。俄罗斯《联邦农业发展法》规定了包括个人和法人团体在内的农产品生产者与其他个人、法人团体和政府部门之间的关系，阐述了政府农业政策的总体目标、原则、方向和措施，为在农业发展领域实施社会经济政策确立了法律基础。新农业法还规定，政府必须每5年制定一个农业发展和市场调节规划，以确定具体的配套措施和预算。政府拨款资金的重点投入方向：一是可持续性农村发展；二是为发挥农业功能创造良好条件；三是发展重点农业领域；四是农业资金可持续性；五是加强农产品市场调节。通过信贷、农作物保险、减少农产品进口、稳定农产品价格、增加生产者收入、促进粮食出口、提高生产效率等措施刺激农业生产，拉动了对化肥的需求潜力。同时，为减少农业生产者投入成本，俄罗斯面向农业企业和小型农场，提供化肥购买补贴。随后，又制定《农业发展、农产品市场调节、农村发展规划》，影响着化肥产业的发展。

2. 多重优惠措施保障国内供应

俄罗斯具有丰富的矿产资源和相对低价的生产成本，化肥被纳入俄罗斯重点建设领域。政府会给化肥生产企业提供合作、资金、矿产以及国家持股合资等优惠政策。2010年俄罗斯已经开始整合肥料生产企业，希望以此来增强国际市场的价格支配力。2016年为配合俄罗斯政府发展农业及加强谷物出口的政策，在日本企业与中国公司的合力协助下，俄罗斯中部的鞑靼斯坦共和国建成了俄罗斯最大规模的化肥工厂。由于俄罗斯生产商向国内市场的供货价格竟与向世界市场供货的价格一样，2008年3月，俄政府为提高国内化肥市场的供货量和降低价格，将钾肥出口关税税率定为5%、复合肥和氮肥的出口关税税率定为8.5%。随后，俄政府又确定了化肥主要生产原料——硫磺和磷灰石的新出口关税税率为6.5%。并且由于当时俄生产商完全保证了国内市场的需求，本国市场饱和。2008年10月，俄联邦政府对外贸易及关税政策保护措施委员会已经出台不实行化肥出口配额制的法令。2009年2月1日起，俄罗斯取消了包括矿物和化工氮肥，以及含有氮、磷、钾的二元素和三元素化肥的出口关税。取消关税的措施会刺激化肥的生产，同时节省下来的资金还可以用于现代化改造，最终达到降低俄罗斯农业生产成本的目的。

3. 化肥价格的国家调控

俄罗斯政府对化肥的价格区间实施国家调控，根据俄罗斯化肥生产者协会与俄罗斯农业生产者联盟签署协议实施，该协议于2008年签署，有效期至2012年年底。该文件规定了化肥生产商向国内市场供应化肥的数量，同时由协会确定化肥销售建议价格。

4. 政府的农业生产扶持政策

俄罗斯农业补贴主要集中在化肥补贴、农民贷款补贴以及部分农产品免征增值税等方面。俄罗斯基于可变投入与投资的直接补贴主要面向农业企业和小型农场。包括化肥购买补贴、良种补贴、向不利于饲料作物种植条件地区的种子运输成本补贴以及用于农业播种的燃料补贴。

2008年10月，俄罗斯政府与化肥生产商签订了"化肥销售协议"；2008年年底，俄罗斯政府又决定提供约4亿美元的燃料费用补贴。2012年俄政府提出制定扶持本国农业生产者的政策机制，以应对化肥价格上涨对农业带来的冲击。2012年俄罗斯政府预算为此拨款超过50亿卢布（2010年的拨款超过100亿卢布）。2012年6月，由于粮食减产和即将加入世贸组织，开放本国市场，在化肥、燃料油等方面的农业补贴政策需要加以修改，制定出新的农业生产扶持政策。为了改变补贴模式，俄罗斯农业部建议，在未来的国家农业发展计划中，将购买燃料、化肥、种子的补贴和农业贷款补贴等按照播种面积发放。在每公顷开支约为6 000~7 000卢布的情况下，各级预算的补贴总额可能达到每公顷1 000卢布。俄罗斯农业部还建议鼓励签署农业保险协议。到2012年6月上旬，俄罗斯共签署了2 200多份农业保险协议，仅占播种面积的7.2%，同比上一年全年（协议总数为4 211份，占18.2%）相比进展不大。因此，农业部建议把农业保险同国家补贴挂钩，减少农业生产经营风险，促进农业生产。俄罗斯还要求化肥生产企业首先保证给俄罗斯消费者提供优惠，2009年优惠幅度为出口价格的7.0~8.4折，2012年为出口价格的9.0~9.5折，同时政府对农业企业的公开性补贴，补贴额度为每年80亿卢布。这些措施带动了俄罗斯国内化肥需求。

5. 提供担保鼓励出口

俄罗斯鼓励工业制成品出口。为促进俄罗斯出口贸易，俄罗斯根据《2006年工业品出口担保条例》，对工业品出口商（货物、劳务及服务）、俄罗斯贷款银行或者提供贷款期限8年以上的外国贷款银行提供担保，以促进出口贸易发展。凡是俄罗斯本土生产且被列入俄国家工业品担保清单的商品出口商，都能从俄罗斯财政部获得一定金额的担保。俄罗斯实施出口限制的产品主要包括部分原材料及资源型产品。限制出口的主要措施包括禁止出口、出口配额、出口许可证以及出口关税等方式，其中部分化肥产品出口必须申请许可证。

（四）欧盟

欧盟共同农业政策有力地推动了成员国国内农业生产的迅速发展，促进谷物、甜菜、饲料作物种植面积的增长，直接激活了化肥的生产与需求。早期重要的共同农业政策是在1962年形成，这项政策刺激了农业集约化，加上农业生产技术与机械化的快速发展，欧盟各国的粮食产量得到了大幅度的提高，同时肥料的施用量也大幅度提高。

1992年6月欧盟构建了以直接支付政策来确保农民收入的共同农业政策新框架，通过了以农业—环境一揽子计划为主导思想的新的共同农业政策，以缓解农业生产对环境污染为目标，采取了降低区域内农产品价格，减少农业总支出，着重于采取和鼓励有利于减少环境污染的生产方式等措施，减少使用肥料的使用量，并且对由此造成的农民收入的下降给予补贴。之后在2000年议程和2003年的共同农业政策改革中，将挂钩直接支付政策转变为脱钩直接支付政策，强调促使农民根据市场信号调整生产，发挥市场机制在农业中的调节作用。欧盟共同农业和环境政策在经过10年多的实施后，生态环境有了良好改善，但造成化肥消费逐年降低，造成欧盟化肥市场的萎缩。未来农业政策不断地改变欧盟农作物和种植结构，由于种植结构的变化和绿色农业面积不断地扩大，肥料需求量的进一步减少。

欧盟共同农业政策经过一系列的改革与发展，通过进一步的市场开放和结构调整等措施，增强欧盟农业在国际市场上的竞争能力，促进农业和农村的全面发展。虽然历经多次变革，共同农业政策的长期政策目标却一直是存在的，主要是①粮食生产自给自足。欧盟要自己养活自己；②优先选择内部产品。最大程度地降低进口数量；③农产品价格稳定。农业企业可以制订投资和发展的长期计划；④给农产品生产者以支持。当产品供应偏离长期预期之时。共同农业政策形成了主要由市场和价格支持政策、结构政策、社会政策和环境政策组成的具体政策措施体系。共同农业政策还提供农业补贴保障农业发展和农民收入。

共同农业政策拥有3个支柱原则：①单一市场。即欧盟内部成员国之间贸易完全自由化，商品、劳动力和资本自由流动，成员之间取消关税和非关税壁垒，并对区外国家筑起统一关税；协调成员国之间管理条例，制定共同的经营法规、共同价格和一致的竞争法则。②内部优先。即实行进口征税、出口补贴的双重机制。当进口产品价格低于欧盟内部价格时，则实行进口征税；当欧盟农产品的出口价格低于内部价格时，就实行价格补贴，控制从欧盟外部的进口，消除世界农产品市场波动的影响。③价格与财政预算统一。即每年成员国农业部长理事会确定不同农产品价格，并建立共同预算，即欧洲农业指导和保证基金。

2011年，欧盟正在实施的新共同农业政策将促进谷物、甜菜、饲料作物种植面积的增长，尤其未来欧盟为减少温室气体排放而推进的生物能源计划，这些因素将带动化肥消费继续增长。欧洲肥料工业协会发布的《欧盟27国2011—2021年肥料需求报告》显示，2011—2021年期间欧盟27国化肥消费总量将逐年递增。2013年11月，欧盟通过了2014—2020年共同农业政策改革法案，对包括直接支付在内的政策进行了修订。共同农业政策中市场政策的目标从原来的主要保障农民收入转向保障农产品市场的有效运行。2013年农业共同政策改革并没有改变其基本框架，其市场政策目标仍然是保障农产品市场的有效运行。由于全球农产品价格剧烈波动、农业生产资料价格持续走高以及食品供应链中农民地位持续恶化等问题的出现，要求农业市场政策必须考虑如何应对这些新挑战。因此，2013年改革中农业市场政策的调整方向为延续以市场为导向的价格形成机制、促使农民根据市场价格信号调整生产，同时继续采取公共干预、私人储备等市场干预措施，并将从对产品的支持逐步转向对生产者的支持,明确将市场政策作为构建"安全网"的重要组成部分。为了保障内部市场的有效运行和平稳调控,欧盟主要通过储备计划和边境措施的有效结合,调节部分农产品的市场供求,以实现稳定市场价格的目的。农产品市场稳定,带动着化肥产业的持续发展。

(五)美国

1. 市场机制与增加收入多重保障

美国化肥市场完全依靠市场机制运作,而且国内市场与国际市场有着密切的互动。对于世界第二大化肥消费国而言,市场化机制和全面开放可以为农业生产提供最优的化肥资源配置,同时可能也会加大农业经营风险。但在美国政府积极引导下,化肥市场走上了一条生产发展和环境保护相协调的道路。美国农业政策是对美国农民利益的保护。虽然美国没有干预化肥等生产要素市场的自由运行,但是美国政府却在农业经营收入一端为稳定和增加农业收入设立了多重保障线,这化解了农业生产可能面临的市场风险。

2. 农业补贴政策

美国有多种多样的农业补贴政策,也是农业补贴较高的国家之一。政府对农业的补贴主要通过无追索贷款、直接支付补贴和反周期支付等形式来共同完成。无追索贷款、目标价格等财政补贴形式虽然设定的是农产品保护价格,化解的风险可能主要是农产品市场销售风险,但这种保护价格的调整除了考虑生产导向因素以外,也同时会以农业生产支出因素为依据。政府首先授权农产品信贷公司以预期收获的农产品为抵押向农场发放贷款,事先规定的贷款率为农产品销售提供了一个最低销售价格保证。当农产品市场价格高于贷款率时,农场主在市场上出售农产品并偿还贷款,而当农产品市场价格低于农产品抵押贷款率时,农场主可以选择以农产品实物进行偿还贷款。为了提高农业收入,政府还在无追索贷款率之上设定了一个农业收入目标价格,对农业收入不足的部分给予差额补贴。当农产品市场价格低于(或等于)贷款率时,农场主将农产品实物出售给农产品信贷公司,这时农场主不但获得了以贷款率和市场价格之间差额为标准的价格补贴,而且还可以获得以目标价格和贷款率之间差额为标准的价格补贴;当农产品市场价格高于贷款率但又低于目标价格时,农场主将在市场上以市场价格出售农产品,同时会获得市场价格与目标价格之间差额为标准的价格补贴;而当农产品市场价格高于目标价格和贷款率时,农场主在市场上销售产品,但不再享有政府价格补贴。

直接支付则是根据一定标准(支付率、支付面积和支付单产)给予特定农作物生产者一笔不受同期产量和市场价格影响的固定收入补贴。直接支付制度曾一度取代了目标价格差额补贴制度,但2002年的农业政策法案又恢复了目标价格差额补贴制度,形成直接支付制度和目标价格补贴差额制度相互独立但又互为补充的局面。当贷款率加上直接收入或市场价格加上直接收入小于目标价格时,政府以目标价格为标准给予农场主以差额补贴;而当市场价格高于目标价格时,政府则只给予农场主固定的直接支付,农场主的收入为市场价格和直接支付补贴的之和。正是这些各种形式的农业保护手段使得农业生产从容地化解了包括来自化肥市场的各种经营风险,使得农业生产始终能够有序平稳地向前发展。

3. 肥料行业管理

美国的肥料管理包括两部分,一部分是政府对肥料行业的管理,主要通过立法、执法来规范、实施;另一部分是对用肥行为的管理也称养分管理,政府、大学、技术推广机构通过向农民推荐科学施肥技术和有关标准,促进养分的合理应用,达到优化资源配置,保护水土资源和生态环境的目的。农产品价格条件与农户用肥积极性密切相关,利好的农产品价格预期会刺激农业多用肥,而利差的农产品价格预期则会降低农业用肥积极性。农业政策对农产品价格预期和形成具有直接的影响作用,同时也间接决定了农业用肥规模,影响着化肥的供求关系。

4. 能源的商业化开发

美国化肥工业能复苏,很大程度上是全球能源市场趋势造成的。美国氮肥生产主要依靠天然气,2007年由于美国天然气成本变化,造成美国近45%的氮肥来自进口。然而,随着美国的页岩气大规模商业化开发,引领"页岩革命"提高了天然气产量,降低了天然气的成本,从而促进了美国氮肥工业的复苏。2016年美国政府猛推新政"加强美国制造、提升美国出口、减少进口",导致美国化肥行业急剧复苏,2016年美国尿素总产量飙升了10%左右,总产能提高了24%。2017年美国化肥产量大幅上升的势头在今年可能持续,因为一些长期规划的新工厂将开始生产。美国尿素产能也可能会上升410万吨,至少有5家大型新工厂或扩建的工厂将投产,使美国到2020年的产能有望比2015年增加50%。

(六) 其他国家

加拿大、孟加拉国、泰国、马来西亚4个国家,政府对企业的化肥生产或进出口都很少干预。加拿大矿产资源丰富,但政府对化肥企业生产几乎没有任何干预政策,生产或进口肥料的数量、品种、地区,完全由经销企业根据市场情况自行决定。政府主要通过检验登记制度来监督企业生产或进口肥料的安全性、有效性,并保证肥料产品标签合格,并将有关企业管理的措施纳入《肥料法修正案》中。孟加拉国、泰国和马来西亚也建立有相应的肥料生产检验登记制度。加拿大、泰国和马来西亚的农业合作社等农民组织在化肥经营中也发挥了重要作用。

加拿大、马来西亚的肥料价格完全根据市场供求关系来决定,政府一般不予以任何限制。但当国内企业出现垄断竞争时,政府将依据《反垄断法》予以制裁,保证各个市场主体按照公平原则开展活动。马来西亚政府在肥料管理中一个重要作用就是保证国内肥料供应。当国内肥料出现短缺时,政府就会根据《大宗货物供应法》干预市场,确保国内化肥供应的总量平衡。

加拿大、孟加拉国、泰国、马来西亚4国政府普遍在税收、财政上采取一些优惠政策,提高本国企业竞争力。20世纪80年代以前,加拿大肥料市场比较混乱,无序竞争情况严重。为了规范肥料市场,加拿大政府及时介入,实行企业重组计划,将一些小企业组建成一些国有大企业,扩大其竞争能力。而当这些企业逐步成熟、机制健全后,政府又及时退出控制,将国有企业拍卖给私营企业或组建股份公司。孟加拉的肥料生产企业由政府控制,为了扭转亏损局面,政府对国内肥料生产企业实行生产性补贴政策,之后又逐步取消。马来西亚企业按照市场原则进出口肥料和在国内销售肥料。为了保持本国肥料供应，政府规定仅对含有两种以上元素的复合肥征收 10% 的关税，对其他产品免征关税。

在农技服务方面，加拿大、泰国和马来西亚等国家政府的重要职能就是为农民提供市场信息，实施提高农民素质的培训计划，帮助农民合理、有效用肥。加拿大政府采取财政支持措施，向农民推广新的肥料产品、新的施肥方法，如平衡施肥等，提高农民的科学施肥水平。泰国农业合作部农业推广局向社会和农业技术推广人员发布国内、国际肥料价格等信息。农业推广局还负责培训农民，提高其施肥水平，降低农民肥料投入，提高农业产出。同时，政府还向私营企业采购肥料，通过农民市场组织以比市场价格更低的价格销售给规模较小的农户。

从加拿大、孟加拉、泰国、马来西亚 4 国政府肥料管理体制的演变过程看，政府肥料管理的重心主要集中在保持国内化肥供求平衡、对化肥质量进行监督管理、稳定化肥市场价格和扶持本国企业提高产品竞争力等方面，以提高本国肥料生产和经销企业的市场竞争力和市场占有率。

八、世界供需形势展望

（一）2018—2019 年化肥展望

据国际肥料工业协会等相关资料显示，世界化肥的需求预计将继续增长。受中国、印度和印度尼西亚钾肥需求的拉动，全球钾肥需求预计将增长 2.3%。全球磷肥需求增长约为 0.9%，相对适度。氮需求膨胀将收缩到 0.5%，低于平均中期趋势，反映了发达国家以及中国，科学施肥水平的提高以及氮肥利用效率的提高，使氮肥需求更趋于合理。然而随着大量新增产能陆续投入使用，化肥短期内可能呈现供大于求的局面。

在化肥消费量方面，2018 年全球化肥消费量将达 2.24 亿吨，比 2008 年上涨 21.5%。2018 年全球氮肥用量预计将实现 1.4% 的增长，而磷肥和钾肥的用量将分别增加 2.2% 和 2.6%。各大洲之间氮肥总需求量仍存在较大差异。目前亚洲仍是世界上最大的化肥消费群体，且氮肥、磷肥、钾肥进口需求明显，2018 年预计需求量为 7 420 万吨。非洲撒哈拉以南地区对氮肥和钾肥的利用水平较低，但需求潜力较大，2018 年非洲氮肥总需求量为 410 万吨，欧洲、美洲分别为 1 570 万吨和 2 350 万吨。与历史趋势相比，由于国际粮食作物价格偏低的发展前景，以及递增的化肥养分损失对环境污染风险的压力，农业生产系统化肥利用效率逐步提高，中国已经达到了氮肥和磷肥消费的临界点。

在需求相对稳定的情况下，化肥价格预计在 2018 年上升 2%，但全球市场预计仍将保持良好供应。国际范围内化肥施用量呈上升趋势，同时受作物价格相对疲软的制约，一定程度上影响着化肥市场。由于预期的需求增长和更高的能源成本，化肥价格有望在中期内适度提高，并刺激新产能的释放。

（二）未来 3~5 年化肥展望

化肥主要应用于农业。随着世界人口的增长，人们对于蔬菜瓜果、小麦、稻米、玉米、大豆等作物及农产品消费需求的稳定增加，一定程度上带动着化肥的生产与需求。据国际肥料工业协会相关资料显示，未来5年，全球化肥需求将适度增加。氮肥、磷肥与钾肥为化肥的3种主要类型。拉丁美洲、南亚和东亚将占化肥需求预期增长的近3/4。相对而言，非洲、东欧和中亚将是需求增长最快速的市场，而西欧、北美、东北亚和中国预计增长不大。全球化肥市场正面临着产能继续增加的风险，全球化肥潜在供应量快速增长与需求增长缓慢之间的矛盾将日益加剧。

未来5年，得益于东欧、中亚、北美及非洲4大地区的生产扩张，全球氮肥供应量将会保持平均1.8%的年增长率。目前，中国的氮肥供应量正在大幅减少，产能过剩情况逐渐得到改善。由于三大出口国摩洛哥、以色列以及中国对磷矿石的加速挖掘加工，全球磷肥产量将年均增长约2.4%。由于磷肥供给增长速度超过需求增长速度，未来将会出现全球生产过剩的情况。联合国粮农组织对未来磷肥的需求进行预测，2020年磷肥需求量为4 585.8万吨，年增长率达2.2%。其中，亚洲需求量2 543.2万吨，占全球总需求量的55.46%，年增长率2.1%；美洲需求量1 300.9万吨，占全球总需求量的28.37%，年增长率2.6%；欧洲需求量436.8万吨，占全球总需求量的9.53%，年增长率1.6%；非洲需求量165.9万吨，年增长率2.8%；大洋洲需求量139.0万吨，年增长率1.3%。

加拿大、俄罗斯、中国、白俄罗斯均在加大力度开采钾矿资源，未来5年钾肥供应量将年均增长4.0%。北美仍是全球最大的钾肥供应地区，占总供应量的35%。由于中国、印度、巴西和印度尼西亚市场前景良好，同时白俄罗斯市场回升，钾肥需求增长速度最快。由于土耳其、巴基斯坦和德国下降部分抵消了其他地方的增长，氮肥和磷肥需求扩张将更为温和。

随着全球经济一体化，化肥生产将进一步向资源产地集中，国际贸易会进一步扩大。亚洲仍是世界化肥最活跃的市场，供需缺口会逐渐增大。化肥新增能力主要集中在亚洲，氮肥主要在中国等发展中国家，磷肥主要在摩洛哥、突尼斯，钾肥主要在泰国、以色列和约旦。随着世界化肥布局向资源产地集中和精准农业的要求，化肥品种逐步向高浓度发展。生产企业由直接生产复合肥转向生产基础肥料，再进行二次加工。虽然化肥对作物的增产作用功不可没。近年来，随着各国对过量施肥及不平衡施肥带来的负面影响越来越重视，化肥的科学施用水平逐渐提高，各国对化肥的需求也趋于理性。

参考文献

巩前文，穆向丽，谷树忠. 2014. 大宗能源价格波动对国内化肥价格的影响 [J]. 资源科学，36（7）：1402-1407.

侯石安. 2013. 农业补贴的国际比较研究 [M]. 中国财政经济出版社. 92.

李向升. 2006. 中国化学肥料产业国际竞争力研究 [D]. 广州：暨南大学.

鲁沂. 2008. 农业生产资料价格上涨的原因分析 [J]. 粤港澳市场与价格，1：18-22.

农资导报. 2018. 印度2018年化肥补贴预算增加8% [EB/OL].

彭代彦，郭更臣，颜军梅. 2013. 中国农业生产资料价格上涨原因的变结构协整分析［J］. 中国农村经济，6：48-59，85.

世界银行. 2018. Commodity Markets Outlook［R］.

中国报告网. 2018. 2018年国内外农资流通行业供需状况及变动趋势分析［EB/OL］. http://free.chinabaogao.com/nonglinmuyu/201803/03I23D92018.html.

中国产业信息. 2015. 2016—2022年中国化肥市场全景评估及市场前景预测报告［EB/OL］. http://www.chyxx.com/industry/201512/374285.html.

中国产业信息. 2018. 2017年全球磷矿石产量及磷矿石供需情况分析［EB/OL］. http://www.chyxx.com/industry/201801/600472.html.

中华人民共和国国家发展和改革委员会. 2016. 国家发展改革委、财政部启动2005/2006年度化肥淡季商业储备工作［EB/OL］. http://finance.sina.com.cn/roll/2016-09-26/doc-ifxwermp3874275.shtml.

FAO. 2015. World fertilizer trends and outlook to 2018［R］.

FAO. 2017. World fertilizer trends and outlook to 2020［R］. http://finance.sina.com.cn/money/future/nyzx/2018-02-28/doc-ifyrzinh0494211.shtml.

Internal Fertilizer Association. 2017. Short-term fertilizer outlook 2017-2018［R］.

Michel Prud'homme, Patrick Heffer. 2010. 2009-2010年全球化肥形势与展望［J］. 中国石油和化工经济分析，1：26-28.

（执笔人：串丽敏）

第十八部分

农 药

海外农产品市场研究（2018）

农药作为重要的农业投入品，为世界人口提供有效、安全的食物供给做出了巨大贡献。随着世界粮食供给形势和环境的变化，食物安全受到越来越多的关注，世界化工产业、特别是精细化工快速发展，农药去高毒化成为趋势，农药产业经历了由高毒高效逐步向高效、低毒、环境友好发展的演变历程。

一、世界供需形势

（一）国际跨国公司农药发展情况

全球农药行业经过数十年的发展已经进入比较成熟的发展阶段，从市场规模变动趋势看，受世界人口和粮食需求不断增加的推动，对农药的刚性需求稳步增加，全球农药市场销售额在过去的十几年整体呈上升趋势。世界上能独立生产大部分农药原药产品国家集中在美国、中国、欧盟、印度等几个国家（或地区）。中国目前能够生产400多种农药，建成了较为完整的农药生产工业体系。1998—2017年，中国农药产量从55.9万吨增加到294.1万吨，增长了5.3倍，中国已成为世界农药生产第一大国。

2016年全球农药市场规模为565.2亿美元，较2015年增长1.8%。其中农用农药销售总额占总农药市场份额的93.6%，为528.8亿美元（表1），同比增长1.4%，非农用农药实现销售总额36.4亿美元，同比增长3.4%。2003—2016年，全球农药市场规模的年均增长率为4.7%，其中农用农药市场规模的年均增长率为4.9%。2017年，全球农用农药销售总额为542.2亿美元，同比增长2.5%，其中全球领先的20个农药国的农药销售总额为448.3亿美元，占全球作物用农药市场的82.6%。

表1 近年全球领先国家的农药销售额及市场预测

排名	国家	销售额（亿美元）			2016—2017年同比增长率（%）	2012—2017年均增长率（%）	2022年预计销售额（基于2017年，亿美元）	2017—2022年均增长率（%）
		2012年	2016年	2017年				
1	巴西	101.01	95.57	87.63	-8.3	-2.8	111.31	4.9
2	美国	70.35	79.93	81.91	2.5	3.1	88.39	1.5
3	中国	36.69	56.49	59.99	6.2	10.3	69.44	3.0
4	日本	40.67	30.61	31.40	2.6	-5.0	36.42	3.0
5	印度	23.46	24.10	27.08	12.4	2.9	31.48	3.1
6	法国	26.60	24.02	23.75	-1.1	-2.2	30.06	4.8
7	德国	19.28	18.92	18.45	-2.5	-0.9	22.20	3.8
8	加拿大	16.23	17.70	18.28	3.3	2.4	21.08	2.9
9	阿根廷	14.50	16.49	17.48	6.0	3.8	18.49	1.1

（续表）

排名	国家	销售额（亿美元）			2016—2017年同比增长率（%）	2012—2017年均增长率（%）	2022年预计销售额（基于2017年，亿美元）	2017—2022年均增长率（%）
		2012年	2016年	2017年				
10	意大利	12.13	11.85	12.09	2.0	-0.1	15.74	5.4
11	俄罗斯	8.39	9.02	9.56	6.0	2.6	11.05	2.9
12	澳大利亚	13.50	9.08	9.51	4.7	-6.8	10.78	2.5
13	西班牙	8.38	9.17	9.16	-0.1	1.8	11.96	5.5
14	墨西哥	5.83	6.75	7.42	9.9	4.9	8.10	1.8
15	英国	7.83	6.42	6.70	4.4	-3.1	8.85	5.7
16	韩国	5.46	5.21	6.11	17.3	2.3	7.20	3.3
17	波兰	5.19	5.92	6.10	3.0	3.3	7.49	4.2
18	越南	5.61	4.66	5.33	14.4	-1.0	6.44	3.9
19	泰国	4.54	4.79	5.06	5.6	2.2	5.70	2.4
20	乌克兰	6.30	4.51	5.02	11.3	-4.4	6.62	5.7
	世界	517.96	528.82	542.19	2.5	0.9	646.26	3.6

资料来源：Phillips McDougall 公司

　　近年来，尽管全球农药市场销售规模已连续两年负增长，但从 2016 年下半年开始，全球前十大农药企业中，除杜邦和富美实（FMC）外，其他 8 家公司的收入同比变化已出现降幅收窄或由负转正，其中先正达、巴斯夫、陶氏化学、安道麦（Adama）和纽发姆（Nufarm）的农药企业业务收入增速已实现正增长；拜耳和孟山都的农药业务收入降幅也已大幅收窄。在 2017 年的五强公司中，只有巴斯夫和孟山都的农药销售额增长，而先正达、拜耳和陶氏杜邦的销售额均有所下滑（表 2），这主要是由于巴西和中国市场库存水平较高所致。尽管 2017 年先正达（已被中国化工收购）的农药销售额同比下降了 3.4%，为 92.44 亿美元，但这并没有改变其全球第一的市场地位。2016 年，先正达在拉美地区的农药销售额同比下降了 15%，而在其他地区的销售额实现了 1%~2% 的小幅增长；种子处理剂的销售额增长，但其他产品类型的销售额出现下滑。2017 年，拜耳欧元计农药销售额同比下降了 7%，美元计销售额约降 1%，销售额为 87.13 亿美元。拜耳公司所有类型产品的销售额全部下跌，其中，杀菌剂更是呈现了两位数百分比的跌幅，巴西的高库存水平使拜耳在该国的销售额同比下降。2016 年，巴斯夫欧元计农药销售额同比增长 2.3%，而美元计销售额增长 8.8%，销售额为 67.04 亿美元。除草剂和生物农药/种子处理剂业务的增长抵消了杀虫剂和杀菌剂业务的下滑。陶氏杜邦 2017 年的农药销售额同比下降 1.0%，为 61.00 亿美元。新产品的销售额虽有增长，但不足以抵消拉美市场价格下降以及中国高库存水平的不利影响。孟山都包括植保产品、草坪及花园用农药在内业务的销售额同比增长 6.1%，为 37.27 亿美元。全球农药市场在经历了 2015 年和 2016 年的持续下降后，在 2017 年开始出现回暖迹象，行业重新进入增长轨道。

表 2 2017 年全球领先跨国公司的农药销售额

2017 年排名	公司	销售额（百万元）		同比（%）	
		美元计[1]	当地货币计	美元计	当地货币计
1	先正达[2]	9 244（9 571）	$9 244（$9 571）	−3.4	−3.4
2	拜耳作物科学[3]	8 713（8 810）	€7 403（€7 961）	−1.1	−7.0
3	巴斯夫	6 704（6 163）	€5 696（€5 569）	8.8	2.3
4	陶氏杜邦[4]	6 100（6 162）	$6 100（$6 162）	−1.0	−1.0
5	孟山都[5]	3 727（3 514）	$3 727（$3 514）	6.1	6.1

注：1. 采用 2017 年和 2016 年平均年汇率换算；2. 被中国化工收购，不包括 2017 年 6.81 亿美元和 2016 年 6.63 亿美元草坪和花园用农药的销售额；3. 不包括 2017 年 6.71 亿欧元和 2016 年 5.98 亿欧元环境科学业务的销售额；4. 形式上的销售额（基于 2016 年 1 月 1 日杜邦和陶氏化学完成合并的假设）；5. 截至 8 月 31 日的 1 年

从作物用农药市场上看，2017 年全球第一大用药作物依然是果蔬，所用农药占全球作物用农药销售额的 25.7%。其后依次为谷物（16.2%）、大豆（14.5%）、玉米（11.2%）、水稻（10.2%）、棉花（4.7%）等（表 3）。

表 3 2017 年各作物用农药市场

作物	销售额[1]（亿美元）	所占份额（%）
果蔬	139.34	25.7
谷物	87.83	16.2
大豆	78.62	14.5
玉米	60.73	11.2
水稻	55.30	10.2
棉花	25.48	4.7
油菜	18.98	3.5
甘蔗	15.18	2.8
甜菜	7.05	1.3
向日葵	5.96	1.1
其他	47.71	8.8
总计	542.19	100.0

注：1. 根据所占份额计算而来。资料来源：Phillips McDougall 公司

1. 除草剂占据全球农药市场主要份额

从全球农药市场销售结构来看，除草剂在目前占有最大的份额。2017 年，全球农药销售总额为 542.19 亿美元，其中，除草剂所占份额居于首位，约占 42.3%；其次分别为

杀虫剂和杀菌剂，所占份额分别为28.0%和26.8%。

2. 亚洲、拉丁美洲是农药需求的主要市场

从区域分布来看，随着经济发展水平以及农业现代化水平的逐步提高，亚洲、拉丁美洲地区对农药的需求量不断上升，并已成为全球最主要的农药消费市场（表4）。2017年，亚洲、拉丁美洲农用农药销售额分别为138.66亿美元和130.76亿美元，位列第一和第二位。此外，欧洲、北美地区作为传统农药消费市场，农药市场需求趋于稳定，未来农药市场的增长主要集中在中国、印度、亚太地区和拉丁美洲的部分国家。

表4　2016年全球主要地区农用农药销售情况

地区	销售规模（亿美元）	占比（%）
亚洲	138.66	27.74
拉丁美洲	130.76	26.16
欧洲	114.53	22.91
北美自由贸易区	94.75	18.96
世界其他地区	21.15	4.23
合计	499.85	100

亚洲是全球农药需求的第一大市场，其他依次为欧洲、拉丁美洲、北美等地区。由于农药使用水平的差异，欧洲、美国、日本等发达国家和地区的农药市场需求比较稳定，因此农药需求增长主要集中在中国、印度、巴西、阿根廷、非洲的部分国家等发展中国家。

随着全球经济增长，各国农业发展水平的提高，各国的农药使用水平也随之提高，也导致对农药的需求量加大。农药使用水平的差距，是导致农药需求量的根本原因，例如中国单位耕地面积的农药消费额远远低于欧美等发达国家，中国每公顷耕地农药消费仅8.6美元，约为美国的1/4，韩国的1/7，法国的1/15，日本的1/18，所以未来仍有很大的发展空间。随着各国农业的发展和农药水平的提高，会有更多的农药新兴市场发展起来。

3. 六大跨国公司主导的寡头垄断竞争格局形成

农药新产品开发成本巨大，且周期较长，例如研制一个新活性成分需要经过14万个化合物的筛选，从研制到商业化平均需要9.8年，耗资约2.5亿美元，但相对应的新型专利农药利润率极高。经过几十年的激烈竞争与发展，目前全球农药行业已呈现寡头垄断的格局（表5）。2016年，先正达、拜耳、巴斯夫、陶氏益农、孟山都和杜邦六大跨国公司占据了全球农药市场70%的份额，并形成了"产权农药—丰厚利润—研发投入—新产权农药"的良性循环，农药新品种的开发已基本由这些公司垄断。

全球农药生产、研发高度集中，研发实力与市场份额决定产业地位。前六大跨国农化企业同时也是研发投入最高的企业，并且占比多在10%~25%。农药产业发展的关键是品种，1980—2005年的25年间，6大农药企业共推出农药新品种220个，占全球农药新品种的70%，2011年6家公司总的专利申请数为904件，占2011年申请总数的75.5%，在一定程度上反映了农药技术开发的垄断局面。国际跨国公司对农药新产品开发的垄断间接

表5 2016年六大跨国公司农药销售情况

单位：亿美元

公司	销售额
先正达	95.71
拜耳	88.37
巴斯夫	61.82
陶氏益农	46.31
孟山都	35.14
杜邦	28.55
合计	355.90

强化了其在全球农药市场的垄断地位。

4. 农药产能逐步向发展中国家转移

由于发达国家的农药工业起步相对较早，本国的市场已经趋于饱和，在经济全球化及国际分工日益深入的背景下，跨国农药巨头为了谋求发展，同时为了规避发达国家越来越严格的环保要求并降低生产成本，开始重新对其资源市场进行定位，逐渐分离产业链上游的中间体和原料药生产环节，将其转移到生产成本较低的中国、印度等新兴发展中国家。

（二）中国农药行业发展概况

从农药行业经济运行来看，中国农药行业营收和利润已告别了高速成长期（两位数增长），进入低速成长阶段。现阶段行业基本面虽得到一定程度的企稳，行业流动性也得到较大改善，但可盈利水平提升仍呈现滞涨，受供给侧改革、环保核查以及人民币贬值等多因素影响，供给侧价格上涨，可是需求面较为平静，未来一段时间更要警惕需求变化。

农药作为传统的化工行业，面临诸多威胁，如中国产能过剩问题依旧严重，研发投入不高，农药创新与成果转化存在脱钩问题，这些也造成中国农药企业核心竞争力弱，值得龙头企业、研发机构去探索。尤其当下环保监管重拳不断出击，再加上地毯式的排查，企业必须走绿色可持续发展道路。另外，中国农药行业深度参与全球化，过度依赖出口，需警惕要素成本（劳动力成本、资源成本上升）削弱行业竞争力。危机中也孕育着机遇，如低油价、种植结构调整、全球化、"一带一路"倡议实施产品路线及工艺重大变革、行业重大重组并购等。目前农药行业企稳复苏才露尖尖角，尤其是中国龙头企业专注优势领域，紧跟全球热点产品和新品、关注次新产品的市场机会，同时做好资金链和产业链的功课。相比欧美发达国家的植保水平，中国农药行业仍然存在很大的发展空间。

当前，全球农药市场规模的快速扩张和产业转移，给中国农药行业的发展带来了发展机遇。2000—2010年，中国农药产量较快增长，由2000年的64.8万吨增加为2010年的234.2万吨，增加2.6倍，年均增长率为13.7%。2005年农药产量突破100万吨，2010年农药产量突破200万吨，为234.2万吨（折纯），中国已于2007年超过美国成为世界第一大农药生产国。杀虫剂、杀菌剂、除草剂是中国生产的三大农药，近几年三者产量都有增加，但三者产量之和占农药总产量的比重略有下降。2000年三类农药产量占农药总产量的比约为90%，近几年占总产量的比重有减少，但仍超过75%。杀虫剂是中国生产最多的农药品种，其产量呈上升趋势，由2000年39.7万吨增加为2008年的65.8万吨，产量增长1.66倍，但占农药总产量的比重下降，2000—2003年杀虫剂产量占农药比重超过50%，2004年后杀虫剂产量和占比重较2003年都有减少，2005年杀虫剂产量开始增加，但所占比重仍呈下降趋势，最终杀虫剂占农药产量比重由2000年的61.3%下降为2008年的34.6%，占比减少26.7%。杀菌剂是中国生产的第三大农药品种，产量逐年增加，占比略有下降。杀菌剂占农药的比重为7.5%~11.0%，产量由2000年的6.9万吨增加为19.6万吨，产量增加了1.84倍，2008年产量为19.6万吨，比上年增长43%。除草剂是中国生产的第二大农药品种，产量增长较快，由2000年的11.7万吨增为2008年的61.6万吨，增长4.26倍，年均增长率为23.1%。除草剂产量占农药总产量比重由17.9%上升为32.4%，占比提高了14.5%。

随着农药零增长行动深入开展，到2020年中国农药使用量总量将不再增长，国内市场随之将不再扩大，而国内农药产量持续增长，农药产业产能过剩将会更加严重，农药零增长行动目标与农药行业，特别是企业利益之间矛盾将更加突出。

1. 农药行业企稳，子产业呈现分化

从中国农药行业运行主要指标来看，农药行业出现了经营企稳回升，2016年中国农药实现营收3 008.19亿元，同比增长6.3%，行业盈利190.37亿元，同比增长6.5%，盈利实现了双增。相比上年同期，行业较多经济指标得到一定程度改善，亏损企业数、亏损企业亏损额基本和2015年持平，应收账款仍有压力；产成品、存货水平处于较低水平，企业库存和生产的压力减缓，三费中财务费用得到较大改善。从主营业务收入利润率来看，已恢复到7%水平，行业企稳较为明显，而子产业呈现分化。收入方面，化学原药制造业营收同比微增5.2%，生物农药大幅增长15.8%；利润方面，化学原药制造业同比微增4.4%，生物农药大幅增长23.4%。

2. 农药供应市场稳定，供给结构逐步改善

相比国际农药供应比例，中国杀虫剂供应比例偏高。近年来，中国农药供应进行了结构调整，而且效果明显，即除草剂微增，杀虫剂向下调整，杀菌剂供应明显增加。2016年，中国农药产量为345.1万吨，同比微增1.9%；除草剂产量为164.5万吨，小幅增长2.4%，杀菌剂产量为18万吨，同比增长8.9%。近年来中国杀菌剂供应充足，供应稳中有增，从2010年的16.76万吨增长至2015年的18.2万吨。中国杀菌剂主产区集中在江苏、浙江、安徽一带，这三地杀菌剂供应量占全国近8成左右，2016年产量供应中，宁夏、江西以及安徽杀菌剂产量增幅都超过20%以上，2016年中国杀菌剂供应达到20万吨，同比增长10%，未来中国杀菌剂供应总体仍然呈现上升态势。

3. 国际库存低位，补库存需求强烈

2016年，中国农药企业整体库存为30.16亿元，环比下降，全年同比微降，中国农化巨头库存持续下降。农药行业去库存结束，进入补库存阶段，2012年以来连续4年行

业存货均呈增长趋势，存货周转天数明显改善，企业经营状况明显好转。

4. 中国农药出口复苏迹象明显

中国是农药生产大国，也是出口大国，近年来出口量不断提升。2017年年底，中国农药产量占全球的一半左右。1994年中国农药出口量首次超过农药进口量，2004年中国农药出口达到39.1万吨，出口值1.5亿美元；2017年出口达146.76万吨，出口额为67.6亿美元，期间中国农药产量和出口都出现快速增长。近三年受供给侧改革、农药零增长以及需求端的不同影响，供给端产能呈现集中化、规模化、清洁化，供应水平和出口规模，相比高峰时出现较为明显下降。

2017年，中国农药出口总量呈上升态势，但原药和制剂出口占比却呈现不同趋势（表6）。其中，2011年以来，原药出口比重逐年下降，制剂出口占比逐年增加，已成为出口主力军。近年来，原药在出口中的占比保持阶段性下降，2017年原药出口金额占出口总金额的56.3%，出口数量占到总出口量的34.5%，为2011年以来的最低值，而制剂出口数量达到96.13万吨，占比达到65.5%。

表6 2011—2017年中国农药进、出口情况

项目	年份	数量（万吨）	增长率（%）	金额（亿美元）	增长率（%）
出口	2011	140.88	-	61.99	-
	2012	159.94	13.53	78.63	26.84
	2013	162.19	1.41	85.23	8.39
	2014	164.17	1.22	87.60	2.78
	2015	150.95	-8.06	72.83	-16.86
	2016	137.25	-9.81	56.16	-22.89
	2017	146.76	6.91	67.60	20.37
进口	2011	4.39	-	5.21	-
	2012	5.35	21.79	5.64	8.25
	2013	6.22	16.31	6.98	23.76
	2014	6.72	7.95	7.45	6.73
	2015	5.76	-14.21	6.78	-8.99
	2016	4.38	-25.69	3.91	-42.33
	2017	4.07	-7.08	4.11	5.12

资料来源：中国海关

5. 农业供给侧改革政策将对农药产品产生影响

未来农业供给侧改革主要有两方面：一是传统产业转型升级。定位分类更加细化，转型升级最终是为了实现农业发展的质量和效益，过去发展农业总是重视效益，但未来要强调质量放在第一位，把增加绿色优质农产品供给放在突出位置，狠抓农产品标准化生产、品牌创建、质量安全监管；二是农村金融创新改革取得突破。随着各国环保力度的加强，以及对农产品质量和食品安全性重视程度的提高，农药正朝着环境友好方向发展，即农药品种高效、低毒、低残留，生产过程清洁，那么高效、安全、环保农药产品容易被消费者

青睐，也更具有市场竞争力。

6. 2017年中国农药新一轮景气周期启动

根据Phillips Mcdougall全球农药市场规模数据，2000年以来全球农药行业可归纳为遵循大体约5年一轮的景气周期（其中2年景气向上，2~3年景气向下），全球亚洲和拉丁美洲占农药市场份额的55%。拉丁美洲部分非耕地通过垦荒转化为耕地造成种植面积增加，进而带动了农药需求的扩大；亚洲地区则是因劳动力成本提升，农药（尤其是除草剂）替代部分人工引致的新增需求。目前拉丁美洲已成为全球农药需求最大、增长最快的市场，全球农药库存低位，宏观经济、地方政策、天气等多种复杂因素皆会影响农药行业景气变化，其中农作物价格的波动与农药行业经营情况相关性高，因此2017年中国农药新一轮景气开始启动，企业盈利能力得到进一步改善。

目前中国农药行业面临的主要矛盾是结构性的产能过剩，单纯依靠刺激内需难以解决产能过剩等结构性矛盾，国内大量农药品种的开工率在50%上下浮动甚至更低，而产能过剩引发的恶性竞争，拉低产品出口价格，造成大量有限资源的低价流失，加大国内环境压力，国家多利用行政、市场和经济多重手段共同推进农药产业结构优化，提高行业集中度，扩大研发投入以及成果转化效率，提高中国农药产品自主知识产权国际化的比例，达到促进农药行业转型升级目的，从而实现中国农药行业的可持续发展。

二、国际贸易格局

（一）全球及各大洲农药市场贸易情况

全球农药市场销售额在2008年为461亿美元，其中化学农药有440亿美元，生物农药有21亿美元，到2017年农药市场的销售额达到652亿美元，其中化学农药占615亿美元，生物农药占37亿美元。美洲和亚洲的市场份额逐步增加，美洲市场由2012年的52%上升到2017年的53%；亚洲则由2012年的22%上升到23%；而欧洲和非洲及澳洲大陆的市场份额从2012年的26%下降到24%。从各大洲农药市场看，最大市场依然为欧洲；亚洲仍稳居次席；拉美则超过北美，座列第三；北美已降至第四，此因抗除草剂转基因的影响所致；其他地区（中东和非洲）位排末席。

2017年，拉丁美洲的农药销售额为126.64亿美元，同比下降5.0%（表7），这主要由于巴西市场下降所致。尽管巴西市场已连续3年下滑，但其仍为全球最大的作物用农药市场。多重因素导致巴西市场下滑，如持续的厄尔尼诺现象导致巴西天气干旱，加之亚洲大豆锈病等病虫害发生，以及农产品价格走低等，都对巴西农药市场造成影响；孟山都抗虫和耐除草剂进一步推广，从而影响了杀虫剂的销售额；经销商库存水平较高，所以即使来自中国的农药价格提升，但巴西市场农药提价受限。但是，货币贬值使巴西农产品出口更具竞争力，从而对巴西农药市场有所利好。虽然阿根廷农药市场持续受到高利率以及货币对美元汇率下降的影响，但农场则从玉米和小麦的出口税取消以及大豆的出口税降低中受益。在拉美地区，除巴西和阿根廷这两个主要市场外，其他市场总体表现更加积极。农产品价格走低对该地区更多发展中国家市场影响不大，咖啡、可可、花卉、香蕉和其他水果蔬菜等驱动了农产品出口。这些国家市场增长持续，主要是受到经济复杂及国内需求增加的驱动。在过去 10 年，拉美市场仍创造了最强劲增长的纪录，但其增速较已放缓，该地区也已成为全球最主要的作物用农药市场，长期来看，亚洲和南美和世界其他地区仍是增长机会最大的市场，而对欧洲市场的增长预期较低。

表 7　2016—2017 年全球各地区市场（农药贸易情况）

地区	2016 年贸易额（亿美元）[1]	2017 年贸易额（亿美元）	增幅（%）
亚太地区	151.41	163.07	7.7
拉丁美洲[2]	133.31	126.64	−5.0
欧洲	120.63	123.77	2.6
北美自由贸易区	104.37	107.61	3.1
中东 / 非洲	19.48	21.10	8.3
总计	528.82	542.19	2.5

注：1. 根据 2017 年增幅 / 降幅数据计算而来；2. 不包括墨西哥。资料来源：Phillips McDougall 公司

2017 年，北美自由贸易区的作物用农药销售额为 107.61 亿美元，同比增长 3.1%。大豆、油菜、棉花种植面积增加，加利福尼亚天气条件改善（相对于 2016 年的干旱有所恢复）等驱动了该地区市场的增长。北美自由贸易区（NAFTA）的主要问题是农产品价格低，农民因此往往选择成本最低的植保措施，从而导致非专利农药和老产品的销售额增加。加拿大作物产量受益于较好的生长条件，虽然农产品价格低是个问题，但豆类大量出口到亚洲，使农场经济因此而得益。小麦和油菜种植面积下降，但由于夏季生长条件较好，其产量仍大幅提升。墨西哥雨水增多，使其农药市场获得增长。

2017 年，欧洲作物用农药市场的销售额为 123.77 亿美元，同比增长 2.6%。近年来，东欧市场驱动了欧洲地区市场的增长，尤其是俄罗斯，国内农业经济持续增长，有力地回应了欧盟强制性的制裁行为。2017 年西欧地区的市场受到了不利天气条件以及病虫害发生较轻的影响。

在包括中东和非洲在内的世界其他地区，其 2017 年作物用农药的销售额为 21.10 亿美元，同比增长 8.3%。这主要受到南非销售额增长的驱动，在南非，充足的雨水条件提升了玉米和大豆的种植面积。之前，厄尔尼诺现象导致南非严重干旱。同样，土耳其雨量增加，提升了作物种植面积，市场对植保产品的需求增加。

非洲市场最近显示出强劲增长的迹象，虽然对于农药行业来说还存在诸多问题，例如行业不规范，市场中充斥着大量过时和假冒的产品，当地的经销网络缺乏，销售商和农民都缺乏相关培训等。但各国都意识到这些问题，并已逐步采取措施纠正这些问题，过去 20 年来，农作物保护登记立法和法规取得了巨大进步，目前各国正在协调地区性法律法规。非洲商业作物保护市场总额为 26.5 亿美元，除草剂和杀虫剂约占 77% 的份额。在作物方面，2017 年水果、坚果和蔬菜的用药超过 7.75 亿美元（占市场总额的 29.2%），

是用药额最大的品种，其次是玉米 5.23 亿美元（19.7%）、小麦和小谷物 2.31 亿美元（8.7%）、棉花 1.776 亿美元（6.7%）、大米 1.617 亿美元（6.1%）、可可 1.458 亿美元（5.5%）和马铃薯 1.06 亿美元（4.0%），其余剩下农作物的用药份额均在 1%~4% 的范围内。非洲较大的市场是南非、尼日利亚、埃及、摩洛哥、加纳、肯尼亚、科特迪瓦和埃塞俄比亚等，这些市场在 2017 年占整个非洲出货金额的 62%。农药产品主要来源，中国占 31%，印度占 13%。在非洲农药市场领先的公司有先正达、拜耳作物科学、巴斯夫、陶氏杜邦、阿达玛、住友和新安化工等，并且所有这些企业在非洲的影响力逐渐加大。

2017 年，亚太地区是全球农药销售额最大的地区市场，为 163.07 亿美元，同比增长 7.7%，占全球农药市场的 30.1%。该地区的主要国家，尤其是印度，其市场受益于有利的季风天气条件的恢复（之前受厄尔尼诺气候影响，天气干旱）以及豆类作物用农药的强势增长。2017 年，东南亚的市场也明显好转，印度尼西亚受益于水稻和玉米禁止进口，导致国内的农作物价格增长；而泰国的农药产品价格提升，这主要由于中国的农药供应短缺所致。

（二）新周期下全球农化市场格局

全球农化业务集中度提高明显。拜耳收购孟山都的推进、陶氏杜邦合并、中国化工与先正达收购的达成，使得全球农药行业的格局发生重大变化，拜耳和孟山都占全球市场份额的 23%、中国化工并购先正达占全球市场份额的 21%，陶氏杜邦占全球市场份额的 21%、巴斯夫购并了巨头得到壮大，其业务占全球市场份额的 11%，全球农化形成四强格局，全球农化业务集中度提高明显。

自从 2014 年富美实开启收购科麦农以来，行业间的并购整合就无间断，显然已成为近年来行业发展主旋律。公司的大规模并购，无疑会在短时间内助力公司扩大生产经营规模，降低成本费用；提高市场份额，提升行业战略地位、知名度及竞争力；快速获得先进的生产技术、管理经验、销售渠道、专业人才等各类资源等。但是，顺利完成交易交割并不是并购的结束，并购后平稳完成整合并实现潜在价值才能说明并购成功，但这对很多企业来说是一个巨大的挑战。

2017 年，中国化工集团完成了对先正达的收购；杜邦和陶氏业已于 2017 年 8 月底成功合体，随着举世瞩目的交易落下帷幕，全球农化行业的格局也迎来颠覆性的变革。本轮并购中主要巨头都将种子作为业务重构重点，期望进一步打通种植业的生物—化学研究阻隔，利用自身在基础研究中的优势和积累重新甩开竞争者追赶，形成新的寡头垄断，牢牢把控着行业食物链的顶端。

在此期间，位居第二梯队的富美实收购了杜邦剥离的部分农化业务，以 38 亿美元的销售收入名列全球农化公司第五位。随后，巴斯夫则以 59 亿欧元的现金价收购了拜耳种子和非选择性除草剂业务的重要部分；纽发姆以 4.9 亿美元的现金价，收购安道麦（Adama）与先正达一道剥离的欧洲经济区的部分作物保护产品，以及以 9 000 万美元的价格收购了富美实剥离的磺酰脲类别（SU-class）和双氟磺草胺除草剂业务。

伴随着第一、第二梯队的加速整合,有望给位于第三梯队的中国公司及日本公司留出更多的席位(图1)。至此,规模化的行业并购即将告一段落,未来很长一段时间,农业投入品行业即将在新的格局下开启新的征程。

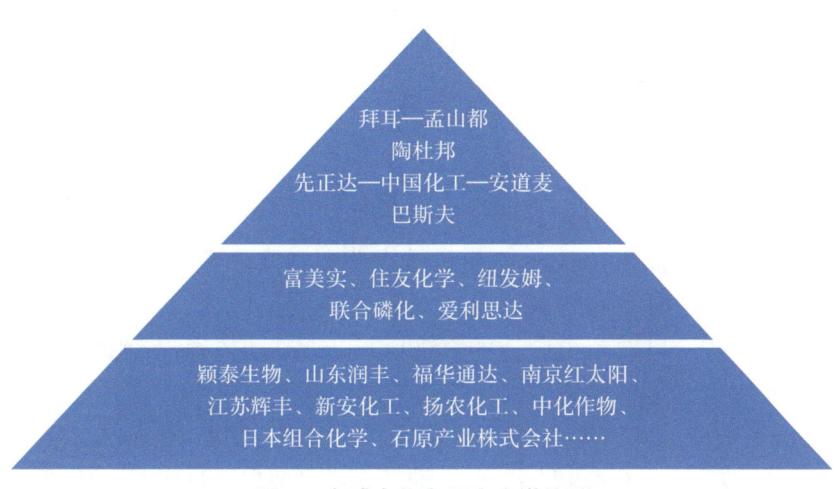

图1　全球农化市场金字塔格局

(三)日本公司加速海外扩张步伐

中国企业已经连续数年挤占日本公司的传统地位。近年来,全球主流专利农药保护期纷纷到期,专利农药的市场份额逐步下降,这让以拥有最多专利产品的日本公司暂时失去了竞争优势。此外,巴西、阿根廷、中国、印度等对价格更敏感、偏好使用非专利农药的新兴市场在全球消费总量的比重也不断上升。农药原药一旦失去专利保护,生产者增加,利润率下降,专利持有企业也会倾向于生产外包,出售业务或放开渠道,以便扩大市场份额,这就给第二和第三梯队企业提供了广阔的发展空间。在国际市场竞争不断加剧以及国内农化市场增长乏力的双重压力下,近年来,日本公司明显加快了扩大规模、抢占市场的步伐。欧美很多公司已经完成了兼并重组,要想打破其联盟壁垒,使之与日本公司结盟并非易事,因为日本公司存在股东不稳定、缺乏业务转换经验等障碍。然而,日本顶尖大企业已经意识到,为了能在未来生存,必须扩大业务规模。

因新分子开发费用高、周期长,各国监管趋严、市场变幻莫测,系列因素促使公司在研发、登记、商业化和销售方面进行互利合作。日本公司具有较强的研发实力,从全球来看,农化专利产品有40%来自日本企业。但是日本公司在自建渠道方面略显逊色,这并不妨碍公司将其产品迅速推向市场。这些均得益于日本公司日益提高的品牌竞争力及强大的渠道运作能力。

除了通过与跨国巨头达成战略合作来进军海外市场之外,日本公司也试图通过海外并购来加速业务规模的提升。2017年,以住友化学为代表的日资企业包括三井物产株式会社、三井化学农业公司、住友商事等在海外市场进行了不同规模的并购,以此来扩大公司的产品组合、销售渠道、市场份额等。虽然相关并购规模与动辄百亿、千亿美元的并购不能相提并论,但是这也足以彰显日本企业拓展海外市场的野心。目前,全球 60%~80% 农化产品的市场份额仅掌握在极少数的几家行业巨头手中。然而,日本目前将近有 20 个新型农化产品准备登记进入国际市场。照此趋势,日本农化产品在国际市场将占到 50%。这也为日本公司以后的崛起奠定了坚实的基础。

(四)数字技术助推农化企业全球化布局

以孟山都、拜耳、巴斯夫为代表的农业巨头,一方面不断加大在此领域的投资,另一方面将先期产品不断进行优化升级并持续推向全球。

2017 年年初,孟山都旗下 Climate 公司首次公布数字农业产品研发线,分享了超过 35 项最新研发项目。同时宣布,未来几年公司将继续拓展其业界领先的农业大数据平台 Climate FieldView™,以覆盖更广泛的全球区域市场。在短短不到两个种植季的时间,Climate FieldView 平台已迅速成为美国连接最广泛的农业数字平台,并正逐步拓展到加拿大、巴西及欧洲等全球区域市场。2017 年 6 月,孟山都公司与 Atomwise 公司达成战略合作,借助人工智能技术开发作物保护产品,推进新产品研发。这也是孟山都首次将人工智能引入到植保产品的开发中,大大缩减了产品开发的时间及费用成本,加速产品的更新换代,为作物的健康成长提供了有效的保护措施和技术。2017 年,Climate FieldView 数字农业平台应用面积已超过 7.2 亿亩,其中付费使用面积达 2.1 亿亩。

拜耳公司一方面通过收购孟山都加速整合数字农业资源,另一方面积极推广其现有的数字解决方案。目前,拜耳在全球 60 多个国家提供数字解决方案,目标是实现快速的扩张。新技术不仅在加拿大、美国、巴西、德国、法国、乌克兰和俄罗斯等国家拥有巨大的潜力,在更多的发展中国家的小农户中也拥有极大的发展前景。让小农户发挥农业潜力,提高农业生产力,是改善他们家庭和社会生活的关键。目前,拜耳正在和德国博世和 Fauna Photonics 公司、大学、新创公司以及非盈利组织机构等合作,加快数字农业产品的研发速度。2017 年 11 月,拜耳宣布上市其数字农业解决方案 XARVIO。新的 XARVIO Scouting App 将使农民很容易就能发现并鉴别作物病害、虫害、氮元素状况以及叶片的损害情况。农民也将从其邻居收集到的数据中获益,农民将可以看到周围哪些病害正在发生,也能够看到周围虫害的压力。在此之前,拜耳还在中国推出 WEEDSCOUT 杂草识别应用程序,尝试通过数字化平台帮助农户高效、准确地识别田间杂草,对症精准用药,有效控制杂草,以可持续的方式提升农业生产效率。

巴斯夫的战略目标是坚定地利用数字化为整个价值链提供巨大机遇。在农业数字化方面,巴斯夫也开始加速全球布局。2017 年,收购了 ZedX 公司,与 Proagrica 合作推出首个农场管理系统集成接口等。

除了跨国巨头,安道麦(Adama)近年围绕增产高效、精准喷施、土壤/作物/环境监测、疾病预防等,推出了系列贴合农户需求及简单实用的农业应用及解决方案,比如 Adama Wings 解决方案、与 SwarmFarm 合作推出的世界上第一个"蜂群"式机器人、FieldIn 应用、CropVIEW 农业信息系统、AgroWebLab、Clima 技术、Tierra Digital 软件、Trapview 等。

(五) 整合资源全面涉足精准农业

近年来，跨国巨头在精准农业领域的投资如火如荼，一些实力雄厚的中小型行业在此领域的发展也开始崭露头角，希望借助前沿技术来驱动公司转型，牢牢把握行业发展新机遇。比如美国先锋公司，其开发的 SIMPAS 精准农业系统。通过该系统，操作者可以以不同的速率精准施用多种不同植保产品。使得杀虫剂、杀菌剂、营养剂和生物机制共用一个系统。SIMPAS 还能实现在播种的同时将保护性颗粒剂型农药一同施用。农民通过 IPAD 界面操作，便捷且施用精确度高，节省人工成本。目前，先锋公司已将 SIMPAS 系统授权给 Trimble、Simplot 等多家公司，以此来扩大该系统的应用渠道及市场份额。

除此之外，该公司近两年也开始加大对植保资源的整合力度，加速对外扩张步伐。在产品整合方面，2017 年，公司相继收购了安道麦（Adama）名下的阿维菌素、百菌清以及百草枯相关的三条生产线，以及先正达的部分选择性除草剂和保护性杀菌剂业务；近期又将龙灯的 ReTurn XL 杀虫剂/杀线虫剂产品纳入其北美地区的销售渠道。2016 年，除了在新加坡成立子公司外，还与中国农化公司江苏辉丰在香港成立了一家名为"辉丰先锋创新公司"的合资企业，来扩大公司在亚太地区的市场准入及技术合作；近期又收购了中美洲经销商 Grupo Agricenter，以增强其在拉美区域的商业、技术和开发结构。但该公司并没有在产业链的研发端大做文章，而是找准自身的定位，强化资源整合，深耕渠道建设。在过去的 30 年中，通过收购各大公司所剥离的植保产品，不断完善自身的产品组合。近年来，又将精准农业纳入公司发展战略中来，以此来应对行业发展的挑战，把握行业发展新机遇。

(六) 中小企业走出自己的特色之路

有别于大公司强大的研发、生产实力，以及成熟的销售渠道，近年来，有这样一类"小、专、精、强"的特色公司，依靠自身在某一领域的研发优势，深耕细作，打造出令业界刮目相看的单品或平台。整体来看，这些公司更专注于产品的研发，而在产品的商业化及市场拓展方面，除了通过自身资源来进行营销之外，更多的是借助于跨国公司或者本土公司成熟的商业运作模式及丰富的渠道资源，迅速将产品推向市场。比如专注于植物源生物农药研发、生产与销售的以色列生物农药公司 Stockton（STK），近年来，凭借其专利旗舰生物杀菌剂 Timorex Gold（互生叶白千层提取物）单品的开发与大规模推广而享誉全球，截至目前，该产品已经在全球 30 多个国家进行登记，其销售渠道更是遍布全球多个国家及地区，比如在智利、墨西哥、阿根廷及澳新地区将其纳入先正达的销售渠道中去；此外，为了进一步扩大其销售渠道，还与多家国际分销商，包括秘鲁 TQC 集团、危地马拉 Duwest 公司、新西兰 Grosafe Chemicals 公司、加拿大 Engage Agro 等签署了战略分销协议。

类似的还有加拿大农业化学品公司 Vive Crop Protection 所开发的 Allosperse 传输系统，该系统能极大地提升农药活性成分的目标性和功效，目前，该技术已经应用到较多植保产品的开发中，并获得了较好的应用效果，基于该技术，公司目前正在开发第二代第三代的产品，并不断扩大其应用范围。基于该技术，Vive公司还与爱利思达及SipcamRotam达成了新品开发协议。此外，在加拿大可持续发展技术组织（SDTC）支持下，与四家生物农药生产商建立合作关系，共同开发新的和高性能的生物农药，以此将该技术引入到生物农药领域。

同样值得关注的是英国公司Exosect推出的专利技术平台Entostat，能够大幅提升活性成分的传递效率。2017年，Exosect公司首次签署其专利制剂平台Entostat的使用许可协议，该平台能够以极低的用量混合两种活性成分，合作伙伴已经利用该平台研发出了全新的杀虫剂配方。

英国生物农药公司Eden Research的生物杀菌剂3AEY（活性成分为丁子香酚+香叶醇+百里香酚），含有三种活性物质为基础的强大产品组合，这些活性成分均已获得欧盟批准。截至目前，该产品获得了意大利、保加利亚、肯尼亚、希腊、西班牙和葡萄牙的批准。Eden Research与植保领域的诸多公司如法国Sumi农业、意大利Sipcam、Iberia和Efthymiadis达成了战略分销合作。

（七）中国农药贸易变化

1. 进口情况

近5年中国农药进口总额为29.23亿美元，进口量27.15万吨，以制剂进口为主，累计进口25.27万吨，进口额26.78亿美元，制剂进口近年逐年增加，由2011年3.7万吨增长到2014年达6.2万吨，2017年回落到5.1万吨。原药累计进口3.16万吨，进口额5.29亿美元，年进口量维持在5 000~7 000吨，2011—2014年逐年降低，2015年后呈现反弹。中国农药进口涉及127家企业，外商独资和中外合资企业与国内企业（国有、集体、私营）进口量相当，外商独资和中外合资企业进口额明显高于国内企业，占70%以上。

从进口农药种类看，除草剂进口量达11.3万吨，占39.8%，其次为杀菌剂，进口量10.5万吨，占36.8%，杀虫剂为6.4万吨，占22.7%，植调剂与杀鼠剂均仅1 000吨左右，分别占0.4%、0.3%。从进口额看，杀菌剂位列第一，达13.8亿美元，占48.6%，其次为杀虫剂，进口额9.5亿美元，占33.4%，除草剂进口额8.0亿美元，占28.3%，植调剂进口额0.7亿美元，占2.1%，杀鼠剂进口额365万美元，占比仅0.1%。

2. 出口情况

对中国出口各大洲近5年数据分析，出口各大洲农药占比相对稳定。中国出口亚洲的农药数量占比高达35.5%，占出口总额的32.7%，为中国最大的农药出口目标市场，但价格相对略低于平均出口价格；出口南美洲的数量占比为24.2%，出口额占比为25.4%，为中国第二大农药出口目标市场，出口价格略高于中国农药出口价格平均水平。中国出口到北美洲、欧洲的农药产品数量分别占8.9%~9.5%，分别占出口额的13%以上，出口产品价格明显高于出口其他地区同类产品价格。出口到大洋洲、非洲的产品数量占比分别为5.8%、16.1%，出口额占比分别为5.5%和9.9%。

亚洲已成为中国除草剂、杀虫剂、杀菌剂以及杀鼠剂出口量最大的市场，也是植物生长调节剂出口量第二位的市场。南美洲则是除草剂、杀菌剂的第二大出口市场，是中国杀虫剂出口第三大市场，出口量与出口额仅次于亚洲。出口非洲数量高于欧洲与北美洲，但出口额方面北美与欧洲几乎相当，均高于非洲市场的出口额，表明出口产品平均价格高于非洲市场。北美是中国植物生长调节剂出口的最大市场，约占出口总量的40%。大洋洲为目前中国农药出口量与出口额最小的市场。从中国近5年出口各大洲情况看，出口各洲农药种类数量占比较稳定，未出现大幅度波动，市场相对稳定。但近3年出口北美洲、欧洲的杀菌剂，以及出口大洋洲除草剂有增长迹象，而出口欧洲杀虫剂有降低现象。

出口量列前50位目标市场国家与地区占中国农药年出口总量的90.5%~92.0%。美国、巴西等国家在2013年进口量增长到高位后，2014年后呈现下降趋势，2017年巴西、泰国、阿根廷、越南、印度、印度尼西亚、尼日利亚等近30个国家与地区从中国进口农药数量较上一年下降，仅出口澳大利亚、美国、俄罗斯联邦、哥伦比亚、墨西哥、比利时等10余个目标国家与地区数量有所增长。

出口额前50位的目标市场占中国年出口总额92%以上。美国、巴西在近5年出口额居前两位，但近两年有逐年下降趋势，阿根廷是第三大出口国，泰国是中国第三大出口量目标国，但价格低于其他市场，因此出口额列4~6位甚至更靠后。澳大利亚近几年从出口额看是具较强潜力的市场，出口额有超越阿根廷之势。越南也是中国农药出口一个主要市场，出口额呈现增长现象。印度随着自身农药工业产业的发展，对中国农药产品的依赖度下降，中国对该市场的出口量与出口额均有下降迹象。尼日利亚对中国农药产品依赖度较高，出口量列中国第七大目标市场以内，但出口额列第十位左右，利润可能低于其他市场同类产品。加纳、印度尼西亚、马来西亚也是中国较稳定的市场，出口量列前10名左右。日本对中国农药依赖度有降低趋势，可能主要从中国进口一些原药产品，随着印度等生产市场的逐步成熟，有可能从中国以外的市场采购原药等产品。

三、世界主要国家产业竞争力

（一）美国

美国为全球第二大农药国，2017年的销售额为81.91亿美元，同比增长2.5%，2012—2017年的复合年增长率为3.1%；三大类农药中，除草剂一直占很大的比重，占美国农药市场的3%，杀虫剂增长回落，杀菌剂为增长最快的种类。玉米、果蔬和大豆是美国使用农药最多的三类作物，占总市场的68.7%。除作用在棉花和玉米上的杀虫剂外，其他作物上农药销售额都有不同幅度的增长，杀菌剂是增长幅度较大的。

依据《农药管理改进法案》（PRIA），美国环境保护署农药项目办公室（EPA-OPP）在2017财年共审批完成了2 026项登记决议，与2016财年相比减少了6.8%。在这些已完成的决议中，937项是化学农药，占总数的46.2%；163项是生物农药，占8%；338项是抗生素类农药，占16.7%；42项是助剂，占2.1%；另外546项是其他类型的申请，占26.9%。另有144项申请被撤销，这个数量与上一财年的142项相近。相对于2016财年的8项，2015财年的33项，在2017财年，关于用于食品的新有效成分的决议共22个，其中 6 个被认为是低风险有效成分。2017 年，对于低风险有效成分的平均审定时间 711 天，对于另外 16 个非低风险有效成分的平均审定时间是 934 天。而在 2016 年，对于新有效成分的评审平均需要 1 186 天。2017 年农药项目办公室审批按时完成率（按照 PRIA 法案规定的时间或者通报过的延长期限内）达到 99.1%，仅有 18 项（总数是 2026）登记决议没有按时完成。而在 2016 年和 2015 年，按照完成率是 98.9% 和 98.4%。农药项目办公室在 2017 财年完成了 255 个产品的再登记决议，其中包括 14 个产品的续展，113 个产品的修订以及 128 种产品的撤销。5 种常规农药新有效成分和 1 种新使用通过全球联合评审程序进行了注册，另有 3 种正在评估中。加拿大有害生物管理局和 EPA 在小范围使用联合评审项目中，共同完成了 11 种化学品在 24 种商品上的评估。

在美国，农药的使用都是由大大小小的植保服务公司来决定，这些公司为农场主提供的是作物增产防病的解决方案，至于用什么品牌的农药农场主往往不会在意。因此专业化的植保服务公司在选择农药的时候往往注重产品性价比。全美国约有 10 000 家公司从事这一行业，年销售额在 70 亿美元，服务对象遍及家庭、商业、农业和工业。5 个较大的公司联盟控制着 50% 的市场，其他一半市场被许多地方小公司控制。典型的地方公司由大约 20 人组成，年收入在 200 万美元左右，每个人年收入为 85 000 美元。从事植保服务行业的公司从农药生产商或经销商那里买来产品，连带技术上门服务。美国农药生产市场生产化学用品和农药产品，对农业病虫害进行控制。在过去 10 年中，农药实际使用量并未大幅增长。这是由于农民越来越多地利用整合的虫害治理策略、有机耕种、选择性除草剂及作为虫害控制替代产品的生物农药所导致。此外，转基因作物的种植增多，农民在经济衰退期的收入较低，导致农药行情在近年一直处于波动之中。

美国的农药市场对中国的农资企业来说也属于水丰草肥之地。前几年世界经济危机时，尽管农药原药的价格一落千丈，但美国的植保服务公司并没有把植保的服务价格降下来。因为美国农户都是接受配套植保服务，并不只是买药。现在，美国植保服务公司控制着美国农药市场 80% 的份额，他们是美国农药市场上最大的买家。美国植保公司不希望市场价格搞乱，冲击自身的经营。美国对中国生产的农药并不反感，只要中国的厂商遵守美国法律，产品质量保证，供货稳定，价格合理，他们就进口中国农药。美国政府也支持农民获得多种选择的机会。目前，美国五大植保联合公司以及许多终端客户都在探索崭新的经销理念。尽管各自的策略不同，但都具有一个共同点：赶跑中间商，让中国农药生产者和美国农药使用者直接对话。

（二）澳大利亚

澳大利亚物产丰富，是全球第四大农产品出口国，种植的作物主要有小麦、大麦、甘蔗、棉花、水稻、玉米等。澳大利亚是一个年约 24 亿澳元的农药零售市场，除草剂占 53%；澳大利亚常用的农药产品种类有限，但产品变化很快；澳大利亚农药市场竞争激烈，利润不高；澳大利亚销售渠道被几大分销商占领；澳大利亚是执行"相同农药产品"登记制度最好的国家，主管部门一直致力于简化登记程序，提高效率，管理方式非常人性化；澳大利亚农药登记评审费用不断增长；澳大利亚农药登记证具有永久性，但需要每年缴纳登记维持费，登记证持有人有权申请撤销自己的某些产品的登记；同时澳大利亚的农药管理和登记制度不断改进，制度更加完善，更有利于提高效率、增加透明度、决策的可预测性。

澳大利亚是农用化学品领域的重要市场之一，截至2016年年底，澳大利亚农用化学品制剂登记数量达到7 028个，有效成分登记数量达到1 986个。在所有登记的类别中，除草剂2 286个，占登记比例的32.5%，其次为杀虫剂1 222个，占17.4%，杀菌剂最少，仅为737个，占10.5%。2016年，澳大利亚农药和兽药管理局（APVMA）共批准106种农药原药登记，其中除草剂55种，杀虫剂23种，杀菌剂24种，植物生长调节剂4种。在所登记的原药类别中，除草剂产品仍是热门，占了半壁江山，杀虫剂和杀菌剂旗鼓相当。其中，共有15种产品被多次登记，包括8种除草剂解草酯、草铵膦、麦草畏、Cloquintocet Acid、苄草丹、三氟羧草醚、三氯吡氧乙酸丁氧基乙酯、双氟磺草胺，2种杀虫剂毒死蜱、茚虫威，4种杀菌剂啶酰菌胺、氟喹唑、咯菌腈、精甲霜灵，1种植物生长调节剂调环酸钙。先正达澳大利亚公司共完成7种产品登记，数量最多，拜耳作物科学紧随其后，完成6种。其余ADAMA澳大利亚公司，陶氏益农澳大利亚公司，石原产业株式会社，联合磷化澳大利亚公司各完成4种产品登记。中国企业沙隆达澳大利亚公司完成4种，浙江颖欣化工有限公司完成3种，湖南比德生化科技有限公司和山东润丰国际有限公司各完成2种，其余11家中国企业，包括杭州金尔太、河北佰事达、江苏好收成、江苏七洲、江苏省农药研究所股份有限公司、江苏省农用激素工程技术研究中心有限公司、南京红太阳、山东滨农、山东科赛怡锐、耀海澳大利亚公司、浙江中山化工各完成1种产品登记。2016年共有31家国内外企业获批登记，其中中国企业15家，但完成登记的产品数量仅占登记总量的31.4%。

在澳大利亚大约有500多家公司和个人在从事农药业务（包括跨国公司当地小公司和纯贸易商等）主要有NUFARM在当地进行生产和加工，另有一些专业加工厂家。市场上供应的产品4 000~5 000种；以上产品大致包括除草剂、杀虫剂和杀菌剂，包括农田作物、住宅使用的类似产品，水处理产品，包括游泳池水处理品、海运建筑防藻和防霉、防腐和防虫及其他产品等。总销售额（零售）约每年24亿美元（其中作物用药占80%，其他占20%），进口额（批发）约14亿美元。

（三）巴西

巴西是大豆、糖、橙汁和咖啡的主要出口国，世界上最大的棉花生产国和出口国。巴西是世界上农业生产率较高的地区之一，农业收入占本国GDP的26.5%，涉农人员占到本国就业人口的37%。巴西的主要出口作物使用了市场上80%的农药，包括大豆47%，玉米11%，甘蔗9%，棉花7%，以及咖啡4%。2016年，巴西农药销售额达到122.49亿美元，同比增长6.9%，但是增长速度首次未能维持2009年以来的两位数；农药类商品销售量达到91.42万吨，同比增长1.3%；农药销售量达到35.23万吨，同比下降4.2%。巴西农药市场增速减缓主要与气候、美元汇率、种植面积等原因有关，特别是气候变化影响了作物种植上的投资，谷物、甘蔗、棉花等作物的种植面积下降。巴西从2008年开始有超过美国成为了全球农药市场销售额第一的趋势，远远超过排名第三第四的法国（32.24亿美元）和日本（31.77亿美元），对美国农药销售地位构成了较大威胁。

巴西农药市场基本是由几大跨国农药企业占领，2006年仅先正达、拜耳、巴斯夫、杜邦和孟山都5家企业的销售额就占到了巴西整个农药市场的一半还多。2016年，巴西农药进口量达41.8万吨，同比增长2.4%。其中，原药进口量占56.2%，制剂进口量占43.8%。杀虫剂进口量为12.8万吨，同比增长13.3%，价值27亿美元，其中种子处理剂占7.5亿美元；杀菌剂进口量增长8.2%；除草剂进口量22.5万吨，同比下降5.1%。巴西农药进口总额为73亿美元，比2015年的71亿美元增长2.7%。2016年巴西从中国进口的农药占26.3%，美国占21.3%，阿根廷占7.6%，印度占6.3%，英国占5.5%，瑞士占5.0%，以色列占4.4%。巴西转基因作物种植面积已经连续三年领跑全球2016年种植面积4 910万公顷，占全球转基因作物种植面积的25%，巴西转基因作物种植面积的持续增加，势必会影响中国农药对巴西的出口。另外，巴西的生物农药市场是个潜在的巨大市场，巴西方面表示生物农药将优先登记从2年减少至8个月，巴斯夫等跨国公司已开始向巴西生物农药市场挺进与巴西农业研究院签订了5年的合作协议，重点开发生物农药。

（四）欧洲

2016年欧洲农药销售总额达到125亿美元。由于针对化学品使用及农残限量的法规不断收紧，生物农药已然成为欧洲合成农药的有利替代品。而对草甘膦、新烟碱类杀虫剂和百草枯的使用限制，也促进了欧洲生物农药产业的发展。欧洲是全球第二大生物农药市场，2016年约占全球农药市场总额的25%，其市场估值达10亿美元，预计2017—2022年将以16%的年均增长率增长，其中西班牙是主要市场，其次是意大利和法国。2006年年底，德国在西班牙南部出产的辣椒中检测出违禁农药甲基异柳磷，自此西班牙政府大力鼓励生物农药的使用。2016年，西班牙生物农药市场约占欧洲生物农药市场总额的36%。

意大利生物农药市场在2016年约占欧洲市场总额的25%，其生物种子处理剂市场主要面向蔬菜、玉米、小麦和水稻等作物。一直以来，政府法规都是制约意大利植保化学品市场发展的主要因素，例如，流行的化学活性成分吡虫啉在该国就是禁用的，这种淘汰毒性农药成分的举措有望推动意大利生物农药市场的发展。

法国是欧洲第三大生物农药市场，2016年约占欧洲生物农药市场总额的18%，该国历来是欧洲最大的农业中心之一。法国是欧洲市场最大的农药市场，农药市值17.99亿欧元。德国、意大利、西班牙分别以12.55亿、8.08亿和6.29亿欧元，居于第二、三、四位。法国市场下滑了10.8%，斯洛伐克和比利时分别下滑了13.5%和8.4%。乌克兰市场是增长速度最快，增长率达50%，其次为罗马尼亚和挪威市场，分别增长了24.2%和11.6%。

丹麦以36.7%的高涨幅实现了340万吨的销量，紧随其后的是挪威和罗马尼亚，分别增长了26%和20.1%；销量降幅最大的国家分别为克罗地亚、比利时和瑞典，降幅分别为25.6%、21.4%和20.9%。

（五）非洲

非洲地区尤其是南非是近年来各大跨国公司和农药出口国努力拓展的市场。南非人口密度相对较小，122 万平方千米的土地上只有约 4 200 万人口，该地区土地肥沃、很少有恶劣气候肆虐，适合种植各种作物。在南非和果树是使用农药最多的作物，达 6.7 亿美元，占市场的 50.4%，其次依次为谷物、玉米、水稻，分别为 2.15 亿、1.13 亿、0.84 亿美元。中国出口到非洲地区的农药金额增长速度超过 10%，在出口的新兴市场中增长速度相对偏小的。

对中国来说南非是一个机遇与挑战并存的市场。南非是一个传统的农业国农业种植有很大的发展潜力，但受诸如国民经济、劳动力、生产技术等因素的影响，发展速度有限，再加上在南非农药登记和注册较严格，市场需求增幅有限另外南非市场基本被跨国公司垄断，市场集中度很高，且农药圈子很小，销售渠道单一，中国产品虽在价格上具有竞争力但质量上不及跨国公司，如果中国药直接打入南非市场，难度较大。所以进入南非市场，不但要寻找当地的合作伙伴打开销售门路，还要不断提高自身的产品质量。

（六）中国

中国农药产业经过多年的发展，已形成了包括科研开发、原药生产和制剂加工、原材料及中间体配套的较为完整的产业体系。截至 2016 年，在中国已登记 661 个活性有效成分，2 319 个制剂品种，34 315 个登记产品；有 2 232 家企业获得农药登记，其中原药企业 747 家，制剂加工企业 2 156 家，境外企业 105 家，境内企业 2 127 家；2017 年中国农药出口品种超过 400 个，出口量 146.76 万吨，同比增长 6.9%；出口金额 67.6 亿美元，同比增长 20.4%，农药出口超过 180 个国家和地区。

经过多年发展，中国农药产业布局更趋集中、企业规模不断扩大、产品结构更趋合理、农药出口结构得到改善、技术创新取得一定成绩等特点。

1. 发展起步晚，增长迅猛

中国农药产业起步晚，大致经历了 20 世纪 50 年代至 80 年代有机氯农药、20 世纪 80 年代至 21 世纪初期有机磷农药和 21 世纪杂环类农药和生物农药三个发展阶段。从 20 世纪 90 年代开始，为提高农药自给率，国家不断加大对农药行业的投入力度，中国农化企业从国外引进技术，通过引进、消化、吸收和创新，生产工艺技术显著进步，有力提升了中国农药行业的技术水平。

经过多年的发展，中国已形成了包括科研开发、原药生产、制剂加工、原材料及中间体配套等较为完整的农药工业体系。农药的生产能力与产量已处于世界前列，产品质量稳步提高，品种不断增加，为优质高效农业提供了强有力支持。1949 年全国农药年产量不足 5 000 吨，到 1990 年，农药年产量超过 20 万吨，2005 年农药产量突破 100 万吨。据国家统计局统计，2017 年全国化学农药原药产量为 294.1 万吨，比 2016 年下降 8.7%。

产业布局更趋集中。中国农药生产企业主要分布在江苏、山东、河南、河北、浙江等省，这五省的农药工业产值占全国的 68% 以上，农药销售收入超过 10 亿元的农药企业有

28家在上述地区，销售收入在5亿~10亿元的农药生产企业也大多集中在这一地区。在江苏如东等地建设的农药工业产业园已初具规模，目前进入园区的农药生产企业257家，占全国原药生产企业的46%。

企业规模不断扩大。在国家法规政策和市场机制的双重作用下，农药企业兼并重组、股份制改造的步伐提速，行业外资本的进入加快了企业规模壮大的进程。例如，中国中化集团公司、中化国际（控股）股份有限公司和中国化工集团公司先后进入农药领域，收购或控股一批优势农药企业。2010年中国销售额超过10亿元的农药生产企业有10家，目前农药销售额超过10亿元的农药企业集团已达到38家。目前已有超过30家涉及农药领域的上市公司，农药企业上市势头正在加大。2017年百强企业总销售额达到1542.57亿元，同比大幅增长40.4%，百强入围门槛随之上升至3.88亿元，原因是2017年在政策推动下，农药产品价格大幅上涨，行业景气度明显提升。源药市场供需方向调转部分品种供不应求。销售超10亿元的企业达50家，较上年增加11家，占农药百强企业的一半。

产品结构更趋合理。中国持续实施农药产品结构调整，进一步提高了对农业生产需求的满足度。杀虫剂所占比重逐年下降，杀菌剂和除草剂所占比重有所提高。2017年中国农药产量为294.1万吨，杀虫剂、杀菌剂和除草剂产量占农药总产量的占比分别为21%、9%和70%，农药产品中，高效、安全、环境友好型新品种、新制剂所占比例也得到了明显提升。

技术创新取得一定成绩。在国家、地方和企业的共同努力下，充分发挥产学研结合的协同作用，应用组合化学等高新技术方法，创制了一批具有自主知识产权的农药新品种并取得了国内外专利，30个创制品种进入了国内外市场，累计推广面积3亿亩以上，部分产品的销售额超过2亿元。此外，主导品种和中间体绿色生产工艺开发、生产装备的集成化和大型化、工艺控制自动化、水基型剂型加工技术等共性关键技术已成功应用于农药工业化生产，促进了产业结构和产品结构调整。

2. 成本优势明显，已成为农药出口大国

近年来，中国农药出口量逐年增长，目前已成为世界主要的农药出口国。目前中国农药出口基本覆盖了全球农药市场，涉及180多个国家和地区，成为全球农药出口数量第一大国。发达国家农药企业受环保和生产成本等因素影响，农药产能一直在向外转移，中国农药企业在原料配套、资源（能源、水）、劳动力成本等方面具有较强的综合优势，从而成为最主要的产能转移承接者。中国农药出口以原药为主，制剂产品占比较低，原药出口有较强优势。

2017年中国农药进出口金额达到71.71亿美元，同比增长18.6%；进出口量为150.84万吨，同比增长6.9%。贸易顺差63.5亿美元，同比增长22.4%。农药进出口结束持续两年的下降态势，不但实现进出口数量和金额的双增长，而且呈现了进出口额增长速度明显高于进出口数量增长速度的良好态势。农药进出口增长速度高于全国货物贸易进出口增速4.4个百分点。根据海关总署公布的数据，2017年中国货物贸易进出口总值27.79万亿元，同比增长14.2%；2017年中国农药贸易进出口总额71.71亿美元，同比增长18.6%。但是中国农药贸易进出口总额占中国货物贸易进出口总值的比例仅为0.025%。

从出口农药类别看，主要以除草剂、杀虫剂为主，2015年除草剂、杀虫剂出口金额分别为21.02亿美元、9.00亿美元，占当年农药出口总额的比重分别为59.31%和25.40%。

2017年中国农药出口额达到67.60亿美元，同比增长20.4%；出口量为146.76万吨，同比增长6.9%。出口额增长速度比出口数量增长速度高出近3倍，中国农药出口贸易正从传统的数量驱动的增长模式向质量效益驱动的增长模式转变。2017年中国农药出口量占农药进出口总量的97.3%，农药出口额占农药进出口总额的94.3%，中国农药进出口以出口为主的格局没有发生变化。

2017年中国农药原药出口额为38.06亿美元，占总出口额的56.3%；农药制剂出口额为29.54亿美元，占总出口额的43.7%；中国农药出口以原药为主的格局没有发生变化。但是从2011年到2017年，农药原药的出口额占比从63.2%下降到56.3%，农药制剂的出口额占比从36.8%上升到43.7%，农药原药与制剂的出口额占比差值从26.4个百分点下降到16.2个百分点，呈现显著的下降趋势。2017年中国农药原药出口额同比增长18.6%，制剂出口额同比增长22.8%，农药制剂的增长趋势更加明显，长期以来以原药出口为主的出口产品格局正在发生变化，中国农药出口的产品结构逐步趋向合理。2017年中国农药制剂出口量达到96.13万吨，占总出口量65.5%；农药原药出口量达到50.63万吨，占总出口量34.5%。农药制剂出口量大于原药出口量，制剂出口量占比高于原药出口量30个百分点，中国农药出口的角色正从原料供应商向终端产品制造商转变。

3. 中国农药出口市场广泛

亚洲是中国最大的市场，2017年中国农药出口额21.08亿美元，占总出口额的31.2%；其次是南美洲市场，出口额18.00亿美元，占总出口额的26.6%；另外，北美洲出口额9.87亿美元，占总出口额的14.6%；欧洲出口额8.19亿美元，占总出口额的12.1%；非洲出口额6.65亿美元，占总出口额的9.8%；大洋洲出口额3.80亿美元，占总出口额的5.6%。亚洲和南美洲的市场合计占比达到57.8%，出口额增速分别为19.4%和22.1%；北美洲和非洲是增长速度较快的区域，增速分别为35.1%和31.6%；欧洲出口额增长11.4%，但是出口量下降2.3%。大洋洲出口额和出口量同步下降，出口额下降5.9%，出口量下降14.5%。从2011年到2017年，亚洲传统市场的占比，随着新市场的开拓，在缓慢下降，从35.5%下降到31.2%，降低4.3%；南美市场的占比，在新兴市场的开拓中逐步上升，从22.9%上升到26.6%，增加近3.7%；北美洲增加2.5%，欧洲下降1.3%，非洲和大洋洲基本稳定。

4. 中国农药行业竞争格局

目前，中国农药企业大致可分为原药企业、制剂企业和原药制剂一体化企业三大类，国内农药行业的竞争主要体现为这三类企业间的竞争。由于原药与制剂产品在农药产业链中的位置、技术特点、客户群体、销售模式等方面不同，上述三类企业在竞争战略上也存在较大差异。原药子行业体现技术密集的特点，拥有技术优势的企业获益更大；制剂子行业主要体现为企业营销实力和品牌影响力的竞争，拥有完整营销渠道和品牌优势的企业将成为最终的胜利者。

原药企业的竞争主要围绕产品质量与成本展开。原药企业的客户为农药制剂企业，客户数量少且对产品鉴别能力较强,同时国内原药企业均为仿制农药生产企业,难以通过产品的差异化战略获取竞争优势,因此市场竞争主要围绕产品质量与成本展开,仅具备稳定质量且成本优势明显的企业才能在竞争中脱颖而出。

原药生产的核心技术为化合物合成技术,合成工艺水平决定产品质量与收率,直接影响产品成本。此外,原药企业固定资产投资较大,规模优势能有效降低产品成本。因而,技术及规模优势是决定原药企业竞争胜负的关键因素。

制剂企业的竞争主要围绕销售渠道与服务水平展开。制剂企业的客户主要为农药经销商、农资服务站等,最终用户为广大农户,客户数量众多且对产品鉴别能力较弱。由于国内农药制剂品牌众多且剂型复杂,终端用户往往缺乏农药专业知识,通常以经验为导向进行选购,另外其购买行为容易受农药经销商或农资服务站的宣传引导,因此销售渠道是制剂企业的竞争焦点。

原药制剂一体化企业则需兼顾原药产品与制剂产品的市场竞争特点,一方面原药业务需具备质量与成本优势,另一方面制剂业务需具备服务与渠道优势。与单纯的农药企业或制剂企业相比,一体化发展的企业具备产业链优势,通过制剂发展拓展了盈利空间,通过原药发展提高了行业主动权,最终提高了企业的抗风险能力和盈利机会,产业链一体化程度越高的企业竞争优势越强。

四、主要国家产业支持政策

农药作为一类特殊化学品,在欧美各国均实行严格的市场准入制度。美国虽然与欧盟的政治体制不同,农药管理制度各有侧重,但以法律为基础的综合管理体系的基本框架大体一致,体现在政策层面有法律和配套规章支撑,管理层面和技术层面有统一、规范的技术标准。

(一)世界主要国家及地区农药管理政策

1. 美国

美国农药管理体系的突出特点是具有强大、完善的法律支撑。《联邦杀虫剂、杀菌剂和杀鼠剂法》(FIFRA)是美国农药管理、分销、销售和使用的基础,所有在美国销售的农药,包括进口农药,必须取得登记。在食品安全管理方面,《联邦食品、药品和化妆品法》(FFDCA)侧重于对食品中农药残留的监测,强制规定保护婴幼儿和儿童;要求农药在食用作物上登记使用前,必须设立MRL或MRL豁免;授权美国食品药品管理局(FDA)监测水果、蔬菜和海产品等食品中的农药残留和执行允许限量水平;授权美国农业部(USDA)对肉类、奶制品、禽蛋类以及水产品等负责监管实施。《食品质量保护法》(FQPA)对新、老农药设置了更为严格的安全标准,对加工和未加工食品制定了统一要求,规定了MRL重新评估的时间表,并要求环保局对已登记的农药,每15年必须重新审查;要求对豁免登记紧急使用的农药建立允许限量。《农药登记改进法》(PRIA)重在农药行政许可,是对FIFRA和FFDCA规定的补充,规定申请人根据登记类别缴纳登记费;

要求环保局必须遵照审查时间表对产品进行审核并做出登记裁决，以及缩短低风险农药的登记评审时间等。《濒危物种法》（ESA）重在对濒危物种及其主要栖息地的保护，环保局依据该法案评估并确认农药产品的使用是否对列在"濒危或受威胁物种名录"内的物种及其重要栖息地产生不良影响。

美国根据新颁布的食品安全相关法律，及时修订《联邦杀虫剂、杀菌剂和杀鼠剂法》，实行农药登记、农药再登记和农药登记再评审制度。美国的农药登记过程是一个科学、法律和行政的程序。法律授权环保局通过登记流程评审农药的各种成分、使用的特定场所或作物、使用的剂量、频率和时间，以及储存和处置方法。在评审过程中，环保局通过开展风险评估来确定农药使用对人类健康和环境的潜在风险，如评估对人类、野生生物、鱼类和植物（包括濒危物种和非靶标生物）的为害，通过淋溶、径流或喷雾飘移评估对地表水的污染，评估对人类短期到长期毒性（如癌症和生殖系统干扰影响）的风险等。

在美国，首家作为产品开发与资料所有者，商业保密信息作为商业机密被永久保护。对安全、有效数据通常给予10年保护期限，一旦专利失效或资料已过保护期限，第2家申请者可根据等同性原则提出登记申请。

美国对资料补偿有严格的管理规定。FIFRA法案中的第3（c）（1）（F）条款规定，对首家登记资料采取"排他性使用"保护原则，保护期一般为10年，如果申请人在此期间又有新的资料补充，可向环保局提出申请延长到15年。在资料保护期内，其他申请人可向首家提出资料补偿，以取得首家资料的合法使用权。资料补偿规定适用于新农药、新使用范围以及产品的登记评审和再登记。申请人履行资料补偿义务是农药登记与再登记中的重要环节，一旦环保局发现申请人没有对资料所有人进行补偿，将取消其登记申请。

2. 欧盟

欧盟农药管理体现的是和谐中的统一，在可持续发展战略引导下，严格管控风险，强调健康、安全与环境友好。欧盟农药登记管理的法律主要是欧洲议会和欧盟理事会第1107/2009法案，它是欧盟地区农药评价与风险评估的指导性文件。为了消除各成员国之间不同水平造成的可能的贸易壁垒，该法案制定了对有效成分和投放市场的植保产品审批的一致性规定，包括相互承认授权和平行贸易的规则。为了达到预期、高效和一致的效果，法案还制定了评价有效成分是否能被批准的详细程序。此外，欧盟理事会第396/2005法案规定了食品与饲料中的农药残留及限量标准（MRLs），并监控植物保护产品的使用对农畜产品中农药残留的影响。

欧盟更加注重农药风险管理，主要体现在3个方面：一是确定了危害排除原则，若活性物质、安全剂、增效剂等在危害类别范围内，则无法进入审核登记程序，会直接被排除在上市许可之外。对于致癌、生殖毒性、内分泌干扰物类若目前没有其他替代方法（包括非化学方法），则活性物质可以获得在一定期限内的批准，但不超过5年。二是引入了替代机制，以促进用其他更安全的产品和方法来取代危害性较高的农药。三是明确低风险物质，加快低风险物质评审。如果有效物质中含有以下任一种，则列入非低风险有效物质——致癌物、致突变物、有生殖毒性、致敏性化学品、有毒或毒性高的物质、爆炸性物质、腐蚀性物质、持久性、生物富集系数大于100、内分泌干扰物质、神经毒性和对免疫系统有影响。低风险活性物质的批准期限为15年，比一般活性物质的10年期限更久，成员国在审核低风险活性物质农药产品时应于120天内完成。

欧盟农药管理采取逐级评审机制，首先对有效成分基于危害截点的评判标准进行筛查、评估；其次是对通过截点评判标准的有效成分进行风险评估；最后阶段是植物保护产品的比较评价和替换策略。

欧盟在1107/2009法案中明确规定对数据进行保护，其中有效成分、安全剂、增效剂、助剂和植保产品的试验和研究报告可在首次申请时申请数据保护；数据保护期为获得首次登记开始10年，低风险植保产品的数据保护期为13年；对于小作物改变使用范围的批准可每扩作1次，数据保护期延长3个月，但不包括未进行试验而基于类推的扩作；低风险植保产品的扩作，数据保护期限不超过15年，必要时，续展和再评价的批准也给予30个月的数据保护。此外，为避免重复试验，鼓励企业之间共享涉及脊椎动物的试验和研究结果。

3. 日本

日本地处亚洲东北部，受亚洲季风气候影响，全年湿润多雨、夏季高温，农作物极易发生病虫害，为确保农作物的高产，该国农药用量很大。日本最主要的农药行政管理法是《农药取缔法》，于1948年颁布，为适应时代发展需要，不断完善，至2014年共进行21次大小修订。现行《农药取缔法》共二十一条，内容涵盖了农药登记、生产及进口；销售及使用；监督、检查、取缔等涉及农药管理的各个环节。为配合《农药取缔法》的具体实施，还出台了《农药取缔法施行令》和《农药取缔法施行规则》。此外，考虑到保护人畜生活安全、食品安全、环境保护等方面，与《农药取缔法》相关联，涉及农药管理的法规，还有《植物防疫法》《（剧）毒物取缔法》《食品安全基本法》《食品卫生法》《环境基本法》《水质污染防止法》《水道法》《消防法》等。适应时代发展需要、不断健全完善农药管理法规体系、依法管理，是日本有效实施农药安全管理的重要法制保障。

在1948年出台《农药取缔法》之前，日本已于1947年先行在农林水产省设立了农药检查所具体承担农药管理工作。2007年，农药检查所、农林水产消费技术中心、肥饲料检查所三者合并成立独立行政法人农林水产消费安全技术中心。目前，农林水产消费安全技术中心的农药检查部是日本具体承担农药管理工作的机构，内设业务检查课（类似于中国的处级部门）、检查调整课、毒性检查课、农药环境检查课、化学课、生物课、农药残留检查课、有用生物安全检查课、检查技术研究课等业务课室。

日本各都道府县（类似于中国的省、地区、县、乡等行政级别）农药管理机构虽不承担农药登记检查工作，但承担农药登记后的安全管理工作，如承担农药销售的申报备案、农药生产、销售和使用的现场检查、培训与指导工作等。除了农林水产省及各都道府县农业主管部门，参与日本农药管理的行政机构还有日本厚生劳动省（类似于中国政府中的国家卫生部）、环境省等及其各都道府县下属部门，各部门各司其职，互相配合，以确保农药登记、生产、销售、使用等各环节的安全性。除了政府组织，日本的各类社团组织如日本植物防疫协会、绿色安全推进协会、全国农业协同组合联合会等也会组织各类面向广大农药使用者的植物防疫、绿地高尔夫球场及农耕地安全用药、病虫害防治等专业知识培训，积极参与到农药科学合理使用的宣传和指导工作中来。

日本农药登记时，登记试验内容除有效成分、水溶解度、土壤吸着性、水中光分解性等物理化学性状试验、药效与药害试验外；更有大量费时费力的安全风险评价试验如人、畜、水生动植物等安全性试验，土壤、水环境影响试验，农作物等农药残留试验等。新农药的开发，往往要耗时10年并耗费几十亿日元，其中为完成农药登记所必需试验的经费，根据农药的种类而不同，大多为10亿日元左右。这种科学全面的安全风险评价体系，严格确保了农药登记安全关。

为确保农药登记试验结果的可信度，日本自1984年引进了系统，日本对各试验机构实行GLP（Good Laboratory Practice的缩写，中文直译为良好实验室规范或标准实验室规范）认证检查，检查内容包括试验机构的设备、仪器、试验操作、记录及保管等是否符合GLP规定，GLP认证试验成绩则包括毒性试验32个项目、生命体内等运行试验4个项目、物理化学的性状试验15个项目、水生动植物的影响试验10个项目、作物残留性试验等共62个项目。

4. 巴西

巴西是南美第一大国，人口约1.8亿，国土面积为8.55亿公顷，永久性使用的农业面积约0.62亿公顷，约占国土面积的7%，主要种植大豆、棉花、咖啡、甘蔗和水稻等。巴西农村建立了多种形式的合作社，推动生产、实现供销一体化和提供各种服务，主要是为农民供应包括农药和化肥在内的农业生产资料，同时提供生产技术、市场信息、经营管理咨询、技术培训等服务。巴西农药主要依赖进口，由于登记难度大，农药的进口主要由跨国公司垄断，先正达、拜耳和巴斯夫约占60%市场份额。因为贸易顺差和价格因素，巴西政府鼓励进口中国农药。

1989年之前，巴西的农药许可由农业部和卫生部负责，其法律依据是1934年4月12日颁布的24114号法令（Decree # 24114）。在这半个世纪的时间里巴西没有对其农药管理进行过改进，但外界在这50年里发生了翻天覆地的变化。为适应变化的形势，对立法进行改进并建立国家农药登记体系成为当务之急。于是在1989年7月11日颁布了第7802号法律（Law #7802），后又经1990年1月11日颁布的法令98816（Decree #98816）修订。2002年巴西又颁布了第4074号法令（Decree #4074），对农药管理进行了更严格的规定。与最初的24114号法令相比，新的法规对巴西的农药管理和农药登记体系进行了深刻的修改，并公布了1983年以来巴西农药管理的相关法律法规。第7802号法律（1989）规定了有关研究、试验、生产、包装和标签、运输、储存、商品化、广告、使用、进出口、废弃物和包装的处理、登记、分类及农药、组成成分和相关产品的管理与检验等各项要求。而新的法规明确地站在保护人类健康和环境的立场上，并与发达国家的管理条例一致，规定了有关研究、试验、生产、包装和标签、运输、储存、商品化、广告、使用、进出口、废弃物和包装的处理、登记、分类及农药、组成成分和相关产品的管理与检验等各项要求。内容非常广泛，不但涉及登记许可，还涉及试验指导、法典及规则等。新的法规不但适用于农用、林用农药，还适合于工业基地、公共场所、家庭、水域、和公共卫生用药。巴西政府除了许可或拒绝已经在其他国家登记的农药进入巴西市场之外，还包括防止非法国际贸易、产品质量监测、管理农药零售商的农药销售活动、引导和教育农药使用者和经销人员、加工食品中农药残留的监测、流行病学和环境监测等。在巴西政府的各种管理活动中，农药登记是最基本的环节，新法规定农药登记由农业部（MAPA）、卫生部（ANVISA）和环保部（IBAMA）共同负责。

为了获得登记或重新评估登记，首先必须向农业部、卫生部和环保部提出"试验使用许可（EUP）"申请。"试验使用许可（EUP）"申请获得批准后，可以进行实验室和大田试验，并用于在联邦机构进行产品登记。未经许可而进行的试验不能用于巴西农药登记。在联邦机构获得登记后，申请者必须在它计划销售产品并希望获得登记的州进行备案。公司必须满足每个州的特殊要求以便获得登记并允许销售产品。最后的程序不包括技术材料。例如，巴西的Parana州就像美国的加州一样，有自己的农药立法，而且其立法还影响了其他州，如Minas Cerais和Espirito Santo等。巴西农药登记所需时间24~36个月，包括申请"试验使用许可（EUP）"时间、试验时间、及登记评审时间等。评审机构自接收登记资料之日起120天内对其进行评审（出口农药的评审期限为60天）。用于检疫、植物检疫、卫生和环境紧急事件的农药的评审时间可以相对缩短。研究和试验用农药的登记评审时间为60天，负责登记的联邦机构收到评审结果后15天内授予或否决登记申请。巴西农药登记费用10万~16万美金，包括试验费用、登记申请及评审费用等。

（二）2017—2018年国外政策变化

1. 亚洲

（1）印度农药税增至18%，生产成本增高引发农民及生产企业担忧。

（2）泰国计划于2019年12月1日后取消百草枯、毒死蜱使用，限制使用草甘膦。

2. 欧洲

（1）欧盟最高法院力挺意大利农民，支持转基因玉米的种植。欧盟法院（The European Court of Justice，ECJ）2017年9月13日表示，在没有证据证明转基因作物对健康和环境有风险的情况下，意大利禁止农民种植转基因玉米MON810是错误的。

（2）EFSA评估草甘膦不具内分泌干扰活性。欧盟委员会要求欧洲食品安全局（EFSA）根据EC第178/2002号条例第31条，对农药活性成分草甘膦潜在的内分泌活性进行分析。目前的评审结论是EFSA现有的针对是否更新草甘膦登记的同行评审的后续，重点关注草甘膦潜在的内分泌方面的风险。

（3）大多数欧盟成员国未完成农药登记合规期限制定。根据欧盟委员会卫生和食品安全总局发布的农用化学品授权系统报告，大多数的欧盟成员国未能按照规定使用区域授权系统，并且未能就许多案例制定合规期限。这一结果，将减少种植者获取新的病虫害防治工具的机会，或者推迟获取的时间。

（4）欧盟不再续登啶氧菌酯，产品价值3.5亿美元市场。欧盟委员会近日决定不再续登杀菌剂活性成分啶氧菌酯。欧盟成员国最迟应于2017年11月30日前撤回含有啶氧菌酯的产品，缓冲期的设置应不迟于2018年11月30日。

（5）欧盟委员会成员国于2016年7月4日投票通过了作物保护领域内分泌干扰物

（EDC）鉴定标准。

（6）2018年6月27日，欧盟委员会发布公告 Commission Implementing Regulation（EU）2018/917。该公告决定，将2018年6月30日和7月31日到期的42种农药活性物质批准有效期延长一年，同时对欧盟农药活性物质清单（EU）No.540/2011进行了修订。该公告于2018年6月28日正式生效。

从有效期延长的活性物质清单来看，42种活性物质中，有9种是候选替代物质。敌草快也位列其中。在上个月报道过敌草快再评审将不再获得批准，欧盟委员会正式的投票表决会议尚未召开，故延长敌草快的批准有效期。另外，2018年7月31日到期的草胺膦，并未出现在如下清单中。

通常，在物质批准有效期临近，物质评估尚未完成或评审决定未投票表决，一般都会发布公告延长物质批准有效期。当然，一旦欧盟的评审决议确定，就会发布物质批准决定公告或物质禁用公告。

3. 北美洲

（1）美国农业部批准基因编辑高油荠蓝为非转基因作物。多种可以增加产油量的基因编辑荠蓝获美农业部的批准种植，并被认定为非转基因作物，不需要受到转基因作物管理条例的监管。

（2）美国加州进一步加强对毒死蜱的使用限制，预计飞机喷洒该产品也将受限。此前，美国新墨西哥州议员 Tom Udall 起草法案要求美国政府禁用毒死蜱，因为该杀虫剂已被证实会对儿童脑组织造成损伤，此举也表达了其对特朗普政府试图放宽环保政策的不满。

（3）美国环保署考虑为麦草畏设置使用附加条件。麦草畏的漂移问题已经导致越来越多的非转基因作物受到损害。据悉，田纳西州是美国第四个对麦草畏采取禁限措施的州，目前，阿肯色州已经发布禁用麦草畏声明，密苏里州和田纳西州对麦草畏使用提出了一系列限制措施，堪萨斯州正在调查由麦草畏漂移引发的投诉。近日，孟山都向阿肯色州监管当局施压，希望当局否决该项提案。

（4）加拿大提议逐步禁用亚胺硫磷杀虫剂。加拿大卫生部提议逐步淘汰亚胺硫磷杀虫剂，主要原因是通过标签管理并不能有效降低这一产品对人类健康的潜在威胁。

（5）加拿大结束对2-4-D的特殊审查。加拿大病虫害管理局（PMRA）称，没有证据表明目前在加拿大登记的2-4-D产品会对人类健康和环境造成不可接受的风险，因此，根据"有害生物产品控制法案（Pest Control Products Act）"第17（1）条不再对2,4-D产品进行特殊审查。

4. 南美洲

（1）Anvisa 将2019年定为其毒理学分析完成的最后期限，在此之前巴西不会禁止草甘膦的使用。

（2）巴西农业部近日针对农药原药及相关制剂产品进口设立了新的技术管理程序。根据农业部规定，巴西外贸综合体系（Siscomex）的登记程序将遵守上述管理程序。规定显示，对于特定的进口产品，其必须获得农业部的产品登记，而进口商则必须在州或者联邦区下设立机构。

5. 其他地区

澳大利亚称草甘膦不会增加人类患癌风险，续登无须再继续评审。澳大利亚农药和兽药管理局（APVMA）近期对国际癌症研究机构（IARC）评估报告以及其他相关科学材料审查结束，得出结论称在澳大利亚按照标签说明使用草甘膦，并不会增加人类的患癌风险，所以草甘膦的续登这一问题无须再继续评审。

（三）中国农药管理政策

1. 国家出台一系列政策加速行业整合

2015年3月5日，工信部公布了《关于2014年第二批不予备案新增农药生产企业的函》，指出中国已成为农药生产大国，企业数量众多，小、散、乱现象严重。根据《农药产业政策》和《农药工业"十二五"发展规划》的有关规定和要求，结合中央关于有效化解产能过剩矛盾的有关精神，原则上不再新增农药生产企业备案，应鼓励企业兼并重组、淘汰落后，提高产业集中度。从行业发展来看，集约化、规模化是农药企业做大做强的必由之路，随着行业竞争的加剧以及环保压力加大，中国农药行业正进入新一轮整合期。技术领先、机制合理、经营灵活的企业将成为行业整合的主导力量，通过行业整合有利于提高企业的国际竞争力，促进行业健康快速发展。

工信部2016年颁布的《石化和化学工业发展规划（2016—2020年）》在促进传统行业转型升级方面针对农药行业提出"发展高效、安全、经济、环境友好的农药品种，进一步淘汰高毒、高残留、高环境风险农药产品，优化农药产品结构；发展环保型农药制剂以及配套的新型助剂，重点发展水分散粒剂、悬浮剂、水乳剂、微胶囊剂和大粒剂，替代乳油、粉剂和可湿性粉剂；推进农药包装物回收及无害化处理；开发推广农药及其中间体的先进清洁生产工艺和先进适用污染物处理技术，提升农药生产的环保水平；加快具有自主知识产权的农药新品种创制和产业化。开拓卫生用农药等非农用农药市场；推进农药企业兼并重组，提高产业集中度"。

根据《农药工业"十三五"发展规划》，"十三五"期间，中国农药原药生产进一步集中，到2020年，农药原药企业数量减少30%，其中销售额在50亿元以上的农药生产企业5个，销售额在20亿元以上的农药生产企业有30个；国内排名前20位的农药企业集团的销售额达到全国总销售额的70%以上；建成35个生产企业集中的农药生产专业园区，到2020年，力争进入化工集中区的农药原药业达到全国农药原药企业总数的80%以上；培育2~3个销售额超过100亿元、具有国际竞争力的大型企业集团。同时淘汰落后产能，制止低水平重复建设，限制产能严重过剩的农药品种。

可以说，引导农药产业健康发展的多重政策，在目前存量市场上，对行业内企业优化供给带来积极影响和作用。在农药原创技术中，把环保的问题在工艺中去优化、去解决，让好的技术和资金尽快融合，尽快实现在终端的应用，应用大数据的监测系统，把终端问题在生产中反馈、优化、无限递减，形成良性循环。

2. 农业和农药走出去相关政策

《推动共建丝绸之路经济带和21世纪海上丝绸之路的愿景与行动》，经国务院授权，国家发展改革委、外交部、商务部2015年3月28日联合发布。《中国制造2025》（国发〔2015〕28号）2015年5月8日发布，是中国实施制造强国战略的第一个十年的行动纲领。农业部（现为农业农村部）关于印发《到2020年化肥使用量零增长行动方案》和《到2020年农药使用量零增长行动方案》的通知。

3. 农药进出口监管相关政策、通知、公告

（1）《关于对进出口农药实施登记证明管理的通知》（农发〔1999〕9号文）指出凡在中国进出口农药（包括原药、制剂或成品），进出口单位须向农业部提出申请，符合条件的，由农业部签发"进出口农药登记证明"；海关凭农业部鉴发的"进出口农药登记证明"办理进出口手续。未取得"进出口农药登记证明"的农药，一律不得进出口，规定从1999年7月1日执行。

（2）《关于农药进出口管理电子联网核销系统联网运行》（农业部、海关总署联合公告2010年第1452号）公告，自2010年10月18日起，农业部将启用农药进出口登记管理放行通知单。同时，停止签发进出口农药登记证明及非农药登记管理证明。通过实施金农工程，农药进出口放行通知单省所办理试点等措施，有效提高了农药进出口放行单的办理效率，目前已有江苏、山东、浙江、上海、天津、河北6个试点省所。

（3）《关于对进出口农药实施登记证明管理的通知》（农发〔1999〕9号文）第一次颁布《中华人民共和国进出口农药登记证明管理名录》。为加强对进出口农药登记的监督管理，农业部和中华人民共和国海关总署于2014年12月31日发布第2203号公告，颁布了新的管理名录，及时更新产品目录，增加产品海关编码，该公告2015年1月1日实行，有效满足了企业的产品出口的需求。

4. 农药出口退税政策

《财政部 国家税务总局关于若干农业生产资料征免增值税政策的通知》（财税〔2001〕113号）指出，从2004年1月1日起，按照有关规定执行出口货物退税政策。实施退税政策至今，已进行了10余次调整、每次调整对行业的发展都产生一定的作用，最近一次是2014年12月31日，财政部发布《关于调整部分产品出口退税率的通知》，将481个农药原药出口退税率从9%提高至13%，制剂出口退税率则仍为5%。

5. 产业发展规划

《农药产业十三五规划》2016年5月正式发布，提出全面提高行业自主创新能力，完善以企业为主体、市场为导向、政产学研用相结合的创新体系，加速创制品种的产业化进程、加强创制品种的市场开发。支持有条件的企业（集团）建立和完善GLP体系及通过相关国际互认。到2020年，农药创制品种累计达70个以上，国内排名前十位的农药企业建立较完善的创新体系和与之配套的知识产权管理体系，创新研发费用达到企业销售收入的5%以上；农药全行业的研发投入占到销售收入的3%以上。到2020年，农药行业整体技术水平将有较大提高，大型企业主导产品的生产将实现连续化、自动化；到2020年制剂加工、包装全部实现自动化控制；大宗原药产品的生产实现生产自动化控制和装备

大型化。新开发品种的技术指标将达到国际先进水平；环境友好型制剂将成为中国农药制剂的主导剂型。到2020年，特殊污染物处理技术进一步提高和完善，"三废"排放量减少50%。农药产品收率提高5%，副产物资源化利用率提高50%，农药废弃物处置率达到50%。

6. 相关法规和公约

目前中国与农药进出口相关的法规有三部法规，《中华人民共和国海关法》《中华人民共和国外贸法》《中华人民共和国进出口商品检验法》。三部条例，《中华人民共和国货物进出口管理条例》《中华人民共和国进出口商品检验法实施条例》《中华人民共和国农药管理条例》（所有进出口农药必须在中国登记）。两个公约，鹿特丹公约（PIC）、斯德哥尔摩公约（POPs）。一项管理措施；农药进出口登记证明即农药进出口登记管理放行通知单。

进出口农药管理部门分工方面，海关总署负责监管进出口货物和商品，农业部负责农药登记及农药进出口登记管理放行通知单，商务部负责管理进出口企业资质，国家质量监督检验检疫总局负责监督检验列入法检目录商品；抽检未列入法检目录商品（农药）。

五、世界供需形势展望

（一）国际形势

1. 全球农药行业市场规模逐步扩大

可耕土地面积的紧缩、农业耕作模式的变革、购买力的增加以及生活水平的提高，是农药行业预期的增长推动力。根据世界农化网的《2014—2020年全球农药市场报告——按区域和供应商》报告预测，全球农药市场价值预计2019年将增至811.3亿美元，2017—2020年，预计年均增长率为6.9%。其中，发展中国家如南美地区（特别是巴西、阿根廷）及亚洲地区农药市场规模将呈现较快增长，美国、欧盟等成熟市场的销售规模将继续保持低速增长，市场增长主要源自农业、商业、消费三方面对农药需求的增加。尽管北美是全球最大的农药市场，但其市场增速却有可能是全球最缓慢的，亚太地区将有望成为增速最快的市场，2017—2020年，该地区农药产量将以年均增长率7.9%的速度增长。在应用领域，以作物为基础的终端农药产品将在消费量和消费价值中保持最快的增长速度，并在众多应用领域中保持领先地位。

2. 综合解决方案将成为农化行业新的主要盈利模式

农化巨头的创制类和仿制类商业模式天花板已经来临。众所周知，农化巨头经历了农药创制类企业商业模式和仿制类企业商业模式，农药新产品的创制难度大，对技术和投入要求高，但是新药在专利保护期内拥有极高的利润率；跨国巨头实行农药创制类企业商业模式，拥有强大的研发能力和营销能力，形成利润到研发的良性循环；仿制类企业主要生产专利到期的农药和无专利农药，凭借生产能力和控制成本，利用新设备的投入和工艺优化来占领市场。

巨头种业研发投入超过农药,演变成综合解决方案盈利模式。从前六大农化公司的销售额和研发支出可以看出,他们对种子业务的投入在2010年前后已超过农药,国际农化巨头逐步向种子业务战略转移,由于转基因技术具有很高的技术壁垒,种子业务一方面能够保持高盈利,另一方面也可保证其相应的农药品种保持增长。可以说,孟山都转基因种子的成功推广,使得各大巨头意识到种子性状的重要性,可以加大对下游农药品种需求的掌控。可以预见,在未来的国际农化市场上,将种子、种植、产品、服务结合为一体的综合解决方案将成为新的主流盈利模式。作为国内中小企业,应该顺应国际趋势,结合企业自身优势,做整体综合解决方案难以实现,但可以从事综合解决方案某些节点,比如产品服务、小宗登记推广、区域性统防统治方案、某些作物示范基地等路径,增加用户黏性。

3. 全球农药进入后专利时代

由于巨头研发成本提高和新药投放速度的减缓,全球专利过保护期农药小高峰来临,跨国农化巨头的生产结构逐步在调整,将推进高附加值农药的产能,继续向中国转移;合并后农化巨头加大原药定制、加工并出口至国外,实现海外产能的国内转移,以此保持较高的盈利水平;与巨头合作的国内企业,凭借积累客户资源的优势,抢先开发专利到期产品,在农药专利到保护期前开始战略布局,率先获得产品登记,并且凭借与国外大客户合作获得的技术优势和客户资源,在农药过保护期后优先获得专利转让,抢占市场先机。在这个过程中,研发实力强劲、技术储备雄厚、坚持走高附加值和差异化产品路线的公司将脱颖而出。

4. 传统产品渐成鸡肋,非专利产品仍为主流

农化巨头将盈利下滑的传统产品逐渐剥离。从当前农药巨头公司的龙头产品结构来看,通过世界农药巨头销售额前十大产品比重变化来看,新产品的销售比重逐渐增加。老产品除草甘膦、麦草畏等受转基因种植影响依然维持较好的销售水平外,20世纪80年代以前大部分专利农药产品的市场份额已丧失殆尽。全球五大跨国公司以创新来驱动新需求,其创制品种在其农药市场中占据较高的市场地位,即便如此,非专利产品仍为主流,这些产品在其市场中发挥了重要作用。不仅专利农药生产公司传统产品收入比重不断降低,仿制农药生产企业纽发姆草甘膦业务毛利贡献比重也呈现逐年走低态势。传统产品受新产品挤压效应越发明显,盈利能力下滑、市场份额锐减,导致国际巨头农药公司削减或放弃传统业务,节省开支投入新品研发。

5. 农化巨头产业转移

包括扬农、长青与海外原研药企业建立紧密合作国内农药企业,尤其是与原六大农药企业先正达、拜耳、巴斯夫、陶氏、杜邦以及孟山都建立密切合作关系的公司具有明显的竞争优势,国内农药企业的长期盈利模式是与国际大客户合作,在合作中双方对产品利润空间有约束条件,大大降低了国内农药产品价格弹性。

6. 种业转移成为新农化市场驱动力,复合性状将成为转化转基因的主流产品

转基因作物种植的大幅度提升驱动第二次农化产能转移,驱动世界农药巨头进行内生性调整转基因种子业务的高营利性,使得国际农药巨头逐渐将业务重心向种子业务转移,战略调整随之带来的就是对传统经营业务(传统农药、一代转基因产品)的放弃或者

转移。全球转基因市场规模达158亿美元，占全球商业化种子市场规模的35%。根据国际农业生物技术应用服务组织的统计，以输入耐除草剂、抗虫和抗病毒等性状为目标的第一代转基因作物使全球农民和粮食种植者，在1996—2015年获得5.74亿吨作物的经济收益，价值达1 678亿美元。

从转基因作物的性状来看，除草剂耐性是转基因大豆、油菜、玉米、苜蓿和棉花的主要性状，但随着复合性状（抗虫、耐除草剂和其他性状的结合）的增加，耐除草剂作物的种植面积呈下降趋势。以美国为例，美国转基因技术研究涉及最多的是耐除草剂，其次是农艺性状，再次是产品品质和抗虫，抗真菌、抗病毒的研究也不少，农艺性状的研究有望很快超过抗除草剂，成为最重要的研究目标。据ISAAA（国际农业生物技术应用服务组织）统计，2016年耐除草剂作物的种植面积为8 650万公顷，占全球转基因作物种植面积的47%，而复合性状转基因作物的种植面积从2015年的5 840万公顷增加到7 540万公顷，占全球转基因作物种植面积的41%。

7. 定制化是农化产业转移的新方式

农化巨头多年来一直凭借产品创新实现稳定增长，而在研发效率下降的背景下，国际农药生产巨头为了降低生产成本、专注于新药的研发，将部分中间制造环节外包给具备技术实力、综合管理能力的企业，并形成长期的合作关系。定制生产企业的客户体现出专一性和排他性，即定制产品因是满足定制生产客户的特定需求，技术指标及产品要求一般不同于自产产品，只能销售给定制生产客户；同时定价方式上，定制生产厂家主要参照国际市场同类产品价格情况，结合自身生产成本要求，与客户协商定价。2017年农药行业景气逐步回归到正向上升的通道过程中，定制性企业受益于其客户之间稳定的供应关系，订单量将逐步回升。农化巨头目标区域的定制化，将是未来全球农药产业转移的新方式。

（二）中国形势

石油是基础化工最主要的成本。自2016年石油触底后，油价从每桶30美元逐渐爬升至每桶70美元。从粮价和油价的历史走势可以得出，当前粮价下油价若继续攀升则燃料乙醇对原油的替代效应将会凸显，油价上行将拉高对生物乙醇的市场需求，降低农产品供给，油价中枢上行有望带动农产品需求向好，价格上行。由于上游基础化工原材料价格上涨，传导农药中间体价格不断上行，导致农药生产企业成本不断增加，在货源供应紧张，成本压力不断增加状态下，生产企业被迫提高农药产品价格。与此同时，农业农村部也加大市场监管整治力度。近日，农业农村部通报2017年农药监督抽查结果，合格率为88.9%，非法添加百草枯成分、生物农药合格率很低等问题较为突出，并曝光了一批严重制假造假企业。对于生产假劣农药的企业，所在地农业部门会加强对其监管力度，限期整改，情节严重的依法吊销生产许可证甚至移交司法机关。

1. 农药市场集中度提高

环保督查导致行业供给收缩，市场集中度提高。为推进生态文明建设和环境保护工作，中共中央、国务院建立环保督查制度，环保督查促进农药行业淘汰落后产能，环保不达标的小产能被迫停产或整改，小厂逐渐被淘汰，总供给收缩，市场集中度提高，规模以上环保达标的企业受益订单增加、产品价格上升，经营业绩向好。中国农药市场因受环保政策约束，和欧美发达国家环保水平看齐，总供给收缩，市场向环保达标的优势企业集中，国内市场需求受制于"农药使用量零增长行动方案"难有大幅增长，全球市场复苏以及承接跨国公司产能，未来海外市场需求将是行业增长的主要驱动力。

2. 全球农药产业转移叠加过专利期小高峰来临，国内订单将会增加

专利过保护期农药数量在近年正处于高峰期，2015—2020年有28种农药专利过保护期，其中包括12种杀菌剂、5种杀虫剂、10种除草剂和1种安全剂，这些产品专利大部分属于拜耳、先正达、巴斯夫等并购后国际农化巨头。28个产品中，11个品种销售额高于1亿美元，13个品种复合年增长率高于10.0%，占据了较高的市场份额，多种农药专利到期之际，尤其是2016—2020年农药专利过保护期市场份额达40亿美元。实现产业转移更为便捷，国内优质仿制药企业将会承接，符合条件的企业（扬农、长青、海利尔等）将迎来新的发展机遇。

跨国农药公司正逐步将农药的产能向发展中国家转移。由于发展农药工业需要较强的化工基础，对上游石化行业的配套要求较高，目前能够承担这一任务的主要国家集中在中国和印度两个发展中大国。2017年中国农药进出口金额达到71.71亿美元，同比增长18.6%；进出口量为150.84万吨，同比增长6.9%。贸易顺差63.5亿美元，同比增长22.4%。农药进出口结束持续两年的下降态势，不但实现进出口数量和金额的双增长，而且呈现了进出口额增长速度明显高于进出口数量增长速度的良好态势，全球农药产业正加速向中国转移。农药进出口增长速度高于全国货物贸易进出口增速4.4个百分点。根据海关总署公布的数据，2017年中国货物贸易进出口总值27.79万亿元，同比增长14.2%；2017年中国农药贸易进出口总额71.71亿美元，同比增长18.6%。但是中国农药贸易进出口总额占中国货物贸易进出口总值的比例仅为0.025%。

3. 国内环保因素是影响农药供给端的重要变量

近年来，国家通过立法、行政监察等手段，大力整治化工污染企业存在的环保问题，特别是新环保法实施后，加强了对污染治理不达标企业的惩治力度。环保因素已成为影响农药企业日常经营的重要约束。2017年，中央环保专项督查再次启动，环保部完成环保督查各省份全覆盖，4月起对湖南、安徽、新疆、西藏、贵州、四川、山西、山东、天津、海南、辽宁、吉林、浙江、上海、福建等15个省（自治区、直辖市）进行督察。这些被督查省份中，草甘膦产能占比为46%，百草枯产能占比为35%。短期来看，环保因素会在一段时间内造成供给的收缩，进而出现供需紧张，带来农药价格上涨，但往往环保督查过后，供需紧张的程度会有所缓解，所以环保影响对农药行业景气度的影响通常是脉冲性的。

4. 中国农药出口量变动同步于全球农药行业变动

中国农药大量出口，全球农药市场复苏会带动中国农药出口量的攀升。因此，中国农药出口数变动是观察全球农药行业变动的重要同步指标。中国农药出口是全球农药市场的重要供应方。从历史数据看，出口和全球农药销售额二者出现同升同降。2017年全球农

药实现恢复性增长，同时中国农药出口出现量价齐升，可见，中国农药出口量和全球农药销售额二者的变化趋势几乎一致。

5. 农药企业进入补库存周期

六大巨头占据80%全球农药市场份额。全球农药市场格局是先正达，孟山都等六大企业掌握研发和终端销售渠道，并且是创制药主要发行者，掌控微笑曲线的两端，占据了全球大部分市场。中国、印度等国家剩下2 000多家小企业负责生产仿制药，原药及部分试剂，处于微笑曲线底部，占据剩下20%市场。中国企业处于全球分工中的原药生产链条。中国由于有丰富的农药原材料——各种基础化工品，而且人工相对便宜，对环保要求较低，具备良好配套基础设施，总体生产成本便宜，随着国内工艺不断进步，产品质量不断上升，跨国公司逐步将原药生产或采购转移到中国。补库存周期驱动中国农药出口反转。由于补库存周期到来，海外需求大幅上涨，带动中国农药出口大幅上升。从农药市场周期与原油周期粮食周期联动来判断，全球农药市场有望迎来逐步复苏；同时农化巨头库存低位，进入补库存周期，带动农药出口反转，利好国内农药市场景气上升。

6. 政策引领农药行业健康发展

新修订的农药管理条例颁布实施为农药产业发展提供政策引领。农业农村部印发《关于加强管理促进农药产业健康发展的意见》，旨在加快产业转型升级，促进农药产业健康发展。从政策层面来看，未来中国将坚持适度、有序的原则，加快淘汰高污染、高风险的落后产能，遏制农药企业盲目扩张和重复建设；积极培育大企业集团，支持企业采取兼并重组等方式，扩大生产规模，提升质量效益。培育一批大型农药企业集团，提升农药企业竞争力。

7. 科技创新推动农药产品转型升级

政府鼓励有条件的企业与科研单位合作，加大创新力度，不断开发新品种，提升行业竞争力。重视绿色、清洁生产工艺开发，提高化学元素有效利用率，从源头减少"三废"产生。利用新技术（生物技术、新材料、新设备）提升创新和生产水平。目前，纳米农药、航空专用低容量农药品种研发取得实质性突破，绿色农药理念得到广泛认可，高效低风险农药产品与使用技术已深入人心，农药品种转型升级步伐加快。

8. 生产过程绿色化、低毒化、高效化成为行业发展方向

随着中国农药行业快速发展，环境污染和农药残留问题日益突出，并日渐影响到环境可持续发展及食品安全。为此，中国不断提高农药生产企业的环保要求，针对目前环保领域"违法成本低、守法成本高"的现状，将加大对环境违法行为的处罚力度。2014年4月修订的《环境保护法》规定企业事业单位和其他生产经营者违法排放污染物，受到罚款处罚，被责令改正，拒不改正的，依法做出处罚决定的行政机关可以自责令改正之日的次日起，按照原处罚数额按日连续处罚。另外针对高毒、高风险农药管理相关政策也相继出台，通过行政手段限制部分高毒农药的生产与使用范围，引导种植户科学合理使用农药、化肥。对于影响环境安全和危及农产品安全的农药品种，在农药登记环节实行一票否决制。未来农药剂型结构不断优化，以高效、安全、经济为目标的农药新剂型已逐步兴起，产品朝水性化、粒状化、缓释化、低毒化和多功能化方向发展。

9. 原药、制剂一体化发展趋势

农药按能否直接施用一般分为原药和制剂，原药是以石油化工等相关产品为主要原料，通过化学合成技术和工艺生产或生物工程而得到的农药，一般不能直接施用。原药研发生产对生产技术、生产工艺、环保和安全生产的要求较高，固定资产设备投资规模大。在原药的基础上，加上分散剂和助溶剂等原辅料，经研制、复配、加工、生产出制剂产品，制剂直接应用到农业生产，与产量、质量、环境保护、食品安全、生态稳定有密切关系。制剂企业通过产品的深加工，掌握销售渠道资源，盈利水平普遍高于原药企业，部分实力较强的原药企业开始进入制剂领域；同时，部分制剂企业也逐渐向上游原药领域延伸，获得行业内竞争的主动权。随着行业纵向一体化的发展，未来国内农药行业将呈现原药、制剂一体化发展的趋势。

参考文献

李富祗，宋俊华，王以燕. 2008. 欧盟农药登记管理最新进展［J］. 农药（47）：629-630.
李建，刘娜，程玲，等. 2017. 新形势下加强农药市场管理的探讨［J］. 农业开发与装备（5）：129.
汪耀兵. 2012. 中国农药产业国际竞争力研究［D］. 武汉：华中农业大学.
杨益军. 2018. 新周期下农化市场格局和十大趋势分析［J］. 今日农药（1）：33-36.
张一宾. 2017. 2017年世界农药市场及各类农药市场预测［J］. 农药论坛（3）：29.
赵平. 2017. 2015年全球农药市场概况及发展趋势［J］. 农药（56）：79-85.
周普国. 2016. 经济新常态下农药产业发展研究和新思考［J］. 农药科学与管理（37）：1-14.
朱蓓蓓. 2017. 新形势下的农药市场格局如何演变［J］. 农药论坛（22）：24-25.

（执笔人：张正）

第十九部分

农 机

海外农产品市场研究（2018）

农业机械化既是农业现代化的前提，也是农业现代化的主要标志。农业机械化是指运用先进适用的农业机械改造提升农业，改善农业生产经营条件，不断提高农业的生产技术水平和经济效益、生态效益的过程。农业机械包含有种植业、畜牧业、农产品加工业、林业、渔业、农用运输和可再生能源等多个门类专用机械，种类繁多。本报告重点从全球视角，对拖拉机、收获机械等主要农机产品供需形势、贸易情况以及产业发展支持政策等开展分析研究。

一、世界供需形势

（一）全球供需形势

在持续3年的低迷期之后，2017年全球农机市场呈现复苏态势。各类农机产品的市场销量总体上均有不同程度的增长，拖拉机销量方面尤为明显。

2017年全球拖拉机销量达到215万台，较2016年的190万台增长了近13%，增长趋势明显（表1）。其中，印度和中国作为两个最大的市场，拖拉机销量合计超过了110万台，与2016年销量相比均增长了16%；美国和西欧则紧随其后，分别销售了22万台和19万台，与2016年销量相比分别增长了4%和13%。

表1　全球拖拉机销量变化情况

国家（地区）	2015年（台）	2016年（台）	2017年（台）	2017年较2016年增长（%）
加拿大	24 215	22 164	25 570	15
美国	204 62	211 194	220 006	4
巴西	37 385	35 963	36 976	3
日本（>30马力）	22 203	18 393	18 173	-1
中国（>18千瓦）	556 575	420 189	487 404	16
韩国	11 338	10 662	8 933	-16
印度	483 769	569 066	659 303	16
俄罗斯	21 837	17 913	22 042	23
土耳其	66 788	70 178	72 352	3
西欧	171 701	167 941	189 443	13
其中：法国	33 828	31 760	32 242	11
德国	32 220	28 248	33 695	19
意大利	18 428	18 341	22 705	24

（续表）

国家（地区）	2015年（台）	2016年（台）	2017年（台）	2017年较2016年增长（%）
英国	12 112	12 025	13 768	14
西班牙	10 628	11 508	12 025	4
合计	1 936 994	1 903 244	2 153 555	13

数据来源：国际农机制造商联盟

印度和中国作为两个快速扩张型的全球主力市场，近年来一直保持着高达两位数的市场增幅。与之相比，已经相对成熟的西欧市场2017年能达到13%的增幅则非常难得，主要原因可能是欧盟新机械标准的实施促使制造商们在2017年年末集中大规模销售拖拉机，以至于市场销量年底大幅增长。其中，德国、奥地利、荷兰市场销量年度增幅分别达到了19%、20%和23%。

（二）重点国家或地区供需形势

1. 美国

就2018年6月当月来看，除40~100马力两轮农用拖拉机和自走式联合收割机销量同比增长较低外，其余马力段的两轮农用拖拉机和四轮农用拖拉机均增幅较大，其中四轮农用拖拉机销量增幅达23.1%（表2）。从2018年上半年总销量来看，同比增幅较为平稳，其中自走式联合收割机销量同比增长高达20.5%，各类型和马力段的农用拖拉机销量则均有小幅增长，增幅在1.6%~8.3%。

表2 美国农用拖拉机和联合收割机市场情况（2018年6月）

类别	当年6月销量			截至当年6月总销量		
	2018年（台）	2017年（台）	增长（%）	2018年（台）	2017年（台）	增长（%）
两轮农用拖拉机	26 376	23 472	12.4	122 234	114 738	6.5
其中：<40马力	18 558	16 095	15.3	84 399	77 961	8.3
40~100马力	6 278	6 046	3.8	29 327	28 403	3.3
>100马力	1 540	1 331	15.7	8 508	8 374	1.6
四轮农用拖拉机	197	160	23.1	1 082	1 029	5.2
总农用拖拉机	26 573	23 632	12.4	123 316	115 767	6.5
自走式联合收割机	461	444	3.8	2 011	1 669	20.5

数据来源：美国装备制造协会

另外，从2015—2018年6月月销量变化情况来看，这期间美国农用拖拉机和自走式联合收割机年度各月销量同比增降变化不大，市场整体上相对比较稳定，但在2018年5月和6月出现了较为明显的增长（图1）。

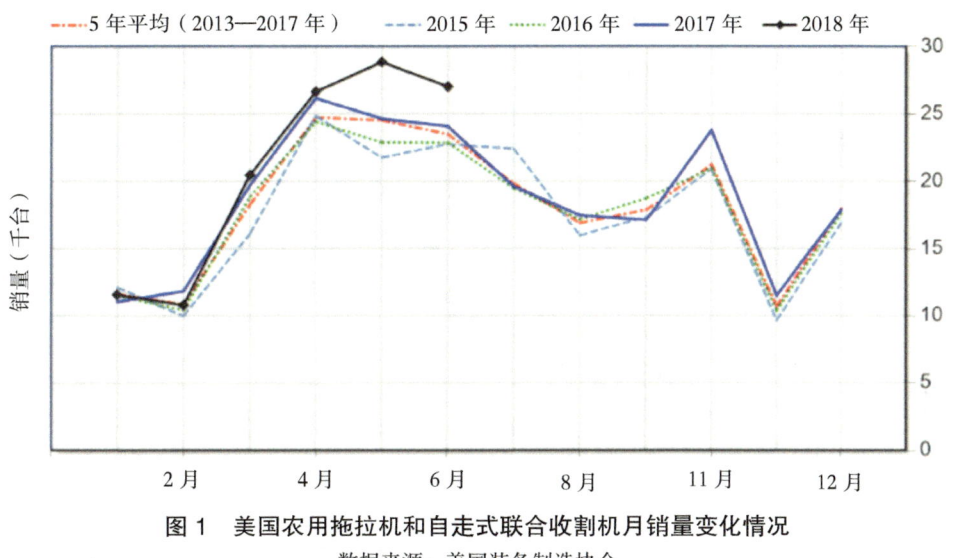

图 1 美国农用拖拉机和自走式联合收割机月销量变化情况

数据来源：美国装备制造协会

2．加拿大

就 2018 年 6 月当月来看，100 马力以上两轮农用拖拉机、四轮农用拖拉机和自走式联合收割机销量同比增幅较高，分别达到了 22.7％、51.6％ 和 58.4％，其余马力段的两轮农用拖拉机销量增幅不到 10％（表 3）。从 2018 年上半年总销量来看，同比增幅较为平稳，其中 100 马力以上两轮拖拉机销量同比增长高达 15.1％，其他类型和马力段的农用拖拉机和自走式联合收割机销量则均有小幅增长。

表 3 加拿大农用拖拉机和联合收割机市场情况（2018 年 6 月）

类别	当年 6 月销量			截至当年 6 月总销量		
	2018 年（台）	2017 年（台）	增长（％）	2018 年（台）	2017 年（台）	增长（％）
两轮农用拖拉机	2 792	2 552	9.4	11 995	11 450	4.8
其中：<40 马力	1 980	1 823	8.6	7 260	6 993	3.8
40~100 马力	499	474	5.3	2 732	2 717	0.6
>100 马力	313	255	22.7	2 003	1 740	15.1
四轮农用拖拉机	47	31	51.6	558	540	3.3
总农用拖拉机	2 839	2 583	9.9	12 553	11 990	4.7
自走式联合收割机	236	149	58.4	831	800	3.9

数据来源：美国装备制造协会

另外，从 2015—2018 年 6 月月销量变化情况，这期间加拿大农用拖拉机和自走式联合收割机年度各月销量同比增降变化不大，市场整体上相对稳定，但在 2016 年上半年各月份销售量明显低于其他年份（图 2）。

图 2　加拿大农用拖拉机和自走式联合收割机月销量变化情况
数据来源：美国装备制造协会

3. 俄罗斯

就 2018 年 6 月当月来看，仅 40~100 马力两轮农用拖拉机和四轮农用拖拉机销量同比增长，分别为 4% 和 48.4%，其余马力段的两轮农用拖拉机和自走式联合收割机销量均同比减少，且 40 马力以下两轮农用拖拉机、100 马力以上拖拉机和自走式联合收割机降幅达到了 25.5%、20% 和 35.6%（表 4）。从 2018 年上半年总销量来看，同比增幅不明显，只有 40 马力以上两轮拖拉机销量同比增长达 16.7%，其他类型和马力段的农用拖拉机和自走式联合收割机销量则小幅增长或大幅降低，四轮农用拖拉机和自走式联合收割机销量更是同比下降达 14.2% 和 31.7%。

表 4　俄罗斯农用拖拉机和联合收割机市场情况（2018 年 6 月）

类别	当年 6 月销量			截至当年 6 月总销量		
	2018年（台）	2017年（台）	增长（%）	2018年（台）	2017年（台）	增长（%）
两轮农用拖拉机	1 779	2 050	-13.2	11 509	10 804	6.5
其中：<40 马力	657	882	-25.5	3 703	3 173	16.7
40~100 马力	814	783	4.0	4 726	4 403	7.3
>100 马力	308	385	-20.0	3 080	3 228	-4.6
四轮农用拖拉机	135	91	48.4	1 040	1 212	-14.2
总农用拖拉机	1 914	2 141	-10.6	12 549	12 016	4.4
自走式联合收割机	753	1 169	-35.6	2 594	3 798	-31.7

数据来源：美国装备制造协会

4. 欧洲

总的来看，2017年30个欧洲国家（包括欧盟28个国家中保加利亚、塞浦路斯、马耳他和罗马尼亚以外的24个国家，以及波黑、爱尔兰、摩尔多瓦、挪威、瑞士、塞尔维亚和黑山）农用拖拉机总销量为16.12万台。这意味着欧洲拖拉机市场较2016年增长了12.8%，增速达到了新高度。几乎所有的欧洲机械制造协会成员国拖拉机市场在2017年都经历了从西班牙的5.7%到丹麦的22.9%等不同程度的增长，只有法国作为唯一例外的国家拖拉机销量下降了2.2%。

从包括联合收割机、施药机械、打包机、割草机等在内的大农机市场来看，各国家也都经历了不同程度的增长。法国农机市场在上半年销量大幅下滑，但在下半年实现了强力反弹，使得全年销量增长了2.1%。德国农机市场2017年增长了近9%，这主要得益于拖拉机销量的大幅增长，其他农机增幅较小。意大利农机市场则在很多农机产品方面都经历了持续增长，销量的增长有部分原因是欧盟和国家的贷款政策支持。比利时农机市场2017年出现了下滑现象，从主要农机类型来看，打包机和联合收割机销量下滑，而施药机械、饲草收获机械和割草机等相对稳定。

5. 英国

总的来看，2008—2017年，英国农用拖拉机销量整体呈下滑趋势，仅在2010年和2017年实现了增长，增幅分别为5.6%和13.5%，而且其中有4年的年销量下降幅度超过了10%（图3）。

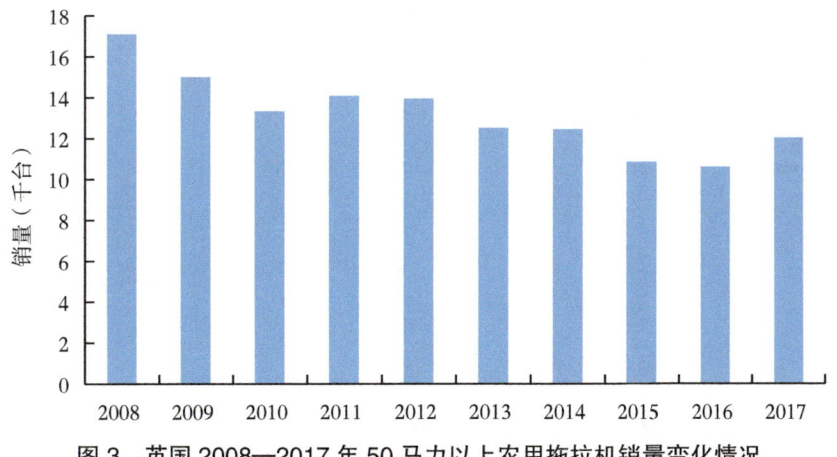

图3 英国2008—2017年50马力以上农用拖拉机销量变化情况
数据来源：英国农业工程师协会

英国历年销售农用拖拉机的总动力变化相对平缓，在4个年度都实现了增长，最高的增幅出现在2017年，达到了16.3%；2010年和2015年降幅比较大，均超过了10%（图4）。英国农用拖拉机市场集中度较高，约翰迪尔、凯斯纽荷兰和爱科集团3家跨国企业在英国拖拉机市场占据了绝对主导地位（表5）。这3家企业2015年和2016年在英国的拖拉机销量总和，分别占到市场销售总量的78.6%和76.3%。

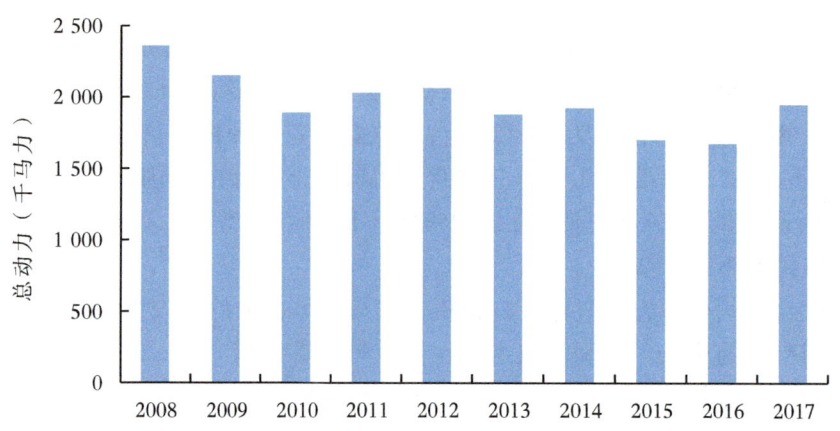

图4 英国2008—2007年销售50马力以上农用拖拉机总动力变化情况

数据来源：英国农业工程师协会

表5 英国不同企业拖拉机市场份额

企业	2015年		2016年	
	销售量（台）	占比（%）	销售量（台）	占比（%）
John Deere	3 655	30.2	3 350	27.9
CNH	3 283	27.1	3 117	25.9
爱科	2 577	21.3	2 705	22.5
Kubota	810	6.7	852	7.1
Claas	583	4.8	667	5.5
Same Deutz-Fahr	284	2.3	331	2.8
AgriArgo	289	2.4	232	1.9
JCB	156	1.3	194	1.6
Zetor	128	1.1	159	1.3
Others	347	2.9	418	3.5
Total UK	12 112	100	12 025	100

数据来源：英国农业工程师协会

从大农机市场来看，2016年英国各类农业机械的市场销量较前五年平均情况均出现了下滑，2017年较2016年则显示出了强劲的增长态势，犁和割草机销量更是增加了20%以上，但喷雾机销量出现了下滑（表6）。另外，英国的联合收割机销量也出现了大幅下滑。其中，2010—2011年至2014—2015年期间平均销量为770台，而2015—2016年和2016—2017年则均为530台，2016—2017年销量较前五年平均值下降了31%。

表 6 英国历年农业机械市场销量变化情况

类别	2011—2015年五年平均（台）	2016年（台）	2017年（台）	2017年比2016年增长（%）	2017年比五年平均增长（%）
农用拖拉机（50马力以上）	12 065	10 602	12 033	13	-0
犁	860	650	790	22	-8
动力耙	1 090	900	950	6	-13
喷雾机	880	830	780	6	-12
割草机	2 900	2 560	3 220	26	11

数据来源：英国农业工程师协会

6. 日本

自 2011—2017 年日本农机工业的发展波动较大（图 5）。其中，在 2013 年达到峰值，当年农机工业总产值达到 5 191.35 亿日元；但之后呈持续下滑趋势，2016 年达到谷底，当年农机工业总产值仅为 4 338.66 亿日元，2017 年则触底反弹达到 4 741.48 亿日元。国内市场部分产值的发展趋势也基本类似，占当年度农机工业总产值的比例稳定在 60%~70%。

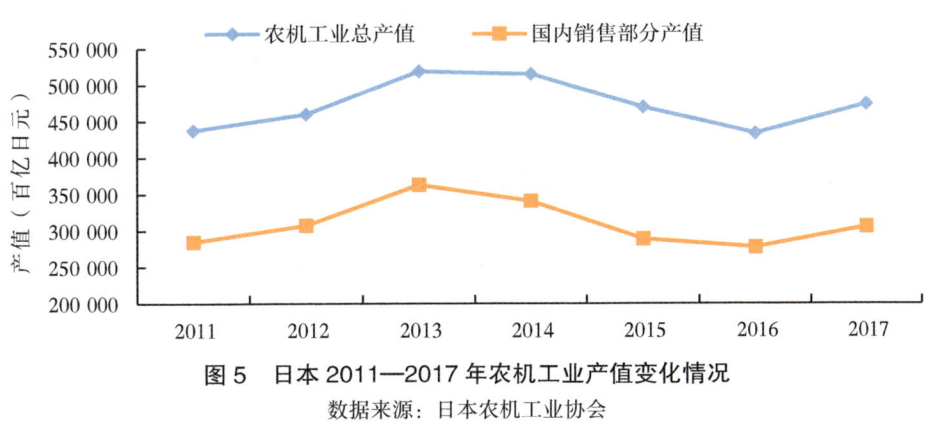

图 5 日本 2011—2017 年农机工业产值变化情况

数据来源：日本农机工业协会

从近年来日本主要农机产品的产值变化情况来看，自走式拖拉机一直是产值比例最高的农机产品，2011—2017 年自走式拖拉机产值占当年农机工业总产值比例稳定在 48%~55%；微耕机和手扶拖拉机产值整体呈持续下滑趋势，2017 年接近历史最低值；其他几类农机产品产值基本均呈现波浪形发展趋势（表 7）。

表7 日本历年主要农机产品产值变化情况

单位：百万日元

类别	2011年	2012年	2013年	2014年	2015年	2016年	2017年
自走式拖拉机	213 186	224 263	256 509	261 697	257 589	227 436	244 883
微耕机与手扶拖拉机拖拉机	20 387	20 889	18 485	19165	15 289	16 216	15 303
水稻移栽机	41 142	37 785	40 458	41 447	30 525	31 466	33 111
喷雾机	13 233	12 766	14 003	14 091	12 926	12 759	14 438
联合收割机	64 892	75 471	89 107	85 894	71 221	58 491	77097

数据来源：日本农机工业协会

从自走式拖拉机生产数量和生产结构来看，总生产数量呈现下滑态势，主要马力段由一开始的20~30马力、30~50马力和50马力以上拖拉机数量较为接近，逐步演变为以20~30马力和50马力以上拖拉机为主，且50马力以上拖拉机总体增长趋势较为明显（表8）。

表8 日本历年自走式拖拉机产量变化情况

单位：台

类别	2011年	2012年	2013年	2014年	2015年	2016年	2017年
<20马力	17 234	19 868	11 601	13 747	12 777	12 260	11 143
20~30马力	50 068	48 228	46 113	48 838	51 251	45 480	43 956
30~50马力	40 073	39180	44 485	28 748	39 057	27 483	27 834
>50马力	41 741	44 474	50 763	56 893	48 227	44 593	50 030
合计	149 116	151 750	152 692	148 226	151 312	129 816	132 963

数据来源：日本农机工业协会

二、跨国企业发展形势

近年来，世界农机产业越来越向集团化、国际化方向发展。国外农机企业集中度不断提高，很多重组形成大型跨国集团，并不断强化主机与配套机具的整合，农机产业的竞争正在一定程度上演绎为跨国企业间的竞争。因此，本节主要介绍分析世界知名农机跨国企业发展形势。

（一）约翰迪尔

1. 基本情况

约翰迪尔公司（John Deere）是世界500强公司之一，是世界领先的农业和林业领域先进产品和服务供应商，以及主要的建筑、草坪和场地养护、景观工程和灌溉领域先进产品和服务供应商。公司成立于1837年，创始人约翰·迪尔研制出了一种不粘泥土的钢犁，并由此起家创立了约翰迪尔公司。170多年来，公司通过与世界各地农民携手合作，不断成长壮大，约翰迪尔已经成为驰名世界的品牌。约翰迪尔高度重视创新，持续的高比例研发投入和创新帮助公司迅速打开了巴西和俄罗斯等成长型市场，创新加上可靠的信誉使约翰迪尔得以在海外市场把其他竞争对手远远甩在身后。目前，约翰迪尔已在全球三十几个国家和地区设立工厂、办事处及其他机构。

2. 企业经营效益

近年来，在全球农业发展低迷的大背景下，约翰迪尔的全球业务也难以避免地受到冲击，企业的销售规模和利润不断下滑。

在经历了2009—2013年的持续上升期后，2013年以后约翰迪尔的销售净额出现了明显下滑，2017年销售净额与2013年的峰值相比下降了91亿美元（图6）。从行业分布来看，包括草坪机械在内的农机领域依然是约翰迪尔的主营业务板块，近十年农机领域销售净额占总销售净额的比例在76%~88%，但2014年之后占比均未超过80%。从区域分布来看，由美国和加拿大组成的北美市场仍然是约翰迪尔的主力市场，近十年北美市场销售净额占总销售净额的比例在58%~65%，相对比较平稳。

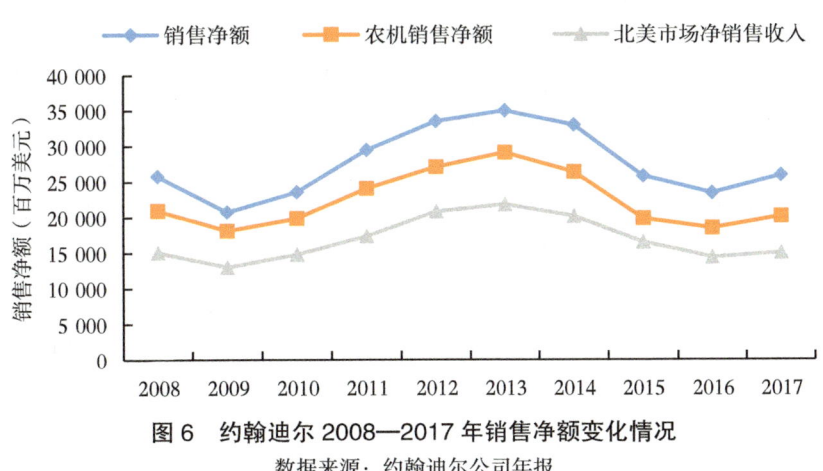

图6 约翰迪尔2008—2017年销售净额变化情况

数据来源：约翰迪尔公司年报

相比销售净额，约翰迪尔净利润的下滑则更为明显（图7）。公司净利润一度下滑到了2016年的15亿美元，随后在2017年略有增长达到了21.6亿美元，近十年间净利润占销售净额比例在4%~11%波动。尽管如此，约翰迪尔始终坚持高比例的研发创新投入，近十年的研发投入占总销售净额的比例维持在3.65%~5.94%。

图 7　约翰迪尔 2008—2017 年净利润变化情况

数据来源：约翰迪尔公司年报

3. 并购重组情况

长期以来，作为全球农机领域第一的约翰迪尔，一直坚持保守型发展战略，走以合资为主要形式的内涵式发展道路。但是，自 2015 年以来，公司一改常态，短短两年内在欧美区域开展了一系列大手笔收购。

一是 2015 年 11 月，约翰迪尔收购满胜（Monosem）。收购标的是满胜在法国的 4 家工厂和在美国的两家工厂，此举意在加强其精量播种技术方面的领导地位。总部位于美国的满胜拥有 30 多年的播种机制造经验，目前产品在世界 40 多个国家均有销售，占美国和欧洲 25% 以上的播种机市场份额。该公司从 2007 年进入中国，目前在中国东北、华北地区均有较大保有量。二是 2015 年 11 月，约翰迪尔宣布收购美国精密种植有限责任公司（Precision Planting）。该公司创立于 1993 年，主要从事变量技术的研发，其生产的变量播种机控制装置，可使播种机根据土壤性质，调整播种间距和行距，在精准农业领域有着重要地位，该公司产品具有能够为多品牌和传统播种机提供解决方案的广泛适应性，这种广泛适应性将使约翰迪尔能够为用户提供更多品牌的设备更新。但是，2016 年美国司法部认为该收购案违反了《克莱顿反托拉斯法》，向法院提起反垄诉讼。三是 2016 年 4 月，约翰迪尔对高地隙喷药机制造企业海吉公司（Hagie）进行控股式收购。海吉在玉米去雄机的研发和制造方面也处于全球领先地位。四是 2017 年 6 月，约翰迪尔宣布收购意大利喷药机制造企业马佐蒂（Mazzotti）。马佐蒂作为一个仅有 30 年的家族企业，在技术创新集成，以及产品设计和制造方面具有一定的行业优势。

约翰迪尔连续的大手笔并购，可能的主要动因是应对销售业绩下滑和强化产品链薄弱环节。近年来，全球农机市场的竞争已经由单一产品的竞争转向全程机械化解决方案的竞争，在欧美成熟市场更是向全程机械化和作物全程化服务转变。从近几年约翰迪尔的竞争能力看，在亚洲和新兴国家市场，约翰迪尔仍以拖拉机和联合收获机业务为主，但传统的动力机械在全球范围内已出现饱和迹象，全球排名前 15 的农机企业无一例外不是在全程机械化和经济类作物机具上布局。在欧美高端市场，约翰迪尔受到凯斯纽荷兰、爱科、克拉斯等跨国企业在精量播种、免耕播种、精细农业等技术领域的步步紧逼；在亚洲市场上，日本久保田、洋马，中国的一拖、雷沃阿波斯、中联重科等都在强化全程全面机械化布局，在免耕、精量播种、高效植保，牧草种植等产品上加速布局。这一切对约翰迪尔造成了实质性威胁，在传统动力产品需求下降的情况下，出于竞争需要，并购精量播种、高效植保的农机具制造商，可以完善其产品型谱，弥补其高端农机具产品短板，整体增强产品竞争力，以便更好的为全球用户提供整体解决方案和阻击竞争对手。总的来看，通过近几次的收购，约翰迪尔颠覆了全球农业机械行业的竞争格局，增加了在欧洲市场上播种、植保，以及整体的竞争实力。

（二）凯斯纽荷兰

1. 基本情况

凯斯纽荷兰（CNH）是一家在农业机械和建筑机械行业运营的全球性、多元化公司，其业务范围包括综合工程、制造、在五大洲进行营销和设备分销，主要业务集中在农业机械、建筑机械和金融服务三个领域。凯斯纽荷兰是由纽荷兰公司和凯斯公司在1999年合并而成，凯斯（Case IH）、纽荷兰（New Holland Agriculture）和斯太尔（Steyr）构成了公司农业机械品牌。其中，凯斯在农业行业拥有160多年的传统和经验，其范围包括农用拖拉机、打捆机、咖啡收获机、联合收割机、采棉机、播种机、甘蔗收获机和耕作机具，通过全球性经销商网络进行销售；纽荷兰提供全套设备产品线，包括农用拖拉机、打捆机、联合收割机、青贮收获机、葡萄收获机、牧草机械、物料搬运设备器、播种机、喷药机、耕作机具和土壤耕整机械等，其生产设施、办公室和其分销网络遍及全球；斯太尔是奥地利一家拥有60多年历史的农业机械品牌，专业从事农用、林业和市政领域应用拖拉机业务。

2. 企业经营效益

近年来，凯斯纽荷兰的销售规模和利润也在不断下滑。2013年以后凯斯纽荷兰的销售净额出现了明显下滑，2017年销售净额与2013年值相比下降了近65亿美元（图8）。

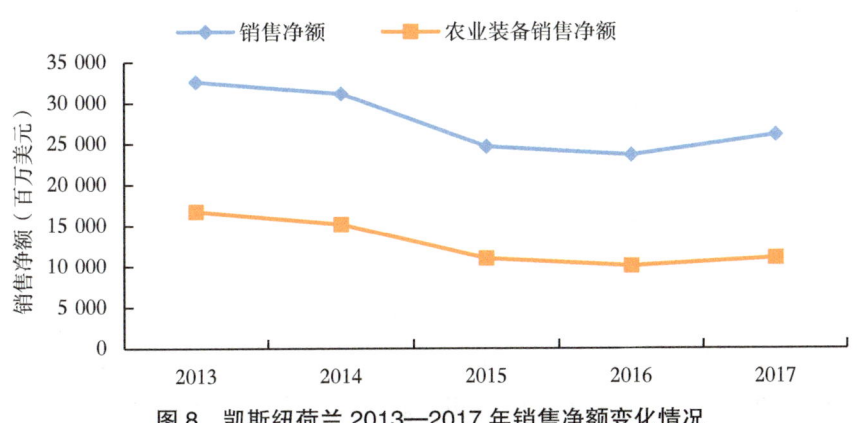

图8　凯斯纽荷兰2013—2017年销售净额变化情况

数据来源：凯斯纽荷兰公司年报

从行业分布来看，农业装备领域依然是凯斯纽荷兰的主营业务板块，近五年农业装备领域销售净额占总销售净额的比例在 42%~52%，但 2014 年之后占比均未超过 50%。

相比销售净额，凯斯纽荷兰净利润的下滑也是更为明显（图 9）。公司净利润一度由 2013 年的 6.77 亿美元下滑到了 2016 年的 2.52 亿美元，随后在 2017 年略有增长达到了 2.95 亿美元，近 5 年净利润占销售净额比例在 1%~3% 波动。同时，凯斯纽荷兰也坚持高比例的研发创新投入，近五年的研发投入占总销售净额的比例维持在 3.44%~3.74%，较为稳定。

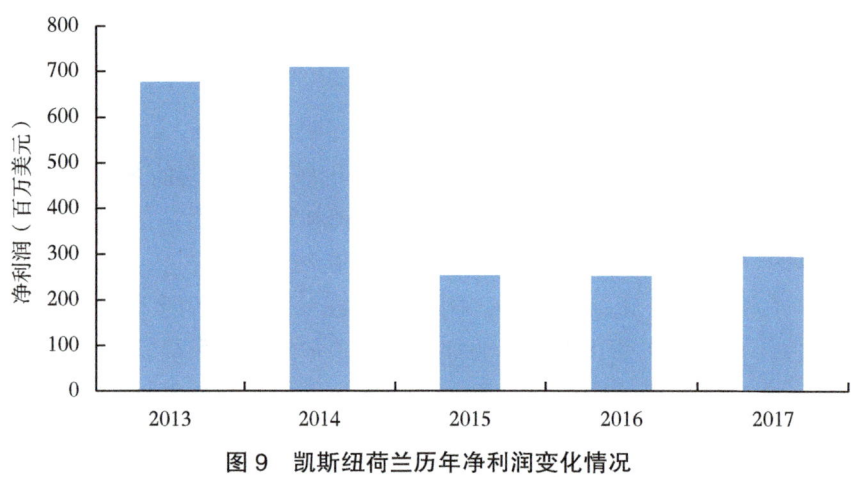

图 9　凯斯纽荷兰历年净利润变化情况

数据来源：凯斯纽荷兰公司年报

3. 并购重组情况

近年来，凯斯纽荷兰公司也加速了并购重组步伐，其中比较典型的就是对 Kongskilde 农机品牌的收购。2016 年 10 月，凯斯纽荷兰宣布签署协议，收购丹麦集团 Dansk Landbrugs Grovvareselskab 旗下负责草业与耕作农具业务的 Kongskilde Industries 部门。该部门一直致力于为多个知名品牌提供涵盖耕作、播种以及牧草与青贮领域的农具开发和制造解决方案。此次收购包括移交与 Kongskilde Industries 耕作、播种以及牧草与青贮饲料活动相关的资产。该部门的制造业务包括位于波兰和瑞典的两个欧洲工厂。

得益于这项协议，凯斯纽荷兰的全球农机制造品牌纽荷兰品牌经历了重要的产品组合扩展，其耕作、播种和牧草产品的供应不断加强，适用于农业、乳业和畜牧业等各个行业的牧草设备产品线进一步完善，在牧草设备领域的世界领导地位得到进一步强化。

（三）爱科集团

1. 基本情况

美国爱科集团（AGCO）成立于 1990 年，是世界领先的专注于农业解决方案的制造商，致力于农业解决方案的设计、生产和销售。爱科集团一直以提高农业生产力为己任，为用户提供全套的农机产品及服务。爱科集团旗下拥有麦赛福格森、维美德、芬特、挑战者和谷瑞五大核心品牌，在 150 多个国家和地区设立了 3 000 多个独立经销商和分销商。

2. 企业经营效益

近年来，爱科的销售规模和利润呈现下滑趋势。2013年以后爱科销售净额下滑明显，2016达到近五年的最低值74.1亿美元，尽管2017年略有增长销售净额达到83亿美元，但与2013年峰值相比却下降了近25亿美元（图10）。相比销售净额，爱科净利润的下滑也是更为明显（图11）。公司净利润一度由2013年的5.97亿美元下滑到了2016年的1.6亿美元，随后在2017年略有增长达到了1.86亿美元，近5年净利润占销售净额比例在2%~6%之间波动。

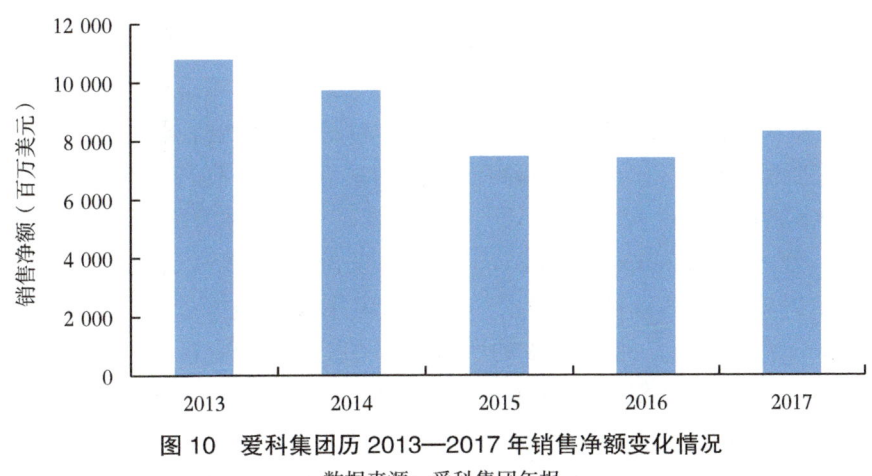

图10 爱科集团历2013—2017年销售净额变化情况

数据来源：爱科集团年报

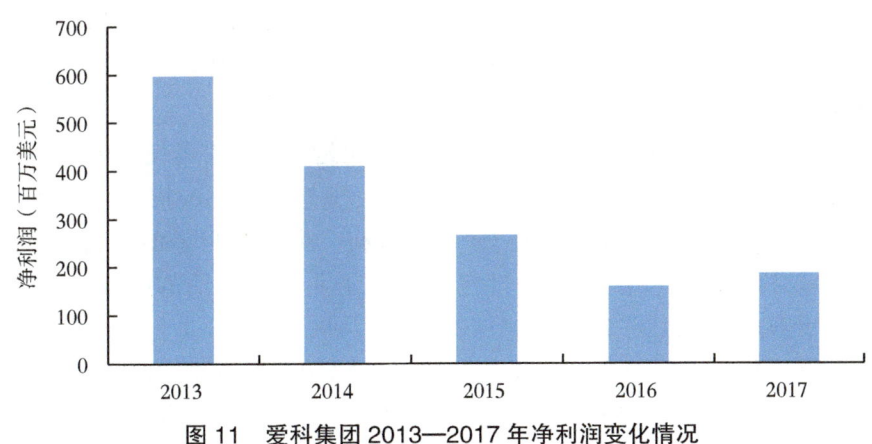

图11 爱科集团2013—2017年净利润变化情况

数据来源：爱科集团年报

3. 并购重组情况

自1990年成立20余年来，爱科几乎时刻都在兼并和重组过程中，先后20余次成功收购诸多世界知名农机企业，基本上可以说常州工厂是爱科目前在全球唯一一座自己建造的工厂。

2007年，爱科从ARGO公司收购意大利著名的收获机制造企业拉维达（Laverda

S.p.A）50%的股份，包括菲拉（FELLA）和Gallignani牧草设备业务。在巴西收购了著名的整地机械和播种机制造企业Sfil。

2008年，赛速发动机更名为爱科赛速动力（爱科SISU Power）。

2009年，爱科宣布与俄罗斯卡玛斯旗下的NefAZ建立合资工厂，生产挑战者系列收获机。

2010年，爱科收购了Amity JV, LLC 50%的所有权，从而与Amity Technology, LLC创立了合资企业。爱科-Amity JV研发并分销空中播种机及耕地设备。爱科还收购了以Amity、Wil-Rich和Wishek品牌出售的部分空中播种和耕作生产线50%的权益。爱科还从意大利ARGO公司手中收购了拉维达剩余的50%股份。

2011年，爱科收购全球领先的粮食储藏和蛋白生产系统制造商谷瑞公司（GSI），同时收购了山东大丰农业机械有限公司80%的股份。为进一步增强在收获机方面的影响，爱科还收购了芬兰桑普公司（Sampo-Rosenlew，国内早有引进，现与山东临沂泰科公司进行贴牌生产）10%的股份。

2012年，爱科收购Santal Equipamentos 60%股份。该公司是巴西一家甘蔗种植、收获、打捆和运输设备、备件制造商，随后将其并入维美德业务。爱科成立Algerian Tractors Company合资企业，拥有49%的所有权，并授权生产麦赛福格森拖拉机。

2013年，爱科谷瑞（GSI）收购Johnson System Inc.，该公司是一家领先的养牛用连桥、塔架和支撑结构制造商。与俄罗斯企业建立第二家合资企业。

2014年，在阿根廷布宜诺斯艾利斯开办一个拖拉机制造工厂，爱科整体回归阿根廷。同年，收购了巴西Santal剩余的40%股份。

2015年，爱科收购FAKEAL GMH公司，该公司是一家家禽生产商和相关产品，包括鸡蛋生产笼和肉鸡生产设备，总部设在德国。另外，爱科还收购了C-Lines，家禽和养猪业的设施和系统的领先企业。

2016年，爱科收购Tecno家禽设备公司，该公司是意大利家禽设备生产商，主要包括鸡蛋收集系统和喂料系统。爱科同意收购总部设在丹麦的CimiRa控股有限公司，该公司是全球领先的种子加工设备制造商，在丹麦、奥地利、捷克共和国和意大利设有生产厂。

2017年，爱科完成对欧洲领先的打包机制造企业Lely集团的收购。另外，爱科正式宣布与正大集团就蛋白质生产设备制造签订合资协议。总部位于泰国曼谷的正大集团（CPG），是亚洲生猪、鸡肉及蛋类的主要生产商。该制造合资企业将由爱科集团及正大集团各自持股50%，主要为爱科GSI谷瑞和正大公司提供蛋白质生产解决方案，预计将于2019年年初在中国浙江省慈溪市完成工厂建设并开始投产。同年7月，爱科完成了对Precision Planting公司收购。Precision Planting公司原为孟山都旗下企业，是目前全球为数不多的能生产每小时15公里以上高速精量播种机的企业。

（四）克拉斯

1. 基本情况

德国克拉斯公司（CLAAS）是世界著名的农牧业机械和农用车辆制造商，产品主要包括联合收割机、自走式青贮收获机、甘蔗收获机、农用运输机械、拖拉机和割草机、搂草机、翻晒机、打捆机,此外克拉斯还生产发展农用牵引车辆,最新的农业信息科技和精准农业技术,汽车及航天工业机械制造系统的整部件等。克拉斯创建于 1913 年,在德国有 5 个生产厂,在德国以外有 5 个生产基地。克拉斯的收获机械世界闻名,被用户称为"FIRST CLAAS",在行业中享有"收获专家"的美誉。1936 年克拉斯公司最先推出自己研制开发的联合收割机,1953 年推出第一台自走式联合收割机,卓越的联合收割机技术早在 20 世纪 60 年代就被中国引进。克拉斯联合收割机以可靠的性能,先进的技术,独特的脱粒分离系统使其在世界收获机械领域中遥遥领先,在欧洲每三台收获机中就有一台来源于克拉斯。克拉斯的牧草收获机械在欧洲居领先地位,自走式青贮收获机占全球 50%以上的市场份额。

2. 企业经营效益

除个别年度外,克拉斯近五年企业销售规模总体上较为平稳(图 12)。2013—2015 年间克拉斯销售净额较为平稳,2016 年突然下滑达到近五年的最低值 36.3 亿欧元,2017 年略有增长销售净额达到 37.6 亿欧元。相比销售净额,克拉斯净利润的变化趋势较为明显(图 13)。公司净利润一度由 2013 年的 2.1 亿欧元大幅下滑到了 2016 年的 0.37 亿欧元,

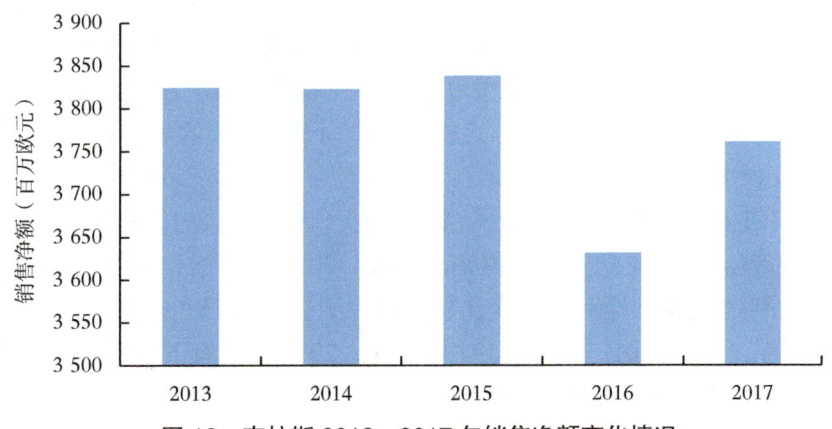

图 12 克拉斯 2013—2017 年销售净额变化情况

数据来源:克拉斯公司年报

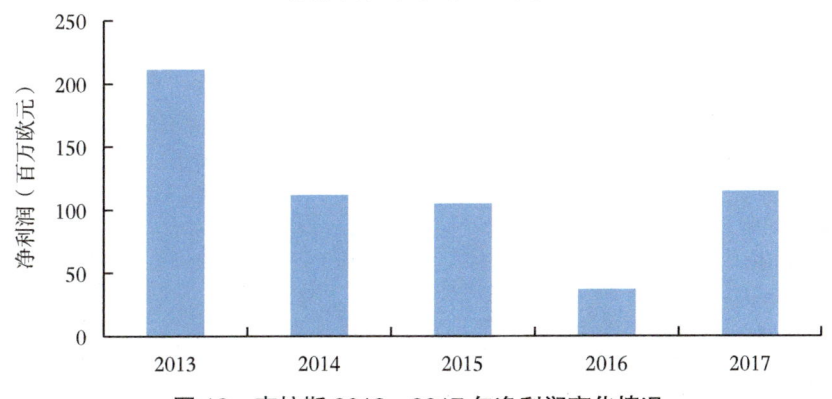

图 13 克拉斯 2013—2017 年净利润变化情况

数据来源:克拉斯公司年报

随后在2017年略有增长达到了1.15亿欧元，近5年净利润占销售净额比例在1%~6%波动。克拉斯五年间研发投入占销售净额的比例也较高，在2.7%~6.0%浮动。

3.并购重组情况

出于业务拓展的需要，克拉斯也先后进行了一系列并购重组，其中比较典型的有两次。一是2003年，克拉斯收购法国著名的雷诺农机公司，从而成功进军拖拉机领域，推出了从50~524马力全系列拖拉机，加强了克拉斯在法国、德国乃至整个世界农机市场的主导地位。二是2013年，克拉斯收购了山东金亿机械有限公司85%的股份。山东金亿是国内著名的收获机械制造企业，旗下"春雨"产品囊括全系列小麦收割机和玉米收获机，拥有位于山东高密和黑龙江大庆的两个主要生产基地。收购金亿大部分股权，将可能使中国市场成为克拉斯新的经济增长点，而进一步扩大在中国的产能使克拉斯向长远方向发展迈出了重要一步。

（五）久保田

1.基本情况

日本久保田株式会社（Kubota）创立于1890年，是日本最大的农业机械制造商，长期以来在"水""土""环境"这些与人类生活和文化息息相关的领域中，不断地开发符合时代要求的先进技术和产品。久保田在亚洲、美洲、欧洲、日本等全球各地全方位地开展业务，总共有150家子公司以及20家关联公司，在农业机械、小型建筑机械、小型柴油发动机等领域处于世界前列。久保田一直将中国作为全球重要的生产和研发基地。

2.企业经营效益

近5年久保田企业销售规模总体上呈上升趋势（图14）。2013—2015年久保田销售净额呈缓慢上升趋势，2016年略有下滑但幅度不大，2017年再增长至销售净额1.75万亿日元。相比销售净额，久保田净利润的变化趋势较为明显（图15）。公司净利润一度由2013年的1 327亿日元上升至2015年的1 494亿日元，2016年略有下降后在2017年恢复到了1 364亿日元，近5年净利润占销售净额比例在7.7%~8.9%浮动，变化较小。久保田五年间研发投入占销售净额的比例也较高，在2.33%~2.75%浮动。

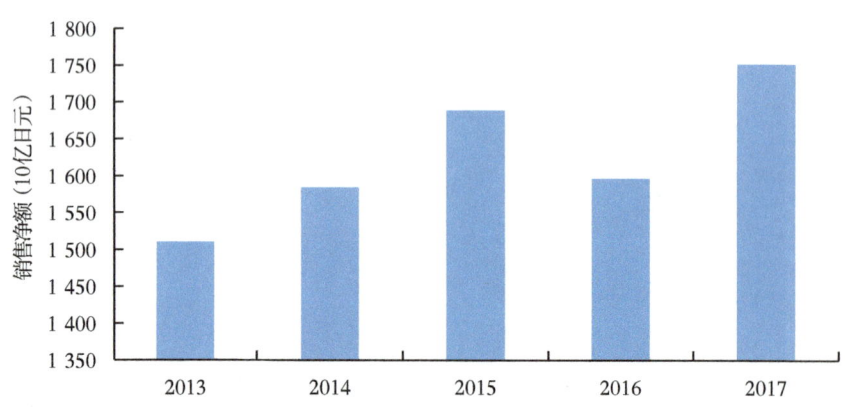

图14 久保田2013—2017年销售净额变化情况

数据来源：久保田公司年报

图 15 久保田 2013—2017 年净利润变化情况

数据来源：久保田公司年报

3. 并购重组情况

久保田近年来也致力于兼并重组以拓展不同区域的业务，其中比较典型的有如下两次。一是 2012 年，久保田成功并购挪威格兰公司为久保田子公司。久保田长久以来保持着在水田机械领域的领先地位，而格兰公司在旱作机械技术方面具有很强的竞争力。收购成功之后，久保田形成了产品互补、"水旱通吃"的局面。此外，格兰公司在西欧、北欧、中欧和俄罗斯等地的生产基地和销售网络为久保田进入上述地区市场提供了助力。并购时，格兰在 9 个国家设立有 11 个工厂，拥有雇员约 3000 名，研制生产各种类型的整地机械，耕耘机，播种机，牧草收割翻晒设备，中耕机和喷药机等，这些产品通过 3 000 多个独立的经销商，销往全球 60 多个国家和地区。二是 2016 年，久保田收购总部位于美国大平原地区堪萨斯州的美国著名的大平原农场设备（农业机械设备）制造公司（Great Plains）。美国大平原制造公司于 1976 年创立，是拥有大平原和兰德派两个世界知名品牌的高端智能农机具生产企业，也是北美最大的民营配套农机具生产企业。公司美国本土拥有 8 家工厂、2 个科研中心、1 个物流公司和 1 个融资公司，在英国拥有 1 个专业农机具工厂和科研中心。大平原品牌涵盖耕整地设备，播种设备以及中耕喷药设备，兰德派品牌涵盖割草机、旋耕机、小型播种机和除雪设备等品种繁多的地面养护机械。

三、国际贸易格局

本节重点分析世界和重点国家拖拉机和收获机械贸易情况，研究世界贸易格局变化情况。

（一）全球贸易情况

2012—2016 年，世界拖拉机和收获机械贸易总额呈持续下降趋势，由 2012 年的 393 亿美元下降到了 2016 年的 297 亿美元，下降了 96 亿美元之多，降幅高达 24.4%（图 16）。其中，拖拉机贸易额的下降趋势更为明显，由 2012 年的 249 亿美元下降到

2016年的182亿美元，降幅高达26.9%。

其中，2012—2016年世界轮式拖拉机贸易额占拖拉机贸易额的比例分别为85.24%、89.37%、89.40%、89.93%和90.92%，联合收割机贸易额占收获机械贸易额的比例分别为33.08%、32.12%、30.16%、31.07%和29.28%。

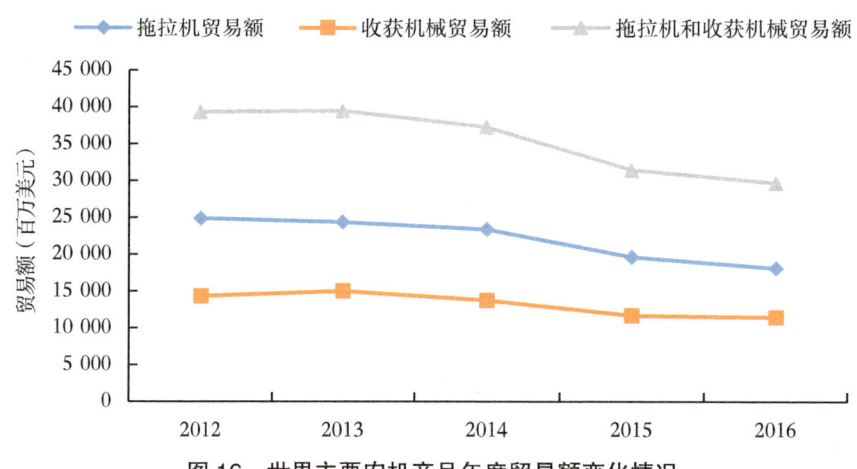

图16 世界主要农机产品年度贸易额变化情况

数据来源：根据UNComtrade数据库整理得到，本节以下图表如无特殊注明均为同一数据来源

在出口贸易方面，2016年世界轮式拖拉机出口贸易集中度较高，排名前十的国家轮式拖拉机出口额合计占到世界轮式拖拉机总出口额的78.29%，其中德国居首位占到18.94%（表9）；世界联合收割机出口贸易集中度也较高，排名前十的国家联合收割机出口额合计占到世界联合收割机总出口额的89.74%，其中德国居首位占到24.57%（表10）。

表9 2016年世界十大轮式拖拉机出口国

国家	出口额（百万美元）	占总出口额比例（%）
德国	3 131.37	18.94
美国	1 770.91	10.71
意大利	1 520.46	9.20
日本	1 404.68	8.50
法国	1 353.80	8.19
英国	1 298.04	7.85
印度	862.28	5.21
奥地利	624.06	3.77
韩国	503.67	3.05
芬兰	475.98	2.88

表 10 2016 年世界十大联合收割机出口国

国家	出口额（百万美元）	占总出口额比例（%）
德国	830.19	24.57
美国	824.57	24.41
比利时	480.44	14.22
泰国	264.51	7.83
中国	204.43	6.05
波兰	138.34	4.09
意大利	89.97	2.66
日本	78.21	2.31
保加利亚	63.94	1.89
俄罗斯	57.06	1.69

在进口贸易方面，2016 年世界轮式拖拉机进口贸易集中度则较低，排名前十的国家轮式拖拉机进口额合计占到世界轮式拖拉机总进口额的 55.35%，其中美国居首位占到 17.11%（表 11）；世界联合收割机进口贸易集中度也相对较低，排名前十的国家联合收割机进口额合计占到世界联合收割机总进口额的 56.42%，其中加拿大居首位占到 15.4%（表 12）。

表 11 2016 年世界十大轮式拖拉机进口国

国家	出口额（百万美元）	占总出口额比例（%）
美国	2 866.59	17.11
法国	1 309.74	7.82
德国	1 019.44	6.08
加拿大	958.75	5.72
英国	746.44	4.45
西班牙	557.40	3.33
澳大利亚	544.92	3.25
意大利	439.23	2.62
比利时	438.98	2.62
乌克兰	393.04	2.35

表12 2016年世界十大联合收割机进口国

国家	出口额（百万美元）	占总出口额比例（%）
加拿大	511.95	15.40
乌克兰	271.46	8.17
法国	259.86	7.82
澳大利亚	174.16	5.24
比利时	134.07	4.03
英国	120.25	3.62
德国	110.66	3.33
缅甸	100.95	3.04
罗马尼亚	96.92	2.92
哈萨克斯坦	94.58	2.85

（二）重点国家贸易情况

1. 美国

2012—2016年，美国拖拉机和收获机械出口额呈持续下降趋势，出口额由2012年的81.66亿美元下降到了2016年的42.19亿美元，降幅高达48.34%；这段期间美国两类产品进口额呈现先增后降趋势，总体上变化不大（图17）。由此，美国两类产品贸易情况从2012年的明显顺差逐渐转变为2016年的微弱逆差。

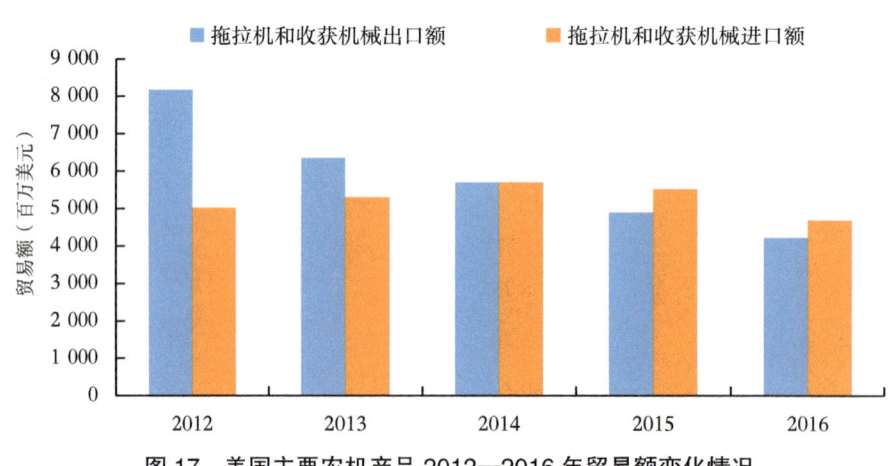

图17 美国主要农机产品2012—2016年贸易额变化情况

在出口贸易方面，2012—2016年美国轮式拖拉机出口额占拖拉机出口额的比例分别为61.57%、74.00%、76.43%、71.64%和74.19%，联合收割机出口额占收获机械出口额的比例分别为 52.59%、53.33%、49.52%、51.36% 和 45.00%。

另外，2016 年美国轮式拖拉机出口贸易集中度相对较高，排名前十的轮式拖拉机出口目标国额度合计占到美国轮式拖拉机总出口额的 75.93%，其中加拿大高居首位占到 37.01%（表 13）；美国联合收割机出口贸易集中度则更高，排名前十的联合收割机出口目标国额度合计占到美国联合收割机总出口额的 87.64%，其中加拿大高居首位占到 58.99%（表 14）。

表 13 2016 年美国十大轮式拖拉机出口目标国

出口目标国	出口额（百万美元）	占总出口额比例（%）
加拿大	655.44	37.01
澳大利亚	149.82	8.46
墨西哥	89.93	5.08
乌克兰	87.41	4.94
德国	81.39	4.60
荷兰	69.40	3.92
法国	67.65	3.82
俄罗斯	56.13	3.17
中国	45.27	2.56
英国	42.16	2.38

表 14 2016 年美国十大联合收割机出口目标国

出口目标国	出口额（百万美元）	占总出口额比例（%）
加拿大	486.42	58.99
澳大利亚	75.07	9.10
墨西哥	41.15	4.99
德国	27.94	3.39
法国	21.60	2.62
巴西	16.71	2.03
哈萨克斯坦	16.70	2.03
南非	14.67	1.78
阿根廷	11.60	1.41
乌克兰	10.80	1.31

在进口贸易方面，2012—2016 年美国轮式拖拉机进口额占拖拉机进口额的比例分别为 85.66%、88.98%、83.18%、84.26% 和 85.78%，联合收割机进口额占收获机械进口额的比例仅分别为 6.78%、4.27%、2.56%、2.38% 和 1.70%。

另外，2016 年美国轮式拖拉机进口贸易集中度非常高，来自排名前十的进口来源国的轮式拖拉机进口额，合计占到美国轮式拖拉机总进口额的 96.17%，其中日本居首位占到 24.27%（表 15）；美国联合收割机进口贸易集中度也非常高，来自排名前十的进口来源国的联合收割机进口额，合计占到美国联合收割机总进口额的 96.59%，其中德国居首位占到 32.49%（表 16）。

表 15 2016 年美国十大轮式拖拉机进口来源国

进口来源国	进口额（百万美元）	占总进口额比例（%）
日本	695.70	24.27
德国	551.96	19.25
韩国	372.82	13.01
印度	242.84	8.47
英国	183.82	6.41
加拿大	178.63	6.23
土耳其	171.25	5.97
墨西哥	161.19	5.62
意大利	115.05	4.01
法国	83.61	2.92

表 16 2016 年美国十大联合收割机进口来源国

进口来源国	进口额（百万美元）	占总进口额比例（%）
德国	7.45	32.49
俄罗斯	4.17	18.16
巴西	3.39	14.76
奥地利	3.25	14.18
比利时	2.08	9.06
意大利	0.58	2.54
加拿大	0.48	2.08
西班牙	0.27	1.19
新西兰	0.26	1.14
阿根廷	0.23	1.00

2. 德国

2012—2016 年，德国拖拉机和收获机械出口额总体上呈下降趋势，出口额 2013 年达到峰值为 83.98 亿美元，2016 年下降到 58.51 亿美元；这期间德国两类产品进口额变化幅度不大，两类产品贸易一直处于明显的顺差状态（图 18）。

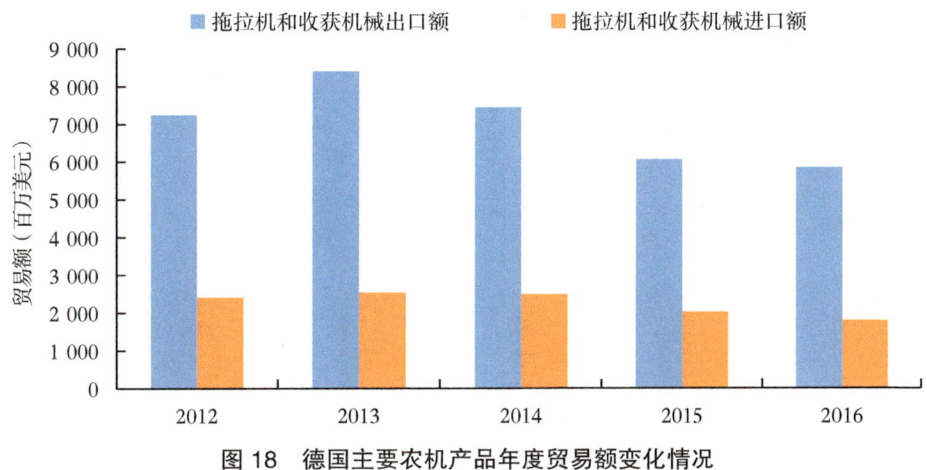

图 18　德国主要农机产品年度贸易额变化情况

在出口贸易方面，2012—2016 年德国轮式拖拉机出口额占拖拉机出口额的比例分别为 93.91%、94.02%、93.51%、93.71% 和 74.39%，联合收割机出口额占收获机械出口额的比例分别为 34.54%、34.97%、32.03%、35.43% 和 33.26%。

另外，2016 年德国轮式拖拉机出口贸易集中度不高，排名前十的轮式拖拉机出口目标国额度合计仅占德国轮式拖拉机总出口额的 67.22%，其中美国居首位占到 16.39%（表17）；德国联合收割机出口贸易集中度也一般，排名前十的联合收割机出口目标国额度合计占到德国联合收割机总出口额的 72.46%，其中法国居首位占到 17.47%（表18）。

表 17　2016 年德国十大轮式拖拉机出口目标国

出口目标国	出口额（百万美元）	占总出口额比例（%）
美国	513.31	16.39
法国	491.25	15.69
英国	294.67	9.41
西班牙	159.13	5.08
意大利	151.38	4.83
波兰	111.88	3.57
荷兰	109.60	3.50
奥地利	99.41	3.17
瑞士	91.62	2.93
澳大利亚	82.76	2.64

表18 2016年德国十大联合收割机出口目标国

出口目标国	出口额（百万美元）	占总出口额比例（%）
法国	145.02	17.47
乌克兰	91.67	11.04
澳大利亚	81.78	9.85
英国	62.75	7.56
匈牙利	57.53	6.93
波兰	46.77	5.63
罗马尼亚	32.26	3.89
保加利亚	32.26	3.89
意大利	26.43	3.18
丹麦	25.11	3.02

在进口贸易方面，2012—2016年德国轮式拖拉机进口额占拖拉机进口额的比例分别为94.46%、93.64%、94.40%、94.34%和93.40%，联合收割机进口额占收获机械进口额的比例分别为20.48%、16.61%、17.36%、16.77%和15.34%。

另外，2016年德国轮式拖拉机进口贸易集中度较高，来自排名前十的进口来源国的轮式拖拉机进口额，合计占到德国轮式拖拉机总进口额的92.67%，其中法国居首位占到20.00%（表19）；德国联合收割机进口贸易集中度非常高，来自排名前十的进口来源国的联合收割机进口额，合计占到德国联合收割机总进口额的98.47%，其中比利时居首位占到43.32%（表20）。

表19 2016年德国十大轮式拖拉机进口来源国

进口来源国	进口额（百万美元）	占总进口额比例（%）
法国	203.92	20.00
美国	186.39	18.28
意大利	122.26	11.99
奥地利	94.87	9.31
英国	90.62	8.89
芬兰	86.37	8.47
荷兰	76.00	7.46
日本	56.78	5.57
土耳其	15.34	1.51
中国	12.11	1.19

表20 2016年德国十大联合收割机进口来源国

进口来源国	进口额（百万美元）	占总进口额比例（%）
比利时	47.94	43.32
意大利	17.71	16.00
美国	13.19	11.92
克罗地亚	12.14	10.97
波兰	5.24	4.74
法国	4.39	3.97
英国	3.71	3.35
芬兰	1.77	1.60
奥地利	1.45	1.31
荷兰	1.43	1.29

3. 日本

2012—2016年，日本拖拉机和收获机械出口额总体上呈下降趋势，出口额2012年达到峰值为21.86亿美元，2016年下降到15.86亿美元；这期间日本两类产品进口额总体上也呈下降趋势，2014年达到峰值为4.47亿美元，2015年达到最低值2.02亿美元，2016年略有增长至2.67亿美元。两类产品贸易一直处于巨大的顺差状态（图19）。

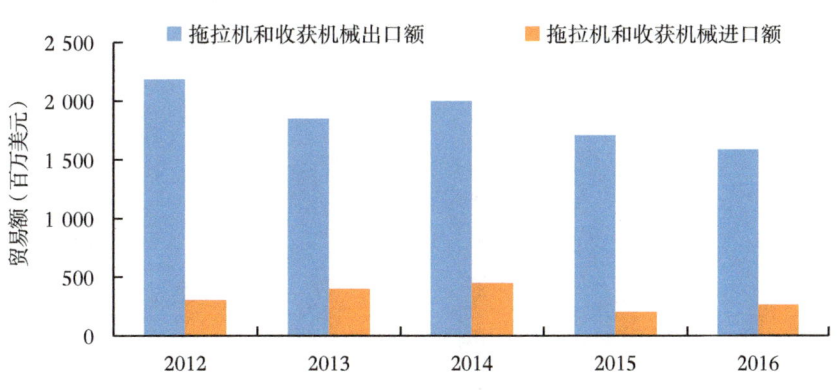

图19 日本主要农机产品2012—2016年贸易额变化情况

在出口贸易方面，2012—2016年日本轮式拖拉机出口额占拖拉机出口额的比例分别为79.95%、87.12%、86.99%、99.42%和99.67%，联合收割机出口额占收获机械出口额的比例分别为34.05%、36.29%、40.18%、38.99%和44.28%。

另外，2016年日本轮式拖拉机出口贸易集中度较高，排名前十的轮式拖拉机出口目标国额度合计仅占日本轮式拖拉机总出口额的88.17%，其中美国高居首位占到52.94%（表21）；日本联合收割机出口贸易集中度不高，排名前十的联合收割机出口目标国额度合计占到日本联合收割机总出口额的 67.42%，其中韩国居首位占到 42.74%（表 22）。

表 21　2016 年日本十大轮式拖拉机出口目标国

出口目标国	出口额（百万美元）	占总出口额比例（%）
美国	855.65	52.94
泰国	118.19	7.31
法国	103.63	6.41
加拿大	95.31	5.90
德国	62.01	3.84
澳大利亚	61.66	3.82
越南	50.00	3.09
韩国	36.95	2.29
英国	24.19	1.50
西班牙	17.33	1.07

表 22　2016 年日本十大联合收割机出口目标国

出口目标国	出口额（百万美元）	占总出口额比例（%）
韩国	23.88	42.74
中国	10.65	19.07
越南	1.97	3.53
埃及	0.40	0.71
希腊	0.17	0.31
阿富汗	0.16	0.29
印度	0.15	0.27
澳大利亚	0.11	0.20
美国	0.10	0.17
泰国	0.07	0.12

在进口贸易方面，2012—2016 年日本轮式拖拉机进口额占拖拉机进口额的比例分别为 77.28%、75.20%、71.47%、97.70% 和 97.86%，联合收割机进口额占收获机械进口额的比例分别为 12.53%、14.02%、23.24%、8.32% 和 13.34%。

另外，2016 年日本轮式拖拉机进口贸易集中度非常高，来自排名前十的进口来源国的轮式拖拉机进口额，合计占到日本轮式拖拉机总进口额的 99.10%，其中法国居首位占到 33.47%（表 23）；日本联合收割机进口贸易集中度也非常高，仅从 8 个国家进口，其中德国高居首位占到 69.85%（表 24）。

表23 2016年日本十大轮式拖拉机进口来源国

进口来源国	进口额（百万美元）	占总进口额比例（%）
法国	55.53	33.47
德国	52.89	31.87
英国	27.93	16.83
意大利	13.07	7.88
美国	8.29	5.00
芬兰	3.05	1.84
土耳其	1.21	0.73
韩国	1.03	0.62
瑞典	0.99	0.59
中国	0.46	0.27

表24 2016年日本联合收割机进口来源国

进口来源国	进口额（百万美元）	占总进口额比例（%）
德国	5.62	69.85
比利时	1.05	13.03
意大利	0.44	5.43
中国	0.39	4.89
波兰	0.32	3.98
韩国	0.13	1.67
泰国	0.06	0.79
越南	0.03	0.37

4. 印度

2012—2016年，印度拖拉机和收获机械出口额总体上呈上升趋势，出口额2015年达到峰值为9.90亿美元，2016年下降到8.99亿美元；印度两类产品进口额较小，变化幅度也不是太大，两类产品贸易一直处于巨大的顺差状态（图20）。

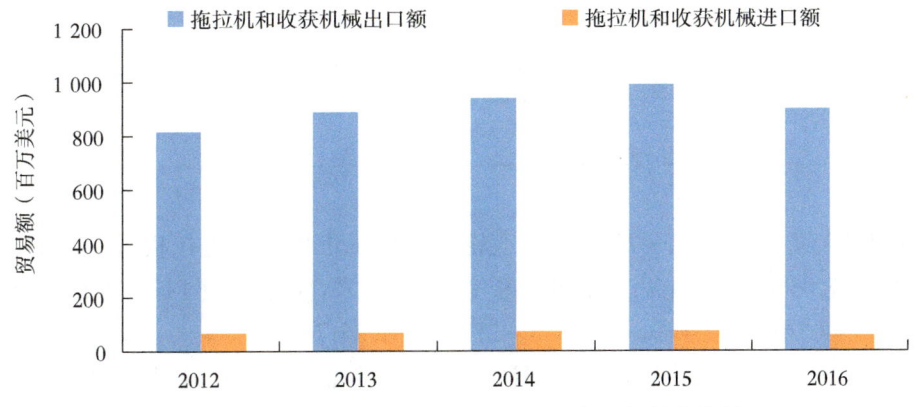

图20 印度主要农机产品2012—2016年贸易额变化情况

在出口贸易方面，2012—2016年印度轮式拖拉机出口额占拖拉机出口额的比例分别为98.73%、99.02%、99.02%、99.39%和98.98%，联合收割机出口额占收获机械出口额的比例分别为37.03%、31.43%、34.04%、25.22%和19.35%。

另外，2016年印度轮式拖拉机出口贸易集中度不是很高，排名前十的轮式拖拉机出口目标国额度合计仅占印度轮式拖拉机总出口额的75.01%，其中美国居首位占到33.78%（表25）；印度联合收割机出口贸易集中度也不高，排名前十的联合收割机出口目标国额度合计占到印度联合收割机总出口额的77.82%，其中斯里兰卡居首位占到28.66%（表26）。

表25 2016年印度十大轮式拖拉机出口目标国

出口目标国	出口额（百万美元）	占总出口额比例（%）
美国	323.75	33.78
土耳其	111.47	11.63
阿尔及利亚	68.06	7.10
尼泊尔	39.34	4.10
孟加拉	36.61	3.82
南非	32.44	3.39
斯里兰卡	31.53	3.29
墨西哥	28.35	2.96
荷兰	26.34	2.75
苏丹	21.00	2.19%

表26 2016年印度十大联合收割机出口目标国

出口目标国	出口额（百万美元）	占总出口额比例（%）
斯里兰卡	1.83	28.66
尼泊尔	0.68	10.68
菲律宾	0.66	10.31
越南	0.39	6.07
南非	0.38	5.91
柬埔寨	0.27	4.22
多米尼加	0.26	4.14
坦桑尼亚	0.19	3.05
缅甸	0.19	2.98
伊拉克	0.12	1.82

在进口贸易方面，2012—2016年印度轮式拖拉机进口额占拖拉机进口额的比例分别为99.09%、97.03%、99.54%、99.79%和98.61%，联合收割机进口额占收获机械进口额的比例分别为4.16%、7.70%、13.05%、21.50%和25.76%。

另外，2016年印度轮式拖拉机进口贸易集中度非常高，总共进口自11个国家，其中泰国高居首位占到70.47%（表27）；印度联合收割机进口贸易集中度也非常高，总共进口自 5 个国家，其中泰国高居首位占到 90.71%（表 28）。

表 27　2016 年印度轮式拖拉机进口来源国

进口来源国	进口额（百万美元）	占总进口额比例（%）
泰国	16.22	70.47
日本	5.91	25.68
意大利	0.28	1.23
土耳其	0.19	0.81
韩国	0.14	0.63
英国	0.12	0.51
波兰	0.09	0.39
美国	0.02	0.10
尼泊尔	0.02	0.08
葡萄牙	0.02	0.07
中国	0.01	0.04

表 28　2016 年印度十大联合收割机进口来源国

进口来源国	进口额（百万美元）	占总进口额比例（%）
泰国	8.07	90.71
中国	0.65	7.27
意大利	0.11	1.20
奥地利	0.06	0.73
斯里兰卡	0.01	0.10

5. 巴西

2012—2016 年，巴西拖拉机和收获机械出口额总体上呈下降趋势，出口额 2013 年达到峰值为 9.81 亿美元，2016 年下降到 5.36 亿美元；两类产品进口额也呈持续下降趋势，由 2012 年的 5.88 亿美元，下降到了 2016 年的 1.96 亿美元。两类产品贸易一直处于明显的顺差状态（图 21）。

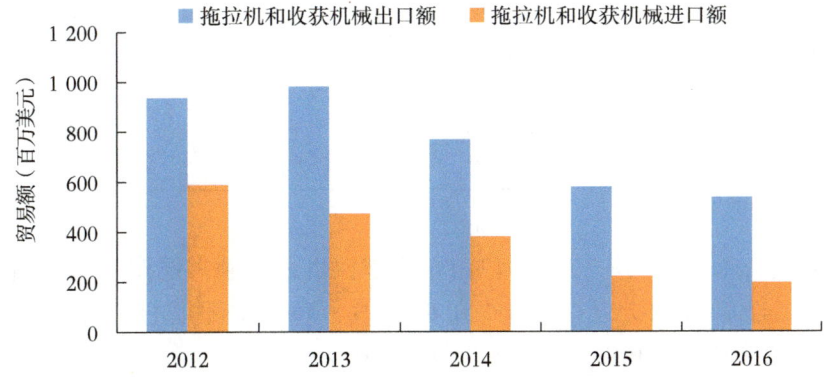

图 21　巴西主要农机产品 2012—2016 年贸易额变化情况

在出口贸易方面，2012—2016年巴西轮式拖拉机出口额占拖拉机出口额的比例分别为96.24%、97.18%、96.18%、97.65%和97.76%，联合收割机出口额占收获机械出口额的比例分别为36.70%、35.15%、39.72%、18.98%和19.91%。

另外，2016年巴西轮式拖拉机出口贸易集中度较高，排名前十的轮式拖拉机出口目标国额度合计占巴西轮式拖拉机总出口额的82.01%，其中阿根廷居首位占到25.02%（表29）；巴西联合收割机出口贸易集中度非常高，排名前十的联合收割机出口目标国额度合计占到巴西联合收割机总出口额的96.39%，其中阿根廷居首位占到30.58%（表30）。

表29　2016年巴西十大轮式拖拉机出口目标国

出口目标国	出口额（百万美元）	占总出口额比例（%）
阿根廷	66.82	25.02
墨西哥	36.08	13.51
巴拉圭	21.91	8.20
玻利维亚	18.72	7.01
加纳	17.13	6.41
智利	16.27	6.09
秘鲁	12.61	4.72
哥伦比亚	12.33	4.62
伊拉克	9.33	3.49
厄瓜多尔	7.84	2.93

表30　2016年巴西十大联合收割机出口目标国

出口目标国	出口额（百万美元）	占总出口额比例（%）
阿根廷	16.02	30.58
巴拉圭	15.29	29.18
哥伦比亚	5.86	11.18
玻利维亚	5.02	9.58
巴拿马	2.44	4.66
乌拉圭	1.49	2.84
坦桑尼亚	1.45	2.76
中国	1.25	2.39
墨西哥	0.93	1.77
厄瓜多尔	0.77	1.46

在进口贸易方面，2012—2016年巴西轮式拖拉机进口额占拖拉机进口额的比例分别为95.01%、86.42%、93.87%、74.14%和83.17%，联合收割机进口额占收获机械进口额的比例分别为12.80%、9.10%、3.43%、2.49%和1.60%。

另外，2016年巴西轮式拖拉机进口贸易集中度非常高，总共进口自10个国家，其中芬兰居首位占到38.05%（表31）；巴西联合收割机进口贸易集中度也非常高，仅进口自两个国家，分别是奥地利和美国，分别占92.60%和7.40%。

表31 2016年巴西轮式拖拉机进口来源国

进口来源国	进口额（百万美元）	占总进口额比例（%）
芬兰	14.08	38.05
瑞典	10.33	27.92
美国	5.97	16.15
加拿大	2.76	7.45
法国	1.84	4.97
意大利	1.02	2.77
日本	0.67	1.81
中国	0.19	0.50
韩国	0.12	0.32
印度	0.02	0.05

四、主要国家产业支持政策

（一）印度

农业是印度的支柱产业，印度农业用全球9%的耕地面积养活了全球18%的人口，农业机械在其中扮演了重要角色。总的来看，印度在促进农业机械化和农机工业发展方面主要制定了以下方面的相关政策。

一是实施了农机购置补贴政策。20世纪90年代至今，印度分两个阶段实施了该项补贴政策。第一阶段是1992—1993年度开始，在全国推广针对小农户的农业机械推广计划，该计划为小农户购置农业机械提供30%的价格补贴，单台补贴上限为3万卢比。第二阶段是自2000年开始的农业宏观管理计划阶段，2000—2001年度印度开始实施农业宏观管理计划，农业机械推广计划被纳入该计划之中，对补贴率和补贴上限做了较大调整，不同机械具有不同的补贴参数，单台农机的补贴上限比前阶段有所提高。

二是实施了有利于农业机械化发展的财政信贷政策。印度政府比较重视促进农机化发展的贷款政策，不仅90%以上的农民可通过银行贷款购买拖拉机、水泵等农机，印度本国的农机制造厂也可向银行贷款。银行向拖拉机和农机制造厂贷款的年利率一般是10%~15%，90%以上的农民是通过银行贷款购买拖拉机、水泵等农机。由于执行了有效的贷款政策，加上商业银行放宽对信贷的控制，农户可取得拖拉机价格80%的贷款，使得拖拉机的销售量增加很快。印度在贷款方法上还采用了产品抵押的新方案，农民将贮存在仓库里的产品抵押给银行，即可从银行获得相当于产品价值75%的贷款额，这也非常有利于农民得到贷款。

三是加强农业机械化科研工作。印度农业、农业机械化科研工作是由印度农业研究委员会负责领导，它是一个体制较完善、学科基本配套的中央科研系统。农业研究委员会下属 38 个中央级专业研究所、11 个国家研究中心、5 个科研项目指导委员会。研究所的设置以应用基础研究为主，有水稻、棉花等单项作物研究所，还有农机研究所与农产品加工研究所等。印度地方科研系统以农业大学为中心，各邦均设有农业大学，绝大部分的农业机械化科研工作由各农业大学领导。在农业机械化研究工作方面，优先发展适用于干旱农业的机具，设计能耗低、作业效率高的机械。

近年来，印度还出台了一系列新的支持政策。印度政府在 2016—2017 年支出预算中制定了农业可持续发展的重要步骤，2016—2017 年的支出预算中提出了一系列举措以提升农民福利，例如新增 285 万公顷田地的灌溉、确保 2018 年 5 月 1 日之前实现农村百分百电气化等。印度政府还在 2017—2018 财年向农村地区提供 1 万亿卢比定向贷款，努力将农业保险覆盖率从 30% 提高到 40%，以减轻农民因气候变化承担的生产风险。

（二）巴西

巴西农业资源丰富，是全球农业生产和出口强国。多年来巴西政府一直非常重视农业的发展，制定了一系列农业发展支持和保护政策。

巴西农业政策的要点是保护农民利益，减少生产风险，增加农民（特别是中小农）收入。这体现在三方面，一是农业信贷政策。政府根据农民上一年度的产值及其土地面积发放贷款，小农、中农和大农场主可分别获得所需资金 100%、70% 和 55% 的贷款，并且利率也各不相同（依次高出 2%~3%）。为了确保小农能够得到贷款，法律规定商业银行必须将农业信贷的一定比例发放给中小农生产者。二是实行农产品最低保证价格。该价格由生产资助委员会制定，农业部和国家货币委员会审议，经总统批准后以政令形式颁布。最低保证价格有联邦政府收购、联邦政府贷款和预支贷款三种形式。三是农业保险制度。限于国家财力和地区之间的不平衡发展，农业保险主要在较发达地区实行。巴西的农业保险有以下特色，由中央银行独家经营，其他银行只作为代理；分备耕、种植、管理、销售四个阶段进行保险（与发放农业信贷同步进行）；保险范围以生产成本为上限，农民还必须与巴西农业部下属的巴西农牧业技术推广公司签订技术合同，以确保农业贷款的回收。

在促进农机化方面，主要优惠政策是设立了国家经济暨社会发展银行，对农民购买农业机械贷款实行补贴。农民购买农业机械可以享受低息贷款，巴西市场一般贷款实际利率为 25%，而购买农机的低息贷款的年息为 8.75%~10.75%。发放低息贷款的办法取得了很好的效果，既扶持了农机化的发展，也促进了农机工业的发展。

另外，巴西还大力推动农机产品国产化。为鼓励和促进巴西国内农机工业的发展，规定只能对农机生产国产化在 60% 以上的企业提供贷款。这一措施促进了巴西农机销售和农机生产国产化水平的提高。在农机化政策鼓励的推动下，巴西农业机械生产企业也研发出了更为先进的农机产品以适应巴西农业的新形势，使新农机的作业效率也大幅度提高。

(三)俄罗斯

俄罗斯是一个农业资源极其丰富的国家,农机工业在俄罗斯国民经济中占有举足轻重的地位,政府也先后出台了一系列发展支持政策。

俄罗斯农业部曾制定了"俄罗斯联邦拖拉机和农机工业生产计划及其未来发展战略",以规划促发展。为保障农机企业的正常发展,俄政府还保证将从财政上给予企业更多的支持,并且帮助企业积极寻求国外合作,引进外资促进俄罗斯农机工业发展。

2015年起,俄罗斯政府决定对农业机械生产给予30%的补贴,农机生产厂家将得到支出费用补贴,以减少工厂出产产品的最终成本。目前,政府对150种农机产品的科研、生产给予优惠政策,还高度重视提高农机产品技术水平及竞争力,对一些新型高效农机产品的开发生产给予扶持。

2016年,俄罗斯政府颁布了第1432号法令,决定对部分农机购买者(主要是大块土地的所有者)进行补贴,补贴额度可以达到购买农机价格的15%~20%。但2017年6月起,政府暂停执行该项法令。

2017年7月,俄罗斯政府通过了第1455-R号法令,确定了俄罗斯农机工业2030发展战略。该法令明确了国内农机工业发展方向,决定继续对国内农机企业实施保护性政策,力争到2021年国内农机企业市场份额能够达到80%。在后续的第二阶段,国内农机企业出口份额应该达到50%,进口零部件比例要从35%降至10%。该法令还明确在第一阶段要对高研发投入、促进出口和强化国产化水平等给予积极支持。

五、世界供需形势展望

未来一个时期,世界农机产品的供需及农机产品本身发展形势大致会有以下几方面特征。

一是世界农机产品需求依然旺盛。从总体上看,世界人口仍将呈现持续增长态势,对粮食生产的需求将持续扩大,在老龄化已成为全球趋势的情况下,农业机械发挥着更加重要和关键的作用,因此需求量会越来越大。从世界各国发展来看,目前仅有部分发达国家实现了农业机械化,大部分国家还处在现代农业发展的初级或者中级阶段,实现农业机械化是发展中不可逾越的过程,必然伴随对农业机械需求的大幅增长。

二是农机产品需求结构将发生变化。不同的农作物品种以及单一农作物品种的不同作业环节,都需要不同的装备去实现机械化。因此,不同农作物品种、不同作业环节实现农业机械化,在适宜性、经济性以及产品技术要求方面的不同要求,将会促进农业机械产品的类别逐步增加。另外,各国农业生产经济状况、农业生产规模、农业机械需求主体以及农业机械化经营模式都不尽相同,对农业机械的需求也各不相同,更加推进了农业机械产品种类的增加。因此,尽管拖拉机和收获机械等主要农机产品在短期内会基本饱和,但农业机械产品整体将向全面化、多样化发展。

三是世界农机市场将会再次复苏。短期内,全球农机市场将会持续复苏的大趋势,继

2011年之后再次进入爆发期。欧洲主要农机生产国家将出现较大增长，尤其是俄罗斯和乌克兰等东欧国家将会成为欧洲市场复苏的强大动力，但俄罗斯的保护主义政策会在一定程度上抑制这一上涨趋势。北美农机市场也将迎来复苏，然而上涨趋势并不包括所有产品尤其是大型设备。尽管加拿大大型拖拉机及联合收割机销量很好，但美国市场该类产品的走低，会抑制整个北美地区该产品走势。相比之下，中国市场的走势并不乐观，预期未来会有小幅增长。

四是世界农机产品贸易格局短期基本稳定。世界农机产品贸易出口集中度将基本不变，主要出口国家或地区将仍然是美国、欧洲、日本等发达国家或地区，以及中国、巴西、印度等新兴国家或地区。同时，进口集中度较低的局面将会长期存在，以发展中国家为主的亚洲、非洲和拉丁美洲地区进口需求仍然较大。在相关国家经历农业机械化快速发展后，这一局面才会逐步得到改变。

五是农业机械将向高效大型化和智能化方向发展。随着发达国家农业生产结构的调整以及农户经营规模的不断扩大，农业机械产品将向大型化和高效化发展。大马力配套农业机械将广泛使用，谷物联合收割机将朝着割幅更宽、粮仓容积更大、配套动力更强劲以及广泛采用静液压动力装置方向发展。计算机和电控、信息技术将会更加广泛应用于农业机械，使其向高度自动化、信息化、智能化方向发展。

参考文献

贺玢，孙咏华，苏晓宁，等.2012.印度的农机购置补贴政策研究[J].中国农机化（6）：212-216.

李树君.2013.中国战略性新兴产业研究与发展：农业机械[M].北京：机械工业出版社.

马欣，田志宏.2015.巴西农业支持政策分析与借鉴[J].经济问题探索（3）：14-18.

王艳红，赵叕，常蕊.2018.从2017汉诺威国际农机展看世界农机发展趋势[J].农业工程，8（1）：1-5.

张朝军，于帅.2017.俄罗斯（前苏联）的拖拉机、农机工业[J].农业机械（7）：42-45.

中国农业机械化协会.2015.中国农业机械化发展报告（2004—2014）[M].北京：中国农业出版社.

（执笔人：张萌）